Kohlhammer

Harry Noormann/Ulrich Becker
Bernd Trocholepczy (Hrsg.)

Ökumenisches Arbeitsbuch Religionspädagogik

Zweite, aktualisierte Auflage

Verlag W. Kohlhammer

Zweite, aktualisierte Auflage 2004

Umschlag: Data Images GmbH
Gesamtherstellung:
W. Kohlhammer Druckerei GmbH + Co. Stuttgart
Printed in Germany

ISBN 3-17-018326-5

Teil II: Didaktische Landkarten

Teil III: Unterrichtskonzepte und Planungshilfen

Vorwort zur 2. Auflage

Ein *ökumenisches* Arbeitsbuch kann weit gespannte Erwartungen wecken. Gemeint ist hier die nächstliegende. Drei katholische und fünf evangelische Fachleute haben die Entwürfe für die Hauptkapitel vorgelegt. Die ausgiebigen Gespräche über Konzept und Inhalt sind von der geteilten Überzeugung geleitet worden, dass Religion künftig in schulischer Bildung ihren Ort finden wird, soweit Religionspädagog/-innen sich ihrer Aufgabe und Kompetenz im gesuchten, offenen Dialog mit anderen Fächern und Anschauungen zu vergewissern lernen.
Diese gemeinsame Perspektive und die ökumenische Basis in Sachfragen haben eine anfänglich angedachte, durchgehend konfessionelle Zweisprachigkeit des Textes (Zwischenrufe, Kurzkommentare, Schreibgespräche u.a.) erübrigt. „Bikonfessionelle Gespanne" haben die Kapitelentwürfe mit dem jeweils kritischen Blick der eigenen Sprache und Tradition gesichtet, nicht, um sie zu harmonisieren, sondern um konfessionelle „Überhänge" auszugleichen sowie Nuancen und Differenzen in Problemsichten kenntlich zu machen und wo nötig zu pointieren. Das Ergebnis wird den ökumenischen Dialog unter den Leser/-innen, so hoffen wir, weiter anstoßen und befördern.

Die innere Systematik des Buches folgt einem induktiven religionspädagogischen Denkweg: Ausgehend von einem weiten Religionsbegriff werden die Bezugsgrößen Kinder/Jugendliche, Selbstkonzept und Rolle der Lehrerin und des Lehrers, Religion im Handlungsfeld Schule abgeschritten, in konzeptionellen – historischen und gegenwärtigen – Paradigmen entfaltet und schließlich auf religionsdidaktische und methodische Fragen hin fokussiert.
Die teils unabhängig lesbaren Abschnitte wenden sich in erster Linie an Fachstudierende und Lehrende in der Aus- und Weiterbildung, denen die Studientexte grundlegende Problemfelder der Religionspädagogik erschließen helfen sollen. Sie bieten exemplarisches Orientierungswissen und knüpfen in dieser Hinsicht an das Konzept der beiden vorliegenden biblischen Arbeitsbücher für Religionspädagogen an (JOHANNSEN, FRIEDRICH, unter Mitarbeit von FERME, SIMONE: Alttestamentliches Arbeitsbuch für Religionspädagogen, Stuttgart ^{2}1998; BECKER, ULRICH/JOHANNSEN, FRIEDRICH/NOORMANN, HARRY: Neutestamentliches Arbeitsbuch für Religionspädagogen, Stuttgart ^{2}1997).

Besonderer Dank gebührt den Autorinnen und Autoren kleinerer Beiträge, die das Spektrum der Themen und ihrer Facetten beträchtlich erweitert haben.
Die einzelnen Kapitel sind für die 2. Auflage überarbeitet und aktualisiert worden. Zu danken haben wir Herrn Pastor Reiner Neuschäfer, Rudolstadt, der durch eine gründliche Korrekturlektüre diese Auflage mit vorbereitet hat. Sonja und Daniel Schüttlöffel haben mit bewährter Kompetenz und Verlässlichkeit das Manuskript in eine druckreife Fassung gebracht.

Hannover, im Herbst 2003

Ulrich Becker *Harry Noormann* *Bernd Trocholepczy*

TEIL I: GRUNDLAGEN

1 Religion und Religiosität

(Harry Noormann)

1.1 ... dass das, was ist, nicht alles ist. Von der Unmöglichkeit und Unverzichtbarkeit, eine „fortschrittsresistente Form menschlicher Lebensführung" (H. Timm) auf den Begriff zu bringen

„Wir erkennen, was wir schon kennen" (HARTMUT VON HENTIG). Das gilt allemal für Religion. Was Religion ist, weiß irgendwie jede/r. Leipziger Kinder malen ihr Gottesbild, obwohl in der Familie das Wort Gott ihr Leben lang nicht gefallen ist.
Zwei Drittel der Deutschen (Ost und West) gaben 1992 in einer EMNID-Umfrage zu Protokoll, Religion sei in ihrem Leben „ziemlich" oder „völlig unwichtig" (DER SPIEGEL, [1992], 40ff). Gefragt nach ihrer Beziehung zur Religion, wussten sie klar zu verneinen, eine zu haben, aber an einen Gott wollten immerhin 6 von 10 Personen doch glauben.
Ein Gesamtschüler schreibt:

„Ich bin Atheist. Das Einzige, woran ich nicht glauben will, ist, dass es gar nichts Übernatürliches gibt, weil das ja hieße, dass alles einfach auf Chemie und Physik beruht und somit auch wieder vorherbestimmt wäre, was passiert, einfach auf Grund physikalischer und chemischer Gesetzmäßigkeiten. Folglich kann ich gar nicht denken und nicht fühlen, sondern da sind einfach irgendwelche Moleküle und Synapsen, die da rumschalten, aber nichts, was einen irgendwie ausmacht, sondern einfach wirklich nur Prozesse, Prozesse, Prozesse. Ich meine, dann ist das Leben ja überflüssig."[1]

✐ Wenn Sie einen Augenblick nachdenken, werden Sie sich an Situationen und Gedanken erinnern, die für Sie mit Religion zu tun haben. Schreiben Sie einen Satz, der sagt, was Religion ihrer Meinung nach ausmacht. Die Bitte ist nicht als methodischer Kniff gedacht, sondern ist wichtig der Sache wegen. Wenn Sie beim Lesen des Kapitels den Faden verlieren, kehren Sie zu Ihrem Satz zurück. Halten Sie (um Gottes willen ...) solange an ihm fest, bis Sie eine neue Formulierung wählen möchten.

„Religion ist für mich wie ..."

Vielleicht hat Ihr Satz gemeinsame Elemente mit der Äußerung des Gesamtschülers. So ist es gemeinhin leichter auszudrücken, was Religion *für mich* ausmacht als allgemein gültig zu sagen, was denn Religion sei; und wir neigen dazu, „probehalber" und vorsichtig, sozusagen mit kleinen Fragezeichen zu formulieren, weil Gedanken zur Religion es an sich haben, immer nicht „fertig" mit ihnen zu sein. Der Grund wird darin zu suchen sein, dass es sich beim Begriff Religion um einen „Transzendenzbegriff" handelt, der die Grenze vorfindlicher Wirklichkeit „überschreitet". Ähnliche Schwierigkeiten stellen sich ein bei dem Versuch zu definieren, was Liebe „ist" und was Gerechtigkeit.
Beide Vorbehalte (Subjektivität und Vorläufigkeit) stehen einer wissenschaftlichen Beschäftigung mit Religion nicht gut an; denn Wissenschaft sucht nach verallgemeinerbaren, unterscheidenden und ordnenden Begriffen, die einer „intersubjektiven", kritischen Überprüfung standhalten. Unseren eigenen Schwierigkeiten bei der Umschreibung von

„Religion" entgehen die Wissenschaftler dabei freilich nicht. Versuchen diese, aus der Vogelperspektive, weit weg vom „Ich", so objektiv und allgemein wie nur möglich, „Religion" zu bestimmen, fällt die Definition recht hölzern und inhaltsleer aus. Die folgende stammt von einem Religionssoziologen:

„*In seiner allgemeinsten (soziologischen) Bedeutung bezeichnet Religion eine Bindung oder Orientierung von Menschen (meist Gruppen) an letzten, zumeist als überweltlich angesehenen Gegebenheiten wie numinosen Kräften, Dämonen und Göttern, aber auch 'letzten Werten'*" (HARALD HOMANN, 1994, 261).

Die zweite Arbeitsdefinition formuliert der evangelische Theologe HEINZ ZAHRNT. Sie fällt weniger abstrakt aus, nah am „Ich" unserer spätmodern-europäischen Wahrnehmung von Wirklichkeit mit einer christlich geprägten Kulturgeschichte im Rücken. Angehörige einer traditionalen Religion in Afrika aber würden sich in ihr vermutlich kaum wiedererkennen:

„*Am Anfang aller Religion steht eine Erschütterung. Es ist das Erlebnis eines Mangels, ein Leiden am Leben, wie es ist, ein Sichwundreiben an der Wirklichkeit; die Erfahrung, dass die Welt zerbrechlich und nicht heil ist, sondern voller Unheil, dass sie im Argen liegt und verloren ist – und man selbst auch arg und verloren.*
Aus dieser Grunderfahrung wächst – über die bloße physische Lebensfristung hinaus – das Streben nach einer Gesamtdeutung des Daseins, das Verlangen nach Überwindung des heillosen Zustands der Welt, die Erwartung nicht nur eines Besseren, sondern des ganz Guten, die Sehnsucht nach einem Vollen und Ganzen, kurzum, die Hoffnung auf Rettung und Erneuerung: dass die Welt nicht im Argen liegt und verloren ist, sondern heil und gut werden möchte – und man selbst wiederum auch" (HEINZ ZAHRNT, 1989, 40).

Das folgende Kapitel möchte Sie mitnehmen auf einen Weg, sich wissenschaftlich dem Phänomen „Religion" anzunähern. Hier die Richtung der einzelnen Schritte nach den Vorbemerkungen:

- Zunächst ist es nahe liegend, hinzuschauen und zu sehen, was „ist": Religion ist dort und das, wo und wie sich Religionen hier zu Lande zeigen (Kapitel 1.2: empirischer Zugang);
- Um eine erste, theologisch gewonnene Arbeitsdefinition bemüht sich der folgende Abschnitt (Kapitel 1.3: anthropologischer und theologischer Zugang);
- Eine religiöse Zeitdiagnose ist nicht mehr als ein Wimpernschlag in der langen Geschichte der Religionen und ihrer kulturellen Vielgestaltigkeit. Führen Ursprung und Erscheinungen von Religion auf die Spur nach ihrer Eigenart, ihrer „Substanz" und ihrem „Wesen"? (Kapitel 1.4: religions- und sozialwissenschaftlicher Zugang);
- Religionen wirken ein auf die Lebenssicht und Lebensführung von Individuen und Gesellschaft. Lässt sich Religion von ihrer Wirkungsweise, ihrer Funktion maßgeblich beurteilen und bewerten? (Kapitel 1.5: religionskritisch-sozialpsychologischer Zugang).

1.2 Die große Freiheit – wie Religion „sich zeigt" in religiösen Landschaften am Beginn des 21. Jahrhunderts (empirischer Zugang)

Praktisch beschlagene Hochschulabsolventen mit Fakultas Religion besorgen sich eine gute Straßenkarte nicht nur für den Weg zur Schule und zum Fachseminar; sie verwandeln sie in einen Orientierungsplan über die Konfessionen und Religionen vor Ort und in der Region. Gibt es neben römisch-katholischen und evangelischen auch freikirchliche und orthodoxe Gemeinden, Flüchtlings- und Übersiedlervereinigungen, Gemeinschaften der großen Weltreligionen, Zeugen Jehovas, eine Lokalgruppe der Jesusfreaks aus dem Internet? Was zeichnet das „Binnenleben" dieser Gemeinschaften aus und wie wirken sie nach außen in die gesellschaftliche Öffentlichkeit? Wer weiß, was „religiös läuft", hat für

den Unterricht authentisches Material und Kontakte parat. Glücklicherweise gibt es für religions-topographische Geländeerkundungen professionelle Vorlagen. In verschiedenen großen Städten sind in den letzten Jahren Stadtpläne und Handbücher der Religionen veröffentlicht worden. Das Handbuch „Religion in Berlin" erfasst in der Hauptstadt über 360 religiöse Gemeinschaften (GRÜBEL/RADEMACHER, 2003). Im „Lexikon Hamburger Religionsgemeinschaften" (GRÜNBERG/SLABAUGH/MEISTER-KARANIKAS ^{2}1995) haben die Autoren ca. 90 Religionsgemeinschaften in ihre Bestandsaufnahme aufgenommen. Die „Scientology Church" ist nicht darunter. Schon das simple Ansinnen, sich ein Bild machen zu wollen von Religionen, die „da" sind, stolpert offenbar über das vertrackte Problem, sich vorab überlegen zu müssen, wer und was als „Religion" durchgeht oder nicht. Was ist eine Religion? Die Autoren antworten: Sie wollen eine Momentaufnahme der *organisierten* Religionen in Hamburg bieten (ein Kriterium, das die Scientologen zweifelsfrei erfüllt hätten), doch „Religionsanbieter mit primär kommerziellen Interessen" erkennen sie als solche nicht an.
Im Übrigen greifen sie mit einem methodischen Kunstgriff auf Maßstäbe zurück, die in der langen Geschichte der Hansestadt angewendet worden sind, um die Frage nach einer öffentlich-rechtlichen Anerkennung einer Religionsgemeinschaft zu entscheiden. Die Hamburger Bürger hatten nämlich ihrem Senat in der turbulenten Reformationszeit 1529 den Beschluss abgetrotzt, die Stadt von konfessioneller Zwietracht zu befreien und auf das lutherische Bekenntnis zu verpflichten. In Hamburg war man für die nächsten Jahrhunderte „evangelisch-lutherisch". Aber das „Tor zur Welt" lebte vom Handel kluger Kaufleute. Ein liberaler Geist von Toleranz und Weltoffenheit prägt die Stadt bis heute. Seit 1785 erlaubten daher die Stadtväter Reformierten, Katholiken, Mennoniten und Juden, sich in einer Straße außerhalb der Stadt anzusiedeln und ihren mitgebrachten Kult (ihre „Kultur") zu pflegen. Anders als heute, wo der Name dieser Straße zum Synonym für eine glitzernde Amüsierwelt von Drugs and Sex geworden ist, stand er ursprünglich für diese „Konzession" an Andersgläubige. Der Straßenname lautete: Große Freiheit.
Den Status einer „Religion" erlangten damals Gemeinschaften mit bestimmten Merkmalen: Eine Religion zeichnete sich durch bestimmte *Riten* aus (z.B. Gottesdienst, Taufe, Heiratsrituale), sie musste eine *zeitliche Beständigkeit* nachweisen (mit der Voraussetzung einer gewissen Finanzkraft und Organisationsstruktur), sie war unterscheidbar an bestimmten *Lehren und Glaubensinhalten* und wurde vertreten durch Personen mit bestimmten *Funktionen und Ämtern* (Geistliche, Vorsteher).

Nach den Religionsbestimmungen der Weimarer Reichsverfassung §136–139 und 141, die ins Grundgesetz übernommen wurden (GG Art.140), wird die „Freiheit der Vereinigung zu Religionsgesellschaften" gewährleistet (Art. 137,2 WRV). Diese verfassungsrechtliche Garantie der Religionsfreiheit erübrigt heute staatliche „Konzessionen".[2]

Das juristische Religionsverständnis orientiert sich an den Grundsätzen der weltanschaulichen Neutralität und Gleichheit vor dem Gesetz. Auf ihnen ruht der epochale Fortschritt der Religionsfreiheit. Andererseits aber kommt der um *Objektivität* bemühte Gleichheitsgrundsatz ohne *vergleichend-normative* Maßstäbe nicht aus, die wiederum der eigenen, kulturellen Tradition entnommen sind. Was eine Religion sei, leiten hier zu Lande Juristen aus Normen ab, für die nahe liegenderweise die Sozialgestalten der christlichen (Groß-)Kirchen Pate gestanden haben. Allerdings kann die hohe Wertschätzung einer justiziablen Organisationsstruktur anderen Religionen, etwa der islamischen Tradition, kaum gerecht werden, die bekanntlich „Kirchen" im abendländisch-christlichen Verständnis nicht kennt.

Das Hamburger Lexikon hat das Problem auf pragmatische Weise gelöst. In formal gehaltene Vergleichsaspekte sollten sich alle befragten „Religionen" hineindefinieren können und sich nach dem Grundsatz der Selbstinterpretation gleich fair behandelt wissen: zentrale Glaubensvorstellungen, heilige Texte, Geschichte, Verbreitung und Mitglieder, besondere Merkmale, Rituale und Kultusformen, karitative und bildende Einrichtungen, Verwaltung und Finanzierung, ökumenische Zugehörigkeit.

Der Blick auf das religiöse Panorama der Millionenmetropole Hamburg veranschaulicht, was die Rede von der Pluralisierung und Individualisierung der Religionslandschaft im Übergang zum neuen Jahrhundert meint. „Die große Freiheit", die einst die Straße vor den Toren für religiöse Toleranz und Vielfalt versprach, hat der ganzen Stadt den Stempel aufgeprägt. „Die evangelisch-lutherische und die römisch-katholische Kirche haben ihr 'Monopol' in Sachen Religion eingebüßt" (ebd., 236). Lutheraner und Reformierte im traditionell lutherischen Hamburg sind zu einer Minderheit geworden, die Mitglieder beider Großkonfessionen stellen eben noch die Mehrheit der Bevölkerung (51%).
Dennoch sprechen die Daten gegen die landläufige Auffassung, dass Religion, „in Sonderheit die christliche Religion in ihren Spielarten, einem inneren Auszehrungsprozess ausgeliefert sei, der langfristig das Ende der Religion andeute" (ebd.). Nahezu 90% aller identifizierten Orte gelebter Religion bekennen sich zum christlichen Spektrum, dessen nationale und konfessionelle Binnenpluralisierung bzw. Zersplitterung zu den markanten Auffälligkeiten dieser Studie zählt.

Auf der anderen Seite haben sich alle fünf sog. Weltreligionen etabliert; 20 Moscheen zeugen eindrucksvoll von der religiösen Vitalität der 75.000 Muslime in der Großstadt. Gleichzeitig vermittelt deren Präsenz ein noch eher harmonisierendes Bild von der Vielgestaltigkeit religiöser und weltanschaulicher Herkünfte und Prägungen von Menschen aus 180 Ländern, die den ausländischen Bevölkerungsanteil Hamburgs ausmachen (ca. 15%). „Konfessionslose" sind auf dem Weg, zur größten Konfession zu werden (40%). Diesen allerdings zu unterstellen, sie hätten mit ihrer Abkehr von verfasster Kirchlichkeit jegliche Beziehung zu Religion aufgekündigt, gilt in der Forschung allenthalben als ein unzulässiger Kurzschluss. „Kirchlichkeit" und „Religiosität" sind auseinandergetreten. Darüber schweigt sich das Religionslexikon aus, weil seine „Gegenwartsaufnahme" Religion nur belichtet, soweit sie institutionell verfasst in Erscheinung tritt. Im Dunkeln bleibt auch die „fest etablierte", **„wilde religiöse Szene"** unter den schillernden Etiketten von New Age und Esoterik (ebd., 236). Für eine Diagnose von Religion an der Schwelle zum 21. Jahrhundert oder gar für eine Prognose ihrer Zukunft hat ein *pragmatisches Verständnis von Religion, das sozialstatistisch-empirisch das äußerliche Inventar von Religionen registriert*, einen unstrittigen, aber begrenzten Wert:

✐ DOROTHEE SÖLLE unterscheidet in einer Replik auf eine Meinungsumfrage des Emnid-Instituts zwischen „Religion" und „Glaube", um die Grenzen *einer „nur" äußerlichen, empirisch-objekthaften Sichtweise von Religion aufzuzeigen.* Zugleich bezieht sie eine radikale Position in der Frage, welche Konsequenzen der Glaube gegenüber der Religion in einer religiös vielstimmigen Gesellschaft haben sollte. Welchen der folgenden Aussagen stimmen Sie zu, welche fordern Widerspruch heraus?

„Die Emnid-Umfrage über Gott, die der Spiegel (25/92) veröffentlicht hat, ist Anlass genug, die religiöse Lage und die Zukunft des Christentums kritisch zu reflektieren ... Die Grundtatsachen sind bekannt ... Immer weniger Menschen glauben an die Jungfrauengeburt, die Hölle, die Allmacht Gottes oder die leibliche Auferstehung Jesu. Die Fragen, mit denen das Christsein abgefragt wird, sind ausschließlich Für-wahr-halte-Fragen. Glaubst du dies, glaubst du das. Ob Christus irgendetwas für dein Leben und Verhalten bedeutet, ob seine Botschaft und sein Geist irgendeine Rolle spielen für dein Verhalten zu Asylanten und Arbeitslosen, zu Vorgesetzten und Untergebenen ... – es ist ganz unwichtig. Was da abgefragt wird, ist das autoritär verhängte und weltlos begangene Sammelsurium aus dem Extrafach 'Religiöses'. Das Ergebnis ist, dass diese Religion stirbt. Die Voraussetzung ist nicht genannt, aber in jeder Zeile des Spiegelartikels präsent: dass nämlich der fortgeschrittenste Kapitalismus das Schmieröl Religion nicht mehr benötigt, um zu funktionieren. Die Psychologie hat da in der Tat Besseres zu bieten.

Und wir? In der christlichen Minderheit ... ist das Absterben autoritärer und geistloser (im Sinne von Johannes 16,7) Religion kein besonderes Unglück. Jesus schickt den Geist ja nicht denen, die sich kindisch auf ihn – oder einen Papst, sei es den römischen oder einen papierenen – fixieren. Wohl aber stellt das zunehmend heidnische Selbstbewusstsein eine neue Versuchung für die Kirchen dar, in Panik über den Wegfall der Geschäftsgrundlage in die falsche Richtung zu laufen und noch mehr New Age und Individualismus anzubieten, das Evangelium von der Befreiung aller noch eleganter zu verschweigen und sich einzurichten mitten in Babylon ..."[3]

1.3 Das große Dilemma – die unsichtbaren Quellen menschlicher Religiosität (anthropologischer und theologischer Zugang)

Menschen kehren der Religion den Rücken, Menschen suchen leidenschaftlich nach religiöser Orientierung – das Hamburger Religionslexikon konfrontiert die Zeitgenossen mit einem paradox anmutenden Befund. Er bestätigt zum einen einmal mehr die massenhafte Abkehr der Menschen aus den Bindungen einer traditionellen Kirchlichkeit. Um diese Entwicklung auf den Begriff zu bringen, machte seit den 1950er Jahren die These von einer irreversiblen, fortschreitenden Säkularisierung von sich reden. Die „Entzauberung der Welt", die Loslösung des Staates, der gesellschaftlichen Gruppen und schließlich der Einzelnen aus kirchlichen Bindungen wurde vorwiegend im Modell einer linearen Entwicklung hin auf ein „religionsloses Zeitalter (D. BONHOEFFER) gedacht. Typisch für die Hamburger religiöse Landschaft scheint nun aber **die Gleichzeitigkeit von Säkularisierung und Remystifizierung**, von Entzauberung und Wiederverzauberung zu sein. Menschen kappen überkommene Verbindungen zur dominanten christlichen Religion in Gestalt großkirchlicher Zugehörigkeit, und sie knüpfen eigenhändig Fäden religiöser Selbstverständigung zu einem bunten Kaleidoskop alter und neuer, organisierter und virtueller Religionsgemeinschaften. Neu ist nicht, dass „Aufklärungsschübe" und religiöse Gegenbewegungen sich in der Neuzeit immer wieder abgelöst haben, ein Novum ist hingegen, dass die neureligiösen Trends **am Christentum vorbei**führen (H.-J. HÖHN).

DENK-ZETTEL

„War für die 1970er Jahre noch eine Tendenz zur Entkirchlichung des Christsein ('Jesus ja – Kirche nein') vorherrschend, so wurde sie in den 1980er Jahren durch einen Trend zur Entchristlichung der Religiosität ('religiös ja, aber warum christlich?') abgelöst. Glaubensinhalte und -formen des Christentums sind zum kulturellen Treibgut geworden ... Die 'neue Spiritualität' bindet sich nicht mehr an Dogmen und fixe Lehrinhalte. Sie bietet das Bild einer religiösen Mischkultur: Man kann die Ethik der Bergpredigt hochhalten und gleichzeitig an das Kharma als Lebensgesetz glauben; man kann christliche Wallfahrtskirchen besuchen und sich kurze Zeit später auf Astralreisen begeben; man kann ein personales Gottesverständnis ablehnen und zugleich an das Böse in Person des Teufels glauben. Die religiösen Eklektiker bedienen sich vorwiegend bei außer- und vorchristlichen Traditionen. Nach wie vor besitzen Buddhismus und Hinduismus große Anziehungskraft, nachgezogen haben indianische, altägyptische, altgermanische und keltische Überlieferungen. Attraktiv sind von allem archaische Kulte, denen man unterstellt, dass sie die Wahrheit über Mensch und Kosmos in der Klarheit des Anfangs bewahrt haben. Das Christentum gilt als historisch belastet – Kreuzzüge und Hexenverbrennungen haben es um seinen Kredit gebracht."

(H.-J. HÖHN, 1994, 15f)

Ist Religion entgegen den Begräbnisgesängen seit der Aufklärung doch nicht totzukriegen, letzthin doch etwas menschlich „Arteigenes" (RUDOLF OTTO), sind Menschen „unheilbar religiös" (NIKOLAI A. BERDJAJEW)? Die Zeitdiagose besagt: Religionen vergehen und neue religiöse Welten entstehen, genauer: Bestimmte geschichtliche Ausformungen von Religion verändern ihr Gesicht oder verwittern, andere nehmen Gestalt an. Es macht offenbar Sinn zu unterscheiden zwischen einer Außenseite und einer Innenseite von Religion, ihren „Objektivierungen“ (in Symbolen, Ritualen, Schriften, Kultstätten, Lehren) und den Motiven und Antrieben, die das Subjekt drängen, sich auf religiöse Sinnbilder einzulassen und sich auf sie zu verlassen. ***Religion*** *(als sichtbarer Ausdruck) und* ***Religiosität*** *(als persönliche Erfahrung) sind mithin zu unterscheiden.* Es ist nicht dasselbe, eine **Religion zu haben** oder **religiös zu sein,** an etwas zu glauben oder jemandem zu glauben, etwas für wahr zu halten oder jemandem zu vertrauen. Im Englischen wird diese Unterscheidung (nach JAMES W. FOWLER) durch die beiden Begriffe *„belief“* und *„faith“* greifbar. *„Belief“* meint den Glauben an religiöse Inhalte, Gebote, Rituale und Symbole (*„fides quae“* der theologische Fachbegriff für den Glaubensinhalt), *„faith“* die spirituelle Vertrauenshaltung (*fides qua*, der Glaubensakt).

Für den Theologen FRIEDRICH DANIEL SCHLEIERMACHER, der das klassische Konzept der Subjekthaftigkeit von Religion am Beginn des 19. Jahrhunderts entfaltet hat, **ereignet sich Religion in subjektiver Erfahrung**, im staunenden Anschauen und Innigwerden des Universums in der Gesamtheit von Natur, Mensch und Geschichte. Religion ist „Geschmack fürs Unendliche“.4 Eine Heilige Schrift dagegen ist für ihn „nur“ ein „Denkmal“, ein „Mausoleum“, „ein toter Buchstabe“ von Religion. Auch Dogmen, Gottesbeweise und Metaphysik sind nach Schleiermacher nicht Religion, sondern Reflexion über Religion.

Religiosität teilt sich mit in Erfahrungen, die antworten auf bestimmte Fragen, die logisch und vernünftig, intuitiv oder wissenschaftlich, keine abschließende und allezeit gültige Klärung erfahren.

„– Woher kommt das alles: der Kosmos, das Leben, das Bewusstsein?
– Wozu ist das alles da? Wo führt das alles hin?
– Warum bin ich?
– Warum bin ich ich?
– Worauf kann ich mich verlassen?
*– Muss, darf, kann ich Schuld vergeben?“ (*HARTMUT VON HENTIG, 1992, 109*).*

Das Leben lässt sich meistern ohne quälende Suche nach Antworten. Und es lässt sich meistern mit plausiblen Erklärungen des klaren Kopfes. Die Urknallhypothese und die Theorie der Endlichkeit von Zeit und Raum gewähren faszinierende Einblicke in die Evolutionsgeschichte, wie die Entwicklungspsychologie in die Subjektwerdung einer Person. Freilich lassen sie offen, was diese Deutungen für *mein* Leben und *mein* Weltverhältnis bedeuten. Kinder sind Meister für solche Fragen, die Erwachsene ertappen bei verdrängten und unerledigten Antworten, die Halt machen vor der eigenen Person und der eigenen Beziehung zu den Dingen: „Wirst du glücklich, wenn du immer mehr arbeitest?“ „Haben Tiere eine Seele?“ „Wenn Tiere leiden können, warum werden sie dann geschlachtet, und warum isst du ihr Fleisch?“ „Worauf verlässt du dich, wenn alle dich verlassen?“ „Glaubst du an Gott, und warum glaubst du, schafft er den Tod nicht ab, wenn er Gott ist?“

Wiederum: Es handelt sich nicht per se um religiöse Fragen, vor denen philosophisches Denken kapitulieren müsste. Jede dieser Fragen aber kann *mir* zum religiösen Denkanlass werden, wenn in ihr etwas aufscheint, wo es für mein Leben und mein Verhältnis zur Welt ums Ganze geht.

Was religiöse Fragen von nicht-religiösen Fragen unterscheidet, hat HENNING LUTHER folgendermaßen zu bestimmen versucht:

DENK-ZETTEL

„Nicht-religiöse Fragen beziehen sich auf etwas in der Welt ... Religiöse Fragen beziehen sich nicht auf etwas in der Welt, sondern auf die Welt selbst. In ihnen ist nicht einzelnes in der Welt fraglich, sondern die Welt selber und das In-der-Welt-Sein sind hier fraglich.
Bei nicht-religiösen Fragen wird die fraglose Selbstverständlichkeit der Welt (und der Lebenswelt) vorausgesetzt. Religiöse Fragen dagegen gehen auf Distanz zur Welt insgesamt. Sie artikulieren Differenz zur Welt, um einen (neuen) Bezug zur Welt zu gewinnen. Aussagen über ein Jenseits der Welt, eine andere Welt, die Welt des ganz Anderen machen nur Sinn, wenn in ihnen diese Differenz, d.h. der Bezug zur Welt erkennbar mitgedacht ist, andernfalls bezögen sie sich auf eine Sonderwelt in der Welt" (H. LUTHER, 1992, 24f).

Religiöse Fragen wären nach dieser Bestimmung nicht beschränkt auf die vielbemühten „menschlichen Grundfragen" nach Ursprung und Ziel, die sich säuberlich in einer Liste für Religiöses katalogisieren ließen. In eine religiöse Frage, die Leben und Welt fragwürdig macht, mag sich ein zerstörtes Vertrauensverhältnis verwandeln, das Schuldgefühl, das Brot der Armen den Schweinen vorzuwerfen, die Ablehnung auf die 40. Bewerbung für eine Arbeitsstelle, der Tod eines nahen Menschen, die Erwartung des ersten Kindes oder der Sternenhimmel von Lanzarote. Eine religiöse Frage entsteht im grundsätzlich beweglichen Schnittfeld von subjektiver Widerfahrnis und deren reflexiver (widerspiegelnder) Bearbeitung im Medium angebotener Deutungsmuster.
„Die Ameise", schrieb DOSTOJEWSKI, „kennt die Formel ihres Ameisenhaufens. Die Biene kennt die Formel ihres Bienenstocks. Sie kennen sie zwar nicht auf Menschenart, sondern auf ihre Art. Aber mehr brauchen sie nicht. Nur der Mensch kennt seine Formel nicht."[5]

✐ Religion, sagt der Volksmund mit gutmütigem Spott, sei etwas für Kinder und Alte. Diskutieren Sie mit Hilfe der Unterscheidung von HENNING LUTHER Gesichtspunkte, ob und warum möglicherweise Kinder und alte Menschen einen besonderen Sinn für religiöse Fragen haben.

Das „Bewusstsein seiner selbst" verwandelt gefundene „Formeln des Lebens" immer wieder zurück in die Fraglichkeit des Lebens selbst. Der Mensch ist das „einzige Lebewesen, das sich langweilt, unzufrieden ist und sich aus dem Paradies ausgeschlossen glaubt;" er ist „von der Natur abgeteilt und zugleich ein Teil von ihr; er ist heimatlos und ist trotzdem an die gleiche Heimat gebunden, die er mit allen Geschöpfen gemeinsam hat ... Wenn er sich seiner selbst bewusst wird, erkennt er die eigene Ohnmacht und die Grenzen seiner Existenz. Er sieht sein Ende voraus: den Tod. Nie kann er sich von der Dichotomie seiner Existenz frei machen" (ERICH FROMM 1950/1989, 241f).
Der Psychoanalytiker E. FROMM ortet die Quellen, an denen (immer neu und immer wieder) Religiosität entspringt, und er scheut sich nicht, von einem religiösen Bedürfnis des Menschen zu sprechen.

Quellen der Religiosität nach E. FROMM sind:

- die **Erfahrung von Endlichkeit und Vergänglichkeit** angesichts der überwältigenden Unendlichkeit und Schönheit des Kosmos;
- die **Erfahrung von Kontingenz** (der angstauslösenden Unplanbarkeit und Unsicherheit von Zukunft) und
- die **Erfahrung von Differenz** (von erlebter Wirklichkeit und den Ahnungen vom guten Leben).

Religiosität bezeichnet dann den eigentümlichen Umgang mit diesen Erfahrungen von Widersprüchen, die den Menschen „unbedingt angehen“ (PAUL TILLICH), deren Lösung jedoch letztlich außerhalb menschlicher Verfügbarkeit liegt (FALK WAGNER, 1986).
Die ***Grundform*** **religiöser Lebenspraxis**, so war oben angedeutet, bezeichnet einen paradoxen Vorgang. Sie sucht Abstand zu Welt und Leben, wenngleich der religiöse Mensch keinen Standort außerhalb einnehmen kann, solange er am Leben teilhat. Der religiöse Mensch geht auf Distanz zu sich selbst, um sich näher zu kommen, hält die Zeit an, um ihrer inne zu werden, verharrt in der Wirklichkeit, um sie gleichzeitig zu transzendieren, zu überschreiten. „Unterbrechung ist die kürzeste Definition von Religion“ (JOHANN BAPTIST METZ). Die Religionen haben zahllose Ausdrucksformen solcherart „Ekstase“ ausgebildet, **expressive Formen**, die „heraustreten“ aus dem Alltag in Bewegung, Gesang und Tanz wie nach innen gerichtete, **mystische Formen** der Stille, von Meditation und Gebet („*myein*“ – den Mund verschließen). Schon diese elementare religiöse Strukturform bemüht symbolische Gesten, denn Distanz zum Leben mitten im Leben ist paradoxal wie der Doppelsinn des religiösen Weltverhältnisses selbst: ‘endlich’ leben zu lernen in der Liebe zu Schöpfer, Schöpfung und Geschöpfen.
Welches sind nun die **elementaren Inhalte** religiöser Unterbrechung des Zeitlaufes, ohne hinter der Vielgestaltigkeit von religiösen Phänomenen einen universalen Begriff von Religion voraussetzen zu können?

In **archaischen Religionen** gewährt der ekstatische Weltabstand eine Anschauung von einer unsichtbaren Wirklichkeit hinter der Dingwelt, von einem großen, bergenden Zusammenhang des Lebens, in dessen Ordnung der Mensch seinen eigenen Bestimmungsort erkennt. Hinter den physikalischen Funktionen des Sonnenlichtes, des Wassers, der Erde scheinen Kräfte und Mächte auf, deren Zusammenspiel Leben hervorbringt und beendet, die Zeit und Raum, Formen und Farben in eine harmonische Balance des kosmischen Ganzen einfügen. Der Mensch erfährt sich als **Teil einer mystischen Symbolwelt**, die er im ekstatischen Weltabstand gewärtigt.
Gegenüber dieser auch in der altägyptischen Religion vorherrschenden religiösen Matrix ist die **altisraelitische Religion** aus einer symbolischen **Deutung geschichtlicher Ereignisse** hervorgegangen, die gebunden waren an die Erfahrung einer konkret handelnden, göttlichen Macht. Jahwe gibt sich als personales Gegenüber zu erkennen, als Schutzgott „auf dem Weg“, der seinen Anfang nimmt in der Sklaverei und hinaufführt in das Land des Lebens in seiner ganzen Fülle. Seine Menschlichkeit (im doppelten Wortsinn) macht Jahwe zum „Ansprechpartner“ für **Dank und Klage** als fundamentale existenzielle Ausdrucksweisen, die gewissermaßen als **Urlaute einer Weltsprache der Religionen** angesehen werden können. Die Metaphorik der Psalmen hat zweifellos das elementare Pathos von Dank und Klage am eindruckvollsten bewahrt.[6] Im Dank findet das Gedächtnis eine Sprache dafür, dass der Mensch sich der guten Schöpfung erfreuen kann und die kostbarsten Gaben von Gesundheit, Liebe und Glück sich Bedingungen und Einflüssen „verdanken“, die er nicht selbstmächtig steuern kann.
„*Die Schönheit* – sie überwältigt Verstand und Sinne. Man hat sie die physische Erscheinungsform der Wahrheit genannt und damit eingestanden, dass man ihr nicht beizukommen weiß. *Das Glück* fragt ebenfalls jenseits aller Vernunft: Wem sage ich meine drängende Dankbarkeit?“ (H. v. HENTIG, 1992, 111f). „Gott sei Dank!“, der auch in Zeiten „religionsfreundlicher Gottlosigkeit“ (J. B. METZ) geläufige Ausspruch der Alltagssprache braucht nicht als leichtfertig gedankenlose Floskel denunziert zu werden, spricht sich doch in ihm eine Urform religiöser Redeweise aus, die sich ihres Ortes und ihres Gegenübers nicht mehr sicher ist.
Ähnliches ist im Hinblick auf die religiöse Redeform der Klage zu beobachten, die sich in profane Symbolsprache und Gestik kaum übersetzen lässt. Die (An)-Klage will sich nicht abfinden mit erfahrenem Unrecht und mit Leid, sie schreit ihren Widerspruch heraus gegen unabgegoltenes, beschädigtes und zerstörtes Leben. Die Klage ist wohl das vor-

nehme Erbe der prophetischen Religionen (Judentum, Christentum, Islam), die in der Grunderfahrung der Brüchigkeit und Zerrissenheit des Lebens nach der Vertreibung aus dem Paradies wurzeln. Vor diesem Hintergrund ist der Versuch des Theologen HENNING LUTHER zu interpretieren, eine Definition religiöser Welt- und Lebensdeutung zu wagen:

✐ Vergleichen Sie Ihren Metaphernsatz über Religion am Anfang des Kapitels mit folgender Definition!

Religion – Religiösität: eine Arbeitsdefinition

„Als formale Bestimmung lässt sich also sagen, dass als religiös jedes nicht eindimensionales Weltverhältnis zu bezeichnen ist. Prinzipiell areligiös ist danach also jene Einstellung, die sich bei dem aufhält, was der Fall ist, jedes Denken, das nur bei dem stehen bleibt, was ist, und davon ausgeht, dass das, was ist, alles ist. Auf der kognitiven Ebene artikuliert sich diese Haltung als Positivismus, auf der moralisch-praktischen Ebene als Zynismus."

Religiöse Welterfahrung „heißt dann nicht nur: Welt zu erfahren, wie sie wirklich ist, sondern zugleich auch Erinnerung und Ahnung eines Versprechens. Die Ahnung dieses Versprechens findet ihren Anhalt und Nachhall beim einzelnen Subjekt in seinen Wünschen, im Potenzial unstillbarer Bedürfnisse, Hoffnungen sowie untröstlicher Klagen ... Religion ist darum im Kern gerade nicht Sinnstiftung oder Bewältigung von Kontingenz. Religion bewahrt vielmehr die Zerrissenheit, aus der sie lebt. Sie ist Trost nur, insofern sie mit der Erinnerung an das 'Versprechen' den Einspruch gegen eine Welt wach hält, die ohne Tränen der Trauer ist.

Sie ist Trost, indem sie das Verlangen nach Tröstung bewahrt, nährt und anstachelt. Religion wird zur Vertröstung, wo sie den Menschen den Einspruch zur Welt ausreden will, wo sie das leugnet, was zum Trostverlangen nötigt, wo sie Sinn dort behauptet, wo Unsinn und Sinnlosigkeit erfahren werden" (H. LUTHER, 1992, 28 und 26f).

1.4 Religion – Ausdrucksformen, Struktur und Funktion (religions- und sozialwissenschaftlicher Zugang)

Religion ist nicht auf Zeit und Raum beschränkt, sie ist ein „universales Phänomen" (EMIL DURKHEIM). Sie hat ihre Spuren in allen bekannten Formen menschlicher Kulturgeschichte hinterlassen. Neben der jungen, empirischen Sozialwissenschaft ist Religion daher Gegenstand verschiedener Humanwissenschaften, voran der Religionssoziologie und der vergleichenden Religionswissenschaft. Ob sich zwischen archaischen Frühformen und fernöstlich weisheitlich-mystischen Traditionen, zwischen traditionalen Stammesriten und den intellektuellen Lehrgebäuden der Weltreligionen Gemeinsamkeiten entdecken lassen, ist eine faszinierende Frage.
Man kann ihr nachgehen, indem man **religionssoziologisch** die Wechselwirkungen zwischen religiösen Praxen und Überzeugungen mit der jeweiligen geschichtlich-gesellschaftlichen Wirklichkeit erforscht: Von welchen religiösen Faktoren wird das gesellschaftliche Leben mitgeprägt? Wie wirken umgekehrt gesellschaftliche Bedingungen auf die jeweiligen religiösen Ausformungen? Der Blick richtet sich auf **vergleichbare Strukturen und Funktionen** von Religion (**strukturell-funktionale Betrachtungsweise**).

Weiterhin lassen sich die expressiven Ausdrucksformen religiöser Kommunikation näher untersuchen, die in den **Phänomenen der Religion** und in ihrer Geschichte Niederschlag gefunden haben. Diesem Feld der *Religionsphänomenologie und Religionsgeschichte* hat sich vor allem die **vergleichende Religionswissenschaft** zugewandt (**substanzielle Betrachtungsweise)**:

- **Meditation, Gebet und Opfer** können als Grundformen religiösen Handelns ausgemacht werden; Religionen unterbrechen durch Periodisierung den linear-gleichförmig oder zyklisch-wiederkehrend erlebten Lauf der
- **Zeit**, stellen Lebensübergänge (Geburt, Aufnahme in die Gemeinschaft der Erwachsenen, Heirat, Tod) wie Zeitläufe (Jahreszeiten, kosmische Rhythmen) in einen Sinnzusammenhang.
- **Riten** und **Feste** halten das Gedächtnis an erinnerte Erfahrung wach und die Hoffnung auf unabgegoltenes, vorausliegendes Leben. Rituelle Regeln versehen das Alltagshandeln mit einer religiösen Würde – Speisevorschriften, Reinigungsrituale, Sexualbräuche.
- **Der Kultus** in Wort, Liturgie, Lied und Tanz dient dem wiederholten Vollzug religiöser Hingabe.
- **Mythen** verdichten grundlegende Menschheitserfahrungen über die Zusammenhänge von Leben und Welt in Erzählungen aus früher Zeit, die ihren Geltungsanspruch in der Gegenwart behalten sollen. Sie besitzen – in den sog. Buchreligionen in
- **Heiligen Schriften** kodifiziert – Prägekraft für das
- **ethische Handeln**, das ebenso zu den Urformen religiöser Weltdeutung gezählt werden kann.

„All diese Erscheinungsformen des Religiösen haben Verweischarakter; sie sind tendenziell transparent hin auf 'Jenseitiges', stehen für ein größeres Ganzes und gewinnen so den Charakter des Symbols ...".
Die **Sprache des Symbols** macht Unsagbares sagbar, sie fügt zwei Bezugsebenen „zu einer Einheit: Vordergründiges und Hintergründiges, Äußeres und Inneres, Vergängliches und Unvergängliches, Endliches und Unendliches, Teile und Ganzes ... Die Arche, vordergründig ein schwimmfähiger Kasten aus Tannenholz, wird zur Heimat, zum bergenden Ort, in den man auch seine Ängste und Träume hineinretten kann" (FREUDENBERG, HANS/GOßMANN, KLAUS, 1988, 14).

Die Wortbedeutung von Religion, lateinisch *religio*, lässt sich ableiten von *relegere:* sich oft hinwenden, gewissenhaft beobachten (ritueller Aspekt) oder *religari:* sich binden, rückbinden (existenzieller Aspekt).

Der aus Rumänien stammende amerikanische Religionswissenschaftler MIRCEA ELIADE (1907–1986) hat religiöse Lebensvollzüge der Weltkulturen auf mehreren tausend Seiten in einer monumentalen Universalgeschichte der Religionen ausgebreitet (M. ELIADE, ^{3}1997). Wie dieser hat schon die ältere Religionswissenschaft die **„Manifestationen des Heiligen"** als Reaktionen auf eine erlebnishafte Begegnung mit Kräften und Mächten interpretiert, die jenseits der vorfindlichen Wirklichkeit dieselbe beeinflussen und prägen. Menschen erleben diese als Furcht erregend und faszinierend (R. OTTO sprach von der „Kontrastharmonie" des „mysterium tremens" und „mysterium fascinans"). GUSTAV MENSCHING (1901–1978), der im Anschluss an OTTO Religion als „erlebnishafte Begegnung mit heiliger Wirklichkeit" auffasste, hat in weitläufigen Forschungen die Formen solcherart „antwortenden Handelns" in einer Typologie der „Erscheinungs- und Ideenwelt der Religion" ausgearbeitet.[7] (Vgl. Kasten auf der nächsten Seite)

Besondere Aufmerksamkeit verdienen MENSCHINGS Beobachtungen zu strukturellen Unterschieden zwischen „Volksreligionen" und „Universalreligionen". In den frühen Volks- und Stammesreligionen ist die Gemeinschaft immer zugleich Religionsgemeinschaft, Religion durchwirkt das gesamte Leben in einer Weise, dass sie ein Wort für Religion gar nicht kennen. In den späteren Universalreligionen hingegen treten primär einzelne Individuen als kultstiftende Träger in Erscheinung, um die sich eine Religionsgemeinschaft bildet. Wichtiger noch erscheint die Strukturdifferenz, dass in Volksreligionen eine göttlich vorgegebene, „heile“ Welt und Ordnung bewahrt, „gepflegt“ („Kultur“ = Pflege) und vor Verfehlung und Störung geschützt wird. In den Universalreligionen geht es hingegen um die Überwindung einer unheilvollen und verfehlten Existenz durch Befolgung des göttlichen Willens oder durch Erlangung von Erlösung (MENSCHING, 1961, Sp. 964).

Aus MENSCHINGS Typologie der religiösen Ausdrucksformen:

- **dynamistische Religionen** (Glaube an impersonale Mächte mit Nähen zur Magie), **animistische Religionen** (Glaube an Geister, Dämonen, Himmelswesens), theistische Religionen mit poly- oder monotheistischer Ausprägung (Glaube an große Götter oder Betonung der Einzigartigkeit eines Gottes);
- **Medien** der Begegnung mit dem Göttlichen (Naturgegenstände wie Steine, Berge, Sterne, Feuer; das heilige Wort, heilige Schriften, Mittler zwischen Mensch und Gottheit in Gestalt von Schamanen, Priestern, Propheten);
- **mystische und prophetische Religionen** (in Aufnahme von NATHAN SÖDERBLOM und FRIEDRICH HEILER) mit charakteristischen Erlebnismomenten der Vision und Audition, der Erleuchtung, Erkenntnis und Ekstase;
- Religionen, in denen **Heilige Schriften** als solche Offenbarungscharakter besitzen (Islam) und Offenbarungsreligionen, die sich beziehen auf **Personen** (Christentum) oder auf eine impersonale Heilswirklichkeit (in der Erleuchtung, in mystischer Versenkung);
- **gewachsene Religionen** (traditionale Religionen, Hinduismus) und **gestiftete Religionen** (Islam) sowie Mischformen, die vom Geist eines Stifters geprägt sind (Christentum).

Die religionsgeschichtlichen Strukturunterschiede berühren schon die religionssoziologische Fragestellung nach Wirkmechanismen zwischen Religion und Gesellschaft. Was „leistet“ die Religion für die Bearbeitung und Lösung von individuellen und gesellschaftlichen Problemen? Die ***funktionalistische*** **Sichtweise** bestimmte bereits die radikale Religionskritik des 19. Jahrhunderts. Dem bekannten Wort LUDWIG FEUERBACHS (1804–1872) „Der arme Mann hat einen reichen Gott“ liegt ja die Denkfigur zu Grunde, der Mensch „projiziere“ im Bewusstsein seiner eigenen Schwächen und Defizite sein eigenes Idealbild auf einen externalisierten „Gott“, um in der Fantasie Anteil zu gewinnen am illusionären Glück. Der modernen **Religionssoziologie** ist dieses religionskritische Pathos fremd, wenn sie aus kritisch-objektiver Distanz die funktionalen Kräfte religiöser Weltaneignung freizulegen sucht (vgl. JOACHIM MATTHES 1967):

- Die ältere „***Integrationsthese***“ besagt, Religion verbürge durch die in ihr angesammelten Werte der Weltanschauung und der Lebensführung den Zusammenhalt einer Gesellschaft, sie liefert gleichsam den normativen „Kitt“ der bestehenden Ordnung (die These stammt von dem religionssoziologischen Klassiker E. DURKHEIM und ist vor dem geschichtlichen Hintergrund des ausgehenden 19. Jahrhunderts zu interpretieren).
- Die systemtheoretische „***Kontingenzbewältigungsthese***“ (NIKLAS LUHMANN, [2]1982) münzt die (spät-)moderne Erfahrung einer risikovollen Unbestimmtheit des individuellen Lebens und der globalen Zukunft auf den Wandel der Funktion von Religion. Da alles auch anders kommen kann und selbst fundamentale Lebensbedingungen (Luft, Klima, Ernährung) zur Disposition stehen, kann religiöse Selbstvergewisserung Halt und Orientierung stiften. Religion stellt Sinnressourcen bereit zur erfolgreichen Vereinfachung komplexer Situationen in einer relativistischen Vielfalt strategischer Optionen der Lebensbewältigung („*Komplexitätsreduktion*“) und liefert „*Kontingenzbewältigungsformeln*“ gegen eine mentale Überflutung durch beliebige Wahlmöglichkeiten – die ökologische Krise kann als göttlicher Anruf zur Umkehr und Erneuerung interpretiert, unbegreifliches Leid mit Gottes Nähe beantwortet und seinem Willen zugeschrieben werden, dass Menschen nicht Beute anderer werden dürfen. Kontingenzbewältigungsstrategien mittels religiöser Codierungen werden zunehmend von den einzelnen Individuen abgerufen, nachdem die differenzierten und verselbstständigten gesellschaftlichen Teilsysteme der Religion zu ihrer Selbstlegitimation und Funktionsfähigkeit immer weniger bedürfen. Die Kontingenzbewältigungsthese enthält Elemente der der Sache nach alten

- ***„Kompensationsthese“***, nach der Religion beitragen kann, erlittenes Unrecht, Leiderfahrungen und existenzielle Angst und Unsicherheit abzufangen.
- Als ***„Individuierungsthese“*** lässt sich der Gedanke fassen, Religion spiele bei der Subjektwerdung der Person eine wachsende Rolle für die ungestillte „Sehnsucht nach Sinn“ des eigenen Lebens und des Ganzen von Welt und Geschichte; bei zunehmender Unüberschaubarkeit der Zusammenhänge biete Religion dem je Einzelnen Orientierungspunkte im Kampf um „Wahrheit und Identität“ (PETER L. BERGER 1994, 22; PETER L. BERGER/TH. LUCKMANN 1969).

Gegenüber religionssoziologischen Theorien, die zumeist eindimensional die funktionale Wirkung von Religion mit beschreibbaren Glaubenseinstellungen zusammenbringen, hat der amerikanische Religionssoziologe CHARLES Y. GLOCK die Aufmerksamkeit auf ***Dimensionen religiöser Lebenspraxis*** gelenkt. Um ihre mehrdimensionale Tiefenstruktur zu erfassen, unterscheidet GLOCK (mit Blick auf die großen Religionen) fünf Dimensionen der Religiosität, deren Stellenwert in den einzelnen Religionen in unterschiedlichen Variierungen und Akzentuierungen schwanken. GLOCK geht es um die Formen, in denen Menschen überhaupt religiös sein können und die nur in ihrem Zusammenspiel „Religion“ ausmachen. Er schlägt vor, für die Erforschung der Religion und für das Verständnis von Religiosität diese fünf Dimensionen als einen kategorialen Bezugsrahmen zu verwenden (CH. Y. GLOCK in: MATTHES, 1969, 150–168).

Die 5 Dimensionen der Religion bei CHARLES Y. GLOCK

1. ***Die Dimension religiöser Erfahrung.*** In allen bekannten Religionen sei die Annahme anzutreffen, dass der religiöse Mensch Zugang zur letzten Wirklichkeit *erfahren* kann (in Demut oder Glücksgefühl, „leidenschaftlicher Vereinigung mit dem Universum oder dem Göttlichen“, Verzückung, innerem Frieden);
2. ***Die ideologische Dimension.*** GLOCK unterscheidet in dieser Kategorie
   a) Glaubensaussagen, deren primäre Aufgabe „darin besteht, die Existenz eines göttlichen Wesens zu behaupten und dessen Natur zu bestimmen“ (z.B. der Gott, der in Jesus Christus Mensch geworden ist);
   b) Glaubensaussagen, „die Inhalt und Ziel des göttlichen Willens erläutern“ und dabei die Rolle des Menschen definieren (z.B. der göttliche Heilsplan und die prinzipielle Unfähigkeit des Menschen zur Selbsterlösung);
   c) Glaubensaussagen, die sich „auf die Erfüllung und Verwirklichung des göttlichen Zielwillens beziehen“ (als Grundlage „religiöser Weltkritik“). Diese drei Komponenten werden in den Religionen unterschiedlich gewichtet;
3. ***Die ritualistische Dimension.*** Sie umfasst „alle jene spezifischen religiösen Praktiken ..., an die sich die Anhänger einer Religion zu halten haben“ (Gebete, Gottesdienste, Fasten, Feste);
4. ***Die intellektuelle Dimension.*** Sie meint „den Umstand, dass vom religiösen Menschen in allen Religionen erwartet wird, dass er mit den grundlegenden Lehrsätzen seines Glaubens und den heiligen Schriften bekannt und vertraut ist“;
5. ***Die Dimension der Glaubenskonsequenzen.*** Hier erscheinen alle religiösen Erwartungen und Vorschriften, welche Einstellung Menschen auf Grund ihres Glaubens einnehmen und was sie tun sollen. Diese Kategorie soll alle „säkularen Effekte religiösen Glaubens“ erfassen und in gewisser Weise die vorgenannten Dimensionen zusammenfassen (ebd.151f; 156).

✐ Die folgende Skizze konkretisiert diese Dimensionen für eine Jugendstudie Anfang der 1990er Jahre (HEINER BARZ 1992, 26, überarb.): Welche Dimension hat oder welche Dimensionen haben Ihrer Meinung nach für heutige Jugendliche vorrangige Bedeutung?

Zugänge zu Glocks Dimensionen

Erleben	Angst, Geborgenheit, Glück, Symbole, Feste, auratische Orte, Okkultismus, Erwählung etc.
Glaube	Bekenntnisse, Gottesbegriff, Christusbild, Glaube an Wiedergeburt, Sünde, Wunder, Lebenssinn etc.
Ritual	Gottesdienst, Konfirmation, autotherapeutische okkulte Rituale, Jugendweihe, Feste, Gebete
Wissen	Bibel, Jesus, Fremdreligionen, Religion im Alltag, religiöse Sozialisation, New Age, Okkultismus etc.
Konsequenzen	Ethik im Alltag, Lebenskrisen, Zeiterleben, Glaubwürdigkeit, Traumberuf, Soziales Engagement etc.

1.5 Die Ambivalenz von Religion: heiße und kalte, betäubende und befreiende Religion (religionskritisch-sozialpsychologischer Zugang)

Religion kann Menschen neurotisieren, sie in Wahnvorstellungen treiben, unmündig halten, für Kriege fügsam und intolerant machen, Religion kann Menschen auf ein besseres Jenseits vertrösten, sie kann aber auch den Protest gegen ein „gottloses", verbrecherisches Regime wecken, ihn wach halten und ihm befreiende Impulse verleihen. Religion kann Menschen abhängig halten in der unhinterfragten Autorität herrschender Zustände, sie kann willfährig und unkritisch machen, sie kann Menschen aber ebenso frei machen zum unerschrockenen Eintreten für ein menschlicheres (Zusammen-)Leben. Die heute verbreitete Auffassung einer angenommenen **Ambivalenz religiöser Lebensorientierung** zählt zum Erbe der Aufklärung.

✐ Gehen Sie die folgende Liste, die die positiven Potenziale religiöser Lebensführung zusammenfasst, einmal durch und notieren Sie Gegen-Sätze, wo es Ihnen angebracht erscheint!

Potenzielle konstruktive Wirkungen von Religion	Potenzielle destruktive Wirkungen von Religion
„a) Funktionen der Religion für den einzelnen Menschen:	
Wirklichkeit und elementaren Lebenserfahrungen Sinn und Bedeutung geben;	

Lebensziele anbieten und Selbstverwirklichung begünstigen;	
Krisensituationen annehmen und bewältigen;	
Wertorientierung und Transzendenzerfahrung ermöglichen;	
in Übergangssituationen ('Lebenswenden') begleiten;	
Sinn stiften;	
Grunderfahrungen in größere Zusammenhänge stellen;	
emotional stabilisieren, entlasten, Angst reduzieren;	
Schutz bieten und trösten angesichts von Leid, Scheitern, Unrecht, Schuld und Tod.	
b) Interpersonal: Religion	
formuliert, überliefert und interpretiert Regeln und Verhaltensweisen für das soziale Handeln; sucht und fördert kommunikatives Handeln;	
c) Gesellschaftliche Funktionen: Religion	
bietet grundlegende Werte und Normen an, die das Zusammenleben der Menschen ermöglichen und stabilisieren;	
hinterfragt bestehende (Herrschafts-)Verhältnisse und drängt auf Veränderung;	
wirkt gemeinschaftsbildend;	
weckt und hält Sehnsucht wach" (FREUDENBERG/GOßMANN, 1988, 13).	

Gegenüber einer distanziert-funktionalen Problemsicht bleibt die entscheidende Frage die nach einer wertenden *Beurteilung* religiöser Lebensführung: Wirkt Religion lebensförderlich oder wirkt sie als „narkotische Droge", mit der Menschen „in den Schlaf gelullt" werden, wie der alte GOETHE 1830 gegen rheinische Erweckungskreise polemisierte?

KARL MARX (1818–1883) hat diesen aufgeklärten Antiklerikalismus theoretisch und praktisch radikalisiert. „Das religiöse Elend ist *in einem* der *Ausdruck* des wirklichen Elends und *in einem* die *Protestation gegen* das wirkliche Elend. Die Religion ist der Seufzer der bedrängten Kreatur, das Gemüt einer herzlosen Welt, wie sie der Geist geistloser Zustände ist, sie ist Opium des Volks."[8] Wo Religion ist, ist der Mensch und ist die Gesellschaft

noch nicht zu sich selbst gekommen, Religion ist Ausdruck eines menschenunwürdigen Daseins und vertröstet, dieses Dasein zu ertragen. Religion ist die Einheit dieses Widerspruchs: Protest zu sein gegen das Elend und „in einem" dessen „Heiligenschein" und „Rechtfertigung".
Der humanistische Sozialpsychologe ERICH FROMM (1900–1980) war neben anderen der Auffassung, die von Marx behauptete prinzipiell widersprüchliche Wirkung von Religion (sie *ist immer zugleich* Protestation und Sanktion) in eine *ambivalente* Sichtweise auflösen zu müssen – Religion *kann* unter bestimmten Voraussetzungen Protestation gegen das Elend sein, und sie *kann* unter bestimmten Voraussetzungen das Elend mit religiöser Weihe sanktionieren: **„Die Frage lautet nicht: *ob Religion oder ob nicht?* sondern: *welche Art von Religion?*** Fördert sie die Entwicklung des Menschen, die Entfaltung der spezifisch menschlichen Kräfte, oder lähmt sie diese Kräfte?" (FROMM, 1950/1989, 243f Hervorh. H. N.). Als Ergebnis eines interreligiösen Vergleichs der Gottesvorstellung und des Menschenbildes unterscheidet Fromm zwei Typen einer „heißen und kalten", einer „autoritäten und humanitären" Religion:[9]

Autoritäre Religion:	***Humanitäre Religion:***
„Religion ist die Anerkennung einer höheren unsichtbaren Macht von Seiten des Menschen; einer Macht, die über sein Schicksal bestimmt und Anspruch auf Gehorsam, Verehrung, Anbetung hat."	Religion ist die Empfindung des Einsseins mit dem All, gegründet durch die Beziehung zur Welt, die durch Denken und Liebe erfasst wird.
Haupttugend: Gehorsam; Kardinalsünde: Auflehnung	*Haupttugend:* Selbstverwirklichung; Sünde: Unterwerfung (Gesetzesgehorsam)
Gott: Allmächtig, allwissend, Sinnbild für Stärke, Herrschaft und Macht über die Menschen.	*Gott:* Sinnbild für die Eigenkräfte des Menschen, die er zu verwirklichen sucht.
Mensch: ist unfähig, die Wahrheit zu erkennen, macht- und bedeutungslos, Verleugnung der eigenen Stärke, Empfindung der eigenen Nichtigkeit.	*Mensch:* ist wahrheits- und liebesfähig, Gefühl des Zusammenhangs mit allen Lebewesen.
Grundstimmung: Kummer und Schuldgefühle	*Grundstimmung:* Freude

Ein weit gefasster Begriff von Religion[10] erlaubt es FROMM, auch säkulare „Objekte der Hingabe", an die Menschen „ihr Herz hängen" (MARTIN LUTHER), auf ihren religiösen Charakter hin zu erforschen – totalitäre Ideologien, die „Kultur der Habens", das Geld oder den totalen Markt. Anders als der *mainstream* von Religionssoziologie und -phänomenologie bezieht FROMM einen parteiischen Standort im Horizont der jüdisch-christlichen und humanistischen Traditionen. Als deren gemeinsame Aufgabe sieht es FROMM an, „Echtes vom Unechten", „Wahrheit von Schwindel", menschengemachte, dingliche Idole, die den Menschen ärmer machen, unterscheiden zu lernen von echter Religiosität, die die spezifisch menschlichen Entwicklungskräfte zu entfalten hilft. Die „radikale Kritik der Gesellschaft" hat nach FROMM daher eine „religiöse Funktion; sie ist die Entlarvung der Idole und damit die Bedingung echter Religiosität. Die Aufdeckung der Idole und damit ihre Bekämpfung ist das gemeinsame Band, das christliche und nicht-theistische religiöse Menschen vereint, oder, wie ich meine, vereinen sollte" (E. FROMM, Religion und Religiosität [1972], in E. FROMM [1989], 298f).

Die Frage nach dem „gemeinsamen Band", das FROMM zwischen Christen und anderen religiösen Menschen zu knüpfen aufruft, um „Wahrheit und Schwindel" zu unterscheiden, steht heute, radikaler als es FROMM ahnen konnte, ganz oben auf der Tagesordnung – zwischen religiösen und säkularen Lebensentwürfen (intersäkularer Dialog), zwischen Christen verschiedener Konfessionen (interkonfessioneller/ökumenischer Dialog), zwischen Angehörigen verschiedener Religionen (interreligiöser Dialog).

Literatur

BARZ, HEINER: Postmoderne Religion. Die junge Generation in den Alten Bundesländern (Jugend und Religion 2), Opladen 1992; BERGER, PETER L.: Sehnsucht nach Sinn. Glauben in einer Zeit der Leichtgläubigkeit, Frankfurt/M./New York 1994; BOLZ, NORBERT/BOSSART, DAVID: Kult-Marketing. Die neuen Götter des Marktes, Düsseldorf [2]1995; DER SPIEGEL: Nur noch jeder Vierte ein Christ, 46. Jg. (1992), Nr. 25 v. 15.6.1992, 40ff; ELIADE, MIRCEA: Geschichte der religiösen Ideen, Bd. 1–4, Freiburg i. Brsg. [3]1997; FREUDENBERG, HANS/GOẞMANN, KLAUS: Sachwissen Religion, Göttingen 1988; FROMM, ERICH: Psychoanalyse und Religion (1950), GS Bd. VI, München 1989, 227–292; GLOCK, CHARLES Y.: Über die Dimensionen der Religiosität, in: MATTHES, JOACHIM: Kirche und Gesellschaft. Einführung in die Religionssoziologie, Reinbek bei Hamburg 1969, 150–168; GRÜBEL, NILS/RADEMACHER, STEFAN (Hg.): Religion in Berlin. Ein Handbuch, Berlin 2003; GRÜNBERG, WOLFGANG/SLABAUGH, DENNIS L./MEISTER-KARANIKAS, RALF: Lexikon der Hamburger Religionsgemeinschaften, Hamburg [2]1995; VON HENTIG, HARTMUT: Glaube. Fluchten aus der Aufklärung, Düsseldorf 1992; HÖHN, HANS-JOACHIM: Gegenmythen. Religionsproduktive Tendenzen der Gegenwart (Quaestiones Disputatae 154), Freiburg im Breisgau 1994; HOMANN, HARALD: Religion, in: Wörterbuch der Religionssoziologie, hg. von DUNDE, SIEGRFRIED, Gütersloh 1994, 260–267; LUCKMANN, THOMAS: Die unsichtbare Religion, Frankfurt/M. 1991 (New York 1967). LUHMANN, NIKLAS: Funktion der Religion, Frankfurt/M. [2]1982; MATTHES, JOACHIM: Religion und Gesellschaft. Einführung in die Religionssoziologie I, Reinbek bei Hamburg 1967; MENSCHING, GUSTAV: Religion, in: RGG, Tübingen [3]1961, Fünfter Band, Sp. 961–968. VIERZIG, SIEGFRIED: Religion in der Gesellschaft (Kohlhammer TB 1034), Stuttgart 1979; ZAHRNT, HEINZ: Gotteswende. Christsein zwischen Atheismus und Neuer Religiosität, München 1989, DERS.: Glauben unter leerem Himmel. Ein Lebensbuch, München 2000.

---

1 Zit. bei F.-O. SANDT: Religiosität von Jugendlichen in der multikulturellen Gesellschaft. Eine qualitative Untersuchung zu atheistischen, christlichen, spiritualistischen und muslimischen Orientierungen, Münster/New York 1996, 99.

2 Soweit Religionsgemeinschaften allerdings den Status einer „Körperschaft des öffentlichen Rechts" erlangen wollen (und damit z.B. das Recht auf Erteilung von Religionsunterricht in Übereinstimmung mit ihren Grundsätzen oder das Besteuerungsrecht), entscheidet der Staat auch heute die Frage, was für ihn eine Religion sei, nach Kriterien, die den altehrwürdigen Hamburger Konzessionsbedingungen nicht unähnlich sind. Eine „Religion" in diesem rechtlich definierten Sinne muss über eine verfassungsmäßige Ordnung verfügen, die wie die Zahl ihrer Mitglieder Rückschlüsse auf einen gewissen Rückhalt in der Bevölkerung zulässt und damit die „Gewähr der Dauer" bietet (Art. 137, 5 WRV). So sind bislang Bemühungen islamischer Vereinigungen, die Rechtsfähigkeit einer Körperschaft des öffentlichen Rechts zu erwirken, an der fehlenden Voraussetzung einer Verfassung, die u.a. die Frage der Vertretung dieser Religionsgemeinschaft/en gegenüber den Staat regelt, gescheitert. Zum ersten Mal hat im November 1998 das Berliner Oberverwaltungsgericht entschieden, dass der Verein „Islamische Föderation" grundsätzlich das Recht auf die Erteilung von Religionsunterricht in der Hauptstadt in Anspruch nehmen könne (FR v. 5.11.98).

3 In: Junge Kirche, 53. Jg. (1992), Heft 7, 405.

[4] Reden über die Religion. An die Gebildeten unter ihren Verächtern (1799), R. OTTO (Hg.), Göttingen [6]1967, bes. Rede 1 und Rede 2.

[5] Zit. nach MOLTMANN, JÜRGEN: Das Experiment Hoffnung, München 1974, 31.

[6] In diesen Zusammenhang ist die interessante Beobachtung einzuordnen, dass in der evangelischen Religionspädagogik die Auffassung vertreten wird, der didaktische Weg zur „Welt der Religion" führe (notwendig) über die Sprache der Psalmen (INGO BALDERMANN), während auf katholischer Seite HUBERTUS HALBFAS der Meinung ist, dass in den „archaischen Fundamenten" der Symbolik von Naturreligionen eine unabweisbare Grundlage und Voraussetzung jedweder Religionsdidaktik zu sehen sei (HALBFAS, HUBERTUS: Religionsunterricht in der Sekundarschule, Lehrerhandbuch 7, Düsseldorf 1994, 63ff; BALDERMANN, INGO: Wer hört mein Weinen? Kinder entdecken sich selbst in Psalmen [WdL, Bd. 4], Neukirchen-Vluyn [5]1995).

[7] Seine Unterscheidungen sind z.T. „Kinder der Zeit", insoweit sie die Überlegenheit des Christentums über andere Religionen voraussetzen. So werden etwa in MENSCHINGs Typenpolarität das Judentum und der Islam entgegen deren eigenem Selbstverständnis dem Typus der „fordernden", das Christentum dem Typus der „schenkenden" Religionen zugeordnet. Andere Ordnungsschemata bleiben gleichwohl hilfreich.

[8] MARX, KARL: Zur Kritik der Hegelschen Rechtsphilosophie, in: KARL MARX/F. ENGELS: Über Religion, Berlin (DDR), 1958, 30f (Hervorh. H.N.).

[9] Zitiert aus: Religionsgespräche. Zur gesellschaftlichen Rolle der Religion (Reihe Theologie und Politik, hg. v. H. E. BAHR, Bd. 10), Darmstadt/Neuwied 1975, 33f.

[10] „Religion ist jedes System des Denkens und Tuns, das von einer Gruppe geteilt wird und dem Individuum einen Orientierungsmaßstab und einen Gegenstand zur Hingabe bietet" (E. FROMM, 1950/1989, 241).

2 Religionsfreiheit, Religionskompetenz, Religionsdialog – drei Zeitansagen in religionspädagogischer Perspektive

(Harry Noormann)

Zwei Schlüsselbegriffe beherrschen die (religions)soziologische Zeitdiagnose: religiöse Pluralität und **Individualisierung** religiöser Orientierung und Identität. Was sich hinter ihnen verbirgt, kann die folgende Geschichte veranschaulichen:

Claudia verbringt ein Jahr als Austauschschülerin im US-amerikanischen Philadelphia. Die siebzehn Jahre ihres Lebens hat sie mit ihren Eltern und zwei jüngeren Brüdern in einem Dorf unweit von Göttingen verbracht – ein ganz normaler Lebensweg in einer ganz normalen Familie in einem ganz normalen Ort. Gewiss, es war auch für Göttinger Verhältnisse nicht eben typisch, ein Zuhause zu haben, das gemeinhin „intakt" heißt. Auch ist es nicht typisch, eine Kirchenvorsteherin der lutherischen Gemeinde zur Mutter zu haben, die dafür gesorgt hatte, dass Claudia sich von klein auf den Menschen im Dorf und dem Dorfleben zugehörig wusste. Gewisse Dinge gehörten einfach dazu, die Kinderkirche wie das Osterfeuer und das Pfingstfest, der nicht ganz regelmäßige Gottesdienstbesuch, die Feier der Konfirmation im großen Kreis von Verwandten und Nachbarn. Zum Jugendtreff im Gemeindehaus ging sie aus eigenem Antrieb, nicht nur, weil sie die Räume mit gestaltet hatte und im Projekt „Schüler helfen Schülern" aktiv war. Fasziniert war sie von der neuen Pastorin aus Sachsen-Anhalt, die unglaubliche Geschichten darüber zu erzählen wusste, wie hart es zuweilen gewesen war, in der DDR als junger Mensch dafür einzustehen, ein Christ zu sein.

In welch einer kleinen Welt hatte sie gelebt! Sie erscheint Claudia plötzlich seltsam fern und unwirklich. Hier in den USA pflegen ihre baptistischen Gasteltern bei Tisch zu beten, was sie von Zuhause nicht kennt und ihr ebenso unbehaglich ist wie das Gefühl, sonntags im Familienkreis die theatralische TV-Show eines Predigers aus dem Mittelwesten ansehen zu sollen.
Am langen Weg zur lutherischen Gemeinde am anderen Ende der Stadt finden sich Dutzende von Kirchen aller möglichen Denominationen – Dutzende von über 900 Religionsgemeinschaften in den USA![1] Das nächstgelegene Haus der Quäker hat Claudia zum monthly meeting mit einer Freundin von der Secondary Highschool besucht. Das soziale Engagement dieser Gemeinde war für Claudia bewegend. Was hatte sie, was diese sympathischen Mitchristen nicht hatten? War sie nur lutherisch durch den Zufall der Geburt?
Und überhaupt: Wenn schon religiös, warum dann eigentlich christlich? Unter den 20 jungen Leuten in Claudias classroom fehlt keine menschliche Hautfarbe; Die kulturelle und religiöse Vielfalt der Erde scheint auf diesem Fleck versammelt, und doch lachen alle über denselben Witz, bewegen sich zur selben Musik und schwitzen gemeinsam über den Testbögen. Was sie zusammen „kultig" finden, überdeckt „kulturelle" Verschiedenheiten. Gelegentlich blitzen diese auf, wenn Benjamin und Barak wütend über Luftangriffe gegen den Irak streiten; sie werden sichtbar in Kleidungsstücken, Amuletten, Festtagen und Festzeiten. Im Physikkurs sitzt Claudia neben Chung, in deren Wohnung sie einen kleinen Hausaltar für den Gott Pusa im fernen Taipeh gesehen hat. Auf welch vielfältige Weise Menschen leben, feiern und glauben, das ist für Claudia eine aufwühlende, zugleich faszinierende und verwirrende Erfahrung, weil sie die Frage nicht mehr loslässt, wie eigentlich sie selbst leben und was sie glauben will.

PETER L. BERGER[2] gibt aufschlussreiche Hinweise, um Claudias Erlebnisse zu interpretieren. Claudia ist in einem relativ *homogenen Sozialmilieu* aufgewachsen, in dem der Inhalt und die Form dessen, was lutherisches Christentum ausmacht, im *traditionsgeleiteten Konsens* definiert ist. Glaubensinhalte, Ge- und Verbote, Riten und Feste hatten zwar keine unbefragte und selbstverständliche Autorität, aber sie boten einen gewachsenen und verlässlichen Lebensraum, in und an dem Claudia wachsen konnte. „Im Dorf war sicherlich vieles

nicht sehr schön, aber man wusste wenigstens, wo man stand; man lebte in einer sicheren, fest gefügten Welt; man wusste, wer man war" (P. L. BERGER, a.a.O. 38).
Hinauskatapultiert aus den vertrauten Sicherheiten ihrer Lebenswelt zwingt die hautnahe Konfrontation mit einer Vielzahl von nebeneinander existierenden christlichen Konfessionen und einer Vielzahl von Religionen, die in konkreten Menschen in unmittelbarer Nähe gegenwärtig sind, Claudia zum ersten Mal, andere christliche und nicht christliche Lebensweisen ernsthaft in den Möglichkeitshorizont des eigenen Lebens einzubeziehen.
Pluralität relativiert, die eigene, vertraute Weltsicht muss sich in fremden Weltsichten neu sehen und inmitten ihrer Präsenz neu verorten. „Die Ambivalenz dieser Erfahrung liegt auf der Hand: Sie ist einerseits eine **große Befreiung**, andererseits eine **tiefgründige Verunsicherung"** (37f, Hervorh. H. N.).
Die befreiende Chance könnte für Claudia darin liegen, in Kenntnis und Erleben anderer Konfessionen und Religionen

- entweder ihre „*alte*" Identität reflektierter und abgeklärter zu bewahren oder
- eine *neue*, erfülltere religiöse Identität zu entwickeln oder
- sich probehalber einzulassen auf Lehren und Lebensweisen, die *verschiedenen* konfessionellen und religiösen *Traditionen* entstammen.

Die riskante Verunsicherung könnte aber auch in Überforderung enden, würde Claudia die Zumutung der Pluralität so bedrohlich erleben, dass sie sich verbunkert gegen Infragestellungen bisheriger Weltsichten und Halt sucht in unverbrüchlichen Wahrheiten, die sie, komme was wolle, nicht zur Disposition stellen will (**Fundamentalismus)**; oder aber sie könnte zu der Überzeugung gelangen, die Menschen der verschiedenen Glaubensgemeinschaften hätten auf ihre Weise alle eine Wahrheit auf ihrer Seite. Dann fiele ihr schwer, in der gleich-gültigen Vielfalt überhaupt noch einen eigenen Stand zu finden, und sie würde sich von Fall zu Fall ihrer Haltung mal hier, mal dort vergewissern (**Relativismus,** Eklektizismus, Synkretismus).

Der Pluralismus verwandelt lebensgeschichtliche, schicksalhafte Bindungen in „eine Welt von Optionen". Aus „Geboten" der Lebenswelt und Tradition werden „Angebote", die zur Kenntnis zu nehmen und zu bewerten und zwischen denen bewusst Entscheidungen zu treffen sind. Der Pluralismus eröffnet die Möglichkeit, auch in Fragen der Religion befreit von Sanktionsangst zu wählen. Vom Schicksal zur Wahl – die Entscheidung für oder gegen Religion, für oder gegen welche Tradition muss durchs Nadelöhr der subjektiven Anerkennung. Pluralität ermächtigt und erzwingt die **individuelle Entscheidungsfindung** in Antworten auf religiöse Fragen. Ambivalenz auch hier. Das Individuum hat auch in religiösen Angelegenheiten keine Wahl – als zu wählen. BERGER hat daher treffend vom „häretischen Imperativ" gesprochen (das griechische Wort *hairesis* bedeutet „Wahl". „Der Häretiker ist einer, der die Tradition nicht insgesamt aufnimmt, sondern darin herumstöbert, dieses auswählt und jenes nicht" [P. L. BERGER, 40]).

2.1 Religionsfreiheit – „Nur wer sich selbst entfaltet, bewirkt Gutes" (Buddhistisches Sprichwort)

✐ Wie stehen Sie zu folgenden Aussagen: Stimmen Sie zu oder verneinen Sie?
„Ich glaube, in jeder Religion stecken Wahrheiten."
„Auch andere Religionen verfügen über wahre Erkenntnisse; Christen können von ihnen lernen."

In einer Repräsentativumfrage an westdeutschen Hochschulen 1990 fanden diese Statements bei drei Vierteln aller Studierenden einen breiten Zuspruch. 69% lehnten zugleich die Thesen ab, das Christentum sei die „einzig akzeptable Religion" und man könne nur eine Religion haben. Es müsse durchaus nicht das Christentum sein, Mischformen seien denkbar, meinten 70%. Und: Höchste Zustimmung erfuhr die „selbst gemachte Weltanschauung“, in der „auch Elemente des christlichen Glaubens enthalten sind.“[3]

Die Studie zeigt, es braucht keine Amerikareise, um Claudias Erfahrung zu teilen – das pluriforme Erscheinungsbild von Religion befreit und nötigt auch hier zu Lande zur mühevollen und konfliktreichen Selbstthematisierung: „Was und wie will *ich* glauben und leben?“

Wer heute als junge/r Erwachsene/r das Fachstudium aufnimmt, mag in dieser Frage und den fast lakonischen Antworten der Umfrage Aufregendes kaum entdecken. Tatsächlich deuten die Antworten auf einen nie da gewesenen allgemeinen Bewusstseinswandel, der in der überschaubaren Zukunft die ganze Energie und Fantasie angehender Religionslehrerinnen in Anspruch nehmen wird. Zusammenfassend lassen sich seine strukturellen Merkmale wie folgt umreißen (Vgl. KUNSTMANN, 1997):

1. *Eine „Welt der Optionen“ hat auch den sozialen Lebenszusammenhang von Alltag, Weltsicht und Glaube abgelöst.* Die modernen Lebenswelten haben den tradierten christlichen Glauben weithin „entkontextualisiert“, ihm gleichsam die Bodenhaftung genommen. Die Erfahrungswelt von Kindern und Jugendlichen schafft hinsichtlich ihrer religiösen Orientierung wenige Abriebsflächen („Traditionsabbruch“). Sie können sich, anders noch als ihre Eltern- und Großelterngeneration an gelebten Formen und Normen des Glaubens nicht mehr abarbeiten – was die wenigsten bedauern oder beklagen mögen. Aber: Der „Schutz gewachsener Lebenswelten ist nicht mehr garantiert. Damit stellen sich die uralten Fragen nach verlässlichen Bindungen stärker, denn die Suche danach ist schwieriger geworden.“[4]

2. *Religiöse Pluralisierung* umfasst komplexe, gleichzeitig ablaufende Prozesse:

a) Sie *schwächt das historische Monopol einer kirchlich definierten Christlichkeit.* Soziologen (P. L. BERGER, N. LUHMANN) und Theologen (TRUTZ RENDTORFF, DIETRICH RÖSSLER) stimmen überein in einer notwendigen *Unterscheidung zwischen kirchlichen, gesellschaftlichen und individuellen Formen des Christentums.*

b) Die Auflösung kirchlicher Milieus *beschleunigt eine innerkirchliche Pluralisierung* (feministisch, befreiungstheologisch, volkskirchlich, charismatisch, fundamentalistisch orientierte Gruppen und Personen) und stärkt die Präsenz einer Vielzahl christlicher Gemeinschaften und Kirchen.

c) Die alltagskulturelle, zum Teil „kulturstiftende“ Präsenz fremder, heteromorpher (vielgestaltiger) Religiosität und die Rückverlagerung religiöser Vergewisserung in die Entscheidungsfreiheit des Individuums, *schafft vermehrte Möglichkeiten, die Suche nach eigenem Glauben auf Angebote aus anderen Kulturen und Religionen ausgreifen zu lassen* und „kombinatorische Muster“ der Identifikation zu erproben.[5]

Zeichnung: Hans Traxler

Eine empirische Kernthese unabhängig voneinander entstandener Untersuchungen lautet: Religiöse Vorstellungen Jugendlicher haben sich aus der christlichen Sprache und Symbolik herausgelöst, haben sich „abgekoppelt“ vom christlichen Traditionsstrom und werden bausteinhaft zu subjektiv stimmigen Deutungsmustern zusammenmontiert: Das Gottesbild hat sich abgelöst von der Person Jesu Christi, der Mensch Jesus genießt hohes Ansehen bei gleichzeitiger entschiedener Ablehnung, dem Kreuzestod einen positiven, gar Heils-Sinn zu unterlegen, Nächstenliebe erfährt eine hohe Wertschätzung ohne christliches „Drumherum", Wiedergeburtslehren erscheinen plausibler als biblische Bilder postmortaler Existenz.[6]

3. *Religiöse Pluralität bedeutet* für Heranwachsende einen einschneidenden, tendenziellen *Wandel* von einer „protektionistischen" (milieugeschützten) *zu einer „autopoietischen" (selbstbewerkstelligten) Sozialisation.*[7] Religiöse Orientierung und Vergewisserung bleibt eine biografische Leerstelle oder wird zum biografischen Selbstprojekt „auf eigene Faust". Es ist „inzwischen selbstverständlich geworden, dass Sinn, Orientierung und Selbst-Identität nicht mehr abrufbar sind, sondern aus eigener Anstrengung generiert werden müssen und dabei doch stets vorläufig, relativ und revidierbar bleiben."[8] Die schicksalhaft unabänderliche Bindung früherer Generationen an eine Konfession und Religion wird tendenziell abgelöst von versuchsweise, probehalber übernommenen Identifikationen.

4. Die neue Situation der Vielfalt „unterschiedlichster Lebensformen, Wissenskonzeptionen und Orientierungsweisen"[9], kann *drei idealtypische Reaktionen* auslösen:

a) Verstärkung einer abgrenzenden Grundhaltung, identitätssichernder Rückzug auf eine „eiserne Reserve" *fundamentaler Glaubenswahrheiten*, entspringend aus der Sehnsucht nach Verlässlichkeit und Übersichtlichkeit;
b) Präferenz für einen *postmodern-programmatischen Relativismus* – mit dem Anspruch, verschiedenen religiösen Traditionen objektiv, tolerant und offen gegenüberzutreten und ihnen gerecht zu werden, ggf. unter Verzicht auf eine „gewisse" Entscheidung für das eigene Leben.
c) *Einüben von Unsicherheitstoleranz* (N. LUHMANN): Geduld und Beharrlichkeit, um inmitten der Vielzahl religiöser und säkularer Sinnstiftungen probehalber einen Standort zu suchen, der unverwechselbar eigenen „Sinn macht" und zugleich gesprächsfähig bleibt für neue Erfahrungen und Sichtweisen.

5. Je stärker Religion eine ureigen persönliche, individuelle Angelegenheit wird und sich aus institutionellen Zusammenhängen löst, desto weniger treten *religiöse Überzeugungen* im Zusammenleben der Menschen offen in Erscheinung, sie *werden immer mehr zu einem „Bestandteil der Intimsphäre, ja geradezu zu einem persönlichen Geheimnis"* (Tendenz zur „privaten", „unsichtbaren Religiosität").[10]

✎ Auch religionspädagogisch werden Sie die genannten Reaktionsweisen auf religiöse Pluralität wieder antreffen (christliche Grundsätze vermitteln, „objektiv informieren", die Balance zwischen Positionalität und Verständigung wagen).

1. Wie würden Sie den selbst erlebten Religionsunterricht zuordnen? Welcher Typus überzeugt Sie am meisten?
2. Finden Sie die folgenden Begriffe zur Diagnose der neuen Religionsfreiheit angemessen oder welche Bedenken machen Sie geltend? Patchwork-Identität (religiöse Flickenteppichnäherei), unbehauste, vagabundierende Religiosität; Bastelbiografie, Instant- und Fastfoodreligion, religiöser Analphabetismus, Religion aus der Verbraucherberatung.
3. „Mein Onkel war 'entweder – oder', mein Vater war 'sowohl als auch' und ich bin 'weder – noch'" – so lautet ein geflügeltes Wort des Theologen SØREN KIERKEGAARD aus der 1. Hälfte des 19. Jahrhunderts. Wo sehen Sie trotz überraschender Aktualität und Zeitgeistnähe von KIERKEGAARDs Ausspruch wesentliche Unterschiede zur gegenwärtigen Situation?

2.2 Religionskompetenz – Lebensverheißungen im Angebot – Angebote des Lebens: erkennen, unterscheiden, beurteilen

„Life After God – Leben nach Gott" heißt der Titel des jüngeren Buches von DOUGLAS COUPLAND, dem Autor des „Kultsellers" „Generation X".[11] Es zeichnet in düsteren Farben das Bild der ersten Generation, die „ohne Religion aufgewachsen" und mit ihren Fragen nach Sinn, Liebe und Zugehörigkeit allein gelassen sei – eine paradoxe Situation. Einerseits ist es selbstverständlicher geworden, alltagspraktisch „ganz ohne Religion" zu leben, andererseits wächst allenthalben die Sehnsucht auch nach religiöser Sinngebung. Einerseits teilen immer weniger Heranwachsende die familiäre Beheimatung in religiösen Lebensvollzügen, wie sie die Austauschschülerin Claudia in ihrem Dorf erfahren hat, andererseits sollen sie sich ein selbst verantwortetes Urteil zumuten, ob und welchen Anschauungen sie vertrauen können. Immer mehr wissen immer weniger von der Religion, während immer mehr Religionen und religiöse Verheißungen alle vor die Wahl stellen. Religionsfreiheit steigert den Bedarf an Religionskompetenz, während die Voraussetzungen, Religion kritisch-unterscheidend zu beurteilen, sinken. Dieses Dilemma hat verschiedene Facetten:

a) ‚Religion', so bekunden Studierende in der zitierten EKD-Hochschulstudie, sei „kein wesentlicher Bestandteil ihrer aktuellen Lebenswelt." Religion rangiert bei der Relevanz verschiedener Lebensbereiche (Studium, Job, Freizeit, Kultur, Freunde) „auf dem letzten Platz."[12] Religion wird nicht vermisst, erscheint eher belanglos am Rande der eigenen Lebensordnung. Die Allgegenwart transzendenz- und traditionsloser „Heutigkeit" (F. STEFFENSKY) marginalisiert religiöse Formen der Lebensführung, sie vermag darüberhinaus offenbar auch die „Wut im Bauch" (D. SÖLLE) zu betäuben, aus der die auflehnenden Glaubensfragen gegen das Jetzt- und Sosein erwachsen.
   Die Ausgangsfrage auch für jüngere Jugendliche, nicht zuletzt für die anders „säkularer geprägten" Heranwachsenden in Ostdeutschland[13], heißt daher nicht zuerst „evangelisch oder katholisch?", „christlich oder buddhistisch?" Sie lautet grundsätzlich und fundamental: „Können und sollen religiöse Anschauungen für meine Lebensführung Bedeutung haben oder erlangen?" *Religionskompetenz äußert sich zuallererst in der Möglichkeit und Bereitschaft, Welt, Leben und Verantwortung bei der „Selbstthematisierung des eigenen Lebens" (U. BECK) religiös zu buchstabieren, sich für diese Sprache zu öffnen und offen zu halten.*[14]
b) Religionskompetenz schließt Kenntnisse über Religion und Religionen notwendig ein. Die zunehmende Erfahrungsferne zu religiöser Lebensführung aber korrespondiert mit einem sinkenden Informationsstand über Religion. *Das Christentum gewinnt tendenziell die exotischen Züge einer „Fremdreligion", für das kein kultureller Elementarkanon an Grundgeschichten, Symbolen, Liedgut und Ritualen mehr vorausgesetzt werden kann.* Es unterliegt, wie fernöstliche Spiritualität, die in Gestalt von Meditationstechniken, Kampfsportarten oder eines einnehmend lächelnden DALAI LAMA sternschnuppenhaft aufflackert und wieder verlöscht, einer fragmentisierten Wahrnehmung und Informationsaneignung. Wissensquellen aus zweiter Hand (Medien) fördern die Verfestigung von stereotypen Bildern – dogmatische Enge, Intoleranz und Lustfeindlichkeit im Christentum, starre Regelhaftigkeit im Judentum, ein restriktiver Moralkodex im Islam, Freiheit zur Selbstverwirklichung in hinduistischen Lehren.[15] Umgekehrt vergrößert das Misstrauen gegen „schlüsselfertige Sinngebäude" und die Nötigung zu „individuellen Strickmustern" von Sinnhaftigkeit (K. GABRIEL) die unbefangene Neugier und den Wissensdurst.

Drei strukturelle Überforderungen erschweren unter diesen Bedingungen die Chancen, religiöse Urteilsfähigkeit auszubilden:

- *Religiöse Pluralität ist immer schon präsent und wirksam, bevor pädagogische Begleitung und Hilfe greifen können.* Normal ist, dass im Kindergarten Kinder aus fünf religiösen Gemeinschaften mit Kindern aus „religionslosen" Familien zusammen spielen. Aber noch ist es eher die Ausnahme, dass alltagsweltlich und autodidaktisch erlebte Gemeinsamkeiten und Differenzen einen Ort der reflexiven Verarbeitung vorfinden – selbst eine 10-jährige Schulkarriere bietet dafür keine Garantie.
- Über welche und über wie viele Konfessionen und Religionen bedarf es eines Basiswissens, um in einer nicht bevorurteilten Sichtweise einen eigenen Stand zu fassen? Selbst Fachleute in Sachen Religion werden beim Anblick des Veranstaltungskalenders religiöser Gemeinschaften in einer größeren Tageszeitung beträchtliche Wissenslücken eingestehen müssen. Offenbar führen quantitative Gesichtspunkte nicht zu befriedigenden Antworten. Qualitative Aspekte können weiterführen, z.B. die lebensweltliche Nähe von Konfessionen und Religionen (Nachbarschaftsmodell) und/oder deren kulturelle Bedeutung.
- Kognitives Wissen ist nicht gleichzusetzen mit dem Vermögen, Angehörige einer Religion zu „verstehen." In englischen Studien hat man gar Gegenteiliges beobachtet: Mehr Wissen vergrößert das Differenzgefühl. Bei Grundschulkindern verstärkte eine Unterrichtseinheit über das Judentum die Meinung, Juden seien „nicht englisch." In einer anderen Studie wird gefragt, wieso ein Skinhead, „dem einige Fakten über den Islam beigebracht worden seien, weniger wahrscheinlich sich aufmachen werde, um muslimische Pakistanti zu ‚klatschen'."[17]

Diese Beobachtungen sprechen nicht gegen das unhintergehbare Gebot sachlicher Information, sondern gegen vereinseitigte Erwartungen an eine um objektive „Draufsicht" bemühte Objektivität. Mit PETER L. BERGER vertreten zahlreiche Religionspädagogen die These, es zähle zu den Eigentümlichkeiten religiösen Wissens, dass „die intellektuelle Reflexion der Erfahrung stets nachgeordnet" ist. Erst die „Berühung" mit gelebter Religion stiftet, so BERGER, Anlässe zur Nachdenklichkeit.[18] *Eine Religion kennen lernen hieße demnach, sie sachkundig und in authentischer Begegnung mit bisherigen eigenen Wahrnehmungen und Sichtweisen in Beziehung setzen zu können.* Diesen selbstreflexiven Charakter religiöser Bildung hat der kanadische Religionswissenschaftler W. C. SMITH vor Augen, wenn er rät: „Niemand sollte sich eine Meinung über eine andere Religion bilden, bevor sie oder er nicht einen Freund dieser Religionszugehörigkeit hat."[19]

> „Die Legende von TOLSTOI ‚Wie viel Erde braucht der Mensch?', erzählt von einem Mann, der bis zum Sonnenuntergang jenes Stück Land umschreiten sollte, das ihm anschließend zur Bebauung gehören würde. Er eilt und eilt; aber gegen Abend merkt er, dass er es nicht schaffen würde, den Ausgangspunkt wieder zu erreichen. Er muss sich noch mehr beeilen, er rennt und rennt, aber am Ziel bricht er tot zusammen. Er braucht nur noch wenig Erde, nämlich jene, in der er begraben wird.
> Wie viel Religion braucht der Mensch? In Anlehnung an Tolstoi würde ich sagen: wenig, aber tiefe."[16]

Die größte Herausforderung für die Stärkung der religiösen Urteilskraft von Heranwachsenden liegt vermutlich in der zunehmenden Diffusität religiöser Phänomene. Religiöse Pluralität ist keine Frage der Zahl allein, sondern der Erkennbarkeit und Benennbarkeit des Religiösen in der säkularen Kultur. Die folgende Typisierung beschränkt sich auf Problemanzeigen:

Geschichtlich gewachsene Konfessionen und Religionen sind wissenschaftlichen Methoden der Beschreibung und Analyse relativ problemlos zugänglich. Gleichwohl: Die Binnenvielfalt „des Protestantismus" oder „des Christentums" lässt sich nurmehr zum Preis grober Verzerrungen in ein theoretisches Paradigma zwingen, ihre Entwicklung eilt verallgemeinernden Begriffen voraus („manifeste und latente Kirche" [PAUL TILLICH], „kirchliches" und „anonymes" Christentum [KARL RAHNER]). Anhaltend integrative Prägekraft besitzen zum anderen Formen der **Zivilreligion** (Civil Religion, ROBERT BELLAH), ursprünglich religiöse Anschauungen und Symbole, die sich in den kulturell-gesellschaftlichen Werthaltungen eingelagert haben und von interessierter politischer Seite sorgsam gepflegt werden (Symbolik von Feiern und Ritualen, Eidesformel, religiöse Letztbegründungen in Justiz und Politik) oder die in der Hülle religiöser Gestik profane Inhalte übermitteln (die „Liturgie der Tagesschau" [HANS-MARTIN GUTMANN]).

Dagegen entziehen sich **neureligiöse Bewegungen,** mystisch, magisch oder gnostisch inspiriert, asiatischer, naturreligiöser, keltischer oder germanischer Provenienz, einem trennscharfen Begriff von Religion. **Esoterische Heilungs- und Heilsangebote** verbinden mühelos psychologische Autotherapie-Techniken und fernöstliche Philosophiebrocken, vorchristliche Kulte und astrologische Weisheit zu ästhetischen, musikalischen und spielerisch-erlebnisintensiven „Sinnmodulen", die eine geheimnisvolle Faszination ausüben: Geburts- und Kharma-Horoskop, kabbalistische Namensanalyse, Feuerrituale, Eneagramm, Reveal Power, chinesische Zahlensymbolik, Veda-Zauberformeln, telepathische Begleitung, Transformation des ‚Ich' durch Channel-Wurzelmeditation, musikalische Seelenwanderung und Rückführung in frühere Leben mit der Baummethode, Aurasehen oder das Seelenkissen mit der Füllung aus biologischer Hirse, gleichen sich in ihrer Verheißung, die Seele einzutauchen in den göttlichen Ursprung und die Mitte allen Seins.[21]

> „Die entscheidende religiöse Trennlinie verläuft heute nicht mehr zwischen Christen und Nichtchristen, sondern zwischen den Selbstsicheren und den Unruhiggewordenen, zwischen den Gleichgültigen und den Wartenden, zwischen den Zufriedenen und den Zweifelnden, zwischen denen, die fragen und denen, die nicht mehr fragen ... Es gibt Christen und Nichtchristen, die beide, je in ihrer Art, mit Gott ‚fertig' sind. Und es gibt Christen und Nichtchristen, die noch keineswegs fertig sind mit Gott ... Dabei kann es durchaus geschehen, dass Christen und Nichtchristen miteinander auf dieselbe Seite zu stehen kommen."[20]

Handelt es sich um „religiöse Ausdrucksformen" oder um **religionsähnliche, parareligiöse** (M. ELIADE) oder gar **pseudoreligiöse Phänomene** (H. KÜNG)? Die begrifflichen Grenzen verschwimmen auch dort, wo Handlungen und Haltungen in ihrer Wirkung und Funktion religiöse Qualität aufzuweisen scheinen, obwohl diese subjektiv nicht erlebt und gar nicht als solche gedeutet wird. Fünftklässler haben erstaunlich klare Vorstellungen von Dingen und Personen, die ihnen „heilig" sind und an denen „ihr Herz hängt", weil sie intimes Vertrauen, Liebe, Gemeinschaft und Zugehörigkeit verkörpern.[22] **Funktionale Religionsäquivalente** (H. BARZ) sind in der „ekstatischen Zelebration" eines Popkonzertes zu entdecken, im „Heiligenkult" der „Fangemeinde", dem lukrativen „Reliquienhandel" der großen *unio mystica* im Lichtermeer tausender Kerzen und Feuerzeuge.

✐ Religiöses Ritual und/oder pseudoreligiöses Plagiat? Wie beurteilen Sie folgende Interpretation einer Raveparty?

„Das enorme Manko an sinnlichen Erfahrungen, an Eins-zu-Eins-Erlebnissen, lässt Scharen zu den Tempeln pilgern, so wie frühere Generationen Sonntag für Sonntag zu den Kirchen gepilgert sind. Doch statt in Stille zu verharren und einer Predigt zu lauschen, die von einer anderen Welt erzählt, tanzen sich die Kids an die jenseitigen Bewusstseinssphären heran. Sie werden im Lauf ihrer stundenlangen Reise so leicht, als führte die Reise in den Weltraum. Einem religiösen Ritual ähnlich, einem Tanz oder einem bewegten Gebet, verlieren Arme, Beine und Seele an Gewicht, Spannungen weichen einem angenehmen Gefühl der Schwerelosigkeit. Der stundenlange Tanz reinigt und läutert, trägt Gewicht ab, das sich Tag für Tag auf die Seele legt – die Raves als große Seelen– und Körpermassage. Die Bewegungen der Tanzenden streben aufwärts, ihre Körper sind aufgerichtet, die Rücken gerade. Es sind keine Tänze, die sich der Erde zuwenden, die Raver suchen mit den Händen die Berührung mit dem Himmel".[23]

Um dem grandiosen Erfolg „religionsäquivalenter“ Phänomene in der massenmedialen Kulturindustrie auf die Spur zu kommen, ist über ihre Funktion hinaus nach den Bedürfnissen und Sehnsüchten zu fragen, deren Saiten diese anschlagen. Auf die **religiösen Motive und Gehalte** von Religion in säkularem Gewand alltagsweltlichen Erlebens zielt das Begriffspaar **explizite und implizite Religion** (HANS-GÜNTER HEIMBROCK). Werbespots bedienen sich ausgiebig am Symbolvorrat der Religionen, der den angepriesenen Lebensmitteln die symbolische Macht unterlegt, durch ihren Kauf des Glücks teilhaftig zu werden, das für „kein Geld der Welt“ zu haben ist. Der Rückgriff auf Splitter und Versatzstücke expliziter Religion, aber auch Beispiele seriöser Übertextung von Glaubenstraditionen in der Rock&Poplyrik sind mittlerweile Gegenstand aufschlussreicher Studien.[24]

Religion in der medialen Massenkultur –
zwischen Kitsch, Kommerz und Frömmigkeit[25]

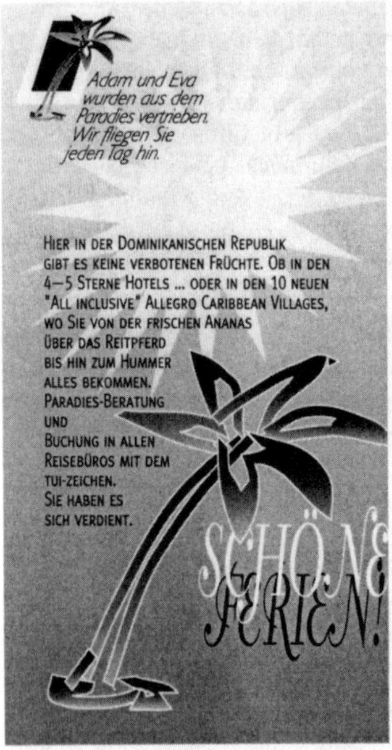

HEAVEN HERE ON EARTH

Man kann in den Sternen Nach der Antwort suchen Nach Gott und Leben auf fernen Planeten suchen Den Glauben ans Jenseits heften Und doch tragen wir alle in uns Die Karte für das Labyrinth Und der Himmel ist hier auf Erden Wir sind der Geist Das gemeinsame Gewissen Wir schaffen den Kummer und das Leid Und die Schönheit dieser Welt Der Himmel ist hier auf Erden In unserem Vertrauen in die Menschheit In unserer Achtung für das Irdische In unserem unerschütterlichen Glauben An den Frieden und die Liebe und das Verständnis Ich habe Engel gesehen und kennen gelernt In der Verkleidung Ganz normale Leute Mit ganz normalen Leben Voller Liebe Mitgefühl Vergebung und Opfer Der Himmel ist in unseren Herzen In unserem Vertrauen in die Menschheit In unserer Achtung für das Irdische In unserem unerschütterlichen Glauben An den Frieden und die Liebe und das Verständnis Schau dich um Glaub was du siehst Das Königreich ist ganz in der Nähe Das Gelobte Land liegt vor deinen Füßen Wir können und werden zu dem werden Was wir werden wollen Wenn der Himmel hier auf Erden ist Wenn wir in die Menschheit vertrauen Und das achten was irdisch ist ...
(TRACY CHAPMAN, NEW BEGINNING, 1994)

Implizite Religion dagegen kommt anonym daher. Sie verbirgt sich subtil in den symbolischen Tiefenschichten z.B. so unterschiedlicher Filmgenres wie dem „Lion King“ mit seinen Anspielungen auf religiöse Ur-Rituale oder in den martialischen Streifen, die um den Sieg über das Böse, den drohenden Untergang der Welt und um ihren erlösenden Retter kreisen (Judgement Day, Armageddon, Terminator). JAMES CAMERONs Megaplot „Titanic“ ist das wohl imposanteste Beispiel der vergangenen Jahre. Es kann gelesen werden als moderne Parabel für die religiöse Zeitdeutung vom zeitlosen Jetzt und der unabänderlich ablaufenden Lebensfrist („*kairos*“ und „*chronos*“) oder als moderne Fassung der Turmbaugeschichte über die Hybris menschlicher Omnipotenzwünsche. Die zentrale Botschaft ist unüberhörbar: Die stärkste Macht des Lebens ist die Liebe, die Klassenschranken, Reichtum, Besitz, die Zeit, selbst den Tod, überwindet. „Und in all dem erzählt, zitiert, montiert dieser Film neu die zentralen Stationen der christlichen Heilsgeschichte: das Opfer, die Lebenshingabe aus Liebe ...; und die Auferstehung als endliche Insrechtsetzung dieses Opfers gegen die Systeme von Macht und Geld, gegen technologischen Größenwahnsinn und kaltherzige Selbstdurchsetzung ...“[26]

Die **Religion des Marktes** erzählt in einer Körper, Geist und Seele anrührenden Weise die wahren Grundthemen religiöser Welt- und Lebensdeutung neu in Gestalt der Ware. Meisterhaft beherrscht sie die Klaviatur der Grundängste und Hoffnungen und ihrer virtuellen Erfüllung.[27]
Die religionskritische Unterscheidung von „echter" und „unechter" Religion (HANS KÜNG) *benennt die wohl anspruchsvollste Fähigkeit religiöser Vergewisserung für die heranwachsende Generation* – zumal in einer Zeit, in der kommerzielle Sinnanbieter sich anschicken, den Markt selbst in einen Kultort zu verwandeln. Die marktgängige „Profanisierung der Religion" geht einher mit einer „Sakrifizierung des Profanen":

„Die postmoderne Werbung übernimmt die Funktion der Religion. Sie entfaltet die Spiritualität des Konsums." „Sportgeschäfte wie etwa 'Niketown' in Chicago inszenieren sich als Kirche für Ikonen, die angebetet werden. MICHAEL JORDAN *und* CHARLES BARKLEY *waren bisher die Hohenpriester. Und 'Niketown' ... zeigt also nur offen, was das Warenhaus schon immer war: Tempel religiösen Rauschs ... Stichwort Kultwaren! Die Werbung schafft eine Welt, in der wir in magische Beziehung zu den Göttern treten ... 'Markentreue' ist ja, was die Amerikaner commitment nennen, also Selbstfestlegung; ich lege mich freiwillig auf eine Marke fest und lehne andere Marktmöglichkeiten ab. Markentreue hat also dieselbe Struktur wie das religiöse Bekenntnis." ... „Ab einer bestimmten Schwelle zivilisatorischer Sättigung zielt der Konsum demnach nicht mehr auf Bedürfnisbefriedigung, sondern auf 'religiöse' Erfahrung. Und wer wissen will, was das Heilige ist, muss einfach einmal das Verhalten eines postmodernen Konsumenten beobachten. Um es auf eine Formel zu bringen: Konsumismus als Religionssystem ... Die Religion des Konsums braucht also kein Dogma, sondern nur Kulte und Rituale. Rituale operieren sprachlos, mit Rhythmus und Stereotyp; sie appellieren an den Körper ... Das Ritual manipuliert die Menschen, indem er ihnen zum Ausdruck verhilft. Das heißt aber auch, dass Rituale 'Emotional Patterns'* (vgl. K. LANGER) *anbieten, in denen man die eigenen Gefühle ausdrücken kann ... Gefühlsmuster verwandeln die übergroße Weltkomplexheit in ein buntes Warenangebot."*[28]

2.3 Religionsdialog – Gemeinsam leben lernen „ohne Angst, verschieden zu sein" (Adorno)

Kaum ein anderes Thema hat die Fachdiskussion in den 1990er Jahren so intensiv beschäftigt wie der Dialog der Religionen und das interreligiöse Lernen. Diese Diskussion ist überfällig. Sie macht zeitweilig aber auch vergessen, dass die Schulwirklichkeit den Religionslehrer/-innen Dialogfähigkeit mit drei (fiktiven) Gesprächspartnern gleichzeitig abfordert:

- Dialog mit den Angehörigen der größten Konfession in Deutschland, den „Konfessionslosen", den Anhängern der „religionsfreundlichen Gottlosigkeit" (J. B. METZ), den kämpferischen Antiklerikalen und erklärten Atheisten (*intersäkularer Dialog*[29]);
- Dialog mit den Angehörigen anderer christlicher Konfessionen, der Katholikin aus Polen, mit griechisch- und serbisch-orthodoxen Eltern, dem charismatischen Pfingstler von der freien Gemeinde (*interkonfessioneller/ökumenischer Dialog*);
- Dialog mit den Angehörigen der größten nicht christlichen Religionsgemeinschaft, den sunnitischen Muslimen, mit jüdischen Mitbürger/-innen, Anhängern der Bahaí oder des Buddhismus (*interreligiöser Dialog*).

An zahlreichen Schulen kostet die alltägliche Auseinandersetzung mit gelassen religionsresistenten Schüler/-innen oder dem dezidiert religionskritischen Ethikkollegen auf der einen Seite, und auf der anderen Seite mit dem Problem, als evangelische Fachkollegin beim Thema „Vorbilder" kompetent über die katholische Tradition der Heiligenverehrung Auskunft zu geben, mehr Energie und Zeit als die Beschäftigung mit anderen Religionen. Diese Bemerkung gegen eine Fixierung auf den Religionsdialog soll nicht einen Augenblick deren Bedeutung schmälern, sondern den *grundsätzlich dialogischen Charakter religionspädagogischer Arbeit* unter heutigen schulischen Bedingungen nachdrücklich bekräftigen.

Der „ökumenische“ und der „intersäkulare“ Dialog haben ihre eigene, längere Geschichte, der Dialog der Religionen hat die ihre noch vor sich. Erst Ende 1998 haben sich nach Jahrzehnten der Migration, in denen Angehörige anderer Kulturen und Religionen längst Nachbarn, Bekannte, Klassenkameraden wurden, Vertreter der Religionen in Deutschland am runden Tisch versammelt, um einen Brief an ihre Glaubensgemeinschaften mit dem Grundtenor zu richten: „Wir kennen uns noch zu wenig.“[30]

Für die christlichen Großkirchen liegt hinter diesem „Durchbruch zum offenen Dialog“ ein mühsamer Erkenntnisprozess (vgl. Kirchenamt der EKD [Hg.], 2003). Hinter der plakativen Formel vom „Verlust des Religionsmonopols“[31] steht ein komplexer Wandel, der in den vergangenen Jahrzehnten eine gewaltige Ortsverschiebung christlicher Kirchlichkeit verursacht hat. Das Christentum bei uns ist zum ersten Mal seit der Konstantinischen Wende (313 n. Chr.!) mit der Tatsache konfrontiert, „dass es – soweit unser Blick reicht – eine bleibende Vielfalt von Religionen und Kulturen gibt.“ REINHOLD BERNHARDT (1998, 71f) unterscheidet acht **äußere, gesellschaftlich-historische Entwicklungen**, die in wechselseitiger Einwirkung eine „atemberaubende Bewegung der Öffnung für die Weisheit und Spiritualität nicht christlicher Religionen“ freigesetzt haben:

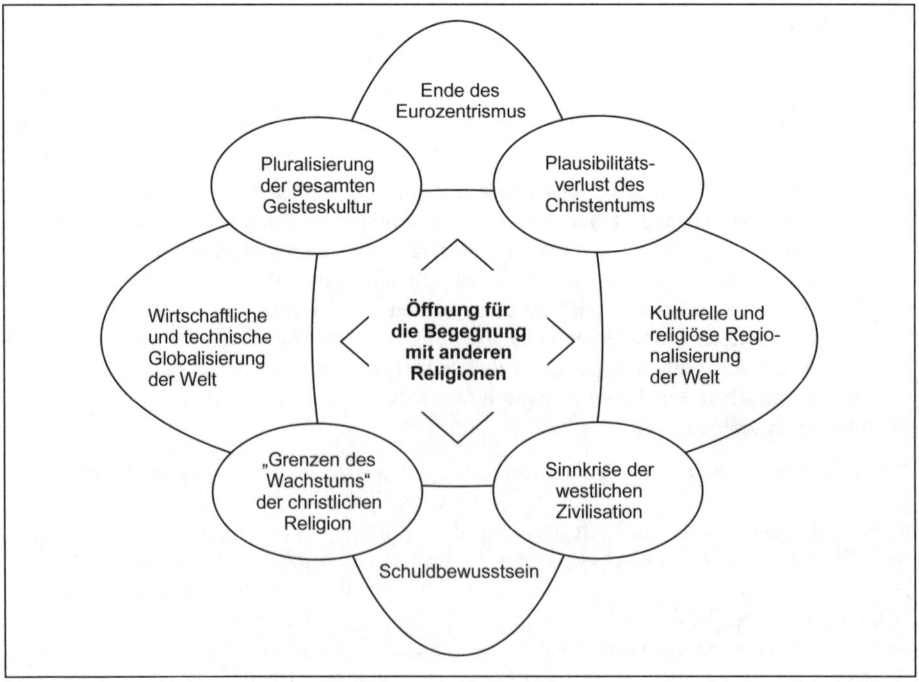

✐ Versuchen Sie aus Ihrer Kenntnis der Zeit- und Kirchengeschichte des 20. Jahrhunderts die Schlagworte der voranstehenden Grafik zu entschlüsseln (BERNHARDT, 1998, 71).

Für Christen, aber auch für jene, die auf dem „Umweg" der Begegnung mit „fremder" Religion das Religiöse für sich überhaupt wieder entdeckt haben, hat dieser epochale Wandel einschneidende Veränderungen in der **inneren, theologischen und spirituellen Grundeinstellung** mit sich gebracht. Die zu Beginn des Jahrhunderts noch vorherrschende Erwartung, die Welt werde in wenigen Generationen eine christliche Welt sein, entsprach nicht allein dem damaligen imperialen Vormachtsdenken, sondern hat tiefe theologische Wurzeln.
Jede Religion vertraut einer „gewissen Wahrheit", weil jede Religion „beansprucht", in der Vielfalt der Erscheinungen eine transzendente Macht, das zusammenhängende Ganze von Welt, Leben und Geschichte, erfahren zu haben. So glauben Christen, dass Gott sich in der Person Jesu Christi gezeigt und mitgeteilt hat. Im Unterschied nun zu Religionen, die ihre existenziell widerfahrene Wahrheit nicht als eine für alle Menschen zu allen Zeiten universal gültige Wahrheit postulieren, pfleg(t)en Christen hinzuzufügen: Gott hat sich in Christus „ein für alle Mal" und „endgültig" offenbart („*eph hapax*" nach einer Formel des Paulus).[32] Dieser dogmatisch universale Geltungsanspruch – so der katholische Theologe HANS ZIRKER – sei die Quelle christlicher Dialogunfähigkeit und Intoleranz,

„*durch den sich das Christentum von sämtlichen übrigen Religionen der Welt massiv abhebt: Wie keine von ihnen hat es in den Auseinandersetzungen der frühen Konzilien seinen Glauben intellektuell spekulativ ausformuliert und begrifflich fixiert, durch Bekenntnisverpflichtungen und Ausschlussdrohungen juridisch sanktioniert, mit politischen Machtmitteln durchgesetzt und schließlich liturgisch sakralisiert.*"[33]

Für monoreligiöse und eurozentrisch geprägte Christen bedeutet das Eingeständnis, dass es „tiefe Spiritualität und ehrwürdige Weisheit", „sinnerfülltes, ganzheitlich gelingendes und in diesem Sinn ‚heiles' Leben auch in anderen Religionen" gibt (BERNHARDT, 1998, 72), eine bereichernde Faszination und tiefe Verunsicherung zugleich. Nach wie vor sehen viele einen unauflöslichen Widerspruch darin, „dass man an dem Wahrheitsanspruch einer Religion festhalten, ihn vertreten und leben kann und gleichzeitig den Angehörigen einer anderen Religion dialog- und kooperationsbereit begegnen kann."[34] Hier liegt der provokative Nervpunkt im „Dialog der Religionen."
Denn was heißt „Dialog"? Er bedeutet nach PAUL KNITTER, sich auf einen paradoxen Vorgang einzulassen, wie ihn die meisten aus eigener Erfahrung kennen: Fruchtbar und weiterführend wird ein Gespräch, wenn ich dem Gegenüber etwas Bestimmtes zu sagen habe, was ich selbst für wichtig halte, wofür ich einstehen möchte in dem Wunsch, der Andere möge mir zustimmen. Umgekehrt vermag ich dem Anderen nur dann mit „offenen Ohren und offenem Herzen" zuzuhören, wenn ich überzeugt bin, dieser habe *mir* „etwas Wertvolles und Wahres" zu sagen. Selbst der eigenen Überzeugung verpflichtet, unterstelle ich deren Begrenztheit in der Vermutung eines „Mehrwertes" der anderen Auffassung.[35]
Hat „Dialog" in diesem Sinne die Annahme zur Voraussetzung, Gottes Heilswillen in allen Religionen am Werk zu sehen? Ist das „Herz aller Religionen eins", wie ein Buchtitel des DALAI LAMA behauptet, oder erwachsen die Früchte des Dialogs gerade aus ihrer pluriformen Verschiedenheit? Wie lässt sich im Wahrheitsrelativismus Wahrheitsgewissheit durchhalten? Solche Fragen sind Gegenstand der **Religionstheologie**. Sie betreffen zum einen die **Ausgangspositionen** und **Dialogregeln** (gewissermaßen die Geschäftsgrundlage der Begegnung), zum anderen die **Dialoginhalte** (ihre Tagesordnung).

Es hat sich eingebürgert, drei theologische **Ausgangspositionen** in der Begegnung mit anderen Religionen in schematischer Vereinfachung idealtypisch zu unterscheiden (Grafik von BERNHARDT 1998, 75).

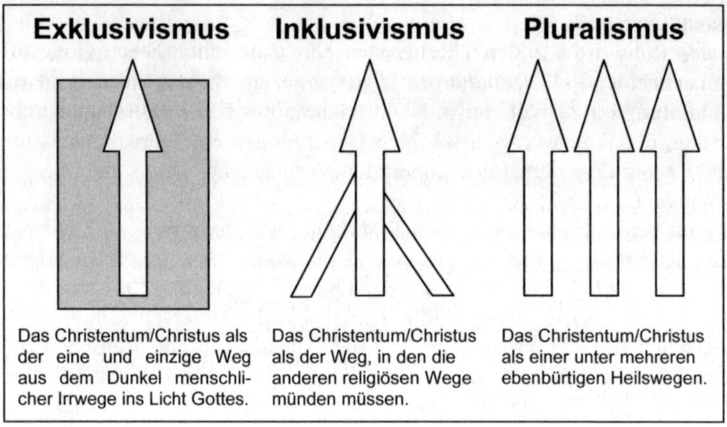

Der **Exklusivismus** hält am christlichen Bekenntnis als dem alleinigen, „ausschließlichen" Heilsweg fest. Einzig der christliche Glaube ist wahre Religion (*religio vera*). Andere Religionen haben keinen Zugang zur erlösenden Offenbarung Gottes, die allein im Bekenntnis zu Jesus Christus erschlossen ist. Die Gotteserkenntnisse anderer Religionen erweisen sich in Wahrheit als Projektionen menschlicher Sehnsüchte nach Selbsterlösung – so die schroffe These vom profiliertesten Vertreter dieser Denkrichtung, KARL BARTH.[36] Charakteristisch sind dualistische Denkmuster: Wahrer, echter, richtiger Glaube versus unwahre, unechte, falsche Religion, Gut und Böse, Heil und Verdammnis, Himmel und Hölle (BERNHARDT, 1998, 73). Das kompromisslose „entweder – oder" findet seine Vorbilder in neutestamentlichen Stellen, auf die sich die „Exklusivisten" bis heute gern berufen: „Und jeder Geist, der Jesus nicht bekennt, ist nicht aus Gott. Das ist der Geist des Antichrists, über den ihr gehört habt, dass er kommt. Jetzt ist er schon in der Welt" (1. Joh 4,3).[37]

BERNHARDT (1998, 81f) macht zu Recht darauf aufmerksam, dass aus dem Zusammenhang gerissene, autoritativ in Anspruch genommene Zitate zu Missdeutungen führen, die „viel Blut verspritzen können" (man denke an die unsägliche Aussage über „die Juden", „die den Teufel zum Vater haben" [Joh 8, 44]). Historisch lässt sich zeigen, dass solche scharf exklusiven Formulierungen ihren „Sitz im Leben" in extremen Ausnahme- und Verfolgungssituationen einer kleinen Minderheit haben, die sich einer feindseligen Umwelt zu erwehren suchte. Dagegen war die berühmte Doktrin des nordafrikanischen Bischofs CYPRIAN (✝256) „Es gibt kein Heil außerhalb der Kirche!" (*nulla salus extra ecclesiam*) bereits Ausdruck der Autorität der Bischofsgewalt im Konflikt um Rechtgläubigkeit und Häresie. Sie steht am Anfang vom **ekklesiologischen Exklusivismus** der römischen Kirche, deren Denken die Reformationszeit überdauert hat: Die Evangelischen ersetzten den kirchenzentrierten Exklusivismus durch einen **christozentrischen Ausschließlichkeitsanspruch** (allein durch die Kirche – allein durch Christus).
Die **inklusive Grundhaltung** geht nicht von der Ausschließlichkeit des christlichen Heilsweges aus, sondern von dessen *Überlegenheit.* Sie kann sich auf die Geltungsansprüche anderer Religionen durchaus einlassen und diese anerkennen unter dem Vorbehalt, dass der christliche Glaube diese überbietet. Andere Religionen verhalten sich zum Christentum wie „Anlage und Vollendung, Teil und Fülle, Keim und Pflanze." An die Stelle des dualistischen „entweder – oder" tritt ein „Treppchen"-Konstrukt: Teilwahrheit und volle Wahrheit (BERNHARDT, 1998, 74).

Schon die Apologeten der Alten Kirche kannten das Problem. Sollten die geistigen Schätze der griechischen Kultur des Teufels sein? Keineswegs, antwortete JUSTIN (✝165). Samen der göttlichen Weisheit seien in ihr aufgegangen (*logoi spermatikoi*). Die christliche Botschaft sei deren Krönung und Erfüllung, Abraham und Sokrates galten ihm als „Christen vor Christus".
Die inklusive These, die anderen Religionen hätten der christlichen Gottesoffenbarung gleichsam „vorgearbeitet" (*praeparatio Evangelii*), ist während des II. Vatikanischen Konzils (1962–1965) zur offiziellen Doktrin der römisch-katholischen Kirche erhoben worden:

„Die katholische Kirche lehnt nichts von alledem ab, was in diesen Religionen wahr und heilig ist. Mit aufrichtigem Ernst betrachtet sie jene Handlungs- und Lebensweisen, jene Vorschriften und Lehren, die zwar in manchem von dem abweichen, was sie selber für wahr hält und lehrt, doch nicht selten einen Strahl der Wahrheit erkennen lassen, die alle Menschen erleuchtet."[38]

Eine vergleichbare Formulierung findet sich auf evangelischer Seite in den Dokumenten der Weltmissionskonferenz von San Antonio 1989, die Gottes Geist in anderen Religionen am Werke sieht und die den Dialog als dynamischen Prozess versteht, in Liebe, Erkenntnis und Urteilskraft *zu wachsen.*[39]

Das „inklusivistische" Kirchenmodell „konzentrischer Kreise"[40]:

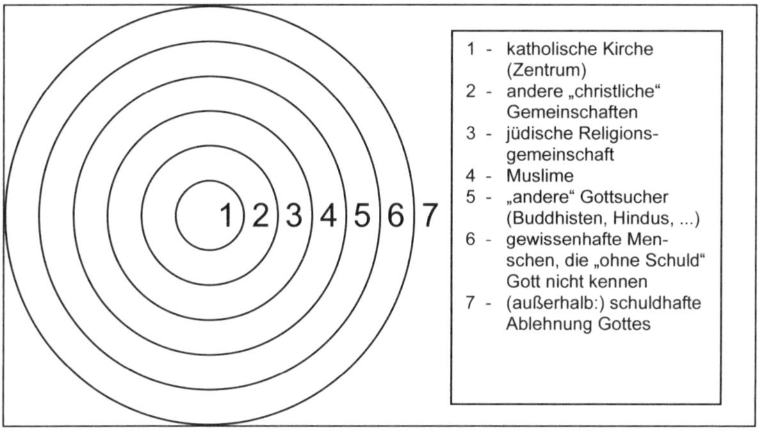

Die pluralististische Religionstheologie hat ARMIN KREINER in folgender Passage griffig charakterisiert:

„Keine Religion ist allen anderen überlegen, und keine Religion sollte sich zur Norm für oder über alle anderen erheben. Positiv ausgedrückt heißt dies: Trotz aller Unterschiede sind die großen Weltreligionen grundsätzlich als gleichwertige Wege zum Heil zu betrachten. In ihnen allen vollzieht sich gleichermaßen das, worauf es in der Religion ankommt, nämlich die sittliche und spirituelle Verwandlung des Menschen in der Begegnung mit ein und derselben göttlichen bzw. transzendenten Realität. Für das christliche Selbstverständnis folgt daraus, dass sich das Christentum weder als alleiniger noch als überlegener Heilsweg verstehen lässt. Dementsprechend haben auch die traditionellen Absolutheitsansprüche gegenüber anderen Religionen als erledigt zu gelten."[41]

Dazu zwei Problemanzeigen:

➢ Kein prominenter Vertreter[42] des pluralistischen Ansatzes behauptet die Gleich*gültigkeit* aller religiösen Geltungsansprüche, sondern ihre grundsätzliche Gleich*wertigkeit.* Ein Dialog in ihrem Sinn ist nur denkbar unter der Voraussetzung paritätischer Ebenbürtigkeit, die von vornherein jeden Überlegenheitsdünkel ausschließt. Umgekehrt liegt ihnen das „anything goes eines grenzenlosen Beliebigkeitspluralismus" fern (BERNHARDT, 1998, 78). Gleichwertigkeit gilt „grundsätzlich", verlangt aber umso nachdrücklicher nach Maßstäben zur Beurteilung und Bewertung religiöser Glaubensinhalte und Lebenspraxen. Für KNITTER, der seinen Ansatz im Rahmen einer „befreiungstheologischen Religionstheologie" entwickelt, ist das *ethische Kritierium* das maßgebende *religionskritische Prinzip*: Ergreift eine Religion Partei für die Schwachen und Armen, wirkt sie der Ausbeutung von Mensch und Natur entgegen in Richtung gerechterer, friedensfördernder Lebensverhältnisse?[43]

➢ Die Pluralisten machen ernst mit dem christlichen Grundsatz, nach dem Gottes Liebe und Güte den Menschen bedingungslos ohne Vor- und Gegenleistung (im religiösen Akt und der sittlichen Tat) entgegenkommt („Gott kommt früher als der Missionar" [LEONARD BOFF]). Zugleich bleibt er in „radikaler Transzendenz" menschlicher Sprache und Erkenntnis unverfügbar. Keine Theologie vermag den „unendlichen qualitativen Unterschied" zwischen Gott und Mensch zu nivellieren. JOHN HICK hat diesen Gedanken mit seinem Bild von der „Kopernikanischen Wende" im Verhältnis des Christentums zu den anderen Religionen ausgezogen. Vorbei ist die Zeit, in der das Christentum sich im Besitz vollkommener und endgültiger Offenbarung als (geozentrische) Mitte der Religionen wähnen durfte. Im Wissen um ihre relative Wahrheit müssen sich alle Religionen ausrichten auf die eine (heliozentrische) Mitte: „Gott allein soll im Zentrum des ‚religiösen Universums' und der theologischen Reflexion stehen. Gott ist ‚Zielpunkt' und ‚Einheitsgrund' aller religiösen Wirklichkeit" (BERNHARDT 1998, 78).

  Konsequent kann HICK Jesus Christus wohl als *einzigartige Repräsentation* des göttlichen Willens und Wesens anerkennen, nicht hingegen als die *einzige und ausschließliche*. Christus gilt nicht länger als alleinige Offenbarungsquelle, wenngleich er für Christen die autoritative Norm zur „Scheidung der Geister" bleibt. Kritiker sehen hier die Achillesferse des pluralistischen Ansatzes und widersprechen an diesem Punkt vehement, weil sie eine nicht hinnehmbare, relativistische Revision des christlichen Bekenntnisses über die Bedeutung der Person und des Werkes Jesu Christi fürchten. Das „entscheidend-unterscheidend Christliche" (J. WERBICK) durch alle Generationen und Nationen stehe und falle mit der Bindung an das Bekenntnis zu Jesus als der Inkarnation Gottes. BERNHARDT hält diesem Frontalangriff auf die Pluralisten entgegen, nicht das *nominelle Christusbekenntnis* dürfe der erste und entscheidende Urteilsmaßstab sein, sondern seine „Gesinnung" – „die Gesinnung der Selbstentäußerung, der bedingungslosen Hingabe, der Öffnung für Gott und die Menschen – die Jesus ans Kreuz gebracht hat." Dieser messianische Geist „kann sich aber auch fernab vom expliziten Christusbekenntnis finden" (1998, 81).

✐ Stimmen Sie der folgenden Positionierung von PETER L. BERGER zu oder missversteht er die pluralistischen Positionen und bleibt der eigenen „Selbstverabsolutierung" verhaftet?

„Hätte ich keine andere Wahl, als mich zu einer der drei Positionen zu bekennen, dann wäre es die inklusivistische. Ich wäre Inklusivist nicht, weil die Wahrheit gewöhnlich in der Mitte liegt, sondern weil die Exklusivisten einen mir fragwürdig erscheinenden Zugang zur Wahrheit für sich reklamieren, während die Pluralisten die Frage nach der Wahrheit kaum noch stellen. Wenn ich sage, dass ich an jenen einen Gott glaube, der sich in den Geschehnissen zwischen Sinai und Pfingsten offenbart hat, dann impliziert dies den Anspruch auf eine Wahrheit, die andere Wahrheiten notwendig ausschließt ... Entweder es steckt Wahrheit in meinem Glauben, oder er ist ohne Sinn; wenn aber Wahrheit in ihm steckt, dann schließt er auch den Irrtum ein. Es ist dieses Faktum, vor welchem die Pluralisten die Augen verschließen" (Sehnsucht nach Sinn, a.a.O., 155)

Wie bei den Ausgangspositionen und Dialogregeln lassen sich auch bei den **Dialoginhalten** drei Schwerpunkte ausmachen, die „Brücken zu neuen Ufern“ im interreligiösen Dialog (P. KNITTER) schlagen sollen:

- **Die historisch-kulturelle Brücke.** Die dialogische Begegnung mit dem Fremden rückt das Eigene in ein neues Licht – die Beteiligten erfahren die kulturellen Eigentümlichkeiten der eigenen Glaubenstradition, ihrer Riten und moralischen Werte, die ihre besondere Färbung durch die Lebensumstände einer bestimmten Zeit und Gesellschaft erhalten haben. Der Dialog relativiert vertraute Selbstverständlichkeiten und unbefragte Autoritäten durch kontextuelle – soziale wie historische – Tiefenschärfe. Er schafft Freiheitsspielräume durch Selbstdistanz, geschichtlich bedingte „blinde Flecken“ zu erkennen und Traditionen mit neuem Leben zu erfüllen oder umzuprägen.
- **Die theologisch-spirituelle Brücke.** Stehen im historisch-kulturellen Dialog vor allem Fragen des „*belief*“ auf der Tagesordnung (Lehren, Symbole, Riten, Normen), so führt diese Brücke nach innen in das Mysterium der persönlichen Erfahrung, des Ergriffenseins vom Unbedingten und Letztgültigen („*faith*“). RAIMON PANIKKAR, ein Pionier dieses Weges, hat ihn als die eigentliche und wahre Begegnung der Religionen bezeichnet, da diese sich im Herzen der Menschen auf der Suche nach Erfahrung mit der Transzendenz ereigne. Ein Christ etwa müsse so intensiv die hinduistische Spiritualität in sich aufnehmen, dass er aus dieser Spiritualität heraus zu denken und zu empfinden beginne („*Crossing over*“). Der Dialog ist nach PANIKKAR selbst ein religiöser Akt, in dem sich der Mensch auf die größere göttliche Wirklichkeit hin verwandelt: „Ich bin als Christ gegangen, ich habe mich als Hindu gefunden und kehre als Buddhist zurück, ohne doch aufgehört zu haben, ein Christ zu sein.“[44]
- **Die ethisch-pragmatische Brücke.** Sie führt statt zu einem „Dialog der Worte“ zu einem „Dialog des Lebens“ (STEPHAN LEIMGRUBER). Die „Bedrohung durch soziale und *wirtschaftliche Ungerechtigkeit,* begründet in der Ungleichheit der Geschlechter und Klassen“, „die Bedrohung durch die *ökologische Ausbeutung*, d.h. die Zerstörung der natürlichen Lebensgrundlagen“, und „schließlich die *nukleare Bedrohung*“, die Gefahr einer „Ausrottung der eigenen Art“, rufen nach KNITTERS Auffassung die Religionen auf den Plan zu gemeinsamem Handeln (1998, 97f). Der ethisch-pragmatische Dialogansatz ist in Lessings berühmter Ringparabel vorgedacht (vgl. KARL-JOSEPH KUSCHEL 1998) – Priorität vor dem Streit um „Orthodoxie“ hat der Streit um „Orthopraxie“. Er bietet die vergleichsweise breiteste Plattform sowohl im Blick auf die Partizipation vieler Angehöriger der Religionen an der Basis wie auch im Blick auf die Zusammenarbeit von Vertreter/-innen unterschiedlichster, auch kontroverser theologischer Grundpositionen.

✎ Versuchen Sie aus den beiden nachfolgenden Zitaten Differenz und Gemeinsamkeit für einen ethisch-pragmatischen Dialog herauszuarbeiten:

„Sollte es nicht möglich sein, mit Berufung auf die gemeinsame Menschlichkeit aller Menschen ein allgemein-ethisches, ein wahrhaft ökumenisches Grundkriterium zu formulieren, das auf dem Humanum, dem wahrhaft Menschlichen, konkret auf der Menschenwürde und den ihr zugeordneten Grundwerten, beruht? Die kriteriologische ethische Grundfrage lautet ja: Was ist gut für den Menschen? Antworten: Was ihm hilft, das zu sein, was gar nicht selbstverständlich ist: wahrhaft Mensch!“.[45]

„In den gegenwärtigen Debatten um ein ‚Weltethos' (HANS KÜNG) *ist von einem sittlichen Universalismus die Rede, der auf der Basis eines sog. Minimal- oder Grundkonsenses ... entstehen soll. Doch ... ist der sittliche Universalismus kein Konsensprodukt. Er wurzelt in der Anerkennung einer Autorität, die inzwischen auch in allen großen Religionen und Kulturen angerufen werden kann, in der Anerkennung der Autorität der Leidenden ... Ihr gegenüber geht der Gehorsam der Verständigung und dem Diskurs voraus – und zwar um jeden Preis der Moralität ... Wirkt die*

Gottesverkündigung der Kirche vielleicht deshalb so fundamentalismusanfällig, weil in ihr die Autorität Gottes von der Autorität der Leidenden getrennt ist, obwohl Jesus selbst in seiner berühmten Gerichtsparabel (Mt 25) die gesamte Menschheitsgeschichte unter die Autorität der Leidenden gestellt hat? ... Ist es nicht der Widerstand gegen ungerechte Leiden, der – inspiriert vom Respekt vor der Autorität der Leidenden überhaupt – die Menschen aus den verschiedensten Religionen und Kulturen zusammenführt? ... Hier sehe ich die Chance und die Aufgabe einer Ökumene der Religionen".[46]

Literatur

Zu „Religionsfreiheit" und „Religionskompetenz"

BIEHL, PETER u.a. (Hg.): Jahrbuch der Religionspädagogik, Bd. 10, Themenschwerpunkt „Religion der Jugend wahrnehmen", Neukirchen-Vluyn 1995; FEIFEL, ERICH/KASPER, WALTER (Hg.): Tradierungskrise des Glaubens, München 1987; GABRIEL, KARL: Christentum zwischen Tradition und Postmoderne (= QD 141), Freiburg i. Brsg. [4]1994; KUNSTMANN, JOACHIM: Christentum in der Optionsgesellschaft. Postmoderne Perspektiven, Weinheim 1997; HEMPELMANN, REINHARD U.A. (Hg., im Auftrag der EZW): Panorama der neuen Religiosität. Sinnsuche und Heilsversprechen zu Beginn des 21. Jahrhunderts, Gütersloh 2001; SCHWEITZER, FRIEDRICH: Die Suche nach eigenem Glauben. Einführung in die Religionspädagogik des Jugendalters, Gütersloh 1996. SCHWEITZER, FRIEDRICH: Das Recht des Kindes auf Religion. Ermutigungen für Eltern und Erzieher, Gütersloh 2000; DERS.: Postmoderner Lebenszyklus und Religion. Eine Herausforderung für Kirche und Theologie, Gütersloh 2003; ZIEBERTZ, HANS-GEORG/KALBHEIM, BORIS/RIEGEL, ULRICH: Religiöse Signaturen heute. Ein religionspädagogischer Beitrag zur empirischen Jugendforschung, Gütersloh/Freiburg im Breisgau 2003.

Zum „Religionsdialog"

BERNHARDT, REINHOLD: Pluralistische Theologie der Religionen, rhs. Religionsunterricht an höheren Schulen, 41. Jg. (1998), Heft 2, 71–83; BERNHARDT, REINHOLD (Hg.): Horizontüberschreitungen. Die pluralistische Theologie der Religionen, Gütersloh 1991; KIRCHENAMT DER EKD (Hg.): Zusammenleben mit Muslimen in Deutschland. Gestaltung der christlichen Begegnung mit Muslimen. Eine Handreichung. Gütersloh 2000; KIRCHENAMT DER EKD (HG.), Christlicher Glaube und nichtchristliche Religionen. Theologische Leitlinien. Ein Beitrag der Kammer für Theologie der EKD (EKD-Texte 77), Hannover August 2003; REINHARD GÖLLNER (Hg.), Das Christentum und die Weltreligionen (Theologie im Kontakt Bdl. 8), Münster 2000; KUSCHEL, KARL-JOSEPH (Hg.): Christentum und nicht christliche Religionen. Theologische Modelle im 20. Jahrhundert, Darmstadt 1994; KUSCHEL, KARL-JOSEPH: Vom Streit zum Wettstreit der Religionen. Lessing und die Herausforderung des Islam, Düsseldorf 1998; LÄHNEMANN, JOHANNES: Evangelische Religionspädagogik in interreligiöser Perspektive, Göttingen 1998; Religionen, Religiosität und christlicher Glaube. Eine Studie, hg. von der Geschäftsstelle der Arnoldshainer Konferenz und dem Lutherischen Kirchenamt, Hannover [2]1991; SCHWAGER, R. (Hg.): Christus allein? Der Streit um die pluralistische Religionstheologie (= QD 160), Freiburg 1996; SCHWANDT, HANS-GERD (Hg.): Pluralistische Theologie der Religionen. Eine kritische Sichtung, Fft/M. 1998.

2.4 Was ist Religionspädagogik?

Von Religions*pädagogik* war bisher ausdrücklich noch nicht die Rede. Wohl aber verbergen sich in „religiöser Pluralität" und „Individualisierung" tiefe Irritationen, mit denen Eltern und Pädagogen im Umgang mit Kindern und Jugendlichen lernen müssen umzugehen. Religions*pädagogik* könnte in ihrer allgemeinsten formalen Bedeutung heißen, als Erwachsene/r bewusst und absichtsvoll auf Heranwachsende einen Einfluss auszuüben, der ihrer religiösen Entwicklung förderlich ist. Dazu haben allerdings die Hinweise zu „Religionsfreiheit", „Religionskompetenz" und „Religionsdialog" unter der Hand *inhaltliche* Akzente gesetzt, die sich zu einigen vorläufigen Thesen ausziehen lassen, was denn Religionspädagogik heute sei oder zu sein habe:

1. Der Zugewinn an **„Religionsfreiheit"** gibt Anlass zu einer negativen Abgrenzung. Im Begriff „Pädagogik" sind die griechischen Wörter „*pais*" (Kind) und „*ago*" (führen) enthalten. Religionspädagogik ist seit einigen Jahren bemüht, Abschied zu nehmen

von der zählebigen Vorstellung, unmündige, unkundige und unfertige, passiv-rezipierende Geschöpfe in die Welt des Glaubens „einweisen" und ihnen theologische Kenntnis und Erkenntnis „vermitteln" zu wollen. Kinder und Jugendliche, so lehren einschlägige Studien, konstruieren in einer Lebenswelt, die Gott los geworden ist, durchaus aktiv und schöpferisch religiöse Fragen und Welt-Bilder, sie sind sogar weithin darauf angewiesen, autodidaktisch einen Weg durch das unübersichtliche Dickicht von religiösen Lehren und Lebensverheißungen zu suchen. „Kinder und Jugendliche kann man gar nicht ernster nehmen als dadurch, dass sie als eigenständig denkende Theologen und Philosophen ihren Möglichkeiten gemäß gewürdigt werden."[47] Religionsfreiheit verweist auf einen Wandel im pädagogischen Grundverhältnis zwischen Heranwachsenden und Erwachsenen: von der Er-ziehung zur Beziehung. **Religionspädagogik ist zuallererst „mäeutische" Kunst**. Mäeutik ist die griechische Bezeichnung für die sokratische „Hebammenmethode", durch geschicktes Fragen im anderen schlummernde, ihm aber unbewusste „richtige" Antworten und Erkenntnisse heraufzuholen. **Religionspädagog/-innen begleiten und unterstützen Kinder und Jugendliche auf dem Weg, selbst herauszufinden, wer sie sein, was und wie sie glauben wollen** (NORBERT METTE). Religionsunterricht hieße dann der Resonanzraum für Frag-würdigkeiten, bei denen es ums Ganze geht, um Tod und Leben, Gott und das Böse, Glück und Leid, Zufall und Sinn, Unrecht und Gerechtigkeit, Anfang und Ende.
Christliche Religionspädagogik wertschätzt die humanistische Tradition von religiöser Freiheit und Toleranz. Sie verteidigt diese Rechte der heranwachsenden Generation jedoch aus eigener Quelle und bestimmter theologischer Entscheidung. Der junge Mensch ist *immer schon* Person mit gottesebenbildlicher Würde, ein Subjekt zu werden (PETER BIEHL). Glauben meint eine „bestimmte – in Jesus Christus gründende – kommunikative Praxis, in der und durch die die gegenseitige Erfahrung unbedingten Erwünscht- und Anerkanntseins mitgeteilt und gemacht wird."[48] Dieser Glaube trägt und prägt eine spirituelle Grundeinstellung von Religionspädagogen, die junge Menschen herausfordert zu einem **„selbstautorisierten Glauben"**, den sie „aus eigener Überzeugung vertreten können".[49]

2. **„Religionskompetenz"** hilft der Freiheit auf, sich zu verwirklichen. Religionspädagogik verhilft zu „Durchblick", „bringt ein Stück Freiheit als Distanz zum Undurchschauten."[50] **Sie übernimmt eine die Wirklichkeit strukturierende Funktion**, weil „individuelle religiöse Selbstständigkeit ... es aus pädagogischen *und* theologischen Gründen in unserer pluralen Welt mit der Orientierungsfähigkeit zwischen verschiedenen Lebensdeutungen zu tun" hat.[51] Orientierung setzt Unterscheidungsfähigkeit zwischen Religionen und Konfessionen voraus, und diese schließt die Fähigkeit zur Kritik von Religion ein, schon um den Blick zu schärfen für deren Abstand zum eigenen Ursprung. Hinzu kommt: Die Kulturindustrie liefert die Ware Religion in kunstvollen Verpackungen der wahren Religion. Es bedarf standfester religionskritischer „Hochsitze", von wo aus die Sackgassen im massenmedialen Labyrinth des Religiösen auszumachen sind und Gesichter des Religiösen kenntlich werden auch dort, wo sie sich mit der Freiheit der Religion oder des Marktes maskieren.

3. **„Religionsdialog":** Die intellektuelle Auseinandersetzung mit Religion ist nicht zu entkoppeln von der emphatischen „Berührung" mit religiöser Weltsicht und Lebensführung. **Religiöse Bildung in der Pluralität vollzieht sich im dialogischen Beziehungslernen** (FOLKERT DOEDENS). Religionspädagogik öffnet Begegnungsräume mit gelebter Religion von *Menschen* unterschiedlicher religiös-kultureller und sozialer Identitäten in Richtung auf ein friedens- und gerechtigkeitsförderliches Zusammenleben. Sie schafft einen „Raum der Verständigung über konkurrierende Sachverhalte."

„Als ‚Raum' will der Raum der Verständigung Raum für die Freiheit und Selbstständigkeit des Einzelnen sein; als Raum der ‚*Verständigung'* zielt er darauf, dass die plurale Welt eine gemeinsame plurale Welt werde ...
Das ‚Andere der Anderen' (LÉVINAS) kann das individuelle religiöse Andere anderer Kinder und Jugendlicher sein oder auch, noch persönlicher, das eigene Anderswerden im eigenen Lebenslauf ... Das ‚Andere der Anderen' kann ferner eine andere Lebens- und Weltdeutung sein, ein anderes, nicht-religiöses Weltparadigma ... Das ‚Andere der Anderen' kann schließlich die andere Konfession ... und Religion ... sein. In allen diesen Hinsichten ist der Raum der Verständigung auch eine Aufforderung zu *positionellen theologischen Stellungnahmen* ...“[52]

„Begleitung auf dem Weg zu einem selbstautorisierten Glauben“, „wirklichkeitsstrukturierende Orientierung“, „dialogisches Beziehungslernen“ – diese Wendungen markieren *leitende Intentionen*, die sich als tragfähig erweisen könnten, um religionspädagogisches Handeln theoretisch zu begründen und auf Praxis hin zu entfalten. Damit ist eine erste wichtige Aufgabe angedeutet: Die theoretische Bestimmung und Fundierung von

1. Auftrag und Gegenstand der Religionspädagogik im schulischen Handlungsfeld
Sie umgrenzt den Theorierahmen für die Ausgangsfrage religionspädagogischer Reflexion nach dem didaktisch Notwendigen. Die Antworten darauf sind vielstimmig und zuweilen höchst kontrovers und streitbar. Eine gegenüber den obigen Thesen deutlich andere Argumentation zur Bestimmung der religionspädagogischen Aufgabe nehmen etwa die Rahmenrichtlinien für Evangelische Religion der Sekundarstufe I in Hessen aus dem Jahr 1987 vor, wo es heißt:

„Evangelischer Religionsunterricht hat die israelitisch-alttestamentliche Botschaft von Gott, der das Leben schafft, der unser Handeln herausfordert und uns seine Barmherzigkeit und Liebe anbietet, in der Deutung durch das Evangelium Jesu Christi zur Grundlage, so wie es in den Schriften des Neuen Testaments überliefert ist.
Dieses Evangelium besteht in Botschaft, Praxis, Leiden, Sterben und Auferstehen Jesu von Nazareth. Nach dem Glauben der Christen wird durch das Evangelium ein neues Verhältnis des Menschen zu Gott, zum Anderen und zur Welt eröffnet.

Nach der Formulierung des Johannes-Evangeliums ist ‚das Wort Fleisch geworden'. Das bedeutet, dass die Botschaft eingeht in die geschichtlichen Bedingungen. Sie geht nicht in diesen Bedingungen auf, aber sie muss in ihnen gesagt, unterrichtet, konkretisiert werden, um jederzeit neu zu einer befreienden Lebensmöglichkeit zu werden. Das ist die religionspädagogische Aufgabe.“[53]

Thesen und Rahmenrichtlinien (RRL) argumentieren von verschiedenen normativen Prämissen, die weitreichende Folgen haben[54], idealtypisch vereinfacht:

- Gegenstand religionspädagogischer Praxis und Theorie ist für die RRL in dem Zentralbegriff „*Evangelium*“ fassbar: Gegenstand der Religionspädagogik ist es, die christliche Überlieferung nach dem biblischen Zeugnis dem kritisch fragenden Denken von Heranwachsenden zu erschließen. Die Thesen kreisen dagegen um den Zentralbegriff „*Religion*“. Gegenstand der Religionspädagogik ist eine Handlungstheorie, um Heranwachsende in kritischer Reflexion vergangener und gegenwärtiger Gestalten von Religion eine eigene Standortfindung und Vergewisserung zu ermöglichen.
- Das Richtlinienzitat bestimmt „die religionspädagogische Aufgabe“ ausschließlich *sachtheologisch*, die Thesen hingegen bieten Anhaltspunkte, *religiöse Bildung* als einen unverzichtbaren *Teil allgemeiner Schulbildung* auszuweisen.
- Die RRL vollziehen einen *theologisch-deduktiven Denkweg*, von der Botschaft zum Schüler, von der Sache zur Situation, von der christlichen Glaubenswahrheit zur befreienden Lebensmöglichkeit. Das Evangelium ist die Konstante, der Adressat die Variable. Die Thesen reflektieren *induktiv*, von der religiösen Wirklichkeit junger Menschen zum kommunikativen „Streit um Glaubensfragen“.

- Die RRL lassen einen primär *inhalts- und sachorientierten Unterricht* vermuten, der im Prinzip auf einer didaktischen Einbahnstraße von der Lehrerin zur Schülerin verläuft. Die Thesen erweitern die pädagogische Aufmerksamkeit vom Inhalt zu *Methoden beziehungsorientierter Arrangements von Kommunikation*, von der Sache zum exemplarischen, intersubjektiven Lernen *an* Inhalten; die Lehrerin übernimmt die Aufgabe der Moderatorin und Impulsgeberin.

✎ Haben Sie eine eigene Antwort auf die Frage nach dem religionsdidaktisch heute Notwendigen? Vielleicht kann Ihnen das nachfolgende Zitat von INGO BALDERMANN als Folie dienen (aus: Christenlehre 12/1990, 358). Ermitteln Sie vorab die besonderen Akzente, die BALDERMANN im Vergleich zu unseren Thesen und zum Zitat aus den hessischen RRL setzt:

„*Wir haben es mit einer Generation zu tun, die nicht in eine wohl geordnete Welt hineinwächst, sondern in eine vom Untergang bedrohte Welt, ökonomisch, ökologisch und militärisch, in eine Menschheit, deren Überleben in Frage steht. Und dass dies so ist, hat meine Generation zu verantworten. Wie können wir die Stirn haben, Kindern und Jugendlichen mit dem Anspruch gegenüberzutreten, ihnen zu zeigen, wie und womit diese Welt weiterhin in Ordnung zu halten sei! Notwendig für die Zukunft ist etwas ganz anderes: dass sie sensibel werden für diese Bedrohungen und widerstandsfähig zugleich, dass sie die Fähigkeit gewinnen, Alternativen wahrzunehmen zu den herrschenden sogenannten Sachzwängen, dass sie sich selbst finden und gerade so offene Augen bekommen für die Belange der anderen, für eine weltweite Gerechtigkeit. Das alles ist nur möglich, wenn sich eine glaubwürdige Perspektive der Hoffnung eröffnet. Eine solche Hoffnung aber kann nicht als Lehre vermittelt, sondern sie muss Schritt für Schritt erfahren, Zeile für Zeile buchstabiert werden ... Was wir unterrichten, muss ein Entwurf von Hoffnung sein, oder wir können es unterlassen ... [Die Bibel] ist vom ersten bis zum letzten Blatt ein Buch der Hoffnung, des Widerspruchs und Widerstandes gegen tödliche Denkzwänge, die suggerieren, es gäbe keine ‚Alternativen', ein Buch dabei, das nicht Lehre vermittelt, sondern mich selbst entdecken und lernen lässt.*"

2. Die produktive Spannung von Freiheit und Bindung der Religionspädagogik zwischen allgemeiner Bildung und gelebter Religion

RRL-Zitat und Thesen spiegeln nicht zuletzt das fundamentale Problem religionspädagogischer Theorie, einerseits ihr Verhältnis zu Theologie und Kirche, andererseits das zu den Erziehungswissenschaften und der Schulpädagogik zu klären. Der Religionsunterricht als ordentliches Lehrfach und Teil allgemeiner Schulbildung ist verwiesen auf die Ziele und Aufgaben der Schulentwicklung, an die Standards der erziehungswissenschaftlichen und fachdidaktischen Diskussion. Umgekehrt wird er (im Rahmen der Ausübung des – „vorstaatlichen"– Grundrechts auf Religionsfreiheit Art. 4,1 u. 2 GG) erteilt „in Übereinstimmung mit den Grundsätzen der Religionsgemeinschaften" (Art. 7,3 GG), da der Staat nach vorherrschender Lesart des Verfassungsrechts sich keine Zuständigkeit in den „letzten" Fragen weltanschaulicher und religiöser Überzeugungen anmaßen darf (vgl. S.285ff).

✎ Die Grundgesetzbestimmung, nach der der Religionsunterricht in Übereinstimmung mit den Grundsätzen der Religionsgemeinschaften zu erteilen ist, wird gelegentlich als ein nicht zu vertretendes, historisch bedingtes Privileg der Kirchen kritisiert. Andere halten sie für unverzichtbar zum Schutz der Freiheit des Religionsunterrichts vor staatlicher Bevormundung. Wie urteilen Sie? Fällt Ihnen ein Beispiel ein, wo diese Freiheit sich bewährt hat?

Die zutreffende Beobachtung, dass die deutsche Religionspädagogik bis in die 1970er Jahre (vom Sonderweg in der ehemaligen DDR abgesehen) fast ausschließlich als Theorie für den schulischen Religionsunterricht betrieben wurde, hat hier ihre Ursache. Aus der kirchlichen Katechetik hervorgegangen, hat sich die moderne Religionspädagogik in den zeitweise leidenschaftlichen politischen Kontroversen um die Berechtigung eines besonderen Schulfaches Religion im Laufe des 20. Jahrhunderts herausgebildet. Auf evangelischer Seite ging die Entkoppelung schulischer Religionspädagogik von der kirchlichen Katechese gewissermaßen mit der Etablierung der Religionspädagogik als eigenständige Wissenschaftsdisziplin einher.[55] Der katholische Religionsunterricht hat eine vergleichsweise größere Nähe zur Kirche in „vorsichtiger Unterscheidung von schulischem Religionsunterricht und kirchlicher Katechese"[56] bewahrt; er bewegt sich, so formulieren die deutschen Bischöfe 1996, „im Kontext und Perspektivenreichtum der Gemeinschaft vieler kulturell unterschiedlicher Lokalkirchen". Ausdrücklich nehmen die Bischöfe mit einem langen Zitat Bezug auf das Urteil des Bundesverfassungsgerichts von 1987. Gegenstand des Religionsunterrichts sind danach der Bekenntnisinhalt, nämlich die Glaubenssätze der jeweiligen Religionsgemeinschaft. „Diese als bestehende Wahrheit zu vermitteln, ist seine Aufgabe."[57]

Religionspädagogik im Kontext von Schule muss daher darauf bedacht sein, eine Balance in der strukturellen Spannung zwischen gelebter Religion (Kirche) und Schule, zwischen Pädagogik und Theologie anzustreben, mit einer weithin konsensfähigen Formel: Aufgabe der Religionspädagogik ist es, Theorie und Praxis des Religionsunterrichts *pädagogisch zu begründen und theologisch zu verantworten* (K. E. NIPKOW). Diese Forderung trifft zugleich eine wichtige Vorentscheidung hinsichtlich der

3. Bezugswissenschaften der Religionspädagogik.

Theologie und Pädagogik werden als zwei gleichwertige theoretische Ansätze gesehen, deren Schnittflächen in Übereinstimmung und Widerspruch offen zu legen sind (Beispiel: Darf die Religionspädagogik die gültigen schulischen Standards der Leistungsbewertung bedenkenlos auf den Religionsunterricht übertragen?). Das *Konvergenzmodell* NIPKOWS findet heute breite Zustimmung gegenüber traditionellen Vorstellungen, die in der Geschichte kirchlicher Katechese wurzeln. Hier galt die Theologie als „festes Standbein" mit regulativer Funktion für Inhalt und Ziel kirchlicher Unterweisung. Das *Dominanzmodell* im Verhältnis von Theologie und Pädagogik blieb eine bis zum Ende der 1960er Jahre vorherrschende Denkfigur: Die Religionspädagogik als Didaktik der Theologie, als Vermittlungslehre theologischer Sachverhalte – die Theologie bestimmt, was zu lehren ist, die Religionspädagogik befasst sich mit der altersgemäßen Form der „Übermittlung" („Abbilddidaktik", HILBERT MEYER). Pädagogik bekam allenfalls den Rang einer *Hilfswissenschaft* zugewiesen. Heute ist es selbstverständlich geworden, religionspädagogische Theoriebildung im Sinne einer interdisziplinären *Verbundwissenschaft*[58] zu betreiben. In der Klammer von Theologie und Erziehungswissenschaft werden Erkenntnisse aus der Philosophie sowie den Human- und Sozialwissenschaften für die religionspädagogische Diskussion fruchtbar gemacht. Welchen theologischen Einzeldisziplinen (z.B. Bibelwissenschaft, Systematische Theologie/Fundamentaltheologie) und welcher Nachbarwissenschaft ein besonderes Eigengewicht zuerkannt wird, variiert dabei im Spektrum religionspädagogischer Theorieansätze. Die Symboldidaktik hat sich von der Religionspsychologie und der philosophischen Symboltheorie inspirieren lassen, die lebenslauforientierte Forschung von der (strukturgenetischen) Entwicklungspsychologie, und neuerdings erfährt im Vorzeichen religiöser Pluralität die Religionswissenschaft eine gesteigerte Aufmerksamkeit. Dementsprechend erhalten die

4. Arbeitsfelder der Religionspädagogik

ihren Rang oder ihre prioritäre Platzierung. Mit LÄMMERMANN[59] lassen sich *drei Ebenen* heuristisch[60] unterscheiden, die sich praktisch überlappen und miteinander verschränken:

- Die Ebene des *Entdeckungszusammenhangs*, auf der Probleme des „didaktisch heute Notwendigen“ identifiziert werden (neue Erkenntnisse über die *Erziehungswirklichkeit*: Religion im Alltag, religiöse Sozialisation im Lebenslauf, in Familie und Gesellschaft, Lernen und Lehren in der Schule, gesellschaftliche Schlüsselprobleme; oder neue Erkenntnisse aus *Theologie* und *Religionswissenschaft*: feministische und befreiende Theologie, Weltethosprogramm, interreligiöser Dialog, neue exegetische Zugänge und Methoden).
- Die Ebene des *Begründungszusammenhangs,* auf der, gestützt von theologischen und pädagogischen Grundtheoremen, leitende Intentionen, Ziele und Inhalte religionspädagogischer Praxis bestimmt werden (s. das Vergleichsbeispiel oben: RRL und Thesen).
- Die Ebene des *Realisierungszusammenhangs*, auf der Kriterien zur Planung, Durchführung und Auswertung von Lernprozessen entwickelt werden.

Die Ebene des Realisierungszusammenhangs umfasst:

1. didaktisch-methodische Modelle und Strategien,
der Kernbereich religionspädagogischer Unterrichtsforschung, und die „Religionsdidaktik im engeren Sinne“, die sich auf unterrichtliche Lehr- und Lernprozesse bezieht. Sie wäre als praktische Anwendungslehre theoretischer Paradigmen gründlich unterschätzt und missverstanden. Von Unterrichtsforschung und Praxisevaluation sind umgekehrt wegweisende und maßgebliche Impulse für die religionspädagogische Theoriebildung ausgegangen. Das Gewicht, das dem didaktisch-methodischen Komplex in den weiteren Kapiteln des Arbeitsbuches beigemessen wird, erspart an dieser Stelle eine differenzierte Erörterung. Allerdings ist der Blick durchgehend auf den *Religionsunterricht in der Schule* gerichtet. So gerechtfertigt diese Konzentration auf das nach wie vor wohl wichtigste Feld öffentlicher religiöser Bildung erscheint, bedeutet sie im Blick auf

2. religionspädagogische Handlungsfelder
eine in Kauf genommene Engführung des religionspädagogischen Horizontes. Während in der katholischen Religionspädagogik die „Monopolstellung des Religionsunterrichts“ schon in den 1970er Jahren kritisch in Frage gestellt wurde[61], haben sich seither auch auf evangelischer Seite „Gemeindepädagogik“ und („schulische) Religionspädagogik“ in ihren didaktisch-methodischen Standards aufeinander zu bewegt. Trotz struktureller Differenzen in Kontext (Adressaten, Rechtsbedingungen) und Selbstverständnis (Trägerschaft und Mandat) haben sich die Schnittfelder in den leitenden pädagogischen Fragestellungen erweitert und wechselseitig befruchtet:

Die systematische Zusammenführung der in den Gliederungsüberschriften hervorgehobenen Theoriesegmente mündet in eine **religionspädagogische Konzeption** (vgl. dazu S.115ff.). Antworten auf die Frage „Was ist Religionspädagogik?“ lassen sich sinnvoll nur innerhalb konzeptioneller Entwürfe finden. Anknüpfend an die Eingangsthesen und die anschließenden Darlegungen könnte eine Antwort lauten:

Religionspädagogik ist die wissenschaftliche Handlungstheorie für religiöse Bildungsprozesse in Schule und Gemeinde. Ihr Gegenstand ist die Frage nach dem Bildungsgehalt von Religion und Religiosität in Geschichte und Gegenwart im Deutungshorizont christlicher Botschaft und Tradition. Ihr Forschungsfeld umfasst „die Analyse der *Erziehungswirklichkeit* (Entdeckungszusammenhang)“, die *Begründung von Lehr-/Lernzielen* und ihrer *Inhalte* (Begründungszusammenhang) sowie die *Unterrichtsforschung* zum Zweck der theoriegeleiteten *Planung, Strukturierung und Auswertung von Unterrichtsprozessen* (Realisierungszusammenhang).[62]

Religionspädagogische Handlungsfelder

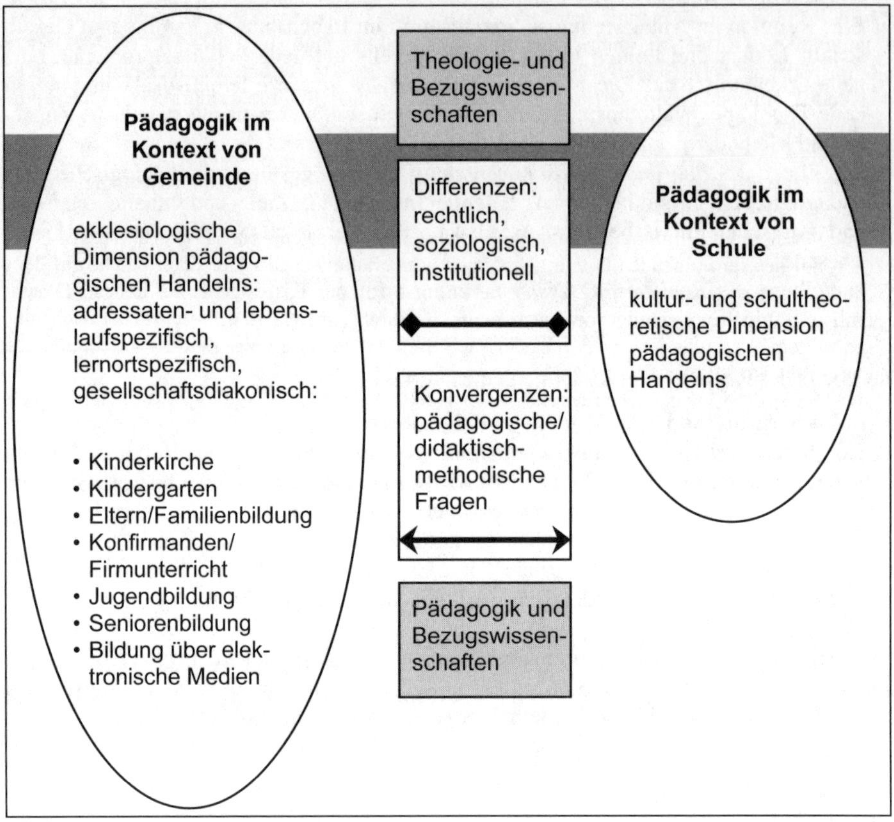

✐ Sie können damit rechnen, als Fachstudierende/r demnächst bei einem U-Bahn- oder Cafeteriagespräch (wieder) mit der Frage konfrontiert zu werden: „Religionspädagogik? Was macht ihr denn da? Worum geht's da überhaupt?" Für diesen Fall ist es wenig empfehlenswert, den einen oder anderen Kernsatz der letzten Seiten zum Besten zu geben. Versuchen Sie vielmehr, nun in eigenen Worten eine Antwort zu formulieren!

Literatur

Neuere religionspädagogische Nachschlagewerke: HILGER, GEORG/LEIMGRUBER, STEPHAN/ZIEBERTZ, HANS GEORG: Religionsdidaktik. Ein Leitfaden für Studium, Ausbildung und Beruf, München 2001; METTE, NORBERT/RICKERS, FOLKERT (Hg.): Lexikon der Religionspädagogik, 2 Bde. und CD-Rom, Neukirchen-Vluyn 2001; BITTER, GOTTFRIED/ENGLERT, RUDOLF/MILLER, GABRIELE/NIPKOW, KARL ERNST: Neues Handbuch religionspädagogischer Grundbegriffe, München 2002; Die kirchlichen Positionen zur gegenwärtigen religionspädagogischen Theoriebildung sind zusammengefasst in den offiziellen Dokumenten: Identität und Verständigung. Standort und Perspektiven des Religionsunterrichts in der Pluralität. Eine Denkschrift, hg. vom Kirchenamt der Evangelischen Kirche in Deutschland, Gütersloh 1994; Die deutschen Bischöfe: Die bildende Kraft des Religionsunterrichts. Zur Konfessionalität des katholischen Religionsunterrichts, hg. vom Sekretariat der Deutschen Bischofskonferenz, Bonn (27.9.) 1996; Zur jüngeren religionspädagogischen Diskussion: BATTKE, A./FITZNER, TH./ISAK, R. LOCHMANN, U. (Hg.):

Schulentwicklung – Religion – Religionsunterricht. Profil und Chance von Religion in der Schule der Zukunft, Freiburg im Breisgau 2002; BIEHL, PETER u.a. (Hg.): Jahrbuch der Religionspädagogik, Bd. 12: Religionspädagogik seit 1945. Bilanz und Perspektiven, Neukirchen-Vluyn 1996; LÄMMERMANN, GODWIN: Grundriss der Religionsdidaktik, Stuttgart 1991; METTE, NORBERT: Religionspädagogik, Düsseldorf 1994; NIPKOW, KARL ERNST: Bildung in einer pluralen Welt, Bd. 1 und 2, Gütersloh 1998. SCHULTE, ANDREA/WIEDENROTH-GABLER, Ingrid: Theologie kompakt: Religionspädagogik, Stuttgart 2003.

---

1 SCHREITER, ROBERT J.: Die neue Katholizität. Globalisierung und die Theologie, Frankfurt/M. 1997, 189.

2 Eine vorzügliche Einführung in den Problemkomplex bietet ein Vortrag von PETER L. BERGER, auf den im Folgenden Bezug genommen wird: Pluralistische Angebote: Kirche auf dem Markt? In: Kirchenamt der EKD (Hg.): Leben im Angebot – das Angebot des Lebens. Protestantische Orientierung in der modernen Welt, Gütersloh 1994, 33–48. Ausführlicher nachzulesen in dem Werk des Autors: Sehnsucht nach Sinn. Glauben in einer Zeit der Leichtgläubigkeit, Frankfurt/M./New York 1994.

3 Der Dienst der Evangelischen Kirche an der Hochschule. Eine Studie im Auftrag der Synode der EKD. Hg. vom Kirchenamt der EKD, Gütersloh 1991, 120ff.

4 BAACKE, DIETER: Die stillen Ekstasen der Jugend. Zur Wandlung des religiösen Bezugs, in: Jahrbuch der Religionspädagogik. Hg. von PETER BIEHL u.a. Bd. 6, Neukirchen-Vluyn 1989, 3–25, hier 24.

5 DREHSEN, VOLKER: Die Anverwandlung des Fremden. Über die wachsende Wahrscheinlichkeit von Synkretismen in der modernen Gesellschaft, in: VEEN, JOHANNES A. VAN DER/ ZIEBERTZ, HANS-GEORG (Hg.): Religiöser Pluralismus und interreligiöses Lernen. Kampen/Weinheim 1994, 39–69, hier: 44ff.

6 Vgl. NIPKOW, KARL ERNST: Erwachsen werden ohne Gott? Gotteserfahrung im Lebenslauf, München (1987) [4]1992. Ders.: Religion in Kindheit und Jugendalter. Forschungsperspektiven und -ergebnisse unter religionspädagogischem Interesse, in: HILGER, GEORG/REILLY, GEORG (Hg.): Religion im Abseits? Das Spannungsfeld Jugend, Schule Religion. München 1993, hier bes. 201f.; EKD-Kirchenkanzlei (Hg.): Der Dienst der Evangelischen Kirche an der Hochschule, Gütersloh 1991. FEIGE, ANDREAS: Jugend und Religion, in: KRÜGER, H. H. (Hg.): Handbuch der Jugendforschung. 2. erw. und überarb. Auflage, Opladen 1993.

7 DREHSEN, VOLKER: Die Anverwandlung des Fremden, a.a.O., 44. Vgl. zu den genderspezifischen Veränderungen der religiösen Sozialisation: LEHMANN, CHRISTINE: Heranwachsende fragen neu nach Gott. Anstöße zum Dialog zwischen Religionspädagogik und feministischer Theologie, Neukirchen-Vluyn 2003.

8 HELSPER, WERNER zit. nach FEIGE, ANDREAS: Jugend und Religion. In. KRÜGER, H.-H. (Hg.): Handbuch der Jugendforschung. 2. erw. und überarb. Auflage Opladen 1992. Zit. nach dem unveröffentl. MS.

9 WELSCH, WOLFGANG: Postmoderne – Pluralität als ethischer und politischer Wert, Köln 1988, 23.

10 R. KÖCHER, zit. bei ZULEHNER, PAUL E./DENZ, HERMANN: Wie Europa lebt und glaubt. Europäische Wertstudie, Düsseldorf 1993, 34.

11 COUPLAND, DOUGLAS: Life After God, London u.a. 1994; ders.: Generation X. Geschichten für eine immer schneller werdende Kultur, Berlin/Weimar [2]1994.

12 A.a.O., 97, 106.

13 SCHWEITZER, FRIEDRICH: Die Suche nach eigenem Glauben. Einführung in die Religionspädagogik des Jugendalters, Gütersloh 1996, 45.

14 Diese Bereitschaft darf bei 80% der befragten jungen Erwachsenen der EKD-Hochschulstudie durchaus erwartet werden: Religion sei keineswegs „überholt“ und „erledigt“, sie stehe „im Moment“ auf dem „Abstell- und Wartegleis“ mit der hypothetischen Möglichkeit, in einer weiteren Lebensphase durchaus bedeutsam werden zu können (a.a.O., 106).

15 Vgl. H. BARZ, a.a.O., 186ff.

16 OSER, FRITZ: Wieviel Religion braucht der Mensch? Erziehung und Entwicklung zur religiösen Autonomie, Gütersloh 1988, 7.

17 NIPKOW, KARL ERNST: Bildung in einer pluralen Welt, Bd. 2: Religionspädagogik im Pluralismus, Gütersloh 1998, 488.

18 BERGER, PETER L.: Sehnsucht nach Sinn, a.a.O., 156.

[19] Singngemäß übersetzt, zit. nach GRÜNSCHLOß, ANDREAS: Der eigene und der fremde Glaube. Probleme und Perspektiven der gegenwärtigen Religionstheologie, EvErz. 46. Jg. (1994), H. 4, 298.

[20] ZAHRNT, HEINZ: Gotteswende. Christsein zwischen Atheismus und neuer Religiosität, München ³1992 (1989), 237.

[21] Eine Auswahl aus dem Angebot der esoterischen Naturmessen, die in 30 Städten Deutschlands ihre Besucher umwerben.

[22] Vgl. etwa das Themenheft „Was Menschen heilig ist“, ru. Ökumenische Zeitschrift für den Reiligionsunterricht, 25. Jg. (1995), Heft 1.

[23] STEFFEN, CHRISTINE: Das Rave-Phänomen, in: ANZ, WALDER (Hg.): Techno, Zürich 1995, 179f.

[24] Die Beispiele aus der internationalen und deutschen Rock&Pop Szene erreichen spielend eine dreistellige Größenordnung, unter denen MADONNAS „Like a Prayer“, CLAPTONs „Tears in heaven“, Texte von PUR, U2, QUEEN, JOAN OSBORNEs „One of us“ oder „Opium fürs Volk“ von den „Hosen“ nur vielzitierte Standardbeispiele darstellen. Vgl. stellvertretend: SCHWARZE, BERND: Die Religion der Rock- und Popmusik, Analysen und Interpretationen, Stuttgart 1997.

[25] Die Werbung wurde entnommen aus: Misereor (Hg.): Zukunftsfähiges Deutschland. Spurensuche für eine Spiritualität solidarischen Lebens, Aachen 1997, 28.

[26] Diese tiefsinnige Interpretation, nicht zuletzt im Blick auf die Figur des Protagonisten JAMES DAWSON, nimmt HANS-MARTIN GUTMANN in seinem für diesen Zusammenhang lesenswerten Buch vor: Der Herr der Heerscharen, die Prinzessin der Herzen und der König der Löwen. Religion lehren zwischen Kirche, Schule und populärer Kultur, Gütersloh 1998, 138ff., Zitat 140; ferner: PIRNER, MANFRED: Fernsehmythen und religiöse Bildung. Grundlegung einer medienerfahrungsorientierten Religionspädagogik am Beispiel fiktionaler Fernsehunterhaltung, Frankfurt/M. 2001; FAILING, WOLF-ECKART/HEIMBROCK, HANS-GÜNTER: Gelebte Religion wahrnehmen. Lebenswelt – Alltagskultur – Religionspraxis, Stuttgart 1998, 233ff.

[27] Der Zugewinn an „Religionsfreiheit“ ist unter diesem Aspekt noch einmal gegen den Strich zu bürsten. Die „religionsproduktiven Potentiale“ (H. J. HÖHN) setzen Standards religiöser Orientierung, die Anlass geben, Ansprüche auf „religiöse Autonomie“ und „subjektive Authentizität“ selbstkritisch auf ihren illusionären Gehalt hin zu befragen.

[28] BOLZ, NORBERT/BOSSART, DAVID: Kultmarketing. Die neuen Götter des Marktes, Düsseldorf 1995, 354ff; vgl. PIRNER MANFRED/BUSCHMANN, GERD: Werbung – Religion – Bildung. Kulturhermeneutische, theologische, medienpädagogische und religionspädagogische Perspektiven, Frankfurt/M. 2003.

[29] Diesen Begriff hat GERD THEIßEN eingeführt in: Zur Bibel motivieren. Aufgaben, Inhalte und Methoden einer offenen Bibeldidaktik, Gütersloh 2003, 129.

[30] An den zwei Sitzungen, die auf Initiative des deutschen Sekretariats der „Weltkonferenz der Religionen“ (WCRP) zustande gekommen sind, waren beteiligt: Repräsentanten der römisch-katholischen und der evangelischen Kirche, der Zentralrat der Muslime in Deutschland, der Zentralrat der Juden in Deutschland, die orthodoxen Kirchen, die buddhistische Union, ein Vertreter für die hinduistischen Religionen sowie der Vorsitzende des nationalen Geistlichen Rates der Bahaí., Publik-Forum Nr. 1/99, 15.1.99.

[31] ROSIEN, PETER: Brief an die Religionen: „Wir kennen uns noch zu wenig“, Publik-Forum Nr. 1/99, 15.1.99.

[32] Gegen diesen Absolutheitsanspruch ist geltend gemacht worden, er sei theologisch selbstwidersprüchlich erstens, weil nach christlicher Auffassung das Attribut „absolut“ allein Gott selbst gebührt und menschliche Rede und Erkenntnis den „unendlichen qualitativen Unterschied“ (K. BARTH) zwischen Gott und Mensch nicht aufheben kann; er sei selbstwidersprüchlich zweitens, weil das christliche Bekenntnis davon spricht, Gott habe in der Person Christi seine Absolutheit in befreiender und versöhnender Absicht durchbrochen: „Gott deabsolutiert sich selbst.“ REINHOLD BERNHARDT, zit. nach NIPKOW, KARL ERNST: Bildung in der pluralen Welt, Bd. 2, a.a.O, 512.

[33] ZIRKER, HANS: Monotheismus und Intoleranz, 1995, zit. nach KARL ERNST NIPKOW, Bildung in der pluralen Welt, Bd. 2, a.a.O., 411.

[34] BECKER, ULRICH: Christusglaube und interreligiöse Begegnung – Positionen und Zukunftsperspektiven, in: SCHREINER, PETER und SCHEILKE, CHRISTOPH TH. (Hg.): Interreligiöses Lernen. Ein Lesebuch, Münster 1998, 74–81, hier: 75.

[35] Vgl. KNITTER, PAUL: Gemeinsame Ethik als Teil des interreligiösen Dialogs, in: SCHREINER, PETER und SCHEILKE, CHRISTOPH TH. (Hg.): ebd., 97–103, hier: 101. Einer der Wegbereiter des interreligiösen Dialogs, RAIMON PANIKKAR, hat daher wiederholt die zugespitzte These vorgetragen, der „erste Schritt in der Begegnung mit Andersgläubigen" sei „der Glaube an die Wahrheit ihrer Religion." Zit. nach P. KNITTER, ebd.

[36] Kirchliche Dogmatik Band I, Teil 2, [5]1960.

[37] Weitere, häufig zitierte Stellen: Apg 4,12; Joh 3,18; 14,6; Mk 16,16.

[38] Erklärung über das Verhältnis der Kirche zu den nichtchristlichen Religionen (Nostra aetate), Nr. 2, zit. nach BERNHARDT, 1998, 74 (Hervh. H.N.).

[39] Vgl. RAISER, KONRAD: Das Problem des Synkretismus, in: Ders.: Wir stehen noch am Anfang, München/Gütersloh 1994, 158f.

[40] Entnommen aus: GRÜNSCHLOẞ, ANDREAS: Interreligiöser Dialog in kirchlich-institutionellem Kontext, in: VEEN, JOHANNES A. VAN DER/ZIEBERTZ, HANS-GEORG (Hg.): Religiöser Pluralismus und interreligiöses Lernen, Weinheim 1994, 113–170, hier: 131.

[41] KREINER, ARMIN: Anfragen an die pluralistische Religionstheologie, in: rhs. Religionsunterricht an höheren Schulen, 41. Jg. (1998), Heft 2, 83.

[42] Hier sind stellvertretend zu nennen: der englische Religionsphilosoph JOHN HICK und der kanadische Religionswissenschaftler WILFRIED W. SMITH, die beide in der reformiert liberalen Tradition stehen, sowie die katholischen Theologen PAUL KNITTER und LEONARD SWIDLER.

[43] Darf die Wahrheit einer Religion auf ihre ethische „Leistungsfähigkeit" reduziert werden? Ist nicht dann der Kredit des Christentums in einer langen Gewaltgeschichte längst aufgebraucht? Solche Fragen legen den Finger in die Wunde einer nicht befriedigend gelösten „Kriteriologie" der Verständigung über Beurteilungsmaßstäbe religiöser Haltungen oder Handlungen.

[44] PANIKKAR, RAIMON: Der neue religiöse Weg. Im Dialog der Religionen leben, München 1990.

[45] KÜNG, HANS: Projekt Weltethos, München 1990, 119.

[46] METZ, JOHANN BAPTIST: Zum Begriff der neuen politischen Theologie 1967–1997, Mainz 1997, 202f.

[47] NIPKOW, KARL ERNST: Bildung in einer pluralen Welt, Bd. 2: Religionspädagogik im Pluralismus, Gütersloh 1998, 278.

[48] FUCHS, GOTTHARD: Roter Faden Theologie – eine Skizze zur Orientierung, in: KatBl 107 (1982), 165–180, hier: 166, zit. nach METTE, NORBERT: Religionspädagogik, Düsseldorf 1994, 236.

[49] SCHWEITZER, FRIEDRICH: Die Suche nach eigenem Glauben. Einführung in die Religionspädagogik des Jugendalters, Gütersloh 1996, 193.

[50] NIPKOW, a.a.O., 277.

[51] NIPKOW, a.a.O., 277f.

[52] NIPKOW, a.a.O., 278.

[53] DER HESSISCHE KULTUSMINISTER (Hg.): Rahmenrichtlinien Sekundarstufe I, Evangelische Religion, Wiesbaden 1987, 9.

[54] Das aus dem Zusammenhang isolierte Zitat kann natürlich dem Konzept der RRL nicht gerecht werden. Es dient der typisierenden Pointierung.

[55] Die (bisher einzige) Denkschrift der EKD zum Religionsunterricht von 1994 sieht sich gleichwohl veranlasst zu unterstreichen, der Religionsunterricht ist „missverstanden und überfordert, wenn er sein Ziel ... in gemeindlicher Sozialisation und Mitgestaltung sieht" (Kirchenamt der EKD [Hg.]: Identität und Verständigung. Standort und Perspektiven des Religionsunterrichts in der Pluralität, Gütersloh 1994, 45).

[56] So lautet die Formulierung im Synodenbeschluß der deutschen Bistümer von 1974 (Beschlusstext in der Heftreihe Synodenbeschlüsse, Heft 4, hg. vom Sekretariat der Deutschen Bischofskonferenz, Bonn o.J., 9f).

[57] Die deutschen Bischöfe: Die bildende Kraft des Religionsunterrichts. Zur Konfessionalität des katholischen Religionsunterrichts, vom 27.9.96, hg. vom Sekretariat der Deutschen Bischofskonferenz, Bonn 1996, 44 und 69f.

[58] Zur Klassifikation der Vermittlungsmodelle zwischen Theologie und Religionspädagogik im Anschluss an K. WEGENAST vgl. LÄMMERMANN, GODWIN: Grundriß Religionsdidaktik, Stuttgart 1991, 73ff.

[59] LÄMMERMANN, ebd., 80f.

[60] D.h. als vorläufige Annahme zum besseren Verständnis eines Sachverhaltes.

[61] Einleitung von Prof. L. VOLZ zum Beschluss der Gemeinsamen Synode der Bistümer in der Bundesrepublik Deutschland vom November 1974, Pkt. 1.3.2, in: Heftreihe Synodenbeschlüsse, Nr. 4, hg. vom Sekretariat der Deutschen Bischofskonferenz, Bonn o.J.

[62] Unter Aufnahme von LÄMMERMANN, a.a.O., 80f.

3 Wie hast du's mit der Religion? Die Gretchenfrage bei Kindern und Jugendlichen

(*Lothar Kuld*)

3.1 Religion in Kindheit und Jugendalter – Perspektiven soziologischer Kindheits- und Jugendforschung

Jugend ist ein weiter Begriff. Die SHELL-Jugendstudien erfassen Menschen zwischen 12 und 24 Jahren. Ein Kriterium für Jugend ist die Frage, ob jemand noch in Ausbildung steht, ob er oder sie noch auf das Leben als Erwachsener in einer Erwerbsgesellschaft vorbereitet wird oder ob er schon im Berufsleben steht. Ein anderes Kriterium ist die Einbindung in das Familienleben. Kind bleibe ich für meine Eltern immer, aber wenn ich von zu Hause ausgezogen bin und eine eigene Familie, welcher Gestalt auch immer, gründe oder finde, dann bin ich nicht mehr ein Kind und ein Jugendlicher, sondern ich habe, was meine Familie betrifft, meine Lebensgestaltung selbst in die Hand genommen. Das ist dann ein weiteres Kriterium für das Ende der Jugendzeit und den endgültigen Eintritt ins Erwachsenenalter. Wie man daran sieht, sind die Übergänge zwischen Jugend und Erwachsenenalter fließend. Was als Jugend gilt, ist im Grunde Konvention. Jugend wird gegenwärtig eher ausgedehnt als überwunden. Jugend ist auch Teil eines Lebensstils. Es ist schick, jung zu sein. Erwachsene kleiden sich ‚jugendlich'. Sie hören auch die Musik der Jugendlichen. Die Abgrenzung der Jugendlichen von den Erwachsenen wird schwierig. Die Gegenwelt der Erwachsenen ist unklar. Damit wird auch Jugend zu einem nicht eindeutigen weiten Begriff.

Nicht weniger eindeutig scheint, was Kindheit ist. So wenig es *die* Jugend gibt, so wenig gibt es *die* Kindheit. Es gibt Kindheitskonzepte, und sie entscheiden über den Blick von Erwachsenen auf das Kind. PHILIPPE ARIES (1975) sprach gar von der Erfindung der Kindheit im 18./19. Jahrhundert, NEIL POSTMAN (1983) vom Verschwinden der Kindheit am Ende des 20. Jahrhunderts. Beide Thesen scheinen problematisch (NICHOLAS ORME 2001). ELLEN KEY (1902) hatte zu Beginn unseres Jahrhunderts das „Jahrhundert des Kindes" ausgerufen. Daraus ist, wenn man die Lage von Kindern weltweit betrachtet, nichts geworden. WERNER LOCH (1964) hat der Religionspädagogik in den 1960er Jahren die Verleugnung des Kindes vorgeworfen. FRIEDRICH SCHWEITZER (1992) hat die historisch unterschiedliche Wertschätzung der Religion des Kindes für die evangelische Religionspädagogik nachgezeichnet. Die Würdigung des Kindes als Subjekt seiner religiösen Biografie ist relativ neu und nicht unumstritten.

Kindheit ist heute geprägt von einem Wandel der Lebensräume, neuen Raum- und Zeitwahrnehmungen, Verhäuslichung und Verinselung des Kinderlebens und dem Wandel in den familialen (Sub-)Systemen. Schon Kinder kommen viel rum. Mütter und Väter fahren Kinder zum Sportverein, zur Schule, zu Spielgefährten, ins Schwimmbad, zur Musikschule, zu Kindergeburtstagen. Schon Kinder haben eine genaue Zeitplanung die Woche über. Es ist schwer, Termine zu finden. Zugleich nimmt die Domestizierung und Isolierung der Kinder vom Lebensraum der Erwachsenen in für sie ausgewiesenen Räumen zu. Kinder müssen in Kinderzimmer, auf Spielplätze und Sportplätze für Kinder. Dieses Szenario einer fürsorglichen Kindheitskontrolle gilt vor allem für Mittelschichtkinder. Kinder der Unterschicht scheinen andere Räume zu nutzen, die Straße vor allem. Aber hier wie dort verändern sich traditionelle Familienmuster. Die Gruppe der Alleinerziehenden steigt. Kindheiten finden unter veränderten Bedingungen statt. Kindheit selbst verändert sich.

Dieser Wandel wird unter dem Stichwort veränderte Kindheit zusammengefasst (CHRISTA BERG 1995). Die Folgen für die Religion des Kindes, die Bedeutung der Geschlechterdifferenz und die Folgen der unterschiedlichen Sozialisationserfahrungen von Mädchen und Jungen für das religiöse Erleben und die religiösen Vorstellungen von Kindern sind noch kaum erforscht.

Mutmaßungen sind über die kirchensoziologische Tatsache zu gewinnen, dass die religiöse Definitionsmacht der Kirchen im Bewusstsein auch der Kirchenmitglieder massiv schwindet (EBERTZ 2001; JÖRNS 1997) und im Verhältnis von Kirche, Religion und Leben eine Kehre eingetreten ist. Bestimmten früher die Kirche und kirchlich formulierte Religion das Leben und die Rhythmen des Lebens, so sind es nun die Lebensläufe der Einzelnen selbst, die darüber entscheiden, ob und wie Religion in ihrem Leben vorkommt (HENNING LUTHER 1992). Die Soziologie spricht von einer Enttraditionalisierung und Entkonfessionalisierung der Religion. Die Kirchen hätten sich von einer Überzeugungsgemeinschaft zu einem Dienstleister für religiöse Passageriten gewandelt. Vor allem junge Familien und alte Menschen bedienten sich der Einrichtungen der Kirchen.

Es wäre weltfremd, die beschriebene Entwicklung durch religionspädagogische Maßnahmen umdrehen zu wollen. Und so müssen wir gleichsam noch einmal von vorn beginnen und beschreiben, wie Kinder und Jugendliche es mit der Religion halten. Kinder lernen Religion in der Familie kennen. Kinder beobachten unentwegt. Ihre Religion ist ein Spiegel des Umgangs mit Religion und der religiösen Praxis in ihrer Familie. Auch die Religion der Jugendlichen ist der Religion ihrer Herkunft verpflichtet, zugleich aber sind Jugendliche auf der Suche nach eigenem Glauben. (SCHWEITZER 1996).

Diese Suche spiegelt sich in folgender Kurzbeschreibung der Glaubensgeschichte einer Studentin (20) wider:

„An Religion und Glaube (vor allem an Kirche und Papst) habe ich seit längerer Zeit großen Zweifel. Ich weiß nicht, ob ich überhaupt glauben kann. Theologie habe ich als Prüfungsfach gewählt, weil ich mich nicht vom Glauben abwenden will; ich interessiere mich dafür und will mich damit beschäftigen ..., will ihn suchen!
Meine Erfahrungen mit Religion sind eigentlich recht oberflächlich, wenngleich ich doch früher in meiner Kindheit viele Berührungspunkte damit hatte. Als Kind betete ich abends naiv mit meiner Mutter und meinen Geschwistern. Später dann allein als Zwiegespräch mit Gott. Wenn ich es nicht tat, hatte ich ein schlechtes Gewissen, und schließlich habe ich gemerkt, dass ich mir eigentlich nur den Tag durch den Kopf gehen ließ und dass ich dazu keinen Gott bräuchte. Meine Großeltern nahmen mich in die Kirche mit. Der Religionsunterricht in der Grundschule hat mir gut gefallen, weil ich malen und schöne Geschichten hören durfte. Nach der Erstkommunion habe ich meine Kinderbibel fast verschlungen. Später war ich in der Jugendarbeit der Kirchengemeinde engagiert, habe aber jetzt den Zugang verloren. Wenn ich heute heiraten oder Kinder bekommen würde, glaube ich, wäre die Kirche wohl nicht dabei ...".

Der Text der Studentin mag typisch sein für den Umgang mit Religion an der Schwelle zum frühen Erwachsenenalter. Zugleich ist er der kurze Abriss einer Glaubensgeschichte. Die Religion des Kindes wertet die Studentin als naiv, die Kirchlichkeit der Jugendlichen ist für sie mit dem Ende des Engagements in der kirchlichen Jugendarbeit beendet. Sie war kirchlich, solange sie in die Jugendarbeit eingebunden war. Nach dieser Phase kirchlichen Teilnahmeverhaltens kam ein Bruch, der bis heute anhält. So würde die Studentin heute nicht einmal die Passage-Riten bei der Hochzeit oder Geburt eines Kindes in Anspruch nehmen wollen. Das ist der Umgang mit Religion für die Mehrheit der Jugendlichen. Die Mehrheit geht gegenüber den Kirchen auf Distanz.

Laut SHELL-Studie *Jugend 2002* ist der „Trend der Säkularisierung" unter Jugendlichen weit vorangeschritten. Religiosität spiele im Leben auch der westdeutschen Jugendlichen eine geringe Rolle. 46% aller Jugendlichen in Deutschland bewerten den „Glauben an Gott" als „unwichtig" und 38% als „wichtig", die anderen sagen „teils-teils". Diese Polarisierung erklärt sich aus der relativ hohen Bedeutung des Gottesglaubens bei ausländischen Jugendlichen (63%) und Teilen der westdeutschen Jugend (34%) auf der einen und der besonders niedrigen Bedeutung des Gottesglaubens unter den Jugendlichen in den neuen Bundesländern (14%) auf der anderen Seite. Insgesamt ist also Religion „für die Mehrheit der Jugendlichen wenig verhaltensprägend" (ebd. S.155). Die relative Stabilität, mit der Religion sich unter Jugendlichen halte, sei vor allem den ausländischen Jugendlichen zu verdanken (Jugend 2002, 148, 154).

Religionspädagogisch von Interesse ist der langfristige Trend. Hier beschrieb bereits die SHELL-Studie Jugend 2000 eine Niveauverschiebung nach unten. „Nur ein knappes Drittel der westdeutschen Jugendlichen betet und glaubt an ein Weiterleben nach dem Tod, nur noch ein Sechstel geht zum Gottesdienst." (Jugend 2000, Bd. 1, 162) Nähme man die Jugendlichen in den ostdeutschen Bundesländern hinzu, wäre die Lage noch dramatischer. 80% der konfessionslosen Jugendlichen wohnen in Ostdeutschland. Gottesdienst und Beten sind dort Sache von Minderheiten.

Die Konfessionsgrenzen zwischen evangelischen und katholischen jungen Christen sind – wiederum laut SHELL-Studie – weithin „eingeebnet" (SHELL Jugend 2000; Bd 1, 158). Den Jugendlichen ist es „egal, welcher Kirche ihre Freunde angehören, wenn überhaupt" (BUCHER 2000, 93). Zum Statement „Konfession meiner Freunde egal" sagen in der Untersuchung von ANTON BUCHER (2000, 93) 81% der befragten Jugendlichen „sehr richtig" und 11% „richtig". Anders ist die Entwicklung bei den türkischen Jugendlichen. Hier taucht laut SHELL-Studie „Jugend 2000" ein neues religiöses Milieu auf, das aber im Gegenzug nicht zu einer Revitalisierung christlicher Milieus unter Jugendlichen führe. Die christlichen Kirchen hätten den Einfluss auf die Mehrheit der jungen Generation verloren (Jugend 2000, Bd. 1, 21). Stimmt das?

Merkwürdigerweise sind von den repräsentativ für die Jugend der Jahrtausendwende ausgesuchten Jugendlichen immerhin 33 % evangelisch, 33% katholisch und 6% islamischen Glaubens. 3% gehörten einer anderen Religionsgemeinschaft an, 25% gehörten keiner Religionsgemeinschaft an. Von diesen 25% leben 80% in den neuen Bundesländern. Die evangelischen, katholischen und islamischen Jugendlichen machen folgende Aussagen:

	Katholisch			Evangelisch			Islamisch	
	männlich	weiblich		männlich	weiblich		männlich	weiblich
An ein Weiterleben nach dem Tod glauben	28%	43%		32%	43%		46%	43%
Beten: Ja	26%	44%		22%	34%		49%	55%
Gottesdienst: Ja	21%	29%		13%	14%		46%	38%

Die Mehrheit dieser Jugendlichen hält sich für religiös, noch mehr wollen religiös heiraten und viele wollen ihre Kinder religiös erziehen:

	Katholisch			Evangelisch			Islamisch	
	Männlich	weiblich		männlich	weiblich		männlich	weiblich
Nicht religiös zu sein verneinen mit Nachdruck (Trifft überhaupt nicht zu)	54%	66%		52%	62%		75%	80%
Religiös heiraten wollen	70%	84%		65%	77%		78%	80%
Die eigenen Kinder religiös erziehen wollen	44%	53%		36%	43%		73%	72%

(Quelle: SHELL-Studie „Jugend 2000", Bd. 1, 158)

Mädchen und junge Frauen sind offensichtlich stärker religiös ansprechbar. Die gegenüber den männlichen Jugendlichen geringere Zahl der Gottesdienstbesucherinnen unter den islamischen Jugendlichen kann man mit der besonderen Verpflichtung von Männern zu dieser religiösen Praxis erklären. 44% der katholischen und 41% der evangelischen Jugendlichen wohnen in Gemeinden bis 20.000 Einwohnern, kirchenferne Jugendliche wohnen eher in Großstädten. Umgekehrt ist es bei Muslimen. 52% von ihnen wohnen in Großstädten. Geschlecht und Wohnort, und man kann hinzufügen: Lebenssituation (alleinstehend, verheiratet, Mutterschaft usw.) und Bildungsgrad geben mit einer gewissen Wahrscheinlichkeit Hinweise auf mögliche Kirchenbindung und religiöse Praxis oder deren Fehlen.

Bleibt festzuhalten, dass religiöse Praxis mit irgendeiner und sei es auch noch so sporadischen und lockeren Form von Zugehörigkeit zu einer Religionsgemeinschaft einhergeht. Die alte Entkoppelungshypothese, derzufolge die Jugendlichen nicht kirchlich, aber religiös seien, scheint nicht zu stimmen. Die religiös nicht sozialisierten und kirchdistanzierten Jugendlichen sind auch die mit der geringsten religiösen Praxis und übrigens auch größten Abmeldebereitschaft vom Religionsunterricht (BUCHER 2000). Noch ein Blick in die SHELL-Studie „Jugend 2000":

Jugendliche ohne Nennung einer Religionsgemeinschaft

	männlich	weiblich
Weiterleben nach dem Tod: ja	13%	21%
Beten: Ja	2%	8%
Ich bin nicht religiös: Trifft überhaupt nicht zu	8%	11%

(Quelle: SHELL-Studie „Jugend 2000", Bd 1, 158)

- Die religiös interessierten Jugendlichen halten an einer gewissen Bindung an eine Religionsgemeinschaft fest. Kirchen sind für sie vermutlich religiöse Dienstleister (EBERTZ 2001). Man geht nicht hin, aber man tritt auch nicht aus ihnen aus. Man braucht sie für Lebensfeiern und für die eigenen Kinder. Darüber sollte man freilich nicht vergessen, dass die Formeln traditioneller Glaubenssätze auch unter kirchlichen Jugendlichen massiv an Akzeptanz verloren haben (vgl. JÖRNS 1997). Je höher die soziale Integration an einem Ort, desto wahrscheinlicher ist also auch die Teilnahme am Leben einer Kirchengemeinde. Diese Vermutung stützt das Bild, das JÜRGEN ZINNECKER (1993) schon vor zehn Jahren von der kirchlichen Jugend (West) gezeichnet hat: Kirchlich engagierte Jugendliche
- sind überdurchschnittlich an Erwachsenen und erwachsenen Autoritäten orientiert.
- Sie sind familienbezogener und „häuslicher".
- Sie sind politisch „eher wertkonservativ und alles andere als militant".
- Sexuelle Erfahrungen machen sie lebensgeschichtlich später als andere Jugendliche.
- Gewaltförmige und subkulturelle Gruppen sind ihnen fremd.
- Sie haben eine optimistische Zukunftsorientierung.
- Sie machen sich über ihre Zukunft mehr Gedanken und halten häufiger inne, um auf das zu schauen, was sie aus ihrem Leben gemacht haben.

Insgesamt würden kirchliche Jugendliche „stark auf Sicherheit gerichtete Einstellungen" zeigen. Und diese Sicherheit werde in der Orientierung an Erwachsenen gefunden.

An dieser Stelle muss auf das geradezu gegenläufige Profil kirchlicher Jugend/Ost bis in das Wendejahr 1989 hingewiesen werden. Dort sammelten sich bis zur Wende eher die nicht angepassten und oppositionellen Jugendlichen, ein Fakt, das unterschiedliche Entwicklungen innerhalb der kirchlichen Jugend in Ost und West mit Nachwirkungen bis heute vermuten lässt.[1]

Diese Profilbeschreibungen skizzieren natürlich lediglich Trends. Sie typologisieren. Das mag problematisch erscheinen, wenn man an Einzelfälle denkt. Vielfach haben wir es wohl mit Mischtypen jugendlicher Religiosität zu tun. Dennoch können Typologisierungen helfen, sich im religionspädagogischen Feld zu orientieren. Umstritten bleibt, woran soziologisch die Religiosität Jugendlicher zu messen ist.

HEINER BARZ (1992) entwirft eine Typologie entsprechend der Kirchennähe bzw. Kirchendistanz der Jugendlichen und unterscheidet zwischen Kirchennahen, „Häretikern" und Kirchenfernen. KARL GABRIEL (1994, 66–68) betrachtet Religiosität unter Jugendlichen als Stil und kommt zu folgender Typologie: (1) *Der Religiositätsstil der Familienzentrierten.* Sie sind für kirchliche Religionspraxis am ehesten ansprechbar. Kennzeichen der Religion der Familienzentrierten sei „der starke Bezug auf die quasi-religiöse familiale Sinnwelt. Im Rückgriff auf die kirchlichen Symbole und Rituale macht sich die familienzentrierte Religiosität die Kirche als Dienstleisterin und Anbieterin von Leistungen im religiös-rituellen Bereich zu Nutze." (GABRIEL 1994, 66) (2) *Der subkulturelle Religiositätsstil.* Er benutzt die religiöse Symbolwelt, vor allem die Todessymbolik, als Protestmaterial und Design zur Selbststilisierung. Hierher gehören auch die okkulten Praktiken, in denen es nach HELSPER (1992) vorab um Erlebnisintensität geht. (3) *Der gegenkulturelle, selbstreferenzielle Religiositätsstil.* Er ist vor allem in bildungsprivilegierten Milieus zu finden. Jugendliche dieser Couleur pflegen Religion und religiöse Symbolik als Wege gesteigerten Selbstbezugs und der narzistischen Sakralisierung des Ich. (4) *Der christlich-prophetische* Religiositätsstil. Er werde von einer Minderheit gesellschaftskritisch Engagierter getragen. In Westdeutschland rage dieser Stil weit in die kirchlichen Jugendverbände hinein und artikuliere sich als Distanzierung von den als ungerecht und unmoralisch erfahrenen sozialen Verhältnissen.

Widersprüchlich ist die Einschätzung des religiösen Interesses der Jugendlichen. BARZ zufolge wollen „die sog. 'normalen' Jugendlichen von Religion ganz überwiegend nicht viel wissen" (BARZ Bd. 2, 1992, 261). Wenn überhaupt, dann pflegten Jugendliche einen Glauben, der keine Transzendenz mehr will, sondern „sein Heil radikal im diesseitigen Glück" sucht. Die zeitgleiche SHELL-Jugendstudie `92 spricht von einer Wiederentdeckung der Transzendenz und von einer relativ hohen Zahl (25%) auch unter den konfessionslosen Jugendlichen, die ganz allgemein die Loslösung von weltlichen Belangen für wichtig halten. Zehn Jahre später ist Religion für Jugendliche laut SHELL-Studie *Jugend 2002* angeblich ohne Bedeutung.

Die Widersprüche und Verschiebungen erklären sich aus offensichtlich unterschiedlichen Maßstäben für das, was als Religion bzw. Transzendenz gilt. Der SHELL-Studie genügen hierzu Angaben zum Gebet und zum Glauben nach dem Tod. Wer hier sich positiv äußert und auch eine gewisse Relativierung materieller Werte befürwortet, ist schon in der Distanz zu den Glücksverheißungen dieser Welt und damit über sie hinaus in seinem Denken. Genau das scheint BARZ nicht zu genügen. Er insistiert auf einer gewissen Nähe zu jenen Transzendenzvokabeln, welche die kirchlichen Dogmen vorgeben. Beide Sichtweisen sind vermutlich nicht ausreichend, um Religiosität zu erfassen. Neben den quantitativen Verfahren, bei denen die Befragten auf vorgegebene Items und Standards und Begriffe antworten müssen, gewinnen in der Forschung zur Religion von Kindern und Jugendlichen daher qualitative Verfahren, die mit lebensgeschichtlichen Interviews arbeiten und die individuellen religiösen Verlaufsgeschichten zum Vorschein bringen, vermehrt Beachtung (vgl. Religion in der Lebensgeschichte 1993).

3.2 Stufen des Selbst und des Glaubens: Entwicklungspsychologische Theorien

Eltern und Religionslehrer/-innen empfinden die Veränderungen, die Kinder, Schüler/-innen zwischen dem 13. und 17. Lebensjahr religiös durchlaufen, oft als bedauerlichen Glaubensverlust. Der folgende Text einer 16-jährigen Schülerin illustriert diesen Wandel in bemerkenswert hellsichtiger Weise:

„Für mich ist Gott keine Person. Früher dachte ich, Gott wäre so ein alter Herr mit Bart, grauhaarig mit einem weißen Gewand. Er war für mich sehr weise und gütig und hat eine in gewisser Weise feierliche und getragene Stimmung verbreitet. Wahrscheinlich hat das damit zu tun, dass man, wenn man klein ist, Gott nur mit bestimmten Festen wie Weihnachten oder Ostern oder mit Sonntagen in Verbindung bringt.
Als ich dann älter wurde, konnte ich, vor allem um meine Konfirmandenzeit herum, so gut wie gar nichts mit Gott anfangen. Die alte Vorstellung ist nicht mehr gültig, aber man hat auch noch keine neue. Das ist es auch, was mich an dem Alter, in dem man konfirmiert wird, so stört. Man hat genug damit zu tun, mit sich und seiner Umwelt klar zu kommen und hat für Gott gar keinen Platz. Später oder auch früher würde es einem viel mehr bringen, weil man dann auch wirklich was zu dem Thema zu sagen hat. Denn, wenn man dann erst mal mit sich im Reinen ist, kann man sich auch wieder mit Gott beschäftigen.
Heute ist Gott für mich vielmehr ein Gefühl. Gott ist für mich in der Liebe, die ich anderen Menschen gegenüber empfinde und auch in der Liebe, die mir entgegengebracht wird. Das ist mir erst in letzter Zeit klar geworden. Ich habe gelernt, Liebe, wirkliche und starke Liebe zu empfinden. Ich habe gemerkt, dass alles, was man so für Verliebtsein hält, in Wirklichkeit etwas ganz anderes, ein viel ärmeres Gefühl ist. Zu lernen, wirkliche Liebe zu empfinden, war und ist für mich sehr, sehr wichtig geworden. Liebe, die auch einer noch so großen Distanz und unterschiedlichen Lebensgewohnheiten standhält. In der Liebe ist für mich Gott.“ (16-jährige Schülerin, Gymnasium, Mannheim, priv. Textsammlung U. SCHOTT – zit. nach NIPKOW 1993, 199f).

Die Geschichte der Gottesvorstellungen der 16-jährigen lässt sich kurz so zusammenfassen:

(1) Als Kind, erinnert sie sich, hat sie ganz konkrete Vorstellungen von Gott. Gott ist wie ein guter Mensch.
(2) Mit dem Ende der Kindheit lösen sich die konkreten Vorstellungen auf. Die Schülerin ist vollauf mit sich selbst und ihrer Umwelt beschäftigt.
(3) In dieser Phase hat sie „für Gott gar keinen Platz“ in ihrem Leben. Gott wird zwar nicht geleugnet, aber er spielt auch keine Rolle.
(4) „Heute ist Gott für mich ... ein Gefühl,“ sagt sie. Gott ist etwas ‚Psychisches'. Symbol der Gotteserfahrung ist „die Liebe“, die Erfahrung intensiver emotionaler Verbundenheit mit einem anderen. Diese Perspektive, sagt die Schülerin, habe sie erst „in letzter Zeit“, also als Sechzehnjährige, bekommen.

Die Logik dieses Umbruchs im religiösen Denken zwischen Kindheit und Jugendalter ist mit Hilfe entwicklungspsychologischer Theorien, wie sie FRITZ OSER und JAMES W. FOWLER vorgelegt haben, beschreibbar. Dazu zunächst eine Vorbemerkung: Psychologische Theorien sind keine Reifungstheorien. Die Entwicklung religiöser Urteilsstrukturen (OSER) und Entwicklung sozialer Perspektiven und Selbststrukturierungen (KEGAN) sind *nicht* abhängig vom Lebensalter, sondern von der Entwicklung der Fähigkeiten, die mit diesen Strukturen und Konzepten verbunden sind. Insofern ist die Zuordnung bestimmter Entwicklungsstufen zu bestimmten Lebensaltern fragwürdig. Es gibt jedoch erwartbare Häufungen bestimmter Entwicklungsstufen in bestimmten Lebensaltern, etwa in Kindheit und Jugend. Ein höheres Alter korreliert in der Regel mit einem höheren religiösen Urteil, sagt OSER. FOWLER verbindet schließlich entwicklungstheoretische und lebenslauftheoretische Annahmen miteinander zu einer umfassenden Theorie des ‚Lebensglaubens' (*faith*). Altersangaben sind also reine Erfahrungswerte und sie sind auch religionspädagogisch nur ein erster Anhaltspunkt, aber nicht entscheidend, denn von Interesse ist primär nicht das Alter, sondern das Verständnis von Religion, das ein Kind oder Jugendlicher zeigt.

Die Entwicklung des religiösen Urteils (FRITZ OSER)

Nach FRITZ OSER (1992) versteht ein Kind Gott zunächst als eine Macht, die unbeeinflussbar alles tut und wirkt (*deus ex machina*) und dann – in der Regel im Grundschulalter – als ein Gegenüber, mit dem man einen Handel auf Wechselseitigkeit treiben kann. Bin ich lieb, ist Gott lieb zu mir (*do ut des*). Die nächste Stufe bringt eine Trennung: Gott tut und der Mensch tut. Jeder für sich. Gott wird nicht geleugnet, aber welchen Einfluss er auf das Leben des Menschen und die Welt hat, das kann man sich eigentlich nicht so richtig vorstellen (OSER spricht von einem latenten Deismus). Danach, in der Regel nicht vor dem Erwachsenenalter, kommt es zu einer neuen dialogischen Beziehung zwischen beiden: Gott wirkt durch das Tun des Menschen. Die Entwicklung geht also von einem eher fremdbestimmten Glauben über die Entdeckung der menschlichen Autonomie hin zu einem Glauben in Autonomie und von einer eher punktuellen Gottesbeziehung hin zu einer immer dichteren Integration von Glauben und Leben.
Die Korrelation von religiösem Urteilsniveau und Lebensalter zeigt folgende Tabelle.

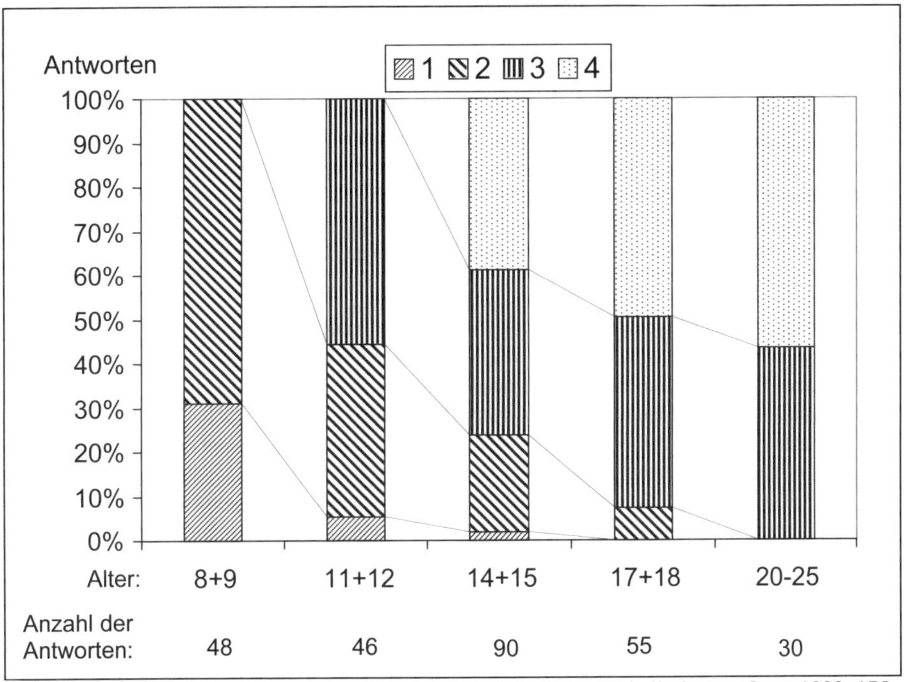

Tabelle 3, aus: OSER 1992, 175

Seine Theorie der Entwicklung religiöser Urteilskompetenz, mit anderen Worten: der Beziehung zwischen Mensch und Letztgültigem (dem Ultimaten, Gott), hat OSER kurz so zusammengefasst:

Stufe 1: Die Interaktion ist einseitig. Völlige Abhängigkeit vom Ultimaten („Das Letztgültige tut es ...“)
Stufe 2: Die Interaktion und Abhängigkeit ist gegenseitig. (*Do ut des* oder „Das Letztgültige tut es, wenn ich ...“)
Stufe 3: Mensch und Gott (Ultimates) sind voneinander unabhängig („Das Letztgültige und der Mensch tun ...“)

Stufe 4: Eine korrelative Beziehung des Menschen zum Ultimaten, die jetzt besser als auf den früheren Stufen eine Balance zwischen Mensch und Ultimatem einhält. („Der Mensch tut, weil es ein Letztgültiges gibt ...“)
Stufe 5: Komplementarität in Bezug auf alle Dimensionen. Integration der Dichotomien von Heiligem und Profanem usw. durch enge Verbindung und zugleich Erkenntnis der mit diesen Begriffspaaren umschriebenen Wirklichkeitsbereiche. („Der Mensch handelt mittels des Ultimaten, das sich durch menschliches Handeln ausdrückt.“) (OSER 1988, 53f)

Zur Überprüfung dieser Theorie hat OSER seinen Probanden folgende Dilemmageschichte vorgelegt: Der angehende Arzt Paul verspricht Gott in einer extremen Notsituation – er sitzt in einem abstürzenden Flugzeug –, sein Leben den Armen in der Dritten Welt zu widmen, wenn er überlebt. Wie durch ein Wunder überlebt Paul den Absturz. Muss er sein Versprechen halten?

Ein Mädchen, 8 Jahre, antwortet: „Der Paul soll nach Afrika gehen – weil er Gott gesagt hat, er gehe nach Afrika und bleibe nicht in der Schweiz. Es wäre doch schöner, er tut, was Gott gesagt hat – er wäre nicht lieb, wenn er das Versprechen an Gott nicht einhält – Gott hat die armen Leute gern, und diese haben Gott gern, und es wäre einfach schöner, wenn Paul nach Afrika ginge, anstatt reich in der Schweiz zu bleiben.“ (OSER 1992, 131) Diese Antwort entspricht der Stufe 1 des OSERschen Modells.

Ein neunjähriger Junge antwortet: „Ja, das muss er, Gott hat ihn auch gerettet. Er hat den Paul vielleicht darum gerettet, weil er immer lieb zu ihm war. Er hat nicht so viel Böses gemacht. Wenn wir nämlich gut zu Gott sind, dann hilft uns vielleicht Gott auch wieder einmal.“ *Warum hilft uns Gott?* „Er will damit erreichen, dass wir überleben können. Wenn er uns hilft, dann können wir manchmal auch etwas für ihn tun. Zuerst machen wir etwas, vielleicht hilft er uns dann.“ *Wie hilft er uns?* „Mit seinen Kräften, die er besitzt. Er kann Wunder machen. Aber er macht sie nicht immer. Es kommt ganz darauf an, wie man zu ihm ist.“ (OSER 1992, 136) Diese Einschätzung entspricht der Stufe 2 des OSERschen Modells.

Ein weibliche Versuchsperson, 23 Jahre, antwortet: „Ich befinde mich in einem Zwiespalt, denn ich weiß nicht, ob ich dieses Versprechen halten würde. Ich bezweifle nicht, dass es Gott gibt, aber ich bezweifle, dass er einen so großen Einfluss hat auf den Menschen, dass der weitere Lebensverlauf von Paul negativ verlaufen würde, im Falle er sein Versprechen nicht einhält ...“ (OSER 1992, 141) Diese Antwort entspricht Stufe 3 des OSERschen Modells.

Entwicklungsstufen des Selbst – Entwicklungsstufen des Glaubens (KEGAN – FOWLER)

Eine umfassende Theorie der religiösen Entwicklung im Lebenslauf hat der amerikanische Entwicklungspsychologe und Theologe JAMES W. FOWLER vorgelegt. Glaube ist für FOWLER zunächst nicht ein bestimmter Inhalt, sondern eine Struktur, das heißt: eine bestimmte Weise, das Leben zu erkennen, zu werten und mit Sinn zu erfüllen – oder biblisch gewendet: zu glauben, zu lieben, zu hoffen. Glaube ist die Konstruktion eines umfassenden Ganzen (*ultimate environment*). Glaube ist ein Vorgang der Bedeutungsbildung. Das ist FOWLERs Ansatzpunkt für die Verbindung seiner Theorie des Glaubens mit der Theorie der Selbst-Konstruktion, die ROBERT KEGAN (1991) vorgelegt hat. Auch KEGAN betrachtet den Menschen als ein Bedeutungen schaffendes Wesen. Wer ich bin und wie ich andere sehe und wie ich den Blick der anderen auf mich sehe, diese Perspektiven von mir auf andere und von anderen auf mich nehmen mit der Komplexität des Denkens und der sozialen Perspektive zu. KEGAN hat diese Perspektiven „Selbst“ genannt. Das Selbst ist also die Perspektive, die ich von mir auf andere und von anderen auf mich hin einnehme, mit anderen Worten: die Bedeutung, die ich mir und andern in diesem Wechselspiel gebe. Sie entfaltet sich in Stufen zu immer größerer Komplexität.

KEGANs Modell sieht im Überblick so aus:

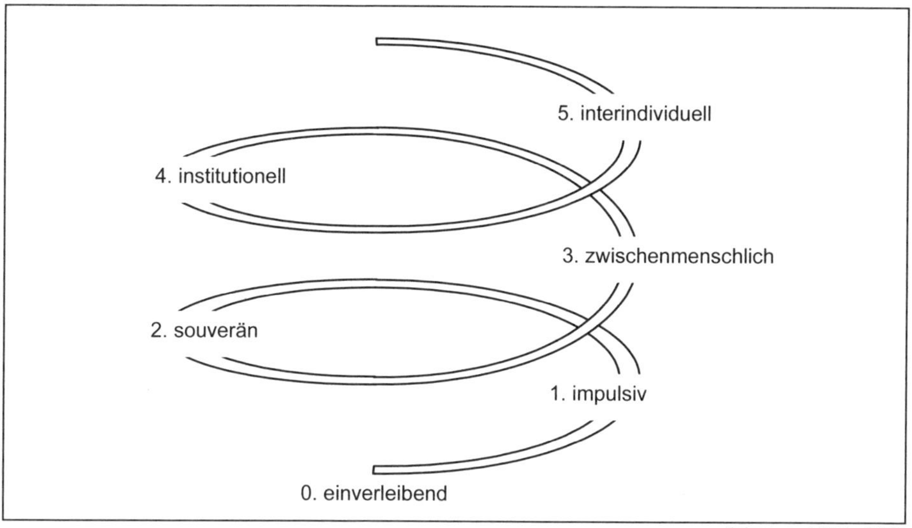

(KEGAN 1991, 152)

Erläuterungen zu KEGANs Modell:

(0) Das einverleibende Selbst repräsentiert das Kind des ersten Lebensjahrs, das die Welt vor allem über den Mund aufnimmt.

(1) Das impulsive Selbst: Das Kind dieser Stufe hat seine Reflexe unter Kontrolle, aber nicht seine Impulse. Ein Kind dieser Stufe hat nicht einen Wutanfall, sondern der Wutanfall hat das Kind.

(2) Das souveräne (auch: imperiale) Selbst: Ab dem 6./8. Lebensjahr. Das Kind hat nun seine Impulse unter Kontrolle, aber nicht seine Bedürfnisse. Kinder dieser Stufe erleben wir leicht als manipulativ. Sie scheinen oft so zu handeln, dass unser Verhalten und unsere Reaktionen ihren Interessen, Wünschen und Bedürfnissen nützen. Gut und richtig ist, was meinen Bedürfnissen entspricht. Das Kind dieser Stufe geht von sich aus, die Perspektive der andern ist noch nicht integriert. Kinder dieser Stufe brauchen nach KEGAN die Familie und Schule als unterstützende Kultur, wo „beständige Beziehungen von Vertrauen und Fürsorge es ermöglichen, allmählich auf die tieferen Quellen und Muster von Motivation und Persönlichkeit im Selbst und in anderen in reflexiver Weise einzugehen." (FOWLER 1989, 91)

(3) Das zwischenmenschliche Selbst: Der Jugendliche dieser Stufe sage sich: „Ich sehe mich, wie du mich siehst, – ich sehe mich, wie – denk' ich – du mich siehst." Diese Fähigkeit zu wechselseitiger Perspektivenübernahme befähigt das Selbst nun zu Beziehungen und Rollen. Aber ein Mensch dieser Stufe hat nicht Beziehungen, er erlebt sich in Beziehungen eingebettet. Wer ich bin, ist das, was die andern mir spiegeln.

(4) Das institutionelle Selbst: Der Mensch dieser Stufe, in der Regel nicht vor dem frühen Erwachsenenalter, *hat* Beziehungen. Er achtet auf Abgrenzung. Die Instanz, die für ihn verantwortlich ist, ist er selbst.

(5) Das interindividuelle Selbst: Diese Stufe geht mit einer kritischen Relativierung des Selbst einher. Menschen dieser Stufe werden auf die Polaritäten des Lebens aufmerksam und stehen vor der Aufgabe, diese miteinander zu verbinden. Es will beachtet sein, dass wir jung und alt sind, konstruktiv und destruktiv, männlich und weiblich, bewusst und unbewusst. Menschen dieser Stufe stehen vor der Aufgabe, diese Polaritäten zu verbinden und sich Menschen und Systemen zu öffnen, die anders sind als sie selbst.

FOWLER hat KEGANs Theorie der Entwicklungsstufen des Selbst in seine Theorie der Entwicklungsstufen des Glaubens eingebaut. Wir kommen zu folgendem Überblick:

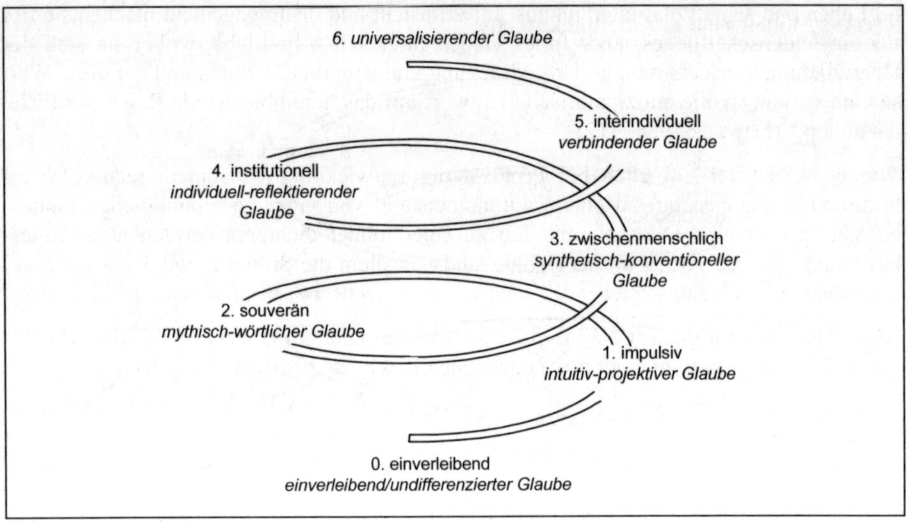

Die einzelnen Stufen seines Modells hat FOWLER kurz so beschrieben:

Stufe 0: „*Primärer/undifferenzierter Glaube* (Säuglingsalter): Eine vorsprachliche Disposition des Vertrauens gestaltet die Gegenseitigkeit der Beziehungen mit den Eltern und anderen Personen. Sie gleicht die Angst auf Grund der sich im Verlauf der Kindheit ereignenden Trennungen aus.

Stufe 1: *Intuitiv-projektiver Glaube* (Frühe Kindheit): Die Phantasie, angeregt von Geschichten, Gesten und Symbolen, dabei vom logischen Denken noch unkontrolliert, verbindet sich mit Wahrnehmung und Gefühlen und bildet hierbei lang anhaltende Vorstellungen heraus, die sowohl die beschützenden als auch die bedrohlichen Mächte, die uns umgeben, widerspiegeln.

Stufe 2: *Mythisch-wörtlicher Glaube* (Kindheit und darüber hinaus): Die sich entwickelnde Fähigkeit, logisch zu denken, hilft beim Ordnen der Welt mit Hilfe von Kategorien der Kausalität, von Raum und Zeit; verhilft dazu, Zugang zu den Perspektiven anderer zu haben und aus Geschichten einen Sinn des Lebens zu entnehmen.

Stufe 3: *Synthetisch-konventioneller Glaube* (Jugendzeit und darüber hinaus): Neue kognitive Fähigkeiten ermöglichen das Erfassen der eigenen Perspektive und der des anderen und machen es erforderlich, verschiedene Selbst-Bilder zu einer stimmigen Identität zu integrieren. Eine persönliche, weitgehend unreflektierte Synthese von Glauben und Werten bringt eine Bestärkung der Identität mit sich und vereint den Einzelnen mit anderen in emotionaler Solidarität.

Stufe 4: *Individuell-reflektierender Glaube* (Frühes Erwachsenenalter): Die kritische Reflexion des eigenen Glaubens und der eigenen Werte, das Verstehen anderer und der eigenen Person als Teil eines sozialen Systems, die Übernahme der Verantwortung, Entscheidungen hinsichtlich einer Ideologie und eines Lebensstils zu treffen, – dies alles eröffnet den Weg zum Engagement in Beziehungen und Beruf.

Stufe 5: *Verbindender Glaube* (Mittlerer Lebensabschnitt und später): Die Annahme der Polaritäten des eigenen Lebens, Wachsamkeit gegenüber dem Paradoxen und das Bedürfnis nach vielfachen Interpretationen der Realität kennzeichnen diese Stufe. Symbol und Geschichte, Metapher und Mythos (aus der eigenen Tradition wie der anderer) werden in neuer Weise als zum Erfassen von Wahrheit hilfreiches Ausdrucksmittel gewürdigt.

Stufe 6: *Universalisierender Glaube* (Mittlerer Lebensabschnitt und später): Auf dieser Stufe sind Personen in einer Einheit mit der Macht des Seins gefestigt, über das Paradoxe im Leben und seine Polaritäten hinaus. Ihre Einsicht und ihr Engagement machen sie frei für ein leidenschaftliches, aber freies Geben ihrer selbst in Liebe, wobei sie sich der Überwindung von Zerstreuung, Unterdrückung und Brutalität widmen und auf diese Weise eine wirkungsvolle antizipatorische Antwort auf das hereinbrechende Reich der Liebe darstellen." (FOWLER 1984, 312)

Wie bei OSER verläuft auch bei FOWLER die Entwicklung von einem relativ fremdbestimmten Glauben hin zu einem autonomen und von einer eher punktuellen Gottesbeziehung über eine Distanzierung hin zu einer immer dichteren permanenten Gottesbeziehung. Für die Arbeit an der Schule sind vor allem die Stufen 2 und 3 des FOWLERschen Modells aufschlussreich.

Als ein Beispiel für die Stufe 2 (mythisch-wörtlicher Glaube) zitiert FOWLER die zehnjährige Millie. Sie gehört zu einer protestantischen Kirche und besucht die 4. Klasse:

> „Millie: *Gott ist wie ein Heiliger. Er ist gut und er, er regiert die Welt, sozusagen, aber auf eine gute Weise. Und –*
> Interviewerin: *Wie regiert er die Welt?*
> Millie: *Er – er regiert nicht wirklich die Welt, aber, hm – warten Sie, er – er lebt oben auf der Welt, und er beobachtet immer jeden. Zumindest versucht er es. Und er tut das, was er für richtig hält. Er tut das, was er für richtig hält, und er versucht, das Beste zu tun, und – er lebt oben im Himmel und –*
> Interviewerin: *Kann nun überhaupt jemand in den Himmel kommen?*
> Millie: *Wenn die Leute es wollen und an Gott glauben, dann können sie in den Himmel kommen.*
> Interviewerin: *Was ist, wenn es die Leute nicht wollen oder nicht an Gott glauben? Was geschieht dann mit ihnen?*
> Millie: *Sie gehen genau in die entgegengesetzte Richtung.*
> Interviewerin: *Und wohin ist das?*
> Millie: *Nach unten, unter die Erde, wo der Teufel lebt.*
> Interviewerin: *Oh ja, ich verstehe. Kannst du sagen, was der Teufel ist?*
> Millie: *Der Teufel ist auch ein Heiliger, aber er glaubt an das Böse und macht die Sachen falsch. Gerade das Gegenteil von Gott. Und er tut immer Dinge, von denen Gott nicht will, dass die Leute sie tun.*
> Interviewerin: *Hat er Macht über die Welt?*
> Millie: *Der Teufel? Sozusagen, nein. Gott – nein. Ich glaube nicht ... Das ist eine schwierige Frage. Gott hat nicht wirklich Macht über die Welt. Er sieht ihr nur so zu. Und der Teufel ist so wie eine kleine Maus, die versucht, Käse zu bekommen. Irgendwie versucht er reinzukommen, aber ich glaube, er kann es einfach nicht.*"
>
> (FOWLER 1991, 156f)

Typisch für die religiösen Vorstellungen des mythisch-wörtlichen Glaubens ist die Einteilung der Welt in oben und unten. Gott ist oben im Himmel. Die Menschen sind unten auf der Erde. Die Realwelt ist die Symbolwelt. Die Erzählungen der Bibel werden wörtlich genommen. Gott und Gottes Wirken in der Welt wird in anthropomorphen Begriffen vorgestellt.

Interessant erscheint an dem von FOWLER gegebenen Beispiel, dass das Mädchen Millie am Schluss des Interviews sagt, dass Gott „nicht wirklich Macht über die Welt" habe. Das weist vielleicht bereits auf eine Auflösung der von ihr eingangs noch vertretenen Vorstellung von Gottes Wirken in der Welt („Er regiert."). Doch schon im nächsten Satz erläutert Millie, dass sie dieses „Regieren" als uneigentliche Aussage versteht: „Er regiert nicht wirklich die Welt." Nicht symbolisch, sondern paradox versteht Millie Gott. Und in diesem Sinne sagt sie wohl auch: Gott macht und er macht nicht, was auf der Erde geschieht. Der nächste Schritt im Sinne des OSERschen Modells wird sein, dass sie beide Bereiche trennt, mit dem Ergebnis, dass sie nun von Gott nicht mehr paradox sprechen muss, zugleich aber nun auch nicht mehr weiß, was er mit der Erde zu tun hat. Aber noch ist Millie von Gottes Regierung überzeugt. Und sie formuliert dies in anthropomorphen Begriffen. Diese Begriffe lösen sich im Jugendalter mit der Entdeckung der biblischen Geschichten als Geschichten und der Gottessymbole (Himmel usw.) als Symbole auf und machen einer psychologisierend anmutenden Interpretation der Gottesvorstellung Platz, die wir im Text der 16-jährigen Schülerin bereits formuliert fanden: „Gott ist ein Gefühl."

Ein weiteres Beispiel dieser Entwicklungsstufe („synthetisch-konventioneller" Glaube) ist Linda, 15 Jahre alt, Lutheranerin:

„Interviewer: *Linda, wenn du sagst, dass du weißt, woran du glaubst ... – kannst du dann zu beschreiben versuchen, wie du erfahren hast, woran du glaubst?*

Linda: *Durch die Religion, glaube ich. Ich bin immer in die Kirche und so gegangen. Und meine Eltern, sie haben mir immer den Weg gezeigt ... Sie haben mir immer beigebracht, dass Gott immer da ist, und wissen Sie, er ist die einzige Art und Weise, in der man es wirklich schaffen kann ... Man hängt von ihm ab, und ich glaube wirklich an ihn, und Sie wissen, man sagt, dass Gott in vielen geheimnisvollen Weisen spricht? Ja, in gewisser Weise hat er oft zu mir gesprochen ... ich denke wirklich, dass er mich dahin geführt hat, wo ich heute bin. Weil ich oft einfach gedacht habe, die Welt ist so, verstehen Sie, ich habe einfach gar nichts gefühlt. Aber dann eines Morgens habe ich einfach so ein Gefühl ... ich denke, da ist Jemand, verstehen Sie?*"

(FOWLER 1991, 172)

Gott ist für Linda nicht mehr oben, sondern er ist innen. Er ist nicht eine konkrete Person, sondern mehr eine psychische Wirklichkeit, ein Gefühl. Sie versteht Gott als ein „Gefühl", das ihr sagt, dass da „Jemand" ist. Kirchlich ist Linda, weil ihre Eltern es sind, religiös ist sie aus „Gefühl". Ihr Glaube ist weniger selbst verantwortet als der Glaube der Eltern, und zugleich ist dieser Glaube wirklich als ein Gefühl jener unendlichen inneren Verbundenheit, die eine spezifische Entdeckung des Selbstkonstrukts im Jugendalter zu sein scheint. Was sie glaubt, ist das, was zwischen ihr und anderen angesiedelt ist. Dieses Konzept ändert sich, sobald die Frage, wer ich bin, ins eigene Innere verlegt und dort auch entschieden wird. Ein Beispiel für diese Stufe 4 eines individuell-reflektierenden Glaubens ist der folgende Text eines jungen Mannes:

„*Ja, was meine Religion angeht, wenn Sie es aus dem Blickwinkel der organisierten Religion betrachten, so habe ich im Grunde keine. Ich wurde katholisch erzogen, praktiziere aber im formalen Sinne keine Religion, kein Ritual oder so ... Ich lebe mein Leben so, wie ich es für richtig halte – das hängt überhaupt nicht von den religiösen Aussagen einer Gruppe oder religiösen Organisation ab, und meine Werte bestehen nur darin, was mir richtig scheint. Ich lehne die Werte vieler organisierter Religionen ab und vertrete manche Werte, die nicht nur der organisierten Religion, sondern der Gesellschaft im Ganzen widersprechen.*" (zit. nach SCHWEITZER 1987, 148f)

Nicht die Eltern, er selbst ist es, der entscheidet, was er glaubt und nicht glaubt. Die Autorität, die entscheidet, ist von außen ins eigene Innere verlagert. Hier ist die Parallele zwischen Selbstkonzept und Glaube deutlich, die FOWLER durchgehend annimmt.

Religiöses Urteil – Selbst – Glaube – eine tabellarische Übersicht (Stufen 1–4)

	Stufe 1	Stufe 2	Stufe 3	Stufe 4
Entwicklung des religiösen Urteils nach OSER	Deus ex machina: Einseitige Macht	Do ut des: Wechselseitige Beeinflussbarkeit zwischen Gott und Mensch	„Deismus“: Gott macht und der Mensch macht	Gott als Voraussetzung allen menschlichen Tuns: Gott wirkt durch die Menschen
Glaubensentwicklung nach FOWLER	Intuitiv-projektiv	Mythisch-wörtlich	Synthetisch-konventionell	Individuell-reflektierend
Entwicklungsstufen des Selbst nach KEGAN	Impulsiv	Souverän	Zwischenmenschlich	Institutionell
GRUNDSCHULE SEKUNDARSTUFE				

Kleine Glaubensgeschichte mit 20 – Interpretation im Licht der Entwicklungstheorien des Glaubens

✎ Zum Folgenden greifen Sie bitte noch einmal auf den in Abschnitt 1 wiedergegebenen Text der Studentin zurück. Versuchen Sie, bevor Sie hier weiterlesen, Stufen des Glaubens in diesem Text zu rekonstruieren und mit Hilfe der Theorien von OSER und FOWLER zu interpretieren. Vielleicht hilft Ihnen oben stehende Tabelle „Religiöses Urteil – Selbst – Glaube“.

Die Studentin rekonstruiert ihre Glaubensgeschichte im Licht ihres gegenwärtigen religiösen Bewusstseins. Dieses Bewusstsein ist von Distanz gegenüber dem kirchlich formulierten Glauben geprägt. Und im Licht dieses Bewusstseins erzählt sie ihre Geschichte. Sie erinnert sich an folgende Stufen ihres Religionsverständnisses:

Stufe 1: Als Kind erfährt sie Religion in der Gemeinschaft der Familie, geradezu körperlich spürbar und eingebettet in die Rituale abendlichen Gebets. Die Großeltern nehmen sie mit in die Kirche, eine Rolle spielen noch Mutter und Geschwister. Der Vater wird nicht genannt („intuitiv-projektiver“ Glaube).
Stufe 2: „Schöne Geschichten“ im Religionsunterricht und die Kinderbibel, die sie zur Erstkommunion vermutlich geschenkt bekommt und intensiv aufnimmt (‚verschlingt‘), machen das Kind auf narrative Weise mit den Kategorien des Glaubens vertraut („mythisch-wörtlicher“ Glaube).
Stufe 3: Mit dem einsamen Dialog am Abend beginnt ein Umbruch in der religiösen Vorstellungswelt. Die Gottesbeziehung verändert sich. Es ist nicht Gott, es ist sie selbst, die da mit sich spricht. Zugleich bleiben die frühen Gefühlsfiguren der Kindheit am Werk: Wenn sie nicht betet, bekommt die Heranwachsende Gewissensbisse. Dieser Zwang hört allerdings auf, als sie sich – im Nachhinein? – klar macht, was dieser innere Dialog ist: Selbstreflexion. Solche Reflexion geht auch ohne Gott. Die Heranwachsende leugnet nicht Gott, aber sie weiß nicht, was er mit diesem inneren Monolog zu tun haben soll. Gott und Mensch sind weit voneinander geschiedene Sphären. („synthetisch-konventioneller“ Glaube (FOWLER) bzw. „Deismus“ der Stufe 3 bei OSER)
Stufe 4: Die erreichte Autonomie – wir sind jetzt in der Gegenwart der Erzählerin – lässt die junge Frau sagen, dass sie die Verbindung mit der kirchlichen Religion verloren habe. Kirchliche Riten und Symbole (Hochzeit und Taufe) erscheinen ihr vermutlich eher als ein klammheimliches Vereinnahmungsszenario, das die junge Frau dadurch abwehrt, dass

sie ihre Rolle als Kirchenmitglied und die mit dieser Rolle verbundenen Erwartungen (nicht ihre faktische Kirchenmitgliedschaft!) kündigt und sich auf die Suche nach einem Glauben jenseits davon macht. Das Programm dieser Suchbewegung könnte man so beschreiben: Wie kann aus einem zugeschriebenen, „konventionellen" Glauben ein selbst verantworteter, „postkonventioneller", auf eigener Entscheidung beruhender Glaube werden? Es geht jetzt jedenfalls nicht mehr an, dass man zu einer Kirche gehört, weil die Eltern dazu gehören („individuell-reflektierter" Glaube).

In entwicklungstheoretischer Sicht sind die von der Autorin rekapitulierten Umbrüche in der Geschichte ihrer religiösen Vorstellungen und Überzeugungen entwicklungsbedingt. Das heißt nicht, dass Glaube zwangsläufig in Stufen verläuft, wohl aber, dass die Weise, wie ein Mensch in seinem Glauben steht und wie er die Beziehung zu einem Letztgültigen aufbaut und versteht, sich mit dem Selbstkonzept notwendig verändert.

✎ Sie können nun versuchen, Ihre eigene Geschichte im Licht der Theorien von OSER und/oder FOWLER zu betrachten. FOWLER (1989, 174f) gibt folgende Arbeitshilfe:

Das sich entfaltende Gewebe meines Lebens:

Kalenderjahr ab der Geburt	Ort des Lebens – geographisch und sozio-ökonomisch	Schlüssel-beziehungen	Das eigene Hauptengage-ment	Schlüssel-ereignisse

Lebensalter (in Jahren)	Ereignisse und Voraussetzungen in der Gesell-schaft	Gottesbilder	Persönliche Werte (Zentren von Wert und Macht)	Autoritäten

Erläuterungen:
Schlüsselbeziehungen „können alle Arten von Beziehungen sein, von denen Sie das Gefühl haben, dass sie zu jener Zeit einen entscheidenden Einfluss auf Ihr Leben hatten." Die Menschen, die Sie erwähnen, können auch Menschen sein, von denen Sie vielleicht nur etwas gelesen oder gehört haben usw. **Das eigene Hauptengagement**: Hier können Sie nicht nur notieren, „was Sie getan haben, sondern auch, was Sie damals über Ihr Tun dachten." **Persönliche Werte (Zentren von Wert und Macht)**: „Welche Personen, Gegenstände, Institutionen oder Ziele waren zu dieser Zeit zentral für Ihr Leben? Was zog Sie an, was stieß Sie ab, welchen Dingen widmeten Sie Ihre Zeit und Energie, und welchen wollten Sie aus dem Weg gehen? Notieren Sie nur die ein oder zwei wichtigsten."[2]

3.3 Von der kindgemäßen Vermittlung von Religion zur kindergerechten religiösen Orientierung. Revision religionspädagogischer Anthropologie

Die entwicklungstheoretischen Arbeiten von OSER und FOWLER legen uns nahe, schon Kinder und Jugendliche als Subjekte ihrer Lebens- und Sinnentwürfe zu betrachten. Kinder und Jugendliche sind Konstrukteure ihrer religiösen Vorstellungen, abhängig gewiss von der sie umgebenden religiösen Kultur, aber sie sind auch die Gestalter dieser Kultur und Co-Autoren und Co-Konstrukteure ihrer Religion und religiösen Biografie. Kinder übernehmen nicht einfach die religiösen Vorstellungen der Erwachsenen, sondern interpretieren diese Vorstellungen. Was ein Kind sich vorstellt, das stellt es sich immer im Rahmen und in den Bahnen der Weise vor, wie es die Welt versteht. Für Glaube und Religion hat das zur Folge, dass ein Kind bzw. ein Jugendlicher die Begriffe des Glaubens sehr wahrscheinlich anders versteht als ein Erwachsener. Ein Schüler/eine Schülerin übernimmt nicht einfach das Gesagte wie eine *tabula rasa*, sondern übersetzt und gleicht sich das Gesagte seinen Verstehensmustern an.

So entwickelt ein Kind im Grundschulalter einen *do-ut-des* Glauben (OSER) wechselseitiger Gefälligkeiten oder jenes von FOWLER mythisch-wörtlich genannte Glaubensverständnis, das in Geschichten sich über den Sinn der Welt verständigt, diese Geschichten aber nicht als Geschichten durchschaut, sondern wörtlich nimmt. Die Jugendlichen der Sekundarstufe dagegen erkennen Geschichten als Geschichten und Symbole als Symbole – mit der Folge, dass ihnen die Sprache der Religion als bloße Literatur erscheint und dort, wo Religion war, jetzt erst mal nichts ist. Ähnliches könnte man für die Konstruktion, Aneignung und Reflexion moralischer Sachverhalte zeigen. Auch sie verändert sich entwicklungsbedingt von einer Moral, die an konkreten Folgen meiner Handlungen orientiert ist, also Lohn oder Strafe, zu einer Moral, die sich auf Rollenerwartungen (Rollenmoral), Gesetze und Verträge beruft, zu einer prinzipienorientierten Moral, die abstrakt mit Werten argumentiert. LAWRENCE KOHLBERG (1996) hat die an Gesetzen und Verträgen orientierte Moral konventionelle Moral genannt, die davor liegende Ebene präkonventionell, die nach der konventionellen liegende postkonventionell. Für die Diskussion moralischer Sachverhalte im Religionsunterricht hat das zur Folge, dass Kinder die ethischen Weisungen, z.B. des Dekalogs, deshalb richtig finden und befolgen, weil sie von Gott, also einer Autorität, erlassen worden sind und ‚man' im Falle eines Verstoßes bestraft wird. Jugendliche werden für eine Interpretation des Dekalogs als eine Form sozialer Gesetzgebung empfänglich sein und ihn im Sinne eines Vertrags wechselseitiger Rechte und Pflichten interpretieren. Diese Interpretation kommt ihnen durch den Kontext, in dem der Dekalog steht, nämlich den Bundesschluss, entgegen. Eine davon abstrahierende Argumentation, die sich auf „die Menschheit" im Sinne KANTs oder „das Leben" usw. berufen würde, müsste Schüler dieser Altersstufe überfordern.

Diese strukturgenetischen Annahmen und Beobachtungen zur Religiosität von Kindern und Jugendlichen kann man mit den im ersten Abschnitt erwähnten Ergebnissen kirchen- und jugendsoziologischer Untersuchungen ergänzen. Wir sagten dort, dass im Verhältnis von Religion und Alltag eine entscheidende Kehre stattgefunden hat. Prägten und rhythmisierten bis in die 1960er Jahre hinein noch die Vorgaben kirchlich formulierter Religion die Lebens- und Glaubensgeschichten der meisten Kinder und Jugendlichen, so ist das heute gerade umgekehrt: Die Lebensgeschichte des Einzelnen entscheidet nun darüber, ob und wie Religion in seinem Leben vorkommt. Die Analysen zur Enttraditionalisierung und Entkonfessionalisierung und zur Individualisierung und Biografisierung des religiösen Bewusstseins stützen diesen Befund.

Damit verändert sich die Ausgangslage des Religionsunterrichts. Er hat es mit einer Vielfalt individueller Glaubensgeschichten zu tun und mit einer Pluralität von Glaubenskonstruktionen, die die Kinder jeweils für sich gefunden haben und die sie im Unterricht zur Geltung bringen. Der gemeinsame Nenner, auf den die Lehrer/-innen sich noch beziehen können, sind die in einer Klassenstufe jeweils erwartbaren religiösen Entwicklungsstufen.

Religiöses Lernen ist somit als ein Prozess der Aneignung zu verstehen, der vom Kind und Jugendlichen selbst gesteuert und vorangebracht wird, wenn die entsprechenden Lernanlässe da sind. Diese Anlässe entnimmt ein Kind zunächst seiner familialen Kultur. Kinder beobachten ihre Umwelt unentwegt. Sie sind unsere besten Zeugen. Sie spiegeln uns unsere religiöse Praxis – oder ihr Fehlen. Auf sie kann der Religionsunterricht verweisen. Aber er ist etwas anderes als religiöse Praxis. Er präsentiert Religion als strukturierte Wirklichkeit und macht sie auf diese Weise für das Kind überschaubar und verstehbar. Sein Erfolg bemisst sich daran, wie es ihm gelingt, mit dem zu arbeiten, was ein Kind versteht.

Ziel dieser Pädagogik ist religiöse Autonomie (vgl. OSER 1993). Sie versteht Glaubensgeschichten als Entwicklungsgeschichten. Die Entwicklung führt von einer Religion der umgebenden familialen Kultur (Familienreligiosität) über ihre kategoriale Durchdringung (Katechese und Unterricht) hin zu Formen religiöser Selbstverpflichtung, die – nicht vor dem mittleren Erwachsenenalter – sich in ihrer Suche nach Sinn auch nochmals ganz anderen religiösen Sinnentwürfen verbunden weiß. Mit dem Zuwachs an Autonomie geht in der Gottesbeziehung zugleich eine tiefere Bindung einher. Erziehung zu religiöser Autonomie setzt daher auf die Einbindung des Kindes in eine religiöse Kultur und zugleich die Emanzipation von solcher Einbindung im Jugendalter als Voraussetzung für eine im Erwachsenenalter schließlich ganz und gar selbst verantwortete religiöse Bindung.

Der Blick auf diese Entwicklungschancen begründet das Plädoyer für eine religionspädagogisch gewendete Theologie, die entwicklungsbedingte Konstruktionen des Glaubens durch das Kind zulässt und mit zum Ausgangspunkt einer für Lebensumbrüche sensiblen Didaktik religiösen Lernens macht.

Literatur

ARIES, PHILIPPE: Geschichte der Kindheit. München/Wien 1975; BARZ, HEINER: Religion ohne Institution? Eine Bilanz der sozialwissenschaftlichen Jugendforschung, Opladen 1992; BARZ, HEINER: Postmoderne Religion am Beispiel der jungen Generation in den Alten Bundesländern, Opladen 1992; BARZ, HEINER: Postsozialistische Religion. Am Beispiel der jungen Generation in den neuen Bundesländern, Opladen 1993; BERG, CHRISTA: Aufwachsen in schwieriger Zeit, in: Kirchenamt der EKD (Hg.): Aufwachsen in schwieriger Zeit. Kinder in Gemeinde und Gesellschaft. Synode der Evangelischen Kirche in Deutschland. Gütersloh 1995, 128–154; BUCHER, ANTON: Religionsunterricht zwischen Lernfach und Lebenshilfe. Eine empirische Untersuchung zum Religionsunterricht in der BRD, Stuttgart 2000; EBERTZ, MICHAEL. N.: Kirche im Gegenwind. Zum Umbruch der religiösen Landschaft. Freiburg [4]2001; FOWLER, JAMES W.: Eine stufenweise geschehende Einführung in den Glauben, in: CONCILIUM 20 (1984) 309–315; FOWLER, JAMES W.: Glaubensentwicklung. Perspektiven für Seelsorge und kirchliche Bildungsarbeit. München 1989; FOWLER, JAMES W.: Stufen des Glaubens. Die Psychologie der menschlichen Entwicklung und die Suche nach Sinn. Gütersloh 1991; GABRIEL, KARL/HOBELSBERGER, HANS (Hg.): Jugend, Religion und Modernisierung. Kirchliche Jugendarbeit als Suchbewegung. Opladen 1994, 53–73; HELSPER, WERNER: Okkultismus – die neue Jugendreligion? Die Symbolik des Todes und des Bösen in der Jugendkultur. Opladen 1992; JÖRNS, KLAUS-PETER: Die neuen Gesichter Gottes. Was die Menschen heute wirklich glauben. München 1997; Jugend '92. Lebenslagen, Orientierungen und Entwicklungsperspektiven. 4 Bände. Jugendwerk der Deutschen Shell (Hg.). Opladen 1992; Deutsche SHELL (Hg.): Jugend 2000, Bd. 1, Opladen 2000; Deutsche SHELL (Hg.): Jugend 2002. Zwischen pragmatischem Idealismus und robustem Materialismus, Frankfurt/M. 2002; KEGAN, ROBERT: Die Entwicklungsstufen des Selbst. Fortschritte und Krisen im menschlichen Leben. München [2]1991; KOHLBERG, LAWRENCE: Die Psychologie der Moralentwicklung. Frankfurt/M. 1996; KULD, LOTHAR: Das Entscheidende ist unsichtbar. Wie Kinder und Jugendliche Religion verstehen, München 2001; LOCH, WERNER: Die Verleugnung des Kindes in der Evangelischen Pädagogik, Essen 1964; LUTHER, HENNING: Religion und Alltag. Stuttgart 1992; NIPKOW, KARL ERNST: Religion in Kindheit und Jugendalter. Forschungsperspektiven und -ergebnisse unter religionspädagogischen Interessen, in: HILGER, GEORG/REILLY, GEORGE (Hg.): Religionsunterricht im Abseits? Das Spannungsfeld Jugend Schule Religion, München 1993, 183–223; ORME, NICHOLAS: Medieval Children, Yale 2001; OSER, FRITZ/ GMÜNDER, PAUL: Der Mensch – Stufen seiner religiösen Entwicklung. Zürich/Köln [3]1992; OSER, FRITZ: Wie viel Religion braucht der Mensch? Erziehung und Entwicklung zur religiösen Autonomie, Gütersloh [3]1993; OSER, FRITZ: Genese und Logik der Entwicklung des religiösen Bewusstseins. Eine Entgegnung auf Kritiken, in: Glaubensentwicklung und Erziehung, NIPKOW, KARL ERNST, SCHWEITZER, FRIEDRICH, FOWLER, JAMES W. (Hg.). Gütersloh 1988, 239–256; POSTMAN, NEIL: Das Verschwinden der Kindheit. Frankfurt/M. 1983; Religion in der Lebensgeschichte. Interpretative Zugänge am Beispiel der Margret E., hg. vom Comenius-Institut, Münster 1993; SCHMIDTCHEN, GERHARD: Wie weit ist der Weg nach Deutschland? Sozialpsychologie der Jugend in der postsozialistischen Welt, Opladen 1997; SCHWEITZER, FRIEDRICH: Lebensgeschichte und Religion. Religiöse Entwicklung und Erziehung im Kindes- und Jugendalter. München 1987; SCHWEITZER, FRIEDRICH: Die Religion des Kindes. Zur Problemgeschichte einer religionspädagogischen Grundfrage, Gütersloh 1992; SCHWEITZER, FRIEDRICH: Die Suche nach eigenem Glauben. Einführung in die Religionspädagogik des Jugendalters, Gütersloh 1996; ZINNECKER, JÜRGEN: Jugend, Kirche und Religion. Aktuelle empirische Ergebnisse und Entwicklungstendenzen, in: HILGER, GEORG/REILLY, GEORGE (Hg.): Religionsunterricht im Abseits? Das Spannungsfeld Jugend Schule Religion, München 1993, 112–146.

4 Religionslehrerinnen und Religionslehrer (Da)sein – Person und Beruf

(Matthias Hahn)

4.1 Selbstverpflichtung für Lehrende?

In diesem Kapitel sollen Sie Kenntnisse über den Forschungsstand zum Beruf „Religionslehrer/-in" erhalten. Diese Information soll Ihnen Hilfen bei der Standortfindung als spätere Lehrende an der Schule und insbesondere des Faches „Religion" anbieten. Die Forschung kann niemanden, der in der Schule unterrichtet, davon entlasten, selbst zu entscheiden, wie sie oder er sich als Lehrerin oder Lehrer bestimmt. Deshalb versuchen wir, Ihnen verschiedene Angebote zur Selbstreflexion zu geben.

✐ Stellen Sie sich vor, Sie sollten zu Beginn Ihres Studiums eine Selbstverpflichtung auf den nun folgenden „Pädagogischen Eid" sprechen. Welche Selbstverpflichtung begrüßen und teilen Sie? Wo fühlen Sie sich überfordert und würden nicht mitsprechen? Wo enthält der „Eid" Idealbilder, die Sie ansprechen? Welche Ansprüche würden Sie selbst an Lehrer und Erzieher nicht stellen?

„Als Lehrer und Erzieher verpflichte ich mich,

die Eigenart eines jeden Kindes zu achten und gegen jedermann zu verteidigen;
für seine körperliche und seelische Unversehrtheit einzustehen;
auf seine Regungen zu achten, ihm zuzuhören, es ernst zu nehmen;
zu allem, was ich seiner Person antue, seine Zustimmung zu suchen, wie ich es bei einem Erwachsenen täte;
das Gesetz seiner Entwicklung, soweit es erkennbar ist, zum Guten auszulegen und dem Kind zu ermöglichen, dieses Gesetz anzunehmen;
seine Anlagen herauszufordern und zu fördern;
seine Schwächen zu schützen, ihm bei der Überwindung von Angst und Schuld, Bosheit und Lüge, Zweifel und Misstrauen, Wehleidigkeit und Selbstsucht beizustehen, wo es das braucht;
seinen Willen nicht zu brechen – auch nicht, wo er unsinnig erscheint; ihm vielmehr dabei zu helfen, seinen Willen in die Herrschaft seiner Vernunft zu nehmen; es also den mündigen Verstandesgebrauch und die Kunst der Verständigung wie des Verstehens zu lehren;
es bereit zu machen, Verantwortung in der Gemeinschaft und für diese zu übernehmen;
es die Welt erfahren zu lassen, wie sie ist, ohne es der Welt zu unterwerfen, wie sie ist;
es erfahren zu lassen, was und wie das gemeinte gute Leben ist;
ihm die Vision von der besseren Welt zu geben und die Zuversicht, dass sie erreichbar ist;
es Wahrhaftigkeit zu lehren, nicht die Wahrheit, denn die ist 'bei Gott allein'.

Damit verpflichte ich mich auch,
so gut ich kann, selber vorzuleben, wie man mit den Schwierigkeiten, den Anfechtungen und Chancen unserer Welt und mit den eigenen immer begrenzten Gaben, mit der eigenen immer gegebenen Schuld zurechtkommt;
nach meinen Kräften dafür zu sorgen, dass die kommende Generation eine Welt vorfindet, in der es sich zu leben lohnt und in der die ererbten Lasten und Schwierigkeiten nicht deren Ideen und Möglichkeiten unterdrücken;
meine Überzeugungen und Taten öffentlich zu begründen, mich der Kritik – insbesondere der Betroffenen und Sachkundigen – auszusetzen, meine Urteile gewissenhaft zu prüfen;

mich dann jedoch allen Personen und Verhältnissen zu widersetzen, – dem Druck der öffentlichen Meinung, dem Verbandsinteresse, dem Beamtenstatus, der Dienstvorschrift –, wenn diese meine hier bekundeten Vorsätze behindern.

Ich bekräftige diese Verpflichtung durch die Bereitschaft, mich jederzeit an den in ihr enthaltenen Maßstäben messen zu lassen."[3]

4.2 Wie Lehrende des Faches „Religion" sein soll(t)en – ein Streifzug durch Geschichte und Gegenwart der (Religions-)Pädagogik

Auf die Frage von Lehrer/-innen, wie sie sich selbst als Person und in ihrem Beruf verstehen sollen, haben die traditionelle Pädagogik und Religionspädagogik mit *Idealbildern* geantwortet, wie sie auch im Pädagogischen Eid enthalten sind. Bis heute ist umstritten, ob FRIEDRICH ADOLPH DIESTERWEG, der Begründer der modernen Lehrerbewegung, die nachstehenden Worte in seinem 'Wegweiser zur Bildung für deutsche Lehrer' aus dem Jahr 1835 ironisch oder ernst gemeint haben könnte:

„*Mit Recht wünscht man dem Lehrer die Gesundheit und Kraft eines Germanen, den Scharfsinn eines* LESSING, *das Gemüt eines* HEBBEL, *die Begeisterung eines* PESTALOZZI, *die Wahrheit eines* TILLICH (*eines Pestalozzianers*), *die Beredsamkeit eines* SALZMANN, *die Kenntnis eines* LEIBNIZ, *die Weisheit eines* SOKRATES *und die Liebe Jesu Christi*".

Man muss die Werke der angesprochenen Herren (es handelt sich selbstverständlich nur um solche) nicht im Einzelnen kennen, um zu verstehen: Das Lehrerbild, das den angehenden Lehrer/-innen vor Augen gestellt wurde, war der Inbegriff aller nur möglichen menschlichen Vollkommenheit. Bis in die 1960er Jahre des 20. Jahrhunderts fragte die Pädagogik etwa nach der 'Seele des Erziehers' (GEORG KERSCHENSTEINER) oder dem 'geborenen Erzieher' (EDUARD SPRANGER), der alle wünschenswerten Eigenschaften aufweisen sollte. Die in diesen Werken manchmal durchaus wirklichkeitsnah formulierten Leitbilder[4] haben in verdünnter Form Alltagserwartungen an das Berufsbild des Lehrers bis in die Praxis der Berufsberatung hinein beeinflusst, wie man einer Information zur Berufskunde aus den 1960er Jahren entnehmen kann:

„*Der Lehrer und Erzieher sollte eine werterfüllte, in sich geschlossene, organisch entwickelte Persönlichkeit sein, die mit einer ausgesprochen sozialen Einstellung (im Sinne einer echten Liebe zur Jugend) psychologische Begabung und vielseitige Interessen verbindet.*"

Eben diese Tendenz zur Formulierung von idealen Leitbildern prägte auch die Religionspädagogik. Nachdem HELMUTH KITTEL seine Programmschrift der Evangelischen Unterweisung[5] veröffentlicht und dort den Unterrichtenden „Luther als Lehrer der Lehrer" zur religionspädagogischen Orientierung anempfohlen hatte, (vgl. S. 128ff) wandte er sich in einer großen Monographie mit dem programmatischen Titel 'Der Erzieher als Christ' an die „Erzieher aller Schulgattungen", um sie zu ermutigen, „dass wir evangelischen Lehrer wirklich als Christen leben; und das nicht nur privat, sondern in unserem Amt."[6]

KITTELS Sichtweise, die manche kirchliche und gesellschaftliche Erwartung an konservativ-apolitische und durch eine moralisch einwandfreie Lebensführung vorbildliche Religionslehrer/-innen aufnahm und verstärkte, zielte auf den christlichen „Lehrer als Zeugen", der sich berufen wusste, das „Amt der Evangelischen Unterweisung" anzunehmen. Das Werk ist bis heute auf evangelischer Seite der einzige Versuch einer umfänglichen und alle wesentlichen Bereiche berücksichtigenden Theorie des Lehrers geblieben:

„*Ein solcher Christ ist weder unbeteiligt am Gegenstand seiner Unterweisung, da er selbst ja der Gottes Wort Hörende ist, noch teilt er aus einem Schatz innerer Erlebnisse aus, da er nur sagt, was Gott ihm gesagt hat und keine eigenen Intuitionen zum Besten gibt. Er besitzt aber auch nicht einen dogmatischen Fond, der ihm eine gesicherte Existenz als 'Religionslehrer', wenn auch vielleicht mit beschränkten Ansprüchen, garantiert. ... Am sachlichsten formuliert Paulus diesen Stand, wenn er bekennt: 'nicht, dass ich's schon ergriffen habe, oder schon vollkommen sei; ich jage ihm aber nach, ob ich's wohl ergreifen möchte, nachdem ich von Christus Jesus ergriffen bin (Phil. 3, 12) ... Wir dürfen also nicht annehmen, dass es mit uns anders kommt, wenn wir das Amt der Evangelischen Unterweisung übernehmen. Nicht an seiner dogmatischen Perfektion erkennt man den berufenen Boten des Evangeliums, sondern allein an seiner Ergriffenheit von Jesus Christus.*"[7]

Sein Verständnis vom gemeindeeingebundenen und kirchlich sozialisierten Lehrer mit Verkündigungsauftrag für die Schule musste die Mehrzahl der Lehrer/-innen religiös überfordern, „zu einem sehr schädlichen Als-Ob, zu innerer Unzufriedenheit und Unwahrhaftigkeit"[8] führen, weil Glaubenszweifel, Skepsis und Kritik an der Kirche von KITTEL zu wenig mitgedacht wurden.

Es galt, den „Auftrag an den Religionslehrer" zu überdenken. In der historisch-hermeneutischen Phase der Religionspädagogik am Ausgang der 1950er Jahre wurde zunehmend auf die Ausformulierung geschlossener Idealbilder verzichtet. Stattdessen *wurden Sacherwartungen formuliert, die sich aus der Logik historisch-kritischer Theologie speisten.* Die Lehrer/-innen sollten „redlich" und offen dafür, von der Sache überführt zu werden, biblische Texte auslegen:

„*Billigerweise darf vom Religionslehrer erwartet werden, dass er seinen Gegenstand wirklich sachgemäß studiert und sich dazu aller heutigen Möglichkeiten bedient. Es gibt dafür zahlreiche Hilfsmittel, unter anderem die Arbeitsgemeinschaften zwischen Lehrern und Pfarrern und ein reiches Schrifttum. Der Ertrag der neueren theologischen Arbeit wird in einer jedem Gebildeten zugänglichen Form und Sprache erschlossen. Es gehört zur beruflichen Verantwortung des Religionslehrers, davon gründlich Kenntnis zu nehmen. Niemand braucht sich mehr zu genieren, seine eigenen Unsicherheiten in den Dingen des Glaubens und der Lehre einzugestehen.*"[9]

Mit dem Ende der religionspädagogisch unbefragten Mittelpunktstellung der Bibel in der Religionspädagogik stiegen die Anforderungen an die Religionslehrer/-innen, von denen nun neben den theologischen auch *sozial- und religionswissenschaftliche Kenntnisse* erwartet wurden, um die religiöse Frage in ihren didaktisch relevanten Nuancen unterrichtlich behandeln zu können. Vor allem in der schülerorientierten Variante der problemorientierten Religionspädagogik wurden die Unterrichtenden, ausgestattet mit dem Mandat einer kritischen und emanzipatorischen Pädagogik, *solidarisch auf der Seite der Schüler/-innen* verortet.[10] Problemorientierter Unterricht im Sinne einer Korrelationsdidaktik erwartete von den Religionslehrer/-innen vielfältige didaktische Qualifikationen, um die hohen Ziele von Identitätsförderung, kommunikativer Kompetenz, ethischer Urteilsbildung und Symbolisierungsfähigkeit erreichen zu können. Für die sozialisationsbegleitende Variante der Problemorientierung forderte DIETER STOODT die Beherrschung dreier „Lernarten":

1. Verständigungs- bzw. kommunikatives Lernen als der Vorgang, in dem sich Schüler unterschiedlicher Positionen, Erfahrungen, Gefühle, Interessen und auch Niveaus miteinander bekannt machen und aneinander Interesse finden, also einander begegnen, so dass die Klärungen untereinander auch zu Klärungen im einzelnen Schüler führen.
2. Ethisches Lernen als der lang anhaltende und immer wieder neu ansetzende Versuch, Normen, Werte und Handlungsmaximen im eigenen Lebensbereich zu beschreiben und zu begründen, sie mit abweichenden Orientierungen anderer zu vergleichen und über die bestimmenden Faktoren der Lebenspraxis miteinander auszutauschen.
3. Hermeneutisches Lernen als die Steigerung der Fähigkeit, Texte der Tradition als Verschlüsselungen wichtiger Erfahrungen, als Kommentierungen von Lebensvorgängen zu verstehen und aufzugreifen, die wiederum zur Matrix für die Erfahrungen und Kommentierungen Späterer wurden mit dem Ziel, eigene Lebenserfahrungen zu kommentieren.[11]

Diese Überschätzung des Religionslehrers verstärkt die Vermutung, die Geschichte des Lehrerbildes in der Religionspädagogik sei eine *Geschichte sich ablösender Überforderungen und überhöhter Erwartungen*. Es scheint, als habe SIEGFRIED VIERZIG Recht mit seiner Kritik:

„Die religionspädagogischen Konzeptionen reflektieren stark die Rolle der Theologien oder der Gesellschaftswissenschaften, auch die Rolle des Schülers für den Religionsunterricht, der Lehrer in seiner Rolle und Persönlichkeit als wirkender Faktor des Unterrichts kommt nicht vor. Dabei wäre die These von der vorrangigen Bedeutung des Lehrers für den Unterrichtserfolg geeignet, alle didaktischen Theorien vom Kopf auf die Füße zu stellen".[12]

Was aber könnten hilfreiche Erwartungen an Lehrer/-innen sein? Wie können sie ein immer weiteres Auseinanderklaffen von Anspruch und Wirklichkeit, von Lehrerleben und Schulunterrichtsalltag verhindern? Von GEROLD BECKER stammen „sieben Maßstäbe für eine Lehrerin", die auch die Grenzen der Kompetenz und der Belastungsfähigkeit von Lehrer/-innen berücksichtigen. Für diese Maßstäbe gibt es keine Prüfungskritierien, vielleicht „sind es eher Prüfsteine, bei denen die eigentliche Prüfung eine Selbstprüfung des Bewerbers wäre.

- Gesundheit. Das heißt nicht, dass jemand, dem ein Auge fehlt, oder jemand, der sich nur im Rollstuhl fortbewegen kann, nicht ein sehr guter Lehrer/eine sehr gute Lehrerin sein könnte. Wer aber in Belastungssituationen dazu neigt, Migräne zu bekommen oder Magenschmerzen, der läuft Gefahr, in diesem Beruf nicht sehr glücklich zu werden ...
- Wer in diesem Beruf auf Dauer erfolgreich und zufrieden sein will, muss Kinder und Jugendliche gern haben, oder anders gesagt, er muss neugierig auf sie sein, es nicht als Last, sondern als schieres Vergnügen empfinden, mit ihnen zusammen zu sein. Das ist vermutlich auch die wichtigste Voraussetzung dafür, die Schule nicht nur als einen unangenehmen Ort zu empfinden, den man mittags so rasch wie möglich wieder verlässt, sondern tatsächlich als einen bejahten Lebens- und Arbeitsort ...
- Humor. Damit meine ich die Fähigkeit, sich immer wieder auch einmal von der eigenen Situation, die einen zu überwältigen droht, zu distanzieren, sozusagen ein paar Schritte neben sich zu treten, und das, was man da tut, oder die Institution, in der man arbeitet, einfach komisch zu finden ...
- Ein(e) gute(r) Lehrer/-in muss von der Sache, die er oder sie vertritt, ... zutiefst überzeugt sein, ja, eigentlich begeistert und erfüllt sein ...
- Eine gewisse Souveränität in und gegenüber den eigenen Fächern. Diese Souveränität schließt unter anderem das Wissen ein, dass die Fachsystematik einer historisch gewachsenen universitären Wissenschaft nicht mit dem identisch ist, worauf es in der Schule ankommt. Die Souveränität in und gegenüber den eigenen Fächern ermöglicht dem Lehrer/der Lehrerin, Wichtiges von Unwichtigem zu unterscheiden, Zusammenhänge herzustellen und beides den Schüler/-innen verständlich zu machen ...
- Lehrer/-innen müssen heute viel mehr vom Lernen verstehen, als das früher in der 'Normal'-schule notwendig war ...
- Demokratie ist nicht nur eine Staatsform, sondern eine Lebensform. Sie fängt in der Schule an ..."[13]

✎ Erinnern Sie sich bitte an Ihre Schulzeit. Welche Eigenschaften von „guten Lehrern", welche Personen fallen Ihnen im Nachhinein ein?
Formulieren Sie Ihre Idealvorstellungen von einer guten Religionslehrerin/einem guten Religionslehrer. Welche Hinweise aus der Pädagogik- und Religionspädagogikgeschichte geben Ihnen dabei zu denken?

4.3 Empirische Wende in der Religionspädagogik: Wie Religionslehrerinnen und Religionslehrer (wahrscheinlich) wirklich sind

Idealbilder und Merkmalslisten von wünschenswerten theologischen und/oder pädagogischen Qualifikationen sind schon früh kritisiert worden, in praktischer Hinsicht – ein Erzieher, der den üblichen Anforderungen ganz entsprechen wolle, würde vielleicht kaum älter als vierzig Jahre werden, bemerkte WOLFGANG BREZINKA (um sich sogleich an die Erstellung eines eigenen Anforderungskatalogs zu machen) und müsse, wie ANTON SEMJONOWITSCH MAKARENKO feststellte, bereit sein, sein Leben vorzeitig heroisch zu beschließen. In methodischer Hinsicht kritisierte ALOYS FISCHER, mit Idealbildern sei keinesfalls ein genaues Bild des Lehrers herauszubekommen und forderte bereits 1921 „Realbildforschung". Die empirische Wende – vor allem von KLAUS WEGENAST vehement eingeklagt[14] – erreichte die Religionspädagogik jedoch erst einige Jahrzehnte später. So legte man nun das Forschungsaugenmerk auf die soziologisch gefasste „Rolle" der Religionslehrerin und des Religionslehrers und begann, die verschiedenen, das Rollenhandeln beeinflussenden Faktoren empirisch zu untersuchen.[15]

Zwischen Fremd- und Selbstrolle – die Rollentheorie des Religionslehrers

Die Anwendung der soziologischen Rollentheorie auf Religionslehrer/-innen führte zunächst zu der Frage, welche Determinanten das soziale Handeln der Unterrichtenden innerhalb des sozialen Feldes Religionsunterricht beeinflussen. Eine Rolle wurde dabei also nicht als etwas verstanden, was man spielt oder annimmt, sondern als ein Bündel an Erwartungen an den Inhaber einer sozialen Position. Man unterscheidet dabei Muss-Erwartungen (z.B. die Kirchenzugehörigkeit der Religionslehrer/-innen), Soll-Erwartungen (z.B. die Kenntnis der Rahmenrichtlinien) und Kann-Erwartungen (z.B. die Übernahme besonderer Aufgaben in der Kirchengemeinde). Die Nichteinhaltung der verschiedenen Erwartungen wird unterschiedlich sanktioniert: „Gegen Gewohnheit darf man als Lehrer verstoßen, nicht aber gegen das Gesetz."[16] Die meisten schulischen Alltagskonflikte lassen sich mit der Rollentheorie erklären: Von einem Inter-Rollenkonfikt spricht man, wenn unterschiedliche Bezugsgruppen unterschiedliche Loyalitätsauffassungen und Bedürfnisse in den Unterrichtenden hervorrufen, wenn also etwa die Gewerkschaft und die politische Partei, der man angehört, andere Vorstellungen von der Zukunft des konfessionellen Religionsunterrichts haben als die Kirche. Ein Intra-Rollenkonflikt ist bereits in einer Position verankert, wenn etwa das Erteilen von Zensuren zum professionellen Auftrag der Religionslehrer/-innen gehört und gleichzeitig das Leistungsprinzip durch die christliche Botschaft gründlich relativiert wird.

Es gehört zu den Eigentümlichkeiten des Lehrerberufs, dass in ihm „eine ausgesprochen starke Belastung durch die an ihn herangetragene Rollenerwartung" empfunden und darauf oft mit pädagogisch problematischen Strategien reagiert wird, und zwar mit:

- relativ angepasstem und unpolitischem Verhalten;
- der Nichtwahrnehmung oder Leugnung sozialer Konflikte;
- mittelständischer Wertorientierung und harmonisierenden Sozialvorstellungen;
- dem Versuch der Projektion, die berufliche Tätigkeit diene dem 'Wohl des Kindes'.[17]

Die kritische Leistung der Rollentheorie besteht nun darin, diese 'Deformation der Lehrerrolle' und die hier stattfindenden Entfremdungsprozesse aufgespürt und bearbeitet zu haben. So wies KLAUS MOLLENHAUER auf die Notwendigkeit einer *„pädagogischen Selbstrolle"* hin[18], mit der er den Lehrer/-innen Handlungskompetenz verschaffen wollte, um gegenüber widerstreitenden Erwartungen eine eigene, pädagogisch zu begründende Konzeption des Unterrichts aufzubauen und durchzusetzen. KLAUS EBERT bezog diese Gedanken auf die Forderung nach einer *„religiösen Selbstrolle"*:

„Als Lehrer muss man sich befragen lassen über seine eigene Religion, welchen Stellenwert die biblischen Berichte, die christliche Tradition und die damit verbundenen Wert- und Normenvorstellungen für eine realitätsgerechte und reife Gestaltung des eigenen Lebens haben. Ein Lehrer muss Krisen und Brüche in seiner 'religiösen Karriere' als Momente des Reifungsprozesses verstehen lernen ... Vorbedingung hierfür ist ein reflexives Verständnis von Theologie, deren kommunikatives Moment frei macht von dogmatischen Fixierungen und einen nicht privatistischen Umgang mit den Symbolen religiöser Erfahrung ermöglicht."[19]

Allerdings konnte auch EBERT, entgegen aller soziologisch verantworteten Rollentheorie, der Versuchung nicht widerstehen, den Lehrer/-innen zum Schluss seiner Ausführungen ein orientierendes Bild vorzuhalten und schlug – ausgerechnet – den Clown als mögliches Leitbild schöpferischer, fantasievoller und also gelingender Lebensführung vor. Die empirische Überprüfung der rollentheoretisch gewonnenen Erkenntnisse stand also dringend ins religionspädagogische Haus.

Christliche Tradition auf der Schulbank[20] – Empirische Untersuchungen

Seit (ungefähr) dem Anfang der 1980er Jahre hat das Forschungsinteresse diesem Desiderat gegolten.[21] Mittlerweile ist eine Vielzahl einschlägiger Untersuchungen mit unterschiedlich akzentuierten Zielsetzungen erschienen. Wir referieren die wichtigsten Ergebnisse zum Selbstverständnis der Lehrer/-innen, zum Selbstbild eines 'guten' Lehrers und zu den konzeptionellen Selbstzuordnungen.

Als erster Autor hat BERNHARD SCHACH das rollenspezifische Selbstverständnis (katholischer) Religionslehrer/-innen aus soziologischem Interesse untersucht und Priester und Laien befragt, die in der Diözese Trier Religionsunterricht am Gymnasium erteilten. Sein wichtigstes Ergebnis bestand in dem Nachweis, dass die Lehrer/-innen über ein professionalisiertes Rollenverständnis verfügen, das durch Orientierung an der Wissenschaft, an den Schüler/-innen sowie durch „persönliche Autonomie" gekennzeichnet ist.[22] Allerdings lasse sich kein einheitliches Bewusstsein über die Rollendefinition von Unterrichtenden des Faches Religion ausmachen. Vor allem in der Katechetenrolle (!) seien die Lehrer/-innen verunsichert durch die kritische Diskussion um eine notwendige Reform des Religionsunterrichts und litten unter einer „gesteigerten Diffusität" in der Rolleninterpretation sowie einem Identifikationsdefizit mit der (Amts-)Kirche, das SCHACH bedauert und beheben möchte, allerdings aus der bedenklichen Perspektive „einer monolithischen Christentumskirche, die an ihre Mitglieder den Anspruch auf totale Identifikation in Denk- und Glaubensfragen erhebt."[23]

„Ursachen und Ausprägungen möglicher Rollenkonflikte und ihnen zugrundeliegende Bedingungsfaktoren" hat Karin Kürten mittels einer Befragung evangelischer Religionslehrer/-innen in Niedersachsen ermittelt. Ihre wichtigsten Erkenntnisse: Kirche ist keineswegs ein relevanter Konfliktfaktor im Beziehungsfeld der Lehrerschaft, im Gegenteil wird sie von der Mehrheit der Befragten „eindeutig positiv" beurteilt.[24] Das Selbstverständnis der Lehrer/-innen hänge in entscheidendem Maße von ihrer Selbstdarstellung ab und von der aus ihr resultierenden Beurteilung der Kollegen und Schüler. Unterschiede seien zwischen den Schulformen zu entdecken: Während Grundschullehrkräfte, die auch Klassenlehrer/-innen seien, keine konflikthaften Spannungen zu ihren Schüler/-innen verzeichneten, stiegen diese mit zunehmendem Alter und kritischer Haltung der Schülerschaft. Neuere religionspädagogische Erkenntnisse in der konzeptionellen Zuordnung hätten sich vor allem mit der unterrichtlichen Behandlung von „(sozial-)ethischen", „(sozialanthropologischen)" sowie von „Fragen und Problemen der Schüler" durchgesetzt.[25]

ANDREAS FEIGE (1988) legte eine Vielzahl von Einzelergebnissen aus einer Befragung ebenfalls niedersächsischer Religionslehrer/-innen zum „schulisch-funktionalen Selbstverständnis der Religionslehrer im Kontext ihrer volkskirchlichen Sozialisation" vor (1988, 5). FEIGE berichtet vom hohen Engagement der Lehrer/-innen und von einer allgemeinen Akzeptanz des Faches an den Schulen. Der Ideal-Typ des Religionslehrers sei (aus Sicht der Befragten) so zu beschreiben:

„Es wird derjenige bevorzugt, der zunächst unter Einsatz von Geduld und behutsamer Freundlichkeit seinem Gegenüber Gesprächsbereitschaft signalisiert. Ein Religionslehrer, der unter Demonstration missionarischen Interesses und/oder unübersehbar erkennbaren politischen Profils die Eigenschaft der Nachgiebigkeit oder der Frömmigkeit zur Kennzeichnung seiner Identität zu machen versuchte, darf der Missfallenskundgebung seiner Kollegen gewiss sein“ (1988, 40).

Weniger eindeutig sind FEIGEs Erkenntnisse zu den Zielvorstellungen und den gewählten religionspädagogischen Konzeptionen zu interpretieren. Die Mehrzahl der Befragten wolle im Religionsunterricht ‘Anregungen für individuelle Bewusstseinsprozesse’ geben und ‘Lebensbegleitung in christlicher Sicht’ praktizieren. Gleichzeitig wurde die Konzeption eines ‘schüler- und problemorientierten Religionsunterrichts’ favorisiert, während eine ‘therapeutische Orientierung’ oder gar die ‘Evangelische Unterweisung’ am Ende der Rangliste standen. FEIGE selbst meint jedoch, dass diese reinen Zuordnungen wenig aussagefähig seien.

An eben dieser Stelle schließt sich der Reigen auf Niedersachsen bezogener Untersuchungen mit der Arbeit von ARENDT HINDRIKSEN zum Thema „Religionspädagogische Konzeptionen und ihr Verhältnis zum Rollenbild des Religionslehrers.“[26] Auch die von ihm befragten Lehrer/-innen bevorzugen einen schüler- und/oder problemorientierten Religionsunterricht: Sie orientieren die Unterrichtsthemen an den lebensweltlichen Erfahrungen der Schüler/-innen, lehnen die Mittelpunktstellung der Bibel ab, haben die (eigene) religiösen Sozialisation während des Studiums aufgearbeitet sowie neutrale bis gute Erinnerungen an den Konfirmandenunterricht und betonen die ethische Dimension für die Begründung des eigenen Christ-Seins. Freilich erhält man auch bei HINDRIKSEN keine Auskunft über den tatsächlich stattfindenden Unterricht und keine sehr trennscharfen Unterschiede zwischen den didaktischen Signaturen in unterrichtlicher Sicht.

Bis in die Öffentlichkeit des SPIEGEL drangen KLAUS LANGERs scheinbar sensationelle Erkenntnisse über die Religionslehrerschaft in der Freien und Hansestadt Hamburg. „Warum noch Religionsunterricht?“, lautete die provozierende Titelfrage der Studie, warum, wenn die Religionslehrerschaft nicht über ein religiöses Selbstverständnis verfügt, „zum Teil in nicht-christlichen Traditionen eine stärkere Verankerung als im Christentum findet“[27] und sich kirchendistanziert bis kirchenfern versteht. Kein Wunder, dass sich ein liberales und deshalb notorisch kirchenkritisches Wochenblatt voller Begeisterung auf LANGERs Untersuchung stürzte und kirchliche Kreise über die Bedeutung des „Hamburger Betriebsunfalles“ nachsannen. Gar nicht so sensationell seien LANGERs Erkenntnisse, nur falsch interpretiert und aufmerksamkeitsheischend formuliert, so lautet eine, inzwischen in Fachkreisen weitgehend geteilte, religionssoziologische Kritik.[28]

Auf katholischer Seite gibt eine 1987 durchgeführte vierbändige Befragung des ALLENSBACH-INSTITUTS Auskunft über den „Religionsunterricht heute“ in der Wahrnehmung von 810 katholischen Religionslehrer/-innen aus dem gesamten Bundesgebiet (Tabellenband 1, Analyseband 1) und aus der Sicht von 14 bis 20-jährigen Schülern (Tabellenband 2, Analyseband 2), die am katholischen Religionsunterricht teilnehmen. Die Ergebnisse dieser Untersuchung wurden auf einem Fachkolloquium 1989 diskutiert. Wie auf der evangelischen Seite wurde deutlich, „dass es die Situation *des* Religionsunterrichts kaum gibt, sondern die Erfahrungen der Religionslehrer erheblich differieren, je nachdem, ob sie an einer Grundschule, an einer Realschule, an den verschiedenen Stufen des Gymnasiums oder an einer Berufsschule unterrichten“.[29] Die meisten der Befragten – mit leichten Abstrichen bei der Berufsschule – schätzten das schulische Klima für den Religionsunterricht als günstig ein. Die katholischen Religionslehrer/-innen nannten vier zentrale Aufgaben für den Religionsunterricht:

- Charakterbildung und Förderung sozialen Engagements,
- Verkündigung und Festigung der Bindung an die Institution,
- Auseinandersetzung mit der Sinnfrage,
- Allgemeinbildung, Weckung von Interesse und Verständnis.

Die einzelnen Aufgabenbestimmungen wechselten mit dem Alter der unterrichteten Schüler/-innen. „Einübung in Glaubenspraxis", „Einführung in das Leben der Kirche" und die „Festigung der Verbindung zur Kirche" wollten schon nach der Grundschule immer weniger Lehrer/-innen als Ziel ihres Unterrichts sehen – die zustimmenden Antworten sanken auf bis zu 20% der Befragten. Von Belang ist (mindestens) noch ein weiteres Ergebnis der Untersuchung: 44% der Lehrer/-innen gingen davon aus, „dass die Schüler das Fach nicht so ernst nehmen wie andere Fächer" (obgleich das nicht heißt, es würde sie weniger interessieren).

Dieser kleine Überblick zeigt auf, wie fruchtbar diese Variante der Lehrerforschung gewesen ist. ZIEBERTZ bilanziert: „Die empirische Religionslehrerforschung hat Erkenntnisse erbracht, gleichzeitig ist sie entwicklungsfähig. Wir haben es eher mit einem Überschuss an Problemen zu tun als mit einem Überschuss empirischer Arbeiten ... Prospektiv darf es den Bilanzbuchhalter freuen. Die Auftragslage ist gut" (1995, 75).

Dies gilt wohl besonders auch für die qualitative empirische Forschung[30], die Lebensläufe und Einstellungen von Lehrer/-innen in ihren Auswirkungen für den Einzelfall interpretiert und dann vorsichtige verallgemeinernde Schlüsse zieht. So erfährt man Interessantes aus den Berufslebensläufen von Religionslehrkräften etwa bei HANS-GÜNTER HEIMBROCK[31] und im Themenheft „Der Religionslehrer" der Zeitschrift RELIGION HEUTE (3/1983), in denen die Lehrer/-innen überhaupt erst einmal selbst als Subjekte zu Wort kommen – statt dass sie als Forschungsobjekte angesehen werden. Relativ früh (1983) hat LOTHAR KULD in einer religionspädagogischen Kasuistik (Fallforschung) eine Beispielanalyse zum Problem der Identifikation von Religionslehrerschaft und Kirche erarbeitet.[32] Weit fortgeschritten ist dabei PETER BIEHL, der mittels narrativer Interviews Biografieforschung betreibt. Religionslehrerbiografien sollen Auskunft geben, „wie sich ihr Selbstbild, Erlebnismuster, Handlungsorientierungen und Glaubensvorstellungen in der Lebensgeschichte ausgebildet haben, durch wen oder was sie beeinflusst wurden und wie sie zur 'Lehrertheologie' geworden sind" (ZIEBERTZ 1995, 72). Durch die Einbeziehung des subjektiven Faktors hofft BIEHL, „die Dysfunktionalität von Theorie und Praxis an dieser Stelle"[33] aufzuheben.

Merkwürdigerweise bröckelte die empirische Religionslehrerforschung in den 1990er Jahren etwas ab. Auf katholischer Seite wurden, teilweise amüsant betitelt und geschrieben, noch weitere Erfahrungsberichte veröffentlicht (Themenheft Religionsunterricht an höheren Schulen 3/1997 sowie die Beiträge zur Frage: „Kann man heute noch Religionslehrer sein?" in: RELIGION HEUTE, 36/Dezember 1998). Statt dessen verschob sich der Akzent von der *Person* auf die *Sache*, von der Erforschung des Lehreralltags auf die Formulierung von Erwartungen. Von Religionslehrer/-innen wurde auch wieder *Werteerziehung und Vorbildverhalten* gefordert.

Verbindung qualitativer und quantitativer empirischer Forschung

Gemeinsam mit Dozent/-innen des Comenius-Instituts Münster, des Religionspädagogischen Instituts Loccum sowie dem Pastoralsoziologischen Institut der Evangelischen Fachhochschule Hannover untersuchte ANDREAS FEIGE religionspädagogische Zielvorstellungen und religiöses Selbstverständnis niedersächsischer Religionslehrer/-innen in empirisch-soziologischen Zugängen.[34] In siebzehn Fallanalysen wurde Berufsentwicklung und -praxis von Religionslehrer/-innen biografisch nachgespürt und gedeutet. Es kamen zwischen lehrhaften Ansätzen und „Infotainment-Verständnis" fünf unterschiedliche

Typen im Verständnis von Religionsuntericht („unterrichtshabituelle Verortung und Unterichtspräferenzen") in den Blick. Eine quantitative Untersuchung und Befragung mit der Überschrift „Zielvorstellungen für 'gelehrte Religion' im biografischen, weltanschaulichen, unterrichtspraktischen und schulorganisatorischen Kontext" schloss sich an. 2109 Religionslehrer/-innen füllten den mehrseitigen Fragebogen aus und ließen die Autor/-innen folgende konzeptionelle Charakteristika niedersächsischen Evangelischen Religionsunterrichts erkennen:

- „Die Entfaltung der 'Identiät' der Schüler/-innen als Ausdruck des prinzipiell Religiösen menschlicher Existenz,
- ein konfessionsübergreifendes 'Christentum für alle',
- eine Orientierung an diakonisch-protestantischem Christentum,
- die Erschließung der theologischen Dimension der Existenz des Menschen und
- die Sensibilisierung für eine 'gestalthafte Religionspraxis'" (2000, 455).

✐ An Sie wird im Verlauf eines Elternabends die Bitte herangetragen, doch einen Schulgottesdienst für eine der Klassen, die Sie unterrichten, durchzuführen. Einige Eltern protestieren und argumentieren, Formen geistlichen Lebens gehörten auf keinen Fall in die öffentliche Schule. Überlegen Sie, wie Sie antworten würden. Fragen Sie auch Freunde und Bekannte, welche Auffassung sie zu diesem Konflikt haben.
Warum wollen Sie Religionslehrerin oder Religionslehrer werden? Reflektieren Sie Ihre Entscheidung auch auf dem Hintergrund Ihrer (religiösen) Biografie. Erinnern Sie sich an wichtige Personen oder Ereignisse.

4.4 Wie hast du's mit der Religion? – Einige große Fragen angehender Religionslehrkräfte

Einführungsveranstaltungen für Erstsemester fördern sie – spätestens bei der Wochenendexkursion zum Zwecke des besseren Kennenlernens und hier spätestens bei Wein und Bier am Abend – zu Tage: die 'großen Fragen' angehender Fachstudierender. Es ist ein bisschen wie bei Grete und ihrem Faust, die Fragen beginnen stets mit dem skeptischen *'Wie hast du's mit ...'*? Im Hintergrund lauert die Ergänzung: *'und wie sollte ich es haben, damit ich nichts verkehrt mache?'*

Es wäre schon schön, wenn die folgenden Ausführungen Sie anregen würden, eigene, wohl begründete Positionen zu entwickeln, zu denen Sie auch stehen können. Diese sind viel wichtiger als die genaue Kenntnis von Außenerwartungen, die ohnehin keine(r) vollständig erfüllen kann.

Religionslehrer/-innen als Glaubende und Suchende
Als 1984 niedersächsische Rahmenrichtlinien mit dem Präambel-Satz erlassen wurden, Religionslehrer hätten sich als 'Glaubende und Suchende' zu verstehen, löste dies manche kritische Anfrage der Religionslehrerverbände an die Kirchen und das Kultusministerium aus. Ihr schulisches Selbstverständnis wurde nämlich viel eher vom Bildungsauftrag des Religionsunterrichts als vom Glaubensbekenntnis geprägt. Die nachfolgenden Texte geben nun die Erwartungen evangelischer und katholischer Kirchenleitungen aus ihren jeweiligen Grundsatzstellungnahmen zum Religionsunterricht wieder. Sie werden abschließend in einem kurzen Zitat aus der Praxis des Religionsunterrichts gespiegelt.

✐ Suchen Sie Ihren Standpunkt zum Glauben der Religionslehrerin/des Religionslehrers, indem Sie die einzelnen Texte sorgfältig analysieren (welche Erwartungen prägen den Text?) und kritisieren.

Konfessionalität der Religionslehrerin und des Religionslehrers

„Lehrerinnen müssen das, was sie zu lehren haben, auch vertreten. Die Schülerinnen dürfen eine klare, unmissverständliche Auskunft auf die Frage erwarten, wo ihre Religionslehrerin bzw. ihr Religionslehrer steht. Damit ist aber die Frage nach seinem Bekenntnis gestellt. Der Religionslehrer und die Religionslehrerin haben nicht nur über einen Inhalt zu informieren, der außerhalb ihrer eigenen Wahl, in objektiver Neutralität ausgesagt werden könnte. Sie sind, wie bei jedem wesentlichen humanen Verhalten 'existenziell verwickelt'. Sie stehen für das ein, was sie im Unterricht vermitteln. Nur so können sie einen erzieherischen und für die Bildung des jungen Menschen belangvollen Dienst leisten. An der Religionslehrerin und am Religionslehrer selber und ihrem Lebensstil soll sich ja die Lehre wenigstens in Ansätzen und Bemühungen zeigen. Deshalb ist die Authentizität ein Ausweis der Ernsthaftigkeit dessen, was Thema ist. Die Lehrerin und der Lehrer haften aber nicht nur für das, was sie persönlich vertreten, sondern auch dafür, wo sie sich auch sozial und institutionell einordnen. Das Bekenntnis, das sie vertreten, gehört an einen bestimmten gesellschaftlichen Ort; beim Religionslehrer und bei der Religionslehrerin ist es die Kirche. Sie stehen für die Kirche. 'Liebe zur Kirche und kritische Distanz müssen (aber) einander nicht ausschließen'.“[35]

Lehren und Lernen im Religionsunterricht

„Die Ansprüche an die Religionslehrer/-innen im Blick auf ihre fachlichen Kompetenzen und ihre Gesprächsfähigkeit – einschließlich der pädagogisch angemessenen persönlichen religiösen Stellungnahme – haben sich in unserer pluralen Situation erhöht. Es geht zum einen um erweiterte Kenntnisse über die christlichen Konfessionen und nicht christlichen Religionen. Ferner sind neue Kooperationsformen zu entwickeln und einzuüben. Darüber hinaus ist der Religionslehrer oder die Religionslehrerin in der heutigen Situation oft die erste greifbare Person, mit der Schüler/-innen in der Erwartung zusammentreffen, sie repräsentieren Christ-sein. Ob die Lehrkräfte es wollen oder nicht, für die von ihnen und mit ihnen Lernenden sind sie Vertreterinnen und Vertreter des christlichen Glaubens und der christlichen Kirche. Dazu gehört, dass sie in besonderen Unterrichtssituationen mit Recht nach ihrem eigenen Glauben und Standpunkt befragt werden. Entziehen sie sich, wird ihnen dies sehr schnell als Entscheidungsschwäche ausgelegt. Nennen sie ihren Standpunkt, sind sie nicht selten Kritik ausgesetzt. Heranwachsende reiben sich an einer durchgehaltenen Standpunkthaftigkeit. Aber genau diesen Prozess der Auseinandersetzung brauchen sie, um im Wechsel von Ja und Nein herauszufinden, was schließlich ihre eigene Überzeugung sein kann. Überzeugungen bilden sich nicht im Niemandsland der Gleich-Gültigkeit, sondern in der Begegnung und im Gespräch mit bestimmten Glaubensüberzeugungen und -vorstellungen.

In diesem Phänomen steckt einerseits eine Entlastung der Lehrenden. Sie müssen ihre Überzeugungen nicht verstecken, ihre persönliche Färbung ist geradezu gefragt. Sie müssen es aber auch aushalten können, dass Teile ihrer Biografie zum Thema eines Unterrichts mit offenem Ausgang werden, damit die ihnen anvertrauten Heranwachsenden nicht ihren Weg übernehmen, sondern einen eigenen Weg finden. Das setzt voraus, dass die Lehrenden mit ihrer eigenen religiösen Herkunft umgehen lernen und ihr Glaubensverständnis in einer Weise zu erkennen geben, die die Schüler/-innen nicht einengt, sondern ermutigt, selbständig nach dem Glauben zu suchen.“[36]

Der Glaube der Religionslehrerinnen und der Religionslehrer

„Der christliche Glaube, der vom Wandel betroffen ist und in skeptischer Umwelt neu verantwortet werden muss, wird oft die Gestalt der Frage und der Erwägung haben, seltener die des unbefangenen Bekenntnisses. Doch wer das Fragen nicht aufgibt, zeigt, dass ihn die Sache nicht loslässt; und er rechnet mit Antworten, auch wenn er weiß, dass er diesen wieder ein 'Aber' entgegensetzen kann ... Religionslehrer müssen sich ständig überfordert fühlen, wenn von ihnen ausschließlich feste Glaubensüberzeugungen abverlangt werden. Sie gerieten damit unausweichlich in die Gefahr, dass sie sich in ihre Rolle unehrlich oder gar zu routiniert einfügen.“[37]

An guten Ratschlägen mangelt es offenkundig nicht. Und einfach ist es mit dem Glauben erst recht nicht. Denken Sie an den oben von HELMUTH KITTEL zitierten Apostel Paulus (Phil 3, 12). Was würde er wohl zu dem ganzen Problem sagen?

Religionslehrerschaft und Kirche

Der Religionsunterricht nach Artikel 7,3 GG ist in Übereinstimmung mit den Grundsätzen der Glaubensgemeinschaften zu erteilen. Neben der Mitwirkung an der Erstellung von Lehrplänen und der Genehmigung von Schulbüchern sprechen die meisten Landeskirchen und Bistümer eine besondere Bevollmächtigung für den Religionsunterricht aus. Das Bistum Magdeburg beispielsweise erwartet in seinem Antragsformular auf die MISSIO CANONICA, dass die Lehrer/-innen folgende Erklärung abgeben: „Ich bin bereit, den Religionsunterricht in Übereinstimmung mit der Lehre der Katholischen Kirche glaubwürdig zu erteilen. Ich beachte in der persönlichen Lebensführung die Grundsätze der Lehre der Katholischen Kirche.“ Dieses ist mit zwei Referenzen – eine muss von einem Priester stammen – zu bestätigen. Für manche evangelische Ohren klingt hier ein problematischer Berechtigungscharakter mit, der fragwürdig erscheint, wenn man Loyalität und unkritische Haltung gleichsetzt – wie es das katholische Grundlagenpapier „Die bildende Kraft des Religionsunterrichts“ formuliert:

„Der unterrichtliche wie der gesellschaftliche Diskurs setzt den Konsens in der Wahrheit nicht voraus, sondern er arbeitet auf ihn hin. Ob er gelingt, liegt nicht allein in der Hand der Lehrer/-innen. Aufgabe der Religionslehrerinnen und Religionslehrer ist es, loyal zum Bekenntnis ihrer Kirche zu stehen, wie es ihrer Sendung durch den Bischof entspricht.“[38]

Manche katholischen Religionslehrer/-innen verstehen den Verzicht einiger evangelischer Landeskirchen auf die VOCATIO – die evangelische Variante der katholischen Sendung der Lehrer/-innen in die Schule – dagegen als einen theologisch und rechtlich kaum zu rechtfertigenden Verzicht auf die kirchliche Mitverantwortung für den Religionsunterricht. Der evangelische Religionspädagoge GERT OTTO hat den Berechtigungscharakter der Vokation scharf kritisiert und ihren Freiwilligkeitscharakter betont: Die Vokation

„hätte dann allerdings nicht die Funktion, das Verhältnis von Schule und Kirche institutionell zu regeln, sondern die Kirche würde dem Lehrer in einem besonderen Akt in Wort und Sakrament begegnen, um ihm in seinem schulischen Amt Stütze und Helfer zu sein. Vokation wäre dann nicht ‘Berechtigung’, sondern Erfahrung der Hilfe in Zuspruch und Bindung. Diesen Charakter erhält die Vokation nur, wenn sie freiwilliges Angebot der Kirche an den Lehrer ist. Dann könnte keines der genannten Missverständnisse aufkommen. Ein Lehrer, der das Angebot der Vokation nicht in Anspruch nimmt, sondern sich beispielsweise an dem ihm ja ohnehin offen stehenden Zuspruch der Kirche genügen lässt, dürfte deshalb nicht weniger berechtigt sein, Religionsunterricht zu erteilen. Die Vokation hat ihr Recht und ihre Bedeutung auf personaler Ebene, nicht auf institutioneller.“[39]

Einer Zusammenstellung der Regelungen zur Vokation in den Gliedkirchen der EKD ist zum einen zu entnehmen, dass die meisten Evangelischen Kirchen den Zuspruchscharakter der Vokation betonen – wenngleich sie sich vom dienstlichen Charakter nicht so ganz trennen mögen. So legt die entsprechende Ordnung der Evangelischen Landeskirche in Baden von 1992 fest, dass die Vokation entzogen werden kann, „wenn die Lehrkraft zu schwer wiegenden inhaltlichen und fachlichen Beanstandungen Anlass gibt“ oder „wenn sich die Lehrkraft offenkundig kirchenfeindlich betätigt.“[40] Zum anderen fällt auf, dass verschiedene Evangelische Landeskirchen (Braunschweig, Bremen, Hannover, Nordelbien, Oldenburg, Pfalz und Schaumburg Lippe ebenso wie die Reformierte Kirche) keine Vokationshandlungen vornehmen, im Gegensatz zu allen ostdeutschen Landeskirchen, die geschlossen ‘vozieren’. Hier mag sich ein großer Unterschied in der Situation des Religionsunterrichts zwischen westdeutscher Volkskirchlichkeit und ostdeutscher Diaspora andeuten. Letztere macht besondere Zuspruchshandlungen, aber auch besondere historisch bedingte Absicherungen nötig. So weit zur Sicht der Kirchen auf die Lehrerschaft (vgl. auch 283ff.)

✎ In einem Weiterbildungsseminar wurde einmal versucht, die unterschiedlichen Positionen in einem Körperstandbild zu verdeutlichen. Vielleicht finden Sie ja jemanden, der 'die Kirche' und jemand anderen, der 'die Lehrerin/den Lehrer' darstellen mag.

Die andere Seite – also die der Lehrerschaft – ist selbstverständlich genau erforscht worden. Wie hält sie es mit der Kirche? Das Verhältnis von Lehrerschaft und Kirche sei gekennzeichnet durch „symbiotische Distanz" – „aus kirchensoziologischer Sicht ein Ausdruck volkskirchlicher Verhältnisse", behauptet FEIGE (1988, 41ff) und differenzierte den Begriff später als „problemsymbiotische Kooperation bei gleichzeitiger institutioneller Unabhängigkeit" (2000, 467). Erst die Möglichkeit zur Distanzierung – die sich der grundgesetzlichen Konstellation der *res mixta* von Staat und Kirche verdankt – führe zu hoher Berufsmotivation und zum Teil kritischem Engagement in Fragen des Christlichen und der Kirche in der Gesellschaft. FEIGEs empirische Studien belegen in der Tat sowohl die 'Symbiose' von Lehrerschaft und Kirche als auch die 'Distanz' zwischen ihnen.

Den symbiotischen Anteil des Verhältnisses kann man sich verdeutlichen, wenn man die kirchliche Sozialisation der meisten Lehrer/-innen bedenkt – die viele ja erst zur Aufnahme des Berufs bewogen hat. Die von FEIGE erfragte Haltung der Befragten zum Glaubensbekenntnis lässt überdies vermuten, dass die Religionslehrerschaft an neuen Formen des christlichen Glaubens – etwa den auf Kirchentagen praktizierten – großes Interesse findet. In diesem Sinne hieße Distanz Abstand von überkommenen kirchlichen Formen, nicht aber vom Inhalt der christlich-religiösen Botschaft[41], der man sich verbunden weiß. Aber eben diese kritische Distanz und die aus ihr hervorgehenden neuen Impulse sind für die Kirchen wieder von Interesse: Die Religionslehrer/-innen zwischen säkularer Gesellschaft und kirchlichem Auftrag, zwischen entkirchlichten Schülern und religiösem Interesse, zwischen Glauben und Leben, werden zum Ansatzpunkt für einen wechselseitigen Lernprozess im Neubuchstabieren des christlichen Glaubens in der Gegenwart. Folgerichtig wurde in einigen Vokationsvorhalten formuliert: „Wir sagen Ihnen zu, Ihren Rat zu hören und zu bedenken. Darum bitten wir Sie, Ihre Erfahrungen um der ständigen Erneuerung von Unterricht und Gemeinde willen als Anregung an uns weiterzugeben."[42]

Erwartungen der Schüler/-innen

Wer die Erwartungen der Schüler/-innen an die Religionslehrer/-innen konturieren möchte, muss sich besonders hüten, nicht die eigenen, projizierten Erwartungen aufzuschreiben. Mit der Konstruktion eines Lehrerbildes geht ja oft auch die erinnerungsverklärte Konstruktion eines Schülerbildes einher, dem dann entsprechende Erwartungen unterstellt werden. Kritische Lektüre empirischer Arbeiten, die Antwortmöglichkeiten ja immer vorgeben, ist also nötig. Die ALLENSBACH-Untersuchung erhob Rollenerwartungen der Schüler an ihren Religionslehrer und hielt dem erhobenen Idealbild deren Realbild entgegen:[43]

Erwartung	Idealbild	Realbild
Tolerant	74%	46%
Jemand, zu dem man mit persönlichen Problemen kommen kann	73%	40%
Mag sein Fach	72%	74%
Weiß viel	68%	57%
Diskutiert viel	68%	58%
Richtig guter Kumpel	67%	26%
Für andere ein Vorbild	63%	28%

Erwartung	Idealbild	Realbild
Zeigt auch Gefühle	62%	38%
Gibt gute Noten	58%	53%
Gläubig	56%	78%
Mischt sich nicht in persönliche Dinge der Schüler ein	49%	36%
Hat echte Autorität	31%	22%
Politisch engagiert	21%	13%
Verlangt viel von den Schülern	4%	15%
Streng, lässt nichts durchgehen	3%	9%

Die Ergebnisse dieser Befragung überraschen, weil doch fast zwei Drittel der Schüler/-innen vom Religionslehrer erwarten, ein Vorbild für andere zu sein. Allerdings scheint es sich hier nicht um ein Vorbildverständnis zu handeln, das auf bedingungslose Gefolgschaft mit bloßer Imitation zielt. Vielmehr werden die Konturen eines kommunikativen, freundlichen, zugewandten und fachkompetenten Lehrers sichtbar. Die Erwartungen der befragten Jugendlichen könnten sich so auf frappierende Weise mit neuerdings erhobenen pädagogischen Forderungen überschneiden, die FRITZ OSER und WOLGANG ALTHOF so beschreiben:

„Lehrer sollen nach unserem Verständnis weder Moralprediger noch Animatoren sein; sie sollten die praktische Vernunft der Kinder durch ein gesundes Verhältnis von diskursivem Austausch und moralischer Selbststeuerung zugleich in Anspruch nehmen und stärken. Das Ziel all unserer Anstrengungen sollte Mündigkeit sein – der moralisch autonome und verantwortliche Mensch".[44]

✐ Sprechen Sie mit anderen Studierenden über das Verhältnis, das Sie zu Ihren Schüler/-innen im Fach Religion gewinnen wollen. Denken Sie dabei auch noch einmal an den „Pädagogischen Eid" zurück.
Welche weiteren, ‘großen’ Fragen haben Sie an sich als zukünftige Religionslehrerin/ als zukünftigen Religionslehrer? Notieren Sie Ihre Fragen und diskutieren Sie sie mit anderen Studierenden, Kursteilnehmer/-innen.

4.5 Neuere Tendenzen in der Forschung

Religionslehrerin und Religionslehrer – Frauenforschung zur Religionslehrkraft
Einige empirische Untersuchungen bringen beiläufig die Ansichten von Religionslehrer/-innen an die Oberfläche. So kann man bei FEIGE u.a. nachlesen, dass Frauen eher als ihre männlichen Kollegen den Religionsunterricht für ein gleichwertiges Fach halten.[45] ZIEBERTZ/HILGER bringen das Ergebnis, dass katholische Lehrerinnen weitaus weniger kirchenzufrieden und weitaus kirchenkritischer sind als die Männer.[46] Dennoch muss man INGRID GESCHWENTNER-BLACHNIK in den Feststellungen zustimmen, dass der weibliche Anteil in diesen Befragungen kaum „Gegenstand besonderen Interesses" ist und Religionslehrer/-innen erst recht nicht „durch die weibliche Brille"[47] betrachtet wurden. Dies ändert sich allmählich (vgl. S. 270ff). Beruf und Person der Religionslehrerin sowie geschlechtsspezifische Unterschiede zwischen Religionslehrer und Religionslehrerin[48] kommen stärker in den Blick. GESCHWENTNER-BLACHNIK referiert ohne Anspruch auf Repräsentativität u.a. folgende Ergebnisse einer Befragung von einhundert Kolleginnen zum „Beruf in der Biografie katholischer Religionslehrer/-innen".

Den befragten Frauen ist beinahe sämtlich eine eigene Spiritualität wichtig: „Der persönliche Glaubensvollzug in einer selbstgewählten Gemeinschaft durch freie, kreative Formen (z.B. in Frauengottesdiensten) stärkt die Frauen für die beruflichen und privaten

Vollzüge ihres Lebens."[49] Diesem Ergebnis steht eine in dieser Schärfe erstaunliche kritische Haltung zur Amtskirche gegenüber:

76 der befragten Religionslehrerinnen schreiben, die Missio canonica habe für sie keine Bedeutung. Damit meinen sie u.a., dass sie für die Inhalte des Unterrichts unerheblich sei, dass kein Kontakt mehr zwischen der Lehrerin und der Amtskirche bestünde, dass die Kirche sich nicht um ihren Unterricht kümmere. Die Missio sei für viele Frauen ein Dilemma: „Frauen fühlen sich durch die Verpflichtung, ihr Leben nach den Lehren der katholischen Amtskirche führen zu müssen, in ihrem Privatleben vor unverantwortbare Entscheidungen gestellt." So bringe die Missio Canonica „Angst und Leid statt Hilfe und gemeinschaftliche Verantwortung". Entsprechend ambivalent sind die Beziehungen vieler Frauen zu den Pfarrgemeinden: 66% der Befragten sind nicht in Pfarrgemeinden integriert.

Die eigene Familie ist ein wichtiges Motiv für die Berufswahl: „66 der befragten 100 Religionslehrerinnen nennen Einflüsse ihrer Mütter als wichtiges Motiv für ihre Berufswahl. Ihre Mütter und Großmütter waren in der katholischen Kirche präsent als aktive Christinnen. Sie organisierten das religiöse Leben in den Familien und fanden so ihren Platz in Kirche und Gesellschaft als Dienerinnen. Dieses Bewusstsein gaben sie an ihre Töchter weiter".

GESCHWENTNER-BLACHNIK meint, dass die Stellung der Frau in der katholischen Kirche grundsätzlich verändert werden müsse. Leitbild im Verhältnis zur Religionslehrerin ist ihr die „geschwisterlich agierende Kirche, die ihren Lehrer/-innen vertraut, weil sie ihnen ihre junge Generation anvertraut" (1996, 163).

SYBILLE BECKER gelangt zu deutlich anderen Erkenntnissen über die Religionslehrerin. Sie stellt die Frage, „ob es geschlechtsspezifische Unterschiede beim Unterrichten von Religion in der Schule gibt" und nähert sich ihrem Untersuchungsgegenstand von der empirischen Lehrerforschung in den Sozialwissenschaften. BECKERs wichtigste Ergebnisse:[50]

- Viele Frauen wählen den Religionslehrerinnnenberuf wegen der „Vereinbarkeit des Berufs mit der Familie", ein Grund, den Männer in der Regel nicht angeben.
- Religionslehrerinnen würden Kirche als „Institution" nicht (!) kritisieren (anders als ihre männlichen Kollegen) und weit stärker das Verhältnis zur Gemeinde thematisieren.
- Viele Religionslehrerinnen sehen sich ihrer Meinung nach in einer doppelten Außenseiterrolle, einmal als Religionslehrerin, dann als Frau.

Freilich sind diese Ergebnisse noch zu wenig aussagekräftig. Die gründliche „Einbeziehung der Kategorie Geschlecht"[51] in die empirische Religionslehrer/-innenforschung gehört zu deren dringlichsten Aufträgen.

Religionslehrkräfte in der 2. Ausbildungsphase

Einen „narrativen Aufriss" mit „ausschnitthaften Einblicken" in die Ausbildungsrealität von Lehramtsanwärter/-innen mit dem Fach Evangelische Religion legte CHRISTINE LEHMANN vor (1999, 6). Sie versteht ihre Untersuchung als Vorstudie zur Erhebung von Problembereichen im Prozess des Hineinwachsens in die Lehrer/-innenrolle. Einige wichtige ausgewählte Ergebnisse – die detaillierter erforscht und verifiziert werden müssten: Viele der Themenbeispiele zeigen auf, dass die jungen Lehrerinnen und Lehrer viel Mühe darauf verwenden, „im Religionsunterricht Grunderfahrungen sowie lebensweltliche Fragen der Schüler/-innen zu thematisieren, um sie in ihrer Suche nach Sinn und ethischer Orientierung zu unterstützen" (1999, S. 108). Die Ausbildungsstrukturen der 2. Phase erhalten sehr bedenkliche Rückmeldungen: Sie beförderten Angst und angepasstes Verhalten; Zeitmangel, Leistungsdruck, Gefühle von Überforderung und sozialer Isolation gehörten zu den prägenden Erfahrungen der Ausbildungszeit, schrieben die Anwärter/-innen. Auch religionspädagogisch würden weiter führende Kompetenzen eher zufällig, aus eigener Initiative und Anstrengung und nicht durch Ausbildungsangebote gelernt (1999, 119).

Ost- und westdeutsche Religionslehrkräfte

Das Berufs-, Rollen- und/oder persönliche Selbstverständnis ostdeutscher Lehrer/-innen ist bislang nur wenig untersucht worden. HARTMUT WENZEL und UNA DIRKS haben sich mit der „Lehrerrolle im Wandel" (von der DDR-Gesellschaft in das vereinte Deutschland) und mit „Lehrer/-innenbiografien im Umbruch" befasst.[52] In diesen Studien wird vor allem der hohe Anpassungs- und Veränderungsdruck deutlich, unter dem die Lehrer/-innen im Osten in den 1990er Jahren standen. Für die Religionslehrerschaft liegt nach unserer Kenntnis lediglich eine vergleichende Studie vor, in der 1992[53] „Zielorientierungen angehender Religionslehrkräfte" im Ost-West-Vergleich bearbeitet wurden.[54] Aus einer Befragung von 170 Lehrer/-innen, die in den Diözesen Aachen, Essen, Münster, Paderborn und Magdeburg Weiterbildungskurse zum Erreichen der Fakultas im Primarstufenbereich belegt hatten, geht hervor, dass der Religionsunterricht in Ost wie West als „das etwas andere Fach"[55] mit hohen pädagogischen Selbstansprüchen gelten kann. Ost- und westdeutsche Religionslehrer/-innen streben einen lebensweltorientierten Unterricht an, wobei die Westdeutschen die Anliegen stark „mit einer sozialengagierten Ausrichtung und der kritischen Reflexion der Aussagen und Ansprüche christlichen Glaubens verbinden und die Ostdeutschen eine etwas stärkere Orientierung an Glaubensinformation und Glaubensverkündigung erkennen lassen".[56] Eine qualitative Studie aus dem Ost-West-Kontext beschäftigt sich mit Berufsbiografien ehemaliger DDR-Lehrkräfte, die die Fakultas für Evangelischen Religionsunterricht erworben haben.[57] Mit einer Vielzahl von Einzelergebnissen wird hier bestätigt, dass der Evangelische Religionsunterricht zum einen wichtige Impulse zur kritischen Reflexion der indiviudellen beruflichen Biografie zu setzen vermag und zum anderen ein wichtiges Instrument zur Erweiterung des herrschenden mathematisch-naturwissenschaftlichen Bildungsverständnisses darstellen kann. Nachdenklich stimmt die hier gewonnene These, der Religionsunterricht in Ostdeutschland stelle für die Unterrichtenden tendeziell ein „Risikofach" dar, das sie gegenüber manchen Kollegien und Schulverwaltungsinstitutionen in Opposition und Isolation bringe.

Alte neue Aufgaben für die Religionslehrer/-innen: Werteerziehung und Vorbilderziehung

✐ Welche Assoziationen, welche Gefühle lösen die Begriffe Werteerziehung und Vorbild bei Ihnen aus? Skizzieren Sie vorab Ihre Bedenken und/oder Ihre Zustimmung.

Von NORBERT METTE stammen die folgenden konkreten Erwartungen an werteerziehende Lehrer/-innen (also an alle):

- Sie müssten aktuelle Streitereien im Klassenraum oder im Pausenhof nicht nur autoritär 'bezähmen', sondern wirklich schlichten können, d.h. mit allen Beteiligten so aufarbeiten, dass daraus Versöhnung möglich wird;
- Sie müssten für gruppendynamische Prozesse in der Klasse sensibel sein und gegebenenfalls intervenieren können;
- Sie müssten sich der ethischen Dimension von Unterrichtsinhalten bewusst sein und diese ausdrücklich thematisieren können;
- Sie müssten zu einer eigenen ethischen Urteilsbildung und zur Wahrnehmung der sich daraus ergebenden Verantwortung im Stande sein ...;
- Sie müssten in der Lage sein, den in einer pluralistischen Gesellschaft unweigerlich gegebenen Dissens und Widerspruch auch in ethischen Fragen und moralischen Belangen auszuhalten und damit zu leben, ohne damit alles als gleich gültig ansehen und akzeptieren zu müssen ...[58]

METTEs Ausführungen zur Werteerziehung dürfen nicht als Erneuerung des neokonservativen Rufs nach Mut zu mehr Werteerziehung missverstanden werden. Es geht ihm nicht um autoritäre Wertevermittlung von oben nach unten. Vielmehr sieht er die Notwendigkeit größerer kommunikativer Kompetenz für Lehrer/-innen und fordert mehr Gelegenheit zur individuellen und gesellschaftlichen Herausbildung eines Lehrerethos'. Zuhören, aushalten, erörtern, aushandeln – aber auch bestimmen, das sollen die Lehrer/-innen können. Dabei sind ihnen natürlich enge Grenzen gesteckt, sei es durch die Erosion überkommener Orientierungsgewissheiten, durch Pluralität und scheinbares 'anything goes', durch die Sozialisationsagenturen der Medien, durch die Schule selbst ...

Vielleicht sind METTEs Überlegungen vorsichtige Tastbewegungen von Erwachsenen, die selber auf Grund der Erfahrung des abgrundtiefen Missbrauchs von Autorität einen radikalen Bruch in der Tradierung kultureller Traditionen vollzogen haben. Nach einem bestimmten Leitbild zu leben heiße in Selbstentfremdung zu leben, behauptete GEORG PICHT in den 1960er Jahren. Sich leiten zu lassen von werteerziehenden Erwachsenen, diese gar als Vorbild anzuerkennen, galt schlicht als individualitätsfeindlich: Erziehung durch Vorbilder musste angesichts der „Forderung nach freier Selbstbestimmung, Individualität und Pluralität der Lebensvollzüge“[59] in Frage gestellt werden.

Nun haben wir aber eingangs gesehen, wie wichtig Personen für Lernprozesse der Schüler/-innen sind. Ihre Selbstwerdung vollzieht sich an anderen Menschen: „Vorbild ist, wer zum Vorbild wird im Blick, im Angesicht des anderen.“[60] Gerade weil Bilder und Vorbilder täglich und ohne pädagogische Reflexion sprechen – und vor allem wirken, – könnte es darauf ankommen, die traditionelle Vorbildpädagogik nicht nur kritisch zu analysieren, sondern erneuernd zu überwinden. Dabei wird man sich auch der Frage stellen müssen, wie mit dem lernpsychologischen Befund umzugehen ist, dass zunächst gerade auch negative Eigenschaften und Verhaltensweisen des Vorbildes übernommen werden. Jeder kann aber einem anderen zu einem Bild werden, das sich freilich vorab nicht berechnen lässt. Wer hätte nicht Bilder von anderen Menschen, die einem wichtig geworden sind, vor Augen: „Wie einer seine Erkenntnisse und Einsichten gewinnt und miteinander in Verbindung bringt, mit welcher Ernsthaftigkeit er reflektiert und mit welchem Engagement er seine Reflexionen auf sein Leben bezieht.“ Aber auch: „... wie er mit seiner natürlichen Verfasstheit, seiner Leiblichkeit, seinen Bedürfnissen und Trieben umgeht; ob er sie nicht nur kontrollieren, sondern auch respektvoll und liebevoll kultivieren, ob er sie in seinen Lebensentwurf einbeziehen kann oder ob er sie verleugnen und sich selbst überlassen muss.“[61] Vorbildangebote eines glaubwürdigen und authentischen Menschen, der mit Schwächen und Stärken reflektiert umgehen kann, können Schüler/-innen mit Recht von ihren Lehrer/-innen erwarten. Ob sie dieses Angebot freilich annehmen, liegt zuletzt an ihnen: Denn Vorbilder müssen gewählt werden.

Literatur

PETER BIEHL: Beruf: Religionslehrer – Schwerpunkte der gegenwärtigen Diskussion, in: Jahrbuch der Religionspädagogik, Bd. 2, Neukirchen-Vluyn 1986, 161–194; ANDREAS FEIGE/BERNHARD DRESSLER/WOLFGANG LUKATIS/ALBRECHT SCHÖLL: 'Religion' bei ReligionslehrerInnen, Münster 2000. ANDREAS FEIGE/KARL ERNST NIPKOW: Religionslehrer sein heute: Empirische und theoretische Überlegungen zur Religionslehrerschaft zwischen Kirche und Staat, Münster 1988; CHRISTINE LEHMANN: Religionslehrer/in werden... Lehramtsanwärter/innen reflektieren ihre Ausbildung, Münster 1999; PRÄSIDIUM DER GEMEINSAMEN SYNODE (Hg.): Der Religionsunterricht in der Schule, in: Gemeinsame Synode der Bistümer in der Bundesrepublik Deutschland. Beschlüsse der Vollversammlung, Freiburg/Basel/Wien 1976, 123–152; HANS-GEORG ZIEBERTZ: Lehrerforschung in der empirischen Religionspädagogik, in: Ders./WERNER SIMON (Hg.): Bilanz der Religionspädagogik, Düsseldorf 1995, 47–78.

[1] Vgl. ZINNECKER 1993. SCHMIDTCHEN 1997.
[2] FOWLER, JAMES 1989, 172f.
[3] HENTIG, HARTMUT VON: Die Schule neu denken, Wien 1993, 246f.
[4] Die Hinweise auf Idealbilder des Lehrers (und ihre Kritik) verdanken sich KARL ERNST NIPKOW: Beruf und Person des Lehrers – Überlegungen zu einer pädagogischen Theorie des Lehrers, in: BETZEN, KLAUS/NIPKOW, KARL ERNST (Hg.): Der Lehrer in Schule und Gesellschaft, München 1971, 117ff.
[5] KITTEL, HELMUTH: Vom Religionsunterricht zur Evangelischen Unterweisung, Wolfenbüttel/Hannover 1947.
[6] Ders.: Der Erzieher als Christ, Göttingen [2]1953, 10. Vgl. dazu auf katholischer Seite in neuer Akzentuierung: EXELER, ADOLF: Der Religionslehrer als Zeuge, in: Katechetische Blätter 106, (1981), 3–10.
[7] Ebd.
[8] STOCK, HANS: Religionsunterricht in der Krise (1952), in: Ders: Beiträge zur Religionspädagogik, Gütersloh 1969, 53.
[9] Ebd., 54.
[10] MEYER, JOHANNES (1984) hat die in den problemorientierten Konzeptionen aufgestellten *fachdidaktischen Erwartungen* an die katholische Religionslehrer/-innen in vier Punkten zusammengefasst und damit die ungeheure Sachkomplexität modernen Religionsunterrichts in den Blick bekommen. Die Religionslehrer/-innen sollten über die Erschließung der biblischen Tradition eine Deutung der Welt und des eigenen Lebens ermöglichen; die religiöse Dimension der Wirklichkeit aufzeigen; die Schüler/-innen zu christlichem Handeln angesichts gesellschaftlicher Probleme befähigen und die religiöse Sozialisation der Schüler/-innen aufarbeiten können.
[11] STOODT, DIETER: Der Lehrer im sozialisationsbegleitenden Religionsunterricht, in: HEIMBROCK, HANS-GÜNTER (Hg.): Religionslehrer – Person und Beruf, Göttingen 1982, 105.
[12] VIERZIG, SIEGFRIED: Der Lehrer – Rolle, Person und Wirkung im Religionsunterricht, religion heute. Informationen zum Religionsunterricht 8 (1976), H. 3, 19–24.
[13] BECKER, GEROLD: Was ist eine gute Lehrerin?, in: Friedrich Jahresheft XVI 1998: Arbeitsplatz Schule, 8f.
[14] WEGENAST, KLAUS: Die empirische Wendung in der Religionspädagogik, in: Der Evangelische Erzieher 20 (1968), 111–124.
[15] ALOYS FISCHER (1880–1937), Reformpädagoge und Klassiker der Berufsbildungstheorie; ANTON S. MAKARENKO (1888–1939), bedeutender russischer Reformpädagoge; WOLFGANG BREZINKA (*1928), erfahrungswissenschaftlicher Erziehungswissenschaftler im Anschluss an den kritischen Rationalismus.
[16] EBERT, KLAUS: Zur Rolle des Religionslehrers, in: Heimbrock a.a.O., 58.
[17] Ebd., 65.
[18] MOLLENHAUER, KLAUS: Die Rollenproblematik des Lehrerberufs und die Bildung in: BETZEN/NIPKOW a.a.O., 93–110.
[19] EBERT, KLAUS: a.a.O., 79.
[20] FEIGE, ANDREAS 1988.
[21] Nach einer Phase ca. ab 1968, in der Erkenntnisse über die Religionslehrer/-innen aus Untersuchungen von Schüleräußerungen gewonnen wurden, wobei der sachliche Ausgangspunkt in der 'Krise des Religionsunterrichts' (aufgrund der vielen Abmeldungen) und der Vergewisserungsfrage nach der 'Beliebtheit des Faches' ausgemacht werden kann (vgl. zusammenfassend ZIEBERTZ 1995, 49ff).
[22] SCHACH, BERNHARD: Der Religionslehrer im Rollenkonflikt, München 1980, 100.
[23] ZIEBERTZ, HANS-GEORG 1995, 62.
[24] KÜRTEN, KARIN: Der evangelische Religionslehrer im Spannungsfeld von Schule und Religion – eine empirische Untersuchung, Neukirchen-Vluyn 1987, 129.
[25] Ebd.
[26] Oldenburg 1986.
[27] LANGER, KLAUS: Warum noch Religionsunterricht? Religiosität und Perspektiven von Religionspädagogen heute, Gütersloh 1989, 299.

[28] FEIGE fuhr schwere Geschütze zur Beurteilung der Arbeit von LANGER auf. Sein Grollen über den der Studie vermeintlich anhaftenden theologischen und soziologisch-empirischen „Dilettantismus“ war weithin hörbar: LANGER habe gar nicht untersucht, was er zu untersuchen vorgab, sozialwissenschaftlich formuliert: Er habe die Validitätsfrage nicht gestellt. Was er herausbekommen habe, unterscheide sich in vielen Einzelbefunden überhaupt nicht von den Studien aus dem benachbarten Bundesland Niedersachsen, werde aber von LANGER auf dem Hintergrund eines dogmatisch verengten und autoritativ-normativ eingeschränkten Verständnisses von Glaube und Kirchlichkeit interpretiert. Eben dieses Verständnis gehe aber überhaupt nicht auf die „schwer verarbeitbare Offenheit evangelischen Christentums“ ein, sondern konstruiere ein Glaubens- und Kirchenbild, das schon vor dreißig Jahren eine Karikatur gewesen wäre, etwa wenn unterstellt wird, „die Kirche“ erwarte vom Religionslehrer, dass er „verkündigen und zum Glauben führen“ solle (ANDREAS FEIGE: Die schwer verarbeitbare Offenheit evangelischen Christentums. Zu KLAUS LANGERs Frage ‘Warum noch Religionsunterricht’ und der Spezifik seiner Problemverarbeitung, in: Jahrbuch der Religionspädagogik, Bd. 7, Neukirchen-Vluyn 1991, 297–306).

[29] KÖCHER, RENATE: Religionsunterricht – zwei Perspektiven, in: Sekretariat der Deutschen Bischofskonferenz (Hg.): Religionsunterricht – Aktuelle Situation und Perspektiven, Bonn 1989, 23.

[30] Qualitative Erforschung der Wirklichkeit geht davon aus, dass es wissenschaftlich einen Sinn ergibt, den Einzelfall – eine Biografie oder eine bestimmte Situation – zu erforschen, um dann hinter dem Besonderen das Allgemeine zu suchen. Quantitative Forschung versucht dagegen, viele Fälle der Wirklichkeit zu erforschen und nach den Repräsentativen zu fragen. Umstritten ist das Verhältnis der beiden Forschungsansätze und bisweilen auch die „Wissenschaftlichkeit“ der jeweiligen Herangehensweisen im Blickwinkel der jeweils anderen Position.

[31] A.a.O.

[32] KULD, LOTHAR: Religionslehrer erzählen ihre Geschichte – eine Beispielanalyse zum Problem der Identifikation mit der Kirche, in: Religionsunterricht an höheren Schulen 26 (1983) 311–317.

[33] BIEHL, PETER: Erfahrung, Glaube, Bildung. Studien zu einer erfahrungsbezogenen Religionspädagogik, Gütersloh 1991, 246.

[34] FEIGE, ANDREAS/DRESSLER, BERNHARD/LUKATIS, WOLFGANG/SCHÖLL, ALBRECHT: ‘Religion’ bei ReligionslehrerInnen, Münster 2000.

[35] SEKRETARIAT DER DEUTSCHEN BISCHOFSKONFERENZ (Hg.): Die bildende Kraft des Religionsunterrichts. Zur Konfessionalität des katholischen Religionsunterrichts, Bonn 1996, 50f.

[36] EVANGELISCHE KIRCHE IN DEUTSCHLAND (Hg.): Identität und Verständigung. Standort und Perspektiven des Religionsunterrichts in der Pluralität, Gütersloh 1994, 57f.

[37] BIEHL, PETER: Beruf: Religionslehrer. Schwerpunkte der gegenwärtigen Diskussion, in: JRP 2 (1985), Neukirchen-Vluyn 1986, 189. BIEHL zitiert hier den Beitrag von ZIRKER (1983) in: SCHNEIDER, J.H.: Sand in den Schuhen, (1983), 9–15.

[38] SEKRETARIAT DER DEUTSCHEN BISCHOFSKONFERENZ (Hg.): Die bildende Kraft des Religionsunterrichts. Zur Konfessionalität des katholischen Religionsunterrichts, Bonn 1996, 50f.

[39] OTTO, GERT: Schule – Religionsunterricht – Kirche, Göttingen 1961, 60.

[40] OTTE, MATTHIAS (Hg.): Zusammenstellung der Regelungen zur Vokation in den Gliedkirchen der Evangelischen Kirche in Deutschland, Hannover 1988 (masch. Mskr.), 8.

[41] Zum ganzen Problemkreis ist die ausführliche Lektüre von NIPKOW 1984 zu empfehlen.

[42] OTTE, a.a.O., 37; ähnlich 59.

[43] Nach KÖCHER, a.a.O., 50.

[44] Zit. nach METTE, NORBERT: Welche Kompetenzen und Qualifikationen benötigt die Lehrerschaft?, in: ADAM, GOTTFRIED/SCHWEITZER, FRIEDRICH: Ethisch erziehen in der Schule, Göttingen 1996, 377.

[45] Vgl. FEIGE, 1988, 14.

[46] ZIEBERTZ, HANS-GEORG/HILGER, GEORG: Zukünftige Religionslehrer im Ost-West-Vergleich, in: Religionsunterricht an höheren Schulen 6/1992, 353.

[47] GESCHWENTNER-BLACHNIK, INGRID: Der Beruf in der Biografie katholischer Religionslehrerinnen, in: FISCHER, DIETLIND u.a. (Hg.): Schulentwicklung geht von Frauen aus, Weinheim 1996, 53.

[48] Becker, Sybille: Religionslehrerinnen gleich Religionslehrer? Zu den Arbeitsbedingungen von Lehrerinnen im Religionsunterricht, in: Dies. (Hg.): Religiöse Sozialisation von Mädchen und Frauen, Stuttgart 1995, 55–74.

[49] A.a.O., 162.

[50] A.a.O., 55ff. Der scheinbare Widerspruch zwischen den beiden zitierten Autorinnen löst sich auf, wenn man die unterschiedliche Konfessionszugehörigkeit der befragten Lehrerinnen berücksichtigt.

[51] A.a.O., 72.

[52] Dirks, Una: Lehrerinnenbiographien im Umbruch, in: Löw/Meister/Sander (Hg.): Pädagogik im Umbruch, Opladen 1995, 229–252; Wenzel, Hartmut: Lehrerrolle im Wandel, in: Aufbrüche 1/1996, 17–22.

[53] Die Untersuchung wurde also in einem Zeitraum durchgeführt, als in Magdeburg die ersten Lehrerweiterbildungen nach 1989 durchgeführt wurden. Die Untersuchungsergebnisse sind auch von diesem Datum her zu lesen. Zum Vergleich: Die Teilnehmer/-innen des ersten Lehrerweiterbildungskurses am PTI Wernigerode (1991–1993) wurden, anders als die Lehrkräfte in den Nachfolgekursen, noch in persönlichen Gesprächen von Kirchenvertretern ausgewählt und verfügten über eine äußerst hohe gemeindliche Einbindung und Studienmotivation, die sich m.E. auch in den Befragungsergebnissen widerspiegelt.

[54] Ziebertz, Hans-Georg/Hilger, Georg, a.a.O.; Dies.: Lebensrelevanter Religionsunterricht. Zielorientierungen angehender Religionslehrer/-innen, in: Hilger, Georg/Reilly, George: Religionsunterricht im Abseits, München 1993, 65–86; Dies.: Und dazu noch Religion unterrichten! Motive, Erwartungen und Befürchtungen von Nebeneinsteigern in Ost und West, in: Katechetische Blätter, Jg 118 (1994), H.1, 14–27.

[55] A.a.O., 1994, 24.

[56] A.a.O., 1993, 84.

[57] Hahn, Matthias: Wende und Wandlung. Bildungsgeschichten ostdeutscher ReligionslehrerInnen in Zeiten gesellschaftlicher Umbrüche, Münster 2003.

[58] Mette, a.a.O., 372f.

[59] Frost, Ursula: Erziehung durch Vorbilder?, in: Religionsunterricht an höheren Schulen, Jg. 40 (1997) H.6, 387.

[60] Ebd., 392.

[61] Ebd.

5 Religionsunterricht an der öffentlichen Schule

(Ulrich Becker)

5.1 Der umstrittene Religionsunterricht

Der Religionsunterricht an der Schule hat in Deutschland, wie in anderen europäischen Ländern[1], eine lange Tradition. Ihre Wurzeln reichen weit in die Geschichte der Kirche und des Schulwesens zurück, und diese Wurzeln sind bis heute trotz vieler Traditionsabbrüche, trotz Säkularisierung und tief greifender politischer Veränderungen, vor allem nach dem Ende des ersten Weltkriegs, durchaus noch erkennbar. Damals, 1918/1919, wurde das Schulwesen in Deutschland zwar endgültig verstaatlicht, aber das Fach Religion an der öffentlichen Schule blieb nach kontroverser politischer Debatte erhalten. Es wurde nach der unseligen Hitler-Ära am Ende des Zweiten Weltkriegs nicht nur ausdrücklich bestätigt, sondern sogar gestärkt: Erst nach 1945 wird dieses Fach nach einzelnen früheren Ansätzen, z.B. in Bayern und Baden, auch in den Fächerkanon der beruflichen Schulen aufgenommen. Heute ist Religion in nahezu allen, auch in den sog. neuen Bundesländern ein ordentliches Lehrfach an der öffentlichen Schule und als solches im Grundgesetz der Bundesrepublik Deutschland und in den einschlägigen Ländergesetzgebungen festgeschrieben. Art. 7 Abs. 2 und 3 des Grundgesetzes bestimmen (in Anlehnung an den Artikel 149 der Weimarer Reichsverfassung):

(2) *„Die Erziehungsberechtigten haben das Recht über die Teilnahme des Kindes am Religionsunterricht zu bestimmen.*

(3) *Der Religionsunterricht ist in den öffentlichen Schulen mit Ausnahme der bekenntnisfreien Schulen ordentliches Lehrfach. Unbeschadet des staatlichen Aufsichtsrechtes wird der Religionsunterricht in Übereinstimmung mit den Grundsätzen der Religionsgemeinschaften erteilt. Kein Lehrer darf gegen seinen Willen verpflichtet werden, Religionsunterricht zu erteilen.*"

Eine Ausnahme von dieser grundgesetzlichen Regelung gilt nur für die Länder, in deren Verfassung am 01.01.1949 (d.h. bei Inkrafttreten des Grundgesetzes) eine andere Regelung für den Religionsunterricht vorgesehen war (Art. 141 GG). Das trifft für Bremen (darum Art. 141 = die sog. Bremer Klausel) und in gewisser Weise auch für Berlin zu. Das Land Brandenburg beruft sich seit 1996 mit der Einführung von Lebensgestaltung – Ethik – Religionskunde (LER) als Pflichtfach auf diese Bremer Klausel. Ob es dies zu Recht tut, ist umstritten.[2]

✎ Überprüfen Sie, wie sich diese grundgesetzlichen Bestimmungen zum Religionsunterricht in der Schulgesetzgebung Ihres Bundeslandes, in dem Sie studieren oder unterrichten, niedergeschlagen haben.

Trotz dieser gesetzlichen Regelungen gibt es einen Streit um den Religionsunterricht. Er wird heute nicht nur unter Religionspädagog/-innen um seine Konzeption und seine inhaltliche Gestaltung geführt, wie das in der Vergangenheit immer wieder der Fall war.[3] Auf dem Hintergrund des in den vorigen Kapiteln beschriebenen Prozesses der religiöskulturellen Individualisierung und Pluralisierung stehen heute Sinn und Aufgabe dieses Unterrichtsfaches sehr viel grundsätzlicher zur Diskussion. Dazu hat auch die besondere Situation der neuen Bundesländer beigetragen, in denen eine gesellschaftliche Akzeptanz dieses dort neu eingeführten Unterrichtsfaches auf Hindernisse stößt.[4] Das gilt von kirchlich gebundenen und kirchlich nichtgebundenen Menschen in gleicher Weise. Warum überhaupt Religion in der öffentlichen Schule, so fragt man dort, aber so fragt man immer häufiger auch im westlichen Teil unseres Landes – und wenn ja, warum in der Form eines Unterrichtsfaches oder gar eines konfessionellen Religionsunterrichts, wie das weithin die Regel ist? Der Streit um die Beantwortung dieser sehr grundsätzlichen Fragen, an verschiedenen Fronten mit unterschiedlichen Argumenten geführt, ist längst nicht mehr nur ein Streit unter Religionspädagogen, Theologen, Pädagogen, Bildungspolitikern und Verfassungsjuristen. Er hat den Kreis der Insider hinter sich gelassen und ist auf dem besten Wege, ein öffentlicher Streit zu werden, in den neuen Bundesländern mehr als in den alten, in den nördlichen Breiten unseres Landes stärker als in den südlichen.

So sehr man sich auch davor hüten muss, die gegenwärtige Situation dieses Faches nur unter dem Stichwort des Streites in den Blick zu nehmen – aufs Ganze gesehen akzeptieren Schüler/-innen diesen Unterricht oft mehr als es die Kritiker wahrhaben wollen; das belegen einschlägige Untersuchungen[5] – sein Alltag bleibt von den gesellschaftlichen Entwicklungen, von den politischen Diskussionen und den sich wandelnden Aufgaben der Schule nicht unberührt. Die Berichte über die Bedingungen dieses Faches in den neuen Bundesländern, die Diskussionen und der Rechtsstreit um das Fach „Lebensgestaltung – Ethik – Religionskunde“ (= LER)[6] und die Empfehlungen der Kultusministerkonferenz zur Arbeit in der Grundschule[7], um nur einige Beispiele herauszugreifen, machen das schlaglichtartig deutlich. Der Religionsunterricht ist trotz (oder vielleicht sogar wegen) seiner grundgesetzlichen Garantie (s.o.) ein umstrittenes Fach, ein „Querulant“ unter den Schulfächern. Zu seiner Begründung reicht deshalb eine rechtspositivistische Position bei weitem nicht aus. Vielmehr sind die Befürworter dieses Faches herausgefordert, allen an der Schule Beteiligten und für sie Verantwortlichen überzeugend klar zu machen, dass Religion zur Bildung gehört und dass sie deshalb in der öffentlichen Schule einen Platz hat.

5.2 Religion gehört in die Schule

Dass Religion in die Schule gehört, ergibt sich zum einen aus der Perspektive der Kinder und Jugendlichen, die ein Recht auf persönliche religiöse Orientierung und auf individuelle menschliche Bildung haben (vgl. Kapitel 1 und 2). Zum anderen ergibt sich dieser Zusammenhang aus dem allgemeinen Erziehungs- und Bildungsauftrag der Schule mit seinen übergreifenden gesellschaftlichen Aufgaben. Diese zweipolige pädagogische Begründung von individueller und allgemeiner Bildung wird in der Religionspädagogik mit folgenden Argumenten, von FRIEDRICH SCHWEITZER auf den Punkt gebracht[8], weiter erläutert:

- „*Religion als unabdingbare Dimension des Menschseins*: Hier kann auf die Transzendenzoffenheit des Menschen verwiesen werden sowie auf die in der gesamten Menschheitsgeschichte festzustellende allgemeine Verbreitung von Religion. Darüber hinaus gilt Religion als Schutz des Menschen vor einer Reduktion auf zweckrationales Verhalten und eine bloß gesellschaftliche Moral.
- *Religion als Dimension der Selbstwerdung*: In religionspsychologischer Perspektive wird die Auffassung vertreten, dass die Selbstwerdung des Kindes auch die Bildung seiner religiösen Erfahrungen, Gefühle und Vorstellungen einschließen muss. Zumindest in Westdeutschland bringen viele Kinder solche Vorstellungen bereits mit, wenn sie in die Schule kommen, teils auf Grund von Erziehung und Sozialisation, teils auf Grund ihrer persönlichen Entwicklung. Die Kinder sind dann auf Klärungshilfen und eine Begleitung ihrer Entwicklung angewiesen.
- *Religion als prägender Bestandteil von Kultur und Geschichte* (*in Deutschland, aber auch in Europa*): Diese Begründung erfährt heute im Vergleich zu den anderen Begründungsmöglichkeiten die größte Zustimmung. Selbst von der DDR-Regierung

wurde am Ende die Notwendigkeit einer auf Kultur und Geschichte bezogenen religiösen Bildung gesehen. Die geschichtliche Entwicklung in Deutschland und Europa ist ohne Kenntnis der christlichen Religion angemessen gar nicht zu verstehen.

- *Religion als für das gesellschaftliche Leben erforderliches Thema*: Nicht nur in der Vergangenheit, sondern auch in der Gegenwart spielt Religion im gesellschaftlichen Leben eine bedeutsame Rolle und begegnen Kinder religiösen Vollzügen wie Festen und Feiern, Gottesdiensten usw. Darüber hinaus hat durch den Wandel zur „multikulturellen Gesellschaft" auch das Verhältnis zwischen den Religionen an Gewicht gewonnen – für das friedliche Zusammenleben in der Gesellschaft insgesamt, aber auch für Bildung und Schule.
- *Religion als Grundlage moralischer Erziehung*: Auch wenn heute zum Teil die Auffassung vertreten wird, dass eine religiöse Begründung moralischer Normen nicht (mehr) erforderlich oder möglich sei, wird vielfach davon ausgegangen, dass zumindest die Motivation für moralisches Handeln insbesondere von religiösen Überzeugungen abhängig sei. Ethische Bildung ohne Religion bliebe dann unvollständig."

In gegenwärtig vorliegenden Entwürfen zur Bildungs-und Schultheorie werden solche Begründungen für einen Zusammenhang von Bildung und Religion unterschiedlich gewichtet, manchmal vernachlässigt, selten sogar geleugnet.[9]

> ✐ Überprüfen Sie, wie die Ihnen vertrauten oder in Vorlesungen und Seminaren angebotenen bildungs- oder schultheoretischen Entwürfe mit der Frage des Zusammenhangs von Bildung und Religion umgehen. Sehen sie einen solchen Zusammenhang und wenn ja, welche Konsequenzen ziehen sie daraus?

Aber wo solche Defizite erkennbar sind, weisen sie eher auf ein Versäumnis erziehungswissenschaftlicher Diskussion oder auf ein fehlendes Gespräch zwischen Pädagogik und Religionspädagogik hin, denn auf ein grundsätzliches Problem. Auch in einer Gesellschaft, in der ein erheblicher Teil der Bevölkerung theoretisch und lebenspraktisch nicht mehr religiös gebunden ist, gilt die pädagogische Einsicht: „Fragen ethischer und religiöser bzw. weltanschaulicher Art müssen in Schulen, die den Anspruch erheben, Allgemeinbildung ermöglichen zu wollen, zum Thema werden. Die bisweilen geforderte Begrenzung des Unterrichts in der Schule auf vermeintlich „wertneutrale" bzw. wertungsneutrale Wissens- bzw. Erkenntnis- und Fähigkeitsbildung ist weder möglich noch wäre sie, wenn sie möglich wäre, wünschenswert; sie ließe die Heranwachsenden nämlich ohne Hilfe bei der Entwicklung reflektierter eigener Urteilsbildung und Handlungsorientierung angesichts der Entscheidungssituationen, in denen sie schon als Kinder und Jugendliche immer wieder stehen und vor denen sie in Zukunft als Erwachsene in erhöhtem Maße stehen werden" (WOLFGANG KLAFKI).[10]

Auch mit dem Verweis auf das im Grundgesetz verbürgte Elternrecht (Art. 6 GG) lässt sich für eine religiöse Bildung in der Schule argumentieren. Dagegen spricht auch nicht der offensichtliche Befund, dass herkömmliche religiöse Erziehung in den Familien immer stärker schwindet. Neuere Umfragen zur Einstellung der Eltern hinsichtlich religiöser Erziehung belegen eher, dass „Eltern in großer Mehrheit das Angebot einer u.a schulisch ermöglichten religiösen Bildung ... begrüßen, eben weil sie sich nicht in der Lage sehen, selbst die Verantwortung für diese Bildung zu übernehmen. Dies wird im Übrigen auch dadurch belegt, wie wenige Eltern das grundrechtlich garantierte Abmeldungsrecht beim Religionsunterricht (Art. 7,2 GG) wahrnehmen."[11]

Mit einem pädagogisch begründeten Zusammenhang von Bildung und Religion ist allerdings noch nichts darüber entschieden, in welcher Form religiöse Bildung in der Schule geschehen kann und soll. Da gibt es zunächst die sehr grundsätzliche Frage: Ist Religion oder Glaube überhaupt lehrbar und lernbar? Und sodann: Soll solches Lernen, wenn es denn möglich ist, in einem eigenen Schulfach stattfinden, oder sind andere Formen, wie z.B. eine Thematisierung in verschiedenen Fächern, wie Deutsch oder Geschichte oder Sachunterricht, vorzuziehen? Soll es nur als Information über Religion oder noch besser über verschiedene Religionen zum Zuge kommen, oder soll das in einem Fach geschehen, in dem sich Kinder und Jugendliche mit Repräsentanten einer Religionsgemeinschaft auseinander setzen können? Sollen Schüler/-innen in der Schule die Möglichkeit haben, einen Religionsunterricht ihrer Religion oder Konfession zu besuchen, oder ist ein Religionsunterricht für alle an einer Schule für alle vorzuziehen?

✐ Sie haben sicher erste Antworten auf diese Fragen bereit. Geben Sie sich darüber Rechenschaft, indem Sie sie notieren und im weiteren Verlauf der Argumentation überprüfen.

5.3 Religionsunterricht als ordentliches Lehrfach?

Ein Zusammenhang von Religion und Bildung, von Glaube und Lernen kann nicht allein pädagogisch begründet werden. Das lässt sich an Beispielen aus der Geschichte der Religionspädagogik, etwa an der Diskussion um die Konzeption der Evangelischen Unterweisung, verdeutlichen (vgl. S. 128ff). Immer wieder stoßen wir hier und anderwärts auf Versuche, eher von einem Gegensatz von Religion und Bildung als von einem Zusammenhang zu sprechen. Das gilt insbesondere für die evangelische Tradition.

„Die wohl bekanntesten Beispiele hierfür stammen aus den 20er und 30er Jahren des 20. Jahrhunderts, als Bildung von Theologen im Sinne menschlicher Selbstmächtigkeit, Ich-Bezogenheit usw. verstanden und abgelehnt wurde. Dabei war freilich eine heute auch in der Pädagogik als idealistisch und (bildungs-)bürgerlich wahrgenommene Bildungstradition im Blick, die heute durch ein gesellschaftskritisches („ideologiekritisches“) Verständnis ersetzt wird.
Aus christlicher Sicht ist auch dann, wenn religiöse Bildung bejaht wird, die prinzipielle Begrenztheit der durch Bildung zu erreichenden Ziele festzuhalten: Glaube kann und darf nicht Ziel der Bildung sein. Theologisch gesehen ist der Glaube für den Menschen unverfügbar ...“[12]

Es ist also aus theologischer Sicht wichtig festzuhalten: Es gibt keine Bildung zum Glauben. Aber es gibt natürlich in der christlichen Tradition, in der die Interpretation der biblischen und kirchlichen Überlieferung, die Kultur der klaren Rede und der verständigen Argumentation über den Glauben einen hohen Rang haben, ein Lehren und Lernen, das sehr unmittelbar an Bildungsvoraussetzungen, Bildungsverfahren und Bildungsaufgaben gebunden ist. So gesehen, lässt sich sagen: Glauben und Lernen bedingen einander. Auf jeden Fall gibt es aus christlicher Perspektive eine religiöse Bildung, auch in der Schule.[13]

Aber in welcher Form soll sie dort nun zum Zuge kommen?
In einer Expertise, die WOLFGANG KLAFKI dem Präsidenten des Landtages von Sachsen-Anhalt auf Anfrage hin vorgelegt hat, unterscheidet er sechs solcher Formen, die als Alternativen in der gegenwärtigen Diskussion um religiöse Bildung und um einen sachgemäßen Religionsunterricht an der öffentlichen Schule eine Rolle spielen und die er für einen weiteren Klärungs- und Findungsprozess empfiehlt. Wir wollen sie im Folgenden wiedergeben und anschließend jeweils ein Stück weit interpretieren und kommentieren.

1. „Integration von Fragen der Lebens- bzw. Wertorientierung in die unterschiedlichen, nicht-religiös geprägten Fächer, also unter Verzicht auf ein selbstständiges Fach „evangelischer“ oder „katholischer Religionsunterricht“, „islamischer Religionsunterricht“, „Religion und Ethik“, „Lebensgestaltung – Ethik – Religionskunde“ o.ä.
2. „Allgemeiner Religionsunterricht“ bzw. „Religionsunterricht für alle“, der die Situation des Nebeneinanders verschiedener Konfessionen und Religionen in der gesellschaft-

lich-kulturellen Wirklichkeit der Bundesrepublik wie zunehmend anderer Gesellschaften berücksichtigt und darauf Bezug nimmt, eine Konzeption, die z.B. bereits seit den 1970er Jahren von dem evangelischen Theologen und Religionspädagogen GERT OTTO vertreten wurde.

3. Einrichtung eines Wahlpflichtbereichs „Konfessioneller Religionsunterricht-Ethik“, innerhalb dessen die Schüler/-innen aus einem Angebot eigenständiger, ordentlicher Unterrichtsfächer („Ethik/Philosophie“, „Evangelischer Religionsunterricht“, „Katholischer Religionsunterricht“, „Islamischer Religionsunterricht“ und ggf. Unterricht in weiteren Religionen) ein Fach auswählen müssen. Ergänzend sollen Möglichkeiten zeitweiliger Kooperation in Projekten bzw. Epochen, die von mehreren dieser Fächer getragen werden, in einem Rahmenplan vorgesehen werden (vgl. die Denkschrift der EKD „Identität und Verständigung 1994“).
4. Einrichtung eines integrativen, allgemein bildenden Pflichtfaches „Lebensgestaltung – Ethik – Religionskunde“ (LER) etwa im Sinne der Brandenburger Lösung mit der Möglichkeit, alternativ dazu konfessionellen Religionsunterricht, der innerhalb der Schule erteilt wird, zu wählen (vgl. zu den bisher genannten Varianten JÜRGEN LOTT 1996).
5. Beibehaltung eines konfessionellen, wenngleich curricular zu reformierenden Religionsunterrichts, ergänzt durch Religionsunterricht für Schüler/-innen anderer Religionszugehörigkeiten. Daneben Einrichtung eines neuen Unterrichtsfaches „Zukunft“ (oder unter anderer Bezeichnung), das für Kinder und Jugendliche unterschiedlicher Religionszugehörigkeit oder ohne religiöse Bindungen verpflichtend sein und insbesondere der interkulturellen und interreligiösen Erziehung/Bildung dienen sollte (HELGARD JAMAL 1996).
6. Dem Vorschlag 5 füge ich, ohne ihn zu präferieren, folgende denkbare Variante hinzu: Will man die Konsequenz vermeiden, die Wochenstundenzahl für alle Schüler/-innen zu erhöhen oder die Stunden für das neue Fach „Zukunft“ (oder unter einer anderen Bezeichnung) durch Reduktion der Stundenzahl anderer Fächer zu gewinnen, müsste man die statistische Wochenstundenzahl des bisherigen konfessionellen Religionsunterrrichts pro Jahr – bisher gewöhnlich zwei Stunden – auf eine Stunde reduzieren. Die zweite Stunde stünde dann für das neue Fach „Zukunft“ o.ä. zur Verfügung. Will man nun die didaktisch-lernpsychologischen Nachteile zweier zwar durchgängig angelegter, aber mit nur je einer Wochenstunde ausgestatteter Unterrichtsfächer vermeiden, dann müsste man im Sinne eines Epochalisierungsmodells verfahren: Jedes Fach würde dann z.B. ein halbes Jahr lang oder zweimal pro Jahr je ein Vierteljahr lang mit zwei Wochenstunden unterrichtet.“[14]

Was spricht für, was spricht gegen diese Vorschläge?

✐ Stellen Sie sich vor, Sie könnten an Ihrer Schule aus diesen Vorschlägen einen auswählen. Welchem würden Sie den Vorzug geben? Berücksichtigen Sie dabei
- die zu erwartende Zusammensetzung der Schülerschaft,
- die Erwartungen, die Sie mit diesem Fach verbinden sowie die Erwartungen, die möglicherweise die Schüler/-innen, die Eltern, Kollegen und Kolleginnen und die Schule als Bildungseinrichtung an den Religionsunterricht haben.

zu 1) Integration von Religion in alle Schulfächer
Dieser Vorschlag, der bis ins 19. Jahrhundert zurückverfolgt werden kann und der in der Reformpädagogik unter der Formel „Religion in allen Stunden“ eine Rolle spielte[15], hat auf den ersten Blick deshalb so viel für sich, weil er damit ernst macht, dass religiöse Bil-

dung sich nicht auf einen religiösen Sonderbereich einschränken lässt, sondern der Sache nach (vgl. die Argumentationspunkte auf S. 96f) auch in anderen Schulfächern und vor allem auch im Lebensraum einer Schule zum Zuge kommen muss. Religion wird hier als eine Dimension aller Aktivitäten der Schule verstanden. Im Übrigen kommt dieser Vorschlag den gegenwärtigen Schul- und Lehrplanentwicklungen entgegen, die, orientiert an Schlüssel- bzw. Kernproblemen und entsprechenden Schlüsselqualifikationen, zu fächerübergreifenden Bildungs- und Erziehungsaufgaben, zu Projekt-, Epochen- oder Kursunterricht drängen oder die gar eine (Grund-)Schule ohne Fächer im Blick haben. Solche alltagsweltlich-erfahrungsorientierte Schulkonzepte haben den Blick erneut dafür geöffnet, die einzelne Schule wieder als einen eigenständigen Lebens- und Lernort zu begreifen und deren Schulkultur als pädagogisch bedeutsam zu werten. Was soll mit dem herkömmlichen Fach Religion in einer so neukonzipierten (Grund)-Schule geschehen, in der die Fächergrenzen fast ganz aufgehoben sind? Droht es nicht ins Abseits zu geraten und ein wirklicher „Querulant" unter den Schulfächern zu werden?

Aber es gibt auch gewichtige Gegenargumente gegen diese Integrations-Position:
Dass ein solcher Vorschlag nur schwer mit dem gängigen Verständnis von Religionsunterricht als einem „ordentlichen Lehrfach", das „in Übereinstimmung mit den Grundsätzen der Religionsgemeinschaften" erteilt wird, zu vereinbaren ist (vgl. Art. 7 GG), sieht auch KLAFKI. Wir kommen darauf später noch einmal zurück (vgl. S. 103ff). Viel gewichtiger sind die inhaltlichen Anfragen an eine solche Position, wie sie jüngst von FRIEDRICH SCHWEITZER vorgestellt worden sind:

- „Ähnlich wie bei der Muttersprache, die gewiss in allen Fächern geübt und gepflegt werden muss und für die das eigene Fach doch unverzichtbar bleibt, kann auch für religiöse Bildung ein solcher doppelter Ansatz gefordert werden. Die Einrichtung eines Faches RU ist nicht notwendig gleich bedeutend mit einer Schwächung von Religion als Dimension. Beides kann Hand in Hand gehen – beides kann sich wechselseitig verstärken.
- Zudem wird es erst mit der Einrichtung eines eigenen Faches Religion möglich, für eine entsprechende (akademische) Ausbildung zu sorgen und professionell religionspädagogische Kompetenz zu sichern. Wie auch bei anderen Fächern und Themenbereichen verbindet sich also mit der Existenz eines eigenen Faches der gewichtige Aspekt der Qualitätssicherung.
- Es kann argumentiert werden ..., dass religiöse Bildung nur in Auseinandersetzung mit dem (Wahrheits-)Anspruch der religiösen Überlieferungen ihr Ziel erreichen kann und dass dies die Begegnung mit Lehrer/-innen voraussetzt, die als Angehörige einer bestimmten Religion oder Konfession zu identifizieren und damit auch kritisch zu befragen sind. Insofern kann der RU nach heutigem Verständnis von Religionsfreiheit nicht auf dem Wege staatlich durchgesetzter Schulpflicht für alle verbindlich gemacht werden. Freiheitlicher RU setzt (Ab-)Wahl bzw. Befreiungsmöglichkeiten voraus.

Die Gefahr einer Isolation des RU kann auch durch Kooperation mit dem Ethikunterricht oder mit anderen, etwa naturwissenschaftlichen Fächern sowie zwischen unterschiedlichen Formen des christlich-konfessionellen oder von einer anderen Religion her bestimmten RU gemildert werden."[16]

Einigen dieser Gegenargumente begegnet WOLFGANG KLAFKI indirekt damit, dass er eine Neuinterpretation der den Religionsunterricht betreffenden Bestimmungen von Art. 7 GG in Erwägung zieht: Alternativ zu einem ausschließlich auf eine bestimmte Glaubensrichtung hin ausgerichteten Fach „Religion" könne, so meint er, die Darstellung verschiedener Glaubensrichtungen innerhalb eines übergreifenden Unterrichts mit Lerngruppen stehen, die Schüler/-innen verschiedener oder ohne Religionszugehörigkeit umfassen,

„ggf. unter periodischer Hinzuziehung authentischer Vertreter/-innen unterschiedlicher Glaubensrichtungen bzw. ethischer Positionen.“[17]

Auch bei den weiteren fünf Grundpositionen sind solche Überlegungen mitzudenken:

zu 2) Allgemeiner Religionsunterricht bzw. Religionsunterricht für alle

Wenn in unseren Schulen Religionsunterricht auf dem Stundenplan einer Klasse steht, gehen die Schüler/-innen meist getrennte Wege: die einen zum evangelischen, die anderen zum katholischen Unterricht, die dritten zu „Werte und Normen“ oder zum Ethik-Unterricht. Kritiker fragen zu Recht, wie das zu verantworten sei: Warum Kinder und Jugendliche unnötig trennen, einen Klassenverband für eine Stunde auflösen? Sollten die, die tagaus, tagein in einer Klasse zusammensitzen und zusammenarbeiten, nicht gerade zusammen beobachten und erfahren, was für viele von ihnen mangels anderer Gelegenheiten nur in der Schule erfahren und ein Stück weit gelebt werden kann: wie Menschen unterschiedlichster religiöser oder anderer Prägung – z.B. Christen, Muslime, Nichtchristen – Gott und die Welt und sich selbst verstehen, wie sie auf dem Hintergrunde ihres Lebenszusammenhanges argumentieren, ihren Glauben oder Unglauben, ihre Fragen und Zweifel einander mitteilen, und wie sie lernen, dabei einander zu respektieren und zu bereichern? Sollte Schule nicht gerade zusammenführen und Kinder und Jugendliche bei all ihrer Verschiedenheit so miteinander ins Gespräch bringen, dass sie über alle Unterschiede hinweg oder durch alle Unterschiede hindurch lernen, einander zu respektieren und trotz aller Fremdheiten und Verschiedenheiten an gemeinsamen Grundüberzeugungen festzuhalten? Ist das nicht eine vorrangige Aufgabe für eine Schule in der Pluralität, zumal dann, wenn diese Pluralität von bestimmter Seite zu Unrecht in Frage gestellt oder sogar bekämpft wird?

Es ist keine Frage, dass die Befürworter eines „Religionsunterrichts für alle“ angesichts solcher Überlegungen und Anfragen ein starkes Argument für ihre Position in der Hand halten. Auch sie hat übrigens Vorläufer, die sich bis ins 18. Jahrhundert zurückverfolgen lassen. In der gegenwärtigen Debatte um die Zukunft des Religionsunterrichts wird aber meist nur auf entsprechende Vorschläge aus den 1970er Jahren unseres Jahrhunderts zurückgegriffen. In diesem Zusammenhang sind vor allem GERT OTTO und HANS STOCK zu nennen.[18] Während es HANS STOCK in seinen Vorschlägen für einen Religionsunterricht für alle eher um einen „Offenen Religionsunterricht“ geht, der zwar nicht-konfessionell, aber dennoch profiliert und unverwechselbar auf christliche Positionsfindung aus ist, – man könnte hier eher von einem ökumenisch-offenen Religionsunterricht sprechen – rückt OTTO einen weit gefassten Religionsbegriff in den Mittelpunkt, der als „Sammelbegriff für eine Vielfalt von Wertesystemen von unterschiedlicher Herkunft“ verstanden wird. Sein allgemeiner Unterricht ist als ein nicht-kirchlich normierter Unterricht gedacht, der die Bestimmungen des Art. 7,3 GG ebenso überflüssig macht wie die Möglichkeit der Abmeldung und die Beibehaltung eines Ersatzfaches.

Davon zu unterscheiden ist als eine weitere Variante dieses Religionsunterrichts für alle ein Vorschlag, der als Braunschweiger Ratschlag vorgelegt worden ist. Seine Verfasser stellen an OTTO u.a. die Frage, ob nicht sein weitgefasster Religionsbegriff dazu angetan ist, „als ideologisches Einfallstor oder moralischer Alleskleber für religiöse, weltanschauliche und ethische Opportunitätsstandards missbraucht zu werden.“[19] Sie wollen dagegen von einem ökumenisch verantworteten und für alle Schüler/-innen offenen Unterricht sprechen, der den Versuch macht, „die seit dem Beginn des aufgeklärten Zeitalters bis in die Gegenwart als unversöhnliche Gegenmodelle gehandelten Konzepte von konfessionellem und allgemein-christlichem RU zu überwinden und in einem Kompromiss aufzuheben, der die Kirchen und Nachfolgegruppen zu einem „freien Dienst an einem freien RU“ ermutigt, in dem alle Schüler/innen einen Ort vorfinden, um die Vielfalt religiöser Lebensbewältigung zu erkunden und in authentischer Begegnung und Reflexion zu unter-

scheiden. Es geht einerseits darum, unter dem Dach von Art. 7,3 GG das Profil des Faches von der Frage CHRISTOPH BIZERs her weiterzuentwickeln: „Wie kriegen wir heute gelebte Religion so ins Klassenzimmer hinein, dass Lehrer und Schüler an ihr arbeiten und lernen können?" Und zugleich geht es darum, mit dem Satz HARTMUT VON HENTIGS ernst zu machen: „Religionsunterricht ist entweder gut für alle, oder er gehört nicht in die Schule".[20]
Aber am Ende geht es auch hier, wie in den Vorschlägen zu einem „Dialogischen Religionsunterricht" (eingebracht zur Weiterentwicklung des Hamburger Schulwesens)[21] um das so schwer zu fassende, komplexe Phänomen „Religion", das in unserer Gesellschaft in seinen verschiedenen Formen und Ausprägungen begegnet. Dieses Phänomen soll in seiner Vielgestaltigkeit und Vieldeutigkeit von den Schüler/-innen entdeckt werden, um es dann auf dem Hintergrund der verschiedenen religiösen (einschließlich der christlichen) Traditionen so zu reflektieren, dass alle Beteiligten lernen, sich in ihren Unterschiedenheiten zu respektieren und zugleich selbstständig ihre eigene religiöse Lebensform und Lebensdeutung zu finden und zu entwickeln. Das ist die wichtigste Aufgabe dieses Religionsunterrichts für alle in seinen verschiedenen Varianten.

Gewichtige Einwände gegen diese Position haben die Verfasser des Braunschweiger Ratschlages selbst eingebracht (s.o.). Sie fragen u.a.:

1) Ist es wünschenswert, die Möglichkeit der Abmeldung bzw. das Freiwilligkeitsprinzip für dieses Fach aufzugeben?
2) Wer unterrichtet diesen Religionsunterricht für alle? Fachlich nicht ausgebildete Lehrer/-innen, wie dies zurzeit bei dem Ethik-Unterricht der Fall ist? Und wenn sie ausgebildet werden, welches sind die Bezugswissenschaften eines solches Faches?
3) Ist es nicht ein Vorteil für Schüler/-innen im heutigen Religionsunterricht zu wissen, „woran sie sind", also die Lehrerin oder den Lehrer als eine Person, die für eine Sache einsteht, behaften zu können?

Eine positive Antwort auf die 3. Frage spielt bei der folgenden Position eine gewichtige Rolle.

> Aus einem offenen Brief eines Religionslehrers an die, die den Zusammenhang von Religionsunterricht und Kirche aufkündigen wollen:
>
> „... Wer sich ... dafür engagiert, Kirche und Staat absolut zu trennen und den Einfluss der christlichen Kirchen insgesamt zurückzudrängen, der wird sich fragen lassen müssen, womit das dann entstehende Vakuum gefüllt werden soll ... Schon ein flüchtiger Blick auf unsere Gesellschaft zeigt: Das Schwinden der Religion erzeugt nicht unbedingt ein höheres Maß an Rationalität, Humanität und Fortschritt, sondern offensichtlich gleichzeitig ein Mehr an Desorientierung und Pseudoreligiosität. Unglaube und Aberglaube haben viele, oft menschenfeindliche Rituale! Ist an die Stelle der Religion eines menschenfreundlichen Gottes nicht vor allem die unbarmherzige ‚Religion des Marktes' mit der Kommerzialisierung aller Lebensbereiche und der Banalisierung fast aller Themen getreten?
> Wenn eine Gesellschaft die religiösen Riten und Symbole abzuschaffen versucht, wird sie gezwungen sein, sich mit den magisch-destruktiven Kulten der Jugendlichen und dem übersteigenden Sicherheitsbedürfnis Erwachsener auseinander zu setzen. Wenn eine Gesellschaft die Geheimnisstruktur und Sehnsucht des Menschen leugnet oder faktisch ignoriert, muss sie fertig werden mit den bizarren Formen der Sucht, der Selbstzerstörung oder Depression. Wenn das Gerede von der totalen Machbarkeit und Planbarkeit menschlichen und gesellschaftlichen Lebens an den Fakten scheitert, muss man aber auch die dann entstehende Enttäuschung, Ohnmacht und Sprachlosigkeit aushalten.
> Es ist kein Zufall, dass in Zeiten, in denen die religiöse Sprache des Trostes und die Zeichen der Heilung nicht mehr verstanden oder akzeptiert werden (woran die Kirchen nicht unschuldig sind!), die Spaltung der Gesellschaft in ‚Gewinner' und ‚Verlierer' so gnadenlos geworden ist ...

Die biblischen und religiösen Erzählungen und Bilder halten die Sehnsucht der Menschen nach Erlösung und Ganzwerdung offen und bewahren die Visionen von Gerechtigkeit und Wahrheit. Wer die Möglichkeiten der Begegnung mit diesen biblischen Erzählungen erschwert, nimmt vor allem Kindern und Jugendlichen Chancen der Selbstfindung und Sinnorientierung ...
Ihr ... tretet für die Abschaffung des kirchlich gebundenen Religionsunterrichts in unseren Schulen ein. Stattdessen wollt ihr einen religionskundlichen Unterricht einführen, der Kenntnisse und Fähigkeiten vermittelt, ‚die dem gesellschaftlichen Wandel Rechnung tragen'. Dies ist für mich ein Symptom für eine rationalistische und voluntaristische Verkürzung des Menschen.
Ich jedenfalls kenne keinen Jugendlichen, der allein durch die theoretische Beschäftigung mit noch so brillanten Gesellschaftstheorien zu einem politisch-solidarischen Engagement gefunden hätte. Die Motive für menschliches Handeln liegen oft tiefer, als unsere rationale Erkenntnis reicht. Und es gibt Gründe des Herzens, positive und negative, die der Verstand (noch) nicht kennt. Aufklärung tut Not, ganz gewiss. Aber sie ist nur *ein* Schritt auf dem schwierigen Weg zu einer reifen Persönlichkeit.
Lasst also die vielfältigen Erfahrungsräume, die die Kirchen den Menschen auf ihrer Suche nach Sinn und Orientierung anbieten, nicht noch mehr schrumpfen! Lasst den Themen und Fragestellungen, die der kirchlich gebundene Religionsunterricht auf seine eigene, aber doch überprüfbare Weise zur Sprache bringt, ihren angemessenen Raum! Lasst vor allem die nachwachsende Generation nicht an der Oberfläche einer Gesellschaft geistig und emotional veröden, die in Gefahr ist, ihre ‚Seele' an den Markt zu verkaufen!"

(BRUNO HESSEL in: DIE ZEIT Nr. 52 vom 20.12.1996)

✐ In diesem Brief tauchen Argumente auf, die bisher noch nicht zum Zuge kamen. Versuchen Sie, sie zusammenzustellen und in das Gespräch über angemessene Konzeptionen von Religionsunterricht in der Gegenwart mit einzubringen.

Zu 3) Einrichtung eines Wahlpflichtbereichs „Konfessioneller Religionsunterricht – Ethik"

Diese Position geht auf Vorschläge zurück, wie sie sehr viel breiter und umfassender in einer Denkschrift der Evangelischen Kirche in Deutschland zu „Standort und Perspektiven des Religionsunterrichts in der Pluralität" erarbeitet worden sind.[22] Sie steht auf der einen Seite in der Tradition eines herkömmlichen konfessionellen Unterrichts, der sich zu ökumenischer Offenheit verpflichtet weiß – ganz im Sinne der interpretativen Ausgestaltung der „Grundsätze der Religionsgemeinschaften" (Art. 7,3), wie sie von den beiden großen Kirchen Anfang der 1970er Jahre vorgelegt worden war. Damals war an die Stelle einer Abgrenzung gegenüber der jeweils anderen Konfession eine bemerkenswerte Bereitschaft zu ökumenischer Offenheit getreten. Beide großen Kirchen wiesen dem Religionsunterricht eine ökumenische Lernaufgabe zu.[23]
Sie nimmt auf der anderen Seite die allgemeine Krise der Lebensorientierung Heranwachsender in einer pluralen, von Gegensätzen gezeichneten Welt, die gleichzeitig von übergreifenden Zukunftssorgen bedrängt ist, ernst und versucht, auf diesem Hintergrunde und in Aufnahme der neueren Diskussion über religiöses und interreligiöses Lernen neue Wege zu eröffnen, um über einen nur „seiner Gesinnung nach" ökumenischen Religionsunterricht hinauszukommen und Kooperation zwischen den Konfessionen und Religionen im Alltag der Schule zu verwirklichen. Solche Kooperation hält im Unterschied zu den bisher besprochenen Positionen an der wechselseitigen Angewiesenheit von konfessioneller Identität und ökumenischer Verständigung fest. Das Vertrautwerden mit der eigenen, auf jeden Fall mit einer identifizierbaren religiösen Tradition soll so früh wie möglich mit der Aufgabe verbunden werden, zu ökumenischer und interreligiöser Verständnisfähigkeit und Kooperation zu gelangen.

„Die wechselseitige Angewiesenheit von konfessioneller Identität und ökumenischer Verständigung verdeutlicht, was angesichts des weltanschaulich-religiösen Pluralismus unserer Situation als kulturelle Verständigungs- und pädagogische Bildungsaufgabe in Schule und Gesellschaft überhaupt vor uns liegt: das Gemeinsame inmitten des Differenten zu stärken, in einer Bewegung durch die Differenzen hindurch, nicht oberhalb von ihnen.
Weltweit wachsen gegenwärtig die nationalen, ethnischen, kulturellen und religiösen Identitätsängste. Sie werden sich steigern, wenn die vorhandene Pluralität einer schematisierenden Vereinheitlichung unterworfen werden soll: durch übernationale politische Gebilde, die das relative Recht nationaler Eigenständigkeit nicht beachten, durch zivilisatorische Homogenisierungen, die die individuellen kulturellen Traditionen und Lebensformen absterben lassen und durch einen Vereinheitlichungsdruck im Namen eines einheitlichen Christentums oder einer universalen Religion und Ethik. Gleichzeitig ist es auf allen Ebenen notwendig, einer selbstgenügsamen Abschließung zu wehren und überall zu größerer Gemeinsamkeit zu gelangen."[24]

Das mit einer sachgemäßen Zuordnung von Identität und Verständigung angesprochene religionspädagogische Problem ist grundsätzlich schon einmal auf S. 31ff zur Sprache gekommen. Blättern Sie noch einmal zurück und ordnen Sie die Lösung, die die Denkschrift in diesem Zusammenhang anbietet, in die idealtypischen Reaktionen ein, von denen dort die Rede ist.

So ist es denn nur folgerichtig, dass die Denkschrift für eine Kooperation in einer Fächergruppe plädiert, in der die Fächer evangelische und katholische Religion, Ethik (Philosophie oder Werte und Normen) und – je nach den regionalen Gegebenheiten – auch orthodoxer, jüdischer und islamischer Religionsunterricht zusammenarbeiten. Solch eine Zusammenarbeit eröffnet unbeschadet der besonderen rechtlichen Bestimmungen von Art. 7,3 GG und der entsprechenden Ländergesetzgebungen pädagogisch und schulisch gesehen die Möglichkeit, „das Gemeinsame inmitten des Differenten zu stärken, in einer Bewegung durch die Differenzen hindurch, nicht oberhalb von ihnen."[25] Im Einzelnen geht es dabei um eine Zusammenarbeit auf drei Ebenen: auf der Ebene der Lehrkräfte, z.B. in Form gemeinsamer Fachkonferenzen, auf der Ebene der Inhalte, z.B. in Form abgestimmter Lehrpläne, und auf der Ebene des Unterrichts, z.B. in Form von gemeinsamen Unterrichtsprojekten, gemeinsamen Unterrichtseinheiten oder auch von gemeinsamem Unterricht.[26] Ob und inwieweit sich dies im Alltag der Schule verwirklichen lässt, muss auch unter Berücksichtigung der regionalen Besonderheiten, der kirchlich-konfessionellen Bedingungen, der erweiterten Selbstständigkeit der einzelnen Schulen und ihrer Entwicklung zu einer immer stärkeren Integration von Unterrichtsfächern überprüft werden.

Offensichtlich gibt es im Blick auf die angestrebte Kooperation auf evangelischer Seite größere Freiheit, um auf konkrete Bedingungen einzugehen als auf katholischer. Denn so viele Übereinstimmungen auch zwischen der Denkschrift und der Erklärung der deutschen Bischofskonferenz „Die bildende Kraft des Religionsunterrichts" vorhanden sind[27], es bleiben Differenzen: Die Stärkung der eigenen Identität im Religionsunterricht hat nach katholischer Auffassung Vorrang vor „gewissen Versuchen zur Zusammenarbeit zwischen Katholiken und anderen Christen ..."[28] Es wird deutlich: Identität wird in der Erklärung der deutschen Bischöfe stärker kooperativ-ekklesiologisch als individuell konfessorisch verstanden. Daraus folgt auch das Festhalten an der sog. Trias: Gleiche Konfessionalität von Lehrenden, Lehre und Lernenden im Religionsunterricht. So spricht denn der Text auch nur von einem „begrenzten konfessionell-kooperativen Religionsunterricht unter Wahrung der konkreten kirchlichen Bindung."[29] Daraus folgt: „Für den Katholischen Religionsunterricht gilt, dass über die Konfessionszugehörigkeit der Lehrenden und die Bindung der Inhalte des Religionsunterrichts an die Grundsätze der Kirche hinaus auch die Schüler/-innen der katholischen Kirche angehören. Am katholischen

Religionsunterricht können jedoch in Ausnahmefällen Schüler/-innen einer anderen Konfession teilnehmen insbesondere dann, wenn der Religionsunterricht dieser Konfession nicht angeboten werden kann."[30]

✐ In einer von der Deutschen Bischofskonferenz und der Evangelischen Kirche in Deutschland im Januar bzw. Februar 1998 unterzeichneten Erklärung zur Kooperation von Evangelischem und Katholischem Religionsunterricht (vgl. Anm. 3 auf S. 254ff.) werden eine Reihe von Formen der konfessionellen Kooperation in der schulischen Praxis, auf der Ebene der Schulverwaltung, in der Lehrerbildung und in der Fortbildung genannt. Informieren Sie sich darüber, wieweit diese und andere Formen in Ihrer Umgebung bekannt sind und praktiziert werden und ob regionale Gegebenheiten, schulformspezifische Besonderheiten und schulreformerische Herausforderungen noch ganz andere Kooperationsformen nahe legen.

Demgegenüber steht der konfessionell-kooperative Religionsunterricht der Denkschrift allen Kindern und Jugendlichen offen, ob sie getauft sind oder nicht, ob ihre Eltern einer Kirche angehören oder nicht. Die Berichte über diesen Unterricht in den neuen Bundesländern zeigen, dass vielfach sogar in der Mehrzahl Schüler/-innen an ihm teilnehmen, die keiner Kirche angehören.

Die sehr grundsätzlichen Anfragen, die an einen solchen Unterricht, der sich auf eine bestimmte Ausprägung von gelebter Glaubenstradition (sprich Konfession) bezieht, gestellt werden, lauten immer wieder:

- Wird er der religiösen Situation der Heranwachsenden, wie sie in den Kapiteln I und II unseres Buches vorgestellt wurden (Stichworte: Multikulturalität der modernen Welt und religiöser Pluralismus), noch gerecht?
- Was leistet er in einer Schule, die Antworten braucht auf die Frage, wie die Pluralität der Herkünfte, Positionen und Weltanschauungen in das gemeinsame Lernen integriert werden kann? Trennt er nicht eher, als dass er zusammenführt?

Es sind nicht nur solche Anfragen, die den Gesetzgeber in Brandenburg veranlasst haben, das Pflichtfach Lebensgestaltung – Ethik – Religionskunde = LER einzuführen.

zu 4) Einrichtung eines integrativen, allgemein bildenden Pflichtfaches LER[31]
Bei HARTMUT VON HENTIG heißt es einmal: „Das schwierigste Pensum unseres heutigen Lebens ist: mit Unterschieden, mit dem Pluralismus, mit dem raschen Wandel der Dinge zu leben. Die Schule muss ein Ort sein, an dem man lernen kann, Unterschiede und Wandel wahrzunehmen, zu bejahen, zu bewältigen, in ihnen seinen Stand zu fassen."[32] Um dies im Blick auf religiöse, weltanschauliche und ethische Fragen zu ermöglichen, hat der Gesetzgeber im Land Brandenburg im März 1996 nach einer probeweisen Einführung die Einrichtung eines ordentlichen Lehrfaches „Lebensgestaltung – Ethik – Religionskunde" beschlossen (vgl. S. 276ff).[33] Dieses Fach LER versteht sich auf der einen Seite als Pflichtfach für alle Schüler/-innen; auf der anderen Seite lassen die entsprechenden Bestimmungen des brandenburgischen Schulgesetzes auf schriftlichen Antrag hin eine Befreiung von diesem Unterricht zu, „wenn ein wichtiger Grund dies rechtfertigt ... Für die befreiten Schüler/-innen soll hinreichender Unterricht oder eine angemessene Förderung gewährleistet sein" (§141 Schulgesetz). Ein von den Kirchen und anderen Religionsgemeinschaften zu verantwortender Religionsunterricht außerhalb der Stundentafel, aber in schulischen Räumen, kann als Ersatz fungieren. Das war der Stand von 1996.

Die entscheidenden Paragraphen des neuen Brandenburgischen Schulgesetzes lauten:

§ 11(2) „Das Fach Lebensgestaltung – Ethik – Religionskunde soll Schülerinnen und Schülern in besonderem Maße darin unterstützen, ihr Leben selbstbestimmt und verantwortlich zu gestalten

und ihnen helfen, sich in einer demokratischen und pluralistischen Gesellschaft mit ihren vielfältigen Wertvorstellungen und Sinnangeboten zunehmend eigenständig und urteilsfähig zu orientieren. Das Fach dient der Vermittlung von Grundlagen für eine wertorientierte Lebensgestaltung, von Wissen über Traditionen philosophischer Ethik und Grundsätzen ethischer Urteilsbildung sowie über Religionen und Weltanschauungen.“

§ 11(3) „Das Fach Lebensgestaltung – Ethik – Religionskunde wird bekenntnisfrei, religiös und weltanschaulich neutral unterrichtet. Die Eltern werden über Ziele, Inhalte und Formen des Unterrichts in Lebensgestaltung – Ethik – Religionskunde rechtzeitig und umfassend informiert.
Gegenüber der religiösen oder weltanschaulichen Gebundenheit von Schülerinnen und Schülern ist Offenheit und Toleranz zu wahren.“

✐ Im ersten Satz des §11(2) wird die Zielsetzung dieses Unterrichts genannt, im zweiten seine inhaltliche Grundlegung. Kritiker meinen, hier läge „ein grundsätzliches Missverständnis über die Leistungskraft der Religionswissenschaften und ein Missverständnis über die Eigentümlichkeiten von Werteerziehung vor.“ (Votum von RICHARD SCHRÖDER bei der Anhörung am 21.09.95). Gehen Sie diesem Einwand, auch unter Bezugnahme auf die Überlegungen in Kapitel 1, weiter nach. Welches sind die weiteren möglichen Bezugswissenschaften für einen solchen Unterricht?

In unserem Zusammenhang ist es bemerkenswert, dass das Konzept von LER grundsätzlich davon ausgeht, dass Religion und Ethik zu dem Bildungs- und Erziehungsauftrag der Schule gehören und in einem eigenen Fach zusammen vertreten sein müssen. Auch ist es wichtig festzuhalten, dass hier angesichts der Kirchen- und Religionsferne der überwiegenden Mehrheit der Menschen in den neuen Bundesländern eine regional angemessene Lösung gesucht worden ist.[34] Dennoch ist um dieses Fach ein heftiger Streit entstanden[35], in dem die Gegner (die christlichen Kirchen und die jüdische Gemeinde)[36] vor allem folgende Argumente ins Spiel bringen:

1. Religiöse Überlieferungen können ihre bildende Kraft in der Schule nur dann entfalten, wenn sie nicht als Museumsstücke („bekenntnisfrei, religiös und weltanschaulich neutral“, vgl. das oben zitierte Brandenburgische Schulgesetz) vorgeführt, sondern wenn sie auch als mögliche persönliche Herausforderungen und Inanspruchnahme erfahren werden können. Dies wiederum ist nur möglich, wenn den Schüler/-innen eine bestimmte religiöse Überlieferung durch kompetente und der jeweiligen Sache verbundene Lehrer/-innen nahe gebracht wird, mit denen sie sich auch persönlich auseinander setzen können (vgl. auch S. 86ff). Einem solchen Unterricht zu unterstellen, er indoktriniere, ist allein schon deshalb falsch, weil in ihm die Position der Unterrichtenden stets erkennbar und kritisierbar bleibt.

„Eigene Überzeugungen bilden sich nicht im Niemandsland der Gleichgültigkeit, sondern dadurch, dass junge Menschen bestimmten Glaubensüberzeugungen und -vorstellungen begegnen. Das schließt den Dialog mit anderen Positionen ein. Wer aber nicht mit einer religiösen Lebenssicht vertraut ist, kann Unterschiede und Gemeinsamkeiten weder angemessen erkennen, noch sie sich für die Bildung der eigenen Identität begründet zu Eigen machen. Verständigung und Identität sind wechselseitig aufeinander bezogen.
Ein starker und tragfähiger Toleranzbegriff sucht nicht auf dem kleinsten gemeinsamen Nenner eine Verständigung oberhalb bestimmter Standpunkte, sondern ringt um Verständigung durch die Standpunkte hindurch ...
Eine „Schule des Dialogs“ muss sich bemühen, das Fremde und Andere so zur Geltung zu bringen, dass es als Voraussetzung für das gemeinsame Leben erkannt und akzeptiert werden kann. In einem Einheitsfach ..., das alles zugleich leisten und neben den Fragen der ‘Lebensgestaltung’ und der ‘Ethik’ auch das Gesamtfeld der großen Religionen in einer ‘Religionskunde’ in einem Bruchteil des Unterrichtsstoffes noch ‘mitnehmen’ will, verflacht der Unterricht über Religion. Entscheidungskraft und Urteilsfähigkeit bleiben auf der Strecke.“[37]

✐ Das bildungstheoretische Problem, das hier zur Debatte steht ist kürzlich von K. E. NIPKOW noch einmal so beschrieben worden:. „Interreligiöses Lernen soll Fähigkeiten für ein verständnisvolles Zusammenleben und einen Dialog zwischen den Gliedern verschiedener Religionen anbahnen. Hierfür ist aber bildungstheoretisch ein nicht abgebremster unterrichtlicher Wahrheitsdiskurs zu wünschen. Religiöse Bildung verlangt eine Kommunikation, die nicht durch die Dominanz religionswissenschaftlicher Kategorien geglättet ist und ein Sich-Reiben an den Glaubensstandpunkten der Lehrenden nicht verhindert." (In: Ein Modell für die Zukunft, Deutsches Allgemeines Sonntagsblatt Nr. 16, 1999, 24). Wenn Sie diesem Problem weiter nachgehen wollen, dann empfiehlt sich die Auseinandersetzung, die K. E. NIPKOW (Bildung in einer pluralen Welt, 1998, Band 2, 448ff) und J. LÄHNEMANN (Evangelische Religionspädagogik in interreligiöser Perspektive, 1998, 137ff) mit dem englischen Paradigma eines multireligiösen Religionsunterrichts geführt haben.

2. Die Regelungen des Grundgesetzes zum Religionsunterricht in Art. 7 entspringen der Einsicht, dass der weltanschaulich neutrale Staat im Wissen um die Bedeutung von Religion für das Gemeinwesen und den Bildungsprozess auf die Religions- und Weltanschauungsgemeinschaften („in Übereinstimmung mit den Grundsätzen der Religionsgemeinschaften") angewiesen ist. Sie lädt er ein, (alle, und nicht nur die christlichen Kirchen) diesen Unterricht inhaltlich zu gestalten – nicht im Sinne einer großzügigen Geste, sondern weil er auf der einen Seite an religiöser Erziehung als einem festen Bestandteil des Erziehungs- und Bildungsauftrages der öffentlichen Schule festhält, und weil er auf der anderen Seite weiß, dass er einen Konsens über religiöse Orientierungen und über ethische Werte niemals selbst herstellen und auf dem Gesetzeswege verordnen darf. Der demokratische Rechtsstaat bietet den neutralen Rahmen, aber er darf nicht von Staats wegen die Inhalte neutralisieren. Mit der Einführung von LER im Lande Brandenburg ist, so wird argumentiert, zumindest der Eindruck entstanden, dass der Gesetzgeber seine religiöse und weltanschauliche Neutralität aufgegeben hat und dass er, wie das eine Zeitungsüberschrift karikierend anmerkte, selbst „Kirche" spielt.

Dabei geht man von der Argumentation aus, dass der Art. 7,3 GG und der Art. 4 GG („Die Freiheit des Glaubens, des Gewissens und die Freiheit des religiösen und weltanschaulichen Bekenntnisses sind unverletzlich ...") zusammen gesehen werden müssen. „Aus der Perspektive von Art. 4 GG dient der Religionsunterricht nach Art. 7 GG der Sicherung der Grundrechtsausübung durch den einzelnen. Die einzelnen Kinder, Jugendlichen und jungen Erwachsenen sollen sich frei und selbstständig religiös orientieren können. Der konfessionelle Religionsunterricht ist weder ein Privileg der Kirchen noch eine großzügige Geste des Staates. Er ist staatlichem Schulrecht und staatlicher Schulaufsicht unterworfen (Art. 7 Abs. 1 GG: ‚Das gesamte Schulwesen steht unter der Aufsicht des Staates'); seine Einrichtung als ordentliches Lehrfach ist für die Schulträger obligatorisch, aber individuell freiheitlich geregelt (Art. 7,2 GG: ‚Die Erziehungsberechtigten haben das Recht, über die Teilnahme des Kindes am Religionsunterricht zu bestimmen.' Art. 7 Abs. 3, Satz 4: „Kein Lehrer darf gegen seinen Willen verpflichtet werden, Religionsunterricht zu erteilen"). Zugleich gehört der Religionsunterricht in den Verantwortungsbereich der Kirchen bzw. der Religionsgemeinschaften. Sie entscheiden nach Maßgabe ihrer Grundsätze über die Ziele und Inhalte des Unterrichtsfaches Religion, wobei die allgemeinen Erziehungsziele der staatlichen Schule gewahrt bleiben sowie Struktur und Organisation der jeweiligen Schulart beachtet werden müssen."[38]

Um diesen Streit um LER, der in dem Vorwurf gipfelt, hier sei die gebotene weltanschauliche Neutralität des Staates verletzt worden, zu entschärfen, ist von evangelischer Seite ein Änderungsvorschlag eingebracht worden: Er knüpft an die in Brandenburg entwickelte Vorstellung eines Lernbereichs Lebensgestaltung – Ethik – Religion an, möchte ihn aber nicht als ein Pflichtfach, sondern – ganz im Sinne der Denkschrift – als eine Fächergruppe verstehen „mit mehreren eigenständigen ordentlichen Unterrichtsfächern, mit einem gemeinsamen Rahmenplan, der die beteiligten Fächer in ihrer Spezifik ausweist, und mit projektbezogenen, integrativ-kooperativen Phasen, in denen der ganze Klassenverband miteinander arbeitet."[39]

Dieser Vorschlag, zunächst nicht aufgenommen, taucht in dem Vergleichsvorschlag des von den streitenden Parteiendes Bundesverfassungsgerichts vom Dezember 2001 wieder auf. Danach soll RU in den regulären Stundenplan integriert, LER und RU in einem Wahlpflichtbereich angeboten und RU (ohne Versetzungsrelevanz) benotet werden. Dieser Kompromiss ist inzwischen akzeptiert worden.

✐ Dass es in diesem Streit um mehr geht als um ein staatskirchenrechtliches Problem, machen die folgenden Sätze noch einmal deutlich: „Der Streit um die Einführung von LER ist vor allem deshalb so brisant und für alle Bundesländer von höchstem Interesse, weil es jetzt auf verfassungsrechtlicher Ebene um gesellschafts- und bildungspolitische Grundfragen geht: Welcher Stellenwert kann und soll christlicher Tradition und kirchlichen Positionen zukommen in der Pluralität und Konkurrenz der Welt- und Wahrheitsorientierungen, die unsere gesellschaftliche Situation und Zukunft kennzeichnen und damit auch die bildungspolitischen Entscheidungen mitbestimmen?"[40] Versuchen Sie, sich abschließend noch einmal klar zu machen, was mit dieser Kontroverse auf dem Spiele steht!

Zu 5) und 6) Ein curricular zu reformierender konfessioneller Religionsunterricht und die Einrichtung eines Unterrichtsfaches Zukunft

Diese Position, einschließlich der von KLAFKI vorgeschlagenen Variante, könnte in die gegenwärtige Diskussion als ein Kompromissmodell eingebracht werden. Sie hält auf der einen Seite an einem Religionsunterricht „in Übereinstimmung mit den Grundsätzen der Religionsgemeinschaften" fest, weil sie davon überzeugt ist, dass die Heranwachsenden eine persönliche Orientierung in ihrer jeweiligen religiösen Tradition brauchen. Sie möchte auf der anderen Seite dem interreligiösen Lernen sowohl im Religionsunterricht wie in allgemeinen fächerübergreifenden Unterrichtsvorhaben einen hohen Stellenwert einräumen. Das geschieht im Religionsunterricht u.a. auch dadurch, dass er sich im 9. Schuljahr an einer halbjährigen Projektphase „Religionsfrieden" beteiligt, an dem alle Religionslehrer/-innen und alle Schüler/-innen, die einen Religionsunterricht besuchen, teilhaben. Außerdem sollte es noch ein weiteres Unterrichtsfach geben (vorgeschlagen wird die Bezeichnung „Zukunft"), „in dem interreligiös und zukunftsorientiert gelernt und gelehrt wird ... Es muss ... beides gelingen: Schüler/-innen sollten „eigene Wurzeln" in der Schule vorfinden (z.B. die muslimische oder katholische Religionslehrerin) und sich gleichzeitig das „Fremde" aneignen können und den Dialog praktizieren."[41]

Mit seiner Variante 6) macht KLAFKI selbst auf ein Problem aufmerksam, das einem solchen Vorschlag entgegensteht: Entweder müsste die Wochenstundenzahl für alle Schüler/-innen erhöht werden, oder die Stunden für das neue Fach Zukunft müssten durch Reduktion der Stundenzahl anderer Fächer gewonnen werden. Und wer sollte dieses neue Fach unterrichten?

Aber diese eher schulorganisatorischen Einwände dürfen nicht darüber hinwegtäuschen, dass hier zwei wichtige Aufgabenfelder schulischen Lernens, nämlich Zukunftsorientierung und interreligiöse Orientierung, mit konkreten Vorschlägen auszugestalten versucht worden sind. Die Frage bleibt, ob diese Ziele nicht auch und vielleicht einfacher mit den Vorschlägen aus der Denkschrift der EKD zum Religionsunterricht zu erreichen sind, die, wie wir gesehen haben, von einem Lernbereich Religion – Philosophie/Ethik als einer Fächergruppe selbstständiger, aber zu regelmäßiger Kooperation angehaltener Fächer ausgeht.[42] „Die Zusammenarbeit zeigt sich in konkreten Phasen gemeinsamen Unterrichts für

für alle. Sie ist zwischen den christlichen Konfessionen zum Teil schon Realität, braucht aber energischen Ausbau. Über gemeinsame Projekte mit dem Ethikunterricht liegen gerade aus Ostdeutschland ermutigende Berichte vor. Das Zusammenleben mit den muslimischen Mitschülern wird zum Teil schon durch gemeinsame Feste und Gespräche über interreligiöse Themen gefördert.

Durch einen konfessionellen, interkonfessionellen und interreligiös geöffneten Religionsunterricht lassen sich zwei Ziele gleichzeitig verfolgen: Vertrautheit mit der eigenen Religion und Fähigkeit zur Verständigung mit anderen Religionen und Weltanschauungen."[43]

Literatur

ADAM, GOTTFRIED/LACHMANN, RAINER (Hg.): Religionspädagogisches Kompendium, Göttingen 5.Aufl. 1997; ART. Religionsunterricht in Deutschland, in LexRP 2, Sp. 1775–1833; COMENIUS-INSTITUT (Hg.): Christenlehre und Religionsunterricht. Interpretationen zu ihrer Entwicklung. 1945–1990, Weinheim 1998; DEGEN, ROLAND/DOYE, GÖTZ: Bildungsverantwortung der Evangelischen Kirchen in Ostdeutschland, Berlin 1995; DOEDENS, FOLKERT/WEIBE, WOLFRAM (Hg.): Religionsunterricht für alle. Hamburger Perspektiven zur Religionsdidaktik, Hamburg 1997; HEIMBROCK, HANS-GÜNTER (Hg.): Religionspädagogik und Phänomenologie. Von der empirischen Wendung zur Lebenswelt, Weinheim 1998; KIRCHENAMT DER EKD (Hg.): Identität und Verständigung. Standort und Perspektiven des Religionsunterrichts in der Pluralität. Eine Denkschrift, Gütersloh 1994; KLAFKI, WOLFGANG: Schlüsselqualifikationen/Allgemeinbildung – Konsequenzen für Schulstrukturen, in: BRAUN, KARL-HEINZ u.a. (Hg.): Schule und Zukunft. Bildungspolitische Empfehlungen und Expertisen der Enquetekommission des Landtages von Sachsen-Anhalt, Opladen 1998; LÄHNEMANN, JOHANNES: Evangelische Religionspädagogik in interreligiöser Perspektive, Göttingen 1998; LOTT, JÜRGEN: Art. Lebensgestaltung – Ethik – Religionskunde (LER) in: LexRP 2, Sp. 1159–1164; METTE, NORBERT: Religionspädagogik, Düsseldorf 1994; NIPKOW, KARL ERNST: Bildung in einer pluralen Welt. Band 1: Moralpädagogik im Pluralismus, Band 2: Religionspädagogik im Pluralismus, Gütersloh 1998; NOORMANN, HARRY: Religionspädagogik 1994. Ein Situations- und Literaturbericht, in: JRP Bd.11, Neukirchen-Vluyn 1995, 213–246; ORTH, GOTTFRIED: Differenz und Dialog. Dimensionen einer ökumenisch orientierten Religionspädagogik, Weinheim 1996; SCHEILKE, CHRISTOPH (Hg.): Religionsunterricht in schwieriger Zeit. Ein Lesebuch zu aktuellen Kontroversen, Münster 1997; SCHWEITZER, FRIEDRICH: Die Suche nach dem eigenen Glauben. Einführung in die Religionspädagogik des Jugendalters, Gütersloh 1996; SCHWEITZER, FRIEDRICH: Identitätsbildung durch Beheimatung oder durch Begegnung? Religion als pädagogische Herausforderung in der pluralen multireligiösen Gesellschaft, in: EvErz 49, (1997), 266–279; SEKRETARIAT DER DEUTSCHEN BISCHOFSKONFERENZ (Hg.): Der Religionsunterricht in der Schule. Ein Beschluss der Gemeinsamen Synode der Bistümer in der Bundesrepublik Deutschland, Bonn 1994; DERS. (Hg.): Die bildende Kraft des Religionsunterrichts. Zur Konfessionalität des katholischen Religionsunterrichts, Bonn 1996; WEGENAST, KLAUS: Art. Religionspädagogik, in: TRE 28,1997, S. 699–730; WEIBE, WOLFGANG (Hg.): Vom Monolog zum Dialog. Ansätze einer interkulturellen dialogischen Religionspädagogik, Münster/New York 1996; ZIEBERTZ, HANS-GEORG/SIMON, WERNER: (Hg.): Bilanz der Religionspädagogik, Düsseldorf 1995.

---

1 Dem Fach Religion begegnet man auch heute noch (oder wie in den ehemaligen sozialistischen Ländern zum größeren Teil wieder) in den Schulen der meisten europäischen Länder, allerdings in sehr unterschiedlicher Form: als konfessionellem oder – in den letzten Jahren immer häufiger – als allgemeinem Religionsunterricht. Vgl. SCHREINER, P./VAN DRAAT, H. F. (Hg.): Who's Who im RU in Europa, Münster 2. Aufl. 1998 – Teilabdruck in: SCHEILKE, CHR. (Hg.): Religionsunterricht in schwieriger Zeit, Münster 1997, 74f. Vgl. auch ROBBERS, G. (Hg.): Staat und Kirche in der Europäischen Union, Baden-Baden 1995.

2 Mit „öffentlichen Schulen" sind die Schulen gemeint, mit deren Besuch ein Teil der Schulpflicht erfüllt wird. Ein „ordentliches Lehrfach" ist versetzungserheblich; darüber hinaus verpflichtet sich der Staat, für ein solches Fach alle Kosten aufzubringen, entsprechende Einrichtungen für die Ausbildung der Lehrkräfte zur Verfügung zu stellen und für die Präsenz der Inhalte dieses Faches im Gesamtlehrangebot der Schule Sorge zu tragen. Zu LER vgl. 105ff. und 274ff.

[3] Zu den verschiedenen religionspädagogischen Konzeptionen vgl. S.128ff.

[4] Vgl. DEGEN, R.: Zur kirchlichen Bildungsverantwortung im ostdeutschen Kontext, in: DEGEN, R./ DOYE, G.: Bildungsverantwortung der Evangelischen Kirchen in Ostdeutschland, Berlin 1995, 13ff.

[5] Vgl. SCHEILKE, CHR. (Hg.): Religionsunterricht in schwieriger Zeit, Münster 1997, 13ff.

[6] Vgl. unten, S. 105, 274ff.

[7] Empfehlungen der Kultusministerkonferenz zur Arbeit in der Grundschule, Beschluss vom 2. Juli 1970 i.d.F. vom 6. Mai 1994.

[8] SCHWEITZER, F.: Religiöse Bildung als Aufgabe der Schule, in: ADAM, G./LACHMANN, R. (Hg.): Religionspädagogisches Kompendium, Göttingen 5.Aufl.1997, 107.

[9] Vgl. z.B. PRANGE, K.: Lernen ohne Gnade. Zum Verhältnis von Religion und Erziehung, in: Zeitschrift für Pädagogik 43 (1996), 313–322.

[10] KLAFKI, W.: Schlüsselqualifikationen/Allgemeinbildung – Konsequenzen für Schulstrukturen, in: BRAUN, K.-H. u.a. (Hg.): Schule mit Zukunft. Bildungspolitische Empfehlungen und Expertisen der Enquetekommission des Landtages von Sachsen-Anhalt, Opladen 1998, 155f.

[11] SCHWEITZER, F.: a.a.O., 113.

[12] A.a.O., 109.

[13] Grundsätzlich gilt, dass das Selbstverständnis jeder Religion hinsichtlich der sog. Lehrbarkeit von Religion zu beachten ist. Vgl. dazu auch SCHWEITZER, F. Zwischen Theologie und Praxis – Unterrichtsvorbereitung und das Problem der Lehrbarkeit von Religion, in: JRP 7: (1990) 3–42.

[14] KLAFKI, W.: a.a.O., 160f.

[15] Vgl. KLING-DE-LAZZER, M.-L.: Thematisch-problemorientierter Religionsunterricht. Eine historisch-systematische Untersuchung zur Religionsdidaktik, Gütersloh 1982, 77.

[16] SCHWEITZER, F.: a.a.O., 115f.

[17] KLAFKI, W.: a.a.O., 159f.

[18] STOCK, H.: Religion in Freiheit kennen lernen. Quergedanken zur Bildungsreform in den Ländern, in: Luth. Monatshefte 30 (1991), 27–30. BALTZ, U./OTTO, G.: Überlegungen zum Religionsunterricht morgen, in: Theologia Practica 26 (1991), H.1, 4–20.

[19] Welchen Religionsunterricht braucht die öffentliche Schule? Braunschweiger Ratschlag vom 8. Februar 1991 aus Anlass des 60. Geburtstages von Prof. Dr. REINHARD DROSS, in: ru 21 (1991), H.3, 114–119, hier 116.

[20] NOORMANN, H.: Konfessionalität des Religionsunterrichts – historische Rechtsfigur oder kritisch-didaktisches Prinzip? Eine unfertige Skizze zur historischen Ortsbestimmung eines „ökumenisch verantworteten, offenen Religionsunterrichts für alle", in: Arbeitshilfe für den evangelischen Religionsunterricht an Gymnasien Heft 51, Hannover 1993, 82.

[21] WEIßE, W. (Hg.): Vom Monolog zum Dialog. Ansätze einer interkulturellen dialogischen Religionspädagogik, Münster/New York 1996; vgl. auch S. 186ff.

[22] KIRCHENAMT DER EKD (Hg.): Identität und Verständigung. Standort und Perspektiven des Religionsunterrichts in der Pluralität. Eine Denkschrift, Gütersloh 1994.

[23] Für die evangelische Seite: KIRCHENAMT DER EKD (Hg.): Stellungnahme des Rates der EKD zu verfassungsrechtlichen Fragen des Religionsunterrichtes, in: Bildung und Erziehung. Die Denkschriften der EKD. Band 4/1, Gütersloh 1987, 56–63. Für die katholische Seite: Beschluss der gemeinsamen Synode der Bistümer in der Bundesrepublik Deutschland vom 20.-24.01.1974, in: Gemeinsame Synode der Bistümer in der Bundesrepublik Deutschland, Offizielle Gesamtausgabe Bd. I, Freiburg 1976, 123ff. Vgl. dazu auch GOßMANN, K.: Die gegenwärtige Krise des Religionsunterrichts in Westdeutschland, in: Ev. Erzieher 45 (1993), 518ff.

[24] Identität und Verständigung, a.a.O., 65.

[25] A.a.O., 65

[26] A.a.O., 73ff. Vgl. auch SCHEILKE, CHR. (Hg.): Religionsunterricht in schwieriger Zeit, Münster 1997, 24 und die dort zitierten Modelle.

[27] Sekretariat der Deutschen Bischofskonferenz (Hg.): Die bildende Kraft des Religionsunterrichts. Zur Konfessionalität des katholischen Religionsunterrichts, Bonn 1996.

[28] Apostolisches Schreiben Catechesi Tradendae von Papst JOHANNES PAUL II. über die Katechese in unserer Zeit, Bonn 1979, Abschnitt 33.

[29] Die bildende Kraft des Religionsunterrichts, a.a.O., 60.

[30] Sekretariat der Deutschen Bischofskonferenz/Kirchenamt der EKD (Hg.): Zur Kooperation von Evangelischem und Katholischem Religionsunterricht, 1998.

31 Vgl. auch S. 274ff.

32 Zitiert nach Identität und Verständigung, a.a.O., 23.

33 Vgl. dazu auch S. 274ff; ferner SCHEILKE, CHR.: Religionsunterricht in schwieriger Zeit, Münster 1997, vor allem 171ff.

34 Brandenburg ist (bisher) unter den neuen Bundesländern eine Ausnahme geblieben. „In Mecklenburg-Vorpommern wurde der Religionsunterricht zunächst allerdings nur als Wahlfach mit freiwilliger Teilnahme eingerichtet. Erst mit dem zweiten Schulreformgesetz vom 15. Mai 1996 erhielt er auch dort – wie schon zuvor in Sachsen, Sachen-Anhalt und Thüringen – den Status eines ordentlichen Lehrfachs. Während in Mecklenburg-Vorpommern und Thüringen – wie in den meisten Bundesländern – für alle vom Religionsunterricht abgemeldeten Schüler ein „Ersatzfach“ mit verpflichtendem Charakter eingerichtet wurde (Philosophie bzw. Ethik), sind in Sachsen und Sachsen-Anhalt Religions- und Ethikunterricht gleichberechtigt als Wahlpflichtfächer organisiert.“ So KLUCHERT, G./LECHINSKY, A.: Glaubensunterricht in der Säkularität. Religionspägogische Entwicklungen in Deutschland seit 1945, in: Comenius-Institut (Hg.): Christenlehre und Religionsunterricht. Interpretationen zur ihrer Entwicklung 1945–1990, Weinheim 1998, 3. Vgl. auch zu den Regelungen in den einzelnen östlichen Ländern SIMON, W.: Katholischer Religionsunterricht als schulisches Unterrichtsfach in den ostdeutschen Bundesländern. Versuch einer Zwischenbilanz, in: Religionspädagogische Beiträge 38 (1996), 83–115.

35 Vgl. dazu SCHEILKE, CHR. (Hg.): Religionsunterricht in schwieriger Zeit, Münster 1997, 171ff. Ferner die verschiedenen Beiträge in entwurf 3/1996 und die in Anmerkung 22 und 27 genannten offiziellen kirchlichen Stellungnahmen. Auch: Kirchenamt der EKD (Hg.): Religiöse Bildung in der Schule, Stellungnahme der Synode der EKD vom 25. Mai 1997.

36 Aus der Stellungnahme der Jüdischen Gemeinde im Lande Brandenburg: „... So soll die Religion in der Schule als Religionsgeschichte, Religionssprache, als vergleichende Theologie und vieles mehr erscheinen. Bei dieser Betrachtungsweise wird weder ein Wissen über die Besonderheit oder die Allgemeinheit irgendeiner Religion vermittelt, noch ein Vergleich mit anderen Religionen oder Wertsystemen ermöglicht, denn vergleichen und beurteilen kann man nur begriffene Gegenstände. Durch diesen methodischen Umgang mit der Religion wird, überspitzt formuliert, die Vielfalt an sich zum einzigen der Toleranz genügenden Inhalt von Religion ... Es gibt eine Kritik am LER-Konzept, die darauf hinweist, dass es eine multikulturelle interkonfessionelle Persönlichkeit nicht gebe, – wir befürchten Schlimmeres: Die besagte Persönlichkeit gibt es durchaus, sie zeichnet sich aus durch ein überhebliches Selbstbewußtsein, sich sein moralisches Gütesiegel durch das „besser sein“ zu verschaffen.“ Vgl. dazu SCHEILKE, CHR. (Hg.): a.a.O., 174–175. In diesem Zusammenhang ist auch an den Hinweis von FRIEDRICH SCHWEITZER zu erinnern: „Die dem Christentum jahrhundertelang gewährte Möglichkeit, im Rahmen der Schule als distinkte Religion oder Konfession präsent zu sein und dabei eine mit den Bildungshorizonten der deutschen Gesellschaft verbundene Identität auszubilden, bliebe dem Islam durch den allgemeinen Religionsunterricht von Anfang an verwehrt.“

37 Kirchenamt der EKD (Hg.): Religiöse Bildung in der Schule. Stellungnahme der Synode der EKD vom 25.05.1997.

38 1. Tagung der 9. Synode der EKD: Vorlage des Vorbereitungsausschusses zum Thema Religionsunterricht. Mai 1997.

39 Schreiben von Bischof Dr. WOLFGANG HUBER vom 19.06.1995 an die Mitglieder des Landtages Brandenburg, in: SCHEILKE, CHR. (Hg.): a.a.O., 172.

40 Vgl. S. 274ff.

41 JAMAL, H.: Die Bedeutung des interreligiösen Lernens für Erziehung und Bildung, Hamburg 1996, 179.

42 KIRCHENAMT DER EKD (Hg.): Identität und Verständigung, a.a.O., 65ff und besonders 73ff. Zum Religionsunterricht für muslimische Schülerinnen und Schüler vgl. Kirchenamt der EKD (Hg.): Religionsunterricht für muslimische Schülerinnen und Schüler. Eine Stellungnahme des Kirchenamtes der Evangelischen Kirche in Deutschland, Hannover 1999.

43 NIPKOW, K. E.: Ein Modell für die Zukunft, in: Deutsches Allgemeines Sonntagsblatt Nr. 16/1999, 24.

Teil II: Didaktische Landkarten

1 Fluchtpunkte religionspädagogischer Praxis und Theorie

(Bernd Trocholepczy)

1.1 Was ist eine religionspädagogische Konzeption?

Wer Religion unterrichtet, braucht über (fach-)didaktische Einzelkenntnisse hinaus eine grundsätzliche Orientierung darüber, was es mit dem Unterrichtsfach „Religion" überhaupt auf sich hat. Religionslehrer/-innen werden mit einer Lernform identifiziert, die im schulischen Fächerspektrum zunehmend unselbstverständlich wird: dem religiösen Lernen. So müssen sie damit leben, von der Schüler- und Elternschaft, aber auch im Kollegenkreis kritisch befragt zu werden, welche Legitimation dieses Fach in der Schule überhaupt hat. Sind andere Lerninhalte nicht vordringlicher oder sinnvoller? Da diese Fragen aber pauschal nicht überzeugend, etwa mit Hinweis auf Grundgesetz, Schulgesetz, Lehr- und Bildungspläne oder kirchliche Stellungnahmen beantwortet werden können, muss sich jede(r) Religionslehrer/-in selbst fragen:

- Warum und mit welchem Ziel will ich eigentlich Religion in der Schule unterrichten, welche Lernchancen bietet der Religionsunterricht?
- Welche für Kinder und Jugendliche unverzichtbaren Kenntnisse will ich in diesem Unterrichtsfach vermitteln, welche Inhalte sollen sie sich aneignen?
- Auf welche Weise kann ich lebendiges Lernen in diesem Fach ermöglichen, welche Methoden und Medien will ich einsetzen?

Antworten werden nur dann überzeugen, wenn sie sich auf dem Hintergrund einer Konzeption zusammenfügen. Sie sind nicht nur am Anfang der Lehrtätigkeit fällig, sondern werden auch im weiteren Verlauf der beruflichen Biografie immer wieder neu anstehen. Woraufhin laufen die eigenen Vermittlungsversuche angesichts sich wandelnder Schulbedingungen letztlich hinaus? Für jeden Unterrichtenden des Faches Religion stellt sich also die Aufgabe, einen religionspädagogischen Grundriss für die Architektur seines Faches zu entwerfen:

Eine religionspädagogische Konzeption hilft zu verhindern, dass über die vielen großen und kleinen „Bäume" unterschiedlicher Methoden, zahlreicher Inhalte und verschiedener Medien nicht der „Wald" eines Unterrichts mit bestimmter Lage in der vielfältigen Schullandschaft vergessen wird.

Nur durch konzeptionelles Ringen um eine Grundidee des Faches können Unterrichtende sich und anderen Rechenschaft geben, wie das Fach „Religion" in der Schule vorkommen soll.

✎ Welche Lehr- und Lernziele für den von Ihnen zu verantwortenden Religionsunterricht fallen Ihnen spontan ein?
Überlegen Sie sich, welche Lehr- und Lernziele Ihnen besonders wichtig und welche nachrangig sind!

Schon 1974 sah die Würzburger Synode in ihrem Beschluss über den Religionsunterricht eine Lernchance dieses Faches darin, Schüler/-innen *eine begründbare Entscheidung zu Fragen im Horizont von Religion zu ermöglichen* (vgl. z.B. S. 46ff).[1] Eine religionspädagogische Konzeption fände demnach eine ihrer Aufgaben darin, die verschiedenen

Unterrichtsinhalte, -methoden und -medien einander so zuzuordnen, dass der Religionsunterricht Schüler/-innen die Chance gibt, angesichts der „großen Fragen“ (vgl. S. 71ff) ihre eigene Position zu finden und selbst zu antworten.
Damit ist die konzeptionelle Gestalt von Religionsunterrichts allerdings nur grob vorgezeichnet. Klarere Konturen kann das Erstellen einer Konzeption gewinnen, wenn drei entscheidende Einflussfaktoren des Religionsunterrichts genauer in Blick genommen werden: Dieser Unterricht ist bestimmt durch die Inhalte, die im Unterricht zur Sprache kommen (1), durch die Schüler/-innen, denen Inhalte erschlossen werden sollen (2) und durch die Lehrerin bzw. durch den Lehrer, der/die religionspädagogisch handelt (3).
Diese Bezüge des Religionsunterrichts können entsprechend beschrieben werden:

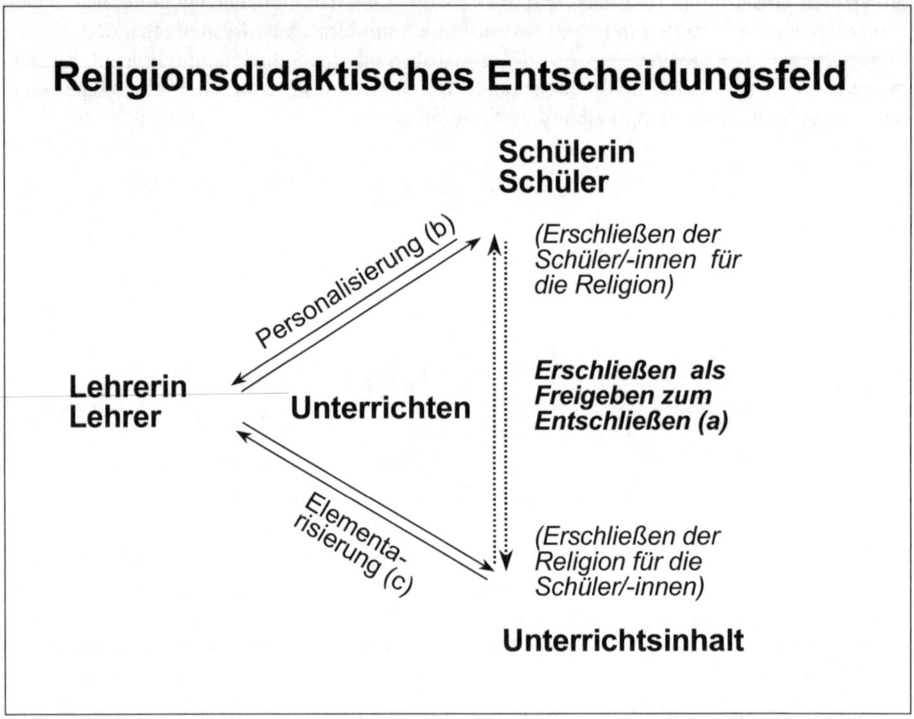

Die skizzierten Verhältnisse werden nachhaltig vom schulischen, gesellschaftlichen, psychosozialen und politischen Bedingungsfeld beeinflusst, zu dem u.a. neben Lehrplan/Rahmenrichtlinien, Schul- und Fachorganisation auch die soziokulturellen und anthropogenen Voraussetzungen der Schüler/-innen und der Lehrenden gehören. Ist dieser Rahmen auch mehr oder weniger vorgegeben, so eröffnet sich in ihm ein religionsdidaktisches Entscheidungsfeld: Die Lehrenden des Faches „Religion“ stehen vor aufeinander bezogenen, sich gegenseitig bedingenden Anforderungen:

a) **Personalisierende und elementarisierende Erschließung** von religiöser Wirklichkeit für die Schüler/-innen und umgekehrt verlangt adressaten- und sachadäquate Elementarisierung von Unterrichtsinhalten (Karl Ernst Nipkow). Nur so können sich Schüler/-innen zu ihnen positionieren, sich für oder gegen den Anspruch von Religion, Offenbarung und Konfession entscheiden.
b) **Elementarisierende und erschließende Personalisierung** geschieht als Freigabe religiöser Inhalte an das Urteil der Schüler/-innen. Wenn Kinder und Jugendliche Wertschätzung ihrer Entscheidungsfreiheit erfahren, werden sie zugleich in ihrem Urteilsvermögen angesprochen, das sich an religiösen Inhalten bewähren kann.

c) **Erschließende und personalisierende Elementarisierung** will Wege der Auseinandersetzung mit Unterrichtsinhalten eröffnen, damit Schüler/-innen selber etwas mit ihnen „anfangen" können. Dazu müssen sie freilich die elementaren Sachstrukturen ebenso überblicken können wie zur Urteilsbildung und Selbstreflexion angeleitet werden.

Die Aneignung von Themen im Rahmen des Religionsunterrichts ist also wesentlich damit verbunden, dass Inhalte im Horizont anstehender Entscheidung angesichts des Wahrheitsanspruches der Religion thematisiert werden. Zum einen wird auf diese Weise dem der Religion immanenten Anspruch Rechnung getragen; zum anderen entspricht dies der bildungstheoretischen Anforderung wechselseitiger Erschließung unter den konkreten schulpolitischen Bedingungen des Faches Religion in der Bundesrepublik Deutschland. In einem sich primär nicht religionskundlich verstehenden Religionsunterricht bedingen aber Erschließung der Inhalte und mögliche Entschließung der Schüler/-innen einander.
Dies bedeutet aber, dass eine *begründete* Entscheidung der Schüler/-innen für oder gegen den Anspruch von Religionen, christlicher Offenbarung und Konfession ebenso möglich ist wie das *begründete* Offenhalten von Antworten.[2]

Ein Unterricht, dem an der Antwort der Kinder und Jugendlichen auf den Anspruch von Religion liegt, wird dann konkret vor der Frage stehen, durch welche Zugänge er konkrete, für die Schüler/-innen relevante und für „Religion" typische Inhalte erschließt: So werden die Lehrer/-innen sich entsprechend der didaktischen Situation z.B. entscheiden müssen, ob die Inhalte primär an der biblischen Tradition oder an den Alltags- und Gegenwartsproblemen der Kinder und Jugendlichen orientiert sind; ob die Schüler/-innen sich vorrangig mit manifester (geoffenbarter) Religion oder Religiosität (subjektive Religion) auseinander setzen sollen; und ob sie den Akzent stärker auf einen theologischen oder an der Erfahrung orientierten Zugang zu den Unterrichtsinhalten legen.
Diese Alternativen werfen aber eine Reihe Fragen auf:

- Gibt es in der Auseinandersetzung mit den Inhalten des Religionsunterrichts einen Vorrang der *Problem-* vor der *Bibelorientierung* oder umgekehrt? Bedeutet Problemorientierung „das Angebot einer Orientierungshilfe für die Heranwachsenden in einer zunehmend komplexer und schwieriger werdenden Welt"?[3] Oder begibt sich der Religionsunterricht damit in die Gefahr, sich auf eine Auseinandersetzung mit dem Humanum zu reduzieren – eine Aufgabe, die andere Schulfächer ebenso gut oder gar besser leisten könnten? Steht Bibelorientierung für „weltvergessende Traditionspflege, Einweisung der Heranwachsenden in Überlieferung und kirchliches Leben"? Oder ist die Überlieferung für jede Religion so zentral, dass um der Frage nach den Quellen willen jeder aktualistischen Verkürzung gewehrt werden muss?
- Soll es für die Schüler/-innen im Religionsunterricht primär um die Auseinandersetzung mit der eigenen offenen oder latenten Religiosität, um die eigenen Verstehensbedingungen von Religion, um *Selbstreflexivität* oder um die Auseinandersetzung mit der „*Sache*" der Religion gehen? Kann der „Glaube der Kirche" angesichts wachsender Kirchenfremdheit von Kindern und Jugendlichen noch von Bedeutung sein? Und muss der Religionsunterricht sich entsprechend konzentrieren auf den „Lebensglaube[n] des Einzelnen ... die 'subjektive Religion', das woran die Schüler/-innen ihr Herz hängen, worauf sie ihr Leben ausrichten"?[4]
- Sollte der Zugang, den Lehrer/-innen zu den Inhalten erschließen, durch *Wissenschaftsorientierung* bestimmt sein, oder sollte der Ansatz bei den *Erfahrungen* der Schüler/-innen im Vordergrund stehen? Hat „Theologie, wie sie die Anspruchsdimension von Religion bzw. Offenbarung reflektiert"[5] oder aber die faktische Erfahrung der Schüler/-innen bei der Erschließung von Themen Vorrang?

Religionslehrer/-innen, die letztlich selbst für die religionspädagogische Konzeptualisierung verantwortlich sind, sehen sich angesichts ihrer Adressaten und ihrem eigenen theologischen Standort entsprechend diesen und ähnlichen Fragen ausgesetzt. Im Sinne einer Anregung zur Differenzierung werden im Folgenden die genannten Alternativen noch einmal genauer vorgestellt.

1.2 Problemorientierung und/oder Überlieferungsorientierung

Die Inhalte des Religionsunterrichts sind in den Lehrplänen vorgegeben: Wer sie studiert, entdeckt: „Friedlich stehen biblische und thematische Unterrichtseinheiten nebeneinander; offenbar decken sie die Grundbedürfnisse eines zeitgemäßen Religionsunterrichts ab."[6] HORST KLAUS BERG insistiert darauf, dass problem- und überlieferungsorientierter Unterricht „in Wahrheit nur zwei Aspekte des gleichen Vorgangs"[7] bezeichnen. Wer (christliche) Religion thematisieren will, kommt weder an den Zeitkontexten der Überlieferung noch an den Problemkontexten der Gegenwart vorbei, will er nicht die Geschichtlichkeit der Religion und die des Menschen ausblenden. Dieser Problemlage können Religionslehrer/-innen durch *problemorientierte Texterschließung einerseits und überlieferungsorientierte Problemererschließung* anderseits Rechnung tragen: „Heutige Erfahrungen, Probleme und Konflikte werden unter dem Maßstab der biblischen Freiheits- und Gerechtigkeitstraditionen bedacht und besprochen."[8]

Wenn die sachgemäße Erschließung von (christlicher) Religion nicht von deren Überlieferung absehen kann, darf aber die Problemorientierung nicht lediglich als Anknüpfung für Überlieferungsorientierung „benutzt" werden und umgekehrt: Weder dürfen Probleme der Gegenwart zur Erschließung der Vergangenheit funktionalisiert werden, noch darf die Geschichte darauf reduziert werden als äußere Anknüpfungspunkte für Gegenwartsprobleme zu dienen:

1. „Häufig benutzt man Erfahrungen der Kinder, um sie auf biblische Themen einzustimmen (Beispiel: Es wird von einem Kindergeburtstag erzählt, bei dem eine Torte unter zwölf Gäste verteilt wird; eigentliches Thema ist dann die Erzählung von der Verteilung des verheißenen Landes an die zwölf Stämme Israels). Dieses zuerst in der ‚induktiven Katechese' entwickelte Verfahren wird auch gelegentlich als **Sprungbrettmethode** charakterisiert. Diese Methode nutzt sich jedoch nach kurzem Gebrauch ab, weil die Schüler merken, dass ihre Erfahrungen und Interessen im Sinne einer kurzatmigen ‚Motivation' missbraucht werden.
2. Immer wieder lässt sich auch eine Verbindung von Gegenwart und Überlieferung beobachten, die ich als **Stichwortassoziation** bezeichne (Beispiel: Beim Unterrichtsthema ‚Freundschaft' taucht unweigerlich die Erzählung von David und Jonathan auf). Hier wird einfach das durch das Thema vorgegebene Stichwort in der Bibel aufgesucht (Konkordanz!), vermutlich, um die „biblische Perspektive" des thematischen Vorhabens und damit die religiöse Qualität des Religionsunterrichts nachzuweisen. Eine inhaltlich neue Perspektive kommt bei diesem Vorgehen aber durch die biblische Überlieferung nicht ins Spiel."[9]

Nicht nur religionsdidaktische und bibeltheologische Gründe verlangen die Auseinandersetzung mit Vergangenheit und Gegenwart der Überlieferung, auch die theologisch-systematische Vergewisserung spricht dafür: „Vom Inhaltlichen her scheint ... bei der Reflexion auf die Sinnmitte [des] Glaubens der ‘kürzeste Weg’ über das neutestamentliche Verständnis des Begriffs *traditio* zu führen. ‘*Traditio*’ zum einen als ‘Auslieferung’ Jesu Christi für uns verstanden, zum anderen als ‘Überlieferung’ im Sinne von vermittelnder Weitergabe dieses Grundgeschehens."[10]
Die Alternative – Gegenwarts- oder Vergangenheitsbezogenheit, Leben oder Bibel, Vorrang des Traditums oder Vorrang der Problemorientierung – ist nicht weiterführend:

Wer Unterrichtsinhalte im Fach „Religion“ angemessen elementarisieren will, kann der Kreisbewegung zwischen einst (Überlieferung angesichts ihrer Kontexte damals und heute) und jetzt (Problemkontexte der Gegenwart angesichts der Überlieferung und ihrer Kontexte) nicht ausweichen.

1.3 Selbstreflexivität und/oder Sachorientierung

Es gibt Plädoyers, die dafür eintreten, nicht mehr die Glaubensweitergabe in den Mittelpunkt zu stellen, sondern den „persönlichen Lebensglauben“, die verschiedenen Formen „verborgener Religion“ und ein „Lebensweltkonzept“ thematisch zu favorisieren. In dessen Zentrum steht „nicht mehr der Glaube der Kirche, sondern der Lebensglaube des Einzelnen, nicht mehr die ‘objektive Religion’, sondern die ‘subjektive Religion’, das, woran die Schüler/-innen ihr Herz hängen, worauf sie ihr Leben ausrichten.“[11] RUDOLF ENGLERT, der für dieses Konzept eintritt, sieht als Ziel eines solchen Unterrichts nicht mehr die Beheimatung in einer konfessionellen Tradition, sondern er will vielmehr religiöse Kompetenz ausbilden. Sie umfasst „drei Grundkomponenten:

- die Bereitschaft, sich auf die Frage nach dem Geheimnis von Leben und Welt einzulassen und die Fähigkeit, auf dieses Geheimnis verweisende (religiöse) Erfahrungen sensibel und verständig auszulegen;
- die Fähigkeit, religiöse Traditionen als Lesarten religiöser Erfahrung zu interpretieren, mit anderen möglichen Lesarten zu vergleichen und sowohl die jeweilige Tradition als auch den eigenen Lebensglauben von daher kritisch zu befragen;
- die Fähigkeit, sich bei aller bleibenden Offenheit religiöser Suchprozesse persönlich zu positionieren und allmählich so etwas auszubilden wie eine eigene religiöse Identität.“[12]

Schüler/-innen sind nicht nur Adressaten religiöser Inhalte, sondern zugleich auch deren Subjekte: Die Sache des Religionsunterrichts verlangt von sich her Selbstreflexivität – wie andererseits Selbstreflexivität ein Verhältnis zur Religion eröffnen kann. Religiöses Lernen im charakterisierten Sinn ist ohne Selbstreflexivität nicht möglich, denn Selbstreflexivität wird von Überlieferung herausgefordert wie auch Überlieferung von sich her auf Selbstreflexion drängt: Wie anders könnte sonst Religion und Glauben zu einem „identitätsverbürgenden Wissen“ werden?[13]

Im Religionsunterricht eröffnet Selbstreflexion allererst einen gemäßen Inhaltsbezug wie der Inhaltsbezug Selbstreflexivität einfordert.

1.4 Erfahrungsorientierung und/oder Wissenschaftsorientierung

Im Verlauf der Curriculum-Diskussion während der 1970er Jahre wurde auf die Wissenschaftlichkeit des Unterrichts besonderen Wert gelegt. So wurde die fachwissenschaftliche Repräsentanz der Theologie für den Religionsunterricht eingefordert, denn sie sollte gewährleisten, dass die Anspruchsdimension der Religion zur Sprache kommt.[14] Wenn Wissenschaft die methodisch sich ausweisende, für alle transparente und nachvollziehbare „Aufklärung der Gründe und Geschichte von Wirklichkeitsbereichen“[15] ist, so konnte eine entsprechende Orientierung sicherstellen helfen, dass „Religion“ sachgemäß im Unterricht zur Sprache kommt.

Sollte es gelingen, dass Schüler/-innen – wenn auch nur anfänglich – theologisch argumentieren, könnten sie in eins mit der Reflexion auf Verstehensbedingungen von Religion

lernen, den Unterrichtsgegenstand „Religion“ aufzuklären. So sehr aber die *methodische* Erschlossenheit der Religion durch theologisches Argumentieren erarbeitet werden kann, so ist es doch im Raum und Rahmen von Schule nahezu unmöglich – und nicht nur in der Primar- und Sekundarstufe I –, durch wissenschaftsorientierte Zugehensweise *allein* Schüler/-innen selbst hinreichend für den Gegenstandsbereich „Religion“ zu erschließen. Dieser Einsicht entsprechend wurde auch schon während der Curriculum-Diskussion gefordert, neben der Fachrepräsentanz die Lebensrelevanz (z.B. durch Auslegung zentraler theologischer Begriffe auf Koexistenzialien[16]) sicherzustellen.
Die neueren fachdidaktischen Ansätze (wie Korrelations- und Symboldidaktik, vgl. S. 139 und 145ff) weisen primär erfahrungsbezogene Erschließungswege auf: Freilich müssen auch diese Ansätze jeweils sicherstellen, dass der Anspruch der „Sache“ der Religion unverstellt zur Sprache kommen kann. Dieses Postulat gilt im Übrigen nicht nur für die unterrichtliche Auseinandersetzung mit der christlichen Religion, sondern auch mit fremden Religionen, die „fair“ nur durch Rezeption von deren Selbstinterpretationen oder religionswissenschaftlicher Erkenntnisse geführt werden kann; aber die „fremden Religionen“ konfrontieren mit einem Anspruch, der methodisch-wissenschaftlich nicht allein beantwortet werden kann.

> Religionslehrer/-innen, die Religion in der Schule erschließen, müssen zeigen können, dass methodisch (theologisch-wissenschaftlich) geleitetes Fragen und die Thematisierung von lebendiger Erfahrung aufeinander bezogen sind. „Religion“ kommt sachlogisch angemessen im Zirkel von theologischer-methodisch ausweisbarer Zugehensweise – und der Auseinandersetzung mit lebendiger Erfahrung zur Sprache.

Wo allerdings der Einstieg in die genannten nur scheinbaren Alternativpaare (Überlieferung/Gegenwartsprobleme; Sache/Reflexivität; Wissenschaft/Erfahrung) genommen wird, wo der Akzent in der unterrichtlichen Auseinandersetzung liegt, hängt wiederum von der konkreten Konstellation der didaktischen Rahmensituation ab, die z.B. durch folgende Fragen genauer geklärt werden kann:

- Welche Verstehensbedingungen und konkreten Lernvoraussetzungen bringen die **Schüler/-innen** mit?
- Welche Hilfen bietet die Religionspsychologie zum Verständnis ihrer religiösen Entwicklungsstandes? (OSER/FOWLER)
- Sind sie von einer (welcher?) religiösen Sozialisation geprägt? Haben sie überhaupt Kirchen- bzw. Glaubenserfahrung? Wenn ja, welche: welche positiven, welche negativen? Sind sie kirchen- und glaubensfern aufgewachsen?
- Wie heterogen ist die Lerngruppe? Sind in ihr verschiedene Religionen oder Konfessionen vertreten?
- Welche (verborgene) Religiosität bestimmt die Schüler/-innen?
- Welche sozialen und gesellschaftlichen Erfahrungen haben sie gemacht?

- Welche Zugänglichkeit hat der **Unterrichtsinhalt** angesichts der beobachteten Schüler/-innen-Situation?
- Welche Anspruchsdimension des Unterrichtsinhalts ist unverzichtbar angesichts der Schülersituation?
- Welcher konkrete Unterrichtsgegenstand muss ausgewählt werden, damit der Schüler/-innen-Situation Rechnung getragen wird?
- Welche Inhalte müssen ausgewählt und wie präsentiert werden, damit die Anspruchsdimension von Religion von sich her zur Sprache kommen kann?
- Wie ist die Sachlogik des von der Lehrer/-in ausgewählten Unterrichtsinhalts?

- Welche Anforderungen stellt der Lehrplan?
- Welche theologische Argumentationen leiten mich als **Lehrer/-in**?
- Welche religiösen, biografischen und sozialen Erfahrungen bestimmen mich?
- Welche unterrichtsmethodischen Arbeitsformen beherrsche ich?
- Welche fachdidaktischen Kenntnisse habe ich mir angeeignet, will ich mir aneignen? (Freiarbeit, handlungs- und produktionsorientierte Unterrichtsformen usw.).

Diese und andere Fragen können durch eine religionsdidaktische Konzeption wiederum so angeregt werden, dass vorschnellen Verkürzungen gewehrt wird. Durch die Pluralität der Lehr- und Lernsituationen des Faches Religion, das im Norden, Süden, Ost und Westen Deutschlands von je unterschiedlichen Rahmenbedingungen beeinflusst wird, muss nur *eine* Konzeption für alle „Lagen" allerdings notwendig zu kurz greifen: Letztlich steht jede Religionslehrerin und jeder Religionslehrer angesichts der jeweiligen Lerngruppe in der Verantwortung für ihre bzw. seine Konzeption. Wenn sie oder er sich der Mühe, diese immer wieder neu zu erarbeiten nicht entzieht, kann es sein, dass Schüler/-innen wirklich in die Lage kommen, auf den Anspruch der Religion ihre Antwort zu geben.

Literatur

BALDERMANN, INGO: Bibel und Elementarisierung, Frankfurt/Main 1979; BARTHOLOMÄUS, WOLFGANG: Einführung in die Religionspädagogik, Darmstadt 1983; BERG, HORST KLAUS: Biblischer oder thematischer Unterricht?, in: SCHWEITZER, FRIEDRICH/FAUST-SIEHL, GABRIELE (Hg.): Religion in der Grundschule. Religiöse und moralische Erziehung. 2., geringfügig veränderte Auflage, Frankfurt/M. 1995; BIEMER, GÜNTER/BIESINGER, ALBERT.: Theologie im Religionsunterricht. Zur Begründung der Inhalte des Religionsunterrichts aus der Theologie, München 1976; ENGLERT, RUDOLF: Der Religionsunterricht nach der Emigration des Glauben-Lernens. Tradition, Konfession und Institution in einem lebensweltorientierten Religionsunterricht, in: KatBl 123 (1998), 4–12; FEIFEL, ERICH: Didaktische Ansätze in der Religionspädagogik, in: ZIEBERTZ, HANS-GEORG 1995, 86–109; METTE, NORBERT: Religionspädagogik, Düsseldorf 1994; NIPKOW, KARL ERNST: Grundfragen der Religionspädagogik. Bd. 1: Gesellschaftliche Herausforderungen und theoretische Ausgangspunkte. 2. Auflage, Gütersloh 1978; VERWEYEN, H.: Gottes letztes Wort. Grundriss der Fundamentaltheologie, Düsseldorf 1991; ZIEBERTZ, HANS-GEORG/SIMON, WERNER (Hg.): Bilanz der Religionspädagogik, Düsseldorf 1995.

---

[1] Vgl. Präsidium der Gemeinsamen Synode (Hg.): Der Religionsunterricht in der Schule, in: Gemeinsame Synode der Bistümer in der Bundesrepublik Deutschland. Beschlüsse der Vollversammlung, Freiburg-Basel-Wien 1976, 138.

[2] Ohne die Voraussetzung mitunter anstrengender argumentativer Begründung wäre im Übrigen eine Notengebung im Religionsunterricht nicht zu verantworten.

[3] BERG, H. K.: Biblischer oder thematischer Unterricht?, in: SCHWEITZER, F./FAUST-SIEHL, G. (Hg.): Religion in der Grundschule. Religiöse und moralische Erziehung. 2., geringfügig veränderte Auflage, Frankfurt/M. 1995, 108.

[4] ENGLERT, R.: Der Religionsunterricht nach der Emigration des Glauben-Lernens. Tradition, Konfession und Institution in einem lebensweltorientierten Religionsunterricht, in: KatBl 123 (1998), 5.

[5] BIEMER, G./BIESINGER, A.: Theologie im Religionsunterricht. Zur Begründung der Inhalte des Religionsunterrichts aus der Theologie, München 1976, 21.

[6] BERG, H. K.: Biblischer oder thematischer Unterricht?, in: SCHWEITZER, F./FAUST-SIEHL, G. (Hg.): a.a.O., 108f.

[7] Ebd. 116.

[8] Ebd.

[9] Ebd. 110; Hervorh. B.T.

[10] VERWEYEN, H.: Gottes letztes Wort. Grundriss der Fundamentaltheologie, Düsseldorf 1991, 31; auch RUDOLF ENGLERT fordert für einen Religionsunterricht nach Ende des „Glaubensweitergabekonzeptes" gleichwohl eine Auseinandersetzung mit der Überlieferung, vgl. ENGLERT, a.a.O., 8f.

[11] ENGLERT, a.a.O., 5.

[12] Ebd., 9.

[13] METTE, N.: Religionspädagogik, Düsseldorf 1994, 162; NORBERT METTE, der in seinem Ansatz immer wieder den befreienden Aspekt des Glaubens hervorhebt, verweist hier auf eine Formulierung von JÜRGEN WERBICK.

[14] BIEMER, G./BIESINGER, A., a.a.O., 21.

[15] Ebd. 20.

[16] Ebd. 110–116.

2 Wie Religionspädagoginnen und Religionspädagogen wurden, was sie sind. Vom Nutzen der Didaktikgeschichte für die fachliche Kompetenz

(Harry Noormann)

„Heute ist sowieso alles anders!“
Bleibende religiöse Vielfalt in Deutschland – zum ersten Mal. Wegbruch christlicher Sozialisation – so noch nie da gewesen. Allgemeiner Trend zu selbst gefertigten religiösen Mixturen – beispiellos. Dass in der Didaktikgeschichte etwas Erinnerungswürdiges stecken könnte, das über sich selbst in die Zukunft weist, wird allenthalben mit Skepsis quittiert. Wer sich jedoch darauf einlässt, in der fremden Vergangenheit Eigentümlichkeiten der angeblich so vertrauten Gegenwart tiefenschärfer wieder zu erkennen, wird entdecken, dass aktuelle zukunftsträchtige Ideen und religionsdidaktische Neuentwürfe ausnahmslos von einem verzweigten, geschichtlichen Wurzelwerk zehren – allen Superlativen über die vermeintlich präzedenzlose Gegenwart zum Trotz.
Wir müssen das didaktische Rad nicht neu erfinden, so wenig das Neue nur „das länger vergessene“ Alte ist, wie in einem Karussell, „bei dem ab und zu der weiße Elefant vorbeikommt“ (HENNING SCHRÖER).
Unser Rahmen ist zu eng gesteckt, um die Geschichte der Religionspädagogik chronologisch oder systematisch-problemgeschichtlich aufzublättern. Sie ist an anderer Stelle gut lesbar aufbereitet – von Überblicksskizzen bis zu monographischer Breite (s. Literaturhinweise). Das folgende Kapitel wird beispielhaft-typisierend einige historische „Trittbretter“ auslegen, von wo aus die Geschichtlichkeit aktueller didaktischer Streitfragen ins Blickfeld rückt, um aus der rückschauenden Distanz auch ihrer gegenwärtigen Unverwechselbarkeit ansichtig zu werden.

2.1 Die Wurzeln moderner Religionspädagogik – Die ‚Erfindung' des Religionsunterrichts im 19. Jahrhundert und die ‚Entdeckung' des Kindes

Der Begriff „Religionspädagogik“ – die gemeinhin synonym gebrauchte Bezeichnung „Religionsdidaktik“ ist jüngeren Datums – erlebt eine erste programmatische Konjunktur am Beginn des 20. Jahrhunderts (belegt seit 1889). Drei Gründe sprechen allerdings dafür, Anfänge der Religionspädagogik in die 2. Hälfte des 18. Jahrhunderts zu datieren. Historisch gesehen, ist die moderne Religionspädagogik ‚ein Kind der Aufklärung'.
Die „Erfindung“ des Religionsunterrichts. Die Bildungsfähigkeit des Menschen sei der Schlüssel seiner Selbstentfaltung, seines „enlightments“ (der kraftvollere englische Begriff für Aufklärung), so lautet eine Grundthese der Aufklärungsphilosophie. Dieser mächtige Impuls für die Blüte von Bildungsbestrebungen in der 2. Hälfte des 18. Jahrhunderts befördert die Einführung der allgemeinen Pflichtschule (Preußen 1763, Bayern 1802). Ein staatliches Schulwesen entsteht. Es ist selbstredend „christlich“, seine Inhalte sind durch und durch religiös geprägt, das Schulsystem in kommunaler Trägerschaft unterliegt – bis 1918 – der kirchlichen Schulaufsicht. Doch werden nun erstmalig *„allgemeine Schulbildung“* und *„religiöse Erziehung“ unterscheidbare Größen* und werfen *innerhalb* der Schule die Frage nach der Organisation religiöser Unterweisung neben der kirchlichen Katechese auf. Das ist „die Geburtsstunde“ (JOHANN HOFMEIER) des Schul*faches* Religionsunterricht.

Ein Weiteres kommt hinzu: Zu Beginn des 19. Jahrhunderts löst die proklamierte Religionsfreiheit („Reichsdeputationshauptschluss von 1803") die seit dem Augsburger Religionsfrieden gültige konfessionelle Geschlossenheit deutscher Territorien auf. Konfessionsgemischte Bevölkerungen entstehen und stellen Schulverwaltungen vor das Problem, religiöse Erziehung für Kinder *verschiedener Konfession und Religion innerhalb des Rahmens allgemeiner Schulbildung* anzubieten. So kommt es zur Einführung des *konfessionellen* Religionsunterrichts. Im damals virulenten Streit um diese Frage werden bereits strukturelle Lösungswege vorgedacht und teils verwirklicht, die noch heute nicht minder lebhafte Kontroversen auslösen:

- Konfessioneller Religionsunterricht (Regelfall);
- konfessionsübergreifender, christlicher Religionsunterricht (z.T. in altersmäßig gestuften Modellen wie bei JOHANN FRIEDRICH HERBART: christlicher, biblischer, konfessioneller Unterricht);
- ein Zuordnungsmodell von einem „integrativen" und konfessionellen Religionsunterricht (z.B. im Herzogtum Nassau);
- religionskundlicher Unterricht (z.B. beim Philanthropen JOHANN BERNHARD BASEDOW [1724–1790]).

Die „Entdeckung" des Kindes. Schon die pietistische Pädagogik hatte sich um „kindgemäß"-wirksame Wege der Vermittlung biblischer und katechetischer Stoffe bemüht. Das neue Interesse der aufgeklärten Pädagogik gilt nun der individuellen „Natur", der subjektiven Religiosität des Kindes vor dem Hintergrund seiner personalen Entwicklung (deren Würdigung wie in JEAN JACQUES ROUSSEAUs „Emile" von 1762 nun auch für die begründete Ablehnung religiöser Erziehung geltend gemacht werden kann). Die Hinwendung zur *Psychologie des Kindes* und seiner eigenen, natürlichen Religiosität macht die *Sokratik* zur gefeierten Methode unter den aufgeklärten Pädagogen im späten 18. Jahrhundert, wenngleich sie in der Praxis weithin uneingelöst blieb. Es gilt, den Schatz der natürlichen Religion des Kindes zu heben und durch geschulte Fragekunst die christliche Wahrheit „anzulocken" und hervorzuholen. Maßstab und Ziel ist die *religiöse Mündigkeit*, erstmals gefordert vom einflussreichsten katholischen Katecheten seiner Zeit, JOHANN BAPTIST VON HIRSCHER (1788–1865, vgl. CHRISTIAN GRETHLEIN, 49). Vor das „Was" aus dem Fundus der Kirchenlehre schieben sich die Fragen nach dem „Wie", „Wann" und „Warum". In scharfer Kritik am allerwärts strapazierten Memorierstoff des Katechismus und am aufgesagten Buchwissen entwickeln die Pioniere der Religionspädagogik Ansätze von erfahrungsbezogenen, didaktisch-methodischen Settings, die so überraschend aktuell anmuten, dass man geneigt ist, ihnen eine moderne Terminologie zu unterlegen. Über den katholischen JOHANN MICHAEL SAILER (1751–1832) notiert J. HOFMEIER: SAILER „betont die ausdrückliche Wichtigkeit der Lebenspraxis" und „empfiehlt dem Katecheten ein Dreifaches:

1. Das Sein des Katecheten ist das Erste. Er spricht zuerst durch sein Leben zum Kind.
2. Anschauliche Darstellung ist das Zweite. Der Katechet wendet sich zuerst an das Gefühl des Kindes, ehe er den Verstand anspricht.
3. Schülerorientierung ist das Dritte. Der Unterricht muss sowohl methodisch als auch inhaltlich auf die Kinder abgestimmt sein. Der Religionsunterricht soll sich auf das Wesentliche beschränken, das leicht Fassliche der Heilsgeschichte in Form der biblischen Erzählung in den Vordergrund rücken und das Zufällige absondern" (HOFMEIER, 53).

2.2 Religionspädagogik auf dem Weg zu einem Standort zwischen Theologie und Pädagogik

Die Suche nach einer theoriegeleiteten religionspädagogischen Praxis zwischen dem moralisierenden Rationalismus der Aufklärung und der allseits beklagten Entkirchlichung im ausgehenden 18. Jahrhundert, die gesteigerte Aufmerksamkeit für psychologische Zusammenhänge, für die ganzheitliche Erfahrungsdimension religiösen Lernens, sowie das intensive Nachdenken „über die wirksamsten Mittel, Kindern Religion beizubringen" (der Titel einer von CHRISTIAN GOTTHILF SALZMANN 1780 erschienenen Schrift), begründen genuine und bleibende Fragestellungen der Religionspädagogik. Erstmalig kommt Lernen als ein *planvoll zu entwickelnder, prozesshafter hermeneutischer Vermittlungsvorgang* in den Blick. Die Grundform pädagogischen Handelns beschreibt eine Doppelbewegung von Inhalt und Methode, vom „Vorverständnis" des Lernenden zum Gegenstand.

Zunächst hat sich diese neue Eigenlogik religionspädagogischer Reflexion im Binnenraum theologisch-akademischer Katechetik entfaltet auf evangelischer Seite z.B. bei CHRISTIAN PALMER [1811–1875], der den Religionsunterricht als „Schulamt" der Kirche in der Funktion einer nachholenden „Tauferziehung" versteht). Liberale Stimmen, voran F. A. WILHELM DIESTERWEG, stellen „Kirchenlehre oder Pädagogik" dagegen in einen schroffen Gegensatz und plädieren für eine strikte Beseitigung konfessioneller Einflüsse auf Schule und Religionsunterricht (GRETHLEIN, 55ff). Da sich gleichzeitig die allgemeine Pädagogik aus kirchlich-theologischer Vormundschaft löst und J. F. HERBART (1776–1841) erstmals ein philosophisch fundiertes, geschlossenes pädagogisches System konzipiert, ist der religionspädagogische Weg in der *Spannung zwischen pädagogischer Vernunft und theologischem Offenbarungsanspruch* vorgezeichnet.

2.3 Restaurative und neuscholastische Konzepte nach 1848

Die religionspädagogischen Neuansätze und Bildungsimpulse bis 1848 wurden nach der gescheiterten Revolution von der politischen Reaktion administrativ zurückgedämmt und zeitweise verschüttet. Die markanteste Handschrift der Wende trägt die Regulative des preußischen Ministerialbeamten F. STIEHL von 1854 (NIPKOW/SCHWEITZER, Bd. 2,1, 98ff). Religionsunterricht steht mit sechs Stunden ganz oben auf der Stundentafel; seine Inhalte bilden einen „Vorrat" an auswendig gelernten Gebeten, Sprüchen, Katechismustexten und (30!) Kirchenliedern, die „fest gelernt" werden müssen, neben den „einzuprägenden" Sonntagsevangelien. Die Tendenz einer affirmativ „verordneten Christlichkeit" (GERT OTTO) verbindet sich mit dem politischen Kalkül, liberale (= revolutionäre) Umtriebe zu ersticken und die „Religion als Erziehungs- und Reglementierungsinstrument" zu funktionalisieren, das „treue und ergebene Untertanen garantieren" soll (GODWIN LÄMMERMANN, 1991, 19).
Katholischerseits gewinnt eine an der sog. neuscholastischen Theologie[1] orientierte Restaurationsbewegung im Katechismusunterricht die Oberhand, welche ebenfalls zu Lasten didaktisch-methodischer Reflexion auf eine unverkürzte, theologisch rechtgläubige Weitergabe der christlichen Heilsgewissheiten gemäß den Lehren der katholischen Kirche setzt. Auch hier erwartet man „gediegenes religiöses Wissen" (HOFMEIER), hauptseitig vom memorierten Stoff, der zudem in Frage und Antwort argumentativ verstandesmäßig nachvollzogen werden soll. Der Bibelunterricht fristet ein Schattendasein, während er im evangelischen Religionsunterricht eine größere Eigenständigkeit bewahren kann (u.a. wegen der weiten Verbreitung des biblischen „Schul- und Hausbuches" von JOHANN HÜBNER, das seit seinem Erscheinen 1714 bis 1902 nicht weniger als sechzig Auflagen bzw. Bearbeitungen erlebte, vgl. DIETER STOODT, 341ff).

2.4 Aufbruch ins neue Jahrhundert: „Münchener Methode" und liberale Religionspädagogik

Im verschärften Konflikt zwischen „Positiven" und „Liberalen", „Neuscholastikern" und Reformern im Wilhelminischen Reich zeichnen sich gegen Ende des Jahrhunderts neue religionspädagogische Reformbewegungen ab. Von den Nachfolgern HERBARTS (TUISKON

ZILLER, WILHELM REIN, ERNST THRÄNDORF), die wieder anknüpfen an Ideen der Aufklärungspädagogik, gehen entscheidende Impulse vorrangig für die Methodenlehre aus. Die „Formalstufenlehre" der „Herbartianer" erfährt eine breite Rezeption. In der katholischen Katechetik geht der Erneuerungsschub von Kongressen und Kursen des Münchener Katechetenvereins aus (ab 1903). Die „Münchener Methode" wird zum stehenden Begriff. Ihr „Dreischritt" erfreut sich als die „katechetische Methode schlechthin" allgemeiner Akzeptanz (HOFMEIER, 58):

„Darbietung – der Auffassung angemessene anschauliche Grundlage
Erklärung – die Erarbeitung des begrifflichen Verständnisses
Anwendung – die vertiefende Herstellung der Beziehung zum Leben" (*ebd.*).

Die Methode verbindet Aspekte der Entwicklungspsychologie, der elementarisierenden Inhaltsauswahl, der planvoll-methodischen Zergliederung von Unterrichtsphasen (bei W. REIN: *Vorbereitung, Darbietung, Verknüpfung, Zusammenfassung, Anwendung*) mit der Ausrichtung des Unterrichts auf seine erzieherische, lebenspraktische Wirkung. Ihre „Kopflastigkeit" erweckt zwar alsbald Kritik und Widerspruch; dennoch beeinflusst der als „kognitivistisch" apostrophierte Religionsunterricht der Herbartianer (WILHELM STURM) die Religionspädagogik bis weit ins 20. Jahrhundert.

Methodenprobleme bilden hingegen für die evangelische Religionspädagogik nach der Jahrhundertwende einen Nebenschauplatz. Sie wird von einer turbulenten Legitimationskrise geschüttelt, deren Signaturen für ihre Entwicklung und Geschichte bis heute bestimmend geblieben sind. Drei unterscheidbare Ebenen lassen die Rede von einer „tödlichen Existenzbedrohung" des Religionsunterrichtes (NIPKOW/SCHWEITZER, Bd. 2,1, 35) nicht übertrieben erscheinen:

- Die Konflikte zwischen theologisch-christlichen Deutungen von Welt und Geschichte und (natur-)wissenschaftlichen Weltbildern haben längst die Züge eines „*Weltanschauungskampf*es" angenommen. Die „Plausibilität der Glaubenswahrheiten" (ebd.) schmilzt dahin.
- Die Schleifspuren dieser Konflikte in der Schule führen zu der Einschätzung, „dass *der herkömmliche Religionsunterricht in erschreckender Weise wirkungslos* über Kopf und Herz der Jugend, über ihre Ängste und Freuden, ihre Sehnsucht und ihre Not, ihre Bedenken und ihre Fragen hinweggleitet" (PÖHLMANN, 1910, zit. n. NIPKOW/SCHWEITZER, Bd. 2,1, 38, Hervh. H. N.).
- Nunmehr finden alte liberale Attacken auf den „engherzigen Sectengeist" und auf „priesterliche Dictatur" in der Schule (DITTE) und die DIESTERWEG'sche Forderung nach einem „allen Kindern des Erdballs gemeinschaftlichen Religionsunterricht" breiten Widerhall nicht nur in der Sozialdemokratie, sondern in der Lehrerschaft selbst. Eine spektakuläre Kontroverse löst die *„Denkschrift der bremischen Lehrerschaft" von 1905 mit der Forderung aus, den konfessionellen Religionsunterricht abzuschaffen* und einen „Sittenunterricht" in Unter- und Mittelstufe und einen Unterricht in „allgemeiner Religionsgeschichte" in der Oberstufe einzuführen (Text bei NIPKOW/SCHWEITZER, Bd. 2,1, 171ff).

Die fachliche Zunft reagierte auf die Radikalisierung der Entwicklung mit einer erhöhten Bereitschaft, die Krise durch beherzte Reformen abzuwehren. Es war die Stunde der liberalen Religionspädagogen:

„Weg von der Kirche hin zur Schule;
weg von der Theologie hin zur Pädagogik und Psychologie;
weg von der Katechetik hin zur Religionspädagogik;
weg von der Dogmatik hin zum Begriff und Phänomen der Religion;
weg von der alleinigen Orientierung an den religiösen Gegenständen des Religionsunterrichts (Bekenntnis, Katechismus etc.) hin zum Schüler und seinem religiösen Erleben;

weg von der ‚dogmatischen Methode', hin zu einer ‚induktiven Methode', die religiöses Leben erzeugen könnte;
weg von der reinen Wissensvermittlung mit einer Überfülle von Stoffen, dem so genannten ‚Memoriermaterialismus', hin zu einer Vermittlung von subjektiver Religion, so dass nicht nur der Kopf, sondern auch das Herz der Schüler angesprochen werde".

(R. SCHELANDER, zit. n. GRETHLEIN, 68).

Im zeittypischen Aufwind der allgemeinen Reformpädagogik haben ELLEN KEY, FRIEDRICH NIEBERGALL, OTTO BAUMGARTEN, RICHARD KABISCH und andere der liberalen evangelischen Religionspädagogik ihren charakteristischen Stempel aufgeprägt: „*Pädagogik vom Kinde aus*" (KEY), lautet das „Grundgesetz aller neuen Pädagogik" (BAUMGARTEN). Es geht um die (Höher-)*Entwicklung der Religiosität des Kindes*, die es empirisch – lebensgeschichtlich und schichtspezifisch – zu erforschen gilt. „Weg vom Begriffsgeklapper, hin zu religiösen Erlebnissen" und einem erfahrungs- und lebensdichten Religionsunterricht (KABISCH). Der Lehrer ist Teil eines „*erfahrungshermeneutischen Prozesses*". In seiner Begeisterung steckt der Funke der „*Ansteckung*" (NIEBERGALL), der zu den Schülern überspringen soll. Um „*Leben und Erleben*" kreist auch das breit rezipierte Buch von RICHARD KABISCH („Wie lehren wir Religion?" 1910, später mit H. TÖGEL, vielfach aufgelegt), welches das liberale Konzept des Religionsunterrichtes gewissermaßen bündelt und sodann fokussiert auf methodische Fragen, denen der Hauptteil des Buches gewidmet ist.

2.5 Der Niedergang religiös-sittlicher Gesinnungserziehung nach dem 1. Weltkrieg

Der optimistische Ideenhimmel jener „Kulturwelt", in der und für die der Religionsunterricht und die Schule junge Menschen zur religiösen Selbstständigkeit erziehen sollten, versank auf den Schlachtfeldern des 1. Weltkrieges. Die zerstörte Illusion einer nach den Maßstäben humaner Vernunft gestalteten, stetigen Höherentwicklung des wirtschaftlichen Fortschritts und der kulturellen Errungenschaften hinterließ eine nachhaltig tiefe Kränkung namentlich unter jenen „Kulturprotestanten", die in den Chor der „unendlich wiederholten Rede von der Bildung der sittlich-religiösen ‚Persönlichkeit'" eingestimmt hatten (NIPKOW/SCHWEITZER, Bd. 2,1, 40). Die sogleich einsetzende geschichtstheologische Deutung der Katastrophe richtete sich im Kern gegen „den Geist von 1789" und dessen Freiheits- und Autonomieanspruch für das Gattungswesen Mensch. In neulutherischer Sicht konnte daher der Weltkrieg (und nicht zuletzt die nachfolgende Revolution!) als ein Gottesgericht über die Selbstinthronisation des Menschen zum Herrn der Welt erscheinen.

In dieser Situation hatte der „Römerbrief" (1919) des reformierten Theologen KARL BARTH eine nachgerade explosionsartige Wirkung. Gegen alle „idealistische Himmelstürmerei", gegen die Synthese von Religion und Kultur, Kirche und Politik, Schule und Religionsunterricht, konfrontiert die „Dialektische Theologie" den Menschen mit seiner Ohnmacht, von Gott nichts wissen zu können und von Gott doch reden zu müssen. In der Bibel stehe nicht, welches Bild von Gott sich Menschen machen sollen. Vielmehr spreche Gott in der Heiligen Schrift selbst und richte seinen Anspruch gnädig und richtend an den Menschen. Religion sei der „Sklavenaufstand" des Menschen, der sich Gott verfügbar machen und selbst wie Gott sein wolle, sie sei „Vermenschlichung Gottes und Vergöttlichung des Menschen".

Zehn Jahre nach BARTHs Römerbrief erscheint von GERHARD BOHNE ein Buch mit dem bezeichnenden Titel „Das **Wort Gottes** und **der Unterricht**" (Berlin 1929, Hervorh. H. N.). Es schlägt den Ton an, der bis zum Ende der 1950er Jahre die evangelische wie auch die katholische Religionspädagogik bestimmen sollte.

✐ Tabellarische Darstellungen wie die folgende können hilfreich sein, um Erlerntes selbst zu strukturieren. Versuchen Sie, die unvollständige Tabelle zu ergänzen oder fertigen Sie sich eine eigene Übersicht zur „liberalen Religionsdidaktik" an. (Entnommen aus: LÄMMERMANN, 1994, 216.)

Beurteilungkategorien	**Liberale Religionspädagogik**
Vertreter	FRIEDRICH NIEBERGALL, RICHARD KABISCH, OTTO EBERHARD, u.a.
Ziele	Erziehung (Bildung) zur religiös-sittlichen Persönlichkeit, Herausarbeitung eines eigenen Denkens, eigenen Fühlens, Wollens (NIEBERGALL), Schaffung eines religiösen Gefühls/Religiosität, Integration durch Vermittlung der kulturtragenden Kräfte des Christentums ...
Theologischer Bezug	Als Richtung: liberale Theologie, inklusive Theologie SCHLEIERMACHERs; als Disziplin: Systematische Theologie, insbesondere Ethik; Rechtfertigungslehre (NIEBERGALL)
Außertheologischer Bezug	Religionspsychologie, Reformpädagogik, geisteswissenschaftliche Pädagogik
Verständnis der Bibel	Norm für sittliche Werte; besitzt formale Bildungsrelevanz, Vorbildlichkeit des Lebens und Handelns Jesu ...
Lehrer/-innenbild	Autorität, Vorbild einer sittlich-religiösen Persönlichkeit; Staatsbürger
Methode	Begeisterung, psychologisierende Erzählung
Schüler/-innenbezug/Schüler/-innenbild	Kabisch: Unzulänglichkeit einer autonomen Selbstbestimmung (Erhebungsgefühl) (auf Grund der Gottesebenbildlichkeit) potenzielle Subjektivität (NIEBERGALL)
Schulischer Bezug des Religionsunterrichts	Schultheoretische Begründung: Beitrag zur Allgemeinbildung ...
Kritik	...
Positive Würdigung	...

2.6 Religionspädagogische Grundkonzeptionen 1945–1975

Das kerygmatische Konzept der Glaubensunterweisung in der Nachkriegsperiode

1947 erscheint von HELMUTH KITTEL[2], Professor an der Pädagogischen Hochschule im niedersächischen Celle, ein schmales Bändchen, das damals, wie kaum eine zweite Schrift, die religionspädagogische Diskussion auf evangelischer Seite beeinflusst hat. Sein Titel ist Programm (wie auch der „fast durchgängig apodiktische Stil" [REINHARD DROSS, 13]) „*Vom Religionsunterricht zur Evangelischen Unterweisung*".

- Lehrer sollen wieder „echte Katecheten" (46) werden, die evangelisch *getaufte Kinder* im Bekenntnis zu „LUTHERs Evangelium" (49) *unterweisen* (die knappe Hälfte von KITTELsSchrift besteht aus zitierten Lehrtexten LUTHERs).
- Nach LUTHERs Vorbild heißt unterweisen: Auslegung der Heiligen Schrift. „Evangelische Unterweisung" (EU) „ist Unterweisung im rechten Umgang mit der Schrift ... Recht mit dem Evangelium umgehen heißt ... Gottes Wort in Jesu Christi Wort und Werk hören" (8f).
- Der Lehrer ist *Zeuge* des Wortes Gottes mit dem bevollmächtigenden *kirchlichen Amt,* Schüler zur lebendigen Begegnung mit Christus zu führen. EU stellt die Schüler

in die Entscheidung des Glaubens durch Gottes Wort, über dessen Wirkung freilich der Zeugnisgebende nicht verfügt.

- Entsprechend sind die Unterrichtsinhalte bestimmt. Im Zentrum steht die Auslegung der *Bibel*, die den Kindern ausdrücklich nicht zum „historischen Dokument, nicht zur Sammlung religiöser Theorien, nicht zum moralischen Gesetzbuch, sondern zur Heiligen Schrift, nämlich zur Offenbarung des Heiligen (persönlich, nicht sächlich!)" werden soll (9). Auf die *Verkündigung* des Evangeliums ist die Arbeit mit *Gesangbuch und Katechismus* bezogen wie auch die Behandlung der „exempla fidei" (Beispiele des Glaubens) aus der Kirchengeschichte (13).

Die Kehrtwende zur „kerygmatischen Neubesinnung" (*„Kerygma"*, griech.: Inhalt der Botschaft, Verkündigung) hatte sich bereits in den zwei Jahrzehnten vor KITTELs Streitschrift vollzogen.

- Die Verkündigung des Wortes Gottes als „Störfaktor" menschlicher Bildungsbemühungen in der Schule bildete bereits den Kerngedanken der zitierten Schrift von GERHARD BOHNE (Religionsunterricht = „Ruf in die Entscheidung")[3]. MARTIN RANGS „Biblischer Unterricht" (1936; 1939) vertiefte die Abrechnung mit der liberalen Religionspädagogik und prägte das viel zitierte Diktum, Religionsunterricht sei „Kirche in der Schule"[4] – von der Kirche her, auf die Kirche hin, durch kirchliche Amtsträger ausgeführt.
- Die dogmatisch-autoritative Verkündigungskonzeption hat gegen die Schul- und Religionspolitik des NS-Regimes ein Widerlager nicht bilden können – im Gegenteil. „Wie die meisten Deutschen waren auch Religionspädagogen von der Begeisterung über den ‚Aufbruch eines ganzen Volkes' erfasst, wenngleich natürlich in unterschiedlicher Intensität" (RICKERS, 1995 [1987], 198). RICKERS hat zeigen können, dass die (nicht erst seit 1933 virulente) „Faszination durch die völkische Idee... das politische Bewusstsein damaliger Religionspädagogen maßgeblich geprägt und – mit Ausnahme der Vertreter kirchlichen Unterrichts – ihre konzeptionelle Arbeit grundlegend *mit* bestimmt hat" (a.a.O. 217), und zwar quer durch theologisch-konfessionelle Strömungen und politische Lager. Auch als die neuen Machthaber die „Entkonfessionalisierung" des Schulwesens und die Ausrichtung des Religionsunterrichts auf den Geist der nationalsozialistischen Jugenderziehung vorantrieben, um schließlich ab 1938 Konfessionsschulen und den konfessionellen Religionsunterricht frontal zu bekämpfen, vermochten völkische Gesinnung und politische Loyalität gegenüber der „deutschen Wiedergeburt" weiter die Illusion zu nähren, die „Entchristlichung des Schulwesens" sei das Werk von gewissen religionsfeindlichen Kräften in der Partei.
- Wesentlichen Anteil an den Grundzügen der Evangelischen Unterweisung („Christenlehre") hatte eine kleine Minderheit von Religionspädagogen: Sie entwickelten in den Schulkammern und Schulreferaten der Bekennenden Kirche (BK) Lehrpläne für den kirchlichen Unterricht[5], die in der Katechetenausbildung und im schließlich illegalen kirchlichen Unterricht der BK für die Kinder „bekenntnistreuer Eltern" verwendet wurden. Hier war es namentlich OSKAR HAMMELSBECK, Leiter der Schulabteilung des Bruderrates der ev. Kirche der Altpreußischen Union und leitendes Mitglied der noch im Kriege begründeten „Kammer für Schule und Unterricht", der die Evangelische Unterweisung profiliert[6] und nach 1945 an ihrer Durchsetzung u.a. in der Lehrerschaft maßgeblich mitgewirkt hat.

O. HAMMELSBECK, geprägt von der Dialektischen Theologie und von der Freundschaft mit D. BONHOEFFER, war der „eigentlich systematische Denker" der Evangelischen Unterweisung (BOLLE/GLOY, in: BOLLE u.a. 2002, 131). KITTEL dagegen stand dem Erbe der Bekennenden Kirche fern. Er war als deutschnationaler Lutheraner nicht nur Mitglied verschiedener NS-Organisationen, sondern war auch dem Geist der „braunen Revolution" aktiv verpflichtet gewesen[7], ohne sich hernach selbstkritisch und öffentlich dieser Vergangenheit gestellt zu haben. RICKERS ideologie- und zeitgeschichtliche Analysen haben schließlich nach vier Jahrzehnten die in der Fachwelt verbreitete Legende widerlegt, es sei KITTELs Verdienst, „als letztes Glied einer Kette“ den „*Ertrag* zweier Jahrzehnte“ mit seiner Schrift „bündig und programmatisch zusammengefasst zu haben“ (GERT OTTO, 1961, zit. bei DROSS, 1981, 15; vgl. RICKERS, 1995, [1988], 1–36; 60–99).

Der Hauptgrund für den durchschlagenden Erfolg KITTELs wird darin zu suchen sein, dass seine markige Thesen den kirchlich-religionspädagogischen Zeitgeist der Nachkriegszeit trafen: Nie wieder ein Religionsunterricht, der sich gefügig in Dienst nehmen lässt von staatlicher Räson und ideologischer Diktatur in der Schule! Entweder der Staat duldet eine freie kirchliche Unterweisung der Kinder, einen „Fremdkörper“ im Fächerkanon, wo die „Fachweltanschauungen“ der ständigen „Kritik durch das Evangelium“ ausgesetzt werden (KITTEL, 24) oder die Kirche ziehe sich um ihres Auftrags willen aus der Schule zurück![8]
Dieser – in seiner Wirkung entpolitisierende denn gesellschaftskritische – Grundsatz stieß auf breite Resonanz, zumal er zwischen den kirchlich-theologischen Flügeln vermitteln konnte: In der Forderung nach einem von staatlicher Bevormundung freien Unterrichtsfach mit strikter Konzentration auf „das Eigentliche“ konnte sich der konservative Lutheraner, dem die Rechristianisierung eines wieder heidnisch gewordenen Landes vorschwebte, mit einem kulturkritischen Anhänger der Dialektischen Theologie treffen. Auch die Ursachenanalyse für die ideologische Anfälligkeit des Religionsunterrichts in der NS-Zeit fügt sich in das Geschichtsbild kirchlicher Kreise, die die eigene Schuldverstrickung zu projizieren suchten auf die Selbstinthronisation des „autonomen Menschen“ und ihr vermeintlich katastrophales Ende im „Dritten Reich“. Die „Wurzel für das ganze Elend“ endet für KITTEL in der Aufklärung, die mit der selbstsuggestiven Kraft eines Prometheus den „homo faber“ (den „Macher“) hervorgebracht hat, der sich angeschickt hat, Gott zu entthronen, die Welt zu entzaubern und seinem Willen hemmungslos gefügig zu machen (vgl. RICKERS, 1995, 60–99). Das Verdikt, sich vor den Göttern dieser bürgerlichen Kultur verbeugt und das Evangelium ihren Maßstäben angepasst und unterworfen zu haben, trifft in erster Linie die liberale Religionspädagogik des frühen 20. Jahrhunderts. „Nie wieder Religionsunterricht!“ meint daher im Wortsinn: Nie wieder Unterricht über Religion als ein allgemein menschliches „Phänomen“, als „Gefühl der schlechthinnigen Abhängigkeit“ (SCHLEIERMACHER), als „nützlicher Wert“ für den Staat und die gebildete Persönlichkeit. Nicht wieder Unterricht, der mit psychologisch-methodischer Raffinesse Schüler für „Religion“ interessieren möchte („*Methodismus*“), der die Bibel missversteht als Sammlung weiser Lehrsätze über Gott, Mensch und Welt (*Theoretisieren*), als moralische Lebensschule moderner Kultur (*Moralisieren*), als historisches Material für die Entwicklung der Gottesidee im weiten Feld der Religionsgeschichte (*Historisieren*).
Das kerygmatische Konzept kommt einer radikalen Abrechnung mit der liberalen Religionspädagogik gleich, deren „Leistungen“ ihr nunmehr in einem Sündenkatalog angelastet werden:

- weg von einer kulturtheologischen Legitimation des Religionsunterrichts durch einen *allgemeinen Religionsbegriff;*
- weg von der Bemühung, den Religionsunterricht im Rahmen des Bildungsauftrags und der Ziele schulischer Unterrichtsfächer zu begründen (*bildungstheoretische/schultheoretische Begründung des Religionsunterrichts*);
- Konzentration auf „die Sache“, Inkaufnahme einer *Vernachlässigung didaktisch-methodischer Reflexion.* Die Botschaft steht an erster Stelle, der Adressat an zweiter;
- weg von der prinzipiellen Unterscheidung zwischen kirchlicher Katechese und schulischem Religionsunterricht;

- ➢ Betonung der existenziellen Bedeutung des Glaubens gegenüber ethischen Fragen (*gegen die Reduktion von Religion auf Ethik*).[9]

Die Breitenwirkung des kerygmatischen Konzepts erklärt sich zum anderen aus den beispiellosen gesellschaftlichen Bedingungen der Nachkriegszeit. Diese These ist in der evangelischen Fachliteratur wiederholt herausgearbeitet worden (DROSS, LÄMMERMANN u.a.). Die Kirchen wurden zum Ort der Zuflucht für millionenfache Trauer, für Halt in der Orientierungslosigkeit und für Rückbesinnung angesichts allgegenwärtiger Schuldanklagen seitens der Siegermächte. Diese trugen nicht unwesentlich zur Legendenbildung um den Kirchenkampf bei, die den Kirchen das Image einer intakten, antifaschistischen Widerstandskraft verliehen, in deren Schatten politisch Belastete Schutz und Rat suchten. Dieses den Kirchen unerwartet zugewachsene Renommée im Vorzeichen einer kirchlichen Restauration begleitete den Siegeszug der „neuen" Evangelischen Unterweisung vor allem durch die Volksschulen von „Trizonesien", den westlichen Besatzungszonen.

Ein „theologisch-deduktives Dominanzmodell" (W. STURM) setzte sich der Nachkriegszeit auch in der katholischen Religionspädagogik durch. Nach der zeitweiligen Orientierung an reformpädagogischen Ideen in der Weimarer Zeit schlug „das Pendel wieder in die entgegengesetzte Richtung aus" (HOFMEIER, 59). An die Stelle katechetisch-lehrhafter Glaubensunterweisung sollte ein missionarisch-verkündigender Unterricht treten – „Das Dogma sollen wir kennen, verkündigen müssen wir das Kerygma!" (J. A. JUNGMANN[10]). Nach 1945 nahm der *„materialkerygmatische Ansatz"* Elemente der Existenzphilosophie in sich auf mit der Folge, dass die existenzielle Begegnung der Schüler mit der christlichen Glaubensbotschaft zum weithin unstrittigen Kernanliegen katholischer Religionspädaogik der Nachkriegsära bis weit in die 1960er Jahre werden konnte. Das „klassische Modell des Religionsunterrichts als Glaubensunterweisung" (HOFMEIER, 60) hat im „Katholischen Katechismus der Bistümer Deutschlands" von 1955 seinen deutlichsten Niederschlag gefunden.

✐ So weit wurde versucht, die erste religionspädagogische Konzeption nach dem 2. Weltkrieg zu charakterisieren. Bevor wir uns weiteren zuwenden, sollte klar sein: Konzeptionen gewinnen Konjunktur, veralten, werden durch zeitgemäßere abgelöst, aber sie „sterben" nicht. Sie bleiben erstens lebendig in den individuellen Religionsunterricht-Konzepten von Lehrer/-innen, in denen sich erfahrungsgeleitete Praxis- und Theorieelemente wechselseitig durchdringen. Zweitens verlaufen Praxis und Theorieentwicklung ungleichzeitig, was zusammengenommen heißt: In der Praxis sind konzeptionelle Ansätze und Versatzstücke, die in unterschiedlichen historischen Situationen „geboren" wurden, zeitgleich anzutreffen. Drittens birgt jedes Konzept bestimmte „Wahrheitsmomente" (HORST KLAUS BERG), die in neuen geschichtlichen Situationen plötzlich neue Aktualität gewinnen.
Die nachfolgenden Beispiele für unterschiedliche didaktische Zugänge zum Thema „Weihnachten" sollen die gleichzeitige Praxispräsenz konzeptioneller Orientierungen verdeutlichen. Es handelt sich um „konventionelle Ansätze", die durchweg schon im Religionsunterricht der 1970er Jahre gängig waren – und heute noch sind, obwohl die didaktische Diskussion längst andere Akzente setzt (vgl. dazu die nachfolgenden Kapitel).

1. Welches Beispiel kommt Ihrer Meinung nach den Anliegen der Evangelischen Unterweisung relativ nahe? Anhaltspunkte?
2. Welche „Wahrheitsmomente" der Evangelischen Unterweisung gewinnen möglicherweise heute neue Aufmerksamkeit?
3. Versuchen Sie, für jedes Fallbeispiel eine treffende Bezeichnung zu finden und diese bei der weiteren Lektüre zu überprüfen.

Beispiel I
Frau Steger unterrichtet einen 8. Jahrgang an einer Gesamtschule. Ihr Unterrichtsziel ist: Die Schüler/-innen sollen ein Verständnis davon gewinnen,
1. dass ihnen bekannte Traditionen und Bräuche geschichtliche Ursprünge haben, die z.T. tief in die vorchristliche Zeit zurückreichen (z.B. das Lichtsymbol), z.T. sehr junge Wurzeln haben (z.B. der Adventskranz);
2. welche Bedeutung die einzelnen Symbole haben;
3. wie sich nicht- und vorchristliche Bräuche und Sinngebungen mit christlichen verbunden haben – unser Weihnachten ist das Ergebnis eines langen Prozesses *interkultureller und interreligiöser Begegnung.*

Bei Pkt. 3 sind ihr die *Umstände der Entstehung des christlichen Weihnachtsfestes* besonders wichtig:
- entschiedene Ablehnung eines „Geburtsfestes Christi" durch die Gemeinden im 1. und 2. Jahrhundert in Abgrenzung zu heidnischen Geburtsfesten von Göttersöhnen;
- Durchsetzung des Weihnachtsfestes in der westlichen Kirche des 4. Jahrhunderts und ihre Hintergründe (theologisch: Streit um das Mysterium der Menschwerdung Gottes zwischen Ost und West; beginnt die Gottessohnschaft Jesu mit der Taufe/Erscheinung (Osten, 6. Januar) oder mit der Geburt? (Westen; Spekulationen um den 25.12. – 9 Monate nach dem Frühjahrsäquinoctium am 25.3.); – religionspolitisch: Der 25.12. war bereits „besetzt" durch das Fest des Mithras, der Verkörperung der unbesiegbaren Sonne (*sol invictus*). Kaiser Konstantin konnte den Festanlass nutzen für eine neue, christliche Sinnstiftung im Sinne seiner Religionspolitik; – kulturell: es kam zu einer Verschmelzung der Symbolik des Sonnenmythos' (die Sonne als lebensspendendes Licht für alle Kreatur) mit dem Christusmythos (die „Sonne der Gerechtigkeit") (W. PANNENBERG).

Beispiel II
Frau Kern erteilt Religionsunterricht in der Grundschule. Ihr kommt es darauf an, dass ihre Schüler/-innen den Inhalt der (lukanischen) Weihnachtsgeschichte zunächst einmal gründlich kennen lernen. Sie wird nach der Vorlage einer Kinderbibel nacherzählt, mit Ausmalbildern illustriert und in einem kleinen Rollenspiel inszeniert. Die Kinder lernen bei ihr Advents- und Weihnachtslieder. Wenn Frau Kern mit der Klasse „Kommet ihr Hirten" einübt, geht es ihr jedoch nicht zuerst um die Vermittlung von „Kulturgut", das die Kinder zu Hause nicht mehr oft erleben. Sie hofft, dass diese etwas spüren von ihrer eigenen Überzeugung, dass mit der Geburt Christi Heilung in die Welt gekommen ist – „Er ist Frieden inmitten des irdischen Unfriedens".

Beispiel III
Herr Bode bereitet sich auf seinen Unterricht in einer 7. Realschulklasse vor. Seine Schüler/-innen haben nurmehr blasse Erinnerungen an die Weihnachtsgeschichte aus der Grundschulzeit, und hängen geblieben ist zumeist eine rührende Geschichte für Grundschulkinder und Fromme – eine Jungfrau bekommt ein Kind, einen „Sohn Gottes", die Engel in den Wolken! Herrn Bode ärgert das. Die Schüler/-innen sollen verstehen, dass die Evangelisten keine Märchenerzähler waren und keine Geschichtsschreiber, die es mit der historischen Wahrheit nicht so ernst genommen haben. Sie sollen verstehen: Sie müssen ihren Verstand nicht abschalten, wenn sie mit der Bibel zu tun haben, sondern ihn mehr anstrengen, um dahinter zu kommen, was die Evangelisten *meinen*, wenn sie *erzählen*:
Warum erzählen Mt und Lk von der Geburt Jesu, aber Mk nicht? – Warum spielt bei Mt Herodes eine so große Rolle, bei Lk Augustus und der Census?
Warum muss die Familie bei Mt nach Ägypten fliehen, wovon Lk nichts weiß?

Sollten die Leser von Lk wirklich gemeint haben, dieser habe den Stammbaum Jesu bis zu Adam rekonstruiert? Und warum geht er bei Mt nur bis zu Abraham?
Mt und Lk schreiben sehr spät. Wieso spielt die Geburt Jesu bei Paulus und anderen der ersten Generationen keine Rolle, am Ende des 1. Jh. dann eine so bedeutende?
Warum erfahren Hirten als Erste von der Geburt (bei Lk)?

Beispiel IV
Frau Petri ist Lehrerin an einer Berufsschule. Sie hat sich vorgenommen, in der Vorweihnachtszeit die fast totale Vermarktung von Gefühlen und Bedürfnissen zum Thema zu machen, die mit diesem Fest verbunden sind (nach Liebe, Zugehörigkeit, Harmonie, Gemeinschaft). Unterricht soll hinter die Fassade der „bürgerlichen Weihnachtsmoral" blicken lassen:
Man macht *das* Geschäft des Jahres, verpackt in einer Zuckerwatte aus vorgespielter Idylle, verdrängter Probleme und Missstände;
Weihnachten als Hoch-Zeit der Almosen und Spenden, der Gewissensberuhigung;
Weihnachten als Familienfest mit süßlichem Liedgut aus dem 19. Jahrhundert, der Geschenkeberge und Gelage.
Frau Petri möchte hinaus auf das Gespräch über Formen des Feierns, die dem „Fest des Friedens" für die ganze Erde einen angemesseneren Ausdruck verleihen. Dabei ist ihr auch die biblische Weihnachtsüberlieferung wichtig: In einer Zeit der Fremdenfeindlichkeit will sie besonders diese Seite in den Weihnachtsgeschichten herausarbeiten.

Beispiel V
Für Frau Nikolai gibt es einen klaren Deutungsschlüssel für die Weihnachtsgeschichten, mit dem sie die Texte mit ihren Schüler/-innen erschließen will: Bei Lk und bei Mt zieht sich ein roter Faden durch die Weihnachtsbotschaft – der krasse Gegensatz zwischen der Skrupellosigkeit und Unmenschlichkeit der Gewaltherrschaften (Herodes, Augustus, Quirinius) und dem „Frieden allen Menschen, die Gott liebt".
„Im römischen Reich galt: Mit dem Geburtstag des göttlichen Kaisers beginnt für alle Welt die Erfüllung der verheißenen Freudenbotschaften, die Wende zum Zeitalter des ewigen Friedens, das Ende der Lebensfurcht. Augustus ist der Weltheiland, der die Hoffnungen der Väter und die Weissagungen erfüllt ...
Welch feine Ironie liegt darin, dass der vergöttlichte Weltheiland Augustus in der Weihnachtsgeschichte als derjenige vorgestellt wird, der für alle Welt den drückenden Census befiehlt, und dass dieser großmächtige Befehl des Kaisers von Gott benutzt wird, in der Stadt Davids die Geburt des wahren Weltheilands zu veranstalten" (WALTER SCHMITHALS, Zürcher Bibelkommentar, Lk, 41).
Frau Nikolais Leitfragen für den Unterricht: Wer spielt die Rolle des Augustus/Herodes heute? Wo und von welchen Menschen wird die Hoffnung wach gehalten für „den anderen" Frieden aus Bethlehem?
Dass in den fünf Beispielen vier Frauen und nur ein Mann zitiert wurden, entspricht nicht ganz der Realität. Tatsächlich aber ruht die religionspädagogische Arbeit an der Schule zu zwei Dritteln auf den Schultern von Frauen. Muss es da nicht überraschen, dass sich die religionspädagogische Didaktikgeschichte liest wie eine Ahnengalerie von namhaften Männern? Erst seit wenigen Jahren hat die Forschung begonnen, die Arbeit von Religionspädagoginnen in der Geschichte und Fortentwicklung des Faches zu ergründen (vgl. PITHAN, ANNEBELLE (Hg.), 1997). Der weibliche Einfluss war besonders in den Nachkriegsjahren beträchtlich, als Frauen auch in der Lehrer/-innenausbildung in beachtlicher Zahl führende Positionen einnahmen. Dieser Aspekt findet in der weiteren Darstellung noch keine Berücksichtigung.

Hermeneutische Konzeptionen seit 1958

Als Rockstar ELVIS PRESLEY 1958 in Bremerhaven von Bord ging und ihm „die Halbstarken" in Lederjacken und pomadisierter Frisur zujubelten, stritten an westdeutschen Fakultäten Theologiestudenten über schneidend scharfe Thesen des Marburger Neutestamentlers RUDOLF BULTMANN: „Man kann nicht elektrisches Licht und Radioapparat benutzen, in Krankheitsfällen moderne medizinische und klinische Mittel in Anspruch nehmen und gleichzeitig an die Geister- und Wunderwelt des Neuen Testaments glauben."[11] Nicht wenige der Elvisfans dachten (in diesem Punkt) wie BULTMANN, wie die erste empirische Studie über die religiöse Situation in der Nachkriegsjugend zeigt.[12] Der mythologischen „Geister- und Wunderwelt" der Bibel konnten sie an Lebenswissen kaum mehr etwas abgewinnen – „wahre Wunder", so die faszinierende Vision, vermochten die entfesselten Energien von Wissenschaft und Technik zu vollbringen, die im Wirtschaftswunderjahrzehnt Träume privaten Lebensglücks auf wachsende Prosperität, Konsum und die Freiheit der Freizeit in greifbare Nähe zu rücken schienen (Erhöhung der Durchschnittslöhne 1950–1962: 150%). Für Jugendliche war die „Klamottenzeit", der Kampf um ein dichtes Dach, um Brot und Schwarzmarktkartoffeln, in eine ferne Vergangenheit entrückt.
Die allmähliche Entwicklung einer pluralistischen Kultur des Interessenausgleichs im demokratischen Konsens zeigte erste Risse in der überkommenen Geschlossenheit einer konfessionell-christlichen Gesellschaft. Es begann eine öffentliche Debatte über die Umwandlung konfessioneller Schulen in bekenntnisfreie Schulen, die besonders die katholische Kirche traf. Zur selben Zeit vollzog die Evangelische Kirche 1958 mit der erklärten Bereitschaft zu einem „freien Dienst an einer freien Schule"[13] den folgenreichen Wandel von einer „Weltanschauungsmacht" zum Dialogpartner unter „gesellschaftlich relevanten Kräften". Es galt, den Anschluss an eine moderne Gesellschaft zu halten und wieder zu finden, welche die Kirchen in ein vormodernes geistliches Reservat für Modernisierungsverlierer abzudrängen drohte.

Vor demselben Dilemma stand der schulische Religionsunterricht. Fachlehrer/-innen erlebten seine Wirkungslosigkeit in krassem Missverhältnis zu seiner „dogmatischen Überfrachtung", dem Anspruch und Ziel verkündigender Unterweisung. Seine kirchliche Erbaulichkeit brachte das Fach in Verruf unter der Lehrerschaft; das Desinteresse von Schülern signalisierte unübersehbar seine wachsende Isolation im schulischen Fächerkanon.
Die Abkehr vom Konzept einer verkündigenden Glaubenseinweisung leiteten zwei Veröffentlichungen ein: MARTIN STALLMANNs „Christentum und Schule" (Stuttgart 1958) und HANS STOCKS „Studien zur Auslegungen der synoptischen Evangelien im Unterricht" (Gütersloh 1959). Eigenständig weitergeführt wurden diese Arbeiten durch GERT OTTO (Schule – Religionsunterricht – Kirche, Göttingen 1961; Handbuch des Religionsunterrichts, Hamburg 1964) sowie INGO BALDERMANN (Biblische Didaktik, Hamburg 1963).

STOCK, STALLMANN und OTTO entfalteten drei Kerngedanken, die schon früh kritisch gegen den verkündigenden Unterricht vorgetragen worden waren:

- ERICH WENIGER und andere Vertreter der seinerzeit führenden geisteswissenschaftlichen Pädagogik hatten bereits seit 1948 den Bildungsauftrag des Religionsunterrichts an der öffentlichen Schule angemahnt. Dieser müsse sich *pädagogisch ausweisen* mit dem Auftrag, jungen Menschen die europäische, christlich geprägte Kulturtradition zu erschließen und deren Anspruch als Anfrage an den eigenen Lebensentwurf wahrzunehmen.
- 1947 schon war RUDOLF BULTMANN gegen das „hybride Unterfangen" ins Gericht gegangen, in einer christlichen Unterweisung „Gottes Wirklichkeit in Gang bringen zu wollen" und hatte gefordert: „Der Religionsunterricht *soll nicht Glauben bewirken,* sondern der Schüler *soll im Religionsunterricht den Glauben ‚verstehen' lernen.* Den

Glauben ‚versteht' er aber nur dann, wenn er erstens sich selbst und zweitens die christliche Tradition ‚versteht' (LÄMMERMANN, 1994, 99f).

- *„Verstehen" meint die Kunst, Texte, Traditionen und Situationen deutend zu „übersetzen" und übersetzend zu deuten (Hermeneutik),* Vergangenes und Fremdes wiederholend „ins Leben zu ziehen". Als kommunikativer Prozess ist diese Kunst verwiesen auf methodisch nachvollziehbare, wissenschaftliche Regeln.

Maßgeblich inspiriert werden die hermeneutischen Ansätze seit 1958 demnach zum einen durch die Grundannahmen der geisteswissenschaftlichen Pädagogik und zum anderen von den damals tonangebenden exegetischen Disziplinen der Theologie, namentlich von BULTMANN und seiner Schule. Die genannten Autoren entfalten den zentralen Schlüsselbegriff des „Verstehens" auf je eigene Weise in drei Richtungen:

- Verstehen von Lebenssituationen („Daseinshermeneutik", STALLMANN)
- Verstehen von biblischen Texten (Bibelexegese und -hermeneutik, STOCK, BALDERMANN)
- Verstehen als didaktische Grundform im Unterrichtsgeschehen (OTTO).

STALLMANNs Studie unterscheidet grundsätzlich und kategorial zwischen „Verkündigung", die ihren Ort im Predigtvollzug der Kirche hat, und „Unterricht". Gegenstand des Unterrichts sind „Christentum" und „Religion", im Unterschied zum „Glauben" historische Größen. Er hat es mit den geschichtlichen Gestalten des Glaubens zu tun und zielt auf verstehende Auslegung von Tradition, die junge Menschen herausfordert, in kritischer Auseinandersetzung mit deren Anspruch sich selbst im Strom der Tradition zu verorten.
Diese Differenzierung hat zwei weit reichende Konsequenzen. STALLMANN plädiert als erster Religionspädagoge nach 1945 dafür, für das Fach die Bezeichnung *Religionsunterricht* wieder aufzunehmen und seine *Aufgabe im Rahmen des schulischen Bildungsauftrags* zu bestimmen (*schultheoretische, bildungstheoretische und kulturanthropologische Begründung*). Von der Position der geisteswissenschaftlichen Pädagogik her erhält der Religionsunterricht im Kontext der allgemeinen Bildungsaufgaben von Schule das besondere Mandat, Schülern die abendländische, vom Christentum nachhaltig geprägte Geschichte und Gegenwart zu erschließen. „Auslegung" meint dabei keineswegs affirmative Anpassung an Tradition. Die „verstehende Erschließung" macht ihre herausfordernde „Anrede und Anruf" an die Gegenwart überhaupt vernehmbar und setzt bei jungen Menschen einen Aneignungsprozess in Gang, um die eigene Wirklichkeit in verantworteter Freiheit selbst zu gestalten (*Hermeneutik des Daseins*).
STALLMANN zielt mit dieser „Ausstattung des Bewusstseins des einzelnen Individuums mit historischer Tiefendimension" (DROSS, 27) auf eine *schulkritische Funktion* des Religionsunterrichts. Er soll ein „Widerlager" (ebd.) bilden gegen eine zweckrational ausgerichtete Schule, die Heranwachsende trimmt auf ihre Rolle für den Bestand des „Herrschaftssystems". Der Religionsunterricht müsse daher „das ganze menschliche Leben" einbeziehen und gewissermaßen den Stoff der Schulfächer „noch einmal" durchnehmen.
Anders als STALLMANN, der seine tiefgründigen Einsichten didaktisch nicht konkretisierte und daher nur mittelbar die schulische Praxis beeinflussen konnte, stellt sich STOCK zentral der Frage, wie denn christliche Tradition erschlossen werden könne, um „Anrede und Anruf" hörbar zu machen.

Seine sieben „Beispiele für Interpretation und unterrichtliche Behandlung der Evangelien" stehen zunächst für die *entschiedene religionspädagogische Hinwendung zum historischen Jesus der synoptischen Evangelien.* Die Schüler sollen „Jesus sehen, wie er wahrer Mensch ist ..., ohne den Goldgrund der Legende" (1959, 43). Konsequent wendet STOCK zum ersten Mal die *Methoden der historisch-kritischen Forschung* auf die Textauslegung an, die seither in der Religionspädagogik ein unhintergehbarer Standard des *wissenschaftlichen Umgangs mit biblischen Texten* geworden sind. „Entmythologisierung“ bedeutete, die Überlieferungen auf jene hinter den weltbild- und zeitbedingten Bildern und Vorstellungsweisen verborgenen, zeitlosen Grunderfahrungen menschlicher Existenz hin auszulegen (sog. „*Existenziale*“, z.B. Angst, Geborgenheit, Endlichkeit, Hoffnung, wahres Leben), welche die befreiende Kraft der biblischen Botschaft aufscheinen lassen (das „*Kerygma*“). Wer mit der kritischen Sonde wissenschaftlicher Forschung den wirklichen Menschen Jesus auf seinem Weg zwischen den zahlreichen Messiasanwärtern und Göttersöhnen der Antike begleitet, wird vielleicht die Provokation des Zeugnisses erahnen, ausgerechnet diesen Nazarener mit dem Titel des römischen Kaisers auszustatten: „Gottes Sohn“. STOCK unterlegt der unterrichtlichen Textarbeit die anspruchsvolle Aufgabe, „durch *geschichtliche Erklärung* die *sachlichen Grundzüge* der Verkündigung in ihrem *originalen Anspruch verstehbar* zu machen“ (46, Hervorh. H.N.).

Auch GERT OTTO bemüht sich um eine „elementarisierende Vermittlung der exegetisch-theologischen Forschungsergebnisse“ (DROSS, 28).[14] Er bekräftigt die Eigenständigkeit des Religionsunterrichts gegenüber kirchlicher Katechese mit seiner strittigen Forderung, die Praxis der kirchlichen Beauftragung der Lehrkräfte (*vocatio, missio*) *zu überdenken* (1961, 60). Sein Handbuch (1964) bietet nicht allein praktische Anregungen für die „Auslegung der Bibel als didaktische Grundform des Religionsunterrichts“, sondern entfaltet (auf dem Weg über die Sprachphilosophie) um den Zentralbegriff der „Auslegung“ ein vergleichsweise weites und offenes Konzept. Da Schüler im Dialog zwischen Tradition und Situation zu selbstständigen Auslegern der Bibel heranreifen sollen, müssen *prinzipiell auch alle außerbiblischen Inhalte in den Unterricht einbezogen werden, die zur „Existenzerhellung“ beitragen können* – Inhalte aus der Geschichte der Kirche ebenso wie aus Philosophie, „Fremdreligionen“, Literatur und Wissenschaft.

Die beherrschende Mittelpunktstellung biblischer Überlieferung haben die Überlegungen OTTOs allerdings nicht antasten können. Insgesamt hat der hohe wissenschaftliche Anspruch hermeneutischer Konzepte ihren Einfluss auf die schulische Praxis deutlich begrenzt. Die „existenziale Auslegung“ erwies sich in ihrer idealistischen und individualistisch enggeführten Allgemeinheit als ein schwer praktikables Unterfangen. Zudem trat sie in den Hintergrund gegenüber dem allmählichen, „ökumenisch-überkonfessionellen“ Einzug des wissenschaftlichen Instrumentariums historisch-kritischer Auslegungsmethoden in die religionsdidaktische Theorie und Praxis.

Thematisch-problemorientierte Didaktikkonzepte 1968–1975

„Trotz verfassungsrechtlicher Verankerung der Trennung von Staat und Kirche ist der Religionsunterricht Pflichtfach. Da jedoch ein Schüler vom vollendeten 14. Lebensjahr an religionsmündig ist, darf er von diesem Zeitpunkt an der freudigen Pflicht, sich mit frommen Sprüchen und Liedlein berieseln zu lassen, entsagen. Doch lässt man das Schäflein oft nur ungern und unter Zähneknirschen ziehen ... Falls ihr keine Lust mehr habt, weiterhin die St.-Pauli-Gedächtnissuppe zu löffeln, schickt ein Formular mit freundlichen Empfehlungen an euren Schulleiter ...“[15]

Polemisch-schrille Flugblätter wie dieses aus Frankfurt machten 1967/68 landauf landab Religionslehrer/-innen schwer zu schaffen; denn sie zeigten Wirkung. Eine bis dahin nie erlebte Abmeldewelle stürzte das Fach in eine schwere Legitimationskrise, die gleichermaßen seine *konfessionelle Verfasstheit* wie seine *didaktische Monokultur* (H. K. BERG), den ungebrochenen Primat biblischer Textbearbeitung, zur Disposition stellte. Die spektakulären Aktionen der *Schüler- und Studentenbewegung* brachten unerwarteten Effet in eine *allgemeine bildungspolitische Diskussion*, die darauf abzielte, die Schulbildung vom „Traditionsballast“ zu befreien und an Zukunftsqualifikationen einer konkurrenzfähigen Wirtschaft zu orientieren.[16] Der Religionsunterricht wurde zum Paradebeispiel einer rückwärts gewandten, anachronistischen Bildung in der „autoritären Schule“ überhaupt.

„Muss die Bibel im Mittelpunkt des Religionsunterrichts stehen?“ 1966 hatte HANS-BERNHARD KAUFMANN diese Frage in einer Thesenreihe konsequent verneint und (noch im Sinne des hermeneutischen Ansatzes) eine stärkere Lebensorientierung des Religionsunterrichts eingeklagt. Nun antworteten Schüler selbst auf diese Frage mit weit reichenden Forderungen nach urteilsbildender Sachinformation, Behandlung von Gegenwartsproblemen, freier Diskussion, nach ökumenischer und religionskundlicher Öffnung.
Die Religionspädagogik hat in einer Phase beispielloser produktiver Betriebsamkeit die Chance für eine „Wende um 180 Grad“ ergriffen und binnen kurzer Zeit eine Vielzahl an didaktischen Neuansätzen hervorgebracht, deren gemeinsame Anliegen mit der Sammelbezeichnung „Thematisch-problemorientierte Konzeptionen“ zutreffend charakterisiert sind:

„Drei Momente kennzeichnen ... den Paradigmenwechsel:

- *von der Traditionsorientierung zur Zukunftsorientierung;*
- *von der Stofforientierung zur Problemorientierung;*
- *von der Vermittlungsorientierung zur Schülerorientierung.*“[17]

Der entscheidende Impuls für die *theoretische Fundierung* des Religionsunterrichts und die Neuvermessung des didaktischen Aufgabenfeldes ist von der (*Wieder-)Entdeckung eines weiten, allgemeinen Begriffs von Religion* ausgegangen, mit dem HUBERTUS HALBFAS 1968 seine „Fundamentalkatechetik“[18] programmatisch eröffnet. „Religion, Religionen, Religiosität“ haben „ontischen“, seinsmäßigen Charakter, die den Menschen als „homo religiosus schlechthin“ (31) qualifizieren. Wenn Gott und Glaube, die Ergriffenheit von dem, „was uns unbedingt angeht“ (PAUL TILLICH), zur universalen anthropologischen Grundausstattung gehört, muss einem „Unterricht in Religion“ „für alle“ die Aufgabe zufallen, jungen Menschen in allgemeinen Bildungseinrichtungen diese „Tiefendimension“ menschlichen Daseins zu erschließen.
Das didaktische Leitbild, die „religiöse Dimension“ in den individuellen, zwischenmenschlichen und gesellschaftlichen Bezügen der eigenen Welt zu entdecken und diese religiös deuten zu lernen, steht auch auf evangelischer Seite dem Bemühen voran, den Religionsunterricht auf ein sicheres Fundament im Rahmen der Schulentwicklung zu stellen und ihn didaktisch in den Frage- und Problemhorizont junger Menschen auszuspannen. Unter den Religionspädagogischen Instituten, die in diesen Jahren von den Kirchen neu gegründet oder großzügiger ausgestattet wurden, legt zuerst das „Pädagogisch-Theologische Institut“ in Kassel ein an das allgemeine Religionsverständnis von TILLICH angelehntes, geschlossenes Gesamtkonzept vor (1970–1973). Sein Leiter SIEGFRIED VIERZIG, verknüpft die von der Kritischen Theorie der Frankfurter Schule übernommene Forderung nach einer „*Erziehung zur Emanzipation*“ mit der Frage nach der *qualitativen Funktion von Religion*: Religion(-sunterricht) habe maßgeblich zur Autoritätsgläubigkeit, zur Bindung an affirmative Tugenden von Pflicht, Gehorsam, Disziplin und Unterordnung und damit zur Verfestigung unfreier Zustände in der Gesellschaft beigetragen. Ein *Religionsunterricht im Dienste emanzipatorischer Selbstbestimmung und Mitbestimmung* müsse

- den emanzipatorischen Charakter der christlichen Religion wieder entdecken (Freiheit vom Gesetz, Liebe als einziges Gebot);
- an die Stelle manipulativer Formen der Vermittlung (Unterweisung) kommunikative Formen des kritischen Diskurses entwickeln;
- die Entkonfessionalisierung des Religionsunterrichts anstreben und
- einen für alle transparenten, revidierbaren und überprüfbaren Lernzielkatalog entwickeln.[19]

Lernzielorientierung bildete für den Kreis um VIERZIG die zweite Säule des Konzeptes. In Übernahme der Curriculumreform, wie sie in der Allgemeinen Didaktik en vogue war, ging man daran, Ziele, Inhalte und Methoden in einem wissenschaftlich-akribischen Deduktionsverfahren feingliedrig aufeinander abzustimmen:

- ausgehend von näher zu bestimmenden „Lebensbewältigungssituationen" in der Zukunft und davon abzuleitenden wünschbaren Qualifikationen sollten
- anzustrebende Verhaltensweisen und Fähigkeiten (kognitiv, affektiv, pragmatisch) anvisiert werden, um sodann
- Global-, Ober-, Zwischen- und Feinziele des Unterrichts formulieren und
- diesen Zielen adäquate Inhalte, Methoden und Sozialformen entwickeln zu können.

Unter dem Oberziel der „Fähigkeit zu eigener religiöser Welt- und Lebensdeutung" rangieren die Teilziele:

- „Die Möglichkeit religiösen Fragens erkennen."
- „Religiöse Vorstellungen kritisch ordnen und befragen."[20]

Da kaum einem lebensrelevanten Problem die in ihm verborgene „religiöse Frage" grundsätzlich abgesprochen werden kann, kam es zu einer förmlichen Explosion von Themenvorschlägen, für die der Kasseler „lernzielorientierte Projektideenplan" für die Klassen 2–13 ein eindrückliches historisches Beispiel darstellt.[21]
Die geradezu euphorische curriculare „Umpolung" des Religionsunterrichts und der didaktischen Reflexion wurde von verbreiteter Skepsis begleitet. In Abgrenzung zu einer vereinseitigten Lernzielorientierung entwickelte seit Beginn der 1970er Jahre DIETER STOODT in Frankfurt einen *„sozialisationsbegleitenden Religionsunterricht"*[22], der in origineller Weise die Anliegen des problemorientierten Ansatzes, befreiende Impulse der biblischen Überlieferung und die konkrete Lebensgeschichte der Schüler/-innen miteinander zu verschränken sucht. Der Religionsunterricht ist für STOODT ein kommunikativer Ort, um die Sozialisationsdefizite Heranwachsender hinsichtlich ihrer religiösen Vorstellungen und Sprachfähigkeit aufzuarbeiten in Richtung auf „biblisch qualifizierte Freiheit". Die Aufmerksamkeit richtet sich dabei stärker auf die individuelle Lebensgeschichte in kritischer Analyse der gesellschaftlich und sozialisatorisch wirksamen „neutralisierten Religion", die allenfalls die Hülsen biblischer Freiheit konserviert hat.

Die religionskritischen Impulse bei VIERZIG und STOODT werden weitergeführt und programmatisch aufgenommen im „Neuen Handbuch des Religionsunterrichts" von OTTO/DÖRGER/LOTT: „Religionskritik ist immer auch Gesellschaftskritik, Gesellschaftskritik ist immer auch Religionskritik."[23]
Die damit eingeforderte, strukturell-gesellschaftsanalytische Ausrichtung und die abermalige Ausweitung des Gegenstandsbereiches machte die Beantwortung der Frage nach dem unverwechselbaren Fachbeitrag des Religionsunterrichts zum schulischen Bildungsgeschehen nicht eben leichter, zumal das Handbuch der biblischen Überlieferung einen wie immer definierten „Eigenwert" absprach und sie dem didaktisch-funktionalen Plausibilitätskriterium unterstellte, wie es für alle Unterrichtsinhalte zu gelten habe.[24]
VIERZIG hat den Ansatz eines *gesellschafts- und ideologiekritischen Religionsunterrichts* 1975 unter Aufnahme der kritischen Theorie und der politischen Theologie (MOLTMANN, SÖLLE, METZ) noch einmal systematisch entfaltet.[25] Das Buch bildet im Abwind der Bildungsreformdiskussion im Gefolge der Wirtschaftskrise 1973/74 gewissermaßen den Abschluss der thematisch-problemorientierten Konzeptionsphase, die in historischer Rückschau einen beachtlichen Konsolidierungsprozess für den Religionsunterricht und die Religionsdidaktik hat bewirken können:

- Entdogmatisierung und Themenentgrenzung: Die lähmende Überfrachtung des Religionsunterrichts mit „biblischer Monokultur" und theologischem „Ballast" wurde überwunden durch breite, lebensnahe Themenvielfalt.

- Entkonfessionalisierung: Das eigenständige Profil des Religionsunterrichts wurde geschärft und die Forderung nach theologisch verantworteten und pädagogisch begründeten Konzepten zum religionsdidaktischen Allgemeingut.
- Verwissenschaftlichung: Die Religionsdidaktik brauchte den Vergleich mit den Standards anderer Fachdidaktiken keineswegs mehr zu scheuen.
- Didaktisch-methodische Transparenz: Gegen Stoffhuberei und pädagogische Willkür wurden Verfahren der wissenschaftlich gestützten Unterrichtsplanung entwickelt, die Inhalt, Struktur und Verlauf von Lernprozessen in für Dritte nachvollziehbare Begründungszusammenhänge einzuordnen erlaubten.
- Bezugswissenschaftliche Basis: Neben der Theologie spielen für die Religionspädagogik Erkenntnisse der Religionswissenschaft und Humanwissenschaften eine konstitutive Rolle.
- Religionskritische Sensibilität: Der Rekurs auf den Religionsbegriff hat die kritische Aufmerksamkeit für die ambivalente Wirkung religiöser Orientierungen im individuellen Lebensentwurf wie für gesellschaftlich wirksame Religionsäquivalente und Ideologien geschärft.

Auf der anderen Seite sind kritische Bedenken und Grabgesänge auf den problemorientierten Religionsunterricht so häufig vorgetragen worden, dass einige Stichworte an dieser Stelle genügen müssen:

- Der Religionsbegriff blieb zu allgemein und zu ungeschichtlich, kratzte weithin nur an der äußeren, objektiven Hülle von Religion, um als „universale Verständigungskategorie“ (K. E. NIPKOW) geeignet zu sein.
- In der Hochschätzung der Humanwissenschaften ist die unverzichtbare, kritisch-regulative Kraft der Theologie aus dem Blick geraten. Wie kann die befreiende Kraft der biblischen Botschaft didaktisch Geltung erlangen?
- Worin besteht der originäre Beitrag des Religionsunterrichts im Bildungsgeschehen der Schule? Was ist sein Proprium? Wie bestimmt sich seine Spezifik im Verhältnis zu Ethik, Philosophie, Werte und Normen?
- Biblische Texte wurden auf ihr „Problemlösungspotenzial“ reduziert, additiv angehängt, eklektisch funktionalisiert und der ihnen eigenen, kritischen Relevanz beraubt (vgl. STURM, 63ff).
- In der Forderung nach Schülerorientierung und der Rede von deren „objektiven Interessen“ verbargen sich handfeste Projektionen der Pädagogen über *ihre* Vorstellungen einer humanen Gesellschaftsveränderung.
- Problemorientierte Konzepte haben sich zu Gefangenen der zeitgenössisch technokratischen Machbarkeitsmythen machen lassen,
  - dem Mythos von der weltverändernden, aufgeklärten Vernunft,
  - dem Mythos pädagogischer Verhaltenssteuerung (wer über Wissen verfügt, verändert auch sein Handeln),
  - dem Mythos von der autonomen Vernunft der Schüler (Überschätzung der Möglichkeiten von Verhaltensänderungen gegen Sachzwänge, Gewohnheit, Gruppe) (ALFRED TREML).

Die katholische Religionspädagogik hat sich an der thematisch-problemorientierten „Erschließung des Daseins in seiner religiösen Dimension“ (WOLFGANG ESSER, 1970)[26] lebhaft beteiligt, die Tonlage blieb indes moderater und entbehrte der teils radikalen kirchen-, religions- und gesellschaftskritischen Vorstöße auf evangelischer Seite. Intensiver suchte man nach integrativen Vermittlungsmodellen zwischen dem Ruf nach Schülerorientierung und Lebensnähe auf der einen sowie dem Anspruch biblischer und kirchlicher Tradition auf der anderen Seite. Die Diskussion mündete in ein *korrelationsdidaktisches Grundkonzept* (GÜNTER LANGE, ADOLF EXELER). Es geht von der Grundannahme aus, Tradition und Situation, die heutige Lebenswirklichkeit junger Menschen und die Glaubenswirklichkeit der Kirche seien in wechselseitiger Verschränkung aufeinander bezogen

und in reziproker Deutung zu „übersetzen“. Didaktisch verlangt die These Offenheit gegenüber den konkreten Lebensthematiken von Kindern und Jugendlichen sowie eine Konzentration auf elementare, diese Wirklichkeit „korrelativ“ (in „Entsprechungen“) aufnehmende Glaubenswahrheiten.
Der korrelationsdidaktische Ansatz wurde zunächst in dem einflussreichen *Zielfelderplan für die Sekundarstufe I von 1973*[27] realisiert und hat sodann maßgeblich den Beschluss „Der Religionsunterricht in der Schule“ der Gemeinsamen Synode der Bistümer in der Bundesrepublik Deutschland vom 22.11.1974 geprägt.[28] Dieser Beschluss lenkte die Debatte der „68er“ in ein ruhigeres Fahrwasser und hat in der katholischen Religionspädagogik bis weit in die 1990er Jahre eine regulative Funktion wahrgenommen:

„Der Glaube soll im Kontext des Lebens vollziehbar, und das Leben soll im Licht des Glaubens verstehbar werden. Der Religionsunterricht muss ... dabei aber wissen, dass die Botschaft nicht aus, sondern an der Erfahrung und Situation des Menschen verifiziert wird; er ist nur dann christlicher Religionsunterricht, wenn er die Fragen und Probleme der Menschen und der Welt in Offenheit für das Zeugnis der Schrift und den Glauben der Kirche zu klären sucht“ (Pkt 2.4.2).

Das Korrelationsprinzip hat mehrere Dimensionen, als

- *curriculares* Auswahlkriterium (Beziehung von „Leben“ und „Glauben“),
- *didaktisches Vermittlungsprinzip* (lebendiges In-Beziehung-Setzen),
- *theologisches Deutungsprinzip* (der *für uns* handelnde Gott) (HOFMEIER, 84).

Die Korrelationsdidaktik erfährt in den Folgejahren weiterführende Differenzierungen z.B. in den Arbeiten von GABRIELE MILLER, GEORG BAUDLER und WOLFGANG G. ESSER.[29]

Auf evangelischer Seite hatte KARL ERNST NIPKOW schon seit 1970 vorgearbeitet, um theologische und humanwissenschaftliche Erkenntnisse „komplementär“ aufeinander zu beziehen. In seinem mehrbändigen Grundlagenwerk[30] spricht er sodann von einem *konvergenztheoretischen Orientierungsmodell*, das Theologie und Pädagogik „in einer doppelten Spur“ aufeinander zuzuführen sucht und in der Konsequenz für eine Kooperation der teils widerstreitenden Positionen und Ansätze von bibelorientierten, problemorientierten und sozialisationsbegleitenden Konzepten plädiert.

In der zweiten Hälfte der 1970er Jahre mehrten sich die Stimmen, das gemeinsame Erbe der kaum mehr überschaubaren Vielfalt von religionsdidaktischen Konzepten zu bergen und in die Waagschale eines zukunftsfähigen Religionsunterrichts zu werfen. DROSS diagnostiziert am Ende der 1970er Jahre bereits eine neue „*integrative Phase*“ – die Zeit der „Alleinvertretungsansprüche“ und des kämpferischen „Konzeptionendogmatismus“ (W. STURM) schien abgelaufen – und ist bis zum heutigen Tag nicht zurückgekehrt.
1980 publizierten GEORG BAUDLER und PETER BIEHL eine Schrift, die versprach, die integrative religionspädagogische Grundkategorie ausgemacht zu haben. Sie hieß: **Erfahrung.**[31]
Von der Hinwendung der Religionspädagogik zum Lernenden als Subjekt führte ein kurzer Weg zur **Symboldidaktik.**

✎ Benutzen Sie die Stichworte der folgenden Übersicht, um die Intentionen, die didaktischen Prinzipien, Methoden etc. der angesprochenen Konzeptionen mit eigenen Worten zu erläutern. Greifen Sie dabei auf die Beispiele zum Thema Weihnachten zurück.
Im Vorgriff auf das nachfolgende Kapitel ist in der rechten Spalte die Symboldidaktik aufgenommen. Markieren Sie Schlüsselbegriffe, auf die Sie bei der Lektüre des Abschnitts über die Symboldidaktik achten wollen.

2.7 Religionspädagogische Konzeptionen im Überblick*

	Evangelische Unterweisung Kerygmatischer Unterricht (1945 [1929ff])	**Hermeneutische Konzepte (ab 1958)**	**Thematisch problemorientierte Konzepte (ab 1968)**	**Symboldidaktik (ab 1980)****
Intentionen	Den Anspruch Gottes dem Schüler für sein persönliches Leben hörbar machen ...; Einübung des Glaubens, Einführung ins kirchliche Leben, Ruf in die Entscheidung	Sachgerecht auslegen, existenziell deuten: durch *sachgerechte, methodisch angeleitete Auslegung* die Situation des Menschen vor Gott deuten; Verstehen von Texten in ihrem Selbst- und Weltverständnis im Zusammenhang heutiger Existenz	Einsicht in die Bedeutung der biblisch-christlichen Tradition für individuelle und gesellschaftliche Probleme der Zukunftsbewältigung; die „religiöse Dimension" in der profanen Lebenswelt erkennen und deuten; ethische Urteilsbildung;	„Verstehen lebensweltlich relevanter und religiöser Symbole; Inanspruchnahme von christlichen Symbolen zur Deutung der Lebenswelt und zur Verständigung über die gemeinsamen Grundlagen des Handelns; Streit um die Auslegung der Wirklichkeit"
Wichtige Bezugsdisziplinen	(praktische) Theologie	Exegetische Diziplinen; Pädagogik (Hilfswissenschaft)	Soziologie, Sozialpsychologie, Politikwissenschaft	„Sprach-, Literatur- und Kulturwissenschaft"
Didaktische Prinzipien	Vom Text zum Unterricht; Konzentration auf den Anspruch Gottes im Bibelwort; gegen Historisieren, Theoretisieren, Moralisieren	Orientierung an Auslegung mit wissenschaftlich-exegetischen Methoden; existenziale Interpretation (Hermeneutik des Daseins)	Problem- und Schülerorientierung; komplementärer Kontextunterricht über „Christsein und Menschsein in der Gegenwart" (NIPKOW)	„Symbole als Brücke des Verstehens zwischen überlieferten und gegenwärtig relevanten Symbolen; Selbsttätigkeit, Erfahrungs- und Handlungsbezug, Unterbrechung und Überbietung"
Zentrale Inhalte	Bibel, Katechismus, Gesangbuch, literarische Texte	Biblische Texte (auch Lied und Memorierworte), kirchengeschichtliche Themen, literarische Texte	Analyse von lebensrelevanten Situationen und Themen, „Problemlösungspotenziale" in Wissenschaft, Politik, Theologie und Bibel	„Alltagsmythen und Symbole; religiöse und kulturelle Symbole; fundamentale biblisch-christliche Symbole"
Besondere Methoden	Erzählend, unterweisend verkündigen	Exegese, mythologische Sprache und Weltbilder freilegen; psychologische Voraussetzungen beachten; didaktisch-methodisch reflektierte Formen des Erzählens	Projektunterricht; gruppendynamische Verfahren; fächerverbindender Unterricht; Konsens durch Diskussion	„Vorformen des Bibliodramas, Pantomime, Tanz, alle Formen des Spiels; bildnerisches, sprachliches und musikalisches Gestalten; Erzählung, Meditation"

	Evangelische Unterweisung Kerygmatischer Unterricht (1945 [1929ff])	**Hermeneutische Konzepte (ab 1958)**	**Thematisch problemorientierte Konzepte (ab 1968)**	**Symboldidaktik (ab 1980)***
Schüler/ -innenbild Lehrer/ -innenrolle	Getaufte Kinder christlicher Eltern; Lehrer/-in: Zeuge, Bekenner, Missionar	Heranwachsende auf der Suche nach Identität im Strom der Kulturtradition; theologische/r Fachmann/Fachfrau	Aktive Subjekte religiöser Urteilsbildung und Veränderung der Lebensumstände; Lehrer/-in: „engagierte Zeitgenossen und Anwälte ihrer Schüler/-innen; theologisch kompetent für die Arbeit“ an relevanten Problemen (PETER BIEHL)	Aktive, selbsttätige Lernsubjekte und Konstrukteure ihrer Wirklichkeit; Lehrer/-in: „Regisseur/-in, Mitspieler/-in, Berater/-in; Kompetenz im Umgang mit religiösen Symbolen; Symbolisierungsfähigkeit; Lehrer/-innen sind selbst religiöses Symbol“
Vertreter/ -innen (Auswahl)	H. KITTEL, O. HAMMELSBECK. L. CORBACH	M. STALLMANN, H. STOCK, G. OTTO, I. BALDERMANN	S. VIERZIG, K. E. NIPKOW, D. STOODT (sozialisationsbegleitender Religionsunterricht); G. OTTO, M. VEIT	H. HALBFAS, P. BIEHL, G. BAUDLER
Theologischer Kontext	Lutherische Rezeption der Dialektischen Theologie	Historisch-kritische, existenziale Theologie (BULTMANN und BULTMANN-Schule)	Korrelationstheologie (P. TILLICH); Politische Theologie (J. MOLTMANN, J. B. METZ, D. SÖLLE)	Symboltheorie (P. TILLICH, P. RICOEUR, C.G. JUNG)
Allgemein-didaktischer Kontext		Geisteswissenschaftliche und bildungstheoretische Pädagogik, KLAFKI (ab 1958): Was ist exemplarisch für elementare und fundamentale Bildung? 5 (später 7) Leitfragen für die didaktische Analyse; **Inhaltsorientiert**: Vom Gegenstand zur Elementarisierung zum Schüler (Methoden nachgeordnet);	Lerntheoretische und curriculare Didaktik, Berliner Schule (1965ff): HEIMANN/OTTO/SCHULZ, Curriculumdeterminanten: Schüler – Gesellschaft – Fach(wissenschaft); **Curricular-lernzielorientiert:** Von zu bewältigenden Problemen zu wünschbaren Qualifikation, Zielen, Inhalten, Methoden	Neben kommunikativer Didaktik, Gestaltpädagogik u.a. handlungsorientierte Didaktik (z.B. H. MEYER): Erfahrung = Schlüssel für Lernprozesse; learning by doing; ganzheitliche Lernverfahren; **Kommunikations- und methodenorientiert**

* Diese Übersicht spiegelt den „evangelischen Blick“ auf die Didaktikgeschichte wider. Ein katholisches Pendant (bis 1977) findet sich bei u.a. MILLER, GABRIELE: Geschichte ist Gegenwart – religionspädagogische Konzeptionen der letzten 50 Jahre. Ein Überblick im Schnellverfahren für die Fortbildung von Religionslehrern, KatBl 104 (1977), 913-918.

** unter Aufnahme einer Übersicht von BIEHL, PETER: Zur Didaktik der kritischen Symbolkunde, in: Arbeitshilfe für den Religionsunterricht an Gymnasien, BERGAU, WILFRIED (Hg.) u.a., Nr. 54, Hannover 1994, 16-46, hier: 40f

Literatur

BARTHOLOMÄUS, WOLFGANG: Einführung in die Religionspädagogik, München 1983; BIEHL, PETER u.a. (Hg.): Jahrbuch der Religionspädagogik, Bd. 12: Religionspädagogik seit 1945. Bilanz und Perspektiven, Neukirchen-Vluyn 1996; BOLLE, RAINER/KNAUTH, THORSTEN/WEIßE, WOLFRAM (HG.): Hauptströmungen evangelischer Religionspädagogik im 20. Jahrhundert. Ein Quellen- und Arbeitsbuch (Jugend – Religion – Unterricht, Bd. 8), Münster 2002; DROSS, REINHARD: Evangelische Religion (Kompendium Didaktik), München 1981; GRETHLEIN, CHRISTIAN: Religionspädagogik, Berlin/New York 1998; HOFMEIER, JOHANN: Fachdidaktik Katholische Religion (Neubearbeitung), München 1994; HELMREICH, E.C.: Religionsunterricht in Deutschland. Von der Klosterschule bis heute, Hamburg 1966; KALLOCH, CHRISTINA: Plädoyer für einen ehrenhaften Abgang? Religionspädagogische Konzepte des zwanzigsten Jahrhunderts und ihre Bedeutung für die Gegenwart, in: RpB 48/2002, 29 – 42; LACHMANN, RAINER/RUPP, HORST F. (Hg.): Lebensweg und religiöse Erziehung. Religionspädagogik als Autobiografie, Bd. 1 und 2, Weinheim 1989; LÄMMERMANN, GODWIN: Grundriss der Religionsdidaktik (Praktische Theologie heute Bd. 1), Stuttgart 1991; LÄMMERMANN, GODWIN: Religionspädagogik im 20. Jahrhundert, Gütersloh 1994; NIPKOW, KARL-ERNST/SCHWEITZER, FRIEDRICH (Hg.): Religionspädagogik. Texte zur evangelischen Erziehungs- und Bildungsverantwortung seit der Reformation, Bd. 1, 2.1, 2.2., München 1991 und 1994; PITHAN, ANNEBELLE (Hg.): Religionspädagoginnen des 20. Jahrhunderts, Göttingen 1997; RICKERS, FOLKERT: Zwischen Kreuz und Hakenkreuz. Untersuchungen zur Religionspädagogik im „Dritten Reich", Neukirchen-Vluyn 1995; SCHRÖER, HENNING/ZILLEßEN, DIETRICH (Hg.): Klassiker der Religionspädagogik, Frankfurt/M. 1989; STOODT, DIETER: Arbeitsbuch zur Geschichte des evangelischen Religionsunterrichts in Deutschland, Münster 1985; STURM, WILHELM: Religionspädagogische Konzeptionen, in: LACHMANN, RAINER/ADAM, GOTTFRIED (Hg.): Religionspädagogisches Kompendium, 5. neubearb. Aufl. 1997, 37–86; TWORUSCHKA, UDO: Die Geschichte nicht christlicher Religionen im christlichen Religionsunterricht (Kölner Veröffentlichungen zur Religionsgeschichte, Bd. 2) Köln/Wien 1983; WEIDMANN, FRITZ (Hg.): Didaktik des Religionsunterrichts, 7., völlig neu bearb. und erw. Auflage, Donauwörth 1997.

---

1 „Scholastik" (lat. *Scholastica* = schulmäßige Lehren) bezeichnet die seit dem 9. Jahrhundert unternommenen und im Hoch- und Spätmittelalter in der Theologie vorherrschenden Versuche, unter Rückgriff auf die griechische Philosophie (Aristoteles) biblische Überlieferung und kirchliche Tradition (Kirchenväter) systematisierend zusammenzufassen und in ein einsichtiges, harmonisches System von Vernunft und Offenbarung einzubinden.

2 KITTEL, HELMUTH: Vom Religionsunterricht zur Evangelischen Unterweisung, Wolfenbüttel-Hannover 1947.

3 BOHNE, GERHARD: Das Wort Gottes und der Unterricht, Berlin 1929, ^{2}1932. B. VRIJDAGHS hat darauf hingewiesen, dass Bohnes Anleihen in Sprache und Diktion bei der Dialektischen Theologie zu der Deutung beigetragen haben, Bohnes Werk als religionspädagogische „Adaption der *dialektischen Theologie*" misszuverstehen. BOHNES Abkehr von liberalen Traditionen wurzele hingegen in der persönlichen „Krisiserfahrung des Krieges" (B. VRIJDAGHS: Bohne, Gerhard, in: RICKERS, FOLKERT/METTE, NORBERT (Hg.): Lexikon der Religionspädagogik, Bd. 1, Neukirchen-Vluyn 2001, 206–209, Zitat: 207).

4 RANG, MARTIN: Biblischer Unterricht. Theoretische Grundlegung und praktische Handreichung für den RU in Schule, Kirche und Familie, Berlin 1936. Das Werk erschien in überarbeiteter Fassung unter dem Titel: Ders.: Handbuch des biblischen Unterrichts, Bd. I, Tübingen ^{2}1947 (1939), Zitat:106. Im selben Jahr ordnete OSKAR HAMMELSBECK den Religionsunterricht dem „Gesamtkatechumenat der Kirche" zu, als eine Dimension des gesamten kirchlichen Erziehungshandelns (Der kirchliche Unterricht. Aufgabe – Umfang – Einheit, München 1939).

5 ALBERTZ, M/FORCK/H.: Evangelische Christenlehre. Ein Alterstufenlehrplan. Durchgesehener Nachdruck 1938.

6 HAMMELSBECK, OSKAR: Der kirchliche Unterricht, 1939, München ^{2}1947.

7 Aus HELMUTH KITTELs Feder stammt z.B. die „deutschtümelnde, dem Dritten Reich applaudierende Schrift" (DROSS, 16) „Religion als Geschichtsmacht" (1939).

[8] Vor diesem Hintergrund sind nicht zuletzt die Bestimmungen von Art. 4 und 7 des Grundgesetzes über Religionsfreiheit und Religionsunterricht zu interpretieren. Das ideologiekritische Staats- und Schulressentiment der Bekennenden Kirche hat für die Geschichte der „Christenlehre" in der DDR sowie in den Debatten der Nachwendezeit 1990 um die Einführung eines Religionsunterricht nach westlichem Vorbild eine herausragende Rolle gespielt.

[9] Diese „typisch protestantische", antithetische Entgegensetzung von Glaubensunterweisung und Schulbildung ist von der kerygmatisch ausgerichteten katholischen Katechetik nicht nachvollzogen worden. Entsprechend dem katholisch-korrelativen Verständnis von Vernunft und Offenbarung, Philosophie und Theologie blieb für sie charakteristisch, das Verhältnis von „natürlicher Erziehung" und „Glaubenserziehung" in wechselseitiger Ergänzung und Entsprechung zu bestimmen (mit der Folgerung, dass katholische Kinder in katholischen Schulen zu erziehen seien, vgl. GRETHLEIN, 128ff).

[10] JUNGMANN, J. A.: Die Frohbotschaft und unsere Glaubensverkündigung, Regenburg 1936, 60).

[11] BULTMANN, RUDOLF: Das Problem der Entmythologisierung der neutestamentlichen Verkündigung, in: ders.: Offenbarung und Heilsgeschehen, München 1941, 27–69, hier: 31.

[12] Die von EMNID durchgeführte Untersuchung wurde verarbeitet in HANS-OTTO WÖLBER: Religion ohne Entscheidung. Volkskirche am Beispiel der jungen Generation, Göttingen 1959.

[13] Text bei NIPKOW/SCHWEITZER, Bd. 2,2, 157–160.

[14] Auf eine Erörterung des schulisch wohl wirkungsvollsten bibelhermeneutischen Konzepts von INGO BALDERMANN wird an dieser Stelle verzichtet, da dessen Fortentwicklung bis in die jüngste Gegenwart später ausführlich zu Wort kommt (vgl. 167ff).

[15] Aus einer Dokumentation über Schülerproteste gegen den Religionsunterricht in „Zum Beispiel. Zeitschrift für die Praxis des christlichen Unterrichts in Schule und Kirche", 4. Jg. (1969), Sonderheft.

[16] Vgl. PICHT, G.: Die deutsche Bildungskatastrophe, Freiburg i. Brsg. 1964.

[17] BERG, HORST-KLAUS: Grundriss der Bibeldidaktik. Konzepte – Modelle – Methoden, München/Stuttgart 1993, 106. Beachtenswert ist der Hinweis von W. STURM, dass die „Problemorientierung" in der Religionspädagogik eine lange Vorgeschichte hat, deren Wurzel zurückreicht in den Moralunterricht des 19. Jahrhunderts, in den lebenskundlichen Religionsunterricht der 1920er Jahre und nicht zuletzt in den Religionsunterricht an berufsbildenden Schulen (STURM, 53).

[18] HALBFAS, HUBERTUS: Fundamentalkatechetik, Düsseldorf 1968.

[19] Die Diskussionsbeiträge wurden veröffentlicht in der hauseigenen Zeitschrift „Informationen" ab 1970.

[20] VIERZIG, SIEGFRIED: Lernziele des Religionsunterrichts, Informationen 1/2 1970, 12–16.

[21] Abgedruckt in den „Informationen" 3/4 1970.

[22] Düsseldorf 1975.

[23] OTTO, G./DÖRGER, H. J./LOTT, J.: Neues Handbuch des Religionsunterrichts, Hamburg 1972, 32.

[24] Vgl. a.a.O., 332f.

[25] Zusammenfassend STOODT, DIETER: Ideologiekritik und Religionsunterricht, Zürich u.a. 1975.

[26] ESSER, WOLFGANG (Hg): Zum Religionsunterricht morgen, Bd. 1–6, Wuppertal/München 1970–1975.

[27] Zielfelderplan für den katholischen Religionsunterricht der Schuljahre 5–10 (Sekundarstufe 1). Grundlegung, München 1973.

[28] Der Text ist zugänglich in: Nachkonziliare Texte zu Katechese und Religionsunterricht. Arbeitshilfen 66, hg. vom Sekretariat der Deutschen Bischofskonferenz, Bonn 1989, 263–303.

[29] Beispielhaft: W. G. ESSER (Hg.): Religionsdidaktik, Zürich 1977; G. BAUDLER: Korrelationsdidaktik. Leben durch Glauben erschließen, Paderborn 1984.

[30] Grundfragen der Religionspädagogik, Bd. 1–3, Gütersloh 1975/1982.

[31] BAUDLER, GEORG/BIEHL, PETER: Erfahrung – Symbol – Glaube, Frankfurt/M. 1980.

3 Gegenwärtige religionsdidaktische Ansätze – von konkurrierender Rivalität zur Pluralität

3.1 Symboldidaktik – Auslauf- oder Zukunftsmodell?

(*Norbert Weidinger*)

Die Begriffe „Zeichen, Symbole, Rituale" haben nicht nur in der Theologie, sondern in fast allen Humanwissenschaften Hochkonjunktur. Untersucht werden z.B. Schulrituale wie Begrüßung, Aufstellen nach der Pause, Sitz- oder Erzählkreis, Fleißbildchen etc. Sie wurden seit der Bildungsreform 1968 ideologiekritisch durchleuchtet und vehement abgelehnt als hölzerne Prozeduren, vom Sinn entleerte gesellschaftliche Formen, Pseudo-Ordnungssysteme ... Heute wächst unter Schulpädagogen plötzlich wieder die Aufmerksamkeit dafür, v. a. in schwierigen Klassen.[1] Jugendsoziologen wie JÜRGEN ZINNECKER und Religionspädagogen wie JÜRGEN HEUMANN (1987) beschäftigen sich gleichermaßen mit Ritualisierungen und Selbst-Inszenierungen z.B. von Fans bei Rockkonzerten oder Bundesligaspielen. Andere (wie HILDEGARD RESSEL oder PIERRE STUTZ) interessieren sich für Alltagsrituale. Sie alle erforschen Begriff, Funktion und Wirkung von Symbolen und Ritualen. Das ist der wissenschaftliche Ausgangspunkt.

✐ Finden Sie nun Ihren persönlichen Ausgangspunkt! Ich lade Sie ein zu einer Phantasie- oder Erinnerungsreise in Ihre eigene Biographie. Suchen Sie sich ein Fotoalbum aus Ihrer Kindheit. Gibt es ein Musikstück, das Sie mental sofort in „heimatliche Gefilde und Gefühle", in Ihre Familie, Ihren damaligen Freundeskreis versetzt? Dann legen Sie es auf den CD-Player (Kassettenrecorder), machen Sie es sich bequem und beginnen Sie im Fotoalbum zu blättern. Sobald sich innere Bilder einstellen, können Sie das Fotoalbum beiseite legen und etwa 10 Minuten lang „surfen" und sich an Ihrem Lebenslauf entlang aus der Vergangenheit in die Gegenwart „beamen". Suchen Sie anschließend nach einem Gegenstand (notfalls ein Foto), der Ihnen im erinnerten Lebensabschnitt wichtig geworden ist, in dem sich die Erinnerung und Beziehung zu bestimmten Personen und Situationen manifestiert. Stellen Sie diesen Gegenstand vor sich als „Anschauungsmaterial" und „kritische Messlatte" für die folgenden Ausführungen.
Alternative: Besorgen Sie sich in der Medienzentrale den Kurzfilm „Leuchte auf mein Stern Borussia" und diskutieren Sie das Phänomen mit Freund/-innen.

„Das ist mein Zottel. Für mich ist das mein Heiligtum, weil ich ihn schon seit meiner Taufe habe. Er erinnert mich an meine Kindheit. Meine Mutter hat ihn mir geschenkt."

„Diese Schuhe kaufte ich mir vor so ungefähr einem Jahr, entgegen dem Trend, dass Turnschuhe aus der Mode kamen. Damals waren es noch weiße Tennisschuhe. Später wurden daraus zerknitterte Turnschuhe, daraus dann graue Gammelschuhe und schließlich zerfetzte Punkschuhe. Unzählige Beschriftungen, Anstecker und Flecken sind längst wieder abgetragen, kaputtgegangen oder sonst irgendwie verschwunden. Dass ich in diesen Schuhen viel erlebt habe, sieht man ihnen schon an.
Auch wenn ich diese Turnschuhe nicht mehr so oft anziehe wie früher, gehören sie zu mir, denn sie waren und sind Ausdruck meiner Persönlichkeit."

Fotos von den „Heiligtümern der Jugend". Aus: BDKJ Aachen (Hg.): Das ist mir heilig. Ausstellung der Heiligtümer Jugendlicher, Düsseldorf 1987.

Kommentar:
Zum Katholikentag in Aachen, bei Jugendaktionen des Österreichischen Rundfunks/Fernsehens ORF oder des Hilfswerkes Missio brachten junge Menschen solche Gegenstände mit: alte Turnschuhe, den Zottel, die Uhr vom Firmpaten, ein Kreuz aus Taizé ... Sie bekamen in Ausstellungen den Namen „Heiligtümer der Jugend" (BDKJ 1987; HEUMANN, JÜRGEN 1987). Jugendsoziologen sprechen von „Accessoires".[2] Lässt sich auch Ihr Gegenstand (Bild) in diesen Zusammenhang einreihen? Was macht ihn (es) so wertvoll? Bestimmt nicht der reine Materialwert! Es ist der Mehr-Wert der Erinnerung und Beziehungen, der sich in ihm manifestiert. Solche „Heiligtümer" setzen uns auf die Spur.

Was macht ein Symbol zum Symbol? Wie lässt sich seine Bedeutung erschließen (Symbolhermeneutik) und intersubjektiv aneignen bzw. vermitteln (Symboldidaktik)? Und: Ist Symboldidaktik jenseits des engen Bereichs der Sakramentendidaktik Auslauf- oder Zukunftsmodell für den Religionsunterricht? Warum fürchten manche (wie FRANK FRÜHLING) den „ontologischen Integrationswahn der Symboldidaktik", wohl eine Art religionsdidaktischen Absolutheitsanspruch? Wer Antwort in der einschlägigen Fachliteratur sucht, sieht sich schnell mit zwei Religionspädagogen konfrontiert: HUBERTUS HALBFAS und PETER BIEHL.[3]

3.1.1 Wer ist HUBERTUS HALBFAS, wer ist PETER BIEHL? Ein Vergleich

Die Anzahl jener v. a. Praktischen Theologen, die sich in den letzten Jahren mit Symboltheorien befasst haben, ist sehr beachtlich.[4] Aber auf diese beiden Vertreter spitzt sich die fachdidaktische Diskussion zu – eine „kaum versöhnbare Fehde" (NORBERT METTE)?

Zwei Didaktiker – zwei Neugier weckende Biographien
PETER BIEHL (*1931 in Hamburg) beginnt seine berufliche Laufbahn 1956 als Leiter eines Jugendwohnheimes und als Vikar in Marburg, wo er zugleich bis 1961 als persönlicher

Assistent von RUDOLF BULTMANN tätig ist – jenem herausragenden Exegeten, dessen bahnbrechende Forschungsarbeiten zur Entmythologisierung des NT noch heute nachwirken. Danach arbeitet P. BIEHL als Dozent am Religionspädagogischen Institut Loccum. In seinen ersten Aufsätzen befasst er sich mit exegetischen und kirchengeschichtlichen, sehr bald auch schon mit religionspädagogischen Themen.[5] 1970 hält er seine Antrittsvorlesung als Professor für Religionspädagogik und Didaktik der Evangelischen Theologie an der Pädagogischen Hochschule (später: Fachbereich Erziehungswissenschaften der Georg-August-Universität) Göttingen zum Thema: „Zur theologischen Bestimmung des Religionsunterrichts an öffentlichen Schulen". Bereits 1973 setzt er sich mit seiner Fachgruppe innerhalb der Studienreform für die Entwicklung eines ökumenischen RU ein, pflegt mit seinen Student/-innen Kontakte zum Philosophen M. MACHOVEC in Prag und befasst sich mit Fragen einer erfahrungsorientierten Hermeneutik, woraus – neben der konkreten Auseinandersetzung mit der Symbolik in Kurzfilmen – seine vielfältigen Arbeiten zu Symbolhermeneutik und -didaktik erwachsen. Besondere Verdienste erwirbt er sich als einer der Begründer und Herausgeber des „Jahrbuch der Religionspädagogik" (seit 1985). Die Ausführungen zu Bildung und Ästhetik, seine Studien zum Problem der natürlichen Theologie und zur Bedeutung der Metapher für eine religionspädagogische Theorie religiöser Sprache bewertet P. BIEHL selbst im Rückblick als seine wichtigsten Arbeiten. Krankheit und strukturelle Veränderungen im Hochschulbereich behindern seine Schaffenskraft. Nach seiner Emeritierung wendet er sich der Phänomenologie zu. GERHARD BÜTTNER sieht in ihm den „Kronzeugen evangelischer Argumentation" in der Debatte um die Symboldidaktik. Ich schätze besonders seinen Beitrag zur ökumenischen Verständigung.

HUBERTUS HALBFAS (*1932 in Drolshagen, Sauerland) wird nach mehrjähriger pastoraler Tätigkeit im Bistum Paderborn, nach seiner Erstveröffentlichung und seiner Dissertation im Bereich kirchlicher Jugendarbeit (vorgelegt in der Kaderschmiede des herausragenden Münchener Religionspädagogen THEODERICH KAMPMANN) und nach einer ersten Abhandlung zum Religionsunterricht im Jahre 1967 Professor für Katholische Theologie und Religionspädagogik an der Pädagogischen Hochschule Reutlingen. In dieser Zeit ist er zugleich (zweiter) Schriftleiter der „Katechetischen Blätter" für den Bereich „Jugendarbeit". GÜNTER STACHEL, inzwischen em. Religionspädagogik-Professor in Mainz, charakterisiert ihn in einer Rezension als „eigenwillige Begabung, höchst unbequem, weil ohne Angst und radikal ehrlich". HALBFAS' „Fundamentalkatechetik" (1968) entfacht in der kirchlichen und religionspädagogischen Landschaft einen Sturm, der sich wohl nur mit der „Küng-Affäre" vergleichen lässt und wie diese 1969 den Entzug der kirchlichen Lehrerlaubnis nach sich zieht. Den Hauptkritikpunkt bilden HALBFAS' Ausführungen zum christlichen Missionsauftrag, dass nämlich der RU die Aufgabe habe, dem Moslem zu helfen ein besserer Moslem, dem Christ ein besserer Christ zu werden – nicht den Absolutheitsanspruch des Christentums zu verteidigen. H. HALBFAS geht unbeirrt seinen Weg, publiziert 1971 „Aufklärung und Widerstand – Beiträge zur Reform des Religionsunterrichts und der Kirche" und erforscht bis heute religionswissenschaftlich Mythen, Lehren, Kult und Lebensformen in den Weltreligionen und deren Hermeneutik. Der Ertrag fließt ein in seine „religionsgeschichtlichen Lesebücher", die er zum Teil mit Lehrerhandbüchern für den RU didaktisch aufbereitet. In diesem Zusammenhang und durch die Beschäftigung mit der Bedeutung der Sprache für die menschliche und religiöse Erfahrung sowie durch die Beschäftigung mit alternativen (Schul-)PädagogInnen wie MARIA MONTESSORI, P. FREIRE u.a. stößt er allmählich über die Symbolhermeneutik zur Symboldidaktik vor. Nicht übergangen werden darf HALBFAS' Bestseller auf spirituellem Sektor „Der Sprung in den Brunnen" (1981). Diese „Gebetsschule" (Untertitel!) weist ihn als tiefsinnig-religiösen Menschen und spirituellen Lehrmeister aus – eine Eigenschaft, die ihm bei seiner Vortragstätigkeit starken Zulauf sichert.

Gemeinsamkeiten – auf den ersten (Über-)Blick

Beide Religionspädagogen verbindet eine Reihe teilweise überraschender Gemeinsamkeiten: Wohnen in der geographischen Mitte Deutschlands, in konfessionell geprägten Landschaften; große Lehrer; Beginn der Berufstätigkeit in der Jugendarbeit, dann an Pädagogischen Hochschulen; Engagement für eine trag- und konsensfähige Legitimation und Innovation des RU, enge Verbindung zwischen religions- wie schulpädagogischer Theorie und unterrichtlicher Praxis; Kooperation mit Praktiker/-innen. Beide können deshalb als Vor-, vielleicht auch Querdenker bezeichnet werden, die sich hoher Anerkennung, aber auch heftigen Kontroversen gegenüber sehen. Beide erweitern ihr symboldidaktisches Konzept über Kirchenjahr oder Sakramentenunterricht hinaus auf Bibeldidaktik, Fragen des menschlichen Zusammenlebens, interkulturellen und -religiösen Dialog.

Kontextuelle/konzeptionelle Unterschiede – erste Annäherung

Obwohl keiner von beiden Kontroverstheologie betreibt, d.h. die divergierenden theologischen Positionen hervorhebt, scheint doch die konfessionelle Verwurzelung durchzuschlagen. Während P. BIEHL in der Tradition der Dialektischen Theologie (KARL BARTH, FRIEDRICH GOGARTEN) bei aller Affinität zu PAUL TILLICHs Korrelationsprinzip (dessen spezifischer Forschungsansatz) der Religion insgesamt kritisch gegenübersteht und die „christologische Brechung" betont, wendet sich H. Halbfas gemäß katholischem Verständnis von Anfang an Religion, Religionen und „natürlicher Theologie" vorbehaltlos zu. Die Publikationslisten bestätigen: P. BIEHL fokussiert sein Konzept exemplarisch auf menschliche Grundsymbole (z.B. Hand, Haus, Weg, Brot, Wasser, Kreuz), erweitert damit das traditionelle evangelisch-theologische Symbolverständnis, das um Begriffe kreiste wie Schöpfung, Sünde, Erlösung (vgl. RAINER LACHMANN, FRIEDRICH SCHWEITZER) und beginnt mit der Sekundarstufe I. H. HALBFAS baut von der Grundschule an Sprach- und Symbolverständnis in parallelen Lernsträngen systematisch auf mit den Symbolen Licht, Herz, Tür ... bis hin zu Labyrinth, Baum, Berg in der 4. Klasse. Dann vereint er beide Stränge in der Sekundarstufe I zur Erarbeitung der Sprachformen Metapher, Symbol, Legende, Mythos, Dogma. Kurzum: HALBFAS verfolgt und vollendet das ehrgeizige Projekt eines 10 Jahrgangsstufen umgreifenden Unterrichtswerkes mit symboldidaktischem Duktus und durchgehend schulreformerischen Ambitionen.

Die persönliche Nähe zu R. BULTMANN lässt bei P. BIEHL erwarten, dass Symbolhermeneutik nach Entmythologisierung strebt, um den Mythos als „uneigentliche" Rede zu überwinden. Muss das nicht zwangsläufig mit HALBFAS' Hochschätzung für die Mythen der Natur- und Hochreligionen kollidieren? Anfangs dem Existenzialismus (R. BULTMANN, MARTIN HEIDEGGER) und einer auf Diskurs angelegten Sprachhermeneutik (HANS GEORG GADAMER) verpflichtet, öffnet sich P. BIEHL den Anliegen der „Politischen Theologie" (J. MOLTMANN, JOHANN BAPTIST METZ). Er entwirft eine „Kritische Symbolkunde", die in der Praxis eine reine Abbild-Didaktik und Beliebigkeit in der unterrichtlichen Symboldeutung verhindern will. H. HALBFAS entwirft dagegen eine Symboldidaktik, die „das Dritte Auge" sensibilisieren, hinter die Dinge sehen und aus innerer Intuition heraus religionsdidaktische Anstöße geben will. Die kritische Symbolhermeneutik bleibt bei ihm schwach ausgebildet.[6]

3.1.2 Symbolhermeneutik oder: Die Kunst Symbole zu verstehen

Der Weg zur Symboldidaktik führt über die Symbolhermeneutik. Hermeneutik will Regeln und Grundsätze des Verstehens- und Verständigungsprozesses offen legen, Wirklichkeit deutend erschließen. Symbolhermeneutik hat zu klären: Was ist ein Symbol/ Ritual? Nach welchen Regeln ist es zu erschließen? Welchen Beitrag leistet es zu zwischenmenschlicher Kommunikation und mehrdimensionaler Wirklichkeitserschließung?

Was ist ein Symbol?
Auf diese Frage geben Humanwissenschaften und Theologie eine Reihe von unterschiedlichen Antworten.[7] P. BIEHL (1987, 487) beginnt narrativ mit der ursprünglichen Wortbedeutung:

„Zwei Freunde im alten Griechenland nehmen Abschied voneinander. Sie ritzen ihre Namen auf eine Tonscherbe und brechen sie in zwei Stücke. Jeder nimmt eine Hälfte mit; er weiß, dass er den Freund lange nicht sehen wird. Das Brechen von Ton und Namen drückt den ***Schmerz des Abschieds*** *aus. Das sorgfältige Bewahren bringt Treue zum Ausdruck. Jede Hälfte verweist auf die Freundschaft, die gestern erlebt wurde, und ist zugleich ein* ***Zeichen der Hoffnung*** *auf die Freundschaft, die morgen neu erfahren werden kann. Der zerbrochene Teil der Tonscherbe (des Rings oder der Schale) ist zwar selbst nicht Freundschaft, aber er ist ein sinnliches Erkennungszeichen, das abwesende Freundschaft vergegenwärtigen, in die Gegenwart hineinziehen kann. Nach langer Zeit treffen sich die Freunde wieder: Bei einer Schale Wein setzen sie die Tonstücke zusammen. Ton und Namen ergänzen sich wieder. Sie feiern das Glück der Wiedervereinigung des Getrennten."*

Erzählt wird ein alter Brauch, der das Wort „*symballein*" (griech. = zusammenfügen, vergleichen) etymologisch abklärt. Hermeneutisch ist nicht nur das Gegenstandssymbol (Tonscherbe mit Namenszug) zu beachten, sondern zugleich die zur Konvention gewordene, wiederholbare Handlung (Brechen, Zusammenfügen), d.h. das Ritual (= Handlungssymbol). Beides kombiniert lässt Verständigung und Freundschaft gelingen. Symbol und Ritual fügen in ihrer Grundfunktion als sinnliche Erkennungszeichen unterschiedliche Wirklichkeitsdimensionen, Materielles und Ideelles, zusammen, stiften Beziehung, halten sie wach und geben der Freundschaft einen sinnfälligen, bekenntnishaften Ausdruck.

✐ Werfen Sie kurz einen Blick auf Ihren Gegenstand, Ihr Bild, von der ersten Aufgabenstellung und versuchen Sie, die in der Erzählung aufgezeigten Elemente und Merkmale (z.B. Mehrdimensionalität) wiederzuerkennen.

HALBFAS wie BIEHL unterziehen sich der Anstrengung des Begriffs im interdisziplinären Diskurs mit Philosophen, Psychologen, Soziologen und Systematischen Theologen. Beide zitieren u.a. den Psychoanalytiker ALFRED LORENZER (1981, 23) mit der Aussage, dass alles (Laut, Schrift, Bild, Geste, Person) zu einer Verdichtung, „Objektivation menschlicher Praxis", zu einem „Bedeutungsträger"; d.h. zum Symbol werden kann alles!
H. HALBFAS entscheidet sich dafür, statt einer Definition fünf spezifische Merkmale und Funktionen zu benennen, um Symbole von benachbarten Begriffen abzugrenzen:

*„1. ... Symbole weisen über sich selbst hinaus auf eine Wirklichkeit, die nicht unmittelbar ergriffen werden kann und der wir auf keinem anderen Weg begegnen können ... 2. Primäre Symbole vermitteln die Wirklichkeit, die sie bezeichnen. Die Redeweise, dies oder jenes sei '****nur ein Symbol****', verkennt diesen einzigartigen Rang ... 3. Symbole sind nicht willkürlich, sie können weder artifiziell gemacht, noch erfunden werden ... 4. Was Symbole vermitteln, ist auf keinem zweiten Weg nebenher zu gewinnen ... Was Symbole sagen, lässt sich weder empirisch erreichen und analysieren noch auf irgendeinem anderen Erkenntnisweg als dem symbolischen finden. Darum sind Symbole die einzige Sprache, in der sich religiöse Wirklichkeit unmittelbar ausdrücken kann. Sie sind die authentische Sprache der Religionen selbst ... 5. Symbole sind Wirklichkeiten eigener Mächtigkeit ... Immer reicht ihre Wirkung in die Gefühlswelt des Menschen und in die Tiefe seiner Seele ..."* (H. HALBFAS 1983, 256–258).

Bei der Benennung der Merkmale wie bei der inhaltlichen Bestimmung folgt H. HALBFAS weitgehend P. TILLICH, der Symbole die „Sprache der Religion"[8] nennt. Auch P. BIEHL rezipiert TILLICH und fasst zusammen:

„Das Symbolische umfasst eine ganze Bandbreite von vorsprachlichen und sprachlichen Phänomenen. Wenn ein Ding ***mehr*** *bedeutet als seine übliche dinghafte Kraft, dann kommt das durch das Entstehen eines Symbols zustande. Damit ist die* ***untere Grenze*** *des Symbolischen markiert (Übergang vom bloßen Ding zum Symbol). Wenn das Symbol seine Doppel- oder Mehrdeutigkeit verliert, wird es zum arbiträren Zeichen oder zum Signal. Dieser Vorgang stellt die* ***obere*** *Grenze des Symbolischen dar (Übergang vom Symbol zum bloßen Zeichen). Symbole sind – wie schon die griechische Wortbedeutung zeigt – zusammengesetzte Größen, die aus einem anschaulichen Symbolträger und dem dadurch Bezeichneten bzw. dem, was symbolisiert wird, bestehen. Diese Kennzeichnung trifft für das* ***engere*** *wie für das* ***weite*** *Symbolverständnis zu. Für das engere Symbolverständnis ist darüber hinaus vor allem charakteristisch, dass Symbole (1) auf eine andere Wirklichkeit* ***hinweisen*** *und sie (2)* ***repräsentieren****. Vor allem an diesem* ***Kennzeichen der Repräsentation*** *entscheidet sich die* ***theologische Sachgemäßheit*** *des Symbolgebrauchs.“* (P. BIEHL 1993, 56f)

Nach P. BIEHL sind also ein engeres und ein weiteres Symbolverständnis zu unterscheiden, eine obere und untere Grenze. Auch er benennt charakteristische Merkmale. Er beschränkt sich dabei auf zwei (Hinweisfunktion, Repräsentanz). Zeichen bzw. Signale (untere Grenze) entstehen durch situative oder prinzipielle Reduktion der Mehrdeutigkeit der Symbole, ihres Doppelsinns (P. RICŒUR), zur Eindeutigkeit. In seinem neuesten Werk verwendet P. BIEHL (1999, 7–19) im Anschluss an HERIBERT WAHL die Bezeichnung „*Symbol-Zeichen*“. Darin sieht er einen konstruktiven Kompromiss mit der semiotischen Symboltheorie, ohne der Forderung MICHAEL MEYER-BLANCKS (1995, 85ff) Folge zu leisten, ganz auf den Symbolbegriff zu verzichten.[9]

Die genannten Merkmale (v. a. Doppelsinn, Repräsentation ...) fungieren bei beiden als Kriterien zur Abgrenzung der Symbol-Zeichen von „einfachen“ Zeichen, Signalen oder reinen Sprachbildern (Metaphern). „Zeichen“ sind nach H. HALBFAS (in Rekurs auf PAUL WATZLAWICK) „eindeutig“ (wie Verkehrzeichen), „primär kognitiv ausgerichtet“ und „innerhalb bestimmter Geltungsbereiche definiert“. Ihre Bedeutungen beruhen – anders als bei den Symbolen – auf willentlicher Vereinbarung oder zwingender Sachnotwendigkeit“ (H. HALBFAS 1983, 258).

Zusammenfassend stelle ich fest: Symbole sind sinnenfällige (Selbst-)Ausdrucks- und Kommunikationsmittel, Verdichtungen menschlicher Erfahrungen, auch Glaubenserfahrungen, an der Grenze zwischen Sag- und Nicht-mehr-Sagbarem; sie sind verbale und nonverbale Bedeutungsträger, „Wahrzeichen“ (HERMANN TIMM), „Sinn-Bilder“ (ERICH FEIFEL), Zeichen mit spezifischen Merkmalen, die HALBFAS und BIEHL zahlenmäßig wie inhaltlich unterschiedlich definieren. Beide legen jedoch Wert auf die Charakteristika (1.) der Repräsentation (Teilhabe) wie (2.) des Bedeutungsüberschusses (Doppelsinns), das Kriterium (3.) der Geschichtlichkeit, d.h. ihre geschichtliche und soziokulturelle Einbettung/Begrenzung. Das Postulat einer Symbolkritik betont BIEHL stärker als HALBFAS. BIEHLs Begriff „Symbolkunde“ scheint mir jedoch durch die Diskussion um „Religionskunde“ sachlich unbrauchbar geworden, insofern BIEHL selbst mehr als eine informierende „Kunde“ anstrebt; denn eine „...kunde“ erfüllt nach der schulpädagogischen Definition ERICH WENIGERS nicht die Gesamtaufgabe persönlich-bildenden Lernens. M.E. ist es sinnvoll, (4.) das Merkmal „*dialektische Grundstruktur*“ einzuführen, um damit die Fähigkeit von Symbolen herauszustellen, Gegensätze (z.B. die lebensspendende und -zerstörende Kraft des Wassers) entgegen dem Non-Kontradiktionsprinzips der Logik synthetisierend in sich zu integrieren. Die spannungsgeladene, dialektische Grundstruktur bildet die Basis für die Brückenfunktion der Symbole, ihre Fähigkeit Innen und Außen, Individuum und Sozietät, Tradition und Situation, Gedanken und Gefühle, Raum/Zeit und Transzendenz, kurzum: verschiedene Sinnwelten (ANSELM SCHÜTZ) und Wirklichkeitsdimensionen miteinander zu verbinden, ohne die Gegensätze einzuebnen: Hinsichtlich der sakramentalen Symbole spricht z.B. KARL RAHNER von der „Transzendenz in der Immanenz“. Zugleich untermauert diese Dialektik die Notwendigkeit einer kritischen Symbolhermeneutik, um den Missbrauch von Symbolen und Ritualen abzuwehren (z.B. Magie, Idolisierung, Fetischisierung, Manipulation zur Gleichschaltung von Gefühlen, Kommerzialisierung, geistlose, unverstandene Routine), sobald diese symbol-inhärente Dialektik (P. TILLICH spricht von „Ambivalenz“) kurzschlüssig negiert wird.

Exkurs:
Auf dem Hintergrund der komplexen Vielfalt von Symbolbildungen trägt m.E. die Kategorisierung WERNER SIMONs in Gegenstands-, Handlungs- und Bekenntnissymbole zur Übersichtlichkeit bei. Die Spannweite reicht von vorsprachlich-materiellen über gestische bis zu sprachlichen Ausdrucksformen, die symbolische Qualität annehmen und als Bedeutungsträger fungieren können (z.B. Taufbrunnen, Übergießen mit Wasser, Taufspendeformel). Das unterscheidende Kriterium zwischen den Kategorien bildet der Modus des Bedeutungstransfers in Gegenstand, Handlung oder Bekenntnisformel (vgl. dazu analog die drei Aggregatzustände des Wassers: starres Eis, fließender Strom, schwebender Dampf). In allen drei Modi tauchen Symbole auf. Sie können in der Praxis (z.B. der Tauffeier) miteinander kombiniert werden. Zugleich macht die dritte Kategorie bewusst, dass „*symbolon*“ in der theologischen Fachsprache ein Äquivalent zum „*Credo*“ darstellt: „*symbolon*“ = „*Credo*“ = ökumenische Bekenntnisformel christlicher Lehre.

Wichtige Modelle der Symbolhermeneutik

✎ Überprüfen Sie die Aussagen des letzten Abschnitts (3.1.1) wieder an Ihrem Gegenstand/Bild und überlegen Sie: Könnte ein Fremder ohne Ihre Hilfe die Bedeutung erschließen, die er/es für Sie gewonnen hat? Wie kam diese Bedeutung zustande: intuitiv durch einen „Geistesblitz“ oder durch Zufall, Zusammenfall verschiedener Umstände bzw. Abmachungen (Konventionen) oder durch Vorprägungen in der Familiengeschichte? Wird sie überhaupt mit anderen geteilt?
Eine Zusatzaufgabe: Südländer gestikulieren gerne. Für den, der nicht Italienisch spricht, ist diese nonverbale Art der Kommunikation oft die „letzte Rettung“, hat aber auch deutliche Grenzen! Ordnen Sie die folgenden Sätze den gezeigten Gesten zu. Das Lösungswort bezeichnet eine Region Italiens.

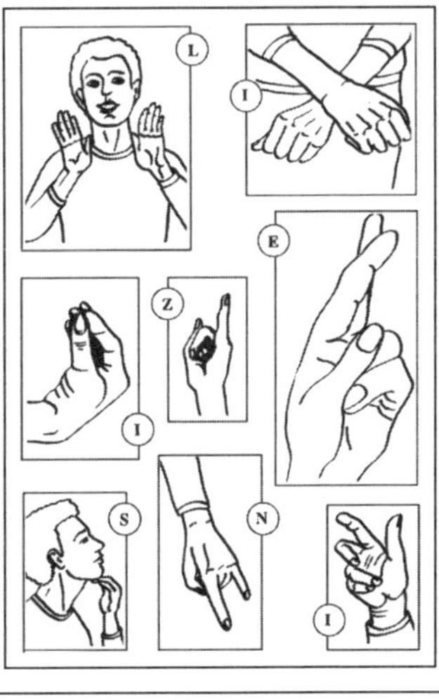

1. Es ist mir egal! ☐
2. Im Gefängnis sitzen ☐
3. Sehr dünn sein ☐
4. Klauen ☐
5. Ich will nichts damit zu tun haben! ☐
6. Was geht dich das an? ☐
7. Ich wünsche dir viel Glück! ☐
8. Das Unglück soll mich verschonen! ☐

Zeichnungen aus einer Handreichung zur interkulturellen Verständigung.

Kommentar:
Diese beiden Beispiele können die charakteristischen Merkmale erhärten und verweisen auf die Besonderheiten/Schwierigkeiten der Symbolbildung und -erschließung. Entsprechend schwierig gestaltet sich bei allen Vorteilen die Kommunikation mit Hilfe von Symbolen – insbesondere mit Fremden. Ein Indiz für das soziokulturelle Verhaftetsein und das Merkmal „Geschichtlichkeit“, die Begrenzung der „Macht“ der Symbole (vgl. dazu die Diskussion zwischen P. BIEHL 1999, 17ff und HANS-MARTIN GUTMANN, 1996)!

Drei Modelle der Symbolhermeneutik scheinen mir (v.a. im Blick auf Unterricht) hilfreich: Symbolerschließung als Interpretation, die mehrdimensionale Wirklichkeitserschließung und (mit einer wesentlichen Korrektur) der tiefenpsychologische Weg.

1. H. HALBFAS wie P. BIEHL bewerten das Modell des französischen Philosophen und Psychoanalytikers PAUL RICŒUR „Symbolhermeneutik als Interpretation“, als „Weg vom ersten zum zweiten Sinn“, positiv. Es ist der Versuch, über die menschlichen Sinne zum Sinn zu gelangen. P. BIEHL (1999, 7ff, 32ff) verbindet in jüngster Zeit damit folgerichtig das Postulat, Religionspädagogik und Symboldidaktik phänomenologisch, die ästhethische Kompetenz der Schüler/-innen fördernd, als Wahrnehmungslehre anzulegen. Aber verlangt Symbolkompetenz nicht noch mehr: das Auf- bzw. Unterbrechen, Transzendieren reiner Ästhetik und Phänomenologie? Den Ausgangspunkt bildet jedenfalls das Merkmal des „Doppelsinns“. Zunächst ist der erste Sinn des Symbols durch eine möglichst genaue, sinnenhafte, altersgemäße Wahrnehmung der äußeren Erscheinungsform z.B. des Wassers, der Geschichte seines Gebrauchs, seines Verwendungszusammenhangs im menschlichen Leben, im Juden- und Christentum zu sichern; denn dieser 1. Sinn ist keineswegs beliebig, sondern konstitutiv für die Entdeckung des 2. Sinns, der darin innewohnt und „Fenster zur Transzendenz“ öffnet. Das Erfassen der Bedeutung von Wasser im alltäglichen Leben, im wortwörtlichen Sinn von Lebens-Mittel gegen die Bedrohung des Verdurstens (1. Sinn), ermöglicht im Zurückschreiten in der eigenen Lebengeschichte oder auch der Geschichte der Menschheit/Religionsgemeinschaft (Wüste, Wasser aus dem Felsen, Hochzeit zu Kana, Stillung des Seesturms, Reinigungsriten der Hindus...) das Erschließen des 2. Sinns: Wasser spendet noch anderes, neues Leben – nicht aus sich heraus, sondern kraft göttlicher Verheißung. Dieses Grundmodell untermauert: Symbolhermeneutik und -didaktik muss auf entsprechende Erlebnisse zurückgreifen, die im Deutungsprozess auf ihre Reichweite hinterfragt und so zu sinnvollen Erfahrungen werden können. E. FEIFEL (1988, 196 u. 198) untermauert dies in den Sätzen: „Immer jedoch geht dabei symbolische Kommunikation (der Umgang mit Symbolen) der Symbolinterpretation (ihrer Deutung) voraus. Symbole erfordern Kommunikationsformen, die ihrer Wirkweise entsprechen“ (ähnlich P. BIEHL 1999, 21; 32ff).

2. Das zweite Modell geht zurück auf den evangelischen Theologen und Sprachphilosophen HEINRICH OTT, der von der Mehrdimensionalität der Wirklichkeit ausgeht. Nach H. OTT lassen sich drei Ebenen der Wirklichkeit unterscheiden:

a) die x-Ebene, die natürliche, ist empirisch und naturwissenschaftlich erfass- und beschreibbar (Wasser = H_2O, Eis, Dampf, Bach, Fluss, Meer ...),
b) die y-Ebene, die symbolisch-übertragene, tritt uns in Sprichwörtern, Märchen, Mythen etc. entgegen z.B. „Er ist mit allen Wassern gewaschen“ (diese Ebene überspringt P. BIEHL!),
c) die z-Ebene, die religiöse, wird für uns fassbar in religiösen Sprachbildern und Ritualen. Diese Ebene ließe sich nochmals in eine allgemein-religiöse und eine spezifisch christliche Dimension ausdifferenzieren (vgl. „Strukturgitter“ von P. BIEHL, S. 156).

Die Bedeutungen von Symbolen und Ritualen können nach und nach auf allen Ebenen handlungsorientiert und kreativ entdeckt und sich gegenseitig komplementär ergänzend zu einem immer dichteren, im jeweiligen soziokulturellen und situativen Kontext verwurzelten Gesamtsinn zusammengefügt werden („*symballein*"!). Die symbolische Ebene bildet die Tür in beide Richtungen: Von der Alltagswelt in die der Religion und umgekehrt, daher die innere Affinität zur Korrelation als theologisches wie didaktisches Prinzip! Die auf den verschiedenen Ebenen ermittelten Deutungen ergänzen sich komplementär, können sich aber auch gegenseitig in Frage stellen und so Lernimpulse auslösen. Die Taufsymbolik kann auf diese Weise die Spannung durch- und offen halten von der natürlichen, lebensspendenden Wassererfahrung bis hin zum „neu geboren werden" oder „Sterben und Auferstehen in Christus", von der Schöpfung zur neutestamentlich verheißenen „neuen Schöpfung" (vgl. 2 Kor 5,17; Kol 1, 12–20), von der Protologie zur Eschatologie, zum mit Christus angebrochenen Reich Gottes.

3. Ein weiterer Erfolg versprechender Weg der Symbolerschließung ist ihre tiefenpsychologische Deutung auf der Subjekt- bzw. Objektstufe, wenn man nicht die ahistorische Hermeneutik CARL GUSTAV JUNGS mit übernimmt. Alle äußeren Gegebenheiten und Inhalte einer Erzählung, eines Märchens, einer biblischen Erzählung sind – mindestens probeweise – so zu interpretieren, „dass sie als symbolische Darstellung innerer Kräfte, Zustände und Zusammenhänge verstanden werden können; die Regel muss lauten, dass, wie im Traum der Träumende in allen Gestalten und Dingen letztlich sich selber träumt und anschaut, so erfährt auch in den Mythen und symbolisch-durchsetzten Erzählungen der Mensch in allem sich selbst, er stellt seine Seelenlandschaft darin dar und kann sie und sich darin wiederentdecken" – so MARIA KASSEL (1980, 188f), Religionspädagogin aus Münster. Sie empfiehlt für die Umsetzung im Unterricht freies Assoziieren zu Bibelstellen, probeweise Identifizierung mit den handelnden Personen, Amplifikation (Anreicherung) einer Szene, eines Wortes mit urbildhaftem Material, aktive Imagination oder eigene Darstellungen z.B. durch Bildermalen oder szenisches Spiel. Es geht ihr darum, durch kreative Methoden und Formen der handelnden Erschließung innere Bilder wachzurufen und ihnen Ausdrucks- und Erlebnismöglichkeiten nach außen zu verschaffen. Die Weg- und Wassersymbolik der Exoduserzählung kann auf diese Weise neu erschlossen werden als Befreiungs- und Reifungsgeschichte des menschlichen Selbst unter der führenden Hand Gottes. Wünschenswert wäre die Ergänzung dieser existenziellen, auf Individualität ausgerichteten Hermeneutik durch Methoden aus dem „Symbolischen Interaktionismus" (GEORGE HERBERT MEAD, ERVING GOFFMAN, HERBERT BLUMER), um die Gebundenheit an den geschichtlich-soziokulturellen Kontext nicht zu vernachlässigen.
Ein ähnlicher Weg ließe sich mit strukturalistischen Methoden einschlagen, wie sie in der Kunsterziehung, aber auch im Bibelunterricht verwendet werden: die Formen, Farben, die Bild- bzw. Textkomposition als Zugriff, um hinter den Sinn, die Botschaft, die Bildaussage zu gelangen. Dabei bleibt des Öfteren das „Gefälle zwischen Emissions- und Rezeptionsniveau" (DAN SPERBER) uneinholbar.

Exkurs:
Wer sich dieser Modelle bedient, muss berücksichtigen, dass in den ersten Jahrgangsstufen der Sekundarstufe I entwicklungspsychologisch der Hang zum wortwörtlichen, buchstabengetreuen Verständnis von Sprache und anderen Lebensäußerungen, das Bemühen um strengen Realismus vorherrscht und symbolhermeneutische Erschließungsprozesse besonders spannend macht. F. SCHWEITZER (1987, 191–202) beschreibt (in Anlehnung an JAMES W. FOWLER) fünf Entwicklungsphasen: vom magisch-numinosen im Kleinkindalter zum eindimensional-wörtlichen, zum mehrdimensional-symbolischen bis zum symbol-kritischen und nachkritischen Symbolverstehen im späten Erwachsenenalter. Er deklariert das Ganze aber (1994) als empirisch noch unzureichend erforscht. (Vgl. hier S. 62f; vgl. auch: LOTHAR KULD: Das Entscheidende ist unsichtbar. München 2001, 23ff.)

3.1.3 Kritische Symbolisierungsdidaktik: Förderung der menschlichen Fähigkeit zur Symbolbildung und zu symbolischer Kommunikation

Nun ist Ihr Symbolverständnis hoffentlich schon stark gewachsen. Wir nähern uns dem kritischen Punkt, wo es nicht mehr nur um das eigene Symbolverstehen geht, sondern darum, Möglichkeiten mit und für Schüler/-innen zu entdecken, mit Hilfe von Symbolen ihre Welt und die Grundvollzüge des christlichen Glaubens verstehen zu lernen.
Auf der Grundlage der Symbol(isierungs)hermeneutik ist zu fragen: Welche Ziele verfolgt Symbol(isierungs)didaktik in Schule und Gemeinde? Welche Unterrichtsprinzipien und -methoden sind für sie typisch und eignen sich, um Schüler/-innen mit Hilfe von (Gegenstands-, Handlungs- und Bekenntnis)Symbolen sich selbst, ihre Welt, sowie die Inhalte und Grundvollzüge ihres Glaubens in entsprechenden Aneignungs- und Vermittlungsprozessen besser verstehen zu lassen? Es geht um den Perspektivwechsel vom eigenen Verstehen zum Verständlichmachen/ Verständlich-werden-lassen.

✎ Überlegen Sie zunächst anhand Ihres persönlichen Symbols: Welche Möglichkeiten sehen Sie, eine gute Freundin, einen Freund anschaulich und gewinnend entdecken zu lassen, was sich für Sie darin als erfahrungsgesättigtes Lebenswissen verbirgt?
Viele Symbole und Rituale finden wir, finden Kinder in ihrer Umwelt einfach vor. Die Karikatur zeigt einige und stellt damit die Frage: Wie kann man Kindern helfen, in diese Welt hinein zu wachsen? Sollen sie das überhaupt? Genügen wortreiche Erklärungen oder ist anderes gefragt? Haben alle Symbole die gleiche Wertigkeit?

"Mutti! – Was ist das?"

Zeichnung: Manfred Westphal/LCS

Was bedeutet Symbol- bzw. Symbolisierungsdidaktik?
Der Sache nach – so P. BIEHL (1999) – hat E. FEIFEL 1977 die Symboldidaktik begründet, noch vor P. BIEHL/G. BAUDLER (1980). Den Begriff prägte H. HALBFAS (1982). Sehr griffig beschreibt HALBFAS (1984, 86–94) in drei Thesen, worum es geht:[10]

„1. Symboldidaktik verweist auf eine 'schulpädagogische Infrastruktur', die einen handlungsbezogenen, sinnenhaften Unterricht erst möglich macht ... 2. Symboldidaktik erfordert einen narrativen Unterricht ... 3. Symboldidaktik führt weg von der ersten zur zweiten Naivität" – also von einem vorkritischen, unmittelbaren zu einem mehrdimensionalen und nach Kritik neugewonnenen Symbolverstehen.

H. HALBFAS geht es um die Einübung des inneren Symbolsinns („Drittes Auge"), d.h. die (v.a. als intuitive Kraft verstandene) Fähigkeit des Menschen zu Symbolbildung und -verstehen. Jede Symbol*erklärung* greift, weil rein rational, zwangsläufig zu kurz. Angestrebt ist kein Unterricht *über*, sondern ein Unterricht *mit* Symbolen in ständig neuen sinnenhaften Zugängen und Umkreisungen. HALBFAS' symboldidaktisches Konzept baut v. a. auf lebendiges Erzählen und Interaktion, auf die Sprache der Träume, auf die in

Mythen und kunsthistorischen Werken enthaltenen Urbilder, auf die Symbolsprache der Bibel, auf ein – wie FRIEDRICH JOHANNSEN (1999, 11) kritisiert – „letztlich ontologisches Religions- und Wahrheitsverständnis ... Die für protestantisches Denken fundamentale Differenz zwischen Gott und Welt und die kritische Spannung von Gesetz und Evangelium, die sich in der Ambivalenz jedes Symbolgebrauchs spiegelt, kommt bei ihm nicht hinreichend zum Zuge." Freilich ist diese fundamentale Spannung m.E. auch unter dem Aspekt der Menschwerdung Christi, der Inkarnationslehre, zu reflektieren und zu relationieren (vgl. PAUL WEHRLE 1980).

Ausgehend von der TILLICH'schen Erkenntnis, dass alle Glaubensinhalte durch eine Symbolstruktur gekennzeichnet sind, entfaltet P. BIEHL (1999, 24ff) sein symboldidaktisches Konzept von der Phänomenologie her, als Erneuerung der Wahrnehmung (für ihn ein Paradigmenwechsel in der Religionspädagogik). In immer engerer Auseinandersetzung mit der Alltagswelt will seine Symboldidaktik zu wechselseitiger Erschließung von Symbol und Subjekt anregen. Dabei geht er einen Mittelweg zwischen Vermittlungs- und Aneignungsdidaktik. Er spannt den Bogen bis zu den anderen Weltreligionen: „Die Einsichten, dass der Prozess der Symbolisierung für die Menschwerdung des Menschen konstitutiv und dass für die Vermittlung von Religion die symbolische Kommunikation grundlegend ist, gewinnen durch interreligiöses Lernen eine breitere Basis." Er spricht von „Symbolisierungsdidaktik", betont also Interaktion und Prozesscharakter, geht damit auf die Kritik der Semiotiker (MICHAEL MEYER-BLANCK) ein, kritisiert jedoch seinerseits, dass diese die Wahrheitsfrage suspendierten. Nach P. BIEHL stellt sie sich in der Begegnung und Auseinandersetzung mit Symbolen unausweichlich und fordert eine persönliche Entscheidung. Gerade so gäben Symbole nicht nur zu „denken" (P. RICŒUR), sondern zu lernen und zu verstehen.

Kurzum: „Symbolisierungsdidaktik" versteht P. BIEHL als „Erweiterung der kommunikativen Kompetenz und der Wahrnehmungsfähigkeit" der jungen Menschen und als „kritische Symbolkunde", d.h. als prozess(=handlungs)orientierte, differenzierende Entdeckung impliziter religiöser Symbolik in der alltäglichen Lebenswelt, als Frage nach der Wahrheit, als „Re-Symbolisierung", als Wiedergewinnung des ursprünglichen, religiösen Sinnes inmitten von „Symbolgeröll", unter „Inanspruchnahme möglichst vieler Sinne".

Konkret lassen sich diese Unterschiede beider symboldidaktischen Konzepte herausarbeiten in einer Analyse der Bearbeitung der Taufsymbolik

- im Religionsbuch von H. HALBFAS (1989, 115–130, 161–174) und im Lehrerhandbuch 6 (69–178) und
- in P. Biehls Band II „Symbole geben zu lernen" (1993, 116–171, 266–306, M 17–28).

✎ Achten Sie darauf, welche didaktischen Zugriffe, welche Medien werden gewählt, um Schüler/-innen nahe zu bringen, was „Taufe" bedeutet und bewirkt. Welche Unterrichtsprinzipien kommen zum Zug? Welche Rolle spielen wechselweise Schüler/-innen und Lehrer/-innen im jeweiligen Konzept? Schon die Überschriften bilden eine gute Orientierungshilfe! Werden die konzeptionellen Reflexionen in den Praxisvorschlägen eingeholt?

Wichtige Unterrichtsprinzipien und -methoden

Die Analyse kann durch den folgenden Vergleich in weiterführender Absicht verifiziert, falsifiziert oder auch ergänzt werden: HALBFAS wie BIEHL lehnen einen Unterricht **über** Symbole ab, wollen **mit** Symbolen unterrichten. Der *didaktische Grundansatz* verlangt die Aktivierung der Sinne und des Intellekts zugleich (entsprechend dem erkenntnistheoretischen Axiom des THOMAS VON AQUIN: „*Omnis cognitio incipit a sensibus*“ ... „*Nihil est in intellectu, quod non prius fuerit in sensibus*“; d.h. alle Erkenntnis beginnt mit den Sinnen. Nichts ist im Intellekt (des Menschen), was er nicht zuvor mit seinen Sinnen (wahrgenommen) hat. BIEHL (1999, 131ff) und HALBFAS (1993, 41ff) empfehlen *methodisch*: Handlungsorientierung, Unterrichtsgänge, Begegnung mit Kunstwerken, kreatives und musisches Gestalten; kurzum jene *Unterrichtsprinzipien,* die schulpädagogisch umschrieben werden mit Ganzheitlichkeit, Handlungsorientierung, Verlangsamung, Förderung der Selbsttätigkeit wie der Teamfähigkeit, Abbau der Lehrerzentrierung. Beide engagieren sich fachübergreifend für Schulentwicklung und -kultur. V. a. H. HALBFAS regte schon sehr früh an zu gemeinsamem Feiern, interreligiösem Lernen sowie zu anregungsreicher Gestaltung und Anordnung der Räume, Pausenhöfe, Schulgärten. H. HALBFAS ist stärker der bildungstheoretischen, P. BIEHL mehr der kritisch-konstruktiven und kommunikativen Didaktik verbunden und ist dementsprechend stärker dem religionsdidaktischen Prinzip der Unterbrechung und Unterscheidung („kritische Symbolkunde“) verpflichtet (1999, 82ff; 131ff).[11] Er nähert sich deutlich dem Konzept einer alltagsorientierten Symbol(isierungs)didaktik (JÜRGEN HEUMANN/NORBERT WEIDINGER), die sich u.a. an Statussymbolik, Werbung, jugendlicher Subkultur, Pop- und Rockmusik abarbeitet.

H. HALBFAS räumt dem Bild und den Träumen viel Raum ein, wirkt aufgrund seiner Vorliebe fürs Erzählen (trotz vorbildlicher Bilddidaktik!) wortverhafteter und lehrerzentrierter (trotz des Gegengewichts von Lernwerkstätten!) als P. BIEHL. Er konfrontiert Schüler/-innen mit ihnen fremden Symbolwelten der Mythologie und Kunstgeschichte. Damit ist auch klar, warum schulpädagogisch der Bildungs- und theologisch der Wahrheitsbegriff und die methodischen Wege zur Wahrheitsfindung bei beiden Didaktikern nur teilweise kompatibel sind. Beide gehen davon aus, dass in Symbolen und Ritualen religiöse Erfahrungen und Wahrheiten in elementarer, anschaulicher Weise verdichtet, „geronnen“ und damit geborgen sind. Sie gilt es wieder zu „verflüssigen“, zu entbergen gemäß den Prinzipien der originalen Begegnung (PAUL ROTH/PAUL BRUNNHUBER) und der Verlangsamung (H. MEYER/G. HILGER).

Somit ermöglicht Symboldidaktik das, was K. RAHNER die unerlässliche „Anstrengung der Anschauung“ *und* „Anstrengung des Begriffs“ nennt. Beides zugleich ist theologisch wie religionspädagogisch in religiösen Lernprozessen einzulösen. Denn in Symbolen sind Inhalt und Form eine spezifische Verbindung eingegangen, findet sich ein spezielles „Zu- und Ineinander von Glaube und Erfahrung“, von „Inhalts- und Beziehungsaspekt“ (P. WEHRLE). Symbole markieren die Nahtstelle zwischen Erfahrung und Offenbarung, Leben und Glauben, Orthodoxie und Orthopraxie und machen diese Nahtstelle didaktisch zugänglich, helfen Korrelationsdidaktik sachgemäß umzusetzen. Gerade die sakramentalen Symbole und Rituale (hier: Taufe) sind als biblisch fundierte, „institutionalisierte Korrelationen“ (JÜRGEN WERBICK) oder Elementarisierungen der zentralen Glaubensinhalte und -vollzüge zu betrachten. Sie geben zu denken und – nach spielerischer bis kritischer, sich aller Möglichkeiten moderner Methodik und Didaktik bedienender Auseinandersetzung – zu verstehen:

Konkretion

Diese Grundintention soll nun am Beispiel „Mahl halten“ konkretisiert und umgesetzt werden. Aus meiner Sicht sind sachlogisch vier Artikulationsstufen einzuhalten: Erleben – wahrnehmen – deuten – (neu) handeln.

Lernschritte symboldidaktischen Lehrens und Lernens[12]

ERLEBEN

unmittelbar: aktuell erleben lassen	*mittelbar:* z. B. erinnern durch Bilder, Erzählen von Situationen im Schul-/Familienleben

z.B. Hunger, Durst haben; gemeinsam essen, trinken; Brot-Zeit, Pause-Brot, teilen; feiern

Ziel: Absichern, dass Erlebnisse, Vor-Erfahrungen vorliegen, auf denen aufgebaut werden kann; eine lebensweltnahe Hinführung zum Thema (wo Erlebnisse fehlen, greift die Symbol-Didaktik ins Leere!)

WAHRNEHMEN ↔ DEUTEN

WAHRNEHMEN	DEUTEN
- spontan, aktiv mit vielen Sinnen oder theoriegeleitet, differenziert	- eine eigene (Be-)Deutung finden, ausdrücken
- intuitiv gewahr werden und reflektieren, Eindrücke sammeln, ordnen	- Austausch über fremde Deutungen
- sie realisieren = für wahr nehmen	- in einen neuen Sinnhorizont rücken (AT/NT)
	- sich der Wahrheitsfrage stellen, entscheiden:
	- Welche Wahrheit will sich mir zeigen?

z.B. Brotbacken, Phantasiereise „Werdegang des Brotes", Nutz-Wert als Lebens-Mittel, Ess-Gewohnheiten, Lieblingsspeisen; Mehr-Wert des Essens (nicht nur „Abfütterung"/ „Fast-Food") für das gemeinsame Zusammenleben/-feiern, für die Gemeinschaft der Christen; „Mehrwert" des Abendmahl-Brots

Ziel: Das Vielerlei des Erlebten durch bewusste, verlangsamte Wahrnehmung in Gehalt und Gestalt durch originale Begegnung erkennen, sich einprägen, ordnen und durch eigene und fremde Deutungen zur bewerteten Erfahrung werden lassen, gültig für die jetzige Entwicklungs- und Altersstufe.

NEU HANDELN

- Unterbrechung des bisher Selbstverständlichen
- neuer Erkenntnis Raum und Ausdruck geben
- Folgen für das Handeln bedenken und „umkehren"

z.B. Essen und Trinken sind Ergebnis mühevoller Arbeit, Gaben Gottes
danken, loben, feiern ... (denn nichts ist „selbstverständlich"!)
... sorgfältigerer Umgang mit Brot und anderen Lebensmitteln
... Solidarität mit den Hungernden
... Beziehung, Gemeinschaft untereinander und mit Christus pflegen und Taten folgen lassen

Ziel: Das im Lernprozess Erkannte für die künftige Lebensgestaltung bedenken, nach solchen neuen Ausdrucksformen und Verhaltensweisen suchen und sie erproben, die sowohl der Sache als auch der eigenen Person gerecht werden; Bereitschaft wecken, Einstellung und Verhalten zu ändern (z. B. Respekt vor dem jüdischen Pessach-Mahl).

Grundintention: Aktivierung eines komplementären Kommunikationssystems
Insgesamt will Symbol(isierungs)didaktik den Schüler/-innen auf der Basis ästhetischer Kompetenz (vgl. LexRP 2001, 11–18) zur Symbol-Kompetenz und Kommunikationsfähigkeit verhelfen. Die Förderung der (verbalen) Sprache, die allen Schulfächern aufgetragen ist, die gängige (unterrichtliche) „Hermeneutik am Leitfaden der Sprache" (H. G. GADAMER), ist didaktisch zu ergänzen um die Förderung jener entwicklungspsychologisch durch D. WINNICOTT, M. S. MAHLER erforschten Fähigkeit zur Symbolbildung, jenes ursprüngliche Kommunikationssystem des Menschen. Nur mit beiden zusammen lernen Kinder und Jugendliche über Wahrheitsansprüche zu entscheiden, als Person und soziales Wesen (z.B. Sensibilität für den eigenen Körper und die „Körpersprache" im Umgang mit anderen!) zwischen den Kulturen und Religionen sich selbst zu verstehen und verständlich zu machen. Symboldidaktik will ihnen beide „Alphabete" an die Hand geben, das der Symbole und Bilder, wie das der Buchstaben und Worte, damit sie ihren Lebensglauben selbstverantwortlich – manchmal auch durch Rückgewinnung säkularisierter und kommerzialisierter Alltagssymbolik „buchstabieren", ausdrücken können. Dass Symbole die „Sprache der Religion" bzw. „des Glaubens" (P. TILLICH) sind, stützt diese Argumentation theologisch ab.

3.1.4 Abschließende Würdigung und Standortbestimmung

DIETRICH ZILLEßEN (1994, 31) stimmt in der evangelischen Religionspädagogik bereits den Abgesang auf die Symboldidaktik an und kritisiert die „Haltlosigkeit der Symbole und die Zufälligkeit der Bildung" (1995, 9), während HARRY NOORMANN (1995, 234f) ihr bestätigt, dass sie „für jenen didaktischen Perspektivwechsel im Sinne der 'Grundsätze des Lernens und Lehrens' einen herausragenden Beitrag geleistet und die innovative Praxis in Schule und Gemeinde in den zurückliegenden 10 Jahren am stärksten inspiriert hat". Er stimmt mit HENNING SCHRÖER darin überein: „Ihr Kontroverspotenzial wie ihre unterrichtspraktische Produktivität sind offenbar kaum erschöpft (…), vielleicht steht 'die wesentliche Phase symboldidaktischen Arbeitens' noch bevor." (Ebd.) Aus katholischer Perspektive lauten die kritischen Anfragen: Leistet ein symboldidaktischer RU nicht einer neuen „Kerygmatisierung" Vorschub (BERNHARD GROM), also einer erfahrungsfernen Überfrachtung des RU mit binnenkirchlichen, religiösen Inhalten? Ist der Einsatz des symboldidaktischen Konzepts in der Grundschule unter Berufung auf die intuitiven Fähigkeiten des Kindes entwicklungspsychologisch – so ANTON BUCHER – nicht verfrüht? Verzögert sie den „ehrenwerten Abgang der Korrelationsdidaktik" (RUDOLF ENGLERT)?[13] Kann sie den Forderungen nach Schülerorientierung und Aneignungsdidaktik, biographischem, fächer-, kultur- und religionverbindendem Lernen Genüge tun? Ich persönlich werte diese Anfragen als ständige Beobachtungsaufgaben für ReligionspädagogInnen, als Herausforderung zur Achtsamkeit und Warnung vor Überheblichkeit, vor „ontologischem Integrationswahn". Kritische Symbolisierungsdidaktik ist ein fachdidaktisches Konzept neben anderen, aber ein sehr vernetzungsfähiges und deshalb ein Konzept mit Zukunft schon für die Grundschule (vgl. auch die Arbeiten von INGO BALDERMANN, RAINER OBERTHÜR; vgl. S. 169ff). Kritische Symbol(isierungs)didaktik ist – nicht zuletzt wegen der Ambivalenz, der dialektischen Grundstruktur der Symbole – keine Einbahnstraße zum garantierten Erfolg, aber ein viel versprechender Weg in die „Freiheit eines Christenmenschen".

Literatur

BAUR, KATHJA: Symbolisieren als Gestalten. Münster 2002; BIEHL, PETER: Erfahrung – Symbol – Glaube. Grundfragen des Religionsunterrichts (zs. mit GEORG BAUDLER), Frankfurt/M. 1985 bzw. Aachen 1991; ders.: Symbole, in: BÖCKER, W. u.a. (Hg.), Handbuch religiöser Erziehung, Düsseldorf 1987, 481–494; ders.: Symbole geben zu lernen. Einführung in die Symboldidaktik anhand der Symbole Hand, Haus und Weg, Neukirchen-Vluyn 1989, 1991, 1995; ders.: Symbole geben zu lernen II. Zum Beispiel: Brot, Wasser und Kreuz. Beiträge zur Symbol- und Sakramentendidaktik, Neukirchen-Vlyn 1993; ders.: Festsymbole. Zum Beispiel: Ostern. Kreative Wahrnehmung als Ort der Symboldidaktik (Symbole geben zu lernen III), Neukirchen-Vluyn 1999; BDKJ AACHEN (Hg.): Das ist mir heilig. Ausstellung der Heiligtümer Jugendlicher, Düsseldorf 1987; DRESSLER, BERNHARD (Hg.): Symbole und Metaphern. Beiträge zu einer kritischen Bestandsaufnahme der Symboldidaktik. Arbeitshilfen Gymnasium 6, Loccum 1995, 9–14; FEIFEL, ERICH: Symbole und symbolische Kommunikation als religionsdidaktische Aufgabe, in: Weidmann, Fritz (Hg.), Didaktik des Religionsunterrichts, Donauwörth ^{5}1988, 188–203; ders.: Was ist ästhetische Erfahrung? in: Religionspädagogische Beiträge 30/1992, 3–18; FRÜHLING. FRANK: Symboldidaktik: entweder – oder? in: Loccumer Pelikan 3/1998, 148f; GUTMANN, HANS-MARTIN: Symbole zwischen Macht und Spiel, Göttingen 1996; HALBFAS, HUBERTUS: Das Menschenhaus, Düsseldorf 1971; ders.: Das Welthaus, Düsseldorf 1983; Das Christenhaus (in Vorbereitung); ders.: Judentum. Glaube – Geschichte – Gegenwart, Düsseldorf 1994; ders.: Islam, Düsseldorf 1995; ders.: Naturreligionen. Düsseldorf 1996; ders.: Hinduismus, Düsseldorf 1998; ders.: Buddhismus, Düsseldorf 1999; – dazu jeweils Diamappen mit Begleitheftmaterial; ders.: Das Dritte Auge, Düsseldorf 1982; fortgesetzt mit ders.: Das Wurzelwerk. Geschichtliche Dimensionen der Religionsdidaktik, Düsseldorf 1989; konkretisiert mit folgenden Unterrichtswerken: Religionsbuch für das 1. -4. Schuljahr (4 Bände), Düsseldorf 1983–1986; Religionsbuch für das 5.–10. Schuljahr (3 Bände) Düsseldorf 1992–1998 – jeweils mit Diamappe, äußerst ausführlichen Lehrerhandbüchern für jede Jahrgangsstufe, sowie Schülerarbeitsheften für die Sekundarstufe I; HEUMANN, JÜRGEN: Symbol – Sprache der Religion, Stuttgart 1983; ders.: Was Jugendlichen heilig ist, in: Religio 1,1 (1987) 32–34; ders.: Gibt es eine Krise der Symboldidaktik? in: Loccumer Pelikan (1998), H.2, 78–80; JOHANNSEN, FRIEDRICH: Lernen mit Symbolen – Chancen u. Probleme, in: z.B. (1999) 9–17; KASSEL, MARIA: Biblische Urbilder, München 1980; KULD, LOTHAR/ RENDLE, LUDWIG: Ganzheitliche Methoden im Religionsunterricht. Ein Praxisbuch, München 1996; LORENZER, ALFRED: Das Konzil der Buchhalter, Frankfurt/Main 1981; MEYER-BLANCK, Michael: Vom Symbol zum Zeichen. Symboldidaktik und Semiotik (Vorlagen. Neue Folge 25), Hannover 1995; NOORMANN, HARRY: Religionspädagogik 1994. Ein Situations- und Literaturbericht, in: Jahrbuch der Religionspädagogik 11 (1995) 213–246; OBERTHÜR, RAINER: Kinder und die großen Fragen. Ein Praxisbuch für den Religionsunterricht. München 1995; ders.: Kinder fragen nach Leid und Gott. Lernen im Religionsunterricht, München 1998; RÖLL, FRANZ JOSEF: Mythen und Symbole in populären Medien. Frankfurt/M. 1998; RESSEL, HILDEGARD: Die Macht der Gewohnheit. Von der heilsamen Kraft unserer täglichen Rituale, Stuttgart 1995; SCHNEIDER, MARTIN: Religionspädagogische Praxis als Weg ganzheitlicher Erziehung. Ein Darstellungs- und Interpretationsversuch, Landshut 1996; STUTZ, PIERRE: Alltagsrituale. Wege zur inneren Quelle, München 1998; VON FRIESEN, ASTRID: Ritualisiertes Verhalten im Alltag und in der Erziehung, in: WERMKE, MICHAEL (Hg.) 1997, 131–139; WEIDINGER, NORBERT: Elemente einer Symbolhermeneutik und -didaktik (ru). 2 Bde, St. Ottilien 1990/1991; WEHRLE; PAUL: Die Bedeutung des Symbols für die religiöse Erziehung, München 1980; WERBICK, JÜRGEN: Glaubenlernen aus Erfahrung, München 1989; WERMKE, MICHAEL (Hg.): Rituale und Inszenierungen in Schule und Unterricht, Loccum 1997; ZIEHE; THOMAS: Für inszenierte Ereignisse und gegen die symbolische Verödung der Schule, in: Pädagogische Beiträge 7/8 (1987) 16–19; ders.: Rituale zwischen ‚Schulrecht' und Schülerorientierung, in: Wermke, Michael (Hg.) 1997, 121–128; ZILLEßEN, DIETRICH: Abschied von der Symboldidaktik? Was die Symboldidaktik zu lernen gegeben hat, in: Der Evangelische Erzieher 46,1 (1994), 31–39; ders.: Die Haltlosigkeit der Symbole und die Zufälligkeit der Bildung, in: DRESSLER, BERNHARD (Hg.) 1995, 9–14.

[1] Vgl. ZIEHE, THOMAS in: WERMKE, MICHAEL (Hg.) 1997.

[2] ZINNECKER, JÜRGEN, Accessoires, Opladen 1983.

[3] Vgl. JOHANNSEN, FRIEDRICH 1999, 9–17.

[4] G. BITTER zählt konfessionsübergreifend, inklusive Liturgikern und Pastoraltheologen folgende Namen auf: A. ALBRECHT, H. ALBRECHT, P. BIEHL, A. BUCHER, E. FEIFEL, D. FUNKE, H. HALBFAS, U. HEMEL, H. KIRCHHOFF, G. LANGE, F.-J. NOCKE, H. SAAL, J. SCHARFENBERG, F. SCHLOSSER, Y. SPIEGEL, W. STENGELIN, H. STENGER, R. VOLP, N. WEIDINGER, K. WEGENAST, P. WEHRLE (VGL. BITTER, GOTTFRIED, Symbole und Sakramente im Religionsunterricht, in: Religionsunterricht an höheren Schulen 41 (1998), 252–261; hier: 254). Nicht vergessen seien: J.-A. v. ALLMEN, G. BAUDLER, E. BIHLER, M. MEYER-BLANCK, G. BUSCHMANN, U. FRÜCHTEL, H.-M. GUTMANN, E. GRUBER, J. HEUMANN, W. JETTER, F. KETT, M. SCHARRER, K. SCHILLING, U. STEFFENS, P. SCHWARZENAU.

[5] Vgl. Bibliografie PETER BIEHLS, in: DRESSLER, BERNHARD/JOHANNSEN, FRIEDRICH/ TAMMEUS, RUDOLF (Hg.): Hermeneutik – Symbol – Bildung. Neukirchen-Vluyn 1999, 120–126.

[6] Um den Blick jedoch nicht vorschnell zu verengen, sei an dieser Stelle darauf hingewiesen, dass E. FEIFEL (in Anknüpfung an P. BIEHL) nicht nur zwei, sondern drei symboldidaktische Grundtypen oder Modelle unterscheidet: 1. 'Das dritte Auge'– Einübung in die Intuition (H. HALBFAS), 2. Alltagserfahrung und Symbol – Zusammenhang von Symbol und Erfahrung und deren Konstitution in der Alltagswelt (J. HEUMANN/Y. SPIEGEL), 3. Symbol und Lebensgeschichte – Symboldidaktik als Schlüssel zur Erhellung lebensgeschichtlicher Erfahrung (J. SCHARFENBERG/P. BIEHL/E. FEIFEL). Vgl. FEIFEL, ERICH: Entwicklungen in der Symboldidaktik, in: SCHNIDER, ANDREAS/RENHART, ERICH (Hg.): Treue zu Gott – Treue zum Menschen. Festschrift für J. KORHERR. Graz 1988, 295–309. Im Elementarbereich spielt außerdem im gesamten deutschen Sprachraum das Konzept von F. KETT eine große Rolle. Es lässt sich als „mystagogische Symboldidaktik" charakterisieren (vgl. MARTIN SCHNEIDER (Hg.) 1996). Fundierte Kritik übt: KATJA BAUR: Symbolisieren als Gestalten. Münster 2002.

[7] Vgl. N. WEIDINGER 1990.

[8] TILLICH, PAUL: Die verlorene Dimension. Stuttgart 1969, 237.

[9] M. MEYER-BLANCK sieht – in Rekurs auf U. ECCOs semiotischen, rein rational und funktional definierten Zeichenbegriffes – im Merkmal der Repräsentation und in der „Teilhabemetapher" (2. Merkmal bei HALBFAS!) eine semiotisch und theologisch unzulässige ontologisierende Überdehnung des Symbolbegriffs. Symbole würden so zu ungeschichtlich-metaphysischen Größen erklärt. P. BIEHL widerspricht dieser Kritik mit bibeltheologischen Argumenten. Sie trifft m. E. stärker auf die ungeschichtlich-archetypisierende Symbolhermeneutik C. G. JUNGs und die religionswissenschaftliche M. ELIADES zu, der H. HALBFAS zuneigt.

[10] Er rief damit jedoch zugleich (analog zur Auseinandersetzung um die Gleichnisdidaktik) Kritiker wie A. A. BUCHER auf den Plan.

[11] In nuancierter Differenz zu P. BIEHL betone ich als schulpädagogischen Gesamtrahmen nicht die kommunikative, sondern eine kommunikationsorientierte Didaktik; denn das pädagogische Gefälle zwischen Lehrenden und Lernenden, der Erfahrungs- und Wissensvorsprung lassen sich nicht restlos elimieren, was umgekehrt nicht dazu führen darf, den Schüler/-innen ihre Subjektrolle streitig zu machen.

[12] Vgl. dazu: WEIDINGER, NORBERT: Sich religiöse Ausdrucksmöglichkeiten aneignen – Symbolisierungsdidaktik in der Grundschule. In: Kath. Schulkommissariat in Bayern (Hg.): Handreichung zum Lehrplan Kath. Religionslehre. München 2002, 96–106.

[13] Vgl. GROM, BERNHARD: Kerygma, Symbol, Struktur – oder Erfahrung? In: Katechetische Blätter 113 (1988), 480ff ; BUCHER, ANTON A. : Symbole? Ein kritischer Diskussionsbeitrag zu den Religionsbüchern von Hubertus Halbfas, in: Der Evangelische Erzieher 39 (1987), 598–613; ENGLERT, RUDOLF: Die Korrelationsdidaktik am Ausgang ihrer Epoche. Plädoyer für einen ehrenhaften Abgang, in: HILGER, GEORG/REILLY, GEORGE (Hg.): Religionsunterricht im Abseits? München 1993, 97–110, hier: 100.

3.2 Bibeldidaktik – biblische Didaktik elementar

(*Friedrich Johannsen*)

Vorbemerkungen

„Die biblische Didaktik ist der Kern aller am Evangelium orientierten Bildungslehre.“[1] Diese These von HENNING SCHRÖER verweist auf die grundlegende Bedeutung des lernenden Umgangs mit der „Urkunde des Glaubens“ im (Religions-)unterricht. In einer gewissen Spannung zu dieser These steht die Beobachtung, dass die selbstverständliche Relevanz der Bibel als Lerngegenstand schwindet. Erfahrungen im unterrichtlichen Umgang mit der Bibel geben zu erkennen, dass sich in der Voreinstellung von Schüler/-innen die Bibel vom Autoritätssymbol vielfach zum Symbol von Langeweile gewandelt hat. Zuweilen lässt sich allerdings auch eine unbefangene frische Neugier wahrnehmen. Distanz und Informationsdefizit kennzeichnen weitgehend die Voraussetzungen, von denen her nach der für heutige Lernbedingungen angemessenen Gestalt einer biblischen Didaktik zu fragen ist. Dazu soll im Folgenden nach Orientierungshilfen bei zwei die Diskussion prägenden Fachdidaktikern gesucht werden.

Zuvor eine kleine Vorklärung :

Unterschiedliche Klassifizierungen der Bibel bzw. der biblischen Texte[2] weisen darauf hin, dass das Vorverständnis, unter dem der lernende Umgang mit der Bibel erfolgen soll, klärungsbedürftig ist. Im Kontext religionsdidaktischer Überlegungen ist ein Rückgriff auf die Differenzierung überlieferter Textsorten hilfreich, die der Ägyptologe JAN ASSMANN aus kulturhistorischer Perspektive vorgenommen hat. ASSMANN unterscheidet zwischen ***klassischen, heiligen*** und ***kanonischen*** Texten.[3] Im Blick auf das allgemein zu beobachtende Phänomen des Kulturabbruches, das sich u.a. auch in rapide abnehmenden Bibelkenntnissen zeigt, wird gelegentlich vorgeschlagen, diese wenigstens über religionskundlichen Unterricht neu zu vermitteln, damit „das klassische kulturelle Erbe noch verstanden wird.“[4] Während dieser Vorschlag darauf abzielt, die Bibel als *klassischen* Text unserer Kultur im Unterricht zur Geltung zu bringen, bestehen fundamentalistische christliche Strömungen auf einem Verständnis von Bibel als *heiligem* Text, der als ewige Wahrheit Autorität beansprucht und zur Vergewisserung wortgetreu rezitiert und vergegenwärtigt werden muss.

Wird die Bibel sachgemäß als ***kanonischer Text*** verstanden, in dem eine Vielfalt von Texten zu einer Einheit zusammengestellt sind, wird der *Prozess der Auslegung* für den Umgang konstitutiv. Ein kanonischer Text ist dadurch gekennzeichnet, dass in ihm ein Traditionsstrom zum Stillstand gekommen ist. Dieser Text wird wortgetreu überliefert, ist aber prinzipiell auf einen deutenden Umgang hin angelegt: „Kanonische Texte können nur in der Dreiecksbeziehung von Text, Deuter und Hörer ihren Sinn entfalten.“[5] Bei der deutenden Auslegung geht es um das, woran ein Text gegen den Strom von Vergessen und Gleichgültigkeit erinnern, worauf er in je neuer Situation aufmerksam machen will.

Macht diese Vorklärung des Grundcharakters der biblischen Texte die Bedeutung eines (offenen) interpretativen Lernprozesses deutlich, fügt die *bildungstheoretische Perspektive* noch einen wichtigen Aspekt hinzu:

Als Bildungsinhalt muss die Bibel beim Lernen mit ihr prinzipiell vom aneignenden Subjekt her bedacht werden. Die prinzipielle Subjektivität jedes Bildungsprozesses wird verfehlt durch eine Form der Sachanalyse, die zunächst unabhängig vom lernenden Subjekt den von der Fachwissenschaft (Exegese/Systematische Theologie) ermittelten Sachaspekt erheben will, um dann gewissermaßen in einem zweiten Schritt zu fragen, wie denn die Schüler/-innen für diese Sache zu erschließen seien.

Die zwei bibeldidaktischen Entwürfe, die im Folgenden dargestellt werden, nehmen sowohl die Herausforderungen der Besonderheit des Textes als auch die Notwendigkeit einer bildungstheoretischen Reflexion auf, indem sie die Frage nach einer elementaren Bibeldidaktik im Kontext der Frage nach dem **didaktisch Notwendigen** entfalten.[6]

„Die didaktische Frage ist im Kern die Frage nach dem für die kommende Generation Notwendigen.“[7]

BALDERMANN nimmt dabei KLAFKIs Modell der wechselseitigen Erschließung (des Lernenden und des Gegenstandes des Lernens) in seinem Entwurf von Bibeldidaktik kritisch in Anspruch:

„Der von KLAFKI geprägte Begriff der wechselseitigen Erschließung beschreibt ... sehr genau ein charakteristisches Moment auch der biblischen Offenbarung: Nicht nur erschließt sich Gott selbst dem Menschen, sondern damit wird auch der Mensch für Gott erschlossen.“[8]

BALDERMANNs Hauptanliegen ist eine religionspädagogische Rekonstruktion der Didaktik, die der Bibel implizit ist. So erweist sich für ihn das didaktische Denken in der Theologie als ein besonderer und eigenständiger, methodischer Weg der Bibelbetrachtung, der exegetische Zugänge ergänzt und korrigiert.
BERG, dessen Überlegungen sich an der Sekundarstufe I orientieren, sieht Konvergenzen zwischen den Orientierungsbedürfnissen heutiger Jugendlicher und den Chancen, die biblisches Lernen zu bieten hat. Angesichts des allgemeinen Relevanzverlustes der Bibel bedarf es jedoch besonderer didaktischer Reflexion in Gestalt einer erfahrungsorientierten wechselseitigen Erschließung von Bibel und Gegenwarts- bzw. Schülersituation, damit die Bezüge deutlich werden. Eine Konzentration auf *Grundbescheide* der Bibel (s.u.) und Analyse von dringlichen Aufgaben und Problemen der gegenwärtigen Lebenswelt soll helfen, die hermeneutische Suchbewegung zu strukturieren. Eine Empfehlung von *bibeldidaktischen Grundsätzen* soll anleiten, den Unterricht so anzulegen, dass die Lernchancen wahrgenommen werden können.
Während BALDERMANN die aus seiner in der Unterrichtspraxis (vorwiegend in der Grundschule) gewonnene Erfahrung von einem neuen überraschenden Evidenzgewinn der biblischen Botschaft an den Anfang seiner Überlegungen stellt, bildet für BERG das Nachdenken über den Evidenzverlust der Bibel bei gegenwärtigen Schüler/-innen den Ausgangspunkt. Beide stimmen in der Feststellung überein, dass biblisches Lernen im Blick auf die Lernbedürfnisse heutiger Jugendlicher notwendig ist und unter Beachtung spezifischer Lernwege Chancen hat.

3.2.1 Bibeldidaktische Grundsätze nach HORST KLAUS BERG

BERG stellt zunächst fest, dass die Bibel für Schüler/-innen zu einem erfahrungs- und lebensfernen Buch geworden ist (BERG 1997, 63–90). Sie wird als Traditionsgut wahrgenommen, das keine Beziehung mehr zum neuzeitlichen Erfahrungszusammenhang hat, Orientierung für gelingendes Leben bietet oder Anregung zu humaner Lebensgestaltung gibt (BERG 1996, 166f). Sie hat keinen Ort in der Lebenswelt der Heranwachsenden. Ursache ist u.a., dass Jugendliche in ihrem Umfeld kaum Menschen bzw. Institutionen wahrnehmen, die christlichen Glauben für sie überzeugend repräsentieren. Hinzu kommt, dass die Verschiebung öffentlicher Kommunikation von einer Wort- zu einer Bilddominanz den Umgang mit der Sprache der Überlieferung erschwert.
Umgekehrt geben Untersuchungen allerdings auch zu erkennen, dass die Bibel für Jugendliche interessant und relevant wird, wo sie sich mit Themen wie „Frieden“, „Gerechtigkeit“, „Umwelt“ verbindet, die Schüler/-innen wichtig sind. Angesichts der so analysierten Situation wendet sich BERG gegen methodische Kunstgriffe. Es sei vielmehr angezeigt, wieder grundlegend mit LUTHER zu fragen, wie uns ein „Lesewort“ wieder

gezeigt, wieder grundlegend mit LUTHER zu fragen, wie uns ein „Lesewort" wieder zum „Lebenswort" werden kann.

„*Die neue Leitfrage der Auslegung muss heißen: Kann der heutige Bibelleser in den alten Texten noch Leben wahrnehmen: Angst und Hoffnung, Leidenschaft und Wut, Vertrauen und Hingabe, Zweifel und Glauben ..., Erfahrungen, die auch seine sind?*" (a.a.O., 68)

Dazu weist er auf positive Erfahrungen hin, die im Kontext neuer Auslegungsansätze wie tiefenpsychologischer und feministischer Exegese und in der Lesepraxis lateinamerikanischer Basisgemeinden zu finden sind. Eine Bibeldidaktik, die die Frage in den Mittelpunkt stellt, was für Schüler/-innen heute notwendig ist, sollte an die sich in diesen Auslegungsprozessen entfaltende Dynamik anknüpfen.
Die Ermittlung der Chancen biblischen Lernens im Kontext gegenwärtiger Lebenspraxis muss ausgehen von den Fragen, welche Probleme Jugendliche bewegen und wo sie Orientierungsangebote brauchen (vgl. BERG 1993, 20).

„*Zuerst müssen Jugendliche in Stand gesetzt werden, in alltäglichen Erfahrungen und gewohnten Verhaltensmustern zu erkennen, welche Grundfragen im Spiel sind.*" *Dann ist zu fragen:* „*Kann die Bibel angesichts dieser Situation Orientierungs- und Hoffnungsperspektiven freisetzen, die im biblischen Unterricht zu erschließen sind?*" (a.a.O, 24)

Im Blick auf die **Analyse der Situation gegenwärtiger Jugendlicher** nennt BERG auf der Basis eigener Erfahrung und jugendkundlicher Studien einige Aspekte, die Anregungen geben können, im Blick auf die jeweils konkrete Schülergruppe nach Problemen und Orientierungsbedürfnissen zu fragen:

- Bedürfnis nach überschaubaren Lebenszusammenhängen angesichts der Kompliziertheit des Lebens,
- Fremdbestimmung durch Einbindung in verschiedene funktionierende Systeme (Rädchenexistenz),
- Anonymisierung,
- zunehmendes Bedrohungspotenzial und Sehnsucht nach verlässlicher Geborgenheit,
- Tendenz zur lähmenden Hoffnungslosigkeit,
- Zwang zur Perfektion, der keine Schwäche zulässt,
- Leben in einer hektischen, lauten, künstlichen Welt.

Vor dem so beschriebenen Hintergrund formuliert BERG zunächst einen **Basis-Satz**, den er in sechs Lernchancen ausdifferenziert, die biblisches Lernen im Kontext von Gegenwartserfahrungen von Heranwachsenden eröffnen kann:

„*Im Religionsunterricht sind die biblischen Inhalte so auszuwählen und so auszulegen, dass junge Menschen ihre kritische und befreiende Dynamik und die in ihnen aufbewahrte Hoffnungskraft erkennen und annehmen können; junge Menschen sind zur kritischen Analyse ihres Lebens und ihrer Welt zu befähigen, damit sie die befreienden Impulse der biblischen Überlieferung als eine ihnen zugedachte Chance zur Veränderung erkennen und annehmen können.*" (a.a.O., 10)

Lernchancen:[9]
Die Bibel lehrt Hoffnung und Widerstand im Blick auf scheinbar unabänderliche Verhältnisse (Bezüge: Deuterojesaja, Wundergeschichten als Hoffnungsgeschichten und Protest gegen eine lebensfeindliche Wirklichkeit).
Die Bibel bietet Modelle gelingenden Lebens an (Gegenerfahrungen, Gegenwelten z.B. in der Exoduserfahrung als ermutigende Erfahrungen und Utopien sowie als prophetische Kritik).
Die Bibel bewahrt heilende und heilvolle Erinnerungen auf, die auch heute noch wirksam werden können (heilsame Bilder in den Tiefenschichten der Texte, die durch kreative Wahrnehmung entbunden werden können).

Die Bibel vermittelt die Erkenntnis, dass der Mensch ein sündiges Geschöpf ist (Wahrnehmung des Menschen als Geschöpf, dem die Weisung [Tora] gegeben ist, das Lebensdienliche zu tun *und* Wahrnehmung der erzählten Wahrheit über den Menschen, der nach eigenem Gutdünken über das Lebenswerte entscheidet und sich in Gewalt und Destruktion verstrickt).
Die Bibel hat eine kommunikative Grundstruktur, dem entsprechen kommunikative Verstehensprozesse (biblische Sprache als dialogische, betreffende, performative, nicht konstatierende und situativ-konkrete Sprache. Sie ist nicht Medium einer überzeitlichen abstrakten Wahrheit, sondern zielt auf einen kommunikativen Verstehensprozess, in der die Erfahrungen der Beteiligten ihren gleichberechtigten Ort haben).
Die Bibel spricht ihre Leser und Hörer ganzheitlich an und bricht damit die Monokultur kognitiver Prozesse auf. (Biblische Sprache ist nicht in erster Linie Informations-, oder Bedeutungsträger, sondern „Geschehen", das ganzheitlich anspricht und nur mit allen Sinnen aufgenommen werden kann).

Die jeweils getrennt ermittelten Blicke auf die *Lernbedürfnisse* heutiger Jugendlicher und die *Lernchancen*, die die Bibel eröffnet, lassen nach BERG „interessante Verbindungen und Konvergenzen" erkennen. Die Frage der wechselseitigen Erschließungen und Beziehungen zwischen der Lebenswelt der Bibel und der Jugendlichen bedürfen aber der eigenständigen Reflexion. Diese kann angestoßen werden durch Methoden der Bibelauslegung, die die lernenden Subjekte mit ihren Erfahrungen von vornherein in den Prozess der Auslegung einbezieht.
Konsequent tritt BERG daher dafür ein, die traditionellen Arbeitsfelder der Exegese im Sinne einer *erfahrungsbezogenen Auslegung* erheblich zu erweitern und bringt dazu alternative Ansätze sowie Erweiterungen und Ergänzungen der historisch-kritischen Auslegung ins Spiel.
Ein wesentliches Defizit der traditionellen historisch-kritischen Auslegung sieht BERG mit BALDERMANN in der analytischen Struktur der Methode, die der Sprachbewegung der biblischen Texte nicht gerecht wird und den Text zum verfügbaren Objekt macht (a.a.O., 53). Wie für BALDERMANN behält sie ihr begrenztes Recht, ist jedoch ergänzungsbedürftig durch erfahrungsbezogene Methoden.
Besondere Chancen sieht BERG in der *ursprungsgeschichtlichen und materialistischen Auslegung*, in der derjenige Lebens- und Erfahrungszusammenhang erschlossen wird, in dem ein Text seine kritisch-produktive Gestalt gewonnen hat. Von hier aus ist unter Beachtung der *Wirkungsgeschichte* nach dem Kontext in unserer *Lebens- und Erfahrungswelt* zu fragen.
Kontextorientierung muss für BERG – im Unterschied zu BALDERMANN – das Grundmuster biblischen Unterrichts vorzeichnen.
Im Kontext bildungstheoretischer Bemühungen um die Frage nach dem Wichtigsten und Zentralen eines Faches wurde in den letzten Jahrzehnten in verschiedenen Entwürfen auch nach Grundthemen und durchgängigen Aussagen der Bibel gefragt. Im Zusammenhang dieser Bemühungen um das Elementare formuliert BERG **„Grundbescheide"**. Damit meint er zentrale Motive der Überlieferung, die sich gewissermaßen wie ein roter Faden durch verschiedene Texte hindurchziehen und als *hermeneutische Schlüssel* (neben anderen möglichen) die Beliebigkeit der Auslegung von Einzeltexten begrenzen helfen (vgl. a.a.O. 76ff).

Gott schafft Leben (Schöpfung);
Gott stiftet Gemeinschaft (Gemeinschaft, Partnerschaft, Ökumene);
Gott leidet mit und an seinem Volk (Leiden und Leidenschaft);
Gott befreit die Unterdrückten (Befreiung);
Gott gibt seinen Geist (Heiliger Geist und Begeisterung);
Gott herrscht in Ewigkeit (Gottesherrschaft; Schalom).

BERND BEUSCHER und DIETRICH ZILLEßEN[10] kritisieren an der Bezeichnung „Grundbescheide", dass sie amtlich klingt und die Formulierungen zu abstrakt geraten sind.
Da es darum geht, Kerngehalte der biblischen Tradition handlungsbezogen zu umschreiben, schlagen sie stattdessen Satzbildungen vor, die stärker versinnlicht sind:

Gott reicht dem Versager die Hand; Gott gibt dem Verstummten Worte; Gott erniedrigt (bestraft) keinen; Gott richtet die am Boden Liegenden auf.

Mit Hilfe der Grundbescheide lässt sich die Erinnerung strukturieren und im Sinne einer Korrelation nach einer Verknüpfung von Tradition und Situation fragen.
Analysefragen im Blick auf das, was gegenwärtig dringlich ist, gefährdet ist oder der Veränderung bedarf, können helfen, die Grundbescheide produktiv in Anspruch zu nehmen. Die suchende (heuristische) Denkbewegung kann sowohl von der biblischen Tradition als auch von der heutigen Situation ausgehen.

✐ Suchen Sie Beispiele (Probleme, Themen) in der gegenwärtigen Lebenswelt, in denen einzelne Grundbescheide bedeutsam sein könnten.

Auf Grund der Erfahrungen in den letzten Jahrzehnten sollte der Biblische Unterricht in *drei Typen* entfaltet werden, die sinnvoll aufeinander zu beziehen sind:

1. Bibelorientierte Problemerschließung
2. Problemorientierte Texterschließung
3. Fundierende Informationsbausteine

Zu. 3.: Der dritte Typ dient dazu, ein sachgemäßes Verständnis der biblischen Überlieferung anzubahnen. Dazu schlägt BERG drei Typen von **Informationsbausteinen** vor, die als kleine Einheiten Grundlagen für biblisches Lernen aufzubauen helfen (BERG, 1993, 147ff):

- Einführung in die Lebenswelt der Bibel, in der der geographische, historische und kulturgeschichtliche Hintergrund zum Textverständnis vermittelt wird;
- Information zur Entstehung und zum geschichtlichen Verständnis der biblischen Schriften;
- Einführung in die biblische „Sprachlehre" (Symbolsprache der Bibel), um das in der gegenwärtigen Lebenswelt vorherrschende eindimensionale Denken aufzubrechen.

Problemorientierte Texterschließung (zu 2.)
Im Blick auf die *Problemorientierte Texterschließung* entwickelt BERG zehn **bibeldidaktische Grundsätze** zur Umsetzung in die Unterrichtspraxis:

- Orientierung am Anfängergeist
- Vorwissen und gewohnte Verstehenswege bewusst beiseite legen, alle Äußerungen gelten lassen
- Lektüre des Textes als Nachricht
- Bewusster wahrnehmen, Oberflächlichkeit und evtl. vorhandene Vertrautheit überwinden, sich langsam nähern
- Erschließung der biblischen Überlieferung als „Antworttexte"
- Damit wird an lerndidaktische Konzepte wie „Originale Begegnung" (HEINRICH ROTH) bzw. „Genetisches Lernen" (MARTIN WAGENSCHEIN) angeknüpft. Sie kann durch „Ursprungsgeschichtliche Auslegung" entfaltet werden, in der die Situation ermittelt wird, in der ein Text entstanden ist und auf die er sich bezieht

- ➢ Verzicht auf die Mitte des Textes
- ➢ Dieser Grundsatz wendet sich gegen die verbreitete Methode, *einen* zentralen Sinn, „Skopus", Merksatz etc. zu formulieren zu Ungunsten der Vielschichtigkeit und Vieldeutigkeit. Methodisch werden dazu linguistische und mehrdimensionale Auslegungswege vorgeschlagen
- ➢ Auseinandersetzung mit der *Wirkungsgeschichte* eines Textes
  Dabei wird nach Beispielen a) positiver kritisch-produktiver und b) funktionaler Inanspruchnahme gefragt, die ideologiekritisch zu hinterfragen sind. (Z.B. „Isaaks Opferung" als Basistext von Gehorsamsforderung in der Erziehung.)
- ➢ Erschließung biblischer Texte als Modelle gelingenden Lebens
- ➢ Erschließung unter dem Aspekt von Bildern gelingenden Menschseins; Entdecken von Lebensmodellen *in* den Texten und im Umgang *mit* den Texten
- ➢ Ausrichtung der Textarbeit an Grundlinien der biblischen Überlieferung, um Grundmuster und Zusammenhänge wahrzunehmen
- ➢ Vorgeschlagen wird die Orientierung an den Grundbescheiden (s.o.) und mit „wachsenden" Themen (z.B. Schöpfung), Motiven (z.B. Wasser) oder Personen (z.B. David) zu arbeiten
- ➢ Erschließung biblischer Tradition in ganzheitlich-kommunikativen Zugängen
- ➢ Durch Nachgestaltung und kreativen Umgang mit der Sprachbewegung, also mit der symbolischen Sprache der Bibel, statt nur *über* den Text zu reden. Außerdem Initiierung von Gruppenprozessen, in denen die eigene Erfahrung ins Spiel kommen kann, z.B. mit Hilfe der themenzentrierten Interaktion nach RUTH COHN
- ➢ Orientierung an einem integrativen Konzept
- ➢ Nicht Festlegung auf eine Methode oder einen Auslegungsweg, sondern verschiedene Zugangswege suchen und miteinander verbinden
- ➢ Sach- und situationsgemäße Wahl der Unterrichtsansätze
- ➢ Anhaltspunkte sind Beobachtungen der Situation der Lernenden wie Wahrnehmungsdefizite, Desinteresse, verfestigte Sichtweisen und resignative Einstellungen.

✐ Stellen Sie sich vor, dass sie die Erzählung von Kain und Abel (Gen 4,1–16) im Zusammenhang einer Unterrichtseinheit über Gewalt einsetzen wollen. Notieren Sie einige Überlegungen, die sich aus der Anwendung der Grundsätze (2–6) ergeben.

Bibelorientierte Problemerschließung (zu 1.)
Im Blick auf die Einbeziehung biblischer Texte in thematische Einheiten (*Bibelorientierte Problemerschließung*) empfiehlt BERG, die Begründungen und Funktionsbestimmungen an den o.g. Lernchancen zu orientieren.
Er weist auf vier **Grundfunktionen biblischer Texte in Unterrichtsthemen** hin (a.a.O.,176f):

1. Biblische Texte können über Herkunft und Bedeutung gegenwärtiger *Zustände, Verhaltensweisen oder Normen* informieren.
2. Biblische Texte können Deutungs- und Orientierungsangebote für *Glauben und gelingendes Leben* vermitteln.
3. Biblische Texte können Sprache anbieten, die zur *Deutung* und *Verarbeitung von Erfahrungen* anregt und befähigt.
4. Biblische Texte können im Rahmen thematischer Einheiten auch das *Verständnis biblischer Überlieferung* fördern.

Damit biblische Texte im Rahmen von thematischen Einheiten diese Funktionen erfüllen können, wollen fünf **bibeldidaktische Grundsätze** beachtet sein:

1. Plausibilität (Der Bezug auf den Text muss auch für Lernende plausibel und nachvollziehbar sein).

2. Geschichtliche Dynamik (Der Bezug der Texte auf die konkrete geschichtliche Ursprungssituation darf nicht übersprungen werden).
3. Wirkungs- und Handlungsorientierung (Bezug auf Beispiele biblisch begründeter Glaubens- bzw. Lebenspraxis/Situationen, in denen biblische Tradition heute wirksam in Anspruch genommen wird).
4. Kontroverse Offenheit (Texte nicht normativ einsetzen, sondern als Anstöße, die im gegenwärtigen Streit um Wirklichkeit und Normen Kontroversen provozieren und kontrovers in Anspruch genommen werden).
5. Ganzheitliche Aneignung und Gestaltung (Texte dürfen auch im thematischen Unterricht nicht auf Lehrsätze oder Sachverhalte verkürzt werden).

✐ Stellen Sie sich vor, Sie wollen die Gleichnis-Erzählung von den Arbeitern im Weinberg (Mt 20) in einer Einheit zum Thema „Sehnsucht nach Gerechtigkeit“ einsetzen. Wenden Sie die Grundsätze im Blick darauf an und notieren Sie Ihre Überlegungen.

Abschließend macht BERG darauf aufmerksam, dass auch die **Unterrichtsmethoden** an den bibeldidaktischen und allgemeinen religionspädagogischen Grundsätzen auszurichten sind und bei der Methodenwahl auf jeden Fall der Grundsatz beachtet werden solle, „dass den Lernenden an der Bibel etwas für sie Wichtiges aufgeht“ (a.a.O. 182). Konkrete Vorschläge werden entwickelt zu: „Erzählen“, „Spielen/Inszenieren“, „Singen“, „Mit Kunst arbeiten“, „Verfremden“, „Kreatives, spontanes Gestalten“, „Kommunizieren“, „Mit Texten arbeiten“, „Recherchieren“, „Mit AV-Medien arbeiten“ (a.a.O. 183–204).

3.2.2 Der Vorsprung der Bibel – INGO BALDERMANN[11]

Die Bibel – Buch des Lernens

Kennzeichnend für BALDERMANNs Ansatz ist, dass er nicht in das Lamento einer abnehmenden Relevanz der Bibel einstimmt, sondern von den positiven Erfahrungen ausgeht, in denen die Bibel in gegenwärtigen Lebens- und Lernzusammenhängen ihre kritisch-produktive Kraft erweist und sich ganz einfach verstehen lässt. Er geht von der Entdeckung aus, dass die Bibel eine *implizite Didaktik* enthält, durch die sie den Weg des Verstehens selbst vorzeichnet. So wird für ihn die religionspädagogische Rekonstruktion dieser impliziten Bibeldidaktik zur eigentlichen Aufgabe biblischer Didaktik:
Es kommt darauf an, „*die Wege wieder zu entdecken, auf denen die Bibel selbst ihre Hörer und Leser zu ihren Lernerfahrungen führt.*“[12]
Gegen traditionelle Muster und Vorurteile betont er, dass die Bibel kein Autorität beanspruchendes Lehrbuch sei, sondern *Buch des Lernens*. Texte der Bibel wollen nicht kritiklos hingenommen werden, sondern überzeugen und neu wahrnehmen helfen. Dem Grundmodell KLAFKIs entsprechend ist die Bibel auf wechselseitige Erschließung angelegt. Wobei eine Besonderheit dieses Erschließungsprozesses allerdings darin liegt, dass die Wirklichkeit des Menschen von der Wirklichkeit Gottes her wahrgenommen und interpretiert wird. Nicht nur die Autorität der Tradition, auch die Autorität instrumentaler Wissenschaft ist für diesen Erschließungsprozess hinderlich. BALDERMANN verlässt konsequent den (Ab-)Weg abendländischer Wissenschaft, die sich des Erkenntnisgegenstandes als *Objekt der Analyse* bemächtigt und folgt dem Modell der *Begegnung*. Intention ist dabei nicht Belehrung über die Aussage eines Textes, sondern zu lernen, „neu wahrzunehmen, anders zu begreifen, deutlicher zu sehen und zu reden“ (1996, 3). Damit folgt er der Intention der biblischen Autoren, die Späteren an den beschriebenen Erfahrungen teilhaben und lernen zu lassen. Nicht der Inhalt, sondern der Prozess des Wahrnehmens steht am Anfang. Biblische Texte werden verfehlt, wenn sie als aufwendige Verpackungen für theologische Inhalte interpretiert werden, die wir auch ohne Verpackung haben

können. Im Zusammenhang mit dieser These wendet er sich kritisch gegen eine Tradition des Bibelgebrauchs im Protestantismus, die die Bibel zum Steinbruch für die Untermauerung der Richtigkeit von theologischen Positionen gebrauchte und der Bibel die tödliche Autorität eines Lehrbuches gab. Demgegenüber stellt er fest: „Es ist unmöglich, aus der Bibel ein widerspruchsfreies System theologischer Lehre zu gewinnen" (1996, 8).
BALDERMANN hält an der Tradition des Schriftprinzips[13] fest, bringt es aber konsequent als didaktisches Prinzip zur Geltung, das die Bibel als Impuls und Partnerin für immer wieder neues selbstständig entdeckendes Lernen freisetzt (1996, 9).
Aufgabe des Lehrenden sei nicht, mit seiner Person für die Wahrheit zu bürgen und zu überzeugen, sondern bescheidener und wirksamer: Versuchen, Begegnungen herbeizuführen zwischen den Kindern und den Worten der Bibel, Begegnungen, mit denen ein Dialog beginnt (1996, 9).
Da die „didaktische Frage ... im Kern die Frage nach dem für die kommende Generation Notwendigen" ist (1996, 10), ist *Didaktik* immer viel mehr als Vermittlungskunst.
Zur Analyse heutiger Kindheit stellt er im Anschluss an NEIL POSTMAN („Verschwinden der Kindheit") fest, dass das Haus der Geborgenheit zum Abriss freigegeben sei und Kinder in eine Welt hineinwachsen, deren Ende nicht nur vorstellbar, sondern machbar geworden ist. Angesichts dieser Situation ist unmittelbar evident, dass zum Notwendigen *die Vermittlung einer tragfähigen Hoffnung* gehört. Tragfähig ist Hoffnung nur, wenn sie Trauer über Zerstörung der Schöpfung und der Menschlichkeit aufnimmt und jetzt Wege zeigt, Hoffnungsvolles zu tun und im Sinne dieser Hoffnung zu leben (1996, 10). Angesichts dieser durch die lebensweltliche Situation vorgegebenen Aufgabe gewinnt die Bibel für BALDERMANN unmittelbare didaktische Relevanz: Es gibt keinen Entwurf von Hoffnung, der dies mit solchem Gewicht vermag wie die Bibel.
Wenn etwas notwendig sei, dann sei es dies, der kommenden Generation die Möglichkeit zu geben, sich auf dem Weg entdeckenden Lernens in die biblische Hoffnung hinein zu finden (1996, 13):
Intention biblischen Lernens ist die Vermittlung einer glaubwürdigen Hoffnung im Medium bzw. durch das Erlernen der Sprache der Hoffnung. Dazu zeichnen die verschiedenen Formen (Erzählung, Psalm, Prophetenwort etc.) jeweils verschiedene Wege des Lernens vor.

Bibel ist Buch der *Hoffnung* in ganz spezifischem Sinn: Hoffnung ist ihr großes übergreifendes Thema, aber nicht ihre durchgehende Stimmungslage. Nicht die für Religion sonst so typische heitere Ergebenheit dominiert, sondern ein Nebeneinander von leidenschaftlicher Klage, Anklage, Schrei nach Gerechtigkeit, Bitte um Befreiung. Sprache des Zweifels ebenso wie der Verzweiflung (1996, 11). Die Urgeschichten erzählen von der Hoffnung, dass die Güte des Schöpfers gegen/trotz der Allmachtsfantasien und Gewalttätigkeit der Menschen trägt.
Geschichte wird erzählt als Geschichte von der Treue Gottes trotz der Untreue der Menschen, als offene Geschichte einer Verheißung. Auch Worte der Klage erweisen sich letztlich noch als Sprache der Hoffnung (Ps 22). Die Tora formuliert nicht nur Grenzen, sondern Möglichkeiten von Gerechtigkeit.

Das Beieinander ganz verschiedener Sprachen, von einfachen Hoffnungssätzen und Bildern bis hin zur Sprache der Verzweiflung, zeigt, dass sich eine Didaktik der Hoffnung nur dialektisch betreiben lässt (1996, 15). Der Unterricht muss Konsequenzen daraus ziehen, dass die Bibel ein Buch des Dialogs ist, das Spannungen nicht beseitigt, sie hart nebeneinander stellt und als Lebenselement bewahrt.

Die biblischen Texte nehmen den Streit um die Wirklichkeit auf und beziehen unsere selbstverständlichen Erfahrungen der Angst etc. ein. Sie intendieren nicht blinden Glauben, sondern das „Aufgehen der Augen".

Biblische Didaktik versucht, die Bedingungen der Möglichkeit bereitzustellen, dass Schüler/-innen die Augen aufgehen.

„*Anleitung zu einer neuen Wahrnehmung der Wirklichkeit: das ist der erste, grundlegende Schritt, den uns die Didaktik der Bibel gehen lässt*" (1996, 19).

In diesem Zusammenhang betont BALDERMANN, dass jeder Methode zu misstrauen ist, die auf ein sicherbares Ergebnis zielt, sei es festes Ziel, Skopus, Pointe etc.

Eine besondere Stärke seiner Darstellung liegt darin, dass seine Überlegungen gewachsen sind auf der Grundlage einer Fülle eigener Erfahrungen der Arbeit mit Kindern. BALDERMANN lässt den Leser teilhaben an dem Prozess von didaktischer Reflexion im Kontext konkreter Praxis (1996, 24ff).
Er berichtet vom Scheitern des Unterrichts mit/trotz guter exegetisch-hermeneutischer Vorbereitung, von der Wahrnehmung der Schwierigkeiten von Kindern, im Medium der Sprache über Sprache zu reflektieren und schließlich von der überraschenden Entdeckung, dass der Ansatz bei der Sprache der Psalmen die Möglichkeiten eines unmittelbaren, für Schüler/-innen lebensrelevanten Zugangs erschließt.[14]

Der Weg der biblischen Didaktik
Eine primäre erfahrungsorientierte Aneignung biblischer Texte kann über (gut ausgewählte) Sprachbilder der Psalmen gelingen. Die Schlüsselerfahrung liegt darin, dass die Kinder sich in den Worten der **Psalmen** wiederfinden:

„*Es ist (also) möglich, Kindern einen eigenen Zugang zur Bibel zu eröffnen, auf dem sie biblische Texte ohne vorausgeschickte historische oder hermeneutische Erklärungen begreifen und sich aneignen. Es ist möglich, Stellen in der Bibel zu finden, die auch heutige Kinder anregen, sich auf einen Dialog mit ihnen einzulassen*" (1996, 30).

Unterrichtsversuche erwiesen, dass es zu einem ersten Zugang über Elemente aus Klagepsalmen keine Alternative mit ähnlichen Lernchancen gibt. Psalmen sind ursprünglich aufgeschrieben worden, um sie wiederholbar zu machen (1996, 32): Ihre Aneignung geschieht durch Assoziation aus dem Bereich eigener Erfahrung, besonders von Träumen und Fantasie und fordert Zeit, damit die Worte sich mit den Gefühlen der Kinder verbinden. Dabei geht es um mehr als eine Versprachlichung von Gefühlen, nämlich zugleich um Appell und Widerstand gegen die Angst. Worte der Angst sind zugleich Worte des Widerstandes gegen die Angst, Hilferuf um Befreiung. Angst lehrt nicht beten, sondern macht sprachlos. Sprachlosigkeit zu überwinden ist daher ein erster Schritt gegen die Angst. Die Auseinandersetzung in distanzierten Formulierungen von Kindern („vielleicht hat da einer ...") ist die Bedingung der Möglichkeit, eigene Ängste im Schutzraum zu artikulieren und eröffnet zugleich ein unmittelbares Verständnis metaphorischer Sprache.
Die Stärke der Psalmen ist es, dass sie nicht über Gott reden, sondern *mit* ihm (1996, 63). Darin liegt zugleich eine unterrichtliche Schwierigkeit. Das Wort Gott als Lösung schlägt die Tür zu (1996, 63f), als neue Erfahrung wird sie geöffnet. Entscheidend ist daher der angemessene Umgang mit der *Gottesfrage*. Das Reden von Gott muss bezogen sein auf einfache eigene Wahrnehmungen: Die Sprache der Psalmen ist dialogische Sprache (Anrede, Klage, Bitte, Hilferuf). Es lässt sich lernen, dass Angst und Freude im Monolog ersticken. „Wir kommen an solche Sätze nicht heran, wenn wir unterstellen, in ihnen sei die Überzeugung schon vorausgesetzt, dass es einen Gott gebe, der das hört." (1996, 40) Die Spannung lässt sich biblisch nicht auflösen, ob der Name Gottes verlässlich genug ist, „um mit ihm dem Zugriff der Angst und des Todes zu widerstehen" (1996, 41).
Die Bilder der Psalmen sind „Symbole" im eigentlichen Sinn. Die exegetische Frage nach der Situation des Beters führt in didaktischen Zusammenhängen notwendig auf einen Irrweg. Als Zugang eignet sich die historische Rückfrage nicht. Dennoch hält BALDERMANN sie für notwendig, um eine unkritische Aneignung zu verhindern, nur zu hören, was ich schon weiß oder gern höre:

„Der Ansatz bei dem lebendigen Kontext unseres Lebens macht die Methoden der historisch-kritischen Arbeit nicht überflüssig, sondern unentbehrlich" (1996, 33). Es geht um das Gespräch meiner Erfahrungen mit den biblischen Autoren.
Zugleich gilt, dass die **elementaren Arbeitsformen** für solche Arbeit an der Bibel, die den Kontext kindlicher Erfahrungen einbezieht, nicht aus der Methodik der historisch-kritischen Exegese entwickelt werden können. Wichtigster Ansatz ist das *assoziierende Gespräch,* in dem nach eigenen Erinnerungen und Erfahrungen gesucht wird, Erfahrungen, die sich im Psalmwort wiedererkennen lassen. Dazu sind Zeitlassen, behutsame Anregungen, Verzicht auf Zielgerichtetheit, aufmerksames Hinhören wichtigste Impulse. Es geht nicht um eine Lösung, der Weg ist hier das Ziel, auf dem sich bei den Kindern die Bildworte der Psalmen mit Bildern der eigenen Erinnerung verbinden.
Aneignung wird gefördert durch kreatives Lernen. Wenn Psalmworte in meiner Erinnerung und meinen Emotionen arbeiten sollen, ist Auswendiglernen kontraproduktiv. Gefordert ist „learning by heart".
Wichtig ist die **Auswahl geeigneter Methoden,** zu denen insbesondere die *Freiarbeit* zählt.

Gute Hilfsmittel sind *Wortkarten.* Mit ihnen kann Aneignung intensiviert und individualisiert werden. Die „didaktische Kunst besteht darin, mit Arbeitsimpulsen und -materialien ein Arrangement zu schaffen, das eine starke Anfangsmotivation stiftet, den Kindern die Wahl zwischen ganz unterschiedlichen Formen lässt, sich damit zu beschäftigen, die Wege aber so anlegt, dass die Kinder mit der Bibel ins Gespräch kommen" (1996, 47).
Nonverbale Gestaltungsformen wie Malen, Pantomime, Klangbilder können das Bemühen, Worte für Emotionen zu finden, nicht ersetzen, aber sinnvoll ergänzen (1996, 48ff).

Neben der **Sprache der Angst** und des **Vertrauens** ist das **Loben** eine weitere elementare biblische Sprache, die der überwältigenden Freude an der unermesslichen Güte und Schönheit der Schöpfung Ausdruck gibt. Die Kindern direkt zugängliche *Sprache des Lobes* aufzuspüren ist schwieriger als die Sprache der Angst. Hier geht es darum, die ursprüngliche Sprache der Freude wiederzufinden, die durch Pflicht zum Dank ebenso verstellt ist wie in dem modernen Imperativ, „cool" zu bleiben. Als geeignet haben sich vor allem Sätze aus Psalm 104 (in LUTHERs Übersetzung) erwiesen. Während die Sprache der Klage Widerstand gegen die Angst enthält, impliziert die Sprache des Lobes Widerstand gegen die Gleichgültigkeit (1996, 57).

Von den Psalmen zu anderen Texten
Wie sich mit den Psalmworten ein unmittelbarer Zugang zur *Erfahrung* von Kindern erschließen ließ, entdeckte BALDERMANN, dass die einfachen Sätze der **Bergpredigt** („Die Hungernden werden gesättigt" u.a.) als Sprache eines (politischen) *Traums* für Kinder im Kontext alltäglicher Fernsehbilder zu notwendigen Sätzen wurden.
Seine erprobte Arbeitshypothese lautet daher:
Wenn Kindern durch entsprechende Arrangements Gelegenheit gegeben wird, diesen Traum ausführlich genug zu träumen und zu gestalten, ergibt sich von der Evidenz dieser Sätze her ein unmittelbarer, nicht über „Museumskunde" vermittelter Weg zur Geschichte Jesu (1996, 73). Er kann davon berichten, wie von hierher die Jesusgeschichte sich neu erschließt und gleichsam zusammenwächst. „Er öffnete ihnen den Himmel, der verschlossen war" (1996, 74).
Weil es darauf ankommt, den Traum Jesu weiterzuerzählen und nicht museal zu bewahren, müssen die Erkenntnisse der historisch-kritischen, besonders der sozialgeschichtlichen Forschung entsprechend auf die Erfahrungswelt der Kinder bezogen werden.[15]
Die Besonderheit von BALDERMANNs elementarer Bibeldidaktik zeigt sich auch daran, wie er anleitet, **Wundergeschichten als Hoffnungsgeschichten für Kinder** zu erschließen.

Zunächst verweist er auf das Scheitern didaktischer Bemühungen, die von formgeschichtlicher sprachlicher Analyse ausgehen. Er führt zwei Gründe für das Scheitern an:

1. Die durch die Alltagswelt geprägte Alternative „wirklich geschehen" oder „(nur) symbolisch" macht es problematisch, die Eigenart symbolischer Sprache aus dem Kontrast zum Tatsachenbericht zu entwickeln.
2. Eine Exegese, die auf die theologische Aussage der Erzählung abhebt, führt auf Holzwege. Wundergeschichten sind kein Verpackungsmaterial für theologische Aussagen, sie sind Erzählungen, die nur im Nach- bzw. Neuerzählen für den Hörer wirklich reden (1996, 76).

Aber auch der andere vielfach gewählte Zugang über analoge Erfahrungen von Blind- bzw. Gelähmtsein bleibt insgesamt auf der Ebene der Zuschauerhaltung bzw. des Mitleidseffekts. Diesen vielfach praktizierten Ansätzen gegenüber zeigt BALDERMANN, wie die Geschichten im Prozess der fantasiereichen identifizierenden Aneignung Hoffnungsgeschichten für Kinder werden.

Schüler/-innen, die durch die Arbeit mit Psalmen so vorbereitet waren, dass die Psalmworte vorher wirklich zu ihren eigenen Worten geworden sind, legten den biblischen Gestalten Klageworte in den Mund und entwarfen damit selbst elementare theologische Geschichten. Zugleich brachten sie diese auf die eigene Erfahrungsebene von Schreien und Nicht-Gehört-werden. Auf diese Weise wurden die Erzählungen zu ihren eigenen Geschichten. Der Ausgang der Geschichte wird zu einer befreienden Botschaft, weil der Verzweiflung der Anspruch genommen wird, das letzte Wort zu behalten (1996, 78). Das entspricht der Intention der Erzählungen, in denen es nicht um Durchbrechung von Naturgesetzen geht, sondern darum, dass Jesus dem Menschen dazu verhilft, wieder auf eigene Beine zu kommen, durch einen Glauben, der im verzweifelten Schreien wirksam war.
Die Erfahrungen in den didaktischen Versuchen, die von der Arbeit mit Psalmen ihren Ausgangspunkt nahmen, haben für BALDERMANN die Erkenntnis gebracht, dass biblische Texte Kindern nicht nur zugänglich sind, sondern umgekehrt zu *Schlüsseltexten* wurden, Erfahrungen von Kindern besser zu begreifen (1996, 118). Als Geschichten gegen die Angst, Verzweiflung und von der Bändigung des Chaos erschließen sie kindliche Erfahrungen, indem sie diese nachzeichnen und mit Denk- und Handlungsmustern verbinden, die ermutigen.
Nach der impliziten Didaktik fragt BALDERMANN auch im Blick auf die prophetische Rede, die Rhetorik der Paulusbriefe u.a.:
Das Spezifikum **prophetischer Texte** ist, dass sie Worte eines leidenschaftlichen, öffentlich eingelegten Widerspruchs sind (1996, 131). Anhand der prophetischen Rede (aber auch der Tora) ist die Sprache der Gerechtigkeit zu lernen als notwendiges Pendant zur Sprache der Hoffnung (1996, 145). „Hoffnung muss sich als Widerspruch artikulieren" (1996, 45). Gegen die Praxis traditioneller Exegese ist daher die Wahrnehmung des emotionalen Kontextes wichtig, in dem das Einklagen von mehr Gerechtigkeit sich vollzieht. Mehr als sonst ist hier Dramaturgie des Unterrichts gefordert.[16]
Es kommt daher darauf an, das didaktische Arrangement so zu gestalten, dass nicht die besondere Form der Gottesrede oder die historische Ebene die Aufmerksamkeit an sich zieht, sondern Recht oder Unrecht der Kritik. Wie bei den anderen Textgattungen sieht BALDERMANN auch im Blick auf die prophetische Rede die didaktische Chance im unmittelbaren Zugang durch Anknüpfen an elementare Sätze. In der Formulierung: „Sie treten nach dem Kopf der Kleinen und drängen die Schwachen vom Weg" (Am 2,79) spricht Amos für heutige Kinder ganz unmittelbar von ihrer eigenen Erfahrung.
Das Unrecht beim Namen zu nennen ist bereits befreiend. Die Rede Gottes vom „Ich", der das nicht will, wird unmittelbar einleuchtend, die Frage, wie es sein kann, dass jemand die Stimme Gottes hört, verschwindet. Je mehr es gelingt, den prophetischen Gestalten ihre exotische und autoritäre Form zu nehmen, können sie und ihre Kritik in den

Erfahrungshorizont gegenwärtiger Kinder rücken. Indem die Worte unmittelbar verständlich werden, bietet die prophetische Rede ihnen Identifikationsmöglichkeiten für Gerechtigkeit. Basis des Verstehens ist auch hier der vorangegangene Umgang mit den Psalmen.
Auch Lernen mit den **Geboten** (Tora) kann elementare Gestalt finden, wenn ihre Grundgestalt als „Nein" gegen die Faszination der trügerischen Verheißung der Götzen erhellt wird und sie als Erinnerung verstanden werden, die Verheißungen angesichts trügerischer Faszinationen nicht dem Vergessen preiszugeben. Lernen der Tora bedeutet Lernen der Grenzen, an denen Menschlichkeit im Chaos untergeht (1996, 151). Ihre Evidenz gewinnen sie im Widerstreit der Gefühle zwischen Gedanken der Anklage und der Selbstrechtfertigung (1996, 151). Als unmittelbare Konsequenzen aus der Gotteserfahrung, die ihnen in den Psalmen begegnen, leuchten Gebote auch Kindern ein (1996, 153).
Auch für *schwierigere Texte* bzw. Textzusammenhänge gelten dieselben Grundregeln: „Auferstehung lernen heißt zuerst, die Sprache zu lernen, die mir hilft, die neuen Erfahrungen zu begreifen, die die Macht des Todes begrenzen" (1996, 225). Schöpferische Fantasie kann im Anschluss der Ostertexte eine eigene Sprache dafür finden, wie schon jetzt Todeserfahrung sich in die Ahnung neuen Lebens wandelt (1996, 225).
Aus der Arbeit mit Kindern ergibt sich die Wahrnehmung, dass die Sprache der Klage in den Psalmen (ähnlich ist es mit der Passionsgeschichte) uns unmittelbar anspricht, während eine Sprache für das Lob gefunden werden muss. Wie die Lobpsalmen für unser eigenes Lob, so können die Ostergeschichten helfen, unsere eigene Sprache für die Begegnung mit dem Auferstandenen zu finden, sie können sie nicht ersetzen (1996, 230). Die **Didaktik der Auferstehung** endet daher mit einem offenen Impuls: Macht euch auf den Weg, ihr werdet ihn sehen! (1996, 231). Fundgrube für dieses Sehen sind z.B. Erzählungen der Ökumene, die eindrucksvoll von Christi Gegenwart sprechen.[17]
Gerade auch unter dem Aspekt *ökumenischen Lernens* und im Kontext *ethischer (auch ökologischer) Erziehung* ist für BALDERMANN grundlegend, dass die Schritt für Schritt erfahrene befreiende und tröstende Erfahrung des Evangeliums ebenso Schritt für Schritt für die Angst und Verletzlichkeit anderer geöffnet wird.
Zentralproblem ethischen Lernens ist dabei der Umgang mit der Angst, während Ermahnung pädagogisch wirkungslos ist und unterbleiben kann. Auch hier zeigt sich die Chance, die darin gründet, dass Kinder die Sprache der Psalmen als Sprache entdecken, die ihnen Worte für ihre Angst und Hoffnung gibt und Leidenden Sprache verleiht.

Elementare Bibeldidaktik will Schüler auf den Weg bringen, ihre eigenen Erfahrungen zu machen und sie dafür mit den Erfahrungsmustern ausstatten, die uns die Bibel mitgibt. Damit „sie in der Lage sind, im Angesicht des allgegenwärtigen Todes die Wirklichkeit der Auferstehung für sich zu entdecken" (1996, 233).

Erzählen als (zentrale) Unterrichtsform

Die Bibel ist ein Geflecht aufeinander Bezug nehmender Geschichten. Diese Vernetzung ist Grundprinzip des Kanons und hat Konsequenzen für die Auslegung (1996, 91). Zur Sprachlehre der Hoffnung gehört auch das Erlernen dieser Erzählzusammenhänge.
Die narrative Grundstruktur der Bibel findet ihre Entsprechung im Erzählen als wichtigster Unterrichtsform. Auch hier folgt BALDERMANN den Spuren der impliziten Didaktik der Bibel.
Der Hinführung und Auseinandersetzung mit dem sachgemäßen Erzählen widmet er daher große Aufmerksamkeit.[18]
BALDERMANN sieht gerade im Kontext gegenwärtiger Informationsflut im Anschluss an NEIL POSTMAN die Notwendigkeit und Chance, glaubwürdige Erzählung entgegenzusetzen, die Sinn stiftet und zum Handeln motiviert.
Wesentlicher Grundsatz biblischen Erzählens ist, dass eine Geschichte beim Erzählen von selbst verständlich wird, oder sie wird es nie. Wie es HEINRICH ROTH formulierte, liegt alle „methodische Kunst ... darin, beschlossen, tote Sachverhalte in lebendige Handlungen zurückzuverwandeln" (1996, 93).

Was kennzeichnet eine gute Erzählung?

1. Gute Erzählung holt Entferntes herbei. Dazu eignet sich in besonderem Maße die Zeitform des Imperfekts: Das Imperfekt ist die Zeitform des Unabgeschlossenen und beansprucht Gegenwart. Während das Perfekt Handlungen in Fakten verwandelt, lässt das Imperfekt Fakten wieder in Handlungen verwandeln. Zugleich wird damit jedes „Verfügen" über Informationen abgewehrt.
2. Weil erzählen heißt, einen Zusammenhang herzustellen, kann der Erzähler der Sinnfrage nicht ausweichen (1996, 96). Die Fragen nach Sinn müssen gestellt und zugleich offen gehalten werden. Glaubwürdigkeit wird verspielt, wenn für alles christliche Antworten (bzw. Sinngebungen) bereitgehalten werden.
3. Es geht beim Erzählen darum, die Dialektik von Erinnerung und Hoffnung so zu verbinden, dass sie gegenwärtig wird (z.B. die Sintfluterzählung als Hoffnungsgeschichte, die als erinnerte Erfahrung des Schreckens ihre überzeugende und tröstende Kraft gerade aus der Leiderfahrung gewinnt).
4. Nacherzählen heißt so authentisch neu erzählen, dass sie weder die ursprünglich Betroffenen noch Erzähler und Hörer heraushält, noch an ihnen vorbeigeht.
5. Gesucht ist eine Sprache, „die in der Lage ist, mir und den Zuhörenden den Blick für eigene Wahrnehmung neuer Wirklichkeit zu öffnen" (1996, 101). Authentisch ist eine Geschichte nur, wenn der Erzähler selbst damit noch nicht fertig ist ...

Biblische Geschichten wollen als erzählte Erfahrungen einer „unerhörten Befreiung" (1996, 207) so erzählt sein, dass „Verzweiflung und Hoffnung in einen spannungsvollen Dialog miteinander und mit unseren Erfahrungen und denen der Kinder geraten" (1996, 207). „Evidenz wächst nur aus den Wurzeln der Erinnerung" (1996, 222).
Gegen die abständige Logik von Vorhersage und Erfüllung sind in Analogie zur Sprache der Psalmen (und zu Hiob) zerstörerische Erfahrungen in Zusammenhang mit der erfahrenen Güte Gottes zu bringen. Wurzeln der Hoffnungsdidaktik sind die Vertrauensworte der Psalmen (1996, 224), von denen her sich ein Prozess wechselseitiger Erschließung bis hin zum Verständnis von Auferstehungstexten eröffnen lässt.

✐ Versuchen Sie im Anschluss an diese Anregungen eine Erzählung zu entwerfen (z.B. der Sintflutgeschichte).

3.2.3 Zwischenreflexion

Bei beiden Konzepten zeigt sich, dass der Ansatz bei der Lebenswirklichkeit und Subjektivität heutiger Schüler/-innen unhintergehbar ist. Zugleich geht lernender Umgang mit der Bibel von der Prämisse aus, dass Sinn zu finden ist in der Spannung des Daraufhörens, was die Alten zu sagen hatten und dessen, was heute geboten ist.[19]
Die Chance bibeldidaktischer Arbeit liegt darin, Schüler/-innen zu einem Weg anzuleiten, in den Texten der Bibel kritisch-produktive Impulse und Wahrnehmungshilfen zu entdecken, die für das eigene Selbstverständnis bedeutsam werden können, die anregen, Wirklichkeit anders zu sehen und den Blick dafür entwickeln helfen, was heute geboten ist.
Dazu ist ein Aneignungsprozess anzuregen, der die Alternative, museale oder aktualisierende Auslegung hinter sich lässt. Jenseits der historischen Frage nach dem damals Gemeinten oder der scheinbar aktuellen nach dem „Problemlösungspotenzial" der Texte, liegt die Chance im Entdecken von Worten und Gegenworten, die ich mir nicht selbst sagen kann.

BALDERMANNs didaktischer Ansatz ist konsequent aus der spezifischen Kommunikationsform der biblischen Texte entwickelt und betont das Lernen mit der Bibel gegenüber jeder Form von Belehrung. Er eignet sich in besonderem Maße für die Grundschule und will dazu anleiten, dass die Sprachformen der Bibel (Klage, Lob etc.) für Schüler/-innen zu einer eigenen Sprache werden, sich und ihren Welterfahrungen Ausdruck zu geben und Wirklichkeit aus anderer Perspektive wahrzunehmen. Dieses Konzept fordert Lehrpersonen auf, erzählen zu lernen und Gespräche der Kinder zu moderieren.
BERGs Ansatz setzt das Orientierungsbedürfnis heutiger Kinder und Jugendlicher mit den Lernchancen, die die Bibel eröffnet, in eine fruchtbare Beziehung. Eine wesentliche Intention ist, dass den Jugendlichen beim Lernen etwas für sie Wichtiges aufgeht. Vor dem Hintergrund der pluralen und individualisierten Situation hat er seinen Ansatz in der Freiarbeitsdidaktik und entsprechenden Materialien[20] konsequent weiterentwickelt.
Hoffnung, Gerechtigkeit und Versöhnung sind Grundworte der Bibel. Um den Schüler/-innen die Chance zu eröffnen, an darauf bezogenen Erinnerungen zu lernen, kommt es entscheidend darauf an, eine Lernsituation zu arrangieren, in der den Lernenden der Weg eigener Entdeckungen mit der Bibel möglich wird. Das Prinzip des entdeckenden Lernens ist nicht umgehbar.

3.2.4 Offene Bibeldidaktik

2003 erschien GERD THEIßENs Band: „Zur Bibel motivieren. Aufgaben, Inhalte und Methoden einer offenen Bibeldidaktik“ (THEIßEN 2003). Damit legte erstmals ein Bibelwissenschaftler (Neutestamentler) eine eigene Konzeption von Bibeldidaktik vor.
Die Überlegungen sind wie BERGs Ansatz eher auf Jugendliche und Erwachsene bezogen. THEIßEN geht von der Ausgangsthese aus, dass die Bibel zur kulturellen Grundinformation unserer Gesellschaft gehört, die jeder gebildete Mensch unabhängig von Glauben und Unglauben studieren sollte. Intention einer offenen Bibeldidaktik sei es, besonders Menschen in bildungsbürgerlichen Traditionen und einem weltoffenen Christentum für die „Liebe zur Bibel“ zu gewinnen (a.a.O., 12f). In einer offenen Bibeldidaktik geht es vor allem darum, „die Bibel als Sprache religiöser Erfahrung für alle verständlich zu machen“ (a.a.O., 62).
Auf der Basis der Konzepte von Allgemeinbildung nach KLAFKI zeigt THEIßEN auf, warum ein gebildeter Mensch die Bibel kennen sollte und konkretisiert diesen Beitrag der Bibeldidaktik zur allgemeinen Bildung anhand von zwei Aspekten:

1. „Das Verstehen der Bibel als Beitrag zur Erschließung der Wirklichkeit in Natur- Sozial- und Geisteswissenschaften“ (a.a.O., 36).
2. „Das Verstehen der Bibel als Zugang zum Selbstverständnis von Menschen in Vergangenheit und Gegenwart“ (a.a.O., 46).

Im Blick auf biblisches Lernen im Religionsunterricht knüpft THEIßEN an die religionspädagogischen Ansätzen des letzten 50 Jahre an. Die hermeneutischen, problemorientierten, symboldidaktischem und kerygmatischen Ansätze werden für eine offene Bibeldidaktik korrigiert und weitergeführt (Vgl. a.a.O., 63–115).
Im II. Teil wendet sich THEIßEN der didaktischen Frage zu, was als Wesentliches an der Bibel angesichts knapper Zeit vermittelt werden soll. Er entfaltet die Kriterien didaktischer Analyse unter den Stichworten Elementarisierung und Dialogisierung. Die Aufgabe der Elementarisierung vollzieht sich in der Suche nach biblischen Grundaxiomen und Grundmotiven, die zugleich das Leben von Kindern und Erwachsenen bestimmen. Die Aufgabe der Dialogisierung sucht unter den Bedingungen der Pluralität die Dialogfähigkeit mit säkularen Menschen, mit anderen Religionen und mit anderen christlichen Konfessionen (a.a.O, 63–115).

Es wird zwischen drei Gruppen von Unterrichtsgegenständen differenziert: *Symbole* (wie Gott und Christus), mit deren Hilfe Grundkonflikte bearbeitet werden (können), *Überlieferungen* und *Beziehungsqualitäten (*wie Grundvertrauen) (a.a.O., 124). Christliche Identität wird durch Grundaxiome des christlichen Glaubens (Monotheismus und Erlöserglauben) sowie Glaubensmotive begründet. Die Glaubensmotive haben die Funktion von didaktischen Analysekriterien und werden als offene Liste präsentiert. Dabei geht es um Überzeugungen, die in vielen Schriften der Bibel begegnen und an einigen exemplarisch wahrgenommen werden können: Das Schöpfungsmotiv, Weisheitsmotiv, Wundermotiv, Entfremdungsmotiv, Hoffnungsmotiv, Umkehrmotiv, Exodusmotiv, Stellvertretungsmotiv, Einwohnungsmotiv, Glaubensmotiv, Agapemotiv, Gerichtsmotiv, Rechtfertigungsmotiv (a.a.O., 131–173).
Im Blick auf die Dialogfähigkeit der Bibel mit der säkularen Gegenwartskultur wird nach Konvergenzen zwischen den Grundaxiomen biblischen Glaubens und dem säkularen Bewusstsein sowie nach säkularen Zugängen zu den Grundmotiven gefragt. Ausführlich werden auch die Fragen behandelt, was die Bibel zum Dialog mit anderen Religionen und Konfessionen beitragen kann (Vgl. a.a.O. 174–264).
Der II. Teil – immerhin 75 Seiten – ist der Methodik gewidmet und gibt Anregungen, wie man zu Bibelstudium motivieren kann.

Literatur

BALDERMANN, INGO: Die Bibel Buch des Lernens. Grundzüge biblischer Didaktik, Göttingen 1980; BALDERMANN, INGO: Einführung in die Bibel. 4. Aufl., Göttingen 1993 (Neubearbeitung von „Bibel-Buch des Lernens“; BALDERMANN, INGO: Einführung in die Biblische Didaktik, Darmstadt 1996; BERG, HORST KLAUS: Ein Wort wie Feuer. Wege lebendiger Bibelauslegung, München und Stuttgart 1991 (3. Aufl. 1996) – BERG 1996a; BERG, HORST KLAUS: Erfahrungsbezogene Zugänge zur biblischen Überlieferung. Hermeneutische und didaktische Erwägungen. Konsequenzen für die Auslegung, in: LACHMANN, RAINER/RUPPERT, GODEHARD (Hg.): Theologie und ihre Didaktik, Würzburg 1997, 63–90 – BERG 1997; BERG, HORST KLAUS: Grundriss der Bibeldidaktik. Konzepte, Modelle, Methoden, München und Stuttgart 1993 – BERG 1993; BERG, HORST KLAUS: Methoden biblischer Texterschließung, in: LACHMANN, RAINER/ADAM, GOTTFRIED (Hg.): Methodisches Kompendium für den Religionsunterricht, 2. Aufl. Göttingen 1996, 166–186 – BERG 1996b; BERG, HORST KLAUS: Altes Testament unterrichten. Neunundzwanzig Unterrichtsvorschläge, München u. Stuttgart 1999; THEIßEN, GERD: Zur Bibel motivieren. Aufgaben, Inhalte und Methoden einer offenen Bibeldidaktik, Gütersloh 2003.
Da die Darstellungen sich ausschließlich auf evangelische Autoren beziehen, soll abschließend auf die folgenden bibeldidaktischen Ansätze von katholischer Seite hingewiesen werden:
BUCHER, ANTON A.: Bibeldidaktische Grundregeln: Altes Testament, in: GROß, ENGELBERT/KÖNIG, KLAUS (Hg.): Religionsdidaktik in Grundregeln. Leitfaden für den Religionsunterricht, Regensburg 1996, 68–94; LANGER, WOLFGANG: Bibeldidaktische Grundregeln: Neues Testament in: GROß, ENGELBERT/KÖNIG, KLAUS (Hg.): Religionsdidaktik in Grundregeln. Leitfaden für den Religionsunterricht, Regensburg 1996, 95–111.

---

1 SCHRÖER, HENNING: Nicht nur feiern lernen, sondern lernen zu feiern. Unterwegs zu Liturgik und Didaktik in Wechselwirkung, in: BITTER, G./GERHARDS, A. (Hg.): Glauben lernen – Glauben feiern. Katechetisch-liturgische Versuche und Klärungen, Stuttgart 1998, 270–276 (275).

2 Z.B. als Heilige Schrift(en), Urkunde des Glaubens, Grundtexte abendländischer Literatur etc.

3 Vgl. ASSMANN, JAN: Das kulturelle Gedächtnis. Schrift, Erinnerung und politische Identität in frühen Hochkulturen, 2. durchgesehene Aufl., München 1997, 93ff.

4 ANTES, PETER: Religionswissenschaftliche Didaktik, in: ZPT 50 (1998), 416–423, 418.

5 ASSMANN, a.a.O., 95.

6 Vgl. BALDERMANN, INGO: Der Gott des Friedens und die Götter der Macht, Neukirchen 1983, 11ff; BERG, HORST KLAUS: Grundriss der Bibeldidaktik. Konzepte, Modelle, Methoden, München und Stuttgart 1993, 9.

[7] BALDERMANN, INGO: Einführung in die biblische Didaktik, Darmstadt 1996, 10.

[8] BALDERMANN, INGO u.a.: Bibel und Elementarisierung, Frankfurt/M. 1979, 23. S. auch Glossar: Bildung.

[9] Vgl. zum folgenden: ebd. 37–51.

[10] BEUSCHER, B./ZILLEßEN, D.: Religion und Profanität. Entwurf einer profanen Religionsdidaktik, Weinheim 1998, 145.

[11] Konkretionen des Ansatzes finden sich in: BALDERMANN, INGO: Wer hört mein Weinen? Kinder entdecken sich selbst in den Psalmen, 5. Aufl. Neukirchen 1995; ders.: Ich werde nicht sterben sondern leben. Psalmen als Gebrauchstexte, 2. Aufl. Neukirchen 1994; ders.: Reich Gottes – Hoffnung für Kinder. Entdeckungen mit Kindern in den Evangelien, 3. Aufl. Neukirchen 1996; eine didaktische Umsetzung liegt vor in dem von I. BALDERMANN herausgegebenen Schulbuch „Religion 5/6 Hoffnung lernen", Stuttgart 1995 (Klett-Verlag).

[12] BALDERMANN 1993, 28.

[13] Damit ist im Anschluss an LUTHER gemeint, dass die Bibel einzige Erkenntnisquelle des Glaubens ist.

[14] Das Grundmodell wurde in mehreren Darstellungen veröffentlicht und weiterentwickelt: s. BALDERMANN 1993, 28.

[15] Diese Verschränkung kann am Beispiel Kaphernaum deutlich werden. Die Stadt, in der alles anfing, ist eine historische Realität, zugleich aber exemplarische Stadt, in der gegensätzliche Menschen, Armut und Hunger so viel Raum einnehmen wie in der ökumenischen Weltgesellschaft. (1996, 75)

[16] Auch hier folgt BALDERMANN dem Prinzip einer Verschränkung theologisch-exegetischer und didaktischer Analyse: Propheten decken auf, was andere „so noch nicht wahrnehmen oder nicht sehen wollten". (1996,133) Verstehen können wir die Worte der Propheten nicht, wenn wir sie als Anklage gegen Zustände des 7. vorchr. Jahrhunderts interpretieren, sondern nur, wo sie uns die Augen öffnen. (1996,135) Bei der Auseinandersetzung mit der Prophetie geht es um den Streit um Recht oder Unrecht prophetischer Kritik, nicht um die oft in den Mittelpunkt gerückte Frage, ob und wie es vorstellbar ist, „dass Gott mit einem Menschen so deutlich redet." (1996,138)

[17] Literaturhinweis: BECK, SUSANNE. u.a. (Hg.): Vorlesebuch Ökumene. Geschichten vom Glauben und Leben der Christen in aller Welt, Lahr u.a. 1991.

[18] Vgl. zum folgenden: BALDERMANN, INGO: Einführung in die biblische Didaktik, Darmstadt 1996, 91–118. BALDERMANN relativiert STEINWEDEs Ansatz, der für ihn die eine Seite, „Treue zum biblischen Text" überbetont: sie führt zu einer Kunstform der Erzählung, verfehlt aber die Möglichkeiten zu Spontaneität und Kreativität. Nur wenn die Geschichte zugleich aktualisiert wird und wiedererkennbar (mit sich identisch) bleibt, ermöglicht sie Kindern „auch ihre eigenen Erfahrungen zu entschlüsseln und in größere Zusammenhänge einzuordnen." BALDERMANN regt an, *Spannung* dadurch zu erzeugen, dass der Erzähler dem Spannungsbogen der jeweiligen biblischen Vorlage folgt und die Vorgänge sparsam und treffsicher, aber nicht durch emotionale Aufladung nachzeichnet. *Anschaulichkeit* wird erreicht, wenn es gelingt, durch Entfaltung der biblischen Sprachbilder eigene Imagination anzustoßen, nicht lückenlose Bilder zu liefern, die der Fantasie des Hörers keinen Raum lassen, sondern das *didaktische Prinzip der Lücke* fruchtbar zu machen. Die Chance biblischer Erzählung wird verspielt, wenn das Ziel der Erzählung auf das schlichte „Kennenlernen" der Erzählung reduziert wird. Wirkliche Aneignung gelingt nur, wenn durch variable Formen der Wiederholung die Geschichten für neue Situation erinnerbar werden und nach und nach ein Ordnungssystem entsteht, das sie aus dem Gedächtnisspeicher abrufbar macht. Dezidiert kritisch wendet sich BALDERMANN gegen fiktive Kontextgeschichten aus der Ursprungssituation der Texte, die die biblischen Geschichten aus der Ebene bloßer Tatsachenberichte lösen sollen, wie sie z.B. Theißen im „Schatten des Galiläers" konstruiert hat. (1996,115ff) Eine Chance sieht er allerdings in Kontextgeschichten, die glaubwürdig von Menschen unserer Zeit z.B. im Kontext ökumenischer Erfahrungen erzählen.

[19] Vgl. EBACH, JÜRGEN: Die Bibel beginnt mit b, in: ders.: Gott im Wort, Neukirchen 1997, 113.

[20] Z.B. BERG, HORST KLAUS/WEBER, ULRIKE: Ostern. In Bildern Spuren des Neuen Lebens entdecken, Stuttgart u. München 1998.

3.3 Entwicklungspsychologisch-elementarisierende Didaktik nach dem Tübinger Projekt (Karl Ernst Nipkow/ Friedrich Schweitzer)

(*Lothar Kuld*)

Elementarisierung kann auf zweifache Weise verstanden werden: als Elementarisierung theologischer Inhalte oder als elementares religiöses Lernen.[1] Die entwicklungspsychologisch-elementarisierende Didaktik, die Nipkow und Schweitzer vorgelegt haben, beruht auf der These, dass Verstehen im Unterricht von der Lebenswelt und der Lebensgeschichte der Kinder und Jugendlichen bestimmt ist (Schweitzer u.a. 1995, 176). Die lebensgeschichtlichen Erfahrungen der Schüler/-innen und ihre entwicklungsbedingt gegenüber Erwachsenen, Lehrer/-innen also, anderen Zugänge müssen daher Teil der Unterrichtsvorbereitung sein. In dem Anliegen, zwischen der „Sache" des Glaubens und der Religion einerseits und der Welt der Schüler/-innen andererseits zu vermitteln, kann man eine Variante der Korrelationsdidaktik erblicken. Neu an dem von Nipkow und Schweitzer vorgelegten Didaktikmodell ist jedoch die entschiedene Wende hin zu den Verstehensbedingungen beim Kind bzw. Jugendlichen und der im Anschluss an Klafki innerhalb der Religionspädagogik erstmals unternommene Versuch einer konsequent religions*didaktischen* Elementarisierung religiöser Inhalte als „Grundaufgabe der Unterrichtsvorbereitung" (Nipkow 1986). Anknüpfungspunkt ist dabei Wolfgang Klafki und dessen Untersuchung zum „pädagogischen Problem des Elementaren" im Rahmen einer „Theorie der kategorialen Bildung" (1959. 2. erw. Aufl. 1963). Elementarisierung ist für Nipkow und Schweitzer mithin eine *didaktische* Frage, und sie stellt sich im Rahmen eines Bildungsbegriffs, der „am Subjekt und seinem individuellen, lebensgeschichtlichen Weg orientiert und auf die Förderung einer selbstständigen Auseinandersetzung mit gesellschaftlichen Einflüssen und Ansprüchen gerichtet" ist (Schweitzer, u.a. 1995, 144f), also auch der selbstständigen Auseinandersetzung mit Religion.

✎ Zum Folgenden eine Übung voraus: Überlegen Sie, was in Ihrer Sicht für den biblisch-christlichen Glauben elementar ist, und vergleichen Sie Ihre Überlegungen mit den Überlegungen Ihrer Kommilitoninnen und Kommilitonen. Sind Sie sich einig?

Elementarisierende Didaktik nach dem Tübinger Projekt setzt sich von theologischen Elementarisierungsversuchen ab, die sich im Sinne einer Elementartheologie um „das Fundamentale" des biblisch-christlichen Glaubens bemühen und von dem aus gesehen dann die Religionspädagogik als eine Art Anwendungswissenschaft betrachtet wird, die methodisch möglichst geschickt dieses Fundamentale zu vermitteln versucht. Genau dieses Verständnis von Elementarisierung halten Schweitzer und Nipkow für fragwürdig, weil die Frage, was das Fundamentale des Christlichen sei, von der jeweiligen theologischen Position und Interpretation des Christlichen abhänge und – das ist entscheidend – das Fundamentale nicht zwangsläufig auch schon das Elementare für die Schüler ist. Elementar ist für einen Schüler, was er versteht und sich in seinem Verständnis aneignet. Die Logik dieses Erschließungs- und Aneignungsprozesses ist mit Hilfe der Entwicklungspsychologie beschreibbar.

Elementarisierung meint also nicht eine ‚Vereinfachung' theologischer Inhalte oder die Reduzierung von Inhalten auf ein mutmaßliches Schülerniveau, sondern eine ‚Doppelbewegung' zwischen Person und Sache: vom Schüler zu den Inhalten und von den Inhalten zum Schüler, eine Bewegung mithin zwischen Sachorientierung und Schülerorientierung. Und dabei sind es nicht nur die Schüler/-innen, die mit dem Stoff kommunizieren, sondern auch die Lehrer/-innen. Sie haben notwendig eine andere Perspektive auf die Sache als ihre Schüler. Verständnis und Missverständnis im Religionsunterricht resultieren aus dieser Differenz.

Ein Beispiel aus dem Religionsunterricht in einer 5. Klasse mag diesen Sachverhalt illustrieren: Nachdem das Gleichnis vom barmherzigen Vater und verlorenen Sohn vorgelesen wurde, fragt die

Lehrerin:	Möchtet ihr ... etwas sagen, zum Text? Was euch auffällt?
Schülerin:	Der Bruder, der ist eifersüchtig.
Lehrerin:	Da kommen wir gleich noch drauf.
Schülerin:	Aber der Vater, also der probiert beide jetzt gleichberechtigt als ... wie soll man sagen, zu verteilen.
Schülerin:	Und ... der Sohn hat ja gedacht, er sei jetzt gar nicht mehr sein richtiger Sohn, und er hat ihn (wieder) ganz anders aufgenommen, als er gedacht hat...
Schülerin:	Also zuerst, da waren alle beide bockig gegen sich einander, und als der Sohn dann wiedergekommen ist, da hat´s dem Vater Leid getan. Und da ... haben sie sich beide entschuldigt.

(SCHWEITZER u.a. 1995, 15)

Die Schüler/-innen verstehen das Gleichnis so: Der Vater und und Sohn sind „bockig", sie haben vielleicht miteinander gestritten, der Sohn ist fortgezogen, dem Vater tut das Zerwürfnis inzwischen Leid, dem Sohn auch, und so sind beide am Ende wieder versöhnungsbereit. Die andere Schülerin sagt: Der Vater will beide Söhne gleichberechtigt behandeln, und das heißt in der Sicht einer Schülerin der fünften Jahrgangsstufe: Er behandelt beide gerecht, wenn er beiden das Gleiche gibt. Der Versprecher der Schülerin ist nicht zufällig. „Gleichgerechtig" heißt: Der Vater behandelt beide gleich. Und das ist dann gerecht.

Beide Interpretationen verstehen und missverstehen das Gleichnis auf ihre Weise. Väter sind für die Schüler/-innen fehlbare Menschen, die richtig handeln, wenn sie Fehler zugeben können. Das Verhältnis zwischen den Brüdern ist belastet, weil es nicht gerecht zugeht, das heißt: nicht jeder gleich viel bekommt. Das ist das für Kinder diesen Alters elementare Verständnis von Gerechtigkeit. Weder von diesem Verständnis von Gerechtigkeit noch von dem angedeuteten modernen Vaterbild ist in dem Gleichnis aber die Rede. Die Kinder assimilieren die Geschichte an ihren Erfahrungshintergrund. Diese Assimiliation ist nicht willkürlich und nicht überraschend. Sie entspricht der Assimilierungsform, die bei Kindern in diesem Alter zu erwarten ist. (Vgl. dazu S. 57ff: Wie hast Du´s mit der Religion?) Diese Zugänge von Kindern zu biblischen Geschichten und Sachverhalten nennen SCHWEITZER/NIPKOW „elementare Zugänge". Die Vorbereitung und Einstellung des Unterrichts auf diese Zugänge ist der wichtigste Teil einer entwicklungspsychologisch orientierten elementarisierenden Unterrichtsvorbereitung. „Elementarisierung hat mit Prozessen zu tun, aus zwei Perspektiven. Von Seiten der Lehrenden soll ein elementarisierendes pädagogisches Sehen und Handeln gefördert werden, hinsichtlich der Lernenden interessieren die Formen elementarer Auseinandersetzung und Aneignung" (SCHWEITZER/NIPKOW, 24).

Doch genügt dieser Blick auf individuelle Aneignungsprozesse durch die Schüler/-innen (und Lehrenden) noch nicht. Die Frage nach dem Anspruch der Sache muss hinzukommen. Elementarisierung ist erst mit dieser Doppelbewegung zwischen Person und Sache am Ziel. „Konkret bedeutet dies, dass die Schüler in ihrer Subjektivität ernst genommen werden. Und umgekehrt werden die Inhalte der Tradition zwar theologisch verstanden, aber doch nicht ohne Rücksicht auf die Schüler" (SCHWEITZER 1991, 25).

Diese Doppelbewegung zwischen Schülern und Inhalten beschreiben SCHWEITZER/NIPKOW näherhin in vier Suchlinien elementarisierender Unterrichtsvorbereitung. Im Blick auf die Inhalte ist nach (1) „elementaren Wahrheiten" und (2) „elementaren Strukturen", im Blick auf die Schüler/-innen ist nach deren (3) „elementaren Erfahrungen" und (4) „elementaren Zugängen" (oder: „Entwicklungsbedingungen") zu fragen.

Zwischen diesen vier Suchlinien gibt es vielfache Verschränkungen. Elementare Wahrheiten sind in der Spannung zwischen dem Wahrheitsanspruch der Sache und der Wahrheitserfahrung der Schüler zu finden. Elementare Erfahrungen machen sich zum einen in den Beiträgen der Kinder bzw. Jugendlichen bemerkbar, zum andern stecken in den Texten der Bibel selbst elementare Glaubenserfahrungen, die zu neuen elementaren Erfahrungen anstiften können.

SCHWEITZER und NIPKOW erläutern diese vier Suchlinien am Beispiel des oben schon erwähnten Gleichnisses von verlorenen Sohn und barmherzigen Vater folgendermaßen:

(1) Elementare Wahrheiten. Die Pointe des Gleichnisses vom verlorenen Sohn besteht für SCHWEITZER/NIPKOW in der Überschreitung der von den Schüler/-innen genannten Alltagserfahrungen „in Richtung einer Versöhnung, wie sie dem Alltag in seiner Gnadenlosigkeit noch immer fehlt: Gnadenlosigkeit und Versöhnung – von diesem befreienden Anspruch, weil er die Selbstbestätigungen ‚unterbricht' ..., sollte, wenn möglich, den Schüler/-innen etwas aufgehen." Die „elementare Wahrheit" des Gleichnisses sei in dieser Richtung jedenfalls zu suchen. Elementarisierung geschieht hier als Problemstreit, „als Vergewisserungsproblem im Streit um gewissmachende Wahrheit, was auch die Befreiung von falschen Gewissheiten einschließt." (SCHWEITZER/NIPKOW, 27f)

(2) *Elementare Strukturen.* Damit ist das gemeint, was für einen Text oder ein Bild usw. konstitutiv und charakteristisch ist, „das grundlegend Einfache", an dem sich zeigt, was gemeint ist. So zeigt etwa Rembrandts Bild vom verlorenen Sohn, das heute in der Eremitage in St. Petersburg hängt, den Rücken des vor dem Vater knienden Sohnes und wie der Vater mit seinen Händen den Rücken des Sohnes bedeckt. Die eine Hand sei stark und männlich, die andere mütterlich-weiblich. Das Ganze sei ein Bild der väterlich-mütterlichen Gnade Gottes. Das Elementare ist hier die elementare Struktur.

(3) *Elementare Erfahrungen.* Einerseits verdichten sich in diesem Gleichnis „befreiend-versöhnende Glaubenserfahrungen ..., die Menschen mit Jesus gemacht haben". Auf der andern Seite kann dieser Text Ausgangspunkt analoger eigener Erfahrungen, also heutiger subjektiv echter, authentischer (Glaubens-)Erfahrungen sein. Für diese vergangenen wie gegenwärtigen Erfahrungen verwenden SCHWEITZER/NIPKOW den Begriff der elementaren Erfahrungen.

(4) *Elementare Zugänge.* Unterrichtsvorbereitung besteht hier in der Aufmerksamkeit für die Weise, wie Kinder etwa ein Gleichnis assimilieren, und zugleich in der Aufmerksamkeit dafür, wie erweiterte Verstehensweisen stimuliert werden können. Für den Unterricht ist auch hier von einer Doppelbewegung auszugehen: „Der Entwicklungsprozess [die Weise, wie ein Kind z.B. das Gleichnis versteht] beeinflusst den Unterrichtsprozess, und umgekehrt beeinflusst der Unterrichtsprozess den Entwicklungsprozess." Einerseits beharrten die Kinder auf ihrer Sicht der Dinge und legen sie sich die Dinge in ihrer Sichtweise zurecht, andererseits geht dem einen oder anderen Schüler doch plötzlich etwas Neues auf, das auch andere aufmerken lässt. Diese Beobachtungen aus dem Unterricht fassen SCHWEITZER/NIPKOW so zusammen: „Man könnte sagen, dass im ersten Falle das Elementare als elementares Insistieren erscheint, im anderen Falle als neuer elementarer Anfang" (SCHWEITZER/NIPKOW, 30).

Diese „elementare Zugänge" bzw. „elementare Anfänge" genannten entwicklungs- und lebensgeschichlichen Verstehensvoraussetzungen stehen im Zentrum der Elementarisierungsdidaktik von SCHWEITZER und NIPKOW (zur Konkretisierung des Konzepts vgl. S.202f).

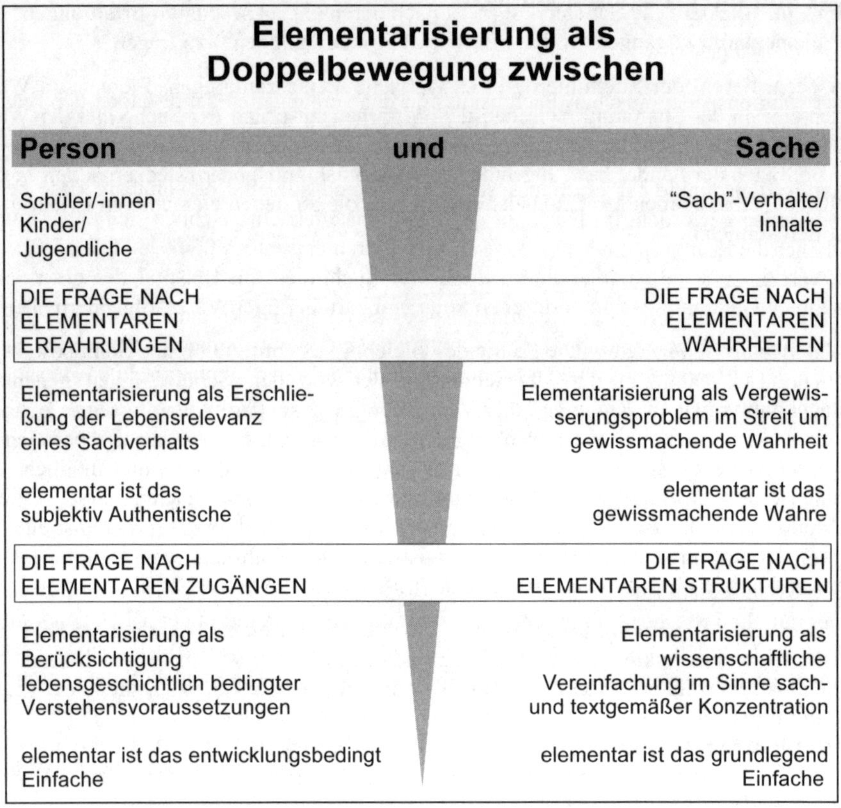

Suchlinien elementarisierender Praxis – eine Übersicht nach SCHWEITZER/NIPKOW[2]

Literatur

KLAFKI, WOLFGANG: Das pädagogische Problem des Elementaren und die Theorie der kategorialen Bildung, Weinheim 2. erw. Aufl. 1963; NIPKOW, KARL ERNST: Elementarisierung als Kern der Unterrichtsvorbereitung, in: Katechetische Blätter 111 (1986), 600–608; SCHWEITZER, FRIEDRICH: Zwischen Theologie und Praxis – Unterrichtsvorbereitung und das Problem der Lehrbarkeit von Religion, in: Jahrbuch der Religionspädagogik Band 7 (1991), 2–41; SCHWEITZER, FRIEDRICH/NIPKOW, KARL ERNST/FAUST-SIEHL, GABRIELE/KRUPKA, BERND: Religionsunterricht und Entwicklungspsychologie. Elementarisierung in der Praxis, Gütersloh 1995; SCHWEITZER, FRIEDRICH: Elementarisierung im Religionsunterricht. Erfahrungen, Perspektiven, Beispiele, Neukirchen-Vluyn 2003; ZILLEßEN, DIETRICH: Elementarisierung theologischer Inhalte oder elementares religiöses Lernen? Ein religionspädagogischer Grundkonflikt, in: HILGER, GEORG/REILLY, GEORGE (Hg.): Religionsunterricht im Abseits?, München 1993, 28–42.

---

1 D. ZILLEßEN, Elementarisierung theologischer Inhalte oder elementares religiöses Lernen? Ein religionspädagogischer Grundkonflikt, in: HILGER/REILLY, 1993, 28–42.

2 Vgl. SCHWEITZER/NIPKOW/FAUST-SIEHL/KRUPKA: Religionsunterricht und Entwicklungspsychologie, Gütersloh 1995, 24–31. Zur Grafik vgl. R. OBERTHÜR: Kinder fragen nach Leid und Gott, München 1998, 27.

3.4 Konturen einer ökumenisch-konziliaren und interreligiösen Didaktik

(*Ulrich Becker*)

In der religionspädagogischen Fachdiskussion der vergangenen Jahre haben der Begriff und die Sache einer „ökumenischen Bildung“ oder eines „ökumenischen Lernens“ ein unerwartet starkes Echo ausgelöst. Beides, der Begriff und die Sache, sind so etwas wie Kristallisationspunkte für ein neues, auf Zukunft und auf eine bewohnbare Erde bezogenes Lernen geworden. Im Blick auf den Religionsunterricht zeichnen sich dabei immer deutlicher die Konturen einer ökumenisch-konziliaren und interreligiösen Didaktik ab.

✐ Nicht nur für den Außenstehenden ist bei dieser neuen Aufgabenstellung für den Religionsunterricht der Begriff des „Ökumenischen“ nicht eindeutig. Versuchen Sie, ihn zu definieren: was verstehen Sie unter ‚Ökumene' oder ‚ökumenisch'? Was sagen einschlägige Lexika dazu?

Nun wird der Begriff und die Sache des Ökumenischen unter uns allerdings unterschiedlich verstanden und gebraucht. Viele verbinden damit vorrangig das Gemeinsame oder die Zusammenarbeit von evangelischer und römisch-katholischer Kirche. So z.B. bei der neuerdings immer lauter erhobenen Forderung nach einem ökumenischen Religionsunterricht.[1] Wo in diesem Sinne von „Ökumene“ die Rede ist, ist aber bewusst oder unbewusst immer nur ein Teilaspekt dessen, was das Wort eigentlich meint, in den Blick genommen. Das Wort „Ökumene“, griechisch ursprünglich ‚die ganze bewohnte Erde', zielt in seiner heutigen Bedeutung auf die Zusammenführung und das Zusammenleben der getrennten Kirchen und Christen, darüber hinaus auf das Zusammenleben aller Menschen auf der einen bewohnten Erde. Auf jeden Fall bestimmt dieses Ökumene-Verständnis die heutige ökumenische Bewegung, in der die Aufgabe des ökumenischen Lernens zum ersten Male erkannt und formuliert worden ist.

3.4.1 Zur Geschichte des Ökumene-Begriffs und des ökumenischen Lernens

Spätestens seit den 1950er Jahren sprechen offizielle Dokumente des Ökumenischen Rates der Kirchen (eines Zusammenschlusses von heute ca. 340 verschiedenen Kirchen anglikanischer, protestantischer und orthodoxer Provenienz in allen Teilen der Welt) von der Notwendigkeit einer ökumenischen Erziehung (= *ecumenical education*). Ihre Aufgabe wurde damals darin gesehen, unterrichtliche Aktivitäten so an der Vision von der *einen* Kirche zu orientieren, dass Menschen, Kinder, Jugendliche und Erwachsene befähigt werden, an diesem Prozess des Zusammenwachsens und Zusammenlebens informiert und aktiv selbstständig teilzunehmen. „Ökumenisches Lernen“ ist also schon damals etwas anderes als „Ökumene lernen“. In ihm geht es nicht in erster Linie um einen Unterrichtsgegenstand, der erörtert, behandelt und gelernt wird. Im Mittelpunkt steht vielmehr ein Lebens- und Entdeckungszusammenhang, aus dem sich neue Möglichkeiten gemeinsamen Glaubens und Handelns, gemeinsamen Lebens und Überlebens ergeben können.
Mit der Ausweitung des Ökumeneverständnisses auf die Gesamtheit und Zukunft der ganzen bewohnten Erde in den späten 1960er Jahren wird diese Lernaufgabe neu umrissen. Gefordert wird nun eine ökumenische Didaktik, eine „Theorie und Methode für das Erlernen des Welthorizontes“ (ERNST LANGE). Ihre Aufgabe soll es sein, Menschen die Augen für die Zusammenhänge zwischen Kirchen verschiedener Traditionen, zwischen

Kirchen und Kulturen, zwischen Menschen in ihrer unendlichen Vielfalt, zwischen der Welt der Menschen und der sie umgebenden und sie tragenden Schöpfung zu öffnen und ihnen zu helfen, dass sie diese Zusammenhänge und die mit ihnen verbundenen neuen Erfahrungen in ihren lokalen Erscheinungsformen aufspüren und miteinander verknüpfen können.[2]

Um es mit ein paar Sätzen aus einer Weihnachtspredigt von MARTIN LUTHER KING aus dem Jahre 1967 zu illustrieren: „Es läuft wirklich auf das hinaus: dass alles Leben miteinander in Wechselbeziehung steht. Wir sind alle in einem unentrinnbaren Netz der Gegenseitigkeit gefangen, in eine einzige Hülle des Schicksals gebunden. Was immer einen direkt betrifft, betrifft indirekt alle. Wir sind dafür geschaffen zusammenzuleben, das liegt an der ineinander greifenden Struktur der Wirklichkeit. Hast du dir je darüber Gedanken gemacht, dass du des Morgens nicht zur Arbeit gehen kannst, ohne vom größten Teil der Welt abhängig zu sein? Du stehst morgens auf und gehst ins Badezimmer und greifst nach dem Schwamm, und er wird dir von einem Inselbewohner aus dem Pazifik gereicht. Du greifst nach einem Stück Seife, und du empfängst sie aus den Händen eines Franzosen. Und dann gehst du in die Küche, um deinen Morgenkaffee zu trinken, und den schenkt dir ein Südafrikaner ein. Und vielleicht willst du Tee: den schenkt dir ein Chinese ein. Oder vielleicht hast du gern Kakao zum Frühstück, und den schenkt dir ein Westafrikaner ein. Und dann streckst du die Hand nach deinem Toast aus – und der kommt aus den Händen eines Englisch sprechenden Farmers, vom Bäcker nicht zu reden. Und ehe du am Morgen dein Frühstück fertig gegessen hast, bist du schon von mehr als der halben Welt abhängig gewesen. So ist unser Universum gefügt, das ist sein auf Wechselbeziehungen beruhendes Wesen. Wir werden keinen Frieden auf Erden haben, ehe wir nicht diese gegenseitige Abhängigkeit allen Seins begreifen.“[3]

Theoretiker und Praktiker der entwicklungsbezogenen Bildungsarbeit sind es vor allem, die erste Ansätze ökumenischen Lernens, auch unter Aufnahme von Impulsen aus der internationalen bildungspolitischen und lerntheoretischen Diskussion (PAOLO FREIRE), gegen Ende der Sechzigerjahre bei uns aufgenommen und fortgeführt haben.[4] Dabei wehrten sie dem Missverständnis, als ginge es bei dem ökumenischen Lernen darum, Informationen über globale Probleme zu verarbeiten. Erfahrbar zu machen ist vielmehr das „auf Wechselbeziehung beruhende Wesen“ unserer bewohnten Erde und darüber hinaus die Dynamik, die in dieser Wechselbeziehung zwischen dem kleinen Haushalt des Alltags und dem größeren Haushalt, mit dem die Menschen verflochten sind, verborgen ist. Dabei werden Spannungen und Widersprüche zwischen Partikularität und Universalität offenbar, die überkommene Identität in Frage stellen, und Zukunftsgefährdungen werden bewusst, die erdrückend und lähmend wirken können. Sie in produktive Lernschritte umzusetzen, ist eine wichtige Aufgabe dieses Lernens für eine bewohnbare Erde. Sie kann allerdings nur dort geleistet werden, wo eine „Pädagogik der Hoffnung“ oder eine „Theologie der Hoffnung“ als ein befreiender Impuls ins Spiel gebracht werden kann. Die biblisch begründete Wahrnehmung der „Ökumene“, die von der Gewissheit lebt, dass die Erde bewohnbar ist, weil Gottes Schöpferwillen und seine Zukunft ihr gilt, kann sich als ein solcher befreiender Impuls erweisen.

3.4.2 Zur Charakterisierung ökumenischen Lernens

Aus allem bisher Gesagten wird deutlich, dass das ökumenische Lernen von einem Lernverständnis ausgeht, das das herkömmliche schulische Lernen zwar berührt, aber zugleich weit überschreitet. Bei dem Versuch, es näherhin zu charakterisieren, sind folgende Merkmale in immer neuen Anläufen heraus gestellt worden:[5]

Ökumenisches Lernen ist grenzüberschreitend: Es bezieht sich auf den umfassenden Horizont biblischer Verheißungen, überschreitet so biografische, nationale und ethnische Grenzen und stellt

Verknüpfungen ‚zwischen unseren unmittelbaren örtlichen Erfahrungen und den globalen Fragestellungen' her (SIMPFENDÖRFER, W.).

Ökumenisches Lernen schließt interkulturelles wie interreligiöses Lernen ein, lässt so die Vielfalt des Lebens auf der einen Erde erfahren und fordert dadurch zur Selbstreflexion und zur Ausbildung einer eigenen Identität heraus. So enthält ökumenisches Lernen die Bereitschaft zum Dialog mit den fremden Anderen und deren Traditionen, Religionen und Ideologien.

Ökumenisches Lernen ist handlungsorientiertes und handlungsorientierendes Lernen. Es begnügt sich nicht mit Informationen, sondern zielt auf die Befähigung, ‚in Wort und Werken es Gott und einander recht zu machen' (PHILIP POTTER *bei der Vollversammlung des ÖRK in Vancouver 1983*).

Ökumenisches Lernen ist ein ganzheitlicher Prozess: Das soziale und das religiöse Lernen fallen nicht auseinander, sondern bilden eine Einheit. Information, Partizipation, Feier, Kommunikation und Gemeinschaft sind wichtige Stichworte eines solchen Prozesses, der mehr und anderes sein kann als Lernen, dieses aber auch immer einschließt.

Ökumenisches Lernen versteht sich als Lernen im konziliaren Prozess für Frieden, Gerechtigkeit und Bewahrung der Schöpfung: An die Stelle kritikloser Tradierung oder Einübung von Wahrheit tritt der geschwisterliche Streit um das „Projekt der gemeinsamen Zukunft" der einen Welt (LANGE, E.).

Ökumenisches Lernen ist verständigungs- und versöhnungsorientiert: Solche Verständigung zielt nicht auf ‚faule Kompromisse'. Verständigung und Versöhnung sind vielmehr geleitet von den biblischen Verheißungen und Hoffnungen. Sie sind die Grundlage jener ökumenischen Parteilichkeit, die für alles Leben auf dem bewohnten Erdkreis eintritt und gerade deshalb sich in besonderer Weise jenen verpflichtet weiß, die von anderen am Leben gehindert werden.

In der Diskussion ist zu Recht immer wieder darauf hingewiesen worden, dass diese Merkmale ökumenischen Lernens ebenso für ältere Begriffe wie ‚humanistische Bildung', ‚emanzipatorisches Lernen' oder ‚innovatives, antizipatorisches Lernen' (Club of Rome) gelten. Zweifellos ist mit dem ökumenischen Lernen keine neue Qualität des Lernens in den Blick genommen. Neu ist allerdings, dass alte, vielleicht vergessene oder verdrängte pädagogische und religionspädagogische Einsichten und Aufgaben in dieser ökumenischen Perspektive wieder wichtig werden. Dazu gehört, dass mit diesem ökumenischen Lernen eine Form des Lernens in den Vordergrund rückt, die nicht in erster Linie auf einen kontinuierlichen Zuwachs an Fähigkeiten aus ist, insbesondere an Anpassungsfähigkeiten, sondern der es um das Verarbeiten von Einsichten geht, die zur Veränderung, vielleicht sogar zur Umkehr führen. Solches Lernen wird unter uns auch innovatives oder antizipatorisches Lernen genannt. In seinem Rahmen ist auch mehr Raum für die unvorhergesehenen, ungeplanten Lernprozesse, die dadurch entstehen, dass Menschen sich den Herausforderungen der Gegenwart stellen und darauf zu antworten suchen.

3.4.3 Ökumenisches Lernen im Religionsunterricht?

Die Chancen des ökumenischen Lernens im Religionsunterricht werden nicht nur auf dem Hintergrunde des soeben umrissenen Lernverständnisses gelegentlich sehr skeptisch beurteilt – und dies gerade unter denen, die sich der Sache des ökumenischen Lernens in besonderer Weise verpflichtet fühlen.

✎ Wie schätzen Sie die Chancen eines solchen Lernens im Religionsunterricht ein? Wo sehen Sie Probleme und Schwierigkeiten auftauchen?

Um hier eine dieser kritischen Stimmen mit drei gewichtigen Einwänden zu Worte kommen zu lassen:

„1) ‚Ökumene' als Lehrstoff und Literaturstoff kann wenig bewirken, solange sie nicht als Grunddimension des Lernens erkannt ist und in allen möglichen ‚Fächern' die inhaltlichen Perspektiven prägt.
2) Ökumenisches Lernen in der Schule bedeutet automatisch die kritische Hinterfragung vieler von unserer Gesellschaft diktierten Lernziele der Schule.
3) Das System ‚Schule' selbst wird in Frage gestellt, weil ökumenisches Lernen Lebens-Erfahrungen braucht – Einübung in neue Weisen des ‚ökumenischen' Umgangs unter Schülern, unter Lehrern und zwischen Lehrern und Schülern."[6]

Solchen Einwänden ist Recht zu geben. Ökumenisches Lernen war und ist – dies ist klar geworden – gegenüber den herkömmlichen schulischen Lernvollzügen widerständig. Es sucht sich neue Lernformen. Die Frage ist, wieweit sie sich in einer neu zu denkenden Schule Raum schaffen können. Es gibt ermutigende Anzeichen, dass dies möglich wird.

In einem resümierenden Tagungsbericht zum Thema „Zukunftsfähiges Lernen? Herausforderungen für Ökumenisches Lernen in Schule und Unterricht" heißt es dazu:

„Schule öffnet sich
Die öffentliche Diskussion um die sich wandelnden Aufgaben von Schule ist in den letzten Jahren wieder intensiver und grundsätzlicher geworden. Überlegungen zu einer ‚guten' Schule, in der nicht nur Wissen und Stoff vermittelt werden, sondern die sich als pädagogisch reflektierter und verantworteter Lebensraum versteht, verbinden sich mit der Entdeckung der Einzelschule als handlungsfähiger Einheit. In vielen Fällen bedeutet dies eine Öffnung der Schule, die Einbeziehung des Umfeldes nicht nur als Lehr- und Lernfeld sondern als Erweiterung ihrer Kooperations- und Kommunikationsmöglichkeiten. Schule wird zur ‚Werkstätte der Menschlichkeit', einem Ort der Bildung und des Lebens. Damit werden Elemente ökumenischen Lernens wie erfahrungsbezogenes und handlungsorientiertes Lernen, aktive Partizipation und Befähigung zum Selber-Tun als Frage nach dem Selbstverständnis von Schule insgesamt aufgenommen....

Unterricht verändert sich
Anders lernen, ganzheitlich, fächerübergreifend, in Zusammenhängen, handlungsorientiert. Solche Ansprüche, konstitutive Elemente ökumenischen Lernens, finden sich zunehmend im schulischen Alltag, der, unzufrieden mit herkömmlichen Lern- und Organisationsformen von Unterricht, eigenständiges und selbstverantwortliches Lernen mit veränderten Formen erreichen will. Erfahrungen aus projektorientiertem Unterricht spielen dabei ebenso eine Rolle wie Formen und Ansätze von Freiarbeit. In diese Überlegungen können Erfahrungen mit ökumenischem Lernen verstärkt eingebracht werden. Dem Religionsunterricht, als zentralem Ort ökumenischen Lernens, kann hier eine inspirierende Rolle für die Schule insgesamt zukommen.

Zum Bildungsverständnis
Veränderungen von Schule können nicht losgelöst von der herrschenden Diskussion um bildungstheoretische Konzeptionen gesehen werden, die versuchen, die Aufgaben und Möglichkeiten von Pädagogik und Bildungspolitik neu zu bestimmen. Immer geht es dabei um die Erhellung des komplexen und widersprüchlichen Verhältnisses von Bildung und kultureller Tradition. Aber es geht bei der Diskussion um Bildung auch um den Prozess und das Ergebnis subjektiver Anstrengung, ein individuell geformtes und reflexiv bewusstes Verhältnis zur Lebenswirklichkeit zu gewinnen unter dem Humanisierungsanspruch für jedes Individuum. Die Orientierung an einem Bildungsverständnis, das insbesondere W. Klafki in der neueren Diskussion verstärkt hat, verbindet sich mit Ansprüchen ökumenischen Lernens insofern, als es auch hier darum geht, der weltweiten Globalisierung und Vernetzung gerecht zu werden. Die Leitfrage dieser Bildungstheorie lautet: Welche Erkenntnisse, Fähigkeiten und Einstellungen benötigen junge Menschen heute und für ihre Zukunft, um sich produktiv mit universalen Entwicklungen und Problemen auseinander setzen zu können und schrittweise urteilsfähig, mitbestimmungsfähig und solidaritätsfähig zu werden?"[7]

In diesen Zusammenhang gehört auch KLAFKIs vorläufiger Katalog von Schlüsselproblemen, mit dem die heute und in der voraussehbaren Zukunft angehenden gemeinsamen Aufgaben und Probleme anvisiert werden. Sie zum Ausgangspunkt von konkreter Unterrichtsplanung in der Schule zu machen, wobei nicht mehr primär von den Fächern, sondern von den pädagogischen Herausforderungen her gedacht wird, entspricht den Intentionen und den Aufgaben ökumenischen Lernens: Es geht darum, in größere Zusammenhänge und in Verantwortung für eine bewohnbare Erde einzuüben und damit einem Trend zur Spezialisierung und Zerstückelung schulischer Bildung entgegenzuwirken.

Es gilt also, was K. GOßMANN jüngst so formuliert hat: „Entwicklungsbezogenes und ökumenisches Lernen hält die Frage nach einer guten Schule wach und trägt, soweit dies glückt, zu ihrer Gestaltung bei.“[8]

3.4.4 Zu den Themen ökumenischen Lernens in der Schule

Fragt man nach den Themen ökumenischen Lernens in der Schule, so stößt man in der vorliegenden Literatur mehr auf allgemeine Hinweise, denn auf konkrete Vorschläge und Angaben. Vor allem fehlt nirgends das Postulat: Nicht ‚Ökumene unterrichten', vielmehr lernen, ‚ökumenisch zu unterrichten'. Gefordert wird damit, dass an Stelle spezifisch ökumenischer Rahmen- und Unterthemen die ohnehin vorgesehenen Themen des Religionsunterrichts („von Abraham bis Zukunft“) auf ihre ökumenische Dimension hin durchsichtig gemacht werden. Grundsätzlich gilt: Ökumenisches Lernen meint weniger neue Lerninhalte als eine neue Dimension und Perspektive für den ganz normalen Unterricht.

Einen ersten gangbaren Weg, diesen Ansatz zu konkretisieren, hat H. NOORMANN unternommen, als er „Prüfsteine für die Themenauswahl und -strukturierung“ vorlegte, die er selbst nur als vorläufige Notizen verstanden wissen wollte, – sozusagen als Anstöße, „an der Ausformulierung eines begründeten Leitfragenkatalogs zur Themenstrukturierung weiterzuarbeiten. Dabei ist weniger daran gedacht, den Themenkanon in der gesamten Breite ‚ökumenisch' neu durchzubuchstabieren, als vielmehr Einstiegsluken zu öffnen, durch die hindurch auf andere Themen ein verändertes Licht fällt.“[9] Sie sind im Folgenden noch einmal ohne die ausführlichen Erläuterungen, die NOORMANN ihnen mitgibt, zusammengestellt:

1. *Partizipation im konziliaren Prozess ist der beste Fortbildungskurs.*
2. *In jedem Thema steckt ein ‚ökumenischer Stachel'.*
3. *Wir neigen dazu, die Inspirationskraft biblischer Überlieferung zu unterschätzen. Ich möchte mich – wegen meiner fachlichen Ausbildung – als neugieriger Anfänger verstehen, biblische Bezüge und Zusammenhänge eines Themas neu zu entdecken.*
4. *Von oben sieht die Welt und ein Problem anders aus als von unten. Kinder und Schüler gehören zu denen unten, auch und gerade die Gleichgültigen, die Aggressiven, Nörgler, und angeblich fatalistisch Asozialen.*
5. *Die globalen Probleme in ihren heimischen, häufig unerkannten, weil selbstverständlichen Erscheinungsformen aufspüren.*
6. *Bücher erweitern Wissen, Menschen erweitern Gewissen.*
7. *Ökumenisches Lernen gibt Anlass, die routinierte Check-Liste zur Materialbeschaffung und -erschließung neu zu ordnen.*
8. *‚Worte sind schön, aber Hühner legen Eier', heißt es in einer Broschüre. Die theologische Übersetzung: ‚... dass Gott ein Tätigkeitswort werde'* (K MARTI) *oder ‚Christus hat nur unsere Hände.'*
9. *‚Ökumenisches Lernen hat keine unschuldige Geschichte'* (G. ORTH).
10. *‚Kirche' ist mehr als die verfasste, territorialstaatliche Institution deutscher Prägung. Was Christen aufgetragen ist zu sagen und zu tun, vermitteln Menschen aus gemeindlichen oder unabhängigen Nachfolgegruppen häufiger lebendiger und direkter.*

Noch einmal, H. NOORMANN selbst hat diese 10 Prüfsteine nur als einen ersten Versuch verstanden, in der Themenwahl und -strukturierung für einen Religionsunterricht, der sich dem ökumenischen Lernen verpflichtet weiß, voranzukommen. Andere sind ihm darin bisher nicht gefolgt, so dass es schon verständlich ist, wenn es in den „Anmerkungen eines Pädagogen zum Konzept Ökumenischen Lernens“ heißen kann: „Der überwiegende Teil der Literatur zum Ökumenischen Lernen weist die typischen Merkmale einer Postulatspädagogik auf: Es werden anspruchsvolle und wünschenswerte Ziele formuliert, während die gesellschaftlichen und psychischen Voraussetzungen der Zielverwirklichung kaum ideologiekritisch bzw. lernpsychologisch analysiert werden und die didaktischen Realisierungsmöglichkeiten deshalb auch offen bleiben.“ Und etwas später heißt es in diesen kritischen Anmerkungen: „Wünschenswert sind als Bindeglied zwischen der ‚Philosophie' des Ökumenischen Lernens und der alltäglichen Wirklichkeit didaktische Modelle ‚mittlerer Reichweite'. ‚Friede, Gerechtigkeit und Bewahrung der Schöpfung' sind noch keine Lernziele. Wir müssen genauer fragen, was unterschiedliche Zielgruppen lernen und das heißt auch: wissen sollten, um sich kompetent für Lösungen des Nord-Süd-Konflikts engagieren zu können.“[10]

3.4.5 Ansätze einer interreligiösen Didaktik

Es war mehrfach davon die Rede: Ökumenisches Lernen vollzieht sich auf dem Hintergrund einer zutiefst bedrohten, aber zugleich nicht nur versprochenen, sondern auch immer wieder herstellbaren Lebensgemeinschaft aller in dem einen Haushalt der bewohnten Erde. Damit wird im Religionsunterricht ein Lernprozess in Gang gesetzt, in dem die Grundwünsche an das Leben wieder mit der Sprache, den Verheißungen und den Hoffnungen der jüdisch-christlichen Überlieferung verbunden werden. Ein solches Lernen, bei dem das Leben bzw. das Überleben in den Mittelpunkt rückt, hat kein vorrangiges Interesse mehr festzustellen, wo die Unterschiede in der Glaubensüberlieferung und in der Glaubensformulierung liegen. Dieser Unterricht setzt andere Prioritäten – auf jeden Fall ist ihm eher an den Gemeinsamkeiten denn an dem Trennenden gelegen. Er ist eher an Verbündeten interessiert als an Dissidenten, und deshalb rechnet er auch gerade mit den Schülerinnen und Schülern, die keine christliche Sozialisation im Hintergrund haben und dennoch aus Gründen, die sehr äußerlicher oder formaler Art sein mögen, in diesem Unterricht sitzen. Und er rechnet mit den entsprechenden Lehrerinnen und Lehrern. Auf ihre Gesprächsbeiträge, auf ihre Gegenrede, auf ihren unbefangenen Spürsinn bei der Suche nach Wegen aus der Gefahr und nach Hoffnungsschritten kann dieses Lernen für eine bewohnbare Erde nicht verzichten.

Aber dieser Unterricht öffnet sich nicht nur interkonfessionell, sondern auch interreligiös: Als sich im August 1990 auf Einladung des Ökumenischen Rates der Kirchen Vertreter verschiedener Religionen zu einem multireligiösen Gespräch trafen, formulierten sie am Ende eine Botschaft, in der es u.a. heißt:

„Wir rufen ... Menschen aller religiösen Traditionen dazu auf, offen zu sein für ein neues Paradigma von Beziehungen untereinander. Die Zukunft verlangt von uns, dass wir auf eine neue Art zusammenarbeiten und unseren Glauben leben. Wir müssen unseren eigenen religiösen Traditionen treu bleiben, jedoch in der Solidarität miteinander, so dass wir für unsere Zeit zu Trägern der Hoffnung werden.“[11]

Diese Einladung ist in jüngster Zeit immer wieder neu und mit zunehmender Dringlichkeit wiederholt worden. HANS KÜNGs „Projekt Weltethos“ und die „Erklärung zum Weltethos“, die das Parlament der Weltreligionen 1993 in Chicago unter Beteiligung von nahezu 8000 Menschen aus vielen Religionen verabschiedete,[12] sind wichtige Beispiele für diesen beachtenswerten Versuch von Repräsentanten der verschiedenen Religionen, gemeinsam zu Trägern der Hoffnung für unsere Zeit zu werden. Diese Einladung anzunehmen, bedeutet für religionspädagogische Theorie und Praxis, sich nicht nur den Fragen der Erfahrung der einen bedrohten Erde und ihrer Menschen in der Vielfalt der konfessionellen Spiegelungen zu stellen, sondern diesen Fragen auch in der Vielfalt der religiösen Spiegelungen intensiv nachzugehen. Ökumenisches Lernen ist grenzenüberschreitend, hatten wir gesagt (vgl. S. 182f), und schließt deshalb immer das interreligiöse Lernen ein.

In der gegenwärtigen religionspädagogischen Diskussion sind solche Anstöße an verschiedenen Stellen aufgenommen und weitergeführt worden. HANS KÜNG selbst hat bei einem großen internationalen Kongress 1994 zum Thema „Das Projekt Weltethos in der Erziehung" den Versuch unternommen, erste Überlegungen zu den gebotenen pädagogischen und religionspädagogischen Konsequenzen anzustellen.[13] In besonderer Weise sind seine und anderer Vorschläge in JOHANNES LÄHNEMANNS „Evangelische Religionspädagogik in interreligiöser Perspektive" und in KARL ERNST NIPKOWS zweibändigem Werk „Bildung in einer pluralen Welt"[14] aufgenommen worden. Beide tun das im Kontext von religiöser Bildung angesichts des neuzeitlichen Pluralismus (vgl. dazu Kap. I,1 und 2) und wollen u.a. dazu beitragen, dass sich der Religionsunterricht verstärkt als interreligiös geöffneter Religionsunterricht versteht, ohne dass er damit allerdings seine pädagogisch-theologische Begründung preisgibt. Dieser Unterricht ist, wenn wir noch einmal auf das Kapitel I,5 zurückblicken, eindeutig dem konfessionell-kooperativen Typus zuzuordnen, in dem es darum geht, „das Gemeinsame inmitten des Differenten zu stärken, in einer Bewegung durch die Differenzen hindurch, nicht oberhalb von ihnen."[15]

Etwas anders versteht sich dagegen das Hamburger Modell eines „Religionsunterrichts für alle" an einer „multikulturellen Schule".[16] Dieser Unterricht optiert, ganz im Sinne von HANS KÜNG, für grundlegend ethische Werte, wie sie in den Religionen als gemeinsame Schnittmenge begegnen, als da sind die „Ideen der Würde und der Freiheit, des Rechts und der Gerechtigkeit, das Gewissen, der Verzicht auf Gewalt und die Verantwortlichkeit für das Leben, ja, die Welt im ganzen ..."[17]. Aber seine Begründung sucht er, anders als es LÄHNEMANN und NIPKOW vorschlugen, eher im Pädagogisch-Ethischen als im Pädagogisch-Theologischen.[18] Darum haben wir ihn in Kapitel 5 auch der Position eines „Allgemeinen Religionsunterrichts" bzw. eines „Religionsunterrichts für alle" zugeordnet (vgl. S. 101f).

✎ Ob Sie dem so nachträglich zustimmen können? Es ist hilfreich, in diesem Zusammenhang noch einmal den Abschnitt 2.3 „Religionsdialog – Gemeinsam leben lernen ‚ohne Angst, verschieden zu sein'" (ADORNO) auf S. 39ff nachzulesen. Versuchen Sie nach der Lektüre dieses Abschnittes auch, die o.g. offensichtlich unterschiedenen religionspädagogischen Konzeptionen den dort aufgeführten religionstheologischen Positionen zuzuordnen.

Wie immer diese unterschiedlichen Positionen im Einzelnen zu beurteilen sind, gemeinsam ist ihnen, dass ihr Religionsunterricht über einen interkonfessionellen (ökumenischen) zu einem interreligiösen Unterricht hinausdrängt. Damit brechen aber die wirklich ‚konfessionellen' Fragen, d.h. die Fragen nach dem Verbindlichen-Verbindenden, Verlässlichen, Sinngebenden noch einmal ganz neu auf, und es stellt sich die Aufgabe, die HARRY NOORMANN einmal so beschrieben hat: „Erst die Gegenwart der ‚anderen', in gemeinsamer Aktion und Reflexion mit ‚anderen' Christen, mit Menschen anderer Religionen und Menschen mit säkularen Lebensentwürfen, werden wir mit unseren eigenen Begrenzungen und den Chancen unserer eigenen Herkunft und Prägung so leben lernen, dass sie andere bereichern."[19]

Literatur

BECKER, ULRICH: Ökumenisches Lernen. Überlegungen zur Geschichte des Begriffs, seiner Vorstellungen und seiner Rezeption in der westdeutschen Religionspädagogik bis Vancouver 1983, in: GOßMANN, K. (Hg.): Glaube im Dialog. 30 Jahre religionspädagogische Reform, Gütersloh 1987, 247–259; BECKER, ULRICH: Ökumenisches Lernen auf dem Prüfstand, in: SCHLÜTER, R.: Ökumenisches Lernen und interkulturelles Lernen – eine theologische und pädagogische Herausforderung, Paderborn/Frankfurt 1994, 9ff; BECKER, ULRICH/BÜTTNER, GERHARD/GUTSCHERA, HERBERT/THIERFELDER, JÖRG: Projekt Ökumene. Auf dem Wege zur Einen Welt, Düsseldorf und Stuttgart 1997; BÖHM, UWE, Ökumenische Didaktik. Ökumenisches Lernen und konfessionelle Kooperation im Religionsunterricht deutschsprachiger Staaten. Göttingen 2001; BRÖKING-BORTFELDDT, MARTIN: Mündig Ökumene Lernen. Ökumenisches Lernen als religionspädagogisches Paradigma, Oldenburg 1994; DOEDENS, FOLKERT/WEISSE, WOLFRAM (Hg.): Religionsunterricht für alle. Hamburger Perspektiven zur Religionsdidaktik, Münster 1997; DRESSLER, B.: Interreligiöses Lernen – Alter Wein in neuen Schläuchen? in: ZfPäd u. Theol 55 (2003), 113–124; FÜHRING, GISELA (Hg.): Lernen in weltweitem Horizont. Schulische Erfahrungen in Ostdeutschland, Münster 1998; GOßMANN, KLAUS: „Dritte Welt" in der evangelischen Religionspädagogik, in: SCHEUNPFLUG, A./TREML, A. K. (Hg.): Entwicklungspolitische Bildung, Tübingen/Hamburg 1993, 284ff; GOßMANN, KLAUS: Konzeptionen Ökumenischen Lernens, in: GOßMANN, K./PITHAN, A./SCHREINER, P. (Hg.), Zukunftsfähiges Lernen? Herausforderungen für Ökumenisches Lernen in Schule und Unterricht, Münster 1995, 71ff; GOßMANN, KLAUS/PITHAN, ANNEBELLE/SCHREINER, PETER (Hg.): Zukunftsfähiges Lernen? Herausforderungen für Ökumenisches Lernen in Schule und Unterricht, Münster 1995; GOTTWALD, ECKART/RICKERS, FOLKERT (Hg.): Vom religiösen zum interreligiösen Lernen. Neunkirchen-Vluyn 1998; KIRCHENAMT DER EKD (Hg.): Ökumenisches Lernen. Grundlagen und Impulse. Eine Arbeitshilfe, Gütersloh 1985; KOERRENZ, RALF: Ökumenisches Lernen, Gütersloh 1994; LÄHNEMANN, JOHANNES: Evangelische Religionspädagogik in interreligiöser Perspektive, Göttingen 1998; LÄHNEMANN, JOHANNES/HAUSMANN, WERNER (Hg.) Unterrichtsprojekte Weltethos I u. II (Pädagogische Beiträge zur Kulturbegegnung 17/18) Hamburg 2000; LERNGRUBER, STEPHAN: Interreligiöses Lernen. München 1995; NIPKOW, KARL ERNST: Bildung in einer pluralen Welt. Bd. 1: Moralpädagogik im Pluralismus. Bd. 2: Religionspädagogik im Pluralismus, Gütersloh 1998; NOORMANN, HARRY: Prüfsteine für Themenwahl und -strukturierung. Einige vorläufige Notizen, in: ru, Zeitschrift für die Praxis des Religionsunterrichts 19 (1989), 121ff; ORTH, GOTTFRIED (Hg.): Im Horizont der einen Erde, Kommentierte Literaturdokumentation zu Ökumene und Ökumenischem Lernen, Münster 1989; PIEPEL, KLAUS: Lerngemeinschaft Weltkirche. Lernprozesse in Partnerschaften zwischen Christen der Ersten und der Dritten Welt, Aachen 1993; RAISER, KONRAD: Ernstfall des Glaubens. Kirche sein im 21. Jahrhundert, Göttingen 1997; RICKERS, FOLKERt: Art. Interreligiöses Lernen, in: LexRP 1, Sp. 874–881; SCHLÜTER, RICHARD: Ökumenisches Lernen in den Kirchen. Schritte in die gemeinsame Zukunft. Eine praktisch-theologische Grundlegung, Essen 1992; SCHLÜTER, RICHARD (Hg.): Ökumenisches und interkulturelles Lernen – eine theologische und pädagogische Herausforderung, Frankfurt-Paderborn 1994; SCHREINER, PETER/ SCHEILKE, TH. CHRISTOPH (Hg.): Interreligiöses Lernen. Ein Lesebuch, Münster 1998; SIMPFENDÖRFER, WERNER/DAUBER, HEINZ: Eigener Haushalt und bewohnter Erdkreis. Ökologisches und ökumenisches Lernen in der ‚Einen Welt', Wuppertal 1981.

---

1 Vgl. u.a. BECKER, U.: Ökumenisches Lernen – eine Aufgabe für den Religionsunterricht? In: Ev. Erzieher 38 (1986), 519–530. Ders.: Über den konfessionellen Religionsunterricht neu nachdenken. Lernen an Beispielen aus der Ökumene, in: ru 19 (1989), 132–134. MOKROSCH, R. und SAUER, R. (Hg.): Ökumene im Religionsunterricht, Gütersloh 1994. Vgl. auch den Abschnitt: Typische Gegebenheiten und Bedenklichkeiten bei ADAM, G./LACHMANN, R. (Hg.): Religionspädagogisches Kompendium, Göttingen 5. Aufl. 1997, 96.

2 BECKER, U.: Ökumenisches Lernen. Überlegungen zur Geschichte des Begriffs, seiner Vorstellungen und seiner Rezeption in der westdeutschen Religionspädagogik bis Vancouver 1983, in: GOßMANN, K. (Hg.): Glaube im Dialog. 30 Jahre religionspädagogische Reform, Gütersloh 1987, 247–259. Vgl. auch die entsprechenden Abschnitte bei BRÖKING-BORTFELD,

M.: Mündig Ökumene Lernen. Ökumenisches Lernen als religionspädagogisches Paradigma, Oldenburg 1994. KOERRENZ, R.: Ökumenisches Lernen, Gütersloh 1994.

3 GROSSE, H. (Hg.): Schöpferischer Widerstand, Gütersloh 1985, 112.

4 Vgl. u.a. SIMPFENDÖRFER, W./DAUBER, H.: Eigener Haushalt und bewohnter Erdkreis. Ökologisches und ökumenisches Lernen in der Einen Welt, Wuppertal 1981.

5 Vgl. dazu Kirchenamt der EKD (Hg.): Ökumenisches Lernen. Grundlagen und Impulse. Eine Arbeitshilfe, Gütersloh 1985, 17; ORTH, G. (Hg.): Im Horizont der einen Erde. Kommentierte Literaturdokumentation zu Ökumene und Ökumenischem Lernen, Münster 1989, 9f. GOẞMANN, K.: Konzeptionen Ökumenischen Lernens, in: GOẞMANN, K./PITHAN, A./SCHREINER, P. (Hg.): Zukunftsfähiges Lernen? Herausforderungen für Ökumenisches Lernen in Schule und Unterricht, Münster 1995, 78ff.

6 SIMPFENDÖRFER, W./DAUBER, H.: A.a.O., 85.

7 GOẞMANN, K./PITHAN, A./SCHREINER, P. (Hg.): A.a.O., 124f.

8 GOẞMANN, K.: 'Dritte Welt' in der evangelischen Religionspädagogik, in: SCHEUNPFLUG, A./TREML, A. K.(Hg.): Entwicklungspolitische Bildung, Tübingen/Hamburg 1993, 294.

9 NOORMANN, H.: Prüfsteine für Themenwahl und -strukturierung. Einige vorläufige Notizen, in: ru, Zeitschrift für die Praxis des Religionsunterrichts 19 (1989), 121ff.

10 SIEBERT, H.: Anmerkungen eines Pädagogen zum Konzept des Ökumenischen Lernens, in: ru, Zeitschrift für die Praxis des Religionsunterrichts 19 (1989), 134f.

11 Botschaft an die Teilnehmer/-innen an der Vollversammlung des ÖRK in Canberra 1991 von den Teilnehmer/-innen am multireligiösen Gespräch zur Vorbereitung der Vollversammlung August 1990 (unveröffentlicht).

12 KÜNG, H.: Projekt Weltethos, München 1990. Neuausgabe 1992. KÜNG, H./KUSCHEL, K.-J. (Hg.): Erklärung zum Weltethos. Die Deklaration des Parlamentes der Weltreligionen, München 1993.

13 LÄHNEMANN, J. (Hg.): „Das Projekt Weltethos" in der Erziehung. Referate und Ergebnisse des Nürnberger Forums 1994, Hamburg 1995, 32ff.

14 LÄHNEMANN, J.: Evangelische Religionspädagogik in interreligiöser Perspektive, Göttingen 1998. NIPKOW, K. E.: Bildung in einer pluralen Welt, Bd. 1: Moralpädagogik im Pluralismus. Bd. 2: Religionspädagogik im Pluralismus, Gütersloh 1998.

15 Kirchenamt der EKD (Hg.): Identität und Verständigung. Standort und Perspektiven des Religionsunterrichts in der Pluralität, Gütersloh 1994, 65.

16 WEISSE, W.: Vom Monolog zum Dialog. Ansätze einer interkulturellen dialogischen Religionspädagogik, Münster 1996. DOEDENS, F./WEISSE, W. (Hg.): Religionsunterricht für alle. Hamburger Perspektiven zur Religionsdidaktik, Münster 1997.

17 GLOY, H.: Dem interreligiösen Religionsunterricht gehört die Zukunft, in: DOEDENS, F./ WEISSE, W. (Hg.), a.a.O., 88.

18 Zur differenzierten Auseinandersetzung mit dem Hamburger Modell vgl. NIPKOW, K. E., a.a.O., Bd. 2, 479ff.

19 NOORMANN, H.: Konfessionalität des Religionsunterrichts – historische Rechtsfigur oder kritisch-didaktisches Prinzip, in: Arbeitshilfe für den evangelischen Religionsunterricht an Gymnasien. Heft 51, Hannover o.J., 74ff.

Teil III: Unterrichtskonzepte und Planungshilfen

1 Unterrichtsvorbereitung – ein didaktischer Denkprozess

(Christine Lehmann)

1.1 Erläuterungen und Hinweise zu dem Kapitel

Wie plane ich denn nun Religionsunterricht?" „Welche gedanklichen Schritte muss ich vollziehen, um von grundlegenden Orientierungen und eigenen Ideen zu sinnvollen Unterrichtsentwürfen zu kommen?" In diesem Kapitel soll es um die Realität des täglichen Religionsunterrichts und um Planungshilfen zur Vorbereitung gehen, ohne dabei bisher diskutierte Leitgedanken aus den Augen zu verlieren.[1] Nicht nur Berufsanfänger finden sich bei diesem Vorhaben schnell auf schwierigem „Gelände" wieder, auf dem eine Orientierung schwer fällt. Neue Herausforderungen an den Religionsunterricht haben eine Neubesinnung über Ziele und Wege ausgelöst, die in Schlüsselbegriffen wie „selbstständige, erfahrungsbezogene Aneignung"[2], „neue Lernwege"[3] oder „Offene Lernprozesse"[4] ihren Niederschlag findet. Auch erfahrene Kolleginnen und Kollegen stehen bei der Planung von Religionsunterricht vor der Situation, sich auf einer didaktischen Landkarte orientieren zu müssen, auf der neue Ziele, aber bislang kaum Wege verzeichnet sind. Lehrer/-innen sind vor die Aufgabe gestellt, solche didaktischen Haltungen und methodischen Handlungen zu erfassen und praktisch umzusetzen, die ein verändertes Verständnis von Lehren und Lernen auf den Weg bringen können.
Die Didaktik als „Theorie des Lernens und Lehrens"[5] hat Begriffe und Kategorien zur Analyse und Planung unterrichtlichen Handelns aufgestellt und begründet. Mit Hilfe dieser Kategorien wird ein Verständigungsprozess über Unterrichtswirklichkeit und eine Beschreibung besseren Unterrichts möglich. Zwischen den Vertretern der verschiedenen didaktischen Modelle[6] herrscht Einigkeit darüber, dass das Unterrichtsgeschehen sich auf Grund seiner Komplexität niemals in seiner Gesamtheit erfassen lassen wird. Je nach theoretischem Ansatz werden von den Didaktikern die verschiedenen Kategorien zur Vorbereitung von Unterricht unterschiedlich gewichtet und ihre jeweilige Bedeutung im Rahmen des Unterrichtsgeschehens mit unterschiedlichen Akzenten herausgearbeitet. Übereinstimmung besteht jedoch darin, dass Unterrichtsvorbereitung als didaktisch begründeter, fachwissenschaftlich fundierter, zielorientierter und methodisch strukturierter Prozess anzulegen ist. Auch wenn dies kein linearer, sondern eher ein Prozess des „Vorwärts- und wieder Zurückdenkens" ist, bei dem sich der Lehrer/die Lehrerin gedanklich von den Schüler/-innen hin zu der Sache, von der Sache zurück zu den Schüler/-innen oder von der Methode hin zur Sache usw. bewegt, lassen sich die Schritte der Unterrichtsvorbereitung nur linear – in einem Nacheinander – beschreiben.[7]
Dieser Abriss orientiert sich an der Begrifflichkeit der kritisch-konstruktiven Didaktik.[8] Es wird versucht, Grundgedanken zu formulieren, die im Rahmen der Vorbereitung von Religionsunterricht eine Veränderung des Lehrens und Lernens anbahnen helfen. Solche Grundgedanken werden als Loipen bezeichnet. Sie stellen Spuren dar, die angesichts der Unübersichtlichkeit der didaktischen Landkarte leicht gelesen werden können und so die Orientierung auf dem „Gelände Unterrichtsplanung" ermöglichen, beschwerliche Steigungen unterstützen und die unvermeidlichen Stürze abmildern wollen. Dem didaktischen Langläufer, der auf den Loipen unterwegs ist, sollen sie die eigene Auseinandersetzung und die gemeinsame Diskussion über einen „Perspektivenwechsel" (vgl. S. 312) erleichtern und ihn dazu ermutigen, selber weitere Loipen für eine neue Praxis des Lehrens und Lernens zu spuren.[9]

Da Wahrnehmungskompetenz eine der grundlegenden Qualifikationen im Lehrer/-innenberuf darstellt, beginnt dieser Abriss mit einer Beschreibung von Unterrichtswirklichkeit. Ihre Analyse führt uns zu grundlegenden Fragen der Unterrichtsvorbereitung. Bei der Auseinandersetzung mit diesen Fragen spielt neben der Perspektive der Schüler/-innen die der Lehrer/-innen eine wichtige Rolle. Da auch diese Perspektive immer – bewusst oder unbewusst – in den Unterricht einfließt, sollten Lehrer/-innen die Auseinandersetzung mit dem Fokus eigener Wahrnehmungen und Erfahrungen zum festen Bestandteil ihrer Unterrichtsplanung machen. Es folgen Ausführungen zu Planungsschritten. Daraus resultierende Haltungen und Handlungen werden im Anschluss an die Planungsschritte zu **Loipen** verdichtet. Sie wollen das Schlagwort vom „Perspektivenwechsel" für die Unterrichtspraxis konkretisieren helfen und bieten Richtungen für Planungsüberlegungen an, die darauf aus sind, die Schüler/-innen als „Subjekte des Lernprozesses"[10] künftig ernst zu nehmen. Eingeschoben sind die im Text umrahmten **Haltepunkte**. Hier werden Aspekte der gegenwärtigen fachdidaktischen und der allgemeinen didaktischen Diskussion skizziert, Thesen formuliert sowie Literaturhinweise zur vertiefenden Auseinandersetzung gegeben. Die als **Wegweiser** gekennzeichneten Fußnoten zeigen Zusammenhänge zu anderen Kapiteln auf oder sprechen Fragestellungen aus dem weiteren Kontext an, die für die Unterrichtsvorbereitung von Bedeutung sind.[11]

1.2 Religionsunterricht – eine Fundgrube für praxisrelevante Fragestellungen (↘ Wegweiser 1)

Die bisherigen Kapitel dieses Buches haben erste Orientierungen in Bezug auf die Frage angestoßen, was denn guter Religionsunterricht sei. Wie sich die dort diskutierten Fragen in der Praxis des Religionsunterrichts niederschlagen, sich durch diese aber auch modifizieren und konkretisieren, zeigen die Reflexionen eines Religionslehrers über eine ganz alltägliche Religionsstunde. In dieser Problemskizze treten Fragen, die bei der Unterrichtsvorbereitung berücksichtigt werden wollen, deutlich hervor.

Religionsunterricht Klasse 5 – eine Problemskizze

„Die Klasse 5.3 umfasst 27 Schüler/-innen. Sie kommen aus verschiedenen Grundschulen und sind seit knapp einem Jahr in ihrer neuen Klasse. Awa ist aus Ghana, Louise aus Südafrika. Neben Awa sind noch Jamal, Hilal, Mohammed und Bilal Muslime. Bis auf Louise, die nur Englisch spricht, sprechen sie leidlich Deutsch. Drei Schüler/-innen sind katholisch, neun evangelisch und neun gehören keiner Konfession an. Um nicht einen völlig zersplitterten Religionsunterricht an dieser Schule zu etablieren, der sich auf keine stabile Lerngruppe beziehen kann, haben alle Eltern nach vielen Einzelberatungsgesprächen eingewilligt, dass ihre Kinder einen gemeinsamen Religionsunterricht besuchen. In diesen Gesprächen wurden von den Eltern häufig Vorbehalte gegenüber einem ausschließlich bibelorientierten, bildermalenden Religionsunterricht geäußert, den sie in ihrer eigenen Schulzeit erfahren hatten. Eine Mutter erklärte: ‚Mein Kind nimmt an nichts mehr teil, was mit Religion zu tun hat.' Ihre Tochter war aus der Grundschule nach Hause gekommen und hatte erzählt, sie hätten ein Bild malen müssen, wie einer aus der Bibel seinen Sohn opferte. Sie sei von der Tochter gefragt worden, ob es das heute noch gäbe ...

Als ich mit dem Unterricht beginnen will, ruft Johannes: ‚Wir wollen heute auf keinen Fall schreiben.' Daraufhin Felix: ‚Warum lesen Sie uns heute nichts vor?' ‚Ich habe keinen Bock auf

---

Wegweiser 1: Die Möglichkeit für Studierende, anhand dokumentierter Unterrichtsversuche Unterricht zu analysieren und selbst religionspädagogische Fragestellungen zu entwickeln, erweist sich während der Ausbildung als schwierig, weil nur wenig Forschungsmaterial zugänglich ist. Die Tübinger Dokumentation ist die aktuellste der wenigen religionspädagogischen Veröffentlichungen zu diesem Thema und stellt eine solche Fundgrube religionspädagogischer Praxis dar: FAUST–SIEHL, GABRIELE/KRUPKA, BERND/SCHWEITZER, FRIEDRICH/NIPKOW, KARL E.: 24 Stunden Religionsunterricht. Eine Tübinger Dokumentation für Forschung und Praxis. Münster 1998.

Religion!', teilt Oliver lautstark der Klasse mit. Diese drei sind mein ,Mittwochstrio'. Sie galten in der Grundschule als sehr schwierig.
Ich erzähle die Geschichte vom Zug der Israeliten durch das Schilfmeer. Im Gesellschaftslehreunterricht ist zu dieser Zeit das Thema Ägypten dran, und weil wir uns an unserer Schule bemühen, die Unterrichtsplanung fächerübergreifend zu koordinieren, wurde für Religion das Thema ,Exodus' gewählt. Die Schüler/-innen hören zu; das können sie allerhöchstens fünf Minuten lang. Dann entsteht auch schon die mir altbekannte Unruhe, diesmal sachbezogen, jedenfalls zunächst: ,Moses war ein Prophet!', schreit Melanie. ,Mohammed war ein Prophet!', ruft Bilal entgegnend. ,Mein Vater sagt, das ist alles Quatsch', versucht Nils die Kontroverse zu schlichten. Hilal meldet sich, ein Lichtblick, dass sie nicht auch noch dazwischen ruft: ,Meine Mutter hat mir erzählt, nur Juden und Muslime glauben an einen Gott, die Christen hätten mehrere. Sie haben es vorige
Woche anders gesagt.' Ich schnappe nach Luft: Was für ein Konglomerat aus Halbwissen und persönlichen Meinungen schlägt mir da entgegen! Außerdem scheinen alle im Unterricht erarbeiteten, im Klassenrat beschlossenen und an der Pinnwand ausgehängten Gesprächsregeln keine Gültigkeit zu haben. ,Man kann nicht durch ein Meer gehen, ohne nass zu werden', kehrt Eileen zu unserer Geschichte zurück. ,Ich werde auf keinen Fall schreiben', opponiert Johannes immer noch gegen etwas, das gar nicht verlangt wurde. Ich schlage eine für solche Fälle von Unruhe und Unübersichtlichkeit vereinbarte Stille-Übung vor. Danach besprechen wir kurz die Geschichte. Die Schüler/-innen erhalten nun den Exodus-Text mit einigen gliedernden Untersuchungsaufgaben versehen, die sie nicht nur zu Johannes' Zufriedenheit mit Buntstiften und ,ohne zu schreiben' erledigen können.
In der großen Pause hole ich mir Kraft bei einem Kollegen. Wir kommen gemeinsam zu dem Entschluss, die vorliegende Unterrichtsplanung noch einmal zu überarbeiten und eine Verbindung zum Leben von Flüchtlingen und Immigranten in unserem Land zu suchen."[12]

✐ Dieser Lehrer arbeitet in einer schwierigen, für bundesrepublikanische Wirklichkeit durchaus nicht untypischen Situation: in einer großen Klasse, mit Schüler/-innen unterschiedlicher Nationalität, Religion und Konfession und mit je unterschiedlichen sozialisatorischen Erfahrungen und Prägungen. Er schildert die Bemühungen an seiner Schule, die Themen des Religionsunterrichts mit Themen anderer Unterrichtsfächer zu verknüpfen, den Schüler/-innen Gesprächsregeln beizubringen und auf Unruhe mit langfristigen Konzepten zu antworten, wie mit Übungen zur Stille und zur Konzentration, statt mit Druck und Disziplinierung. In seinen Unterrichtsreflexionen stößt er einige Fragen der Unterrichtsvorbereitung selbst an, weitere drängen sich dem Betrachter auf: Wie könnte das Unterrichtsthema stärker auf die Interessen und Erfahrungen der Schüler/-innen zugeschnitten werden? Könnte durch einen motivierenden Unterrichtseinstieg die Aufmerksamkeit der Schüler/-innen so gebündelt werden, dass sich derartige Einstiegsprobleme verringern? Was sollen die Schüler/-innen in dieser Stunde lernen?
Diskutieren Sie anhand der Problemskizze zum einen, welche Bedingungen der Lehrer vorfindet und zum anderen, welche Entscheidungen er bei der Unterrichtsplanung getroffen hat bzw. während seines Unterrichts trifft!
In der Problemskizze lassen sich viele der in den Kapiteln I und II entfalteten Problemstellungen wieder finden. Versuchen Sie, einige davon zu identifizieren. Listen Sie weitere Fragen zur Unterrichtsvorbereitung auf!

Haltepunkt 1: Ist Unterricht planbar?
Um diese Frage zu beantworten, ist zunächst zu klären, was Unterricht ist. Auch wenn tagtäglich an unseren Schulen hinlänglich Unterricht erteilt wird und Lehrer/-innen sich damit abmühen, diesen so vorzubereiten, dass die Schüler/-innen in ihm etwas lernen können, ist eine **Definition von Unterricht** gar nicht so einfach. SCHRAMM hat anhand von 50 Unterrichtsbegriffen aus der pädagogischen Literatur dieses Jahrhunderts gezeigt, dass keiner ganz mit dem anderen übereinstimmt.[13] Dennoch ist in der

didaktischen Diskussion ein Grundbestand an gemeinsamen Wesensmerkmalen auszumachen, von denen im Folgenden fünf wichtige genannt werden sollen.[14]

- Unterricht ist zielgerichtetes, geplantes und strukturiertes Handeln.
- Unterricht ist ein zeitlich umgrenzter, mehrschichtiger Prozess, in dem eine Auseinandersetzung zwischen Lehrer/-innen, Schüler/-innen und einem Lerngegenstand stattfindet. In diesem Prozess treten die Lernenden nicht nur mit einer Sache, sondern auch untereinander in Beziehung.[15]
- Unterricht ist ein begrenzt planbares Geschehen und bleibt auf Grund der Komplexität seiner Faktoren immer ein Ereignis, das nie vollständig zu erfassen und zu analysieren ist.
- Zweck von Unterricht ist Lernen. Intentionen und Lernziele zielen auf den Erwerb von Kenntnissen, Einsichten, Fertigkeiten und Einstellungen.
- Unterricht hat bildende Funktion und zielt auf Mündigkeit sowie Selbst- und Mitbestimmungsfähigkeit des Einzelnen in der Gesellschaft. Bildung will den Einzelnen dazu befähigen, als mündiges Subjekt Verantwortung zu übernehmen. Auch wenn Unterricht auf Ziele orientiert, bleiben die Lernprozesse Bestandteil eines unverfügbaren Bildungsgeschehens.

In der Diskussion um ein neues Verständnis von Lehren und Lernen wird besonders über die Tragweite des zweiten und dritten Wesensmerkmals diskutiert. Als Kritik an herkömmlichem Unterricht wird formuliert, dass dieser eindimensional als planmäßiges, intentionales Einwirken verstanden wurde, bei dem die Schüler/-innen als Objekte der Belehrung fungierten. MÜHLHAUSEN zeigt, was es bedeutet, von Unterricht als einem komplexen, vielschichtigen Geschehen auszugehen, an dem die Lernenden aktiv mitwirken. Er zeigt, dass Lernen sich nicht in gleichmäßigen, wohl dosierten Schritten, sondern in qualitativen Sprüngen vollzieht, und unterstreicht die nur bedingte Planbarkeit von Unterricht. Daher unterscheidet er zwischen vorausschauender und situativer Unterrichtsplanung. Letzterer räumt er einen hohen Stellenwert ein,[16] indem er dazu ermutigt, „falsche Beiträge, thematische Abweichungen, dringende Anliegen, Verweigerungen und Störungen, sowie Schülerkritik“[17] angemessen aufzugreifen und als produktive Momente in den unterrichtlichen Prozess einzubeziehen.

Das bedeutet auch, dass es sinnvoll ist, zwischen **Unterrichtsvorbereitung** und **Unterrichtsplanung** zu unterscheiden. OTTO bezeichnet als Unterrichtsvorbereitung „eine langfristig wirksame; auf größere Unterrichtszusammenhänge bezogene Investition von meist theoretischer Arbeit und von Zeit vorwiegend der Lehrenden.“ Unter Unterrichtsplanung versteht er „die kurzfristige, jederzeit notwendige Planungsarbeit von Lehrenden und Lernenden bezogen auf unmittelbar bevorstehende Zeitabschnitte (Unterrichtsstunden) und nächste Arbeitsschritte.“[18] Bei der Unterrichtsvorbereitung gewinnen Lehrer/-innen die fachliche Sicherheit, die es ihnen ermöglicht, ihre situative Unterrichtsplanung souverän zu gestalten und mit „Überraschungen“ sinnvoll und flexibel umzugehen.

Kehren wir zu der obigen Problemskizze zurück. Die Grenzen der Planbarkeit von Unterricht zeigen sich sowohl in der Einstiegssituation als auch in den Reaktionen der Schüler/-innen auf die Erzählung. Ihre Verhaltensweisen und Beiträge illustrieren ebenso wie die Einlassungen des Lehrers die Bedeutung, die dem Einfluss kultureller, sozialer und entwicklungpsychologischer Bedingungen auf den Unterricht beizumessen ist. In der didaktischen Diskussion werden diese Voraussetzungen als das **Bedingungsfeld** des Unterrichts bezeichnet. In dem geschilderten Unterricht bemüht sich der Lehrer, mit Störungen und Verweigerung angemessen umzugehen. Das „Kräfte-Tanken“ bei dem Kollegen in der Pause wird dazu genutzt, aus den Abweichungen produktive Impulse für die weitere Unterrichtsplanung zu gewinnen.

Es ist zu vermuten, dass der Stundenverlauf in Form von drei Hauptphasen vorgeplant war: 1. Darbietung der Geschichte vom Zug durch das Schilfmeer und erste Erarbeitung im Unterrichtsgespräch, 2. Vertiefende Erarbeitung der Erzählung in Einzel- oder Partnerarbeit, 3. Zusammentragen der Ergebnisse sowie abschließende Reflexion im Unterrichtsgespräch.
Die hier beschriebenen Spielräume des Lehrers, zwischen didaktischen und methodischen Alternativen zu wählen, werden in der didaktischen Diskussion als **Entscheidungsfeld** des Unterrichts bezeichnet.

Haltepunkt 2: Was geschieht bei der Vorbereitung und Planung von Religionsunterricht?
Die Vorbereitung und Planung von Religionsunterricht lässt sich als Prozess beschreiben, bei dem von der Lehrperson **Verknüpfungen zwischen der Wahrnehmung und Interpretation des Bedingungsfeldes und** solchen **didaktischen sowie methodischen Entscheidungen** vorgenommen werden, die geeignet erscheinen, zwischen Lehrern und Schülern einen „Dialog über Glaube und Leben" zu eröffnen.
Ein solcher Dialog wird erleichtert durch solche didaktischen und methodischen Entscheidungen, die einen kommunikativen Lernprozess anbahnen helfen, in dem gegenwärtige Erfahrungen, überkommene Traditionen und zukünftige Aufgaben aufeinander bezogen sind.[19]

Das Praxisbeispiel zum Thema ‚Exodus' wirft viele Fragen auf, die als Gerüst für die Unterrichtsvorbereitung und -planung dienen können: Wie hat der Lehrer das Unterrichtsthema gefunden? Wie hat er herausgefunden, was für die Schüler/-innen wichtig ist? Wie hat er sich fachlich auf den Unterricht vorbereitet? Welche Unterrichtsziele hat er aufgestellt? Wie begründet er die Wahl seiner Methoden und Medien? Wie bereitet er seinen Unterricht nach? **(↘ Wegweiser 2)**
Da die Lehrer/-innen-Perspektive in solche Interpretations-, Entscheidungs- und Reflexionsprozesse einfließt, soll zu Beginn der Überlegungen zur Unterrichtsvorbereitung darüber nachgedacht werden, wie persönliche Wahrnehmungen, Erfahrungen, Einstellungen und Haltungen das pädagogische Handeln beeinflussen.

1.3 Loipen für die Unterrichtsvorbereitung und -planung

1.3.1 Vor allem aber unterrichten Subjekte – der Lehrer/-innen-Fokus als Mitgestalter von Unterricht

Der Bericht des Religionslehrers, in dem dieser seine Wahrnehmungen des Unterrichtsverlaufs beschreibt[20], kann als Anschauungshilfe für den Lehrer/-innen-Fokus dienen. **(↘ Wegweiser 3)** Bezug nehmend auf Ausgangsbedingungen interpretiert und reflektiert der Lehrer den Unterricht auf der Folie seiner bisherigen Erfahrungen. Aus dem Mund von Bilal, von Johannes oder aber eines anderen Lehrers wäre dieser Bericht sicherlich

Wegweiser 2: Didaktische Vorüberlegungen, die Sachanalyse, methodische Vorüberlegungen und die didaktische Reflexion des tatsächlichen Unterrichts stellen die zentralen Bereiche der Analyse und Planung von Unterricht dar. Die von dem Lehrer in der Problemskizze aufgeworfenen Fragen lassen sich diesen Bereichen zuordnen. Vgl. KLAFKI, a.a.O., 194–227.
Wegweiser 3: Eine ausführliche Darstellung der Situation an dieser Schule, der Situation dieser Klasse und des religionspädagogischen Konzepts dieses Lehrers kann und soll hier nicht erfolgen. Die hier aufgeworfenen Fragen wollen für die Motive pädagogischen Handelns sensibilisieren und anregen, durch eine gründliche Auseinandersetzung mit Unterrichtssituationen die Entstehung solcher Motive in Praxisprojekten zu erforschen.

anders ausgefallen. Auch auf die Leser/-innen mag er unterschiedlich wirken. Vielleicht finden Sie diesen Lehrer ganz unmöglich und sind der Meinung, dass er nicht genügend durchgreift? Vielleicht zollen Sie ihm insgeheim aber auch Anerkennung, weil Ihnen in dieser Situation eine Stille-Übung nicht eingefallen wäre und Sie auch keine hätten durchführen können?

Für die pädagogischen Motive dieses Lehrers gibt es viele Erklärungsmöglichkeiten. Vielleicht hat er deshalb das Durcheinander der Schüler/-innen-Beiträge erduldet, weil er auf Grund von Erfahrungen während seines Berufslebens oder auch während seiner eigenen Schulzeit zu der Auffassung gekommen ist, dass ein Klima wie das hier beschriebene immer noch besser ist als aufgezwungene Disziplin und unterdrückte Spontaneität? Vielleicht hat er sich deshalb für das Unterrichtsgespräch als zentrale Methode dieser Stunde entschieden, weil er in Anbetracht mangelnder Vorbereitungszeit auf Altbekanntes zurückgreifen musste? Wenn man bedenkt, dass das Lehrer-Schüler-Gespräch die meist verbreitete Methode nicht nur im Religionsunterricht ist[21] und damit eine für Lehrer/-innen und Schüler/-innen dominierende Erfahrung darstellt, ist dies nicht weiter verwunderlich.

Haltepunkt 3: Wie sich Erfahrungen der Lehrer/-innen auf Unterricht auswirken

Unter der Überschrift „Sozialisationsfaktoren in der Schulwirklichkeit oder: Wie Lehrerverhalten tradiert wird“, stellt JOCHEN GRELL die These auf, dass Lehrer/-innen weitgehend von dem Verhaltensrepertoire abhängig bleiben, das sie als Schüler/-innen oder Studenten beobachten konnten und dass sie dieses mehr oder weniger modifiziert reproduzieren. Er beruft sich dabei auf Untersuchungen von KOCH und PFEIFER (1971), die feststellten, dass die an der Hochschule betriebene Form der Lehrer/-innenausbildung „keinerlei nachhaltigen Einfluss auf die Werthaltungen, Einstellungen und Verhaltensrichtlinien ihrer Absolventen hat, soweit diese für Schul-, Erziehungs- und Unterrichtsbelange von Betracht sind.“[22] Gründe hierfür sieht GRELL in Defiziten der wissenschaftlichen Lehrer/-innenausbildung. Im Studium würden Unterricht und Lehrerverhalten beschrieben, definiert und diskutiert, es würde jedoch keine Gelegenheit geboten, Verhaltensweisen zu erwerben, die die anvisierten pädagogischen Ideale auf den Weg bringen könnten. Auf Grund dieser Verhaltensunsicherheiten würden die Anwärter/-innen während der in der 2. Phase der Lehrer/-innenausbildung erfolgenden Sozialisation in die Berufsrolle von ursprünglichen Idealen abrücken und auf einen Anpassungskurs an die Schulwirklichkeit einschwenken.

Ein Vierteljahrhundert ist seit Erscheinen dieser Thesen vergangen. In der wissenschaftlichen Lehrer/-innenausbildung ist die Frage nach einer sinnvollen Verbindung von Theorie und Praxis nach wie vor ein zentrales Problem. Auch wenn viele Praktika inzwischen durchaus als „Spiel-Räume“, als Zeiten des Experimentierens und der Selbsterfahrung genutzt werden, es an vielen Universitäten Lernwerkstätten gibt und die pädagogische Literatur über Unterrichtstechniken rapide angewachsen ist, stellt für angehende Lehrer/-innen eine **systematische Auseinandersetzung mit der Genese eigener Motive pädagogischen Handelns** und dem pädagogischen Selbstkonzept nach wie vor keinen integralen Bestandteil schulpädagogischer und fachdidaktischer Ausbildung dar.

✎ Welche positiven und/oder negativen Erlebnisse aus dem Religionsunterricht, die Sie geprägt haben, fallen Ihnen ein?
Setzen Sie Ihre Vorstellungen von einem guten Religionsunterricht zu dem Praxisbericht in Beziehung. Welche Ziele und Methoden streben Sie an? Was möchten Sie in Ihrem Religionsunterricht unbedingt vermeiden?

Dass die Anforderungen und Erwartungen, denen sich Religionslehrer/-innen heute ausgesetzt sehen, hoch sind, vermag nicht nur der Praxisbericht zu illustrieren.[23] Die Empfehlungen zur Reform des Lehramtsstudiums Evangelische Theologie/Religionspädagogik formulieren als „Anforderungsprofil“24 die Gesprächs- und Kooperationsfähigkeit, die personale Glaubwürdigkeit, zu der auch personale und soziale Authentizität zählen, sowie Methoden- und Medienkompetenz.[25] Der Bericht des Religionslehrers zeigt auch, wie schwierig es ist, solchen Ansprüchen in der Praxis zu genügen. Wo lernen Lehrer/-innen, ihren eigenen Vorstellungen und den Erfordernissen der Praxis nachzukommen? Kann man das überhaupt in der Ausbildung lernen?

Konzepte zum Verhaltenstraining können hier sinnvoll sein, greifen jedoch noch zu kurz. Da pädagogische Grundeinstellungen und Verhaltensweisen in einem langen Prozess schulischer, universitärer und beruflicher Sozialisation erworben werden, ist eine kritische Auseinandersetzung mit der eigenen Lernbiografie, mit Personen und Ereignissen, die das eigene Lernverhalten geprägt haben, ein unverzichtbarer Baustein auf dem Weg zu einem glaubwürdigen Selbstkonzept. Sie ist kritisches Korrektiv einer unbewussten Reproduktion erfahrener und beobachteter Handlungen und Einstellungen.[26] Wenn Lehrer/-innen z.B. Angst davor haben, die Selbsttätigkeit ihrer Schüler/-innen zu fördern, weil sie befürchten, die Situation könnte ihnen entgleiten, dann ist es wichtig, dass sie solche Ängste zum Ausdruck bringen können. Wenn angehende Lehrer/-innen ihre Unterrichtsvorbereitung in erster Linie darauf anlegen, Unterrichtsprozesse vorhersehbar machen zu wollen und auf geplantes Lehrer/-innenverhalten erwartetes Schüler/-innenverhalten möglichst genau vorherzubestimmen, so wirken hier Mechanismen einer langen Sozialisation schulischen und universitären Lernens.

Die Unterrichtsinhalte werden im Prozess ihrer Aufbereitung und Erarbeitung ebenfalls durch den Lehrer/-innen-Fokus konstruiert. In dem Praxisbericht zieht der Lehrer aus dem Scheitern dieser Unterrichtsstunde die Konsequenz, bei dem Thema Exodus künftig „eine Verbindung zum Leben von Flüchtlingen und Immigranten in unserem Land zu suchen.“ Hier wird in einem Akt didaktisch-hermeneutischer Interpretation die biblische Erzählung unter einem problemorientierten Zugang fokussiert. Da auch andere Konstruktionen möglich wären, bedeutet dies für Lehrer/-innen, sich bewusst zu machen, dass die von ihnen gewählten inhaltlichen Schwerpunktsetzungen, Unterrichtsziele und -phasen auf didaktisch-hermeneutischer Interpretation basieren. Dazu gehört, sich zu fragen, warum man bestimmte thematische Schwerpunkte, Lernziele und Lernschritte bevorzugt, ob die eigenen Entscheidungen auf fachwissenschaftlich und -didaktisch fundierter Grundlage beruhen oder ob sie eher die eigenen Interessen und Vorlieben widerspiegeln. Den Lehrer/-innen-Fokus als Mitgestalter von Unterricht ernst zu nehmen, würde bedeuten, sich während des gesamten Prozesses der Vorbereitung, Planung, Durchführung und Nachbereitung damit auseinander zu setzen, wo und wie sich das subjektive Moment eigener Grundeinstellungen gegenüber Christentum, Kirche und anderen Religionen sowie eigener Positionen, Vorlieben oder auch Abneigungen gegenüber Unterrichtsthemen und -methoden auswirkt, und daran zu arbeiten, dass dieser Lehrer/-innen-Fokus sich der wissenschaftlichen Diskussion nicht verschließt.
Die in diesem Abschnitt verfolgte gedankliche Spur soll nun in Form einer 1. Loipe wiedergegeben werden.

Loipe 1: In die Lehrer/-innenrolle hineinwachsen und die kritische Distanz zu dieser Rolle bewahren

1.3.2 Wie finde ich ein Unterrichtsthema?

In einer Zeit wachsender Medienangebote mag es für die einen verlockend sein, interessante Filme, ansprechende Kopien oder gar themenbezogene Informationen aus dem Internet zur Grundlage der eigenen Unterrichtsvorbereitung zu machen.[27] Andere Lehrer/-innen verteilen die Themen der Lehrpläne[28] auf die Wochen des Schuljahres und bereiten diese anhand der entsprechenden Schulbücher und Lehrer/-innenhandbücher vor. Aber ist damit die Frage der Themenfindung gelöst?

> ✐ Welche Schritte bei der Themenfindung können Sie benennen?
> Listen Sie Vor- und Nachteile unterschiedlicher Vorgehensweisen auf!

Ein Streifzug durch neue Religionsbücher der Klassen 3, 4 und 5 zeigt, wie durch die Art der Themenformulierung ein und demselben Inhalt unterschiedliche Bedeutung verliehen wird.[29] In dem Unterrichtswerk *Brücken bauen* heißt das fragliche Thema „Mose befreit die Israeliten“, in dem Buch *Oikoumene* „Fest der Befreiung – der Sederabend“. In dem Religionsbuch *Wegzeichen* wird das Thema „In die Freiheit geführt werden“ genannt, in *Hand in Hand* „Mose – Gott befreit sein Volk“ und in dem Schulbuch *Hoffnung lernen* „Aufbruch in eine gefährliche Freiheit“.[30] Die erste Formulierung, „Mose befreit die Israeliten“, deutet einen bibelorientierten Zugang an mit der Person des Mose im Mittelpunkt. Mit der Formulierung „Fest der Befreiung – der Sederabend“ wird an eigene Erfahrungen des Feierns angeknüpft und ein erfahrungsorientierter Zugang angebahnt, der anhand der jährlich wiederkehrenden Feier des Pessachfestes nachvollziehbar machen will, wie lebendig diese biblische Erzählung für das Selbstverständnis des Judentums heute noch ist. Die Formulierung „In die Freiheit geführt werden“ ist allgemeiner gehalten als die beiden vorherigen und lässt sich sowohl mit biblischen als auch mit gegenwärtigen gesellschaftlichen und politischen Erfahrungen von Unterdrückung und Sehnsucht nach Freiheit in Verbindung bringen. Das Thema „Mose – Gott befreit sein Volk“ geht über die erste Formulierung „Mose befreit die Israeliten“ hinaus, indem es in der Überschrift Gott als Ursache der Befreiung vorwegnimmt. „Aufbruch in eine gefährliche Freiheit“ setzt einen ähnlichen Akzent wie das Thema „In die Freiheit geführt werden“, betont jedoch das aktive Moment des Aufbruchs und des Wagnisses der Freiheit. Auch diese Formulierung ermöglicht sowohl einen bibel- als auch einen problemorientierten Zugang.

Solche verschiedenen thematischen Akzentuierungen stellen Ergebnisse eines religionsdidaktischen Auseinandersetzungsprozesses dar, was denn an dem Inhalt Exodus für Schüler/-innen dieser Altersstufe wichtig und interessant sei. Dass in diesem Auseinandersetzungsprozess der Inhalt mit einer religionspädagogischen Zielsetzung versehen und erst damit zum Unterrichtsthema wird, ist anhand der obigen Beispiele nachvollziehbar.

Ebenfalls auf didaktischen Entscheidungen fußt der Umstand, dass der „Auszug aus Ägypten“ in den Inhaltsverzeichnissen aller seit 1995 für die Grundschule erschienenen Religionsbücher zu finden ist. Dies wirft die Frage nach Kriterien auf, die die Wahl von Inhalten begründen helfen.

Haltepunkt 4: Zur Begründungsproblematik unterrichtlicher Inhalte

In der didaktischen Diskussion ist unumstritten, dass die Unterrichtsinhalte selbst einen wesentlichen Bezug zum Schüler/zur Schülerin haben müssen, um sich im Bildungsprozess als bedeutsam zu erweisen. Der Didaktiker WOLFGANG KLAFKI geht so weit zu sagen, dass die Bildungsrelevanz nicht aus dem Inhalt bestimmt wird, sondern dass sich aus dem Primat des Subjekts ein **Primat der Intention** gegenüber dem fachwissenschaftlichen Inhalt ergibt.[31] Weil Unterricht dem jungen Menschen „in seiner gegenwärtigen Lebensphase Verstehens-, Urteils- und Handlungsmöglichkeiten“ eröffnen und „ihm zugleich zu entsprechenden Entwicklungsmöglichkeiten auf seine Zukunft hin verhelfen“ soll,[32] müssen Lehrer/-innen einen möglichen Inhalt aus der Perspektive ihrer Schüler/-innen betrachten und fragen, welche **Gegenwartsbedeutung** und welche **Zukunftsbedeutung** dieser für die Schüler/-innen haben könnte. Er/sie muss sich die **exemplarische Bedeutung** eines möglichen Inhalts klar machen, indem er/sie nach den grundlegenden und nach den konkreten kognitiven und affektiven Lernchancen fragt, die sich den Schüler/-innen durch die Auseinandersetzung mit diesem Inhalt eröffnen könnten (ebd.).

Die Wahl des Inhalts „Auszug aus Ägypten“ lässt sich so begründen, dass zwischen dem Wunsch der Schüler/-innen nach einem Leben in Freiheit und Selbstbestimmung und den Intentionen einer bildungstheoretisch fundierten Didaktik[33] gedanklich ebenso eine Verknüpfung herstellbar ist, wie zu grundlegenden Inhalten jüdisch-christlicher Überlieferung. In der „verarbeiteten, verdichteten und gedeuteten Wirklichkeit“ der Exoduserzählung erfährt das kleine, nach Freiheit strebenden Volk der Israeliten Gott als Befreier und Garanten eines besseren Lebens.[34] Nun hält die Bibel aber nicht einfach Glaubensantworten auf die Lebensfragen heutiger Menschen bereit. „Oftmals stellt sie Gegenerfahrungen vor Augen, Modelle gelungenen Lebens, die unsere eigenen Erfahrungen kritisch beleuchten.“[35] Die Erinnerung an den Exodus „durchkreuzt die allgemein anerkannte Erfahrung, dass der Stärkere sich durchsetzt, und erzählt von einem „Gott der kleinen Leute“, der für die Seinen eintritt und ihr Recht durchsetzt“ (ebd.).

Eine Auseinandersetzung mit den grundlegenden Motiven und Symbolen dieser Erzählung, mit den Erfahrungen, Ängsten und Hoffnungen der in sie eingewobenen Personen, bietet den Schüler/-innen Chancen für ein exemplarisches Lernen. Die dabei gewonnenen Erkenntnisse, Fähigkeiten und Fertigkeiten könnten sich sowohl bei der Deutung von Selbst und Welt als auch in Hinblick auf die weitere Entwicklung eigener Glaubensvorstellungen als hilfreich erweisen.

Weder sind vorgegebene Unterrichtsthemen einfach zu übernehmen, noch reichen motivierende Materialien oder interessante Daten bereits als Unterrichtsthema aus. Sie können wohl den Impuls auslösen, einen möglichen Unterrichtsinhalt in die engere Wahl zu ziehen und sich näher mit ihm zu befassen. Wollen Lehrer/-innen die Schüler/-innen als Subjekte der Lernprozesse ernst nehmen, bedarf dies einer gründlichen Auseinandersetzung mit den Erfahrungen, die Kinder und Jugendliche in ihrer Alltagswelt machen. Bei der Suche nach inhaltlichen Aspekten, die für den Bildungsprozess von Bedeutung sein könnten, reifen Unterrichtsthemen. Wenn Lehrer/-innen den Schüler/-innen ein Thema zunächst in Form von Hypothesen oder Fragen skizzieren, erhalten diese die Möglichkeit, eigene Interessen, Fragen und Ideen zu äußern. Damit kommt ein Prozess in Gang, in dessen Verlauf die vom Lehrer anfänglich erarbeitete thematische Skizze auf eine bestimmte Adressatengruppe bezogen immer weiter konkretisiert und verändert werden kann.

1.3.3 Wie finde ich heraus, was an einem Thema für die Schüler/-innen wichtig ist?

„Diesem Loser nachfolgen?“, so lautet das Thema eines Unterrichtsentwurfs zum Inhalt „Jesus Christus“, der an einer Berufsschule erprobt wurde.[36] Der Verfasser schreibt, dass dieser aus mehreren gescheiterten Versuchen in verschiedenen Berufsschulklassen hervorgegangen sei. Seine einleitenden didaktischen Überlegungen können die Frage nach der Themenfindung erhellen. Zunächst beschreibt der Lehrer, wie er bei den Schüler/-innen immer auf Abwehr stieß, wenn es um Jesus ging: „Was soll das denn?“, „Bloß nicht die Bibel!“, „Ich will mich mit diesem Loser nicht auseinander setzen“, das waren die häufigsten Worte, die zu hören waren. Er versuchte, genauer herauszubekommen, was hinter der ablehnenden Haltung steckte, und fragte: „Ist es das Thema selbst oder nur die didaktisch-methodische Aufbereitung, oder gar beides zusammen?“. Nach und nach erfuhr er, dass hinter der Ablehnung der Schüler/-innen eine wesentlich differenziertere

Sicht verborgen war, als er zunächst vermutet hatte. Er fand heraus, dass es nicht Unwissenheit war, die die Schüler/-innen so reagieren ließ, sondern die Art des Jesus-Bildes, das sie sich bisher angeeignet hatten: „Jesus hatte in ihrem täglichen Erlebnishorizont nichts verloren. Er ist ihnen wesensfremd".[37]

✎ Erinnern Sie sich an ähnliche Reaktionen auf Unterrichtsinhalte während Ihrer eigenen Schulzeit? Wie sind die Lehrer/-innen damit umgegangen?
Überlegen Sie, was Sie als Lehrer/-in tun würden, wenn Sie merken würden, dass ein Thema nichts mit dem Erlebnishorizont der Schüler/-innen zu tun hat!

Allmählich kristallisierten sich bei dem Lehrer neue didaktische Zielvorstellungen heraus: Wichtig wurde für ihn, Jesus als Menschen mit „normalen Bedürfnissen" und Gefühlen erfahrbar zu machen, der „nicht „*nur*" Loser für ‚Nur-Loser' ist" (70). Seine neue Unterrichtsplanung sieht vor, den Schüler/-innen Gelegenheit zu geben, ihre Kritik am traditionellen Jesusbild zu formulieren und sie vor allem auch mit den biblischen Überlieferungssträngen bekannt zu machen, die Jesus als einen Menschen zeigen, in dessen Nachfolge nicht „nur" die Alten, Schwachen und Kranken standen.[38] Solch einen Vorgang didaktisch-hermeneutischer Interpretation, bei dem beide Seiten wechselseitig miteinander verschränkt werden, bezeichnet SCHWEITZER als eine „*Doppelbewegung zwischen Schülern und Inhalten*: „Konkret bedeutet dies, dass die Schüler in ihrer Subjektivität ernst genommen, aber doch bereits in theologischer Perspektive gesehen werden. Und umgekehrt werden die Inhalte der Tradition zwar theologisch verstanden, aber doch nicht ohne Rücksicht auf die Schüler, mit denen an einem Thema gearbeitet werden soll. Die Reihenfolge, in der beide Seiten der **Elementarisierung** betrachtet werden, bedeutet also keine Wertung. Der Anfang bei der einen setzt die andere bereits voraus und umgekehrt."[39]

Haltepunkt 5: Unterrichtsvorbereitung als Elementarisierungsprozess
Bei der Suche nach einem bedeutsamen Thema und nach thematischen Aspekten, die für die Schüler/-innen wichtig sind, geht es ebenso wie in dem weiteren Prozess der Vorbereitung von Unterricht darum, „ob und wie die religiöse Entwicklung der Kinder und Jugendlichen im Unterricht wahrgenommen werden und wie sie im Prozess von Unterricht Aufnahme finden kann." Die Religionspädagogen FRIEDRICH SCHWEITZER, KARL ERNST NIPKOW und BERND KRUPKA sowie die Pädagogin GABRIELE FAUST-STEHL knüpfen an die bildungstheoretische Didaktik an[40] und beschreiben **Elementarisierung** als (religions)didaktische Aufgabe der Verschränkung zweier Ebenen. „Es geht der Elementarisierung mithin durchaus sehr um die Sache, aber ebenso um die Personen, die Kinder und Jugendlichen, und zwar nicht beides für sich genommen, sondern eben im Prozess der Aneignung, Verbindung, wechselseitigen Erschließung" (ebd., 25). Unterrichtsvorbereitung als didaktischer Entscheidungsprozess gewinnt in der Auseinandersetzung mit vier Suchperspektiven ihre Konturen: in der Auseinandersetzung mit elementaren Strukturen, mit elementaren Wahrheiten, elementaren Erfahrungen und elementaren Zugängen.
Als **elementare Strukturen** bezeichnen die Autoren „charakteristische und konstitutive" Elemente biblischer Texte, die durch „sach- und textgemäße Konzentration" gewonnen werden können" (ebd., 28). Unter **elementare[n] Wahrheiten** verstehen sie elementare christliche Glaubenserfahrungen, in denen sich „das gewissmachende Wahre" (ebd.) verdichtet wieder finden lässt. Indem die Schüler/-innen an diesen Wahrheitsansprüchen eigene Glaubensvorstellungen messen und entwickeln lernen, gewinnt der „Streit um gewissmachende Wahrheit" (ebd.) an Substanz und an Tiefe.[41]
Bei der Dimension der **elementare[n] Erfahrungen** geht es um die Frage nach Berührungspunkten, die zwischen den alltagsweltlichen Erfahrungen der Schüler/

-innen und den Erfahrungen bestehen könnten, die den Geschichten der biblischen Überlieferung zugrunde liegen. Mit dieser Dimension wird nach einer didaktischen Verschränkung von gegenwärtigen und überlieferten Erfahrungen gesucht, um den Schüler/-innen neue Anstöße oder Einsichten zu ermöglichen. Ob die Schüler/-innen neue Einsichten gewinnen können, hängt auch von ihrer psychosozialen Entwicklung ab. „Einerseits werden vom Kind individuelle Voraussetzungen mitgebracht, andererseits werden sie durch den Unterricht herausgefordert. Ein guter Unterricht beachtet beides: Er versucht wahrzunehmen, wie die Kinder reagieren, und er bemüht sich, falls die Kinder lediglich immer wieder das Neue an ihre alten Strukturen assimilieren, sie ohne Überforderung zu provozieren“ (29f). Mit der Frage nach dem „zeitlich Angemessene(n)“ (31) ermöglicht die Suche nach **elementare[n] Zugänge[n]** im Prozess der Unterrichtsplanung eine Berücksichtigung entwicklungsbedingter lebensgeschichtlicher Verstehensvoraussetzungen der Schüler/-innen (vgl. dazu ausführlicher S. 177ff).

Die Suche nach wichtigen Aspekten eines Themas ist Teil eines Elementarisierungsprozesses, in dessen Verlauf die „elementaren Erfahrungen“ und „elementaren Zugänge“ von Kindern und Jugendlichen maßgeblichen Einfluss auf die inhaltliche Arbeit gewinnen. Ansätze eines solchen Denkens sind in den didaktischen Überlegungen zu dem o.a. Unterrichtsentwurf zu finden. Der Lehrer zeigt die Bereitschaft, die Kritik der Jugendlichen ernst zu nehmen und vertraute Inhalte durch ihre Brille in anderem Licht zu sehen. Er verzichtet nicht auf einen Inhalt, wenn dieser auf Ablehnung stößt, sondern fragt nach Gründen, die diese Ablehnung hervorgerufen haben könnten. Aus dem Gesamtzusammenhang seiner Planung wird erkennbar, dass er als Berufsschullehrer darauf bedacht ist, elementare Erfahrungen seiner Schüler/-innen, wie die Suche nach einem Platz in Arbeitswelt und Gesellschaft, wahrzunehmen und mögliche Ängste, die darum kreisen könnten, selbst ins berufliche und gesellschaftliche Abseits zu geraten, bei ihnen nicht noch zu verstärken. Er ist weiterhin darauf bedacht, die elementaren Zugänge erfahrungsbezogen, dialogisch und diskursiv anzulegen und den sich in diesem Lebensalter weiter ausdifferenzierenden intellektuellen Fähigkeiten und Bedürfnissen Rechnung zu tragen. In seiner Unterrichtsvorbereitung wird Wert darauf gelegt, den Schüler/-innen Gelegenheit zu geben, über das in ihren Köpfen verfestigte traditionelle Jesus-Bild nachzudenken und sie dabei erfahren zu lassen, dass Distanzierung und Kritik möglich sind. Sie sollen ein Jesus-Bild entwerfen, mit dem sie sich identifizieren können, sollen sich im weiteren Verlauf mit Filmausschnitten beschäftigen, die Jesus als starken, lebendigen Menschen zeigen und sich abschließend mit der „Gemeinschaft der christlichen Motorradfahrer“ auseinander setzen, die als konkreter Bezugspunkt herangezogen werden soll für die Frage nach dem, was Menschen heute mit Nachfolge und Auferstehung verbinden.[42]

Die Suche nach wichtigen thematischen Aspekten kann als fortwährender Prozess didaktisch-hermeneutischer Auseinandersetzung mit lebensweltlichen Erfahrungen und lebensgeschichtlichen Entwicklungen der Schüler/-innen beschrieben werden. Indem ihre Individualität wahr- und ernst genommen wird, gerät auch die Heterogenität von Gruppen in den Blick. **(↘ Wegweiser 4)** Soziologische und entwicklungspsychologische Untersuchungen weiten diesen Blick durch Hinweise auf mögliche gemeinsame Strukturmerkmale sozialer und psychischer Entwicklungsprozesse.[43]

Wie Lehrer/-innen ihre Wahrnehmungen von Schüler/-innenerfahrungen in dem Prozess der Vorbereitung von Unterricht fruchtbar machen können, ist ein in der Religionsdidak-

---

Wegweiser 4: In diesem Zusammenhang sind auch Fragestellungen zu nennen, die den Entdeckungs-, den Begründungs- und den Entscheidungszusammenhang des Religionsunterrichts unter geschlechtsspezifischen Perspektiven erforschen. Für weitere Hinweise vgl. „Geschlecht und religiöses Lernen auf S. 270ff sowie LEHMANN, CHRISTINE: Heranwachsende fragen neu nach Gott. Anstöße zum Dialog zwischen Religionspädagogik und feministischer Theologie, Neukirchen-Vluyn 2003.

tik noch weitgehend unbearbeitetes Problem.[44] Anknüpfend an die Frage, wie Religionslehrer/-innen die Religion ihrer Schüler/-innen erkennen können, damit die Fragen und Erwartungen, die diese mitbringen mit dem Religionsunterricht „zusammenpassen", stellt die Religionspädagogin M. VEIT Denkprozesse zur Diskussion, die Einblicke geben können, was sich bei einer didaktisch-hermeneutischen Interpretation lebensweltlicher Erfahrungen vollzieht.[45] Durch Beobachtungen unter Kindern und Jugendlichen sowie durch Auseinandersetzung mit sozialpsychologischen Studien verschafft sich VEIT Einblicke in die **Alltagserfahrungen** der Schüler/-innen. **(↘ Wegweiser 5).** Sie bedenkt diese vor dem Hintergrund biblisch-christlicher Überlieferung und gewinnt durch theologische Interpretation verdichtete Aussagen über gesellschaftliche „Orientierungen". Darunter versteht sie kollektive Denk- und Verhaltensmuster, die eine Gesellschaft durch wirtschaftliche, politische und soziale Konstellationen hervorbringt und die sich bei ihren Mitgliedern, also auch bei Kindern und Jugendlichen, finden lassen (ebd., 3). Als Beispiele für gegenwärtige gesellschaftliche Orientierungen führt sie den Leistungsdruck des Geld-Machens, das Konsumieren, das Leitbild von Stärke und Macht oder auch die „Imagepflege auf Kosten des Personwerdens" an (5). Sie konfrontiert diese Orientierungen mit dem biblischen Menschenbild und kritisiert deren Grundtendenz als „antibiblisch" (3). Da die didaktisch-hermeneutische Interpretation lebensweltlicher Erfahrungen dazu beitragen will, dass im Religionsunterricht „die Probleme dieser Welt gesehen, angefasst und in einem gewissen Maße bewältigt werden" (7), stellt sich für VEIT die Elementarisierungsaufgabe, der „Leugnung der Personalität des Menschen, zu der die Gesellschaft tendiert", entgegenzuarbeiten (6). Sie arbeitet solche thematischen Aspekte heraus, die die Schüler/-innen die vergessenen Seiten des Menschseins entdecken lassen: „die Liebe als Eintreten füreinander, die Kraft des Vertrauens, die „Gnade" gerade als Zuwendung zum Schwachen, gerade zum angeblichen Versager ..., ja das biblische Geheimnis von der Kraft der Schwachen, deren Hoffnung und Erwartung die Welt oft mehr voranbringt als die „Leistung" der Starken" (6). Auch wenn solche Interpretationen einleuchtend sind, scheinen in ihnen doch Gefahren auf, denen didaktisch-hermeneutische Interpretationsprozesse immer ausgesetzt sind: die Gefahr der Verabsolutierung subjektiver Wahrnehmungen der Interpreten ebenso wie die Gefahr, Schüler/-innenerfahrungen für eine Vermittlung theologischer Glaubenswahrheiten zu funktionalisieren. Solche Gefahren treten besonders da auf, wo Interpretationen über die Köpfe der Schüler/-innen hinweg vorgenommen werden oder wo im Unterricht das Einverständnis im Glauben vorausgesetzt wird.
Spätestens an dieser Stelle wird deutlich, dass der geforderte Perspektivenwechsel sich nicht auf einer „Einbahnstraße" abspielen kann, auf der Lehrer/-innen die lebensweltlichen und lebensgeschichtlichen Erfahrungen ihrer Schüler/-innen klassifizierend in „Erfahrungscontainer" packen. Die Einbindung von Schüler/-innenerfahrungen in den Unterricht wäre eher in Analogie zu einem „Verkehrskreisel" zu denken, dessen Zentrum die Lerngruppe bildet. Von hier würden kommunikative Deutungsprozesse ihren Ausgang nehmen, sich in unterschiedliche Richtungen ausdifferenzieren, um anschließend wieder zusammenzufließen.

✎ Das Bild von einem „Kreisel" ist nur eines von mehreren möglichen Bildern. Diskutieren Sie darüber und überlegen Sie ggf. ein anderes Bild, um die Art und Weise der Einbindung und Deutung von Schüler/-innenerfahrungen in den Unterricht zu beschreiben!
Stellen Sie Konsequenzen zusammen, die Sie mit einem Perspektivenwechsel im Religionsunterricht in Verbindung bringen!

Wegweiser 5: Dass die Begriffe Alltagserfahrungen, lebensweltliche Erfahrungen oder Lebenswelt nicht so unproblematisch sind, wie es in dieser knappen Darstellung scheint, zeigt LENZEN, DIETER (Hg.): Pädagogik und Alltag, Stuttgart 1980.

Wann immer dies möglich ist, sollten die Schüler/-innen darin bestärkt werden, zwischen den Unterrichtsinhalten und den eigenen Erfahrungen eine Beziehung herzustellen und ihre Erfahrungen gemeinsam zu deuten. Kommunikative Deutungs- und Entscheidungsprozesse sind mehr als eine Abfrage von Interessen, Fragestellungen und Vorschlägen der Schüler/-innen, wie sie häufig zu Beginn einer Unterrichtseinheit durchgeführt wird. Schritte, die in Richtung eines solchen dialogischen Unterrichtsprozesses führen, könnten darin bestehen, den Schüler/-innen von Anfang an, ihrem Alter und ihrem Auffassungsvermögen entsprechend, die Unterrichtsvorbereitung transparent zu machen und sie an der Planung, Durchführung und Auswertung von Unterricht zu beteiligen. Dabei könnte sich eine gut strukturierte, anschauliche thematische Planungsskizze mit aufgelisteten Problemaspekten und mit methodischen Vorschlägen als hilfreich erweisen. Wenn diese während der Dauer der Erarbeitung eines Themas für alle gut sichtbar aufgehängt bliebe, wären die jeweiligen inhaltlichen und methodischen Schritte zur Erarbeitung eines Themas jederzeit nachvollziebar. In Auswertungsphasen könnten die Schüler/-innen – visuell gestützt durch die Planungsskizze – ihre Lernprozesse spiegeln, Kritik üben, neue Fragen stellen und Verbesserungsvorschläge einbringen.

Die in diesem und im vorherigen Abschnitt verfolgten Gedanken sollen nun in Form einer 2. und einer 3. Loipe ausgespurt werden.

Loipe 2: Erfahrungen, Entwicklungen und Fragen der Schüler/-innen wahrnehmen, religionspädagogisch bedenken und im Rahmen eines dialogisch angelegten Unterrichtsprozesses verlebendigen

Loipe 3: Unterrichtsvorbereitung und -planung für die Schüler/-innen nachvollziehbar und mitgestaltbar machen

1.3.4 Wie bereite ich mich sach- und fachgerecht auf ein Thema vor?

Bisher haben wir die eine Seite des Elementarisierungsprozesses betrachtet: die der Schüler/-innen. Diese spielt für die Themenfindung und die Auswahl thematischer Aspekte eine zentrale Rolle. Nun ist aber Didaktik „nicht die Lehre davon, wie man etwas lehrt, von dem man nichts versteht.“[46] Um ein Thema inhaltlich fundiert mit den Schüler/-innen bearbeiten zu können, müssen sich Lehrer/-innen im Rahmen ihrer Unterrichtsvorbereitung die sachlichen und fachlichen Grundlagen für das eigene Verstehen erschließen. Elemente dieses Erschließungsprozesses sollen in diesem Abschnitt am Beispiel des Themas „Ein Haus ist mehr als ein Haus“ symboldidaktisch bedacht werden. **(↘ Wegweiser 6)**

✎ Stellen Sie sich verschiedene Häuser vor. Welche Bilder tauchen auf? Überlegen Sie, welche prägenden Erlebnisse für Sie mit dem Haus verknüpft sind!
Versuchen Sie, sich mit Hilfe einer Mindmap klar zu machen, welche Aspekte zu „Haus“ von den Schüler/-innen genannt werden könnten und welche darüber hinaus von Bedeutung sein könnten![47]
Stellen Sie zusammen, welche Grundlagen Ihnen fehlen, um das Thema im Religionsunterricht der Sek. I zu unterrichten und wie Sie sich diese erarbeiten würden !

Wegweiser 6: Zur Arbeit mit Symbolen haben die Beiträge von PETER BIEHL zentrale Impulse gegeben. Vgl. dazu: Symbole geben zu lernen. Einführung in die Symboldidaktik anhand der Symbole Hand, Haus und Weg, Neukirchen-Vluyn 1989; ders.: Symbole geben zu lernen II. Zum Beispiel: Brot, Wasser und Kreuz. Beiträge zur Symbol- und Sakramentendidaktik, Neukirchen-Vluyn 1993, ders., Festsymbole. Zum Beispiel: Ostern. Kreative Wahrnehmung als Ort der Symboldidaktik, Neukirchen-Vluyn 1999. Den Unterrichtseinheiten in diesen Bänden geht jeweils eine fundierte Sachanalyse voraus. Die Formulierung der Themen selbst erscheint vor dem Hintergrund vorausgegangener Überlegungen jedoch zu wenig schüler/-innenorientiert.

Sie werden vielleicht zusammengetragen haben, dass die Schüler/-innen **unterschiedliche** Erfahrungen mit Wohnen machen (**sozialer Aspekt**) oder dass sie in einem Alter sind, in dem Konflikte entstehen auf Grund der Spannung zwischen dem Wunsch nach Geborgenheit einerseits und dem Wunsch nach Ablösung andererseits (**entwicklungspsychologischer Aspekt**). Sie könnten zusammengetragen haben, dass sich in dem Symbol Haus Bedürfnisse nach Geborgenheit und Zuhausesein spiegeln, die zu den Grunderfahrungen des Menschen gehören (**anthropologischer Aspekt**) oder auch dass Menschen in verschiedenen Kulturen dieses Grundbedürfnis auf unterschiedliche Weise zum Ausdruck bringen (**historischer, geographischer und kultureller Aspekt**) und dass Menschen aller Kulturen sich Orte gegeben haben, an denen sie ihre religiösen Erfahrungen zum Ausdruck bringen konnten (**religiöser Aspekt**). Weiterhin könnte genannt werden, dass die Vorstellungen in der Bibel über das Wohnen Gottes bei den Menschen sich im Laufe der historischen Entwicklung gewandelt haben (**biblischer Aspekt**), dass die Vorstellungen der Schüler/-innen, wie sie später einmal wohnen möchten, etwas über ihre Sehnsüchte und Hoffnungen aussagen (**religiöser Aspekt**) und dass der Wunsch nach Beheimatung über das Bestehende hinausweist (**theologischer Aspekt**). Mit einer Sammlung solcher Aspekte kreisen Sie das Thema aus verschiedenen Perspektiven sachlich ein und werfen sowohl fachspezifische als auch solche Fragestellungen auf, die benachbarte Wissenschaften berühren. Dass dieser Schritt notwendig ist, „um unangemessene Verkürzungen zu vermeiden", betont der Religionspädagoge GODWIN LÄMMERMANN: „Religionslehrer stehen nämlich allzu leicht in der Gefahr, soziale und politische Probleme vorschnell durch die theologische Brille zu betrachten."[48]
Um das eigene Wissen zu den einzelnen Aspekten zu ergänzen, zu vertiefen und es in Hinblick auf die Fragen und Erfahrungen der Schüler/-innen neu zu ordnen, werten Sie nun im Rahmen Ihrer Vorbereitung wissenschaftliche Texte aus.

Haltepunkt 6: Zur Bedeutung der Sachanalyse im Rahmen der Unterrichtsvorbereitung

Dass die Auseinandersetzung mit der „Sachstruktur" eines Gegenstandes einen unverzichtbaren Bestandteil der Unterrichtsvorbereitung darstellt, ist in der didaktischen Diskussion unumstritten. Einer **Sachanalyse** kommt die Aufgabe zu, wichtige sachliche und fachliche Grundlagen zu klären, inhaltlich wesentliche Gesichtspunkte herauszuarbeiten, eine Grundlage für didaktische Entscheidungen zu liefern bzw. didaktische Entscheidungen abzusichern und fachliche Voraussetzungen zu schaffen für einen dialogischen Unterrichtsprozess, in den die Schüler/-innen und – wo dieses sinnvoll scheint – Kolleginnen und Kollegen anderer Fächer einbezogen sind.
Die Frage, an welcher Stelle des Vorbereitungsprozesses die Sachanalyse sinnvollerweise zu erfolgen hat, wird unterschiedlich beantwortet. Sie ist sowohl vor den didaktischen Überlegungen, im Anschluss daran oder auch als Unterpunkt zu diesen zu finden. Will sie Bezug auf die Fragen, Wahrnehmungen und Erfahrungen der Schüler/-innen nehmen, kann es bei der Unterrichtsvorbereitung keine *reine* Sachanalyse geben. „Die Klärung der fachwissenschaftlichen Grundlagen des Unterrichtsthemas muss vielmehr von Anfang an in einen didaktisch-methodischen Argumentationszusammenhang eingebunden sein."[49]
Fragen zur Ermittlung der Sachstruktur eines Gegenstandes stellen sich für jedes Unterrichtsfach anders. NIPKOW versteht den „Pol der Sachverhalte" als die andere Seite des Elementarisierungsprozesses.[50] Zur Ermittlung der **elementaren Strukturen**, d.h. charakteristischer und konstitutiver Handlungs-, Sprach- und Bedeutungselemente seien exegetische, historische, systematische, empirische und ideologiekritische Analysen erforderlich, die im Horizont elementarer (Glaubens-)erfahrungen vorgenommen werden sollten (ebd., 181–182). Die zweite Suchperspektive in Bezug auf die Sache stellt für ihn die **Frage nach den elementaren Wahrheiten** dar. Dazu ist

zu fragen, welche Botschaft in einer Sache verdichtet zum Ausdruck kommt, und wie diese vor dem Hintergrund des Gesamtzusammenhangs biblisch-christlicher Überlieferung zu bewerten ist, d.h. ob sie als grundlegend (elementar) angesehen werden kann. Als Anhaltspunkte für diese Suchperspektive schlägt NIPKOW folgendes Vorgehen vor: „Machen Sie sich klar, ob der Unterrichtsinhalt für Sie selbst einen existenziell wichtigen Punkt enthält, bei dem für Sie die Wahrheitsfrage aktuell wird! Überlegen Sie, wie die Schüler/-innen urteilen werden! Suchen Sie Antworten möglichst gemeinsam mit der Klasse und in Anhalt an dem, was der Unterrichtsinhalt von sich aus sagen will, bevor Sie subjektiv Stellung nehmen“ (ebd.).

Der Frage, welche Schritte eine Sachanalyse zu durchlaufen hat, wird in der religionsdidaktischer Grundlagenliteratur wenig Beachtung geschenkt. LÄMMERMANN formuliert – bezogen auf einen biblischen Inhalt – exemplarisch exegetische Schritte, die unter Hinzuziehung von Fachliteratur vorzunehmen sind: „a) Abgrenzung des Textes, b) Strukturierung des Textes (Gliederung), c) Textkritik (Vergleich verschiedener Übersetzungen), d) traditionsgeschichtliche Überlegungen, e) Gattungskritik, f) Versexegese, g) Bestimmung des Skopus des Textes, h) Einordnung des Skopus in die Gesamttheologie des jeweiligen Autors und der Biblischen Theologie (vgl. dazu kritisch S. 161ff; besonders 167f). Diese explizit exegetischen Überlegungen sind danach durch systematisch-theologische zu ergänzen, um den Gegenwartsbezug theologisch abzuklären. Zu diesem Zweck ist zu fragen, welcher Grundgedanke des Textes mit welchen dogmatischen oder ethischen Sachverhalten in Verbindung zu bringen ist. Hierbei bezieht man sich dann auf theologiegeschichtlich wichtige Grundpositionen einerseits und auf die aktuelle theologische Debatte andererseits.“[51]
Bei den von LÄMMERMANN vorgeschlagenen exegetischen Schritten werden weder die Perspektive der Schüler/-innen noch der Lehrer/-innen-Fokus mit bedacht. Spätestens bei der Auseinandersetzung mit theologischen Grundpositionen sowie mit aktuellen theologischen Fragen kommen eigene Erfahrungen ins Spiel. Um die Sachanalyse nicht an den Schülerinnen und Schülern vorbei zu entwerfen und die Arbeit mit biblischen Texten für neue Entdeckungen zu öffnen, sind mögliche Erfahrungen der Schüler/-innen ebenso wie der Lehrer/-innenfokus in den Prozess des hermeneutischen Verstehens einzubeziehen.[52] Mit Fragen nach „eigenen Erinnerungen, Erlebnissen, Erfahrungen, Einsichten und Auffassungen“, die durch den Text angesprochen werden, stellt NOORMANN eine Beziehung zwischen dem biblischen Text und der Lebens- und Erfahrungswelt des Lesers her. Zur Auslegung neutestamentlicher Texte unterscheidet er zwischen einer **assoziativen Annäherung** (der Text in *meiner* Lebens- und Erfahrungswelt), **einer wissenschaftlichen Annäherung** (der Text in *seinem* historischen Lebenszusammenhang) und der Ebene **verstehendes Übersetzen, übersetzendes Verstehen** (der Text in *unserem heutigen Leben* im Spiegel seiner geschichtlichen Bedeutung und Deutung).[53]
In die Auseinandersetzung mit diesen drei Ebenen können die verschiedenen exegetischen Methoden in unterschiedlicher Weise eingebracht werden. Kriterium ihrer Anwendung kann nicht ein Vollständigkeitsanspruch sein, sondern die Frage, ob und inwieweit sie zur Erhellung der Sache beitragen.
Bei einem problemorientierten Inhalt können Sie sich die verschiedenen Aspekte mit Hilfe einer Mind-map vergegenwärtigen. Dann können Sie versuchen, das Problem einem entsprechenden systematisch-theologischen Kontext zuzuordnen und zu ermitteln, „von welcher theologischen Disziplin und welchem theologischen Grundgedanken her mögliche Antworten auf das lebensweltliche Problem gegeben werden können.“[54] Wichtig wäre dabei, dass Sie verschiedene Antwortmöglichkeiten bedenken und sich neuen Sichtweisen nicht verschließen.[55]

Anhand der sachanalytischen Schritte von BIEHL zum Symbol *Haus* können Sie sich nun die in Haltepunkt 6 dargelegten Gedanken an einem Beispiel vergegenwärtigen. BIEHL setzt sich im Rahmen seiner Sachanalyse zunächst mit philosophischem Denken auseinander, da er hier Überlegungen zur räumlichen Verfassung des menschlichen Daseins findet. Diese konzentriert er zu der **Grunderfahrung**: „Der Mensch verwirklicht sein Leben in der Bindung an Raum und Zeit."[56] Sein **Rückgriff auf philosophisches Denken** erhellt die **Ursprungsbedeutung** des Wortes *wohnen*. Dieses beinhaltet immer schon mehr als nur räumliche Bindung und ist von seiner historischen Entstehung eng mit Tätigkeiten wie „hegen", „pflegen", „bewahren" oder „im Frieden bleiben" verknüpft. „Da der Friede, in dem man wohnt, mit der Umfriedung des Wohnbereichs zusammenhängt, bedarf es der schützenden Mauern und des Daches. Daher verdichtet sich das Problem des Wohnens zu dem des Hauses" (74). Nachdem er den philosophischen Denkhorizont abgesteckt hat, stellt BIEHL **Überlegungen zur anthropologischen und religiösen Bedeutung** des Hauses an. Auch wenn der Mensch als weltoffenes Wesen auf keinen bestimmten Ort der Welt und auf keine spezifische Lebensweise festgelegt ist, bedarf er wohl der Behausung, um sein Leben zu verwirklichen. Dass er dennoch immer wieder über jede erreichte Stufe der Lebensverwirklichung hinausdrängt, kann als eine Wurzel religiösen Lebens angesehen werden. In der **historischen Entwicklung** kommt dem Haus früh eine religiöse Bedeutung zu, da es mit allen entscheidenden Stadien des Lebens eng verbunden ist und als Stätte der Geburt und des Todes die Menschen mit dem Unverfügbaren konfrontiert.[57] „Der religiöse Mensch konnte nur in einem Raum leben, der nach oben „offen" und in dem diese Durchbrechung durch Symbole gesichert war" (75). Aus anthropologischer Sicht gibt es eine Stufenfolge von Wohnungen: Ei, Nest, Haus, Heimat, All. Daran zeigt sich, dass „ das Wohnen und das Wandern, das In-sich-Ruhen und das Transzendieren" in einem dialektischen Zusammenhang stehen. BIEHL zählt es zur Aufgabe des erwachsenen Menschen, „die Erstarrung in einem festen Gehäuse zu überwinden; der Erwachsene muss seinen letzten Grund finden, um wieder aufbrechen und weiterreichende Erfahrungen machen zu können."

Nun verfolgt BIEHL die Bedeutung von *wohnen* und *Haus* **in der biblischen Überlieferung** und arbeitet heraus, wie aus der „Religion des Weges" eine „Religion des Ortes" wurde (76-77). Jesus wiederum nahm die Institution des Hauses in Anspruch, stellte sie aber auch grundsätzlich in Frage (77). Dies führte dazu, dass „für die christlichen Gemeinden nicht mehr der Tempel, sondern die Gemeinde Wohnstatt des Geistes" wurde (78). „Das Haus ist im Neuen Testament ein echtes Symbol, das das Gottesverhältnis der christlichen Gemeinde repräsentiert" (78). Die Stadt wiederum wird im Zweiten Testament zum Symbol, „auf die sich die Hoffnung von Erfüllung richtet", da sich das Symbol des Hauses für diese Hoffnung als zu klein erweist. Abschließend stellt BIEHL Überlegungen über die Bedeutung an, die dem **Symbol *Haus* in der gegenwärtigen Theologie** zukommt. Er lehnt sich an die theologischen Überlegungen JÜRGEN MOLTMANNs an, der Schöpfungstheologie als Lehre von der Erschaffung des Hauses (*oikos*) versteht, „dem Gott mittels seines Geistes ‚einwohnt'" (79). Diese **Leitidee** MOLTMANNs konkretisiert er auf zweierlei Weise. Zum Ersten grenzt er den Raum gegenüber einem reinen Nutzwertinteresse ab und qualifiziert ihn als Lebensraum, den es zu schonen, zu befrieden und unter Berücksichtigung der Interessen alles Lebendigen für weitere Entwicklungen offen zu halten gilt (79). Zum Zweiten arbeitet er heraus, dass die Natur erst zur Heimat wird, wenn der Mensch in ihr wohnen und bleiben kann. Da die Frage, „ob die Natur auch für kommende Generationen bewohnbare Heimat bleibt", zu einer entscheidenden Frage des Überlebens geworden ist, müssen wir „erst wieder lernen, auf dieser Erde zu wohnen, bevor wir sie angemessen bebauen und bearbeiten können" (80). Die theologische Sicht MOLTMANNs konzentriert BIEHL in dem Satz, dass „das Haus Symbol der von Gott bewohnten und für uns bewohnbaren Welt" ist (ebd.).

✎ Vergegenwärtigen Sie sich noch einmal die Schritte, mit Hilfe derer BIEHL das Symbol Haus erschließt, und fügen Sie seine Leitgedanken zu den entsprechenden Aspekten auf der Mind-map hinzu!
Überlegen Sie, wo sich durch die Erarbeitung sachlicher und fachlicher Grundlagen die individuellen Voraussetzungen zum Unterrichten dieses Themas verbessern!

Natürlich kann man sich auch in Lehrer/-innenhandbüchern über die sachlichen und fachlichen Aspekte eines Themas informieren. Darüber hinaus gilt es jedoch, sowohl Fachliteratur als auch Fragerichtungen zu kennen, die es ermöglichen, eigenständig eine Sachanalyse durchzuführen oder die Qualität einer Sachanalyse zu beurteilen.
BIEHL erschließt das Thema mit Hilfe **philosophischer**, **religionswissenschaftlicher**, **anthropologischer**, **biblisch-theologischer** und **systematisch-theologischer** Literatur. Bei seiner Auswertung arbeitet er **Grundbegriffe**, **Grunderfahrungen** und **Grundthesen** zu den verschiedenen fachspezifischen Aspekten des Themas heraus, die diese inhaltlich strukturieren und eine Ausgangsbasis für die weitere fachliche Durchdringung darstellen. Der **theologische Denkhorizont** lenkt die Aufmerksamkeit auf „Vergewisserungsproblem(e) im Streit um gewissmachende Wahrheit“[58], indem er zu Fragen herausfordert, wie wir unseren Lebensraum behandeln oder was es bedeuten könnte, erst wieder zu lernen, auf dieser Erde zu wohnen. Damit werden Möglichkeiten für „persönlich relevantes Lernen“ an „kognitiven Konflikten“ eröffnet (ebd. 180).

Der so durch die Sachanalyse gewonnene Interpretationsrahmen erleichtert nun die Zuordnung, Prüfung und Einschätzung von Informationen und Medien, die für den Unterrichtsprozess von Bedeutung sein könnten. Die sach- und fachgerechte Erarbeitung eines Themas besteht in erster Linie nicht aus einer Sammlung möglichst vieler Medien aus den verschiedensten Bereichen, sondern darin, bedeutsame **fachspezifische Aspekte eines Themas** inhaltlich zu durchdringen und ein gedankliches Gitter zu erarbeiten, das Orientierung ermöglicht und das ausbau- und veränderbar ist. Damit werden die Voraussetzungen geschaffen, im Unterricht fachkompetent zu agieren und mit solchen Kolleginnen und Kollegen zu kooperieren, die für die Schüler/-innen das Thema aus der Sicht anderer Fächer bereichern können.[59]
Nun verzeichnen wir auf der didaktischen Landkarte eine weitere Loipe.

Loipe 4: An der eigenen Sach- und Fachkompetenz arbeiten und diese durch Zusammenarbeit – auch mit fachfremden Kolleginnen und Kollegen – der Bewährung aussetzen.

1.3.5 Wie ermittle ich Unterrichtsziele?

Unterrichtsziele sind didaktische Entscheidungen, die Folgerungen über die Zielrichtung von Lernprozessen zum Inhalt haben. Werden sie vor dem Hintergrund von Überlegungen zu den vier Frageperspektiven des Elementarisierungsprozesses gewonnen, sind gute Voraussetzungen dafür geschaffen, in der Zielformulierung sowohl die „Anliegen der Schüler/-innen“ als auch die der Sache angemessen zur Geltung zu bringen. So gewonnene Unterrichtsziele sind auf eine konkrete Schul- und Klassensituation bezogen und können für alle am Lernprozess Beteiligten transparent machen, worauf ihre Anstrengungen und die Mühen des Lernens hinauslaufen sollen. Im Folgenden knüpfen wir noch einmal an BIEHL an, um anhand von Zielen, die er in Zusammenhang mit Überlegungen zum Symbol Haus formuliert, darüber nachzudenken, welche Bedeutung den Unterrichtszielen im Rahmen der Unterrichtsvorbereitung zukommt.

✐ Versuchen Sie, selbst Unterrichtsziele zum Symbol *Haus* zu formulieren! Greifen Sie dabei auf die Sachanalyse von BIEHL sowie auf eigene Erfahrungen zurück. Versuchen Sie, diese Unterrichtsziele nach Erkenntnissen, Fähigkeiten und Fertigkeiten zu ordnen!

BIEHL bietet drei Alternativen für „Rahmenziele" an, entlang derer – je nach Klassensituation, Interesse und Entwicklungsstand der Schüler/-innen – Schwerpunkte gesetzt werden können.[60]

- So können die Schüler/-innen sich z.B. im Rahmen eines Spiels „Wenn ich ein Haus wäre, wäre ich gern ..., weil ...", in ein Haus hineinversetzen, eigene Vorstellungen und Wünsche verbalisieren und Gründe für diese Vorstellungen und Wünsche benennen;
- sie können anhand einer selbst verfassten Geschichte mit dem Schlusssatz: „... da sah ich plötzlich in der Ferne ein Haus mit einem erleuchteten Fenster und lief darauf zu", die positive Bedeutung des Hauses erkennen,
- oder sie können anhand eigener Bilder die ambivalenten Erfahrungen mit dem Haus und dem Nachhausekommen verbalisieren.

In den hier genannten Zielen kommt das Bemühen zum Ausdruck, die Schüler/-innen in den Mittelpunkt des Unterrichts zu stellen und sie in der Auseinandersetzung mit dem Thema klarere Vorstellungen über eigene Erfahrungen und Gefühle gewinnen zu lassen. Doch BIEHL bleibt nicht dabei stehen, sondern versucht darüber hinaus, dem Lernprozess durch kreative Auseinandersetzung mit Inhalten biblisch-christlicher Überlieferung eine neue Qualität zu verleihen.
Im Umgang mit Lk 15,11–24 (Gleichnis vom verlorenen Sohn)

- können die Schüler/-innen Erfahrungen und neue Möglichkeiten des Nachhausekommens durchspielen und bedenken,
- können sie mit Hilfe von literarischen und biblischen Texten, Gemälden, Fotos und anderen Medien herausarbeiten, was zu einem wirklichen, authentischen Zuhause-Sein gehört,
- können sie biblische Hoffnungsbilder (z.B. Joh 14, 1–3; Offb 21, 9ff) interpretieren sowie deren Bedeutung für Leidenssituationen erkennen.

Haltepunkt 7: Zur Problematik von Unterrichtszielen
In der didaktischen Diskussion wird zwischen verschiedenen Ebenen von Unterrichtszielen sowie zwischen verschiedenen Dimensionen unterschieden. **Globalziele** umschreiben Kompetenzen, die auf den Prämissen des Grundgesetzes, der Landesverfassung und des Schulgesetzes aufbauen und als übergeordnete Ziele für jede Unterrichtsstunde gelten.[61] So beschreibt BIEHL es als Globalziel des Religionsunterrichts, durch Entfaltung der religiösen und sozialethischen Dimension von Bildung den Prozess der Subjektwerdung des Menschen, d.h. die Entwicklung zu einem erfahrungs- und handlungsfähigen Subjekt in Individualität, Sozialität und Mitgeschöpflichkeit zu unterstützen.[62] **Rahmenziele** oder auch **Grobziele** sind den Globalzielen untergeordnet und beschreiben auf mittlerem Abstraktionsniveau Kompetenzen, die im Rahmen einer Unterrichtseinheit bzw. Unterrichtsstunde erworben werden können. **Feinziele** schließlich können als konkrete, eindeutig formulierte Teilziele verstanden werden, die dabei helfen wollen, das Rahmenziel einer Unterrichtsstunde zu erreichen. Dass Lernergebnisse durch unterschiedliche Formen der Auseinandersetzung mit einem Unterrichtsgegenstand erzielt werden, wird deutlich, wenn wir versuchen, Ziele nach formalen Kriterien zu ordnen. Eine grobe Unterscheidung ist die zwischen kognitiven, affektiven und psychomotorischen Zielen. **Kognitive Ziele** sind auf intellektuelle Fähigkeiten wie Denken, Wissen, Problemlösen bezogen, **affektive Ziele** auf

die Verinnerlichung von Werthaltungen, Einstellungen, Interessen und **psychomotorische Ziele** auf motorische und manuelle Fähigkeiten wie Nachahmung und Beherrschung von Bewegungsfolgen und Handlungsabläufen.[63] Auch wenn es sich hierbei um eine analytische Unterscheidung handelt und es für die Schüler/-innen immer nur einen Lernprozess gibt, in dem Lernziele aller drei Dimensionen miteinander verschränkt sind[64], hilft eine Unterscheidung zwischen Zieldimensionen dabei, Unterricht so zu planen, dass Kopf, Hand und Herz an der Erarbeitung von Themen beteiligt werden.

In der didaktischen Diskussion hat sich der Begriff Lernziel durchgesetzt, ist aber nicht unumstritten. JANK/MEYER definieren ein **Lernziel** als die „sprachlich artikulierte Vorstellung von der durch Unterricht (oder andere Lehrveranstaltungen) zu bewirkenden gewünschten Verhaltensdisposition eines Lernenden."[65] Mit dem Begriff der „Verhaltensdisposition" zeigen sie, dass „Lernziele immer Interpretationen und Zusammenfassungen von nur teilweise beobachtbaren Verhaltensäußerungen sind" (ebd.). MEYER wendet ein, dass Lernziele eigentlich **Lehrziele** seien, weil sie von den Lehrer/-innen vorgegeben werden. Sie werden erst zu Lernzielen, wenn die Schüler/-innen sich diese zu Eigen machen.[66] In der religionsdidaktischen Diskussion werden ferner die Begriffe Unterrichtsintention bzw. -absicht oder auch **Lernchance** verwendet. SCHWEITZER/NIPKOW sprechen sich für Verwendung des Begriffes **Unterrichtsintention** aus, da sie den Lernzielbegriff belastet sehen durch ein auf Belehrung und Effizienz ausgerichtetes Lernverständnis während der Phase der Lernzielorientierung der 1960er und 1970er Jahre.[67] BERG zieht den Begriff der Lernchance dem der Lernziele vor: „Wer Lernziele festsetzt, gibt vor, dass er die „Sache" schon hat und nun ihre Bedeutung für den Lernprozess bestimmt ... „Lernchancen" setzen dagegen voraus, dass der, der einen Lernprozess anzustoßen hat, zunächst einmal für sich selbst sucht und wahrnimmt, welche Chancen für das Menschsein und Christsein die Bibel bereithält; erst dann kann er versuchen, diese als Lernchancen für die Lernenden zu begreifen. Er kann überlegen, was den Schülern an der Bibel aufgehen könnte und sich vornehmen, die jungen Leute in ein Gespräch mit dem Gegenstand zu bringen, in dem offen bleibt, ob, mit welchem Ergebnis und auf welche Weise genau dieser Prozess in Gang kommt und verläuft."[68] Lernziele konzentrieren die Aufmerksamkeit auf die „Erweisbarkeit bzw. die Überprüfbarkeit" von Lernprozessen: „Wie, an welchen erworbenen Fähigkeiten, welchen Erkenntnissen, welchen Handlungsformen, welchen „Leistungen" im weiteren Sinn des Wortes soll sich zeigen und soll beurteilt werden, ob die angestrebten Lernprozesse bzw. Zwischenschritte als erfolgreich gelten können?"[69]

In diesem Abriss wurde der von SCHULZ verwendete Begriff **Unterrichtsziele**[70] übernommen, da er eindeutiger als der Begriff „Lernziele" ist. Er verschleiert nicht, dass es sich um Ziele der Lehrer/-innen handelt und suggeriert keine Interessengleichheit zwischen den Zielen der Schüler/-innen und denen der Lehrer/-innen. Bei der Planung von Phasen selbst gesteuerten Lernens bringt allerdings der Begriff **Lernchancen** besser die pädagogische Intention zum Ausdruck, die Schüler/-innen, in selbstständiger Auseinandersetzung mit einer Fragestellung und mit ausgewählten Medien Erkenntnisse, Fähigkeiten und Fertigkeiten gewinnen zu lassen.

Der Inhalts- und der Verhaltensteil, aus dem Unterrichtsziele sich zusammensetzen, sind in BIEHLs Zielformulierungen gut zu unterscheiden. Seine Unterrichtsziele lassen das Bemühen erkennen, neben kognitiven auch affektive Verhaltensweisen wie Wahrnehmungsfähigkeit, Fantasie und Selbstreflexivität anzubahnen. Mit der Ausweisung als „Rahmenziele" macht BIEHL deutlich, dass für die Lehrer/-innen die Aufgabe noch aussteht, diese durch Aufstellung von Feinzielen auf ihre Schüler/-innengruppen zuzuschneiden. Unterrichtsziele schützen davor, Inhalte, Methoden oder Medien um ihrer selbst Willen einzusetzen, und helfen dabei, eine Sache – auf eine konkrete Schüler/-innengruppe bezo-

gen – inhaltlich zu strukturieren und zu präzisieren. Sie machen inhaltliche Schwerpunkte transparent und erleichtern es den Schüler/-innen, sich mit ihren Lehrer/-innen über Sinn und Bedeutung eines Themas sowie über die Begründung inhaltlicher Aspekte zu verständigen. Dass Unterrichtsziele auch dabei helfen können, mit Kolleginnen und Kollegen über fachspezifische Ziele, inhaltliche Berührungspunkte und Möglichkeiten der Zusammenarbeit ins Gespräch zu kommen, möchte ein Vergleich zwischen Zielen für den Religions- und für den Ethikunterricht zeigen.
Das Schulbuch *Ich bin gefragt*[71] bietet sich für einen solchen Vergleich an, weil es unter dem Thema *Unsere Erde – mein Planet* ein umfangreiches Kapitel zu Fragen enthält, wie sie von BIEHL zum Symbol *Haus* angestoßen werden. Den fünf Teilen dieses Kapitels können folgende Unterrichtsziele zugeordnet werden.
Die Schüler/-innen sollen:

- Mühlen als Symbole für einen verantwortungsvollen Umgang mit der Natur kennen lernen und nach Kräften und Gaben der Natur fragen lernen,
- verschiedene Geschichten „über die Entstehung von Wärme, Licht, Fröhlichkeit und über die Verbindung von Tier und Mensch" kennen lernen[72] und erkennen, dass sich in den Schöpfungsgeschichten von Juden und Christen der Schöpfergott als planvoll Handelnder erweist, der sein Schöpfungswerk als für sehr gut befinden konnte,[73]
- erkennen, dass die Menschen im Laufe der geschichtlichen Entwicklung immer schon nach den Geheimnissen der Erde gefragt und sich darüber Gedanken gemacht haben, wie sie miteinander und mit der Natur umgehen sollen,
- erkennen, dass die Menschheit heute vor großen Problemen und Herausforderungen steht und wir vor die Frage gestellt sind, was wir angesichts der Zerstörung der Menschen-, Tier- und Pflanzenwelt denken und tun sollen[74],
- sich in andere Lebewesen (Menschen, Tiere und Pflanzen) hinein versetzen und erkennen, dass die Kinder der Erde zusammenhalten müssen, um „das Leben, die Freude, die Schönheit auf unserem Planeten" zu erhalten,[75]
- anhand eines Projekts „Kinderstadt 2002" eigene Vorstellungen von einem friedlichen Zusammenleben zwischen Menschen, Tieren und Pflanzen entwickeln.[76]

Vergleicht man diese Unterrichtsziele mit denen des Religionsunterrichts, so liegt in dem Ethikbuch der Schwerpunkt auf einer Ermutigung zu engagiertem Handeln angesichts drohender Umweltgefährdungen. Es konzentriert sich auf menschliche Tatkraft und Lösungsvorschläge zur verantwortlichen Gestaltung des Zusammenlebens auf unserer Erde und stellt die Schöpfungsgeschichten verschiedener Religionen (von australischen Ureinwohnern, Hindus, Juden, Christen und Muslimen) wertschätzend nacheinander vor. Im Fortgang des Kapitels erfahren die Schüler/-innen, dass der Zuwachs an naturwissenschaftlichen Erkenntnissen einerseits und die Schöpfungsgeschichten der Völker andererseits nicht als einander widersprechende Gegensätze verstanden werden sollten. Alles menschliche Denken und Tun wird – durch die Jahrhunderte hindurch und über den Globus hinweg – als Bestreben gedeutet, in und mit der Natur zu überleben und zusammenzuleben: „Es entstand ein Schatz an Sinnbildern, Überlegungen und Theorien. Er muss immer wieder neu bedacht, und er muss erweitert werden. Alle Erfahrung der Menschheit wird gebraucht, damit wir zu sechs Milliarden Menschen auf der Erde und mit ihr zusammen leben können" (159). Vor diesem Denkhorizont, der keinerlei Transzendenzbezüge mehr aufweist und dessen zentrale Topoi Selbstvertrauen, Verantwortung und Solidarität sind, soll nun eine Auseinandersetzung der Schüler/-innen mit heutigen Problemen wie Armut und Reichtum, Ausbeutung natürlicher Ressourcen, Umweltverschmutzung erfolgen. „Zusammenhalten" lautet die Überschrift zu diesem Aspekt, der an die Kinder appelliert, sich für den Erhalt unseres Planeten einzusetzen.
Für die Schüler/-innen wird dabei nicht nachvollziehbar, wie aus dem bisherigen Gedankengang begründet werden kann, warum die Menschen zusammenhalten sollen. Überle-

gungen zu der Frage nach dem letzten Grund des Seins kommen ebenso zu kurz wie ein Nachdenken über mögliche Ursachen für die Diskrepanz zwischen Wissen und Handeln: „Viele [Probleme] sind so verwickelt, dass sie sich nur schwer lösen lassen. Wir müssen es trotzdem versuchen – Kinder von heute auch“ (161). Dieser Appell zu politisch verantwortlichem Handeln orientiert die Schüler/-innen auf die Gesamtheit der Probleme dieser Welt und belädt sie mit Ansprüchen, denen selbst Erwachsene kaum genügen können. In dem Schlussaspekt – Entwurf einer Kinderstadt 2002 – wird versucht, globales Denken und lokales Handeln miteinander zu verbinden und durch das Nachdenken über „ein Umbau-Programm“ für den eigenen Ort, das eigene Viertel oder einen „Bau-Plan für eine Neustadt“ Verantwortungsbewusstsein zu entwickeln (164-165). Dabei bleibt das Problem unberücksichtigt, wie humane Kriterien gewonnen und begründet werden können, die die Qualität solcher Lösungsvorschläge und Utopien beurteilen helfen.
In dem religionspädagogischen Entwurf wird die Wahrnehmung, Versprachlichung und Vertiefung von Erfahrungen in den Vordergrund gerückt. BIEHL will an konkreten Erfahrungen wie dem Nachhausekommen alltägliche Wahrnehmungen und Handlungsmuster wie Alleinsein und Allein-gelassen-Werden bewusst machen. Die Auseinandersetzung mit eigenen Sehnsüchten, mit menschlichen Schwächen und Begrenzungen ebenso wie mit biblischen Hoffnungsbildern soll dafür sensibilisieren, dass das, was ist, nicht so sein muss, wie es ist. Die Schüler/-innen werden dazu ermutigt, Wünschen nach Aufgehoben-Sein und ganzheitlichem Leben eine Sprache zu verleihen. Sie werden „zum Träumen angeregt“ und erfahren, dass Sehnsüchte, wie die nach einem wirklichen Zuhause, die Menschen miteinander verbinden und dass Hoffnungsbilder von Gerechtigkeit und Heil-Sein Kraft und Halt geben können. Dabei sollen sowohl die Auseinandersetzung mit Fragen nach dem Wesen und nach der Gottesbeziehung des Menschen als auch Impulse zur Versprachlichung und Vertiefung von Visionen über das gute Leben Grundlagen dafür schaffen, die Selbstbezogenheit des Menschen zu überwinden und die Welt mit anderen Augen sehen zu lernen.
Der Vergleich zwischen Unterrichtszielen in dem Ethikkapitel und in dem Entwurf für den Religionsunterricht zeigt, dass in Hinblick auf die Auswahl inhaltlicher Aspekte durchaus Gemeinsamkeiten bestehen. Er zeigt aber auch, dass Religions- und Ethikunterricht angesichts der elementaren Fragen des Menschen: Was kann ich wissen? Was soll ich tun? Was darf ich hoffen? Was ist der Mensch?“[77] unterschiedliche Akzente setzen. Während der Ethikentwurf die Selbstverwirklichung und das „Auf sich selbst verwiesen-Sein“ des Menschen in den Mittelpunkt stellt, orientiert der Entwurf für den Religionsunterricht auf die *befreite* Freiheit des Menschen. Als geliebtes und bejahtes Geschöpf muss er Sinn nicht selbst herstellen und steht nicht unter dem Zwang, sich selbst verwirklichen zu müssen. Der Pfarrer FRIEDRICH SCHORLEMMER formuliert christliche Kritik wider den Augenschein so: „Der Mensch ist mehr als Leistung. Barmherzigkeit ist mehr als Recht. Gnade ist mehr als Gerechtigkeit. Teilen ist mehr als dazugewinnen. Friedensvorsorge ist mehr als Verteidigungsvorsorge. Vertrauen ist mehr als Kontrolle. Dankbarkeit ist mehr als Sorge. Wir sind alle Gäste auf Erden.“[78]
Der Anspruch, dass Ethikunterricht wertneutraler Unterricht zu sein habe, stellt Ethiklehrer/-innen grundsätzlich vor die Schwierigkeit, zusätzlich zu einer Darstellung verschiedener ethisch und religiös motivierter Deutungen von Selbst und Welt auch eine Reflexion über Begründungen sittlicher Maßstäbe ethischen Handelns zu ermöglichen und dabei die Lernprozesse so anzulegen, dass die Schüler/-innen Hilfen zur eigenen Standortfindung erfahren. Der Religionsunterricht wiederum steht grundsätzlich vor der Schwierigkeit, auf Grund seines biblisch-christlichen Bezugsrahmens die Maßstäbe biblisch-christlicher Tradition nicht selbstredend normativ zu handhaben, sondern der kritischen Reflexion oder auch Distanzierung auszusetzen.
So lässt ein Vergleich von Unterrichtszielen konkrete thematische Aspekte aufscheinen, auf die sich Ethik- und Religionsunterricht als Gesprächspartner wechselseitig beziehen

können.[79] In einem Prozess gegenseitiger Wahrnehmung kann der Ethik- den Religionsunterricht immer wieder zur Stellungnahme zu ethischen Problemsituationen, Urteilen, Handlungen und Wertorientierungen herausfordern und dessen Selbstgenügsamkeit stören. Der Religionsunterricht wiederum kann eine Sicht von Mensch und Welt ins Gespräch bringen, die ethische Entscheidungen, moralische Werte und ihre Begründungen vor dem Hintergrund bedenkt, dass die Wirklichkeit mehr ist als das, wie sie sich uns Menschen darstellt: „Der Glaube nimmt die Wirklichkeit als Ort der Gegenwart Gottes wahr. Deshalb vermag er auch dem Bedrohlichen in der Wirklichkeit unserer Welt stand zu halten: nüchtern und leidenschaftlich zugleich. Befreiung zur Angst und Befreiung von der Angst gehören im Glauben zusammen. Der Glaube unterscheidet die Wirklichkeit dieser Welt von der Wirklichkeit Gottes. Deshalb kann er jeder religiösen Verklärung der Wirklichkeit entgegentreten. Er entfaltet eine religionskritische Kraft. Der Glaube stellt die Wirklichkeit dieser Welt unter die Verheißung des Reiches Gottes. Deshalb tritt er in die Verantwortung für die Zukunft des Lebens ein.“[80]
Wieder zeichnet sich die Spur einer neuen Loipe ab.

Loipe 5: Sich über Unterrichtsziele Klarheit verschaffen und diese einbringen in eine gemeinsame Verständigung aller am Lernprozess Beteiligten über Ziele, Unterrichtsinhalte, Lernwege und Leistungsanforderungen

1.3.6 Wie treffe ich methodische Entscheidungen und wie wähle ich Medien aus?

Nun stellt sich die Aufgabe, die bisherigen Überlegungen für die Planung einer sinnvollen und stimmigen Abfolge von Unterrichtsschritten didaktisch fruchtbar werden zu lassen. Dabei sollte in den gewählten Unterrichtsschritten ein Personen-, ein Inhalts- und ein Zielbezug zum Ausdruck kommen.[81] Wie sich dieser didaktische Anspruch in methodischen Überlegungen zur Unterrichtsplanung niederschlagen kann, will das folgende Beispiel zeigen. Die Hauptschullehrerin einer 7. Klasse entscheidet sich im Rahmen einer Unterrichtseinheit „Miteinander leben“, in der es um das Leben in unterschiedlichen Beziehungen, um Dazugehören und Ausgeschlossen sein geht, für das Stundenthema „Wer unter euch ohne Sünde ist, werfe den ersten Stein!?“ und wählt dazu die Methode, die Schüler/-innen die Geschichte von Jesus und der Ehebrecherin (Joh 8. 1-11) im Rahmen von Stationenlernen[82] erarbeiten zu lassen. Sie begründet die Wahl dieser Methode mit den widerstreitenden Gefühlen, Gedanken und Handlungen der Personen in der Geschichte, die auf diese Weise in ihren Facetten besser zu erfassen seien (Inhaltsbezug). Sie begründet diese weiterhin damit, dass ein Hineinversetzen in die verschiedenen Perspektiven der in der Geschichte handelnden Personen den Schüler/-innen die Lernchance biete, die Bedeutung und die Tragweite der Worte Jesu „Wer unter euch ohne Sünde ist, werfe den ersten Stein“ zu erfassen (Zielbezug). Schließlich möchte die Lehrerin mit dieser Methode an die Fähigkeit der Schüler/-innen zur Gruppenarbeit anknüpfen und versuchen, das selbstständige Arbeiten durch das Angebot von Wahlmöglichkeiten zwischen verschiedenen Aspekten der Geschichte und durch unterschiedliche methodische Zugangsweisen weiter zu fördern (Personenbezug).
Lehrer/-innen gestalten mittels methodischer Entscheidungen konkrete Handlungssituationen. Diese werden in Form von Unterrichtsschritten, Handlungsmustern und Sozialformen sinnlich erfahrbar. Sie regeln die Prozess-, die Handlungs- und die Beziehungsstruktur des Unterrichts.[83] Dass die Prozess-, die Handlungs- und die Beziehungsstruktur sowohl eine äußere als auch eine innere Seite aufweisen, und diesen wiederum bestimmte Unterrichtsprinzipien zu Grunde liegen[84], kann anhand des methodischen Verlaufs des o.g. Unterrichtsbeispiels verfolgt werden. In der **Hinführungsphase** entscheidet sich die Lehrerin für einen Gesprächskreis, um die Schüler/-innen mit Hilfe des Betrachtens und Befühlens verschiedener Steine zum Austausch über eigene Erfahrungen mit Steinen einzuladen[85] und sie auf eine Geschichte zu Joh 8 einzustimmen. Die **Erarbeitungsphase**

plant die Lehrerin für Gruppen von je vier Schüler/-innen. Diese können an vier Lernstationen verschiedene Aspekte der Geschichte mit Hilfe unterschiedlicher methodischer Zugänge und Medien erarbeiten. Für die **Auswertung** bevorzugt die Lehrerin den Gesprächshalbkreis, in dem die Gruppen ihre Ergebnisse zur Diskussion stellen können. Die methodischen Entscheidungen der Lehrerin zum Aufbau der Unterrichtsschritte gründen auf der didaktischen Annahme, dass eine erfahrungsbezogene Hinführung sowie die kognitive und emotionale Auseinandersetzung mit den Interessen und Motiven der in der Geschichte handelnden Personen die Schüler/-innen in ein Lernen verwickeln könnten, das nicht äußerlich bleibt. Mit der Wahl der Unterrichtsschritte korrespondiert die Wahl der **Handlungsmuster**, deren innere Seite – Interpretation und Problematisierung von Denkstrukturen und Handlungsmotiven der in der Geschichte handelnden Personen sowie Möglichkeit zur Identifikation bzw. Distanzierung – eine diskursive Struktur aufweist. Die **Sozialformen** repräsentieren eine symmetrische Beziehungsstruktur, bei der die Erfahrungen und Meinungen des Einzelnen wichtig genommen werden und dem Austausch in der Gruppe ein hoher Stellenwert eingeräumt wird. Problemorientiertes Lernen, kooperatives Verhalten und Selbstständigkeit sind einige der Unterrichtsprinzipien[86], die diesem Entwurf zu Grunde liegen.

✐ An welche Methoden Ihrer Religionslehrer/-innen, an welche Prozess-, Handlungs- und Beziehungsstrukturen können Sie sich erinnern?
Welche positiven bzw. negativen Erfahrungen gehen mit Ihrer Erinnerung an bestimmte Handlungssituationen einher?

Haltepunkt 8: Religiöses Lernen als Prozess der Aneignung
Religiöses Lernen kann als eine bestimmte Art und Weise der Auseinandersetzung sowohl mit Alltagserfahrungen als auch mit nicht alltäglichen Erfahrungen beschrieben werden, bei der der Lernende erprobt und erfährt, ob und inwieweit sich bei der Suche nach dem Selbst, nach Sinn und nach ethischer Orientierung religiöse Ausdrucksformen (Sprache, Symbole, Traditionen, Glaubensaussagen) zur Interpretation eigener Wahrnehmungen und Erfahrungen als tragfähig erweisen. In der didaktischen Diskussion wird die Gliederung einer Unterrichtseinheit oder Unterrichtsstunde in einzelne Schritte **Artikulation des Unterrichts** genannt. Dieser Begriff wurde von dem Pädagogen JOHANN FRIEDRICH HERBART 1806 in die Fachdiskussion eingebracht[87] und bezeichnet den inneren Zusammenhang, in dem Unterrichtsschritte, -stufen oder -phasen stehen und sich zu einem Sinnganzen fügen. Ein solches Schema der Artikulation kann für ein Unterrichtsthema niemals verbindlich oder allgemein gültig sein, „weil es verschiedene Lernwege gibt, abhängig vom zu lernenden Sachverhalt, den Voraussetzungen im Schüler, dem angestrebten Ziel, modifiziert durch die situativen Voraussetzungen und die Persönlichkeit des Lehrers“ (ebd., 172). Das heißt, dass auch der „Lehrer/-innenfokus“ (vgl. III,1.3.1) und der „weite Bereich der aktuellen Umstände“ (räumliche Bedingungen, materielle Bedingungen, Zahl und Zusammensetzung der Schüler/-innen etc.) an dem Erfolg von Unterricht beteiligt und bei methodischen Entscheidungen zu berücksichtigen sind.[88]
Die Religionspädagogik beschäftigt sich seit einigen Jahren verstärkt mit der Rolle, die dem Heranwachsenden in dem Prozess religiöser Sozialisation zukommt. Hervorgehoben wird dabei der „aktive Anteil des Individuums bei der Gewinnung von Sinndeutungen und Handlungsmotivationen“, der sich im Rahmen der Lebensbewältigung in Form eines ständigen Interpretationsprozesses vollzieht.[89] Nimmt man die Heranwachsenden als „schöpferische und aktiv-rekonstruierende Subjekte“[90] ernst, hat das weit reichende Konsequenzen für die methodische Organisation des Unterrichts (vgl. S. 57ff). Dann ist die Methodenfrage nicht nur aus der Lehrer/-innenperspektive als

didaktische Frage nach angemessenen Formen der Vermittlung zu behandeln, sondern ebenso als Frage der **Mathetik**. Die Mathetik (griech. *mathein*: etwas lernen) kreist um die Frage nach konstitutiven Faktoren, die Lernprozesse bei den Schüler/-innen auslösen. Bezogen auf den Religionsunterricht nimmt die mathetische Perspektive mögliche Faktoren in den Blick, die an der Bildung von Sinndeutungen und Handlungsmaximen beteiligt sind. Sie fragt danach, wie in dem Prozess der Auseinandersetzung mit Religion und Glaube eigenes Urteilen und Handeln geformt werden. „Eine gute Mathetik schließt eine gute Didaktik nicht aus ..., schränkt aber deren Wichtigkeit ein; der Lehrer bleibt notwendig, wirkt aber in anderer Funktion: Er stellt die Ideen, die Sachen, die Probleme, die Aufgaben bereit, leistet Widerstand, zeigt, ‚was man können kann'."[91] In einen religionsdidaktischen Vermittlungsprozess, der offen für die Initiativen, Ideen und Interpretationen der Schüler/-innen ist, „gehen Sinnvorgaben und theologische Orientierungen (als Hypothesen) ein; sie werden aufs Spiel gesetzt, erprobt, bewährt oder weiterentwickelt."[92] Zu den Faktoren, die einen offenen religiösen Lernprozess stützen, werden Problemorientierung, Vielfalt der Medien und der Standpunkte, Mehrperspektivität, Diskursivität, Kreativität, kognitive **und** emotionale Auseinandersetzung gezählt.[93]

Kehren wir noch einmal zu dem letzten Praxisbeispiel zurück. In ihrer methodischen Vorbereitung nimmt die Hauptschullehrerin sowohl den Vermittlungs- als auch den Aneignungsaspekt ernst. Sie konfrontiert die Schüler/-innen mit einer für die Klasse leicht veränderten Geschichte zu Joh 8, die sie ihnen im Gesprächskreis erzählt.[94] Während dieser Phase der Darbietung steht der **Vermittlungsaspekt** im Vordergrund. Nun macht die Lehrerin diese Geschichte und den Bibeltext zur Grundlage einer Auseinandersetzung, bei der die Schüler/-innen an verschiedenen Lernstationen

- mögliche Gedanken und Äußerungen einzelner Personen in Gedanken- oder Sprechblasen eintragen können,
- aus möglichen Gedanken der Ehebrecherin die ihnen zu der Situation der Frau passend erscheinenden auswählen können,
- aus dem Bibeltext die Äußerungen Jesu und der Pharisäer herausschreiben können,
- verschiedene zu Auswahl stehende widerstreitende Gedanken und Gefühle einzelner Personen in der sich auflösenden Menge nach den Kategorien ordnen können: „Der hat immer noch Lust, einen Stein zu schmeißen" und „Der will keinen Stein mehr auf die Frau schmeißen".

Während dieser Phase der Selbsttätigkeit dominiert der **Aneignungsaspekt**. Durch dieses methodische Vorgehen sind die Schüler/-innen gut auf das Auswertungsgespräch vorbereitet, in dem durch Ergebnisdarstellung und Diskussion ihre durch Aneignung und Vermittlung neu gewonnenen Erkenntnisse in eine fruchtbare Spannung treten können. Die Reflexionsprozesse während dieser Phase werden unterstützt durch Visualisierunghilfen an der Tafel, die durch die Arbeit an den Lernstationen vervollständigt werden.

Die von der Lehrerin gewählte Methode ermöglicht eine vielschichtige, spannungsvolle Auseinandersetzung mit dem Inhalt der Geschichte und, unterstützt durch entsprechende Medien, ein hohes Maß an interessegeleitetem, selbst gesteuertem Lernen.

GLÖCKEL unterscheidet im Rahmen allgemeiner didaktischer Überlegungen – ausgehend von Lernaufgaben – zwölf methodische Grundstrukturen, die jeweils einem Typ von Lernaufgaben, einer „Lernzielklasse"[95], entsprechen. Von diesen kommen im Religionsunterricht die folgenden immer wieder vor:

- „Vermittlung von Erlebniseindrücken bzw. Betroffenheit, Förderung der Wertempfänglichkeit,
- Einübung gedanklicher Vollzüge, „denkendes Üben",

- Gewinnung selbst vollzogener Einsichten, Problemlösungsverfahren u.ä. in produktivem Denken („gedankliche Kreativität"),
- Erfassen von Sinngebungen, Interpretationen,
- Auseinandersetzung mit konkurrierenden Sinndeutungen und Wertkonflikten, begründete Stellungnahme,
- Gestaltungsaufgaben mit offener Zielsetzung („gestaltende Kreativität"),
- Handeln in offenen Strukturen, Lernen im Spiel und Bewältigung komplexer Handlungsprobleme, Vorhaben, Projekte."[96]

Diesen Lernzielbereichen ordnet GLÖCKEL jeweils eine typische Stufenfolge von Unterrichtszielen zu.[97] Er macht damit deutlich, dass „die unterschiedlichen Qualitäten der angestrebten Lernprozesse unterschiedliche Grundstrukturen des Unterrichtsverfahrens" erfordern (ebd. 173). Das heißt, dass für die verschiedenen Lernprozesse unterschiedliche Unterrichtsschritte, Handlungsmuster, Sozialformen und Medien zu wählen sind. BIEHL zeigt anhand wichtiger methodischer Grundstrukturen des Religionsunterrichts beispielhaft unterschiedliche Handlungssituationen, in denen die den methodischen Grundstrukturen zu Grunde liegenden didaktischen Anliegen Berücksichtigung finden:

- In Hinblick auf die Erschließung biblischer Texte empfiehlt er, durch die Methode einen **kreativen, erfahrungsbezogenen und mehrperspektivischen Umgang mit biblischen Texten** in Gang zu setzen und durch probeweise Identifikation das historisch-kritische Verstehen zu ergänzen.
- In Hinblick auf die Bearbeitung ethischer Problemsituationen rät er zu einer Methode, die durch **Informationsbeschaffung und Reflexion strittiger Fragen** eine vertiefende Auseinandersetzung ermöglicht sowie die eigene Urteilsbildung anhand theologischer bzw. (sozial-)ethischer Kriterien fördert.
- In Hinblick auf die Aufgabe der Symbolerschließung betont BIEHL die Bedeutung **ästhetischer und spielerischer Elemente**, die einen ganzheitlichen Zugang ermöglichen sollen. Durch die Methode sei eine (staunende) Wahrnehmung alltäglicher Phänomene und die Verbalisierung von Erfahrungen mit dem Symbol auf den Weg zu bringen. Die aus einem solchen Prozess des selbsttätigen Umgangs hervorgehenden „**kreativen Gestaltungen**" könnten bei der Erschließung des Symbols, d.h. bei der Annäherung an seinen anthropologischen und religiösen Sinngehalt, helfen. Darüber hinaus könnten diese kreativen Gestaltungen – in der historisch-kritischen Auslegung mit der biblisch-christlichen Überlieferung konfrontiert – elementare theologische Urteilsbildung unterstützen.[98] Anregungen zur Planung vielfältiger Aneignungs- und Gestaltungaufgaben gibt es bei BIEHL genügend.

ADAM und LACHMANN unterscheiden zwischen **sprachorientierten** und **bildorientierten Unterrichtsmethoden, musikalischen, spielerischen** und **meditativen Handlungselementen** und **verschiedenen Sozial- und Interaktionsformen**.[99] Die Wahl solcher Handlungsmuster richtet sich nach der Qualität des angestrebten Lernprozesses, den Voraussetzungen der Schüler/-innen, den äußeren Bedingungen an der Schule sowie nach den Fähigkeiten der Lehrer/-innenpersönlichkeit. **(✎ Wegweiser** 7**)** Zunehmend Bedeutung erlangen **Formen selbst gesteuerten Lernens** wie wahldifferenzierter Unterricht, Lernzirkel-, Wochenplan- und Freiarbeit.[100]

Wegweiser 7: Anregungen zur Methodik im Religionsunterricht bieten: NIEHL, FRANZ WENDEL/THÖMMERS, ARTHUR: 212 Methoden für den Religionsunterricht, München 1998; OBERTHÜR, RAINER: Kinder und die großen Fragen. Ein Praxisbuch für den Religionsunterricht, München 1995, SCHMID, HANS: Die Kunst des Unterrichtens. Ein praktischer Leitfaden für den Religionsunterricht, München 1997. SCHMID bietet in seinem Buch „Grundmodelle" des Umgangs mit verschiedenen Methoden und Medien an.

Diese stehen für unterschiedliche Stufungen von Selbstständigkeit und erhöhen gegenüber dem gemeinsam fortschreitenden Lernen im Klassenverband die Freiheit bei der Einteilung der Zeit sowie bei der Wahl der Inhalte, Arbeitsmittel, Arbeitsmethoden, Sozialpartner und des Anforderungsniveaus. Bei der Freiarbeit werden inzwischen sowohl Lernkarteiarbeit als auch selbstständiges Forschen erprobt.
Auch die **Wahl der Lehr- und Lernmittel (Medien)** kann nur in Verbindung mit Ziel-, Inhalts- und Methodenentscheidungen getroffen werden, da es Aufgabe der Medien ist, die Schüler/-innen dabei zu unterstützen, Unterrichtsziele zu erreichen. SCHULZ versteht Medien als „die objektive Seite der Methoden“, als „Symbole zur Verständigung“(vgl. S. 280ff).[101] In dem Unterrichtsbeispiel „Wer von euch ohne Sünde ist, werfe den ersten Stein!?“ kommen folgende Medien zum Einsatz: Steine, ein Bibeltext, eine Geschichte zum Bibeltext, die Tafel, selbst gefertigte Zeichnungen mit den in der Geschichte agierenden Personen sowie Arbeitsblätter mit Erklärungen und mit unterschiedlichen Arbeitsaufträgen für jede Lernstation. Ein „weiter Medienbegriff“ versteht unter Medien das, womit Lehrer und Schüler interagieren, d.h. alles, was ihre Kommunikation miteinander trägt bzw. unterstützt: die Sprache ebenso wie die Tafel, das Lehrbuch, den Overhead-Projektor, das Arbeitsblatt usw.[102] Ein Religionsunterricht, der versucht, die Interessen und Erfahrungen der Schüler/-innen ernst zu nehmen und sie bei ihrer Deutung von Selbst und Welt zu unterstützen, wird sich vielfältiger Medien bedienen, wie z.B. realer Gegenstände, biblischer und literarischer Texte, Medien der Kunst und der Musik, audiovisueller Medien, zeitgeschichtlicher und historischer Dokumente, Massenmedien und Gestaltungsmittel.[103] Gegenüber Medien ohne didaktische Intention, wie Zeitungsartikel, Dokumente oder reale Gegenstände, interpretieren Lehr- und Lernmittel die Thematik und steuern den Lernprozess durch materialgebundene Arbeitsaufgaben. Da Lehr- und Lernmittel „sowohl lernfördernde als auch lernhemmende Wirkung ausüben können,“[104] sollten sie nicht unbefragt zum Einsatz kommen, sondern – unter der Perspektive der Mündigkeit der Schüler/-innen – einer kritischen Prüfung ihrer Intentionen und Inhalte, ihrer ästhetischen Gestaltung, ihrer Altersangemessenheit und der in ihnen enthaltenen Lernchancen unterzogen werden.
Nun können wir uns auf neue Spuren begeben.

Loipe 6: Unterricht als lebendigen Prozess individueller und gemeinschaftlicher Aneignung und Vermittlung anlegen lernen

Loipe 7: Die Methoden- und Medienwahl entlang didaktischer Prinzipien wie Anschaulichkeit, Ganzheitlichkeit, Differenzierung, Selbstständigkeit, Diskursivität orientieren

1.3.7 Wie bereite ich Unterricht nach?

Die systematische Reflexion erteilten Unterrichts gerät nicht selten zu einer lästigen Pflichtübung. Dabei findet immer eine Form der Nachbereitung statt, selbst wenn Lehrer/-innen nur mit dem diffusen Gefühl aus der Klasse gehen, dass der Unterricht irgendwie schlecht gelaufen sei.[105] Da Erfahrungen mit „gutem“ und mit „schlechtem“ Unterricht immer in künftigen Unterricht einfließen, gehört es zur Entwicklung eigener Planungs- und Handlungskompetenz, über vage Gefühlsempfindungen hinaus zu kommen und in einer Rückschau Klarheit sowohl über positive als auch über negative Momente des Unterrichtsprozesses zu gewinnen. MÜHLHAUSEN zeigt, dass Lehrer/-innen nicht nur eine feststehende Abfolge von Unterrichtsschritten „abspulen“, sondern ihre Schüler/-innen fortwährend und aufmerksam beobachten, „um – falls notwendig – zu unterbrechen und Korrekturen vorzunehmen.“[106] Das heißt, dass Lehrer/-innenhandeln nicht nur „in strukturierenden Tätigkeiten, im didaktischen Arrangieren unter Rückgriff auf – mehr oder weniger gut durchdachte – Lehrstrategien“ besteht, sondern auch aus einer Analyse des konkreten Unterrichtsgeschehens erwächst.[107] Dann würde eine wichtige Aufgabe der

Nachbereitung darin bestehen, **„Bruchstellen"** (163), **Reibungen, überraschende Schüler/-innenbeiträge** und/oder Handlungen sowie darauf **erfolgtes Lehrer/-innenhandeln** zu rekonstruieren und kritisch zu bedenken. Dabei können Fragen wie die folgenden helfen: Welche unerwarteten Fragen haben die Schüler/-innen gestellt? Auf welche Beiträge wusste ich nicht angemessen einzugehen? An welcher Stelle des Unterrichts hätten wir auch anders weiterarbeiten können? Waren die gewählten Methoden der Auseinandersetzung mit der Sache dienlich? Haben die Medien die Sachverhalte angemessen verdeutlicht? An welcher Stelle sind Unterrichtsstörungen aufgetreten? Wo können sie auf die Planung zurückgeführt werden? Haben die Sozialformen die individuelle und gemeinschaftliche Erarbeitung unterstützt? Bin ich Jungen und Mädchen, leistungsstarken und weniger leistungsstarken Schüler/-innen, gerecht geworden? Welche Ergebnisse haben die Schüler/-innen erzielt? Entsprechen diese Ergebnisse meinen Erwartungen? ...[108]
In Zusammenhang mit Überlegungen zur Unterrichtsvor- und -nachbereitung betont SCHULZ die Bedeutung eines **„Feed-back"**: „Ihr und Ihrer Schüler/-innen didaktisches Handeln sollte, wie jedes rationale Handeln, feedbackorientiert sein. Beide Seiten brauchen immer wieder die Rückmeldung zur Korrektur des Lehr-Lern-Prozesses."[109] Wo Reflexion und gegenseitiger Rückmeldung zum gemeinsamen Lehr-Lern-Prozess selbstverständlich im Unterricht Zeit eingeräumt und Raum gegeben wird, können die verschiedenen Dimensionen des Unterrichtsprozesses bewusster wahrgenommen und gestaltet werden. Als Anhaltspunkte mögen dabei den Schüler/-innen die folgenden Fragen dienen: Was war für mich neu, überraschend, interessant? Welche Medien haben mir dabei geholfen, den Sachverhalt besser zu verstehen? Welche Arbeitsvorschläge waren so formuliert, dass sie mir dabei geholfen haben, mich mit der Sache auseinander zu setzen? Welche Schwierigkeiten hatte ich/die Gruppe bei der Erarbeitung des Sachverhalts? Was habe ich gelernt? Wie konnte ich mich in den Unterrichtsprozess einbringen? Was habe ich nicht verstanden? Welche Fragen wurden nicht geklärt? Was hätte anders geplant werden müssen? Wie aktiv habe ich mich an der Erarbeitung des Themas beteiligt? ...
Wenn Sie versuchen, bei nachbereitenden Überlegungen Schüler/-innenfragen, überraschende Beiträge und Handlungen, Schwierigkeiten mit verwendeten Medien und angewandten Sozialformen oder auch Thesen darüber zu sammeln und schriftlich festzuhalten, wie Sie das Thema in Zukunft behandeln würden, kann sich „der Kreis der Unterrichtsvorbereitung" schließen. Der Kreis schließt sich, denn Sie durchdenken und kommentieren – vor dem Hintergrund des tatsächlichen Unterrichtsverlaufs – noch einmal alle Ebenen der Planung. Wenn Ihnen dann noch gelingt, nachbereitende Überlegungen als kritisches Korrektiv in spätere Unterrichtsvorbereitungen einfließen zu lassen, kann sich didaktisches Denken entfalten – ein Denken, das Sie bei der Unterrichtsvorbereitung, -planung und -durchführung immer wieder zu neuen und spannenden Erfahrungen und Einsichten führen wird.
Schon von daher mag die folgende Loipe viel versprechende Aussichten bieten.

Loipe 8: Die Nachbereitung als Teil des didaktischen Denkprozesses ernst nehmen und ihr Zeit schenken durch Reflexion tatsächlichen Unterrichts sowie Feed-back.

1.3.8 Wie halte ich meine Unterrichtsplanung schriftlich fest?

Während der Ausbildung werden schriftliche Entwürfe für einzelne Unterrichtsstunden verlangt, und auch für Unterrichtseinheiten, bei denen Sie Neues ausprobieren wollen, empfiehlt sich ein ausführlicher, schriftlicher Entwurf. Er will auf exemplarische Weise Denkprozesse nachvollziehbar machen, die um die Frage kreisen, wie die unterschiedlichen, für den Lehr- und Lernprozess bedeutsamen Faktoren so aufeinander zu beziehen und in Form von didaktischen und methodischen Entscheidungen miteinander zu verknüpfen sind, dass Unterrichtsziele erreicht werden können. *Schriftliche Entwürfe helfen bei einer Verständigung über Grundannahmen, Ziele, Inhalte, Methoden und*

Medien geplanten Unterrichts sowie bei einer Reflexion über die Qualität und den Erfolg tatsächlicher Lernprozesse.[110] Da es schwierig ist, einen solchen, sich auf verschiedenen Ebenen vollziehenden, theoriegeleiteten Denk- und Entscheidungsprozess schriftlich abzubilden, können die folgenden Ausführungen nur Anhaltspunkte für eigene Versuche der Verschriftung darstellen.
Die didaktischen und sachanalytischen Überlegungen markieren Gesichtspunkte, die sowohl bei der Verschriftung einer Unterrichtseinheit als auch einer Unterrichtsstunde von Bedeutung sind. Für die Planung einer Einzelstunde können die didaktischen Überlegungen weniger ausführlich ausfallen, wenn die entsprechenden Fragen bereits im Kontext der Gesamtüberlegungen zur Unterrichtseinheit bearbeitet wurden. Die hier vorgeschlagenen methodischen Überlegungen sind auf die Planung solcher Unterrichtsstunden zu beziehen, in denen die Klasse ein gemeinsames Thema in einem Wechsel zwischen Plenumsunterricht und Einzel-, Partner- oder Gruppenarbeit bearbeitet.
Schriftliche Entwürfe helfen dabei, Überlegungen zu systematisieren und zu präzisieren. Dazu sollten die verschiedenen Ebenen der fachwissenschaftlichen und -didaktischen Durchdringung eines Unterrichtsthemas angemessen bedacht und **nachvollziehbar dargestellt** werden. Die methodischen Entscheidungen und die Wahl der Medien sollten **begründet**, und es sollten **Alternativen** erörtert werden. Versuchen Sie dabei, Fragestellungen, die sich aus der Beteiligung der Schüler/-innen an der Unterrichtsvorbereitung ergeben haben, in ihren schriftlichen Entwurf einfließen zu lassen.
Wenn hier die Ebenen der Unterrichtsvorbereitung in einem Nacheinander dargestellt werden, dann gilt das nur für die Verschriftung. Die gedankliche Vorbereitung kann überall ansetzen, und es wird sich dabei erst nach und nach eine Struktur in den Überlegungen abzeichnen.

- Auf der ersten Ebene der Vorbereitung, hier **situatives thematisches Umkreisen** genannt, sollten Sie versuchen, die Entscheidung für ein mögliches Thema einer Unterrichtseinheit bzw. Unterrichtsstunde und für mögliche bedeutsame Aspekte sowohl vor dem Hintergrund des Bedingungsfeldes des Unterrichts – unter besonderer Berücksichtigung der Situation der jeweiligen Lerngruppe – als auch vor dem Hintergrund einer Auswertung bisheriger eigener Erfahrungen mit diesem Thema zu begründen.[111] Stellen Sie dazu Fragen, Meinungen, Interessen und Lernvoraussetzungen der Schüler/-innen dar und formulieren Sie eine **Problemskizze** mit ersten Fragen, Deutungen und Arbeitshypothesen für das weitere Vorgehen. Sie können diese Ebene entlang folgender Aspekte gliedern: Situation der Lerngruppe, Reflexion eigener Erfahrungen mit dem Inhalt, Vorläufige Überlegungen zur Themenwahl, Ideen und Fragen für den weiteren Planungsprozess. Skizzieren Sie Ihre Unterrichtsidee.[112]
- Auf der zweiten Ebene, hier genannt **fachwissenschaftliche und -didaktische Durchdringung**, ist es wichtig, dass Sie Fachliteratur auswerten, um mit Hilfe exegetischer und hermeneutischer Verfahren inhaltliche Grundlagen für das eigene Verstehen zu erschließen und sowohl auskunfts- als auch diskursfähig zu werden. Dabei sollten Sie ebenfalls versuchen, die auf der ersten Ebene gewonnenen Fragen und Einstellungen der Schüler/-innen aus fachwissenschaftlichem Blickwinkel zu bedenken. Die fachwissenschaftliche Durchdringung wird in schriftlichen Planungsentwürfen meist als **Sachanalyse** bezeichnet. Weiterhin sollten Sie – wiederum unter Berücksichtigung der auf der ersten Ebene aufgeworfenen Fragen und in Auseinandersetzung mit Fachliteratur – versuchen, didaktisch weitere Klarheit zu gewinnen, welche Bedeutung das Thema für die Schüler/-innen hat, welche Aspekte für sie bedeutsam sind, welche elementaren Erfahrungen mit dem Thema angesprochen werden können, welche entwicklungspsychologischen Voraussetzungen möglicherweise zu bedenken sind und wie die Erfahrungen der Schüler/-innen in theologischer und in religionspädagogischer Perspektive gedeutet werden könnten. Sie sollten versuchen, mit Hilfe der Sachanalyse und **der didaktischen Überlegungen** eine **Verknüpfung der zweiten**

mit der ersten Ebene zu leisten, indem Sie Fragen und thematische Aspekte der ersten Ebene aus dem Blickwinkel der Fachdiskussion anreichern, modifizieren, korrigieren und konkretisieren. Nun können Sie **Unterrichtsziele** formulieren. Dafür sollten Sie fachwissenschaftliche und -didaktische Überlegungen auf die (religions)pädagogische Ausgangssituation Ihrer Klasse zuspitzen und didaktische Entscheidungen für ein angemessenes „Lernkonzentrat" treffen, das Ihnen auf Grund der vorausgegangenen Auseinandersetzung wichtig erscheint. Versuchen Sie, mit Hilfe von Feinzielen mögliche kognitive, affektive und psychomotorische Lernergebnisse in klarer, aussagekräftiger Form zu beschreiben.

- Auf der dritten Ebene, hier als **methodische Überlegungen und Planungsskizze** bezeichnet, werden verschiedene methodische Möglichkeiten – unter Berücksichtigung der auf der ersten und der zweiten Ebene angestellten Überlegungen – reflektiert und Entscheidungen für Methoden und Medien getroffen. Versuchen Sie hier, Entscheidungen für solche **Unterrichtsschritte**, **Handlungsmuster**, **Sozialformen** und **Medien** zu begründen, von denen Sie annehmen, dass diese die Schüler/-innen dabei unterstützen, die Unterrichtsziele zu erreichen. Auf dieser Ebene wäre wünschenswert, dass Sie auch festhalten, welche alternativen Unterrichtsschritte Sie wählen werden, wenn die Schüler/-innen anders arbeiten als erwartet. Sie sollten Differenzierungsaufgaben vorbereiten, die Sie anbieten können, wenn die Schüler/-innen mit der Aufgabe nicht zurecht kommen oder durch die Aufgabenstellung nicht genügend gefordert sind. Weiterhin können Sie hier darlegen, welche Lernphase Sie weglassen bzw. hinzufügen würden, wenn mehr bzw. weniger Zeit als geplant zur Verfügung steht (Zeitplus, Zeitminus). Ihre methodischen Überlegungen zur Planung einer Unterrichtsstunde münden in eine **Planungsskizze**, die eine Zeiteinheit in didaktisch sinnvolle Lernstufen/-phasen gliedert.[113] Sie sollte übersichtlich, im Umfang überschaubar und mit angemessenem Zeitaufwand zu erstellen sein. Häufig wird sie in Form eines Schemas auf Din A4 Querformat festgehalten. Dabei werden für wichtige Dimensionen des Unterrichtsprozesses Spalten eingerichtet, die eine Zusammenschau didaktischer und methodischer Entscheidungen ermöglichen. Solche Planungsskizzen beinhalten je nach didaktischer Schwerpunktsetzung unterschiedliche Dimensionen. Die folgenden dürften sich bei der Durchführung von Unterricht als hilfreich erweisen: Geschätzte Dauer einer Lernphase114, Art der Lernphase (z.B. Einstimmung, Problemstellung, Erarbeitung, Überprüfung, Transfer), geplantes Unterrichtsgeschehen, geplante Lehrerfragen und/oder -impulse, Sozialform, Medien, alternative Unterrichtsschritte und Differenzierung.
- Nach dem Unterricht sollte eine **Nachbereitung** erfolgen, bei der Sie zunächst versuchen können, sowohl positive als auch negative Momente des tatsächlichen Unterrichtsgeschehens festzuhalten und diese sodann zu interpretieren. Notieren Sie wichtige Schüler/-innenfragen und -vorschläge und überlegen Sie, wie Sie das Thema für künftigen Unterricht formulieren und welche Aspekte Sie bearbeiten würden. Um die Gedankengänge des Vorbereitungsprozesses für Außenstehende nachvollziehbar zu machen und auch zu einem späteren Zeitpunkt einen Rückgriff auf den Unterrichtsentwurf zu ermöglichen, sollte in einem Anhang eine **Dokumentation** aller verwendeten Unterrichtsmedien einschließlich des Tafelbildes erfolgen sowie eine Literaturliste angefügt werden.[115]

Loipe 9: In ausführlichen schriftlichen Planungsentwürfen den Unterrichtsgegenstand aus verschiedenen Blickrichtungen gedanklich umkreisen, Verknüpfungen zwischen den unterschiedlichen Planungsebenen vornehmen und dabei mit verschiedenen Formen der Aufzeichnung experimentieren

Loipe 10: Planungsskizzen als Strukturierungshilfe von Unterricht nutzen, aber dennoch vor situativ bedingten Alternativentscheidungen nicht zurückschrecken

1.4 Eine Schlussbetrachtung – die Loipen im Überblick

Mit den bisherigen Überlegungen sind Sie einem anspruchsvollen und zeitaufwendigen Weg der Unterrichtsvorbereitung gefolgt, der auf exemplarische und idealtypische Weise wichtige Planungsmomente ins Blickfeld didaktischen Denkens rücken wollte. Bei der alltäglichen Unterrichtsvorbereitung werden sich niemals alle dieser Planungsmomente berücksichtigen lassen, sondern es werden mal die einen, mal die anderen in den Vordergrund treten. Die Qualität der Unterrichtsvorbereitung und -durchführung kann letztendlich daran gemessen werden, ob und inwieweit es den Schüler/-innen und ihren Lehrer/-innen gelingt, in einem lebendigen und reflektierten Lernprozess von- und miteinander zu lernen.

Was es dabei im Religionsunterricht zu lernen gibt, kann mit dem Religionspädagogen FULBERT STEFFENSKY so beschrieben werden: Die Bibel als zentraler Bezugspunkt unserer Erinnerung bewahrt Geschichten vom möglichen Leben, von der Auferstehung der Toten, vom Wunder der Gerechtigkeit, vom Sturz der Tyrannen, von der List der Gnade und von der Heiligkeit der Armen. Mit diesem alten Buch haben wir Anteil am Glauben und an der Hoffnung unserer Geschwister, brauchen nicht für alles zu stehen und nicht jede Lebensvision selber zu entwerfen. Die Bibel reißt uns aus unserer reinen Gegenwärtigkeit, die davon lebt, dass alles so ist, wie es ist. Die Luft aus reiner Gegenwärtigkeit ohne störende alte Geschichte kennt keine Appelle an die Zukunft. „Die durch die alten Erzählungen ungleichzeitig Gewordenen sagen: Es soll anders werden, als es ist. Das Gedächtnis fundiert die Wichtigkeiten der Zukunft. Es soll niemand hungern! Die Erinnerung bringt ‚Luft von einem anderen Planeten'."[116]

Damit sich die alten Erinnerungen mit der Gegenwart verbinden können, ohne die sie „ein totes Zitat und eine stimmlose Wahrheit bleiben"[117], müssen didaktische Denkprozesse auf die Initiierung solcher Unterrichtsprozesse zielen, deren Qualität SCHULZ folgendermaßen beschrieben hat: „Die Steuerung der unterrichtlichen Kommunikation ist ebenso Sache der Lehrer/-innen wie der Schüler/-innen. Beide Seiten müssen sich über den Unterricht und seine gesellschaftlichen Bedingungen verständigen; denn die Lehrkräfte können ihren demokratischen Auftrag an den Schülern nur mit deren Einverständnis und Mithilfe realisieren; andererseits können die Schüler/-innen nur in Auseinandersetzung mit den gesellschaftlichen Erwartungen und unter Inanspruchnahme fachlicher und lernmethodischer Hilfe ihre Schulzeit optimal nutzen. Im Dialog über den gemeinsamen Lehr-Lern-Prozess respektieren sie sich als Personen; auch bei gelegentlich nicht vereinbarter Zielsetzung. Die Professionalität der Lehrkräfte bewährt sich in der dynamischen Balance zwischen dem Engagement für die Lernenden und der Verantwortung gegenüber dem gesellschaftlichen Auftraggeber."[118]

Eine solche Kultur des Lehrens und Lernens erfordert fachliche Kompetenz, Engagement, demokratische (Aus)bildungsstrukturen Frustrationstoleranz und Geduld. Vielleicht können die Loipen auf diesem Weg als Orientierungshilfen dienen. Damit sie weiter ausgespurt, ergänzt und modifiziert werden können, seien sie hier abschließend noch einmal alle im Überblick genannt:

Loipe 1: In die Lehrer/-innenrolle hineinwachsen und die kritische Distanz zu dieser Rolle bewahren

Loipe 2: Erfahrungen, Entwicklungen und Fragen der Schüler/-innen wahrnehmen, religionspädagogisch bedenken und im Rahmen eines dialogisch angelegten Unterrichtsprozesses verlebendigen

Loipe 3: Unterrichtsvorbereitung und -planung für die Schüler/-innen nachvollziehbar und mitgestaltbar machen

Loipe 4: An der eigenen Sach- und Fachkompetenz arbeiten und diese durch Zusammenarbeit – auch mit fachfremden Kolleginnen und Kollegen – der Bewährung aussetzen

Loipe 5: Sich über Unterrichtsziele Klarheit verschaffen und diese einbringen in eine gemeinsame Verständigung aller am Lernprozess Beteiligten über Ziele, Unterrichtsinhalte, Lernwege und Leistungsanforderungen

Loipe 6: Unterricht als lebendigen Prozess individueller und gemeinschaftlicher Aneignung und Vermittlung anlegen lernen

Loipe 7: Die Methoden- und Medienwahl entlang didaktischer Prinzipien wie Anschaulichkeit, Ganzheitlichkeit, Differenzierung, Selbstständigkeit, Diskursivität orientieren

Loipe 8: Die Nachbereitung als Teil des didaktischen Denkprozesses ernst nehmen und ihr Zeit schenken durch Reflexion tatsächlichen Unterrichts sowie durch Feed-back

Loipe 9: In ausführlichen schriftlichen Planungsentwürfen den Unterrichtsgegenstand aus verschiedenen Blickrichtungen gedanklich umkreisen, Verknüpfungen zwischen den unterschiedlichen Planungsebenen vornehmen und dabei mit verschiedenen Formen der Aufzeichnung experimentieren

Loipe 10: Planungsskizzen als Strukturierungshilfe von Unterricht nutzen, aber dennoch vor situativ bedingten Alternativentscheidungen nicht zurückschrecken

Literatur

GOTTFRIED ADAM, LACHMANN, RAINER (Hg.): Methodisches Kompendium für den Religionsunterricht, Göttingen 2002; GLÖCKE, HANS: Vom Unterricht, Bad Heilbrunn 1992; HILGER; GEORG, LEIMGRUBER, STEPHAN, ZIEBERTZ, HANS-GEORG: Religionsdidaktik. Ein Leitfaden für Studium, Ausbildung und Beruf, München 2001; KLAFKI, WOLFGANG: Neue Studien zur Bildungstheorie und Didaktik. Beiträge zur kritisch-konstruktiven Didaktik, Weinheim [5]1996; LÄMMERMANN, GODWIN: Grundriss der Religionsdidaktik, Stuttgart/Berlin/Köln [2]1998; OBERTHÜR, RAINER: Kinder und die großen Fragen. Ein Praxisbuch für den Religionsunterricht, München 1995; SCHULZ, WOLFGANG: Anstiftung zum didaktischen Denken. Unterricht – Didaktik – Bildung, Weinheim und Basel 1996; SCHWEITZER, FRIEDRICH/NIPKOW, KARL ERNST/FAUST-SIEHL, GABRIELE/KRUPKA, BERND: Elementarisierung und Entwicklungspsychologie. Elementarisierung in der Praxis, Gütersloh 1995.

---

[1] Vgl. Kap. I,2., II,1,2,3.

[2] KIRCHENAMT DER EKD: Identität und Verständigung. Standort und Perspektiven des Religionsunterrichts in der Pluralität. Eine Denkschrift, Gütersloh 1994, 27.

[3] Ebd., 51

[4] Ebd., 56.

[5] JANK, WERNER/MEYER, HILBERT: Didaktische Modelle, Frankfurt a. M. 1991, 16.

[6] Vgl. ebd. 130–284.

[7] „Wir müssen ... von einem Wechselverhältnis zwischen den Planungsmomenten sprechen, von Interdependenz (HEIMANN 1962); denn auch die übrigen Planungsmomente stehen in Wechselwirkung zueinander und können rückwirkende Änderungen von Planungsentscheidungen bewirken", SCHULZ, WOLFGANG: Anstiftung zum didaktischen Denken. Unterricht – Didaktik – Bildung, Weinheim und Basel 1996, 57.

[8] KLAFKI, WOLFGANG: Neue Studien zur Bildungstheorie und Didaktik. Beiträge zur kritisch-konstruktiven Didaktik, Weinheim 1985.

[9] „Eine angemessene Theorie, eine angemessene Schau auf die Praxis didaktischen Handelns kann nur eine didactica magna, eine große Didaktik sein, die den gesamten gesellschaftlichen Horizont, in dem didaktisches Handeln sich vollzieht, mitreflektiert; denn nur so werden die konstitutive Geschichtlichkeit, Interessenbedingtheit, Machtbezogenheit der didaktischen

Strukturen überhaupt verstehbar und ihrer scheinbaren Naturwüchsigkeit so weit enthoben, dass sie kritisierbar und änderbar werden. Professionell didaktisch Handelnde sollten deshalb von vornherein ihre Studien auf den ganzen Zusammenhang richten und gar nicht erst von der Hand in den Mund zu leben lernen" (SCHULZ, a.a.O., 101).

10 EKD, a.a.O., 50.

11 Da die Wegweiser für das Verstehen des Textzusammenhangs nicht notwendig sind, können sie auch zu einem späteren Zeitpunkt gelesen werden.

12 Unveröffentlichte Unterrichtsreflexion eines niedersächsischen Gesamtschullehrers, 1998.

13 Vgl. GLÖCKEL, HANS: Vom Unterricht, Bad Heilbrunn 1992, 314.

14 Grundlage dieser Zusammenstellung bilden die Merkmale von GLÖCKEL, die zusammengefasst, ergänzt und aktualisiert wurden. Vgl.: ebd., 114–116.

15 SCHORP spricht in diesem Zusammenhang von einer schwer entwirrbaren „Geschehensmischung", zit. nach GLÖCKEL, a.a.O., 315.

16 MÜHLHAUSEN, ULF: Überraschungen im Unterricht. Situative Unterrichtsplanung, Weinheim und Basel 1995.

17 Ebd., 53ff.

18 OTTO, GUNTER: Unterricht vorbereiten und planen. Kompetenz in der Sache und Aufmerksamkeit für die Lernenden, in: Friedrich Jahresheft XVI 1998, Seelze, 60–62.

19 Vgl. KIRCHENAMT DER EKD: Im Dialog über Glaube und Leben. Zur Reform des Lehramtsstudiums Evangelische Theologie/Religionspädagogik, Gütersloh 1997, 44–45.

20 Vgl. Kapitel III,1.

21 MEYER, HILBERT: Unterrichtsmethoden II: Praxisband, Frankfurt a. M. 1987, 282f.

22 GRELL, JOCHEN, Techniken des Lehrerverhaltens, Weinheim 1974.

23 In der Denkschrift der EKD „Identität und Verständigung" wird die gegenwärtige Situation des Religionsunterrichts herausgearbeitet und Herausforderungen an den Religionsunterricht formuliert, vgl. EKD, a.a.O., 50–81.

24 Vgl. ebd., a.a.O., 50.

25 Ebd., 57–63.

26 Die These, dass Berufsanfänger/-innen „Brillenträger" sind, trifft m.E. auf alle Lehrer/-innen zu. Der Religionspädagoge JENDORFF schreibt: Ihre Sehhilfen stammen „aus der kritisch bejahten oder abgelehnten Erziehung im Elternhaus, der erlebten Sozialisation, den 1000 Stunden erfahrenen Religionsunterrichts, der bislang studierten und verstandenen Theologie, der zu Eigen gemachten religionspädagogischen Konzeption(en) ... Religionsunterricht „machen" weder die raum-zeitlichen Umstände, noch die Lehrpläne oder die Lernmittel. Auf die Menschen kommt es an. Persönlichkeiten unterrichten. Individuen lernen. Berufsänfänger/-innen nehmen an einem hin- und hergehenden Beziehungsgeflecht teil", JENDORFF, BERNHARD: Lern- und Lehrzeit einer Religionslehrerin/eines Religionslehrers, in braunschweiger beiträge ‚bb' 1997, (H. 4) 25–31, hier 25.

27 Letztere Möglichkeit wächst angesichts der zunehmenden Fülle von Daten täglich.

28 Je nach Bundesland werden diese als Lehrpläne, Rahmenrichtlinien oder Rahmenpläne bezeichnet.

29 Seit 1995 ist eine Reihe neuer Schulbücher für den evangelischen Religionsunterricht erschienen. Vgl.: MUNZEL, FRIEDHELM/VEIT, MARIE: Religion – Brücken bauen. Unterrichtswerk für den evangelischen Religionsunterricht in der Grundschule, Stuttgart 1996; STEINWEDE, DIETRICH: Religionsbuch Ökumene. Unterrichtswerk für den evangelischen Religionsunterricht an Grundschulen, Düsseldorf 1996; ERTL, BRIGITTE/FLORIAN, ELISABETH, u.a: Wegzeichen (Religion 3, Religion 4), Frankfurt a. M. 1997; MACHALAT, CHRISTIAN/OLBRICH, HILTRAUT u.a.: Hand in Hand. Unterrichtswerk für den evangelischen Religionsunterricht in der Grundschule, Stuttgart 1995; BALDERMANN, INGO/BECKER, ULRICH/RUPPEL, HELMUT: Religion 5/6 – Hoffnung lernen, Religion 7/8 – Gerechtigkeit lernen, Religion 9/10 – Versöhnung lernen. Unterrichtswerk für den evangelischen Religionsunterricht in der Sekundarstufe, Stuttgart 1995.

30 In den katholischen Religionsbüchern *Exodus* und *Religionsunterricht in der Grundschule* heißen die entsprechenden Kapitel „Pascha feiern" und „Das Volk Gottes bekennt: Jahwe rettet". Beide Bücher sind vor 1995 erschienen. Vgl.: DEUTSCHER KATECHETEN-VEREIN: Exodus. Unterrichtswerk für den katholischen Religionsunterricht in der Grundschule,

Düsseldorf 1985; HALBFAS, HUBERTUS: Religionsunterricht in der Grundschule, Düsseldorf 1983. Neu ist das kath. Lehrwerk fragen – suchen – entdecken hg. von ORT, BARBARA/ RENDLE, LUDWIG mit Beratung durch KULD, LOTHAR (Kösel/Auer).

[31] LÄMMERMANN, GODWIN: Grundriss der Religionsdidaktik, Stuttgart/Berlin/Köln 1991, 182.

[32] KLAFKI, WOLFGANG: Neue Studien, a.a.O., 216.

[33] Vgl. Haltepunkt 1.

[34] WIND, RENATE: Befreiung buchstabieren. Basislektüre Bibel, Gütersloh 1995, 45.

[35] BERG, HORST KLAUS: Grundriss der Bibeldidaktik. Konzepte – Modelle – Methoden, München 1993, 41.

[36] HOWOLDT, SVEN: Diesem Looser nachfolgen? Ein Unterrichtsentwurf zum Thema „Jesus Christus" für die Berufsschule, in: entwurf 1996 (H.1), 69–73.

[37] Ebd. 69.

[38] Hier greift der Lehrer vorrangig auf Ausschnitte von Spielfilmen zurück, denen er eine hohe Akzeptanz bei Berufsschüler/-innen bescheinigt.

[39] SCHWEITZER, FRIEDRICH: Zwischen Theologie und Praxis – Unterrichtsvorbereitung und das Problem der Lehrbarkeit von Religion, in JRP 7 (1990), Neukirchen-Vluyn 1991, 25.

[40] Vgl. SCHWEITZER, FRIEDRICH/NIPKOW, KARL ERNST/FAUST-SIEHL, GABRIELE/KRUPKA, BERND: Religionsunterricht und Entwicklungspsychologie. Elementarisierung in der Praxis, Gütersloh 1995, 144f. Vgl. weiterhin Haltepunkt 1.

[41] Hier sieht die Symboldidaktik einen wichtigen Anknüpfungspunkt, vgl. Kap. II,3.

[42] Ob die Gemeinschaft der christlichen Motorradfahrer ebenso für die Mädchen ein wichtiger inhaltlicher Bezugspunkt sein kann, müsste auf eine konkrete Schüler/-innengruppe bezogen problematisiert werden.

[43] Vgl. Kap. I, 3; ein weiterer Überblick über wichtige entwicklungspsychologische Literatur ist bei SCHWEITZER/NIPKOW u.a. zu finden, a.a.O., 184–193.

[44] Bisher konzentriert sich die Aufmerksamkeit wissenschaftlichen Interesses eher darauf, die Bedeutung herauszuarbeiten, die der Wahrnehmung von Schüler/-innenerfahrungen zukommt. Dieser Forschungsansatz unterstreicht die Forderung nach einem aneignungsorientieren Lernen im Religionsunterricht. Neben VEIT, die Überlegungen zu einer theologisch fundierten didaktisch–hermeneutischen Analyse von Schüler/-innenerfahrungen anstellt, ist BIEHL zu nennen, der in seinen beiden Bänden zur Symboldidaktik die Erfahrungen der Schüler/-innen überzeugend in die Unterrichtsvorbereitung einbindet.

[45] VEIT, MARIE: Ihre Religion – meine Theologie. Die „Religion" unserer Schüler – wie erkennen wir sie? In: entwurf 1995 (H.1), 3–7.

[46] MARTIN WAGENSCHEIN, zit. nach GLÖCKEL, HANS: Vom Unterricht. Lehrbuch der Allgemeinen Didaktik, Bad Heilbrunn 1992, 167.

[47] KIERKHOFF, MOGENS: Mindmapping. Einführung in eine kreative Arbeitsmethode, Offenbach 1995.

[48] LÄMMERMANN, GODWIN: Grundriss der Religionsdidaktik, Stuttgart/Berlin/Köln 1991, 181.

[49] JANK, WERNER/MEYER, HILBERT: Didaktische Modelle, Frankfurt a. M. 1991, 154.

[50] SCHWEITZER/NIPKOW u.a., a.a.O., 26, vgl. auch Haltepunkt 5.

[51] LÄMMERMANN, a.a.O., 180.

[52] Vgl. II, 2.1.

[53] BECKER, ULRICH/JOHANNSEN, FRIEDRICH/NOORMANN, HARRY: Neutestamentliches Arbeitsbuch für Religionspädagogen, Stuttgart/Berlin/Köln 1993, 282–286. Die hier zusammengestellten exegetischen Schritte sind für eine Sachanalyse sehr hilfreich.

[54] LÄMMERMANN in Anlehnung an LACHMANN, 180.

[55] Hier ist besonders die feministische Theologie zu nennen, die einer Sachanalyse neue Akzente verleiht und die Didaktik des Religionsunterrichts durch neue Methoden bereichert. Vgl. LEHMANN, CHRISTINE: Wie können wir heute von und zu Gott sprechen? Mädchen machen in der Freiarbeit an den Psalmen Entdeckungen, in: ru (1999) H.4. 114–119.

[56] BIEHL, PETER: Band I, a.a.O., 74–81. Zum Verständnis des folgenden Abschnitts könnte es erforderlich sein, seine Überlegungen im Zusammenhang nachzulesen.

[57] Hier zieht BIEHL religionswissenschaftliche Forschungsergebnisse von MIRCEA ELIADE heran.

[58] SCHWEITZER/NIPKOW, a.a.O., 28.

[59] Hier leisten Mindmaps gute Hilfen, weil sie die Vernetzungen eines solchen gedanklichen Gitters visualisieren helfen.

[60] BIEHL, a.a.O., 81–83.

[61] wie z.B. Mündigkeit, Selbst- und Mitbestimmungsfähigkeit, Verantwortungsbewusstsein.

[62] BIEHL, PETER: Erfahrung, Glaube und Bildung. Studien zu einer erfahrungsbezogenen Religionspädagogik, Gütersloh 1991, 124–223.

[63] JANK, WERNER/MEYER, HILBERT: Didaktische Modelle, Frankfurt a. M. 1991, 305. Psychomotorischen Unterrichtszielen kommt in der Grund- und in der Sonderschule eine wichtige Bedeutung zu.

[64] Dies.: Leitfaden zur Unterrichtsvorbereitung, Königsstein/Ts. 1980, 133–150.

[65] JANK, WERNER/MEYER, HILBERT: Didaktische Modelle, Frankfurt am Main 1991, 302.

[66] Ebd., 300.

[67] SCHWEITZER/NIPKOW, Elementarisierung, a.a.O., 170.

[68] BERG, Grundriss, a.a.O., 38.

[69] KLAFKI, WOLFGANG: Neue Studien zur Bildungstheorie und Didaktik. Beiträge zur kritisch-konstruktiven Didaktik, Weinheim und Basel 1985, 223.

[70] SCHULZ, a.a.O., 52.

[71] WILKE, URSULA (Hg.): Ich bin gefragt. Ethik 5/6, Berlin 1997, 148–165.

[72] WILKE, a.a.O., 152.

[73] „Der Schöpfergott in Esthers Erzählung wusste, was er wollte. Deswegen konnte er bewerten, was er getan hatte und befinden: Es war sehr gut“ (ebd., 157).

[74] Ebd., 161.

[75] Ebd., 163.

[76] Da zu dem Schulbuch noch kein Lehrerband vorliegt, kann ich nur implizit von den Unterrichtsinhalten auf die Unterrichtsziele schließen.

[77] KANT, IMMANUEL: Logik Bd. III, 448, zit. nach H. v. HENTIG: Ach, die Werte! Über eine Erziehung für das 21. Jahrhundert, München und Wien 1999, 138.

[78] FRIEDRICH SCHORLEMMER in Frankfurter Rundschau 14. 6. 1993, zit. nach MESSNER, RUDOLF: Pädagogisches Handeln angesichts der Lebenssituation junger Menschen, in forum religion 1995 (H. 3), 32–39.

[79] Wegweiser: Zur vertiefenden Auseinandersetzung vgl.. SCHEILKE, CHRISTOPH TH./ SCHWEITZER FRIEDRICH (Hg.): Religion, Ethik, Schule. Bildungspolitische Perspektiven in der pluralen Gesellschaft, Münster 1999.

[80] HUBER, WOLFGANG: Bedrohte Welt und christlicher Glaube, zit. nach METTE, NORBERT: Religionspädagogik, Düsseldorf 1994, 152.

[81] Vgl. die Abschnitte III, 2.2.–III, 2.5.

[82] Wegweiser: Zur Auseinandersetzung mit Stationenlernen vgl. HEGELE, IRMINTRAUT (Hg.): Lernziel Stationenarbeit. Eine neue Form des Offenen Unterrichts, Weinheim und Basel ³1996.

[83] MEYER, HILBERT: Unterrichtsmethoden, Band I, Frankfurt a. M. 1987, 236.

[84] KRETSCHMER und STARY definieren Unterrichtsprinzipien folgendermaßen: „Unterrichtsprinzipien werden zur Planung, Durchführung, Auswertung und Legitimation von Unterricht herangezogen. Unterrichtsprinzipien sagen, wie Unterricht sein soll und/oder wie er nicht sein soll (normativer Charakter und Rezeptcharakter). Unterrichtsprinzipien sind Ausdruck didaktischer Tradition,“ a.a.O., 71.

[85] Es sei an dieser Stelle darauf hingewiesen, dass sich ein solches methodisches Vorgehen nur für Klassen eignet, die sachorientiert arbeiten und friedlich miteinander umgehen können.

[86] Unter Unterrichtsprinzipien sind allgemeindidaktische und fachspezifische Grundsätze zu verstehen. Vgl. GLÖCKEL, 273–309.

[87] Vgl. GLÖCKEL a.a.O., 96.

[88] Ebd., 171f.

[89] GOßMANN, KLAUS/METTE, NORBERT: Lebensweltliche Erfahrung und religiöse Deutung. Ein religionspädagogisch–hermeneutischer Zugang, in Comenius Institut: Religion in der Lebensgeschichte. Interpretative Zugänge am Beispiel der Margret E., Münster 1993, 163–175, hier 166.

[90] KLAUS WEGENAST, zit. nach GOßMANN und METTE, a.a.O., 164.

[91] Hartmut v. Hentig, zit. nach Comenius Institut: Aneignung und Vermittlung. Beiträge zu Theorie und Praxis einer religionspädagogischen Hermeneutik, Münster 1995, 11.

[92] Biehl, Peter: Vermittlung als theologisches und didaktisches Problem, in: Goßmann und Mette, a.a.O., 17–34, hier 32.

[93] Vgl. ebd., 23–31 und Schweitzer u.a., a.a.O., 180ff.

[94] Jürgensen, Eva (Hg.): Frauen und Mädchen der Bibel, Lahr 1997, 217–221.

[95] Glöckel, a.a.O., 172.

[96] Ebd., 172–177.

[97] So ordnet er z.B. der methodischen Grundstruktur „Auseinandersetzung mit konkurrierenden Sinndeutungen und Wertkonflikten, begründete Stellungnahme" folgende Lernzielarten zu: „Darlegung oder Einarbeitung der kontroversen Positionen – erste Stellungnahme, erste Auseinandersetzung mit Gegenpositionen – gründliche Erarbeitung der notwendigen Informationen und Argumente – tiefer dringende Auseinandersetzung in offener Diskussion oder formaler Debatte, neue, begründete Stellungnahme in persönlicher Entscheidung – Aufarbeitung: Fassung und Darstellung des Ergebnisses" (ebd. 176).

[98] Biehl, Peter: Vermittlung als theologisches und didaktisches Problem, in: Becker und Scheilke, a.a.O., 17–34, hier 30.

[99] Adam, Gottfried/Lachmann, Rainer (Hg.): Methodisches Kompendium für den Religionsunterricht, Göttingen 1993.

[100] Vgl. S. 250ff.

[101] Schulz, a.a.O., 168.

[102] Kretschmer und Stary, a.a.O., 73.

[103] Das heißt aber nicht, dass hier einem übermäßigen Medieneinsatz das Wort geredet werden soll. Im Rahmen einer Unterrichtsstunde ist es sinnvoll, sich auf ein zentrales Medium zu konzentrieren und weitere Medien nur dann einzusetzen, wenn sie die Wirkungen und die Aussage des zentralen Mediums unterstreichen helfen. Ansonsten besteht die Gefahr, dass die Schüler/-innen ihre Aufmerksamkeit nicht zentrieren können und dass Besinnlichkeit, Verweilen und Kreativität unter einer „Medienflut" erstickt werden. Die Arbeit an Lernstationen ist in der Regel medienintensiver als die gemeinschaftliche Arbeit im Klassenverband. In der geschilderten Stunde war das zentrale Medium der Bibeltext; die Steine dienten als kognitive und emotionale Einstimmung und Veranschaulichung des Problems. Die die Stationenarbeit stützenden Bilder, Sprechblasen und Aussagen halfen den Schüler/-innen, in einer relativ kurzen Zeit der Erarbeitung zu guten Ergebnissen zu kommen und sich in der Schlussphase auf die Ergebnispräsentation zu konzentrieren.

[104] Schulz, a.a.O., 169.

[105] Vgl. die Problemskizze 194f.

[106] Mühlhausen, a.a.O., 116.

[107] Ebd.

[108] Solche und ähnliche Fragen könnten sich auch bei gegenseitigen Hospitationen als hilfreich erweisen. Längerfristig wäre zu erproben, ob eine Erleichterung der strukturellen Bedingungen für freiwillige, partnerschaftliche Hospitationen zu einer Verbesserung der Qualität von Unterricht führt.

[109] Schulz, a.a.O., 202.

[110] Natürlich kann nicht jede einzelne Unterrichtsstunde entlang aller hier angeführten Aspekte vorbereitet werden. Ziel einer solchen Darstellung kann nur sein, auf exemplarische Weise nachzuvollziehen und selbst zu erproben, was bei der Unterrichtsvorbereitung alles bedacht sein will.

[111] Vgl. Kapitel 57ff und 197ff.

[112] Um die Seite der Schüler/-innen angemessen berücksichtigen zu können, empfiehlt es sich, in der Anfangsphase Ihrer Vorbereitungen diesen Ihre vorläufigen Überlegungen zu erläutern und deren Reaktionen in die weiteren Planungsüberlegungen aufzunehmen. Kurz vor Abschluss des Vorbereitungsprozesses bietet sich zum einen ein Planungsgespräch mit den Schüler/-innen und zum anderen ggf. auch mit Kolleginnen und Kollegen an, in dem Sie die Unterrichtseinheit erläutern, weitere Fragen und Vorschläge aufnehmen und Absprachen treffen.

[113] Der Wert solcher schriftlichen Prozessplanungsskizzen ist umstritten. Bestand die Praxis lange Jahre in einem schematischen Umgang, der bei der Analyse von Unterricht darauf Wert

legte, dass auf das geplante Lehrer/-innenverhalten auch tatsächlich das erwartete Schüler/-innenverhalten erfolgte und die Lernprozesse im Rahmen der geplanten Zeitvorgaben verliefen, so zeichnet sich zunehmend ein flexibler Umgang mit Prozessplanungen ab. Wenn diese als zeitliche, inhaltliche und methodische Stukturierungshilfe sowie als Grundlage für eine didaktisch fundierte und flexible Unterrichtsdurchführung verstanden werden, haben sie in der Praxis durchaus ihre Berechtigung. Im Rahmen künftiger Bemühungen um eine dialogische Unterrichtsplanung wird zu erproben sein, wie Prozessplanungen beschaffen sein könnten, um flexibel handhabbar zu sein und situative Entscheidungen nicht zu behindern. In dem o.g. Vorschlag für eine Planungsskizze wurde mit Hilfe einer Spalte für alternative Unterrichtsschritte versucht, eine Flexibilität bei situativen Entscheidungen anzubahnen.

114 Lernphasen helfen, eine Unterrichtsstunde unter didaktischen Gesichtspunkten zu gliedern. Den Lernphasen können Unterrichtsschritte zugeordnet werden. So weist eine Religionsstunde, in der das selbständige und das gemeinschaftliche Lernen annähernd zu gleichen Teilen berücksichtigt sind, häufig folgende Grobstruktur auf: Sie besteht aus mindestens drei Lernphasen mit jeweils unterschiedlicher didaktischer Funktion. In der Anfangsstufe kann dies z.B. die Motivation, Problemstellung, innere Sammlung oder Wiederholung sein. Bei der folgenden „Stufe der Schwierigkeiten“ besteht die didaktische Funktion der Lernphase darin, zu einer Erarbeitung des Problems zu kommen. Während der dritten Stufe, der „Stufe der Lösung“, ist der Unterricht daraufhin zu planen, dass ein Vergleich und eine Sicherung der Arbeitsergebnisse möglich werden. Eine Übertragung der Lösung (Transfer) auf andere Beispiele kann während dieser Phase oder auch in einer gesondert zu planenden Lernphase erfolgen.

115 Ein Beispiel finden Sie in III,2.

116 STEFFENSKY, FULBERT: Aus dem Erbe neue Horizonte erschließen, in: forum religion (1996) H. 1, 40–45, 45.

117 Ebd., 45.

118 SCHULZ, a.a.O., 99–100.

2 Unterrichtsvorbereitung – der schriftliche Entwurf

(*Kirsten Hanf*)

UNTERRICHTSENTWURF
(ausführlich)

Schule: Hauptschule
Klasse: 8 (Religionskurs)
Sch.zahl: 17 (9 Mädchen, 8 Jungen)

Thema der Unterrichtseinheit:
Religion im Gespräch mit der Kunst: Keith Haring (K. H.), „The Ten Commandments" und wir.
Es handelt sich um eine Unterrichtseinheit, die auch als fächerverbindender Unterricht in Zusammenarbeit von Kunst und Religion durchgeführt werden kann. Im Folgenden wird eine Stunde aus der Einheit ausführlich dargestellt.

Thema der Unterrichtsstunde:
Ein „Gespräch" mit einem Bild aus „The Ten Commandments" führen: Wie der Künstler die Beziehung zwischen Mensch und Gott darstellt und ich mir diese Beziehung vorstelle (vereinfachte Formulierung des Stundenthemas für die Schüler/-innen (Sch.): Nachdenken über die Beziehung zwischen Gott und Mensch).

Stellung der Stunde in der Einheit:
1. Wahrnehmungen, Assoziationen und Eindrücke zu ausgewählten Kunstwerken von K.H. artikulieren, austauschen und kreativ experimentell umsetzen
2. Den Lebensweg K. H.s kennen lernen
3. Ein Wandplakat zu Leben und Werk von K.H. gestalten
4. **Ein „Gespräch" mit einem Bild aus „The Ten Commandments" führen: Wie der Künstler die Beziehung zwischen dem Menschen und Gott darstellt und ich mir diese Beziehung vorstelle**
5. Die Einleitung des Dekalogs zu dem Bild von K.H. in Beziehung setzen und die Beziehung Gott – Mensch reflektieren
6. „The Ten Commandments" – den 10 Geboten in Bildern begegnen
7. Die 10 An-Gebote der Bibel im Kontext ihrer Entstehungsgeschichte verstehen
8. Sich auf den Weg einer Aktualisierung begeben: eigene Gestaltungs- und Formulierungmöglichkeiten für die 10 An-Gebote finden
9. Anhand der eigenen Gestaltungs- und Formulierungsversuche reflektieren, welche Bedeutung die 10 Gebote in der heutigen Zeit haben

1. Situatives thematisches Umkreisen

1.1 Mögliche Zugänge der Schüler/-innen zum Thema

Ich habe mich von folgenden Interessen und Fähigkeiten der Sch. meines Religionskurses leiten lassen, als ich Keith Haring, seine Kunst und damit verbunden den Werkzyklus „The Ten Commandments" für sie ausgewählt habe:

a) Wie ich in meinem bisherigen Unterricht feststellen konnte, sind die Sch. des Religionskurses besonders stark durch ansprechendes Bildmaterial zu motivieren, sich mit religiösen Themen auseinander zu setzen.

b) Des Weiteren sind sie gern selbst gestalterisch tätig. Sie können Informationsplakate erstellen, haben unterschiedliche Spiele selbst entwickelt, stellen Collagen zusammen, u.v.m. Sie entwickeln so auch gern auf kreative Weise Zugang zu Themen des Religionsunterrichtes.
c) Außerdem wirkt es sich nach meiner Erfahrung positiv auf das Unterrichtsgeschehen in Religion aus, wenn die Sch. eine Verbindung zwischen dem Konfirmandenunterricht und dem schulischen Religionsunterricht herstellen können. Sie haben so die Möglichkeit, bereits erworbenes Wissen einzubringen und gehen motiviert an die Weiterarbeit.[1]
d) Eher zufällig entstand vor einigen Wochen zum Ende einer Stunde eine Diskussion unter den Sch. über das Wesen Gottes. Angeregt unterhielten sie sich darüber, wie Gott wohl sei und warum Gott das Böse in der Welt zulässt.

1.2 Eigene Zugänge zum Thema

Da ich mich selbst für moderne Kunst interessiere, haben mich die Kunstwerke von K.H. angesprochen. Seine klaren, ausdrucksstarken Bilder und die ungewöhnlichen Darstellungsformen eröffneten mir einen neuen Zugang zu den 10 Geboten und forderten mich heraus, der in den Bildern enthaltenen Kulturkritik nachzugehen und die einzelnen Kunstwerke zu den Zehn Geboten in Beziehung zu setzen. Dabei bin ich darauf aufmerksam geworden, dass K.H. scheinbar nur in einem der Bilder Gott selbst darstellt. Aus dieser Entdeckung erwuchs die Idee, in der hier dargestellten Stunde anhand dieses Kunstwerkes mit den Sch. die Beziehung zwischen Gott und Mensch zu thematisieren und die Vorstellungen der Sch. zu den Vorstellungen des Künstlers sowie zu den Vorstellungen von Theologen und Philosophen in Beziehung zu setzen.

1.3 Ausgangsbedingungen und Lernvoraussetzungen

Ich unterrichte die Lerngruppe seit ca. einem 3/4 Jahr im Fach evangelische Religion. Der Kurs setzt sich aus 17 Sch., 9 Mädchen und 8 Jungen, zusammen. Sie sind alle Sch. derselben Klasse 8 einer Hauptschule.
Das Verhältnis zwischen der Lerngruppe und mir schätze ich als gut ein. In der Klasse herrscht eine allgemein gute Unterrichtsbeteiligung. D. und P. heben sich durch sehr gute und häufige Wortbeiträge hervor. S., Ma. und M. beteiligen sich ebenfalls rege am Unterrichtsgeschehen, machen jedoch auch gelegentlich durch Unterrichtsstörungen auf sich aufmerksam. X. und J., zwei ausländische Schüler/-innen, sind auf Grund ihrer Sprachschwierigkeiten während der Unterrichtsgespräche zurückhaltend, beteiligen sich aber intensiv an Gruppen- und Einzelarbeiten und sind zunehmend bereit, Ergebnisse vorzustellen. Auch wenn viele Sch. des Kurses den Konfirmandenunterricht besuchen, haben sie wenig Erfahrungen mit der Kirche und dem Christentum. Im Vergleich zu anderen Hauptschulklassen bringen die Sch. dieses Kurses ein hohes Maß an sozialer Kompetenz mit. Sie sind mit unterschiedlichen Sozialformen und ins besondere mit Gruppenarbeit gut vertraut. Es existieren leistungsheterogene Gruppen, deren Zusammensetzung sich die Sch. selbst ausgewählt haben. Schwächer ist der Kurs im Bereich von schriftlichen Leistungen. Viele Sch. sind dazu nur schwer zu motivieren und dankbar für handlungsorientierte Aufgabenstellungen.

2. Fachwissenschaftliche und didaktische Durchdringung

2.1 Überlegungen zur Sache

K. H. lebte von 1958–1990. Seine graffiti-ähnlichen Kunstwerke machten ihn weltbekannt. Das ausgewählte Bild von K. H. ist Teil des Werkzyklus‘ „The Ten Commandments“, der aus zehn Kunstwerken besteht und von K. H. 1985 in die riesigen Arkaden des Musée d'Art Contemporain in Bordeaux installiert wurde. Dabei hat er darauf verzichtet, die einzelnen Kunstwerke jeweils einem Gebot zuzuordnen.

Das ausgewählte Bild zeigt einen großen roten Unterarm mit Hand, der vom oberen Bildrand bis in die Mitte des Bildes ragt. Er hebt sich von einem leuchtend gelben Hintergrund ab. Nah des oberen Bildrandes befindet sich auf dem Unterarm ein riesiges schwarz gezeichnetes Auge, das den Betrachter anschaut. Durch comic-ähnlich gezeichnete Bewegungsstriche neben dem Arm scheint es, als bewege sich dieser.
Die Hand hält eine blau-graue menschenähnliche, geschlechtslose Figur am Rumpf fest. Auch diese Figur hebt sich von dem gelben Hintergrund ab; nur ein Fuß und zwei Hände ragen in einen grünen Boden mit violetten Tupfern, der sich waagerecht von links nach rechts durchs untere Viertel des Bildes zieht.
Die Figur hängt geradezu in der roten Hand; Arme, Beine und Kopf scheinen kraftlos zu baumeln; der ganze Körper ist seltsam verdreht. An der der Hand zugewandten Körperseite befinden sich die für K. H. typischen „Strahlen-Striche", die meist Energie symbolisieren.
Da das Kunstwerk Teil von „The Ten Commandments" ist, provoziert es geradezu, es auf seinen religiösen Gehalt hin zu untersuchen.
Es ist anzunehmen, dass die Hand Gott und die Figur den Menschen repräsentiert und das Bild etwas über die Vorstellung K. H.s über die Beziehung zwischen Gott und Mensch aussagt. Eindeutig ist, dass der Menschen sowohl mit Gott als auch mit der Welt (dem grünen Boden) verbunden ist. Das Bild ist offen. Meines Erachtens sind unterschiedliche Interpretationen möglich:

a) Der erschlaffte Mensch wird von Gott gehalten; Gott lässt ihn nicht los, nicht allein, und schenkt ihm neue Energie. Der Mensch befindet sich zwischen Himmel und Erde.
b) Gott hält den Menschen nicht richtig fest. Es sind nur die Fingerspitzen Gottes, die eine Verbindung zum Menschen herstellen. Der Mensch scheint Gott zu entgleiten.
c) Der Mensch entwindet sich der Hand Gottes.
d) Gott hält den Menschen, setzt ihn auf der Erde ab und entlässt ihn in die Freiheit. Soll das Bild ein Kommentar zum 1. Gebot sein?[2]

Eine Interpretation, dass keine Beziehung zwischen Gott und Mensch besteht, schließt das Kunstwerk aus. Der Glaube an einen beschützenden Gott, der Zweifel an Gottes Nähe und die Ablehnung Gottes als eine Projektion des Menschen, sind drei grundlegende Haltungen, wenn es um die Gottesfrage geht (vgl. Zink, Wiesel, Marx Abb. 7). Das Kunstwerk regt dazu an, sich mit diesen Grundeinstellungen auseinander zu setzen.
Aus biblischer Sicht ist der Mensch Geschöpf, das das Leben von Gott empfängt. Er ist als Bild Gottes geschaffen, und ihm ist die Welt anvertraut (Gen 1, 26–28). Der Mensch hat die Freiheit, nach eigenem Willen in der Welt zu handeln (Gen 3ff) und wird dabei von Gott getragen und begleitet (Ex 20, 2).

2.2 Didaktische Überlegungen

Die Sch. des Religionskurses sind, wie viele Sch. der 1990er Jahre, mit einer enormen Bilderflut konfrontiert. Computerspiele, Comiczeichnungen und die Bildwelt in Film und Fernsehen prägen ihr ästhetisches Empfinden. Comic-ähnliche Figuren werden von ihnen auf Federetuis und Rucksäcke gemalt, Toiletten- und Häuserwände mit graffiti-ähnlichen Schriftzeichen verziert. Der Künstler K.H. arbeitet mit einer den Sch. entsprechenden Bildsprache. Seine Graffiti-Kunst, seine comic- und pictogrammorientierte Zeichensprache entspricht ihrer Alltagssprache. In seinem Werk spiegeln sich seine Lebenserfahrung, sein soziales Engagement sowie auch seine Auseinandersetzung mit dem christlichen Glauben.[3]
Das ausgewählte Kunstwerk scheint mir deshalb in besonderer Weise geeignet, um mit den Sch. über die Beziehung Gott – Menschen ins Gespräch zu kommen, sich mit unterschiedlichen Vorstellungen über diese Beziehung auseinander zu setzen und gemeinsam einem Menschen zu begegnen, der seine Vorstellung von der Beziehung Gott – Mensch bildnerisch umgesetzt hat.

Ein Religionsunterricht, der die ästhetischen Erfahrungen von Sch. berücksichtigt, motiviert sie, sich mit fremder und eigener Religiosität auseinander zu setzen. *Kunst öffnet einen der anspruchsvollsten, aber auch wirksamsten Wege zur Erschließung der biblischen Überlieferung.*[4]
Wird der Mensch von Gott gehalten? Wird der Mensch in die Freiheit entlassen? Entgleitet der Mensch Gott? Lässt Gott den Menschen fallen? Findet der Mensch bei Gott Schutz und Geborgenheit?[5] ... Das Bild von K.H. gibt keine eindeutigen Antworten; es ist mehrdeutig. Die Sch. haben so die Freiheit, eigene Vorstellungen zu entwickeln, eigene Erfahrungen einzubringen und eigene Interpretationen des Bildes zu formulieren.[6]
Viele Sch. des Religionskurses erleben meiner Beobachtung nach ein hohes Maß an Unsicherheit: Sie erleben oder haben erlebt, dass Elternteile „wechseln" bzw. „verloren gehen"; dass Mütter geschlagen werden; dass Werte und Normen zur Disposition stehen; dass sie im Heimatland nicht mehr sicher sind und flüchten müssen; dass sie eine neue Sprache erlernen müssen und von Menschen umgeben sind, die sie nicht verstehen; sie erleben Missbrauch, Sucht, u.v.m. Viele leiden unter mangelnder Geborgenheit und Sicherheit[7] und suchen nach einem Menschen, nach Sinn und manche vielleicht auch nach Gott, um sich an ihm festzuhalten. Nipkow hält die „Gottesfrage" für eine elementare Grundfrage von Sch.[8] Vor dem Bild K.H.s kann diese Frage diskutiert werden. Wird das Bild in Analogie zu dem Text von Jörg Zink interpretiert, werden den Sch. in K.H. (und Zink) zwei Menschen vorgestellt und zur Identifikation angeboten, die die Existenz und begleitende Hand Gottes in ihrem Leben erfahren.
Die Heranwachsenden (*wollen*) *die Wahrheit der Bibel zwar nicht als vorgegebene Norm akzeptieren* [...], (*sind*) *aber bereit* [...], *sich mit glaubwürdig gelebten Beispielen eines biblisch begründeten Glaubens auseinander zu setzen.*[9]
Sch., die Zweifel an der Existenz oder an der Zuwendung Gottes haben, können durch die Aussagen von Wiesel und Marx deutlich erfahren, dass auch ihre Ansichten im Religionsunterricht vertreten und gefragt sind.
Alle Sch. erleben, dass die Frage nach Gott und seiner Beziehung zu den Menschen Erwachsene ebenso beschäftigt und dass Theologen, Philosophen und Künstler seit jeher über diese Frage nachdenken.
Den Sch. wird eine eigene Standortfindung erleichtert.
Die Sch. [...] (*erfahren und beurteilen*) *unterschiedliche Antworten auf Grundfragen des Menschseins und Erklärungen von Wirklichkeit aus der Sicht christlicher Glaubensaussagen* [...].[10]
Durch das Bild von K.H. werden die Sch. auf die Einleitung des Dekalogs: *Ich bin der Herr, dein Gott! Ich habe dich aus Ägypten herausgeführt, ich habe dich aus der Sklaverei befreit*[11] vorbereitet. Gott stellt sich hier als der Persönliche, sich dem Menschen Zuwendende und Helfende vor.
Die Unterrichtseinheit bemüht sich im Sinne der Kontextdidaktik um die Verknüpfung des Grundbescheids „Gott stiftet Gemeinschaft" mit den Fragen und der dargestellten Situation der Sch.[12]
Das Thema der Unterrichtseinheit „Religion im Gespräch mit der Kunst: K. H., ‚The Ten Commandments' und wir" lehnt sich an das in den Rahmenrichtlinien für den evangelischen Religionsunterricht an Hauptschulen festgelegte Leitthema für die Schuljahrgänge 7/8 „Verschiedene Lebensgemeinschaften: Familie – Schule – Gemeinde" an. In diesem Zusammenhang ist der thematische Aspekt „Normen und Verhaltensbestimmungen in verschiedenen Gemeinschaften" und als beispielhafter Inhalt „Die Zehn Gebote (2 Mose 20)" benannt.[13]
Darüber hinaus wird unter Punkt 1.3.2 „Lernfelder" unter „Lernfeld A: Bibel, Christentum und Kirche in Geschichte und Gegenwart" dazu aufgefordert, Sch. Grundkenntnisse zur Bibel zu vermitteln, sie mit zentralen Texten und Themen der biblischen Botschaft sowie mit Gestalten und Zeugnissen des christlichen Glaubens aus der Gegenwart bekannt zu machen und ihnen diese zur Reflexion vorzustellen.[14]

2.3 Ziele der Unterrichtsstunde

Grobziel:
Die Sch. sollen sich anhand eines Bildes aus „The Ten Commandments" von K.H. mit der Frage auseinander setzen, ob es eine Beziehung zwischen Gott und den Menschen gibt und wie diese aussehen könnte.

Feinziele:
Die Sch. sollen:

- Überlegungen darüber anstellen, wie sie selbst oder Menschen, die sie kennen, zu Gott stehen und diese Beziehung bildnerisch darstellen;
- sich bewusst werden, dass Menschen die Beziehung Gott – Mensch unterschiedlich erfahren;
- erfahren, dass unterschiedliche Ansichten über die Existenz Gottes und seiner Beziehung zu den Menschen im Religionsunterricht akzeptiert sind;
- sich mit der Darstellung der Gottesbeziehung auf dem Bild von K. H. auseinander setzen;
- in K. H. einen Menschen kennen lernen, der mit der Gegenwart Gottes rechnet und von einer Nähe Gottes zu den Menschen ausgeht.

3. Methodische Überlegungen und Planungsskizze

3.1 Hinführung

Der Einstieg in das Stundenthema erfolgt im Rahmen eines Sitzhalbkreises vor der Tafel, weil durch diesen eine gute Gesprächsatmosphäre unterstützt wird. Ferner ermöglicht der Halbkreis allen Sch. eine gute Sicht auf das an der Tafel hängende, dem Kunstwerk nachempfundene Bild, auf dem alle Elemente des Kunstwerkes von K. H. bis auf die graublaue Figur zu sehen sind. Die L. stellt den Sch. das nachgestaltete Kunstwerk von K. H. vor (vgl. Abb. 1). Nach einer Zeit des Betrachtens regt sie ein Gespräch über das Bild an. Durch unterschiedliche Fragen und Impulse der L. (vgl. Verlaufsskizze) werden die Sch. dazu aufgefordert, persönliche Eindrücke, Ideen und Deutungen des Bildes zur Sprache zu bringen und identifizieren die Hand als mögliche Darstellung Gottes.

3.2 Erarbeitung I

Anschließend leitet die L. zur ersten Erarbeitungsphase über. Sie stellt den Sch. acht typische Haring-Figuren in unterschiedlichen Haltungen vor (vgl. Abb. 2). Die daraufhin folgende Aufgabenstellung visualisiert sie für die Sch. – während sie diese erklärt – auf einem Plakat und heftet es an die Tafel. So können die Sch. im weiteren Verlauf nochmals kontrollieren, ob sie die Aufgabenstellung richtig verstanden haben; durch dieses Vorgehen spricht die L. nicht nur die akustische, sondern auch die visuelle Wahrnehmung an.
Zur Bearbeitung der Aufgabenstellung bilden die Sch. kleine Gesprächsgruppen innerhalb des Sitzhalbkreises. Die Kleingruppenarbeit ermöglicht den Sch. die Verbalisierung von komplizierten Gedankengängen in geschütztem Rahmen; das Ergebnis muss nicht vom Einzelnen vertreten werden. Außerdem haben mehr Sch. als in der Großgruppe die Möglichkeit, zu Wort zu kommen. Gemeinsam besprechen sie, wie sie sich oder evtl. andere die Beziehung zwischen Menschen und Gott vorstellen und wie sie diese Beziehung bildlich mit Hilfe einer der Haring-Figuren darstellen können, die sie vorläufig erst einmal in Gedanken in das Bild integrieren und in Beziehung zur Hand setzen.
Die handlungsorientierte Aufgabenstellung hat hohen Aufforderungscharakter. Die Gespräche in den Kleingruppen ermutigen die Sch. dazu, eigene Erfahrungen zu verbalisieren und zu visualisieren sowie ihre soziale Kompetenz auszubilden.

Folgende Möglichkeiten der Differenzierung bieten sich in dieser Phase an: Sollten bei einigen Gesprächsgruppen Schwierigkeiten auftreten, können die Sch. mit Hilfe von Karten, auf denen Aussagen von Menschen über ihr Verhältnis zu Gott stehen, ihre Zuordnung einer Haring-Figur vornehmen. Die Karten werden gegebenenfalls von der L. zur Verfügung gestellt (vgl. Abb. 4).
Kleingruppen, die schnell arbeiten, können sich weitere Darstellungsmöglichkeiten überlegen oder mit den oben genannten Karten arbeiten.

Abschließend stellen die einzelnen Kleingruppen ihre Ergebnisse vor. Eine Gruppensprecherin/ein Gruppensprecher tritt an die Tafel, heftet die ausgewählte Figur an die besprochene Stelle und erklärt, was die Gruppe damit ausdrücken wollte. Wenn die nächste Gruppe vorstellt, wird die Figur der vorangegangen Gruppe wieder aus dem Bild genommen. Nachdem alle Gruppen ihre Ergebnisse präsentiert haben, regt die L. einen Vergleich der Darstellungen an.

Methodische Alternativen: Es wäre auch möglich, jeder Kleingruppe eine Abbildung des Kunstwerkes ohne die blau-graue Figur sowie außerdem verschiedene Haring-Figuren für die Darstellung der Beziehung Gott-Mensch zur Verfügung stellen. Dies hätte den Vorteil, dass zur Besprechung die unterschiedlichen Darstellungen nebeneinander aufgehängt und wahr genommen werden könnten und ein Vergleich einfacher wäre. Der Arbeitsaufwand zur Vorbereitung wäre dabei für die L. aber extrem erhöht.
Des Weiteren wäre es möglich, die methodischen Unterrichtsschritte auf zwei Stunden zu verteilen. Empfehlenswert wäre dann, den Sch. bei der Auswertung mehr Zeit zum Gespräch über ihre Vorstellungen zu geben, sie anschließend Überschriften für ihre Darstellungen finden zu lassen, diese auf Pappstreifen notiert für alle zum Abschluss der Stunde sichtbar an der Tafel aufzuhängen und in einem vergleichenden Gespräch zu besprechen.

3.3 Erarbeitung II

An die Erarbeitung I anschließend, leitet die L. zu einer vertiefenden zweiten Erarbeitungsphase über. Sie erklärt den Sch., dass sie ihnen bisher nicht das ganze Bild von K. H. gezeigt hat und stellt ihnen das komplette Kunstwerk vor (vgl. Abb. 3). Durch die L. angeregt, äußern sich die Sch. dazu, wie K.H. die Beziehung zwischen Gott und Menschen dargestellt hat und stellen auch hier einen Vergleich mit den eigenen Darstellungen an.
Zur intensiveren Auseinandersetzung mit dem Bild fordert die L. die Sch. auf, sich in Kleingruppen an ihren Gruppentischen zusammenzufinden. Jede Gruppe erhält eine Mappe, in der die genaue Aufgabenstellung und die dafür nötigen Materialien zu finden sind. Die Gruppen gehen selbstständig mit den Mappen um, dies fördert ihre Eigenverantwortlichkeit.
Die erste Aufgabe soll Spaß machen und einen ersten persönlichen Bezug zum Bild herstellen helfen. Die Sch. sagen spontan, was ihnen zu der Darstellung K.H.s einfällt. Danach sind sie aufgefordert, aus drei Texten den ihrer Meinung nach zum Kunstwerk passensten auszuwählen und den Namen des Autors auf einem Pappstreifen zu notieren. Abschließend überlegen sie sich eine Überschrift für das Kunstwerk; auch diese wird auf einem Pappstreifen notiert (vgl. Abb. 5, 7).

Folgende Möglichkeiten der Differenzierung bieten sich hier an: Sollte es bei der letzten Aufgabe zu Schwierigkeiten kommen, stellt die L. den Sch. verschiedene Überschriften für das Kunstwerk zur Verfügung, aus denen die Sch. dann eine passende auswählen (vgl. Abb. 6).
Sollte eine Gruppe eher mit der Erarbeitung fertig sein als andere, liegt ein weiterer Arbeitsvorschlag für sie bereit. Da sich die Sch. durch ihre schnelle Arbeit nicht bestraft

fühlen sollen, handelt es sich um eine Aufgabe, mit der sie vorrangig gestalterisch zum Thema tätig sein können. Sie malen die schwarz-weiß Abbildung des Bildes von K.H. an und notieren darauf ihre Überschrift (vgl. Abb. 3).

3.4 Präsentation und Ergebnissicherung

Zum Abschluss der Stunde hängt das komplette Kunstwerk von K.H. an der Tafel; die Sch. kommen wieder im Halbkreis zusammen; die einzelnen Gruppen stellen ihre Ergebnisse der zweiten und dritten Aufgabe vor, indem sie die Pappstreifen an die Tafel heften und sie mit Hilfe von Impulsen der L. kommentieren. Die L. achtet darauf, dass die Schüler/-innen X. und J. Gelegenheit erhalten, sich zu äußern.

3.5 Zeitminus/Zeitplus

Sollte es in der Stunde zu einem Zeitplus kommen, berichten die Sch., welche „Spontansätze" ihnen zum Kunstwerk eingefallen sind.
Kommt es zu einem Zeitminus, bearbeiten die Sch. nur die erste und zweite Aufgabe der zweiten Erarbeitungsphase. Aufgabe drei wird im Abschlussgespräch gemeinsam bearbeitet; evtl. werden dazu die von der L. vorbereiteten zur Differenzierung vorgesehenen Überschriften verwendet.

4. Nachbereitung – Reflexion der Unterrichtsstunde

Meine Erwartung, dass die Sch. sich vom Leben K.H.s und seiner Kunst angesprochen fühlen würden, traf zu. Über die 8. Klasse hinaus brach an der Schule ein wahres „K.H.-Fieber" aus, und auch andere Klassen drängten darauf, in Kunst und Religion zu K.H. zu arbeiten.
Die handlungsorientierte Auseinandersetzung mit dem Bild erwies sich als motivierend. Die Stunde hat bei den Sch. zu einer intensiven Auseinandersetzung sowohl mit dem Kunstwerk als auch mit der eigenen Gottesbeziehung geführt.
In der ersten Erarbeitungsphase waren die Darstellungen der einzelnen Gruppen sehr unterschiedlich. So setzte eine Gruppe eine traurige Figur ins Bild, die von Gottes Hand tröstend berührt wird. Eine andere benutzte zwei der Figuren: eine Figur wird von der Hand Gottes emporgeholt, weil sie etwas Schlechtes getan hat, die andere überredet Gott, den Freund noch ein wenig auf der Erde zu lassen. – Es zeigte sich im weiteren Verlauf der Stunde, dass diese Gruppe Gott vorrangig als strafend, kontrollierend und weniger als barmherzig und tröstend sieht. Besonders ein Junge, der Jeside ist, artikulierte dieses Gottesbild. Eine weitere Gruppe suchte eine Figur aus, die die Hand Gottes zaghaft fasst und Gott um Hilfe bittet. Ein Junge erzählte, dass er dies auch persönlich so mache. Seine Offenheit hat mich berührt, da er sich sonst eher „cool" zeigt.
Während der zweiten Erarbeitungphase wurde von den Sch. sowohl der Text von Elie Wiesel, als auch der von Jörg Zink als zum Kunstwerk passend ausgewählt. Die Sch. konnten ihre Auswahl sowie ihre Überschrift gut begründen und zeigten damit, dass sie sich intensiv mit den Bild auseinander gesetzt hatten.
Ich habe in dieser Stunde weder auf die Materialien zur Differenzierung noch auf die Alternativvorschläge zurückgegriffen.
Erfahrbar wurde für mich, dass die Stunde im Vergleich zu anderen von Seiten der L. eine hohe Konzentrationsfähigkeit erfordert, da die Moderation der L. für das Niveau der Reflexion sehr wichtig ist.
Eine Auswertung der Einheit habe ich wie folgt vorgenommen: Nach einem kurzen Gespräch bekamen die Sch. ein grünes und ein braunes Pappstück sowie eine Pappblüte. Auf grün wurde notiert, was gefallen hat, auf braun, was nicht gefallen hat und auf die Blüte, was noch gewünscht wird. Die grünen Stücke werden zu einem Erfolgsgipfel zusammengeklebt, die braunen zu einer Beschwerdemauer und die Blüten zu einem Wunschgarten. Die dargestellte Stunde tauchte bei den Sch. im Erfolgsgipfel auf.

3.6 Verlaufsplanung

Phase/Zeit	Geplanter Unterrichtsverlauf	Moderation der L. (Aufgaben, mögliche Fragen und Impulse)	Organisa-tionsform	Medien	Differenzierung
Hinfüh-rung 5 Min	• Begrüßung und Vorstellung • L. (Lehrerin) erklärt den Sch., dass sie sich heute mit ihnen besonders mit einem Bild von K. H. beschäfti-gen will • L. weist auf das Bild an der Tafel • L. fordert die Sch. auf, das Bild aufmerksam zu betrachten • Sch. betrachten das Bild • Evtl. spontane Äußerungen • Fragen und Impulse der L. • Sch. schildern ihre Eindrücke • Sch. und L. identifizieren die Hand als Darstellung von Gott	• L.: * Es werden drei Bereiche auf dem Bild dargestellt... * Welche Wirkung haben die einzelnen Farben auf euch? * Welche Beziehung könnte zwischen dem grünen Bereich und der roten Hand bestehen? * Schaut euch das Auge einmal näher an! * Wie wirkt das Auge auf euch?	Halbkreis vor der Tafel	Teil des Bildes von K. H. (Abb.1)	
Erarbei-tung I 15 Min	• L. leitet zur Aufgabenstellung über • L. erklärt die Aufgabe	• L.: * Ich habe euch heute einige von den typischen „Haring Figuren“ mitgebracht * Findet euch gleich in kleinen Gesprächs-kreisen zusammen.		Unterschiedliche Figuren (Abb.2) Aufgabenplakat	

Phase/Zeit	Geplanter Unterrichtsverlauf	Moderation der L. (Aufgaben, mögliche Fragen und Impulse)	Organisationsform	Medien	Differenzierung
	• Sch. überlegen, ordnen an • Sch. stellen ihre Ergebnisse vor und erklären ihre Zuordnung • Sch. vergleichen ihre Darstellungen (siehe Methodik: Alternativvorschlag)	* Überlegt euch in eurer Gruppe: Wie erfahren Menschen Gott in ihrem Leben?! * Wählt eine der „K. H.-Figuren" aus. Versucht sie auf dem Bild so anzuordnen, dass etwas über die Beziehung zwischen Gott (der Hand) und Menschen („K. H.-Figur") ausgesagt wird.	Gesprächsgruppen Halbkreis vor der Tafel	Hilfekarten (Abb. 4) Klebestreifen	• Differenzierung: a) Hilfen: Sch. können anhand von Karten, auf denen Aussagen von Menschen über ihr Verhältnis zu Gott stehen, ihre Zuordnung der Figur vornehmen. b) Schnelle Gruppen: wählen eine zweite „Figur" und stellen weitere Möglichkeiten dar oder arbeiten mit den Karten von a).
Erarbeitung II 10 Min	• L. leitet zu weiterer Aufgabe über • L. zeigt das Bild • Fragen der L. zum Bild • L. erklärt die Aufgabe	• L.: * Ich habe euch bisher nur einen Teil des eigentlichen Kunstwerkes von K. H. gezeigt. * K. H. hat nämlich genau wie ihr auch seine Vorstellung einer Beziehung zwischen Menschen und Gott durch eine seiner „Figuren" in dem Kunstwerk dargestellt. • L.: * Wie hat er die „Figur" der Hand zugeordnet? * Vergleicht mit der Darstellung eurer Gruppe! • L.: * Ihr sollt euch jetzt in Gruppen mit dem kompletten Kunstwerk auseinander setzen.		ganzes Bild (Abb.3) Mappe: Aufgaben, Texte, Bild, Stifte, Pappe (Abb. 5 +7)	

Phase/Zeit	Geplanter Unterrichtsverlauf	Moderation der L. (Aufgaben, mögliche Fragen und Impulse)	Organisa-tionsform	Medien	Differenzierung
	• Sch. haben Gelegenheit, Fragen zu stellen und gehen in die Gruppen • L. verteilt die Mappen	* Ihr findet das Kunstwerk, die Aufgabenstellung und das nötige Material in einer Mappe, die ich euch gleich in die Gruppen gebe. Aufgabenstellung: a) Spontan einen Satz zum Bild äußern b) Texte von Zink, Wiesel oder Marx dem Bild zuordnen c) dem Bild eine Überschrift geben	Gruppen-arbeit	Hilfekarten (Abb. 6) Kopie (Abb. 3)	• Differenzierung: a) Hilfe: Sch. können aus vorbereiteten Überschriften (Karten) eine ihnen passend erscheinende auswählen; b) für schnelle Gruppen: Kopie des Bildes, auf der die ausgewählte Überschrift eingetragen werden kann; Ausmalen des Bildes
Präsen-tation/-Ergebnis-sicherung 10 Min	• Sch. kommen in den Halbkreis • Die einzelnen Gruppen stellen ihre Ergebnisse vor • Sch. und L. sprechen über die Ergebnisse • Fragen der L. zu den Sch.-ergebnissen • Abschlusswort der L.	• L.: * Passt der ausgewählte Text zu dem Bild? Wenn ja, warum? * Welche Überschrift passt am besten zum Bild von K.H.?	Halbkreis vor der Tafel		
Zeitplus	• Sch. nennen ihre Sätze von Aufgabe a)				
Zeitminus	• Die Großgruppe überlegt sich mündlich verschiedene Überschriften für das Bild • Evtl.: L. bietet Überschriften an			Hilfekarten (Abb.6)	

Literatur

BERG, HORST KLAUS: Grundriss der Bibeldidaktik, München 1993; CELANT, GERMANO (Hg.): Keith Haring, München 1997; DEUTSCHE BIBELGESELLSCHAFT (Hg.): Gute Nachricht Bibel, Stuttgart 1997; FAHLBUSCH, ERWIN (Hg.): Taschenlexikon Religion und Theologie, Göttingen Bd. 3 1993; GRUEN, JOHN (Hg.): Keith Haring, München 1991; NIEDERSÄCHSISCHES KULTUSMINISTERIUM (Hg.): Rahmenrichtlinien für die Hauptschule. Evangelischer Religionsunterricht, Hannover 1994; NIPKOW, KARL ERNST: Elementarisierung als Kern der Unterrichtsvorbereitung, in: LENHARD, HARTMUT (Hg.): Arbeitsbuch Religionsunterricht, Gütersloh 1986, 81–85; MEYREIß, WERNER: Zerreißprobe des Lebens, in: Pädagogisch Theologisches Institut Kassel (Hg.): forum Religion, (1998) H. 4, 3–11; OSTERWOLD, TILMAN: Keith Haring. Die zehn Gebote, Kassel 1996; STALLMANN, EDITH: Die Gebote in der Kunst von Keith Haring, in: Religion heute. Seelze (1998) H. 34, 112–117; SÜßKRAUT-KROPP, CHRISTINE: „Eigentlich malt er ja das Gegenteil". Keith Haring und „Die Zehn Gebote", in: Religion heute (1998) H. 34, 118–127; WIESEL, ELIE: Die Nacht zu begraben Elischa, Berlin 1996; ZINK, JÖRG: Neue Zehn Gebote, Stuttgart 1995.

---

[1] Die Zehn Gebote sind in der Regel Thema des Konfirmandenunterrichts.

[2] Vgl. STALLMANN, EDITH: Die Gebote in der Kunst von Keith Haring, in: Religion heute (1998), H. 34, 115.

[3] Vgl. SÜßKRAUT–KROPP, CHRISTINE: „Eigentlich malt er ja das Gegenteil". Keith Haring und „Die Zehn Gebote", in: Religion heute (1998) H. 34, 118.

[4] BERG, HORST KLAUS: Grundriss der Bibeldidaktik, München 1993, 190.

[5] Vgl. STALLMANN, a.a.O., 115.

[6] Vgl. GRÜNEWALD, DIETRICH: Zur Bildwahrnehmung von Kindern, in: CONRADY, PETER (Hg.): Literatur–Erwerb. Kinder lesen Texte und Bilder. Frankfurt a.M. 1989, 107. Vgl. BERG, a.a.O., 22f.

[7] Vgl. ebd., 22.

[8] Vgl. NIPKOW, KARL ERNST: Elementarisierung als Kern der Unterrichtsvorbereitung, in: LENHARD, HARTMUT (Hg.): Arbeitsbuch Religionsunterricht. Gütersloh 1986, 83f.

[9] BERG, a.a.O., 179.

[10] NIEDERSÄCHSISCHES KULTUSMINISTERIUM: Rahmenrichtlinien für die Hauptschule. Evangelischer Religionsunterricht. Hannover 1994, 11.

[11] DEUTSCHE BIBELGESELLSCHAFT (Hg.): Gute Nachricht Bibel. Stuttgart 1997, 75.

[12] Vgl. BERG, a.a.O., 80f.

[13] Vgl. NIEDERSÄCHSISCHES KULTUSMINISTERIUM, a.a.O., 35f.

[14] Vgl. ebd., 12f.

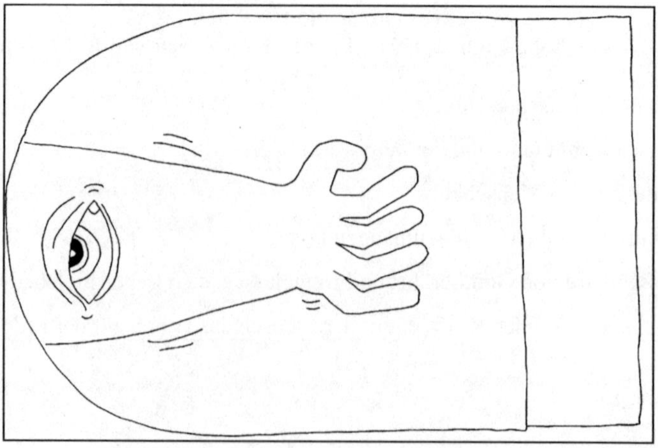

Abb. 1

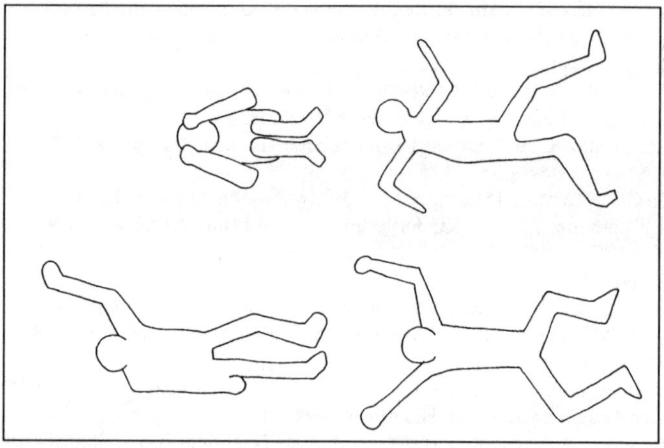

Abb. 2

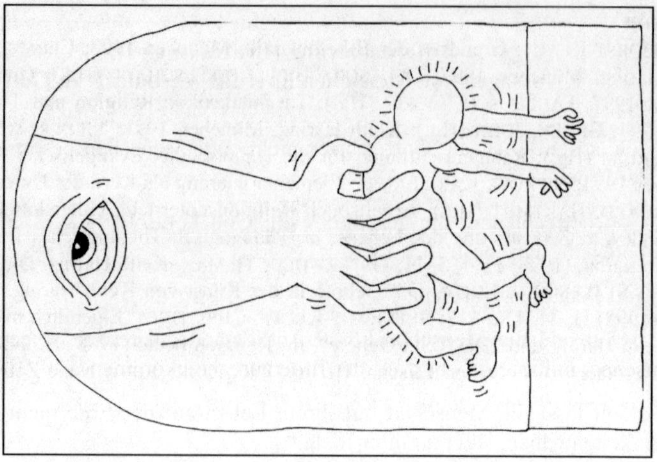

Abb. 3

Differenzierung (Erarbeitung I):
Aussagen von Menschen über ihr Verhältnis zu Gott

Petra: „Ach, so ein Quatsch, Gott gibt es nicht. Wir Menschen bestimmen unser Leben hier auf der Erde."

Klaus: „Gott herrscht über die gesamte Welt. Gott kontrolliert alles. Wer sich nicht an seine Gebote hält, wird bestraft."

Franz: „Gott liebt die Menschen."

Markus: „Gott und die Menschen können miteinander sprechen. Die Gespräche helfen den Menschen, mit ihrem Leben auf der Erde zurechtzukommen."

Gesine: „Gott lässt die Menschen mit ihrem Leben auf der Erde nicht allein. Wenn sie Schwierigkeiten haben, ist er an ihrer Seite."

Abb. 4

Aufgabenstellung der Erarbeitungsphase II

1. Sagt innerhalb eurer Gruppe jeder, ohne lange zu überlegen, einen Satz, der euch zu dem Bild einfällt.

Einzige Bedingung: Bezieht euch dabei auf Hand und „blaue-graue Figur".

2. Ihr findet in der Mappe drei Texte. Drei verschiedene Menschen drücken in den Texten aus, was sie über Gott denken.

Wählt den Text aus, der eurer Ansicht nach am besten zu dem Bild von Keith Haring passt. Unter dem von euch ausgewählten Text findet ihr den Namen des Verfassers. Schreibt diesen Namen auf den kurzen Pappstreifen.

3. Überlegt euch für das Bild eine Überschrift. In ihr soll deutlich werden, wie Keith Haring eurer Ansicht nach die Beziehung zwischen Gott und Menschen dargestellt hat.

Schreibt eure Überschrift groß und deutlich auf den langen Pappstreifen.

Abb. 5

Differenzierung (Erarbeitung II):
Mögliche Überschriften für das Kunstwerk von Keith Haring

Gott gibt dem Menschen Halt.

Der Mensch ist mit Gott und der Welt verbunden.

Gott achtet auf den Menschen.

Bei Gott darfst du dich auch mal hängen lassen.

Der Mensch wird von Gott berührt und freigelassen, sein Leben zu leben.

Gott gibt dem Menschen Kraft, damit der Mensch das Leben auf der Erde meistert.

Abb. 6

Drei Stimmen von Theologen und Philosophen über die Beziehung Gott – Mensch (Erarbeitung II Aufgabe 2)

Gott ist wie ein guter Vater oder eine gute Mutter. Gott liebt und beschützt jeden einzelnen Menschen. Gott hat jeden Menschen geschaffen. Deshalb können die Menschen Gott vertrauen.

*Nach Jörg Zink, *1922*
(ev. Theologe)

Wie bist du, Gott? Ich habe keinen Grund dich gut zu finden. Du bist nicht gut! Ich klage dich an. Die Menschen sind stärker als du!
Du hast mich allein gelassen in einer Welt ohne Mitleid und Liebe.

*Nach Elie Wiesel, *1928*
(jüdischer Schriftsteller und Gelehrter, Friedensnobelpreisträger)

Nicht Gott, sondern der Mensch ist das höchste Wesen. Daher können wir uns nicht auf Gott verlassen oder auf Gott vertrauen, sondern nur auf uns selbst.

Nach Karl Marx, 1818–1883
(Philosoph)

Abb. 7

3 Religionsdidaktische Brennpunkte

Nun möchten wir Sie noch mit auf den Weg nehmen, sich mit Überlegungen und Entwürfen auseinander zu setzen, die „religionspädagogisches Neuland“ beschreiten. Denn auch wenn in diesem Kapitel schon Loipen gespurt und ein ausführlicher Stundenentwurf vorgestellt wurde, umfasst Unterricht mehr als ein Durchdenken von Planungskategorien und ist facettenreicher, als es die hier dargestellten Prozesse der Unterrichtsvorbereitung abzubilden vermögen.
Indem Sie sich für bestimmte Planungskategorien entscheiden, bringen Sie immer auch Vorstellungen von dem zum Ausdruck, was guter Unterricht sei. Solche Vorstellungen wachsen in einem Klima pädagogischer und gesellschaftlicher Auseinandersetzung heran und unterliegen dem Wandel der Zeit.
Der Religionsunterricht hat aus der pädagogischen Diskussion der letzten zehn Jahre um eine innere Reform der Schule wichtige Impulse aufgenommen und verändert seine Gestalt. Unterrichtsprinzipien wie Erfahrungsorientierung, Aneignungsorientierung, Handlungsorientierung oder Lernen im Lebenszusammenhang zeigen die Richtung einer neuen Kultur des Lehrens und Lernens an.
Die folgenden religionsdidaktischen Brennpunkte markieren religionspädagogische Herausforderungen und didaktische Entwicklungsaufgaben. Sie wollen die bisherigen Überlegungen ergänzen und das Blickfeld weiten für ein didaktisches Denken, das sich als lebendige Auseinandersetzung mit den Fragen und Problemen der Gegenwart vollzieht. Solch ein Denken kann weder die Reflexion noch die Fantasie und die Kreativität entbehren. Die Kurzportraits wollen in Verbindung mit korrespondierenden Schlagwörtern des religionspädagogischen Lexikons gelesen werden.

3.1 Ästhetisches Lernen im Religionsunterricht

(*Dorothea Bähr*)

3.1.1 Ästhetik

Ästhetik als „Beiwerk“ im RU hat es schon immer gegeben. Ästhetik als religionspädagogischer Weg wird in den letzten Jahren immer mehr für den RU entdeckt. Inzwischen gibt es auch verschiedene Ansätze einer ästhetisch orientierten Didaktik.
Gemeinsam ist allen, der wachsenden Ästhetisierung unserer Gesellschaft Rechnung zu tragen. Dabei geht es nicht nur um Kritik an einer Gesellschaft, in der die Form wichtiger wird als der Inhalt. Es geht auch um die Chancen, die eine Schulung der ästhetischen Wahrnehmung und der ästhetischen Praxis mit sich bringen.

Ästhetik (*aisthesis*, griech. = Wahrnehmung) in der jüngsten Ästhetikgeschichte bedeutet im wesentlichen „die Lehre von der sinnlichen Wahrnehmung der Welt“. WOLFGANG WELSCH betont, dass dies kein „simples Plädoyer für Empfindung, Gefühl, Affekt und dergleichen bedeutet – solange man mit den genannten Begriffen eine Entgegensetzung zu Reflexion, Gedanke oder Begriff verbinden will.“ Sondern es geht um die Wiedergewinnung „vitaler Wahrnehmung von Existenz“ und um das „Freiwerden von Handlungspotenzial“.

Gleichermaßen geht es auch um das Wahrnehmen dessen, was nicht ist. Hier wird von Anästhetik gesprochen. Beides bedingt einander. Beides gehört zusammen: Ästhetik und

Anästhetik; Bewusstes und Verdrängtes; Erscheinendes und Verborgenes; Sichtbares und Unsichtbares.

RU, der sich diesem Wahrnehmungsverständnis verbunden sieht, setzt sich ab von einem Umgang mit der Kunst, der religiöse Aussagen nur illustriert und der Kunst keinen Eigenwert zugesteht. Im Gegensatz zu dieser Engführung und Funktionalisierung von Kunst geht es hier um Erfahrungen: Indem wir wahrnehmen, erfahren wir. Zur religiösen Erfahrung zählen alle Formen existenzieller Selbstwahrnehmung und Selbstvergewisserung. Im Moment der Kommunikation nehmen sie ästhetische Gestalt an. So kann gesagt werden, dass sich religiöse und ästhetische Erfahrung überschneiden und nicht eindeutig zu scheiden sind.

3.1.2 Religionspädagogik als Wahrnehmungslehre

Um die Ästhetik religionspädagogisch fruchtbar zu machen, bezieht sich PETER BIEHL (1989) auf das alttestamentliche Bilderverbot. Dies sieht er als ein ästhetisches Ereignis:

JHWH stellt sich Mose im brennenden Dornbusch vor: „Ich werde sein, der ich sein werde.“ JHWH offenbart sich im Wort, aber „Offenbarung ist immer mehr als Wort ... Auge und Ohr des Moses werden in Anspruch genommen. Das Wort macht eindeutig, was als Phänomen vieldeutig war, ... aber das Wort bleibt auf die es umgebenden Phänomene wie auf einen Resonanzboden angewiesen ... Ästhetik und Praxis, Wahrnehmen und Handeln – einer der Grundzüge von GRÖZINGERs entfalteter Ästhetik – sind in dieser Geschichte verbunden ..., er (Mose) bekommt eine Antwort, die die Frage aufnimmt und gleichzeitig zurückweist“ (BIEHL, 89). Erscheinung und Verborgenheit, Unsichtbarkeit und Sichtbarwerden (Gottes) sind keine Gegensätze, sondern gehören zusammen.
In der Emmaus-Perikope im NT werden die gesprochenen Worte erst durch das sinnliche Erkennen des Brotbrechens eindeutig. Jesus Christus als konkretes Bild Gottes wird im Entzug leibhaftig erfahren. Es bleibt nicht ein Bild, sondern es ist das „Brennen des Herzens“, das „stete Präsenz verbürgt“ (BIEHL, 89).

Anhand dieser Beispiele entwickelt BIEHL eine an ästhetischen Kriterien orientierte Religionsdidaktik. Er geht von drei Grundkategorien aus:

*„Die **produktive** Seite der ästhetischen Erfahrung besteht in der Erweiterung der Ausdrucksmöglichkeiten (Poesis), die **rezeptive** Seite in der Durchbrechung der Wahrnehmungsmuster (Aisthesis) und die **kommunikative** Seite in dem Gewinn des Spielraums für Entscheidungen. Mit der rezeptiven Seite der ästhetischen Erfahrung hängt ihre eigentümliche Zeitlichkeit zusammen. Sie hebt den Zwang der Zeit auf und lässt ‘neu sehen’. Sie hat ferner entdeckende Funktion: Indem sie auf zukünftige Erfahrungen vorgreift, öffnet sie den Spielraum möglichen Handelns. Auf kommunikativer Seite ermöglicht die ästhetische Erfahrung die spielerische Identifikation mit dem, was sein soll, und der Rollendistanz des Zuschauers“(BIEHL 91, 17).*

Es sollen den Schüler/-innen Erfahrungsräume im RU eröffnet werden. Es geht nicht um das Ersetzen alltäglicher Erfahrung, sondern um die Möglichkeit, Erfahrung mit der Erfahrung zu machen.

Beim Erschließen solcher Situationen, Szenen und Spielräume will die **Korrelationsdidaktik** (*correlare* lat. = sich entsprechen) helfen: Die Korrelationsdidaktik sucht nach Entsprechungen/Überschneidungen von alltäglichen und religiösen Erfahrungen. Sie will Phänomene in der Alltagswelt aufspüren und „profane Spuren, Strukturen, die es erlauben, (profanreligiöse) Theologien (!) zu rekonstruieren“ (BEUSCHER/ZILLEẞEN, 48). Es darf den profanen Phänomenen nicht eine theologische Deutung übergestülpt werden, was einer Vergewaltigung von Lebenswelt gleichkäme. Die Deutung kann sich nur in den Phänomenen selbst erweisen. Diese Phänomene gilt es, im RU erfahrbar zu machen.

Wenn es, wie oben gesagt, um „vitale Wahrnehmung von Existenz" und das „Freiwerden von Handlungspotenzial" geht, so heißt es, im RU Leben ins Spiel zu bringen (ZILLEßEN/GERBER, 97).

3.1.3 Leben ins Spiel bringen

Eine Religionsdidaktik, die ästhetische/religiöse Erfahrungen thematisiert, bringt Leben ins Spiel der Schule. Religionsunterricht ermöglicht dann, dass Leben als Spiel inszeniert werden kann. Und Spiel ist immer mehr als Inszenierungen vermögen. Es geht nicht um ein Nach-Spielen, sondern um ein Ausprobieren, ein **Probehandeln,** einen spielerischen Umgang mit Tradition, der hilft, Themen gegenwärtig sein zu lassen. Es geht um sinnlich erfassbares Durcharbeiten (HEIMBROCK).

Spiel und Arbeit werden hier nicht als Gegensätze gesehen. Spielerisch zu arbeiten weist auf eine **Haltung,** die Leben, Kommunikation, Wahrnehmung und Erkenntnisse als Spiel, ja als eine Art Theater, annimmt. (ZILLEßEN/GERBER). Es werden neue Sichtweisen, Perspektiven, neue Erfahrungsmöglichkeiten geschaffen. Spieler werden Zuschauer, Zuschauer erleben immer auch auf der „inneren Bühne" durch (Teil)Identifikation mit und werden selbst zu Mitspielern. So sind Zuschauer zugleich Mitspieler und umgekehrt. Wenn ich wahrnehme, schaue ich mir beim Spielen selber zu. Jedoch kommt das bewusste Zusehen, die Reflexion, immer hinterher. Und so ist es im Unterrichtsgeschehen von großer Bedeutung, nicht nur ins Spiel zu kommen und ein Erlebnis zu haben, sondern auch der Reflexion Raum zu geben, um aus dem Erlebnis eine Erfahrung werden zu lassen.

Jede Wahrnehmung beinhaltet Inszenatorisches und Theatralisches: Unser **Blick inszeniert.** Wenn wir in diesen Spielen unseren Sehnsüchten, Wünschen, Interessen, Ängsten und Hoffnungen, bisher ungelebten Möglichkeiten begegnen, so nimmt etwas **Gestalt** an (Gestaltpädagogik). Diese Gestalt erkennen zu können heißt, der Reflexion, der Wahrnehmung, dem Nach-Denken im Unterricht genügend Raum zu geben.

Bei einem RU, der ästhetisches Lernen ermöglichen will, gilt der **Leib** (als Träger des beseelten Körpers) als Träger und Resonanz für das Geschehen im Unterricht. Die ästhetische Schulung greift das auf, was bisher „ganzheitliches Lernen" genannt wurde. Sie weiß aber, dass der Mensch nicht „ganz" sein kann, sondern in seiner Sehnsucht nach Ganzheit sich nur fragmentarisch erfahren und wahrnehmen kann. Dies ist keine Beschreibung von Defiziten, sondern ein Hinweis auf das Unvollendete des Menschen, das in einer Spannung zwischen Altem und Neuem steht, zwischen Abschied und Hoffnung. Diese Spannung bringt in **Bewegung.** Es geht also um einen „bewegten Religionsunterricht" (BUCK), der nicht nur sprach- und schrift- und bildorientiert ist, sondern den Körper bewusst mit hineinnimmt. Allerdings gilt es, die Bewegtheit auch ins Denken mitzunehmen. Es geht um äußere und innere Bewegung, in der auch die Nicht-Bewegtheit, die Pause, die Ruhe, die Stille, ihren Platz hat. Aufgabe ästhetischer Wahrnehmungspraxis ist, die Sprache des Körpers kennen zu lernen, die Sinne zu gebrauchen und die Beziehung zum Geist/Intellekt zu erspüren. So könnte ein Markierungspunkt für Wahrnehmung im ästhetischen RU sein, was über Maria Callas geäußert wurde: „Sie singt mit dem Herzen im Hirn".

3.1.4 Lehrer/-innenrolle

Einerseits geht es auch hier um Aneignung und Vermittlung, um genaue Vorbereitung und Planung des Unterrichts, um Resultate. Andererseits erkennt eine Didaktik, bei der es um ästhetische Wahrnehmungsschulung geht, dass Lehren und Lernen in keiner unmittelbaren kausalen Beziehung stehen. Lehrkräften hilft es, eine lernspielerische Einstellung zu entwickeln, um pädagogische Allmachtsfantasien zu verlieren. **Experimentieren wird**

zur Tugend (ZILLEßEN). Lehrer/-innen werden zu Expert/-innen des Arrangierens, die Prozesse lebendigen Lernens inszenieren. Sie werden Regisseur/-innen, teilnehmende Beobachter/-innen, Mitspieler/-innen.

Experimentelle Didaktik gibt die Möglichkeit, nicht nur bei Erfahrung zu bleiben, sondern zum erneuten Er-fahren zu kommen, von der Resultatdidaktik hin zur Experimentierdidaktik und wieder zur Resultatdidaktik. So bleibt Lernen im Prozess. Unsystematisches soll systematisch zugelassen werden. Es geht um Beziehungsdimensionen im Unterricht, die Spielräume eröffnen, die zulassen, dass etwas passieren kann, das nicht planbar ist. Es geht um die Ambivalenz zwischen Offenheit und Planung. Nicht gegen den Zufall soll gearbeitet werden, sondern dem Zufallenden soll entsprochen werden. So entsteht das Paradox, dass in geplanten Unterrichtsstunden dem umplanbar Unverfügbaren Raum gegeben werden kann.

RU mit ästhetischer Kompetenz zu erteilen ist nur möglich, wenn die Lehrkräfte selbst bereit sind, Erfahrungen zu machen. Eigene (Fort)Bildung, bei der es um Sensibilisierung und Schulung der Selbst- und Fremderfahrung geht, um ein Wahrnehmen des Geschehens in der Gruppe, um ein Erspüren von Themen und Atmosphären, ein Bewusstmachen von Verdrängtem, ist die Voraussetzung, um anzuerkennen, dass etwas mitspielt, das mir nicht direkt zugängig ist und dennoch die Wahrnehmung wesentlich beeinflusst.

Ästhetik im RU bietet die Möglichkeit, eigene Zugänge zu gelebter Religion zu entdecken, ohne die Schüler/-innen in ein Bekenntnis zu drängen.

Literatur

BIEHL, PETER: Religionspädagogik als Wahrnehmungslehre. Eine Besprechung von Albrecht Grözinger, Praktische Theologie als Kunst der Wahrnehmung, in: JRP 13, Gütersloh 1995, 229–237; eine knappe Charakterisierung wesentlicher Punkte theologischer Ästhetik, die für die Religionspraxis wichtig werden. Eine weitere Vertiefung des Themas mit Praxisbeispielen in BIEHL, PETER: Symbole geben zu lernen. Einführung in die Symboldidaktik anhand der Symbole Hand, Haus und Weg, in: JRP 13, Neukirchen 1989, Kunst und Religion, stellt verschiedene Begegnungen zwischen Religionspädagogik und Kunst dar, theologische und pädagogische Reflexionen und einige praktische Konkretionen. BUCK, ELISABETH: Bewegter Religionsunterricht. Theoretische Grundlagen und 45 kreative Unterrichtsentwürfe für die Grundschule, Göttingen 1997. ZILLEßEN DIETRICH/GERBER, UWE: Und der König stieg herab von seinem Thron. Das Unterrichtskonzept elementar, Frankfurt 1997, geben viele didaktisch/theoretische Erläuterungen mit praktischen Vorschlägen, die vor allem zu eigenem Experimentieren auffordern.

3.2 Erfahrungsbezogenes, problemorientiertes Lernen in Projekten

(*Matthias Hahn*)

Zwei Schlaglichter

Ökumenisches Dom-Gymnasium Magdeburg. Wie in jedem Schuljahr wird auch dieses Jahr unter einer weit gefassten kulturellen Thematik eine Projektwoche durchgeführt. Eine Vikarin im Schulpraktikum mit großem Interesse an offenen Lernformen im Religionsunterricht beschließt, sich mit einem Angebot für die Fünf- bis Siebentklässler einzubringen: Magdeburger Kirchen sollen entdeckt und erkundet werden, im Mittelpunkt natürlich der Dom, den man wohl tagelang besuchen und über den man immer wieder Neues erfahren könnte: Wie klingt es in so einer Kirche? Wie lang ist die eigentlich? Was passiert, wenn ich laut rufe, die Kanzel betrete und zu predigen beginne, mich mal unter eine Bank lege oder darauf? Selbständig entwickeln die Schüler/-innen Vorschläge zur Erkundung. Aber es wird auch thematisch gearbeitet: Was ist in der Geschichte passiert mit dieser Bischofskirche? Was unterscheidet sie von katholischen oder gar jüdischen

Gotteshäusern? Und wie soll festgehalten werden, was entdeckt und gelernt wurde? Die Schüler/-innen und die Praktikantin denken gemeinsam über Möglichkeiten der Veröffentlichung ihrer Lernergebnisse nach. Man entscheidet sich für eine kleine Ausstellung. Eine Schule in Halberstadt führt ebenfalls eine Projektwoche durch. Das Thema lautet: Wie Menschen mit Menschen leben. Zwischen Montag und Freitag beschäftigen Themen wie: „Sex, die schönste Nebensache der Welt", „Liebe deinen Nächsten wie dich selbst", „Randgruppen", „Jesus – Mensch oder Gott?", „Mensch und Natur", „Jüdisches Leben in Halberstadt". Eine Gruppe beschäftigt das Thema: „Essen – mehr als ein Ritual – die symbolische Bedeutung des Brotes in der Religion". Sie ist so überlaufen, dass der Religionslehrer (ein Superintendent) zwanzig Schüler/-innen nicht annehmen kann. Sie müssen in eine andere Gruppe. Als die Arbeit beginnt, sind die verbliebenen fünfzehn Schüler/-innen enttäuscht. Sie hatten nur bis „Essen" gelesen und waren dann ganz erstaunt, dass das Kochen und Sich-satt-essen nur eine sehr untergeordnete Rolle spielen sollte. Nach einigem Murren unter der Woche richten sie aber zum Projektabschlussfest einen Klassenraum festlich her und präsentieren selbst gebackenes Brot und nach Originalrezepten bereitete Speisen zum jüdischen Passahfest. Ihren Gästen teilt die Gruppe Hintergründe und Zusammenhänge mit, was es mit den Mazzen auf sich hat oder mit dem Brot beim Abendmahl.

Lernen in Projekten

Diese beiden Beispiele enthalten viele für Projektwochen (es gibt sie auch als einen oder mehrere Projekttage) typische Elemente projektorientierten Lernens (das auch im alltäglichen Fachunterricht stattfinden kann). Beiden Schulen, beiden kirchlichen Lehrkräften ging es darum, mit der Integration von Angeboten religionskundlichen Lernens und religiöser Bildung in das Projektwochenprogramm zur Veränderung schulischen Lernens beizutragen:

- zur *Öffnung der Schule zu außerschulischen Lernorten*, sei es nun das Kirchgebäude, das Amtsgericht, die Polizeidirektion, kirchliche Jugendbildungsstätten, Kirchengemeinden, Friedhöfe, Öko-Höfe, Klöster, Gedenkstätten, soziale und ökologische Brennpunkte;
- zur *Transparenz der Planung und des beabsichtigten Bildungsangebotes*, indem Schülern/-innen und Eltern die Pläne der Projektwochen vorgestellt und (ansatzweise) mit ihnen diskutiert wurden;
- zur *Suche nach Einverständnis zwischen Lernenden und Lehrenden* über Inhalt und Methoden als Grundlage der angestrebten Lernprozesse, indem Schüler/-innen auch zunächst uneinsichtige Projektthemen erklärt wurden (wenn auch im zweiten Beispiel nicht ausreichend);
- zur (relativen) Wahlfreiheit bei der thematischen Beschäftigung, also zu einer *interessenorientierten Wahldifferenzierung*;
- zur *Präsentation der Arbeits- und Lernergebnisse* für die interessierte schulische und außerschulische Öffentlichkeit und damit
- zur *Produkt- und Ergebnisorientierung* in dem Sinne, dass die Projektgruppen Vereinbarungen über das angestrebte Handlungsprodukt bei der Präsentation trafen;
- zu *Lernprozessen mit Herz, Kopf und Hand* im Sinne ganzheitlichen Lernens etwa durch Tänze, Spiele, Gestaltungsübungen, Feste, Schreibwerkstätten;
- zu *sozialen Lernprozessen*, indem die Kooperation der Schüler/-innen untereinander entweder thematisch wurde oder während des Lernprozesses reflektiert wurde;
- zur *interdisziplinären Überschreitung der Fächergrenzen* (und bisweilen sogar die zurückführende Zuordnung auf mögliche Beiträge des Lehrgangsunterrichts der Fächer)[1], indem komplexe Lebenszusammenhänge aus verschiedenen Sichtweisen beleuchtet wurden.

Beide Schlaglichter können jedoch nicht darüber hinwegtäuschen, dass Begriffe wie Projektwoche, Projektlernen und projektorientiertes Lernen in der schulischen Praxis zunehmend unpräziser und eben deshalb ausufernder gebraucht werden – bis hin zu Scheinformen einer Projektwoche, in denen kollektiven Freizeitbeschäftigungen nachgegangen, aber nicht entdeckend gelernt wird. Beim Begründer der Projektmethode JOHN

DEWEY[2] stand am Anfang des Projektunterrichts die Intention, dass junge Menschen lernen, die Gestaltung ihres Lebens durch problemformulierendes und problemlösendes Handeln selber in die Hand zu nehmen. Projektlernen ist in diesem Verständnis eingebunden in den Versuch, Schule und Gesellschaft zu demokratisieren und aktiv mit zu gestalten.

Planungs- und Reflexionsfragen

Die Planung einer Projektwoche als gesamtschulische Veranstaltung ist ein ebenso vorbereitungsintensives Geschäft wie die Planung eines einzelnen Projekts. Berufseinsteiger sollten über den bisweilen erheblichen Organisationsaufwand und den kompakten Planungsmodus nicht die pädagogischen Kriterien problembewältigenden Projektlernens aus dem Blick verlieren.

Folgende Fragen können helfen, die Zielsetzungen von Projektlernen als Förderung von Selbständigkeit, Verantwortlichkeit und Selbstwertgefühl in kleinen Schritten bei der Planung und Reflexion eines Unterrichtsprojekts zu berücksichtigen:

- Wie kann es gelingen, mit den Schülern/-innen gemeinsam Projektthemen aus deren Lebenswelt zu finden und in eine offene, auf zunehmend selbstständigeres Lernen angelegte Lernstruktur zu bringen?
- Wie kann es gelingen, die intendierten *Lernprozesse* so *transparent* zu machen, dass Schüler/-innen sich gut informiert für eine Projektgruppe entscheiden können?
- Wie können Schritte zur *Partizipation der Schüler/-innen* an der Planung des Unterrichts unternommen werden?
- Wie können die beabsichtigten Lernprozesse *situationsbezogen und an den Interessen der Beteiligten orientiert* gestaltet werden? Können Handlungserfahrungen in den Projektgruppen neue Interessen wecken – oder werden Schülern/-innen (mit sanftem Druck) organisatorisch in Projektgruppen geschoben?
- Haben die Schüler/-innen Möglichkeiten zur *Selbstorganisation eines Projektes und zu selbstverantwortlichem Lernen*?
- Wie kann eine Thematik aus dem Bereich so ausgewählt werden, dass sie mit einer *echten gesellschaftlichen Problemstellung* verbunden werden kann?
- Wie kann es gelingen, die *Angebote der außerschulischen Lernorte* inhaltlich in die ausgewählte Fragestellung zu integrieren und mit den Schüler/-innen abzusprechen?
- Wie kann es gelingen, *Bezüge zwischen Fachunterricht, sonstigen Unterrichtsformen und dem Projektthema* aufzubauen?
- Sind Möglichkeiten des *Transfers der in der Projektwoche gemachten Erfahrungen auf den alltäglichen Unterricht* gegeben?[3]

Literatur

Einen systematisch und historisch fundierten Einstieg in die Thematik aus erziehungswissenschaftlicher Sicht bringt KARL FREY: Die Projektmethode, Weinheim 1995 (6. Auflage). Stärker schulpädagogisch akzentuiert sind die Bände von JOHANNES BASTIAN und HERBERT GUDJONS (Hg.): Das Projektbuch, Hamburg 1994 sowie DAGMAR HÄNSEL: Das Projektbuch Grundschule, Weinheim 1992 (4. Auflage). Aus vielen guten Praxisbeispielen (mit Vorschlägen zur Erleichterung der Arbeit) seien zwei ausgewählt: JÜRGEN KOCH: Projektwoche konkreter, Lichtenau 1994 (6. Auflage) und DATTA, ASIT: Projektwoche Dritte Welt, Weinheim 1990 (2. Auflage). Religionspädagogisch hat wohl am weitesten BERNHARD SUIN DE BOUTEMARD Projektlernen als Chance für den Religionsunterricht erkannt und (vor allem) begründet: Projektunterricht: Beispiel Religion, Düsseldorf 1973. ENGELBERT GROß: Projekt-Didaktik Religion, Bad Heilbrunn/Obb. 1997 bringt neben historisch-systematischen Aspekten auch praktische Beispiele.

---

1 Ausführliche terminologische Klärungen zu den Formen fächerübergreifenden Unterrichts in Kapitel 3.7.

2 Amerikanischer Philosoph und Pädagoge (1854–1932).

3 Vgl. zu diesen Kriterien GUDJONS, HERBERT: Was ist Projektunterricht?, in: BASTIAN, JOHANNES und GUDJONS, HERBERT (Hg.): Das Projektbuch, Hamburg [4]1994, 14–28.

3.3 Religion in Lebenszusammenhängen – Das Compassion-Projekt

(*Lothar Kuld*)

Das Compassion-Projekt beruht auf einer Initiative der Katholischen Freien Schulen in Deutschland, wird aber inzwischen auch von staatlichen Schulen in Baden-Württemberg und anderen Freien Schulen in Deutschland, Österreich und den Niederlanden adaptiert. Das Projekt geht von der empirisch gut belegten Beobachtung aus, dass die Bereitschaft zu sozialem Engagement sinkt und unsere Gesellschaft sich entsolidarisiert. Davon sind vor allem jene Menschen betroffen, die, aus welchen Gründen auch immer, auf die Hilfe anderer angewiesen sind.

Hier setzt das Projekt an. Es kann und will nicht die Gesellschaft ändern. Das ist nicht die Aufgabe der Schule. Was sie aber versuchen kann, ist die Stärkung sozialverpflichteter Haltungen. Zu diesem Zweck bringen Compassion-Schulen ihre Schülerinnen und Schüler (11. Klasse im Gymnasium, 9. oder 10. Klasse in Hauptschule/Realschule) im Rahmen eines in der Regel zweiwöchigen Praktikums mit Menschen in Kontakt, denen die meisten Schüler/-innen in ihrem Alltag wahrscheinlich nie begegnen würden: behinderte Menschen, Kranke, Alte, Obdachlose, Asylsuchende, kleine Kinder, Menschen am Rande der Gesellschaft. Die Schülerinnen und Schüler werden angeregt, mit diesen Menschen zu kommunizieren und mit dem zu helfen, womit sie helfen können. Das Praktikum ist für alle Schülerinnen und Schüler der Klasse verpflichtend. Ein Lehrer, eine Lehrerin koordiniert die Einsatzplätze. Die Lehrerinnen und Lehrer besuchen die Schülerinnen und Schüler am Praktikumsort und begleiten die Praktika vorbereitend und nachbereitend in ihrem Fachunterricht. Diese unterrichtliche Reflexion ist entscheidend und das pädagogisch Neue am Compassion-Projekt. Es verbindet die erlebnispädagogische Maßnahme eines Sozialpraktikums mit reflektierendem Unterricht. Denn soziale, ethische Haltungen beruhen letzten Endes nicht auf Gefühl, sondern auf Einsicht. Gefühle wechseln. Sie begründen vor allem keine Haltung, aus der heraus ein Mensch zuverlässig und auf Dauer verlässlich handelt. Pädagogischer Kerngedanke des Projekts ist also die Erwartung, dass Sozialpraktika in Verbindung mit reflektierendem Fachunterricht, der informierend, reflektierend und wertend auf Realerfahrungen in den Praktika vorbereitet oder nachträglich darauf eingeht, langfristig zu veränderten Verhaltensbereitschaften im Bereich des Sozialen führen können.

Zur religionspädagogischen Relevanz des Projekts

Johann Baptist Metz hat *compassion*, übersetzt mit „Mitleidenschaft“, die Grundvokabel des Christentums genannt. Jesu Blick habe primär nicht der Sünde der Menschen gegolten, sondern ihrem Leid. Die Mystik des Christentums sei kein blinder Seelenzauber, keine Mystik der geschlossenen, sondern der offenen Augen. Sein Imperativ laute: Augen auf! Im Wahrnehmen und Sehen der an den Rand gedrückten und übersehenen Menschen zeigt sich, wie Jesus in der Gerichtsparabel Mt 25 lehrt, Gott, öffnet sich seine Spur.

Spirituelle und soziale Erfahrungen sind die Basis des Religionsunterrichts. Der Religionsunterricht hat durch das Projekt also die Chance, dass seine Themen „geerdet“ werden. Das Projekt kann auch als ein Beispiel dafür angesehen werden, wie die Segmentierung des religiösen Schulwissens und seine praktische Wirkungslosigkeit durch eine zielgerichtete Öffnung des Religionsunterrichts auf jene Lebenszusammenhänge hin, von denen er spricht, überwunden werden kann.

Literatur

NOORMANN, HARRY: Diakonisches Lernen – eine Zumutung für den Zeitgeist, in: Christenlehre/Religionsunterricht – Praxis, 51. Jg. (1998), H. 2, 6–13.; KULD, LOTHAR/ GÖNNHEIMER, STEFAN: Compassion. Sozialverpflichtetes Lernen und Handeln, Stuttgart 2000; Compassion. Weltprogramm des Christentums. Soziale Verantwortung lernen, hrsg. von JOHANN BAPTIST METZ/LOTHAR KULD/ADOLF WEISBROD, Freiburg 2000; KULD, LOTHAR: Compassion – Raus aus der Ego-Falle, Münsterschwarzach 2003; Praxisbuch Compassion. Soziales Lernen an Schulen. Praktikum und Unterricht in den Sekundarstufen I und II, hrsg. von LOTHAR KULD/STEFAN GÖNNHEIMER, Donauwörth 2003.

3.4 Freiarbeit

(*Christine Lehmann*)

Freiarbeit gehört in der gegenwärtigen Diskussion um zeitgemäße Antworten auf pädagogische Herausforderungen zu den Schlüsselbegriffen, die hohe Akzeptanz genießen. Angehende Religionslehrer/-innen fragen sich – nicht zuletzt angesichts erschwerter Bedingungen wie zwei- oder gar einstündiger Fachunterricht, zusammengelegter Lerngruppen, in selbstständigem Lernen unerfahrener Schüler/-innen, nicht geschulter Mentorinnen und Mentoren ... – ob und wie sie Themen in Freiarbeit erarbeiten lassen können. *Welchen Stellenwert sollte diese im Religionsunterricht einnehmen? Welche Themen und Materialien sind geeignet? Wie fange ich an? Wo liegen die Chancen, wo die Probleme?*, so lauten einige solcher Fragen. Freiarbeit kann nicht pädagogisch „verordnet" werden. Lehrer/-innen müssen deren Bedeutung für das religiöse Lernen der Schüler/-innen reflektieren und Freiarbeitsprozesse unter realistischer Einschätzung der Schulsituation sowie der eigenen Fähigkeiten und Möglichkeiten Schritt für Schritt didaktisch entwickeln. Dies ist ein langsamer und mühevoller Weg, der seitens der Schulaufsicht durch angemessene institutionelle Rahmenbedingungen gestützt werden muss. Er erfordert eine kooperative Grundhaltung der Lehrer/-innen und die Bereitschaft, voneinander zu lernen.

Was ist Freiarbeit?

Neben wahldifferenziertem Unterricht, Stationenlernen, Wochenplan- und Projektarbeit ist Freiarbeit eine Form selbstbestimmten Lernens. Gemeinsames Ziel der verschiedenen Formen und Ausprägungsgrade von Selbstbestimmung ist es, durch Freiheiten bei der Einteilung der Zeit, der Wahl der Ziele, der Methoden, der Sozialpartner oder der Art der Darstellung von Ergebnissen, das selbstständige Lernen zu fördern. Freiarbeit unterscheidet sich von den anderen Formen selbst gesteuerten Lernens dadurch, dass in ihr zusätzlich die Freiheit der Themenwahl gewährt wird. Das bietet den Schülerinnen und Schülern die Möglichkeit, religiöse Themen und Fragestellungen mit ihren Erfahrungen zu verknüpfen. Indem sie Gelegenheit erhalten, Lernprozesse entlang ihrer Fragen, Neigungen und Fähigkeiten zu planen und durchzuführen, akzentuiert Freiarbeit neben Initiative und Verantwortung für den eigenen Lernprozess ein persönlich relevantes Lernen an Inhalten. Freiarbeit selbst ist keine religionspädagogische Konzeption, sondern ein religionsdidaktischer Konzeptbaustein, der in einen konzeptionellen Referenzrahmen eingebettet sein will.[1] Hier bietet sich ein integrativer konzeptioneller Ansatz an, der bei der didaktischen Entwicklung von Arbeitsvorschlägen und Freiarbeitsmaterialien hermeneutische, ideologiekritische, problem- und erfahrungsbezogene Zugangsweisen berücksichtigt.

Warum Freiarbeit?

Freiarbeit lässt sich bildungstheoretisch, biblisch-theologisch und religionspädagogisch begründen. Hier kann aufgrund der gebotenen Kürze nur ein Aspekt angedeutet werden. Religionspädagogisch gründet Freiarbeit in dem Gedanken der Gottesebenbildlichkeit des

Menschen. Geschaffen und gemeint als Gegenüber und als Bild Gottes sind alle Menschen – unabhängig von ihren Fähigkeiten und Leistungen – mit gleicher Würde und mit gleichen Rechten ausgestattet und dazu berufen, sich gegenseitig ein Wachsen und Lernen in Freiheit zu ermöglichen.[2] Macht man diesen Gedanken für die Gestaltung von Bildungsprozessen fruchtbar, wären diese so anzulegen, dass sie den Prozess der Subjektwerdung unterstützen und den Einzelnen befähigen, (Selbst)Verantwortung zu übernehmen.

Wie viel Freiarbeit?
Freiarbeit sowie andere Formen selbst gesteuerten Lernens auf der einen und gemeinsam fortschreitendes Lernen im Klassenverband auf der anderen Seite können als komplementäre, sich wechselseitig inspirierende und ergänzende Lernprozesse verstanden werden. Während Freiarbeit die Herausbildung von Individualität fördert, dient das gemeinsame Lernen im Klassenverband dem Austausch, dem Voneinander-Lernen und der Auseinandersetzung über Ergebnisse und Erfahrungen sowie der Verständigung über Maßstäbe ethischen Handelns. Lehrer/-innen müssen, je nach Analyse der Klassen- und Schulsituation, eine Gewichtung zwischen den Anteilen individuellen und gruppenbezogenen Lernens vornehmen, um eine Balance zwischen Individualität und Sozialität zu ermöglichen.

Welche Themen und Materialien?
Grundsätzlich eignen sich Themen, die die Schüler/-innen interessieren und die von ihnen vorgeschlagen werden, dann, wenn damit gerechnet werden kann, dass die Schüler/-innen ihr Vorhaben erfolgreich bewältigen können. Dazu müssen sie angeleitet werden, zunehmend präzise zu beschreiben, welche Fragestellung sie bearbeiten und mit welchen Medien sie wie arbeiten wollen. Bei Themen, die ohnehin im Klassenverband erarbeitet werden sollen, eignen sich vertiefende oder weiterführende Aspekte. Lehrer/-innen sollten dann in ein Freiarbeitsvorhaben einwilligen, wenn sie sich in der Lage sehen, sich vorher so über das Thema zu informieren, dass sie Hilfen geben und den Lernprozess kritisch begleiten können. Leichter ist es, wenn die Schüler/-innen ihre Vorhaben zunächst entlang von Freiarbeitsmaterialien durchführen. Diese sind inzwischen – wenn auch in unterschiedlicher didaktischer Qualität – zu biblischen, kirchengeschichtlichen, religionskundlichen und interreligiösen Themen sowie zu relevanten Aspekten christlicher Lebens- und Glaubenspraxis erhältlich.[3] Den verschiedenen Karteien, Materialsammlungen, Unterrichtsvorschlägen und Spielen liegen unterschiedliche freiarbeitsdidaktische Konzepte zu Grunde. Diese reichen von der Freiarbeit als Informationsvermittlung, Wiederholung und Übung mit überwiegend geschlossenen Arbeitsvorschlägen und Aufgabenstellungen bis hin zu Konzepten, die Freiarbeit als Prozess forschenden Lernens mit offenen Aufgabenstellungen zur selbstständigen Recherche und Informationsbeschaffung entwickeln.[4]

Wie beginnen?
Freiarbeit sollte als langfristiger und planvoller Prozess angelegt werden. Die gewährten Freiheitsgrade richten sich nach den jeweiligen Rahmenbedingungen, wobei eine Zusammenarbeit mit den in einer Klasse unterrichtenden Kolleginnen und Kollegen angestrebt werden sollte. Bereits ab Klasse 2 können didaktisch aufbereitete Zusatzmaterialien mit zunehmend offener werdenen Arbeitsvorschlägen für einzelne Schüler/-innen erste Schritte sein, sich über das geforderte Minimum hinaus vertiefend mit einem Thema auseinander zu setzen. Materialien mit Arbeitsvorschlägen zur Vorbereitung eines Unterrichtsthemas können den Schülerinnen und Schülern helfen, thematische Interessen zu entwickeln. Auch Abschnitte geeigneter Schulbuchkapitel bieten sich ab Klasse 4 zur selbstständigen Erarbeitung an, wenn sie mit Hilfe gedanklicher Impulse und Arbeitvorschläge didaktisch aufbereitet werden. Zur Erleichterung der Arbeitsorganisation beginnt die Arbeit an selbst gewählten Themen am besten in Kleingruppen, die an einer begrenzten Anzahl von Themen arbeiten. Diese sollten vom inhaltlichen und vom zeitlichen Umfang her überschaubar sein. Bearbeitet werden können zunächst solche Themen, die

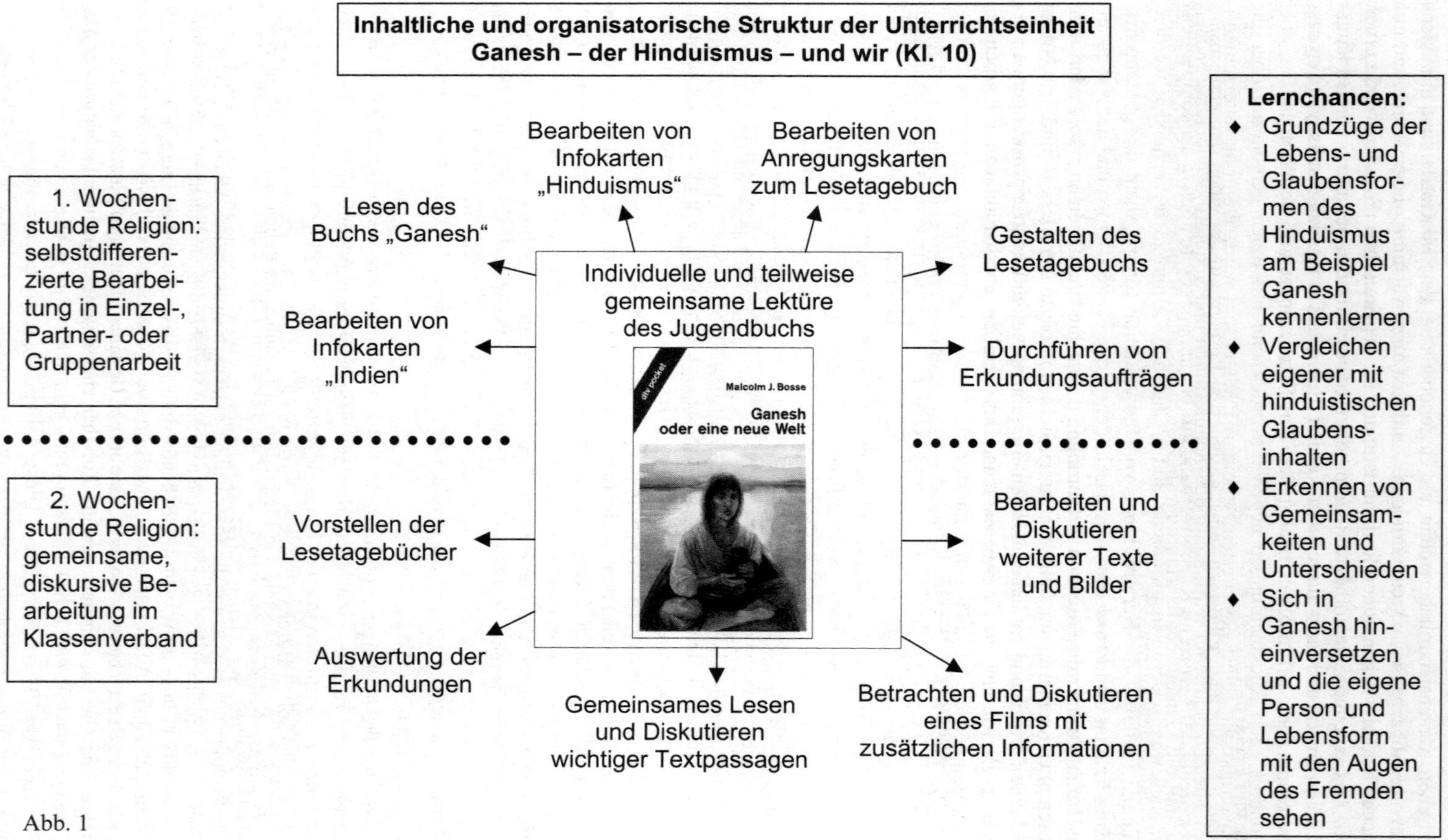
Inhaltliche und organisatorische Struktur der Unterrichtseinheit
Ganesh – der Hinduismus – und wir (Kl. 10)
1. Wochenstunde Religion: selbstdifferenzierte Bearbeitung in Einzel-, Partner- oder Gruppenarbeit
2. Wochenstunde Religion: gemeinsame, diskursive Bearbeitung im Klassenverband
Individuelle und teilweise gemeinsame Lektüre des Jugendbuchs
dtv pocket
Malcolm J. Bosse
Ganesh oder eine neue Welt
Lesen des Buchs „Ganesh“
Bearbeiten von Infokarten „Hinduismus“
Bearbeiten von Anregungskarten zum Lesetagebuch
Gestalten des Lesetagebuchs
Bearbeiten von Infokarten „Indien“
Durchführen von Erkundungsaufträgen
Vorstellen der Lesetagebücher
Bearbeiten und Diskutieren weiterer Texte und Bilder
Auswertung der Erkundungen
Gemeinsames Lesen und Diskutieren wichtiger Textpassagen
Betrachten und Diskutieren eines Films mit zusätzlichen Informationen
Lernchancen:
Grundzüge der Lebens- und Glaubensformen des Hinduismus am Beispiel Ganesh kennenlernen
Vergleichen eigener mit hinduistischen Glaubensinhalten
Erkennen von Gemeinsamkeiten und Unterschieden
Sich in Ganesh hineinversetzen und die eigene Person und Lebensform mit den Augen des Fremden sehen

Abb. 1

die Lehrer/-innen sicher beherrschen und zu denen bereits gute Materialien und didaktisch sinnvolle Aufgabenstellungen vorliegen. Zunächst kann für einen begrenzten Zeitraum eine der beiden wöchentlichen Religionsstunden für die Freiarbeit reserviert werden (vgl. Abb. 1). Gemeinsam verabredete Regeln helfen bei der Arbeitsorganisation, und Freiräume können nach und nach ausgedehnt werden. Besonders am Anfang ist es wichtig, dass die Lernprozesse aufmerksam beobachtet, den Schülerinnen und Schülern Hilfen, aber besonders auch Rückmeldungen gegeben werden und mit ihnen gemeinsam über die Schwierigkeiten selbst gesteuerten Arbeitens nachgedacht wird. Wenn an unterschiedlichen Themen gearbeitet wird, sollte den Schülerinnen und Schülern dennoch die Sicherheit und die Gemeinschaftserfahrung eines gemeinsamen Rahmens zum Stundenbeginn und -schluss gewährt werden.

Offene Fragen und Probleme

Die Durchführung von Freiarbeit mit parallel zu verschiedenen Themen arbeitenden Individuen oder Kleingruppen stellt hohe inhaltliche und organisatorische Anforderungen an die Lehrer/-innen und fordert von ihnen weitgehend autodidaktische Anstrengungen zur Veränderung des eigenen Lehrverhaltens. Das Feld der Evaluation von Freiarbeit im Religionsunterricht ist noch völlig unerforscht. Bei der Erarbeitung von Freiarbeitsmaterialien gestaltet sich eine Verknüpfung von Situation und Tradition als schwierig.[5] Künftig wird weiter auszuloten sein, inwieweit anhand von Freiarbeitsmaterialien die Dimensionen religiöser Sprache erschlossen werden können.

Literatur

BERG, HORST K.: Montessori für Religionspädagogen. Glauben erfahren mit Hand, Kopf und Herz, Stuttgart 1994; ders.: Freiarbeit im Religionsunterricht. Konzepte – Modelle – Praxis, Stuttgart und München 1997; HORN, RUDOLF: Kinder brauchen im Religionsunterricht Phasen freier Arbeit. Ein Tagungsbericht, in: ru 27. Jg. (1997), H. 3, 107–110; ders.: Wo – Was – Wie teuer? Modelle und Materialien zur Freiarbeit im Religionsunterricht, in: ru 28. Jg. (1998), H. 1, 32–38; LEHMANN, CHRISTINE: Freiarbeit – ein Lern-Weg für den Religionsunterricht? Eine Untersuchung von selbstständigem Lernen im Horizont kritisch-konstruktiver Didaktik, Münster ²1999; Dies.: Unterrichtsvorschlag Hinduismus, in: HAAS, GERHARD (Hg.): Lesen in der Schule mit dtv junior. Unterrichtsvorschläge Lehrertaschenbuch 6 mit Texten für die Sekundarschulen, München 1993, 83–101; OBERTHÜR, RAINER: Psalm-Wort-Kartei, Heinsberg 1996; ders.: Gewitternacht-Kartei, Heinsberg 1998, Zeitschrift Pädagogik (2003) H.5. Selbstgesteuertes Lernen.

---

1 Zur Auseinandersetzung mit der Theorie und Praxis von Freiarbeit vgl. HORST KLAUS BERG 1997 und CHRISTINE LEHMANN. Für interessante Freiarbeitsmaterialien vgl. RAINER OBERTHÜR.

2 Zu den verschiedenen Begründungen vgl. BERG 1994, 91ff.

3 Eine Übersicht über Modelle und Materialien zur Freiarbeit im Religionsunterricht bietet RUDOLF HORN 1998.

4 BERG konzentriert sich auf die Entwicklung didaktisch strukturierter Arbeitsmaterialien und beschreibt Freiarbeit als „geordnete und ordnende Verarbeitung von Inhalten". HANS-GÜNTER HEIMBROCK akzentuiert – für die Sekundarstufe I – das selbständige Erarbeiten sowie das freie Schreiben. Auch HELGA MÜLLER-BARDORFF bevorzugt Handlungsmuster wie selbstständiges Recherchieren, Sammeln, Erarbeiten, Gestalten. DIETLIND FISCHER räumt beiden Handlungsmustern, dem selbständigen Forschen ebenso wie der Arbeit mit strukturierten Materialien, einen ähnlich hohen Stellenwert ein, vgl. LEHMANN, 21–30.

5 Vgl. RUDOLF HORN 1997.

3.5 Konfessionelle Kooperation im Religionsunterricht

(*Christine Lehmann, Christian Mund*)

Seit Beginn der 1990er Jahre wird das Problem der Konfessionalität des Religionsunterrichts wieder breit diskutiert.[1] Als die Probleme der Schule mit religiöser Pluralität und die Erlassvorgaben der jeweiligen Länder zunehmend in Spannung zueinander gerieten, sahen sich die Kirchen veranlasst, ihre jeweiligen Positionen zu Sinn, Aufgaben und Gestalt des Religionsunterrichts grundlegend zu reflektieren und darzulegen.[2] Im Februar 1998 veröffentlichten die Deutsche Bischofskonferenz und die EKD eine gemeinsame Erklärung, in der Rahmenvorgaben für die Möglichkeiten und Grenzen einer Kooperation von evangelischem und katholischem Religionsunterricht formuliert werden.[3]

Rechtliche Rahmenvorgaben

Anknüpfend an Art. 7 Abs. 3 GG sowie an die kirchlichen Verlautbarungen von 1994 und 1996 wird in der o.g. Erklärung die Konfessionalität des Religionsunterrichts betont, der allerdings „immer auch in ökumenischem Geist" zu erteilen sei. Vor diesem Hintergrund werden Formen der konfessionellen Kooperation für drei Ebenen genannt: die Ebene der schulischen Praxis, der Schulverwaltungen und der Lehrer/-innenausbildung und -fortbildung. Für alle Ebenen werden – vom inhaltlichen, organisatorischen und zeitlichen Umfang begrenzte – Formen der Zusammenarbeit dargelegt. Diese sind immer an die Bedingung der Zustimmung der zuständigen kirchlichen Stellen geknüpft.

In diesem Zusammenhang sind zwei Interpretationen von Art. 7.3 interessant. Die eine besagt, dass durch das Grundgesetz nur ein konfessioneller Religionsunterricht abgesichert sei und dass eine Aufweichung des Konfessionalitätsprinzips seine rechtliche Legitimation gefährde. Bei der anderen Interpretation werden diese Bedenken nicht geteilt. Es wird argumentiert, dass die vom Grundgesetz geforderte Übereinstimmung des Religionsunterrichts mit den Grundsätzen der Religionsgemeinschaften durch eine konfessionell-kooperative Praxis nicht verletzt werde.[4]

Pädagogische Begründungen für eine Kooperation

Die Schüler/-innen wachsen in einer Gesellschaft auf, die sich selbst als plural in ihren Weltanschauungen versteht. Vernachlässigt man einmal regionale Besonderheiten, so überlagert das Problem, dass selbst konfessionell gebundene Schüler/-innen Distanz zu Kirche, Christentum und christlicher Tradition erkennen lassen und ihnen grundlegende Kenntnisse des Christentums fehlen, das Problem einer fehlenden konfessionellen Beheimatung. Schulen, die konfessionell kooperieren, haben sich dafür entschieden, den pädagogischen gegenüber den theologischen Fragen den Vorrang einzuräumen.

Inhaltliche und organisatorische Aspekte der Zusammenarbeit am Beispiel Niedersachsen

Das in Niedersachsen wohl bekannteste Beispiel konfessioneller Kooperation ist das Langenhagener Modell, das seit 1993 an einer Grundschule erprobt wurde. Es handelt sich um einen von der evangelischen und der katholischen Kirche genehmigten Schulversuch eines konfessionsverbindenden Religionsunterrichts, in dem die Schülerschaft, die aus evangelischen, katholischen, islamischen und konfessionell nicht gebundenen Schüler/-innen besteht, während der gesamten Grundschulzeit im Klassenverband gemeinsam unterrichtet wurde. Die Initiatorinnen geben als Ziel dieses Unterrichts an, den Schüler/-innen grundlegende Inhalte des christlichen Glaubens zu vermitteln und sehen in einem solchen Unterricht „die (einzige) Möglichkeit, auch den Kirchen fern stehenden Kindern christliche Inhalte zu vermitteln und ihr Interesse für Kirche zu wecken."[5] Der Modellversuch stieß auf einhellige Zustimmung bei Kolleginnen, Kollegen und Eltern. Widerspruch regte

sich später von muslimischer Seite, die die Schüler/-innen islamischen Glaubens für die Sache des Christentums und der Kirchen vereinnahmt sah.[6]
Inzwischen wurde mit dem Niedersächsischen Organisationserlass Religionsunterricht/Werte und Normen vom August 1998 noch einmal unterstrichen, dass Religionsunterricht konfessioneller Unterricht ist. Mit der Begründung kirchlicher Stellen, dass ein gemeinsamer Religionsunterricht im Klassenverband sich nicht auf die gesamte Grundschulzeit erstrecken dürfe, darf das Langenhagener Modell in der bisherigen Form nicht weitergeführt werden.
Seit einiger Zeit wird von zunehmend mehr Grundschulen berichtet, in denen im Anfangsunterricht evangelische und katholische Schüler/-innen gemeinsam unterrichtet werden.[7] Lehrpläne für das 1. bis 4. Schuljahr werden in konfessionell gemischten Arbeitsgruppen erarbeitet.[8] Diese Lehrpläne knüpfen an Erfahrungen der Schüler/-innen an (Gemeinschaftserfahrungen, Vertrauenserfahrungen, Erfahrungen mit Festen) und wollen auch denjenigen ohne oder mit geringer religiöser Sozialisation „eine verantwortete Erstbegegnung mit dem Christentum" ermöglichen (ebd., 1998, 194). Zu den verschiedenen Unterrichtsthemen werden fächerübergreifende, allgemein-religiöse und biblisch-christliche Aspekte ausgewiesen und der biblisch-christliche Aspekt zusätzlich in „Konfessionelle Besonderheiten" untergliedert. Letzterer soll den in konfessionell gemischten Klassen unterrichtenden Lehrerinnen und Lehrern Hilfen an die Hand geben, „Denkweisen, Traditionen, Bräuche und Frömmigkeitformen der anderen Konfession" zu identifizieren und auf Erfahrungen der Schüler/-innen angemessen eingehen zu können (vgl. Abb. 1).

<table>
<tr><th>Fächerübergreifende Aspekte</th><th>propädeutische/ allg.-religiöse Aspekte</th><th>biblisch-christliche Aspekte</th><th>konfessionelle Besonderheiten (auch regional)</th></tr>
<tr><td colspan="2">Ziele:
Die Schüler/-innen sollen
• erkennen, dass Menschen Angst empfinden
• von Erlebnissen hören und erzählen, in denen Glaube und Vertrauen Angst überwinden hilft</td><td colspan="2">Ziele:
Die Schüler/-innen sollen
• biblische Bildworte von Bedrohung und Angst einerseits und von Vertrauen auf Gott andererseits kennen lernen
• in den biblischen Bildworten ihre eigenen Erfahrungen entdecken</td></tr>
<tr><td>Inhalte:
• Geschichten erzählen von Angst
• Manchmal kann ich mir bei Angst selbst helfen
• Menschen, die mir die Angst nehmen
• Ich kann anderen helfen, Angst zu verlieren</td><td>• Angst vor Strafe
• Menschen bringen ihre Angst ins Gebet
• Menschen danken für göttlichen Schutz</td><td>Inhalte:
• Menschen drücken ihre Angst in Bildern aus (Psalm 22 in Auswahl)
• Bildworte für die Geborgenheit bei Gott (Psalm 22)
• Das Gebet als vertrauensvolle Reden mit Gott</td><td>• Licht anzünden in Gebetsnischen einer Kirche
• Kummerbuch in der Kirche</td></tr>
</table>

Abb. 1

Möglichkeiten der konfessionellen Kooperation an der Schule richten sich nach den konkreten Bedingungungen und können sich von der Zusammenarbeit in einer gemeinsamen Fachkonferenz, über die Abstimmung von Lehrplänen, die Durchführung gemeinsamer Unterrichtsphasen, die gegenseitige Vertretung bei unterrichtlichen Engpässen, die Zusammenarbeit bei Projekten bis hin zu gemeinsamem Unterricht für ev. und kath. Schüler/-innen erstrecken.[9] Erfahrungen von Lehrer/-innen mit konfessionell-kooperativem Religionsunterricht gestalten sich sowohl aus inhaltlicher als auch aus unterrichtspraktischer Sicht als überwiegend positiv (vgl. SCHWEITZER, BIESINGER 2003).

Offene Fragen und Probleme

Der o.g. Lehrplan für ökumenische Kooperation wirft die Frage auf, welche didaktischen Arrangements einer heterogenen, kirchen- und religionskritischen Schülerschaft angemessen sind. Die Denkschrift der EKD beschreibt diese didaktische Herausforderung als Aufgabe, beiden Polen – der Identität und der Verständigung – gerecht zu werden und zu einer Einheit in versöhnter Verschiedenheit zu finden. Um Lehrkräften über konfessionelle Besonderheiten hinaus Hinweise zu Berührungspunkten mit anderen Religionen zu geben, wäre es sinnvoll, Lehrplanraster wie das in Abb. 1 um den Aspekt Eigenheiten, Denken und Traditionen nicht-christlicher Religionen zu erweitern.

Der mit der derzeitigen Rechtslage verbundene zeitliche Mehraufwand, für alle Formen der Kooperation die Zustimmung der zuständigen kirchlichen Stellen einzuholen, mag auf manche Fachkolleginnen und -kollegen abschreckend wirken und sie von einer über eine punktuelle Zusammenarbeit hinausgehenden konfessionellen Kooperation abhalten.

Offen bleibt weiterhin das Problem, das entsteht, wenn islamische Schüler/-innen am konfessionell-kooperativen Religionsunterricht teilnehmen.[10] Wie ist zu lösen, dass die Schüler/-innen nicht – auch wider die gute Absicht – vereinnahmt werden?

Und last but not least, wie können die universitäre Lehrer/-innenbildung und die 2. Phase so auf ökumenische Zusammenarbeit vorbereiten, dass angehende Lehrer/-innen den neuen Herausforderungen gewachsen sind?

Literatur

BECK, SUSANNE/BECKER, ULRICH u.a. (Hg.): Vorlesebuch Ökumene. Geschichten vom Glauben und Leben der Christen in aller Welt, Lahr 1991; BÖHM, UWE: Ökumenische Didaktik. Ökumenisches Lernen und konfessionelle Kooperation im Religionsunterricht deutschsprachiger Staaten, Göttingen 2001; EHMANN, REINHARD/FITZNER, THILO/FÜRST, GEBHARD/ISAK RAINER/STARK, WERNER (Hg.): Religionsunterricht der Zukunft. Aspekte eines notwendigen Wandels, Freiburg/Basel/Wien 1998; GOßMANN, KLAUS/SCHNEIDER, JOHANNES (in Zusammenarbeit mit der Hauptabteilung Schule und Erziehung des Bischöflichen Generalviakriats): Das Gemeinsame stärken, das Differente klären. Ökumenisches Lernen zwischen den Konfessionen, Münster 1995; FRIELING, REINHARD/SCHEILKE, CHRISTOPH TH.: Religionsunterricht und Konfessionen. In: Bensheimer Hefte, Heft 88, Göttingen 1999. KUHL, LENA/LÖGERING, ALOYS u.a.: Ökumenische Kooperation im Religionsunterricht des 1. Schuljahres, in Loccumer Pelikan (1998) H. 4, 193–198; dies.: Konfessionelle Kooperation im Religionsunterricht des 2. Schuljahres, in Loccumer Pelikan (2000) H. 2, 94–90, SCHWEITZER, FRIEDRICH/BIESINGER, ALBERT u.a.: Gemeinsamkeiten stärken – Unterschieden gerecht werden: Erfahrungen und Perspektiven zum konfessionell-kooperativen Religionsunterricht, Freiburg i. Brsg. u.a. 2002.

---

1 Vgl. z.B. MARGGRAF, ECKHART: Religionsunterricht zwischen Konzepten und Konzeptionen, in: entwurf (1992) H. 3, 3–8.

2 KIRCHENAMT DER EKD (Hg.): Identität und Verständigung – Standort und Perspektiven des Religionsunterrichts in der Pluralität, Gütersloh 1994; SEKRETARIAT DER DEUTSCHEN BISCHOFSKONFERENZ (Hg.): Die bildende Kraft des Religionsunterrichts – Zur Konfessionalität des katholischen Religionsunterrichts, Bonn 1996.

3 DIE DEUTSCHE BISCHOFSKONFERENZ UND DIE EVANGELISCHE KIRCHE DEUTSCHLANDS (EKD): Zur Kooperation von Evangelischem und Katholischem Religionsunterricht, Würzburg im Januar 1998 und Hannover im Februar 1998 (Faltblatt).

4 Siehe dazu PIEROTH, BODO: Die verfassungsrechtliche Zulässigkeit einer Öffnung des Religionsunterrichts, in: GÖLLNER, REINHARD und TROCHOLEPCZY, BERND (Hg.): Religion in der Schule? Projekte – Programme – Perspektiven, Freiburg 1995, 222–241.

5 ASCHMUTAT–HESS, CORNELIA/GEIßLER, INGRID: Konfessionsverbindender Religionsunterricht in der Grundschule. Das Langenhagener Modell, in: Loccumer Pelikan. Religionspädagogisches Magazin für Schule und Gemeinde (1998) H. 1, 30–32.

6 Vgl. MOHAGHEGHI, HAMIDEH: Der Isalm wird nicht berücksichtigt, ebd., 32–33.

7 Zur konfessionellen Kooperation in der Sekundarstufe I und II wird von Versuchen aus Hessen, Baden-Würtemberg, Sachsen-Anhalt, Bayern und Niedersachsen berichtet, vgl. z.B. ru 28

(1998) H. 1, Ökumenischer Religionsunterricht, 8–22 und entwurf (1994) H. 2 und (1996) H. 2; Berichte kirchl. Schulreferenten in Nds.zu ökum. Zusammenarbeit im konfessionellen RU.

8 KUHL, LENA/LÖGERING, ALOYS u.a.: Ökumenische Kooperation im Religionsunterricht des 1. Schuljahres, in Loccumer Pelikan (1998) H. 4, 193–198; ebenfalls erschienen in: Katechetische Blätter 123 (1998) H. 6.

9 KALMBACH, WOLFGANG: Formen der Zusammenarbeit der Fächer Evangelische und Katholische Religionslehre. Neue Herausforderungen – neue Chancen, in: entwurf (1994) H. 2, 32–34; vgl. weiterhin SCHWEITZER, FRIEDRICH, BIESINGER, ALBERT u.a.: Gemeinsamkeiten stärken – Unterschieden gerecht werden: Erfahrungen und Perspektiven zum konfessionell-kooperativen Religionsunterricht, Freiburg i. Brsg. u.a. 2002.

10 Das betrifft natürlich auch Schüler/-innen, die anderen Religionsgemeinschaften angehören.

3.6 Kooperation Ethik – Religion

(*Matthias Hahn*)

Auch wenn Studierende für das Lehramt im evangelischen/katholischen Religionsunterricht erst einmal mit dem eigenen Fach genug zu tun haben (werden), ist es sinnvoll, die Entwicklungen im Partnerfach Ethik[1] aufmerksam zu verfolgen. Immer mehr Bundesländer konzipieren das Verhältnis von Religions- und Ethikunterricht als das von ordentlichen Unterrichtsfächern in einem schulischen Wahlpflichtbereich. Die Zeiten, in denen ein Alternativ- oder gar Ersatzfach Ethik nur die nicht am Religionsunterricht teilnehmende Minderheit der Schüler/-innen versorgte, sind spätestens seit 1989 vorbei. Erste Erfahrungen zeigen deutlich, dass nur die Kooperation der Fächer den schulischen Herausforderungen gerecht wird. Allerdings sind die Fächer theoretisch nicht trennscharf voneinander zu unterscheiden, denn inhaltlich wird oft das Gleiche behandelt:[2] „Zumindest unterscheiden sich (ein philosophischer) Ethikunterricht und Ethik im Religionsunterricht nicht hinsichtlich ihrer Themen und Inhalte. Es geht um Liebe und Freundschaft (Beziehungen), um Freiheit und Verantwortung, um Glück und Leid, Solidarität und Gerechtigkeit, um die Grenzen des Lebens, um das Woher und Wozu, und – wirklich nicht zuletzt – um die eigene Identität. Was kann ich wissen? Was soll ich tun? Was darf ich hoffen? Diese Fragen I. KANTs bestimmen beide die Inhalte des Ethikunterrichts und die von Ethik im Religionsunterricht – oder sollten es doch zumindest“.[3]

Ethisches Lernen im Religionsunterricht

Dass die Förderung der Fähigkeit zur ethischen Reflexion Aufgabe der gesamten Schule – und nicht nur zweier Unterrichtsfächer ist – ist unstrittig. Im Ensemble der schulischen Unterrichtsfächer kann der Religionsunterricht auf eine vor allem in seiner problemorientierten Phase erarbeitete hohe Kompetenz in der Behandlung ethischer Themen verweisen. Religionsunterricht mit einem eigenen Profil gegenüber dem ethischem Lernen in anderen Fächern geht nicht in Vernunft- und Faktenwissen auf, und dennoch bedienen sich christlicher Glaube und christliche Hoffnung wider alle Hoffnung der Vernunft. Ethik im Religionsunterricht steht grundsätzlich unter „einem eschatologischen Vorbehalt von geglaubter Verheißung, kann deshalb vernünftigerweise Hoffnung hegen und auf Zukunft ausgreifen“ (ebd.). JENS MÜLLER-KENT entwickelt u.a. folgende Kriterien für ethische Lernprozesse im evangelischen Religionsunterricht:

- Ethisches Lernen im Religionsunterricht hat die Aufgabe, heutige Erkenntnisse, Problemstellungen und Erfahrungen in Zusammenhang mit biblischen Aussagen und christlichen Erfahrungstraditionen zu erörtern.
- Ethische Konzeptionen für den Religionsunterricht müssen bei aller Vernunftüberschreitung das Wesen theologisch-wissenschaftlicher Herangehensweisen erkennen

lassen und Lösungsmöglichkeiten anstreben, „die auch für Schüler, die Prämissen und Deduktionsableitungen christlicher Ethik nicht nachvollziehen können, diskursfähig sind“ (1997, 10).

- Lehrer/-innen dürfen nicht den Eindruck vermitteln, als verfüge die christliche Ethik über eindeutige Rezepte zur Lösung komplexer Probleme. Im Gegenteil sollen die Schüler/-innen die Vielschichtigkeit christlich-ethischer Argumentation erkennen. Dazu werden vorurteilsfrei erhobene Sachinformationen vor dem Hintergrund zentraler christlicher Setzungen (Gottesebenbildlichkeit, Liebesgebot) bewertet. Die Überzeugungskraft und der Realitätsgehalt christlicher Ethik sollen sich im Religionsunterricht erweisen können.
- Der ethische Diskurs im Fach ist notwendig angewiesen auf das Gespräch mit der Ethik anderer Religionen und der philosophischen Ethik. Im Gespräch mit letzterer kann u.a. der Wahrheitsgehalt des Satzes diskutiert werden, ob Glaube erforderlich ist, um bestmöglich nach moralischen Prinzipien leben zu können.
- Religionsunterricht bietet einen Ort, „wo Schüler sich damit auseinander setzen, dass Glaube ein Korrektiv gegen inhumane Verzweckung und ökonomisch motivierte Ausbeutung des Menschen sein kann“ (ebd.).
- Bei alledem ist zu berücksichtigen, dass christliche Positionen ein freies Orientierungsangebot darstellen, die begründet übernommen oder abgelehnt werden können. Dies ist die Spannung ethischen Lernens im Religionsunterricht: Einerseits sollen christliche Positionen dem Fach ein unverwechselbares Profil geben, andererseits muss den Schüler/-innen der Freiraum gegeben werden, den sie zur Reflexion ihres eigenen ethischen Standpunktes benötigen.[4]

Von dieser Seite aus sind demnach sehr günstige Voraussetzungen zur Kooperation gegeben: Religionsunterricht bringt in das ethische Lernen in der Schule ein eigenes Profil ethischer Positionen ein, das von anderen Fächern abgefragt werden kann – und ist als vernunftbestimmtes schulisches Unterrichtsfach auf philosophische Methoden und den Dialog mit Positionen einer Ethik ohne Metaphysik angewiesen. Besonders der Dialog mit dem ethikdidaktischen Ansatz des Philosophierens mit Kindern kann dem Fach helfen, die großen Fragen der Kinder und Jugendlichen im Blick zu behalten.

Fünf Gründe für die Behandlung von Religion im Ethikunterricht

Umgekehrt ist auch angehenden Ethiklehrkräften zu empfehlen, Entwicklungen im Religionsunterricht aufmerksam zu verfolgen. Kenntnisse in Religion sind für den Ethikunterricht auf der Ebene der Kulturgeschichte (1.), der Sinnfrage (2.), der Lebens- und Weltsichten (3.), der großen Geschichten über das rechte Tun (4.) und der Ideologiekritik (5.) von Belang.[5]

1. Um die Gegenwart angemessen zu verstehen, bedarf es eines gewissen Repertoires an religionskundlichem Orientierungswissen. Schüler/-innen begegnen in ihrer Lebenswirklichkeit noch vielen weiteren Phänomenen der in unserer Kultur vorherrschenden Religionen, seien es eben die Zeichen und Symbole wie Kreuz, Hilal (die Mondsichel) und Davidstern, sei es die gregorianische Zeitrechnung, die Bezeichnung der Ferien als Weihnachts- oder Osterferien, seien es die heiligen Bücher wie die Torah, die Bibel und der Koran, seien es die Religionsstifter wie Mose, Jesus und Mohammed oder die heiligen Räume wie Synagoge, Kirche und Moschee. Über diese elementar anschauliche Ebene hinaus bezieht sich das *kulturgeschichtliche Argument* auch auf ethisch relevante Teile der Bibel und anderer heiliger Schriften, die zum Gegenstandsfeld einer Geschichte der europäischen Ethik gehören.

2. Die grundlegende Eigenart der Moral und der sie reflektierenden Ethik besteht darin, dass versucht wird, das menschliche Handeln zu normieren und die Handlungsnormen zu begründen. Moralische Entscheidungen sind an bestimmte Situationen gebunden. „Was

Religion und Moral kategorial unterscheidet, ist, dass Religion das Leben deutet und nicht nur das Handeln regelt bzw. dass sie das Leben interpretiert und nicht nur das Leben normiert. Die Ebene der Lebensdeutung ist mit dem Begriff ‚Sinn'gebung gemeint".[6] Religion ist mithin nicht „mehr", sondern unterscheidet sich von Moral und Ethik – wie eingangs angedeutet. Indem sie das Leben als Ganzes deutet, beantwortet sie Fragen auf einer anderen Ebene. Die Frage, warum man in einer unmoralischen Welt überhaupt moralisch handeln soll, hängt eng mit der individuellen Antwort auf die Frage zusammen, warum man lebt und welchen Sinn man diesem Leben gibt.
In der *Sinnfrage* ähneln sich die Weltinterpretationen von Weltanschauungen und Religion von der Struktur her. Sinndeutungen werden auch von philosphischen oder psychologischen Theorien angeboten. Religiöse Erfahrung bindet jedoch die Sinnfrage an kosmologische und anthropologische Fragen wie: Warum leben die Menschen? Wer erschuf die Welt? Woraufhin sollen wir unser Leben ausrichten? Was kommt nach dem Tod? Gibt es ein Paradies? Wer ist Gott? Warum lässt er Leiden zu? Vom Glauben aus wird das Mensch-Sein in der Welt gedeutet und die Frage beantwortet: Warum überhaupt moralisch sein? LUDWIG WITTGENSTEIN hat diesen Zusammenhang von Glaube und Sinnfrage so beschrieben: „An einen Gott glauben, heißt sehen, dass es mit den Tatsachen der Welt noch nicht abgetan ist. An Gott glauben, heißt sehen, dass das Leben einen Sinn hat."

3. Eine christliche Ethik hat, um den mit WITTGENSTEIN begonnenen Gedankengang fortzusetzen, ihre religiöse Grundlage in auf Gott bezogene Grunderfahrungen. Die Menschen werden von ihr als Mitarbeiter/-innen am Reich Gottes auf der Erde betrachtet. Damit setzt sie eine Letztbegründung, die außerhalb ihrer selbst liegt. Neuere Ethikansätze aus der analytischen Philosophie bemühen sich um ausschließlich rationale Normenbegründung und legen dieser den kategorischen Imperativ sowie utilitaristische Grundsätze zugrunde.[7] „Ethik ohne Metaphysik: das heißt, moralische Forderungen ernst nehmen als Bestandteil der besonderen Lebensform eines Wesens, das seine Handlungen begründen können will. Es heißt andererseits: Verzicht auf transzendente, den Bereich möglicher Erfahrungen überschreitende, Begründungsansätze durch Theologie und Metaphysik und dafür die Einbeziehung aller empirischen Daten, die für unser Verständnis menschlicher Motivationen und der tatsächlichen Auswirkung bestimmter Handlungsformen und Institutionen wichtig sein können".[8]
Im Zusammenhang von Ethik und Religion ist dieser Unterschied in der Begründung sozialer Verhaltensnormen von didaktischem Belang. Die religiöse Ethik gehört in den Ethikunterricht, weil mit der Letztbegründung menschlichen Handelns durch außerhalb seiner selbst liegender Verfügbarkeiten eine empirisch bedeutsame ethische Motivation eigener Art vorzufinden ist. Aus dem Glauben resultiert eine spezifisch religiöse Lebens- und Weltsicht (die selbstverständlich mit nicht-religiösen Lebens- und Weltsichten konkurriert).

4. Es kennzeichnet die Religionen, dass sie ihre Motive zur Befolgung von Verhaltensmaximen und die Begründung für Lebenssichten in Geschichten weitererzählen. Diese Geschichten erzählen von Erfahrungen, die Menschen mit ihrem Gott oder mit besonderen Gläubigen gemacht haben. Sie sind keine dogmatischen Lehrsätze, sondern nötigen immer wieder zu neuer und kritischer Auseinandersetzung über das rechte Tun. Mit Jugendlichen und Erwachsenen lassen sich beispielsweise mit der Geschichte von den Arbeitern im Weinberg (Mt 20) immer wieder äußerst tiefgründige Gespräche über die Frage nach Gerechtigkeit führen.

5. Ideologiekritik bedeutet, die gesellschaftlichen Widersprüche aufzudecken und die Herrschaftsverhältnisse anzuprangern, die der Freiheit und der Gerechtigkeit als menschlichen Grundrechten entgegen stehen. Als Auseinandersetzung mit lebensbehindernden

Sichtweisen ist Ideologiekritik eine wichtige Aufgabe des Ethikunterrichts. Nicht selten sind die Religionen für ideologische Zwecke missbraucht worden – und haben sich gerne missbrauchen lassen, etwa in der Synthese von Thron und Altar, beim Antisemitismus, bei Kritiker- und Ketzerverfolgungen, auch in der Pädagogik... Religionskritik ist also ein sehr anschauliches Feld für Ideologiekritik. Die normative Basis, von der aus die Kritik der Religion geführt werden kann, besteht zum einen in der Frage nach ihrer gesellschaftlichen Funktion. Wo ist Religion Mittel zur Anpassung an ungerechte gesellschaftliche Lagen und wo Sendung für mehr Mitmenschlichkeit? Wo geht sie mit den herrschenden Interessen einher und wo ist sie Anwältin der von ihnen Unterdrückten? Zum anderen ist es durchaus legitim, das Handeln von Angehörigen einer Religion an deren religiösen Quellen zu messen.

HEINZ SCHMIDT hat die Gründe für die Thematisierung von Religion im Ethikunterricht didaktisch systematisiert. Er kommt zu dem Schluss, dass Religion unter vier Aspekten behandelt werden sollte:

„a) Religion als Vollzug von Gemeinschaften in Riten, Festen, Feier und Brauchtum, die den Alltag, die persönliche Lebensgeschichte und die Erfahrungswelt von Gruppen ordnen (= rhythmisieren);
b) Religion als Sinn- und Orientierungssystem unter Verwendung der von den Religionen selbst (mithin als Theologie oder Philosophie) ausgearbeiteten ‚weltanschaulichen Modelle';
c) Religion als persönliche und interpersonelle Erfahrung und Ausdrucksform (z.B. Beten, Erzählen und Gestalten), alltagsbezogene und lebensgeschichtlich relevante religiöse Vorstellungen, die individuellen Lebenssinn aktualisieren und konkretisieren;
d) Religion als Institution in Gesellschaft und Kultur. Hier wird auch vergleichend zu arbeiten sein, weil verschiedene Religionen ganz unterschiedliche institutionelle Formen ausgebildet und ihr Verhältnis zur umgebenden Gesellschaft ebenso unterschiedlich bestimmt haben".[9]

Kooperation im Wahlpflichtbereich

Die EKD-Denkschrift[10] zum Religionsunterricht entwickelt zwischen Religions- und Ethikunterricht eine doppelte Bildungsaufgabe: „Die Schülerinnen und Schüler sollen in der Schule die möglichen Gemeinsamkeiten zwischen Konfessionen, Religionen und Weltanschauungen im Spannungsfeld klar erkennbarer Unterschiede und Gegensätze kennen lernen" (1994, 73). Innerhalb dieser Fächergruppe sollen evangelischer und katholischer Religionsunterricht und Ethikunterricht inhaltlich und organisatorisch kooperieren. Kooperationsmöglichkeiten der Fächer Religions- und Ethikunterricht können beispielsweise sein:

- Fortbildungsveranstaltungen von Religions- und Ethiklehrkräften auf lokaler, regionaler und landesweiter Ebene;
- wechselseitige Übernahme von Ausbildungs- und Weiterbildungsanteilen zwischen den Weiterbildungs- und Ausbildungsträgern im Religions- und Ethikunterricht;
- Einrichtung von Fachkonferenzen auf schulischer und/oder lokaler Ebene;
- Kommissionen für die Rahmenrichtlinien im Ethik- und Religionsunterricht mit Abstimmung der Inhalte;
- Analyse vorhandener Rahmenrichtlinien und Suche nach gemeinsam durchführbaren Unterrichtseinheiten;
- Analyse und Benutzung von Schulbüchern und Unterrichtsmaterial;
- Gemeinsam durchgeführte Unterrichtsequenzen (team-teching);
- Gemeinsam erstellte Stoffverteilungspläne auf Jahrgangs- und Schulebene;
- Wechselseitiger Besuch der Lerngruppen im Sinne einer Öffnung des Unterrichts und einer Veröffentlichung und Diskussion von Lernergebnissen;
- Gemeinsame Exkursionen, gemeinsam ausgesprochene Einladungen im Sinne einer Öffnung von Schule zur Gesellschaft;

- Zeitlich befristeter Tausch der Lerngruppen im Sinne einer Expertenbefragung;
- Planung von Unterricht;
- Festlegung von Beurteilungs- und Benotungsmaßstäben;
- Information von Eltern und Schülern/-innen über die Wahlmöglichkeiten im Bereich der Fächer.

Literatur

Über das Verhältnis der beiden Fächer Ethik- und Religionsunterricht im Hinblick auf Kooperation im Wahlpflichtbereich informiert die EKD-Denkschrift „Identität und Verständigung – Standort und Perspektiven des Religionsunterrichts in der Pluralität" (Gütersloh 1994) aus evangelischer Perspektive. Den geistesgeschichtlichen Hintergrund des Themas beleuchtet umfassend KARL ERNST NIPKOW in seinen beiden Bänden Moralpädagogik im Pluralismus und Religionspädagogik im Pluralismus (München 1998a, b). Der Aufsatzband „Ethisches Lernen in der Schule", hg. von FRIEDRICH SCHWEITZER und GOTTFRIED ADAM zeigt auf, dass ethisches Lernen nicht auf zwei Schulfächer begrenzt werden darf (Göttingen 1996). Das Themenheft „Kooperation von Ethik- und Religionsunterricht" der AUFbrüche 1/1998 bringt einen Einblick in die Situation des Wahlpflichtbereiches im Bundesland Sachsen-Anhalt. Die ethikdidaktische Zeitschrift Ethik und Unterricht brachte in der Ausgabe 4/1998 ein Themenheft über Religion im Ethikunterricht heraus. In der Kooperation bis auf die Rahmenrichtlinienebene vorangeschritten ist Mecklenburg-Vorpommern. Informationen über die Konzeption der Fächergruppe Religion und Philosophie sind einzuholen über das Ministerium für Bildung, Wissenschaft und Kultur, Werderstraße 124, 19055 Schwerin.

---

1 Diese Begrifflichkeit wird bundesweit nicht einheitlich verwendet. Andere Bezeichnungen für das Fach lauten „Werte und Normen", „Philosophieren mit Kindern", „Philosophieunterricht".

2 Dieser Beitrag ist aus evangelischer Perspektive geschrieben: Für den katholischen Religionsunterricht ergibt sich durch eine andere Grundstellung zur Vernunft z.T. noch größere Nähe – und damit vielleicht auch Ferne – zum Ethikunterricht.

3 SCHEILKE, CHRISTOPH TH.: Ethisches Lernen im Religionsunterricht, in: AUFbrüche 1/1998, 34.

4 Vgl. MÜLLER-KENT, JENS: Ethisches Lernen in der Schule, in: Christenlehre und Religionsunterricht und Praxis (1997), H. 1, 8ff.

5 Vgl. zu diesen Ausführungen die – von ihm weitgehend übernommenen – Gedankengänge KARL ERNST NIPKOWs 1998b, 495ff.

6 Ebd., 503.

7 PATZIG, GÜNTER: Ethik ohne Metaphysik, Göttingen ^{2}1983.

8 PATZIG, GÜNTER: Zur Begründung sozialer Verhaltensnormen, in: ders.: Tatsachen, Normen, Sätze, Stuttgart 1980, 114.

9 In: Ethik & Unterricht, (1998) H. 4, 21ff.

10 KIRCHENAMT DER EKD: Identität und Verständigung – Standort und Perspektiven des Religionsunterrichts in der Pluralität, Gütersloh 1994.

3.7 Fächerübergreifender Unterricht

(*Michael Linke*)

Ein Beispiel

Oft kommt es vor, dass die einzelnen Fächer unkoordiniert nebeneinander herarbeiten. So werden den Schüler/-innen manchmal unterschiedliche Aspekte des gleichen Themas zu verschiedenen Zeiten in verschiedenen Fächern angeboten. Um das zu vermeiden, können in einer Schuljahresübersicht oder Jahresarbeitsplanung die Unterrichtsthemen, Fragestellungen und Arbeitstechniken so aufeinander abgestimmt werden, dass ein zusammenhängender Lehrplan entsteht.

Mehrere Fächer können über längere Zeit aber auch gemeinsam an einem Thema arbeiten, weil das Thema sehr verschiedene fachliche Bezüge enthält, an denen etwas gelernt werden soll. Jedes Fach trägt dann seinen Anteil zur Klärung des Themas bei; die Lehrer/-innen sprechen dazu ihre Unterrichtsplanungen miteinander ab. Damit soll erreicht werden, dass einerseits die Schüler/-innen von verschiedenen Seiten her Zugänge zu einem Lerngegenstand finden können und sich so einem Lernen in Zusammenhängen nähern und dass andererseits die zum Thema gehörenden Phänomene und Sachverhalte aus der Sicht verschiedener fachlicher Ansätze erhellt werden können. Wie könnte eine Schule oder ein Teil eines Kollegiums vorgehen, wenn Unterricht nach fachübergreifenden Gesichtspunkten angelegt werden soll? Ausgewählte Stationen des nötigen Planungsprozesses sollen anhand der folgenden Dokumente und Abbildungen deutlich gemacht werden.

Vorhaben

Was war – was ist – qué será?

500 Jahre Eroberung und Widerstand Lateinamerikas

Vorhaben sind Unterrichtsabschnitte, in denen mehrere Fächer über längere Zeit gemeinsam an einem Thema arbeiten. Jedes Fach trägt seinen Anteil zur Klärung des Themas bei, die Lehrer/-innen sprechen dazu ihre Unterrichtsplanungen miteinander ab. Damit soll erreicht werden, dass einerseits die Schüler/-innen von verschiedenen Seiten her Zugänge zu einem Lerngegenstand finden können und sich so einem Lernen in Zusammenhängen nähern, und dass andererseits die zum Thema gehörenden Phänomene und Sachverhalte aus der Sicht verschiedener fachlicher Ansätze erhellt werden können.

Im Jubiläumsjahr der so genannten Entdeckung Amerikas im Jahre 1492 setzte das Vorhaben den Akzent auf die europäischen Eroberungen, den damit begonnenen Kolonialismus und seine bis heute andauernden Wirkungen. Ausgehend von der Situation in Europa lernten die Schüler/-innen die wirtschaftlichen Gründe für die damaligen Reisen europäischer Seefahrer kennen. Am Beispiel der Vernichtung der Hochkultur der Inkas wurden die Folgen der Eroberungen für die einheimischen Kulturen deutlich.
Die heutige Lebensituation in Lateinamerika, Landflucht, Verarmung der bäuerlichen Bevölkerung und ungerechter Welthandel bildeten den Hintergrund für das Kennenlernen von Basisgruppen, die sich für eine Milderung des Nord-Süd-Konflikts einsetzen.
Am Vorhaben waren die Fächer Gesellschaftslehre, Religion, Deutsch, Mathematik, Spanisch, Kunst und Arbeit – Wirtschaft – Technik beteiligt. Den Abschluss bildete ein Lateinamerikatag, an dem die Schüler/-innen vormittags in Projektgruppen mit Gästen aus Braunschweiger Eine-Welt-Gruppen ausgewählte Themen bearbeiteten.
Am Nachmittag fand eine öffentliche Jahrgangsversammlung in der Paulikirche statt. An diesem Tag waren lateinamerikanische Jugendliche Gäste der Schule. Weitere Informationen finden sich in den Lernentwicklungsberichten der einzelnen Fächer.

Dokument 1: Beschreibung des fächerübergreifenden Vorhabens

Religion

Das Meditationstuch aus Bolivien in der Mensa betrachten und verstehen; Feste und Religion der Inkas kennen lernen; Position der damaligen Kirche zu den Eroberungen kennen lernen und bewerten; ökumenisches Engagement heute: Kontakte zum Stadtjugendpfarramt und zum Diakonischen Werk Braunschweig aufnehmen.

Dokument 2: Beschreibung des Anteils des Faches Religion am fächerübergreifenden Vorhaben

Jahresarbeitsplan Jahrgang: 7 Schuljahr 91/92

	1–7		8–15		16–18		19–29		30–34		35		36–40	
	September, Okt.		November, Dezember		Januar		Februar, März, April		Mai				Juni, Juli	
			Allerhlg., Bußtag				Rosenmontag		Maifeiertag				Fronleichnam	
							Schulinterne Lehrer/innenfortbildung							
Deutsch	Texte zum Mittelalter; Projekt Lyrikkalender	HERBSTFERIEN		WEIHNACHTSFERIEN		HALBJAHRESZEUGNISSE		OSTERFERIEN		HIMMELFAHRTSFERIEN		PFINGSTFERIEN	KLASSEN + STUDIENFAHRTEN	SOMMERFERIEN
Gesellschaftslehre	Mittelalter		**Vorhaben**				Fremdsein bei uns und anderswo		**Vorhaben**					
Religion	Klöster und Mönche		***Ernährung und Gesundheit***				Islam		***Eroberung und Widerstand Lateinamerikas***					
AWT														
NW														
Kunst														
Musik														
Mathe														
Englisch														
Sport			**Vorhaben**											
WPB I									**Vorhaben**					
WPB II														
A+Ü/FA			**Vorhaben**						**Vorhaben**					
	1–7		8–15		16–18		19–29		30–34		35		36–40	

Gesellschaftslehre = Geographie, Politik, Geschichte AWT = Arbeit, Wirtschaft, Technik NW = Biologie, Physik, Chemie WPB = Wahlpflichtbereich A+Ü/FA = Arbeits-, Übungs- und Freiarbeitsstunden

Abb. 1: Jahresarbeitsplanung – Planungsübersicht für ein Schuljahr

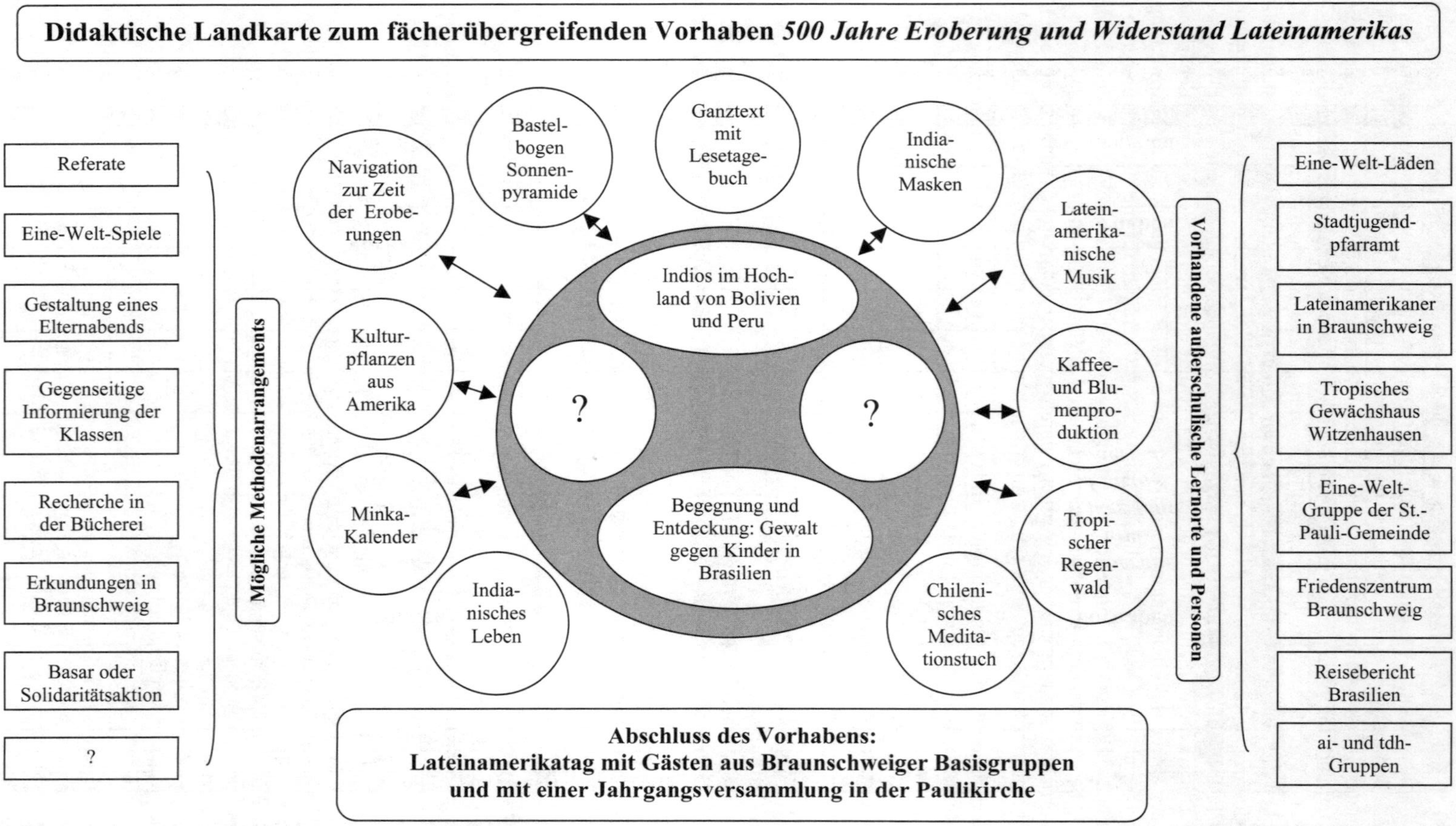

Abb. 2: Planungsentwurf zu einem fächerübergreifenden Unterrichtsabschnitt im 7. Jahrgang

Abb. 1 zeigt eine Jahresarbeitsplanung, in die hier der Klarheit halber nur die für den Religionsunterricht bedeutsamen fachübergreifenden Planungsanteile eingetragen wurden.[1] Sie kommt in einem zeitlich wohl zu organisierenden Prozess zu Stande, in dem die planende Lehrer/-innengruppe sich unter Analyse der Situation der Schüler/-innen über die pädagogischen Aufgaben des kommenden Schuljahres verständigt. Ausgehend von dieser von ihr normativ gesetzten pädagogischen Aufgabenstellung,[2] entwickelt die planende Gruppe sozusagen einen „didaktischen Filter", durch den sie auf die Inhalte der Unterrichtsfächer blickt, dann die Blickrichtung wechselt und von den Inhalten der Fächer auf die formulierten pädagogischen Aufgaben schaut. Indem dieser Wechsel der Blickrichtung mehrfach wiederholt wird, erfolgt eine Insrechtsetzung und Schärfung beider abwechselnd eingenommener Perspektiven. Dies beinhaltet nicht eine Abwertung der Fächer; diese erhalten vielmehr „dienenden" Charakter für die von der planenden Gruppe didaktisch akzentuierten Fragestellungen oder Themenbereiche. Es geht beim fachübergreifenden Unterrichtsansatz nicht um das Einrichten eines eo ipso „besseren" Unterrichts, sondern um den Versuch, durch mehrperspektivische Sichtweisen einen Problemzusammenhang umfassender zu erhellen, als das einem Fach allein möglich wäre.

Die dargestellte Akzentuierung der didaktischen Blickrichtungen bei der Erstellung der Jahresarbeitsplanung hat notwendig eine Öffnung der Fachperspektiven der planenden Personen zur Folge, die eine fächerübergreifende Unterrichtsplanung erleichtert.
Abb. 2 zeigt die geplante innere Struktur eines fächerübergreifenden Unterrichtsabschnitts; die vorangehenden Dokumente 1 und 2 (siehe S. 262) geben Einblick in den tatsächlich erteilten Unterricht.[3]

Ein Ordnungsversuch
Einen sehr erhellenden „Definitions- und Systematisierungsversuch" zum fächerübergreifenden Unterricht haben HUBER und EFFE-STUMPF (1994) vorgelegt. Sie grenzen ihn vom ungefächerten Unterricht ab, ordnen seine Organisationsformen nach fachüberschreitenden, fächerverknüpfenden, fächerkoordinierenden, fächerergänzenden und fächeraussetzenden Varianten und bestimmen das Verhältnis der Fächer zueinander. Der Text entstand im Zusammenhang der Arbeit des Bielefelder Oberstufen-Kollegs und eignet sich vorzüglich zum Einstieg in den Ausstieg aus der weiter unten angedeuteten Begriffsverwirrung.

„Ein Definitions- und Systematisierungsversuch:
Will man die Formen fächerübergreifenden Unterrichts erörtern, stößt man alsbald auf beträchtliche Unklarheiten der anzutreffenden oder zu verwendenden Begriffe. Darum hier zunächst der Versuch, die Spielarten zu beschreiben, zu benennen und zugleich in eine Art Taxonomie einzuordnen.

1.1 Ungefächerter versus fächerübergreifender Unterricht
Dabei ist sogleich zu unterscheiden: zwischen einem Schul- oder Unterrichtsmodell, das überhaupt auf Fächer (zunächst) verzichtet und im Unterricht die Existenz von Fächern nicht berücksichtigt, im folgenden 'ungefächert' genannt, und Schul- und Unterrichtsmodellen, die Unterricht in Fächern haben, aber über diesen hinausgehen – in verschiedenen Formen, die hier insgesamt unter dem Obertitel 'fächerübergreifend' (im weiten Sinne) zusammengebracht seien. Ungefächerter Unterricht im genannten Sinne war für bestimmte reformpädagogische Schulmodelle ... und ist heutzutage für die ersten Jahre der Primarschule charakteristisch; Formen fächerübergreifenden Unterrichts finden sich von unten nach oben abnehmend in den ansonsten vom Fachunterrichtsprinzip bestimmten Sekundarstufen ...

1.2 Organisationsformen des fächerübergreifenden Unterrichts
Bei einer weiteren Annäherung von außen, zunächst nur auf die Unterrichtsorganisation blickend, zeichnen sich im Spektrum fächerübergreifenden Unterrichts neben Fachunterricht Abstufungen ab, die im Folgenden charakterisiert werden.

Fachüberschreitend:
In und aus einem Fachunterricht heraus wird (vom jeweiligen Fachlehrer) gleichsam ausgreifend über die Grenzen dieses Faches auf übergreifende Themen verwiesen, für die dieses, aber auch andere Fächer von Belang sind, oder verwandte Elemente, Themen, Perspektiven anderer Fächer werden assoziiert.
Voraussetzungen: 'weiter Horizont' des Lehrers, aber keine besonderen unterrichtsorganisatorischen Vorkehrungen.

Fächerverknüpfend:
Dies ist eine Steigerung des Vorigen und ergibt sich, wenn solche Verweise wechselseitig zwischen zwei oder mehreren Fächern gegeben werden und dies in Kenntnis dessen geschieht, was in dem anderen Fach wann im Unterricht behandelt wird.
Voraussetzungen: eine Übersicht über die Unterrichtsplanung aller Fächer einer Klasse oder einer Stufe, die die Anknüpfungspunkte ausweist; Kontakt zwischen den Lehrerinnen.
Diese beiden Spielarten wären an jeder Schule, auch an jeder gymnasialen Oberstufe, ohne weiteres möglich ...

Fächerkoordinierend:
Der Unterricht in zwei oder mehr Fächern bzw. Kursen wird schon in der Planung aufeinander bezogen, gewissermaßen synchronisiert, aber weiterhin getrennt durchgeführt und von der jeweiligen Fachlehrerin erteilt.
Voraussetzungen: Teilnahme derselben Schüler/-innen an diesen Kursen (mindestens zum größten Teil); gemeinsame Planung (team planing).
In diese Kategorie fallen die neuerdings an einigen Gesamtschuloberstufen versuchten Profiloder Schwerpunktbildungen.

Fächerergänzend:
Zusätzlich zum Unterricht nach Fächern und parallel zu ihm wird Unterricht erteilt, der nicht an der Fachsystematik, sondern ohne Rücksicht auf diese an Themen, Aufgaben, Problemen, die von mehreren Seiten aus anzugehen sind, orientiert ist und dazu auch die Schüler anders 'mischt'; innerhalb des, so zunächst gewissermaßen nur negativ bestimmten, Freiraums können wiederum verschiedene Spielarten der impliziten oder expliziten Einführung fachlicher Aspekte oder Perspektiven, von 'ungefächert' bis 'interdisziplinär im engeren Sinne' praktiziert werden.
Voraussetzungen: ein Stundenplan, der bestimmte Zeiten für diesen Unterricht ausweist; Lehrer, die sich die Kompetenz zu Unterricht über ihr Fach hinaus aneignen und zutrauen, bzw. gemeinsamer Unterricht von mehreren (team teaching) ...

Fächeraussetzend:
Für Studien- oder Projekt-Tage, -Wochen oder -Epochen wird der Fachunterricht zeitweilig ausgesetzt. Der Unterschied zum Vorigen ist über den Praxis- und/oder Aktualitätsbezug hinaus unterrichtsorganisatorischer Art: die Freiräume werden noch größer dadurch, dass in diesen Perioden, zumal wenn sie länger sind, kontinuierlich auch in Werkstätten, Labors oder „draußen" gearbeitet werden kann.
Beispiele hierfür sind die Projektwochen an den Regelschulen ...

1.3 Das Verhältnis der Fächer

Die in der 'Annäherung von außen' gesehene unterrichtsorganisatorische Form der Zuordnung von Fach- und fächerübergreifendem Unterricht legt im Allgemeinen noch nicht fest, in welche *inhaltliche Beziehung* die jeweils einbezogenen Fächer (bzw. die sonst nach Fächern geordneten Elemente) dabei treten. Grundsätzlich kann dieses Verhältnis wie für 'interdisziplinäre' Forschung, so für fächerübergreifenden Unterricht sein:

komplementär: eine Sicht oder Erfahrung ergänzt die andere;
konzentrisch: mehrere Sichtweisen richten sich auf einen gemeinsamen Gegenstandsbereich (z.B. Raum, Epoche) oder Problembereich (z.B. Verkehrsplanung, Gesundheitsförderung, Umweltpolitik);
kontrastiv oder dialogisch: eine Sicht oder Erfahrung widerspricht der anderen, relativiert sie; es geht um gegenseitiges Verstehen oder Übersetzen;

reflexiv: mit Hilfe anderer Sichtweisen, die bewusst als solche eingenommen werden, wird die eigene oder jeweils zunächst (aus dem Alltagswissen oder aus einem bestimmten Fach heraus) mitgebrachte reflektiert (philosophisch, historisch, soziologisch).

Damit sei versucht, die Unterscheidung 'aspektivisch – perspektivisch' ... aufzunehmen und noch weiter zu differenzieren: aspektivisch sind die ersten beiden, perspektivisch die letzten beiden Verhältnisse konzipiert. Zugleich kann man diese Einteilung mit den geläufig gewordenen Formen von 'Interdisziplinarität' (im weiteren Sinne) verbinden: als pluri- oder multidisziplinär können die ersten beiden, als interdisziplinär (im engeren Sinne) die dritte und als metadisziplinär die vierte eingeordnet werden."

Eine Problemanzeige

„Es gibt sie – die Gedanken, die in der Luft liegen. Aber ohne Umschlag der Temperatur verdichten sie sich nicht, regnen sie nicht herab."(HARTMUT VON HENTIG[4]) „Les idées justes ne tombent pas du ciel." (GEORGE CASALIS[5])

Der Gedanke des fächerübergreifenden Unterrichts liegt seit längerem in der Luft,[6] warum ist er noch nicht herabgeregnet und liegt blank und klar zu Tage? Liegt es an der Hitzigkeit, die die wissenschaftliche Diskussion bekommt, wenn es um ihn geht, und die dafür sorgt, dass ein Temperaturumschwung ausbleibt? Oder hat CASALIS mit seiner apodiktischen Aussage Recht?

Dann müsste die Religionspädagogik sich ein fachdidaktisches Verständnis von fächerübergreifendem Unterricht erst noch erarbeiten, dann wäre nach den metafachlichen Regeln zu fragen, nach denen eine solche Erarbeitung ja wohl vonstatten gehen müsste, wenn denn ihre Ergebnisse von der scientific community anerkannt werden sollten, dann wäre der dialektischen Einsicht Rechnung zu tragen, dass es fächerübergreifenden Unterricht nur geben kann, weil und solange es Fachunterricht gibt, dann wäre an (ur-)alte Einsichten der Allgemeinen Didaktik zu erinnern, z.B. daran, dass Inhalte nicht per se einem bestimmten Fachgehäuse zugehören, sondern erst durch die Art der Fragestellung und die zur Beantwortung dieser verwendeten Denkweisen und Methoden, dann wäre auch daran zu erinnern, dass in der deutschen Philosophie eine sehr ausführliche Diskussion über Erkenntnis und Interesse wie auch über die Logik der Forschung stattgefunden hat, dann jedenfalls müsste das Diktum, dass Lernen in einer guten Schule neuerdings möglichst fachübergreifend stattzufinden habe, einer differenzierteren Betrachtungsweise unterzogen werden.

Vor Ort herrschen dagegen Begriffsverwirrung, Kategorienverlust und Interessentumult. Es wäre interessant, vergleichend zu untersuchen, wie beispielsweise eine Verlagsveröffentlichung zum fächerübergreifenden Unterricht, ein Vertreter der Industrie- und Handelskammern und die Kultusministerkonferenz mit den gleichen Termini ganz unterschiedliche Zielrichtungen verfolgen. PANDEL (1999, 286f) konstatiert unter der Überschrift „Postmoderne Beliebigkeit" in Bezug auf die geschichtsdidaktische Methodendiskussion einen Verlust historischer Substanz, den er u.a. auf die gegenwärtige Diskussion über das „sog. fächerübergreifende Lernen" zurückführt.

Die aufgeworfenen Problemstellungen blieben bisher in der Theorie bis auf wenige Ausnahmen[7] hartnäckig unbearbeitet. Es ist zu hoffen, dass eine Klärung gelingt, und die angestrebten Unterrichtsreformen, die auf Erwerb der Fähigkeiten zu vernetztem Denken und mehrperspektivischem Wahrnehmen und Lösen künftiger gesellschaftlicher Problemlagen zielen, nicht tatsächlich einer postmodernen Beliebigkeit zum Opfer fallen. Solche Befürchtungen werden ganz sicher geweckt, wenn wie von VOLKHOLZ (1999) – Mitglied des Sachverständigenrats Bildung bei der Hans-Böckler-Stiftung – als „neue Balance" des zwischen Eltern und Staat geteilten Bildungsprozesses unter der Überschrift „Schritte zu einer Wiederaneignung der Schule durch die *Gesellschaft*" (Hervorh. M. L.) angestrebt wird, „dass die Zuständigkeit für die Gestaltung des Bildungsprozesses und der Institution bei den unmittelbar Beteiligten liegt. Die Qualitätskriterien und Leistungsmaßstäbe, die

Inhalte, die Formen und die Verbindlichkeit der Arbeit, ebenso wie ihre Überprüfung und Veränderung würden dann Gegenstand interner Vereinbarungen zwischen Eltern, Lehrern und Schülern."

Literatur:

DIETZ, WALTER: RU fächerverbindend. Für einen Religionsunterricht, der sich einmischt, in: entwurf (1994) H. 2, 14–16; HUBER, LUDWIG/EFFE-STUMPF, GERTRUD: Der fächerübergreifende Unterricht am Oberstufen-Kolleg, in: KRAUSE-ISERMANN, URSULA/KUPSCH, JOACHIM/SCHUMACHER, MICHAEL (Hg.): Perspektivenwechsel. Beiträge zum fächerübergreifenden Unterricht für junge Erwachsene, Bielefeld 1994, 63–86; KALMBACH, WOLFGANG: Fächerverbindend unterrichten – aber wie? Vernachlässigte Fragen innerer Schulreform, in: entwurf (1994) H. 2, 17–18; LINKE, MICHAEL: Unterwegs zu einer Schule für alle Kinder, in: NAUCK, JOACHIM (Hg.): Offener Unterricht. Ziele, Praxis, Wirkungen, Braunschweig 1993, 131–153 MÖLLER, MARTIN: Der Garten der Lüste. Ein Roman über die Wiedertäufer im Zentrum einer fächerverbindenden Unterrichtseinheit, in: Religion heute 38 (1999), 88–105; PANDEL, HANS-JÜRGEN: Postmoderne Beliebigkeit? Über den sorglosen Umgang mit Inhalten und Methoden, in: Geschichte in Wissenschaft und Unterricht 5–6 (1999), 282–291; SCHWEITZER, FRIEDRICH: Schulentwicklung und Religionsunterricht – Grundsätzliche Überlegungen zu einer aktuellen Problemstellung, in: Zeitschrift für Pädagogik und Theologie (1999), H. 2, 157–167; SACHVERSTÄNDIGENRAT BILDUNG BEI DER HANS-BÖCKLER-STIFTUNG: Jugend, Bildung und Zivilgesellschaft. Anregungen zur Bildungsdiskussion. Diskussionspapiere Nr. 3, Düsseldorf 1999; STÄNDIGE KONFERENZ DER KULTUSMINISTER DER BUNDESREPUBLIK DEUTSCHLAND: Richtungsentscheidungen zur Weiterentwicklung der Prinzipien der gymnasialen Oberstufe und des Abiturs. Dokumentiert in: Deutsche Lehrerzeitung 49 (1995), H. 2; UMBACH, EBERHARD: Bescheidene Spuren. Interdisziplinäre Studiengänge sind immer noch selten, in: Frankfurter Rundschau vom 1. 7. 99, 6; VOLKHOLZ, SYBILLE: Wie kommt das reale Leben stärker ins Klassenzimmer? Schritte zu einer Wiederaneignung der Schule durch die Gesellschaft, in: Frankfurter Rundschau v. 1. 7. 99, 6; WALLBAUM, CHRISTOPHER: Musik im Netz. Erste Erfahrungen aus der Profil-Oberstufe, in: Musik und Unterricht 33 (1995), 43–48.

---

1 Das Verständnis des Begriffs *Vorhaben* findet sich in Dokument 1 erläutert. In einer anderen Eltern- bzw. Schüler/-inneninformation wird auf weitere fächerübergreifende Unterrichtsansätze verwiesen: „*Thematische Tage* werden einem besonderen Unterrichtsschwerpunkt gewidmet. *Projekte* sind Unterrichtsabschnitte, zu denen sich eine Gruppe von Schüler/-innen zur Arbeit an einem gewählten Thema zusammenfindet und Planung, Durchführung und Auswertung dieser Arbeit in die eigenen Hände nimmt. Während des Projektes bestimmt die Gruppe weitgehend selbstständig über Inhalt und Organisation ihrer Arbeit und somit auch über die zeitliche Gliederung der Projekttage. Die Ergebnisse der Projektarbeit können veröffentlicht werden." Über die dargestellten Anteile hinaus enthält die Jahresarbeitsplanung Planungsanteile der Fächer und fachübergreifende Anteile anderer Fächer.

2 Diese könnte im Fall der vorliegenden Jahresarbeitsplanung u.a. darin bestanden haben, die Schüler/-innen an ein kritisches Verständnis der öffentlichen Aktivitäten zum „Jubiläum der Entdeckung Amerikas" im Jahr 1992 heranzuführen.

3 Es handelt sich um Auszüge aus Berichtszeugnissen, die die Schüler/-innen am Ende des Schulhalbjahres bekommen haben.

4 HARTMUT VON HENTIG: Ende, Wandel oder Wiederherstellung der Erziehung. Über das Verschwinden der Erwachsenen, in: Neue Sammlung, 25 (1985) H. 4, 475.

5 GEORGE CASALIS: Die richtigen Ideen fallen nicht vom Himmel. Stuttgart 1980.

6 Vgl. SCHWEITZER 1999, 161f, STÄNDIGE KONFERENZ DER KULTUSMINISTER 1995 für den Bereich der gymnasialen Oberstufe und UMBACH 1999 für den Bereich des Hochschullernens.

7 Vgl. hierzu vor allem HUBER/EFFE–STUMPF 1994 und die weiteren im Arbeitszusammenhang der Bielefelder Schulprojekte entstandenen Forschungsergebnisse zum fächerübergreifenden Unterricht, insbesondere die aufschlussreichen Ergebnisse der Expertentagung im Bielefelder Oberstufen-Kolleg „Nach PISA: Wohin geht die Oberstufe, wohin soll sie gehen? Reformperspektiven der gymnasialen Oberstufe." vom 20./21. Februar 2003. Sie sind dokumentiert unter www.uni-bielefeld.de/OSK/Osk_Schueler/Oberstufen-Kolleg/Aktuelles/PisaTagungNeu/index.html

4 Lexikalische Stichworte

4.1 Fachzeitschriften

(Harry Noormann)

Da die meisten Fachzeitschriften Sonderpreise für Studierende anbieten, ist schon während des Studiums ein Abonnement nachdrücklich anzuraten. Es gibt keine wirkungsvollere Möglichkeit, sich über aktuelle Entwicklungen in der Religionsdidaktik auf dem Laufenden zu halten und Anregungen für die eigene Unterrichtspraxis zu sammeln. Die Wahl fällt schwer, da der Blätterwald wie bei keinem anderen Unterrichtsfach dicht und vielgestaltig gewachsen ist. Die folgende Typologie kann Hilfestellung und Orientierung bieten. Aus Raumgründen kann das Gesamtangebot an Zeitschriften nicht vollständig aufgeführt werden. Einzelne Periodika werden daher beispielhaft benannt:

Verschiedene Religionspädagogische Institute und Ämter geben eigene **Hauszeitschriften** heraus, die Kolleginnen und Kollegen der verschiedenen Schulformen und Schulstufen in ihrem Einzugsgebiet mit Nachrichten versorgen, sich mit theoretischen Fachbeiträgen an der religionspädagogischen Grundsatzdiskussion beteiligen und ein Publikationsforum für gelungene Unterrichtsentwürfe bieten. Ein noch relativ junges Produkt dieser Art ist das Aushängeschild des RPI Loccum, der „Loccumer Pelikan"[1], der – auch darin typisch – nicht nur den schulischen Religionsunterricht im Blick hat, sondern ein Magazin „für Schule und Gemeinde" darstellt. Attraktiv sind die Hauszeitschriften nicht nur wegen ihres Regionalkolorits. Dank kirchlicher Förderung können sie von interessierten Einzelpersonen vielfach gegen eine geringe Spende oder gar kostenlos bezogen werden.

Verbandszeitschriften gibt es in großer Zahl besonders in der katholischen Religionspädagogik. Die älteste und renommierteste unter ihnen sind die „Katechetischen Blätter"[2], die seit 1890 die katholische Katechetik und Religionsdidaktik mit einer an den Bedürfnissen der Schulkolleg/-innen orientierten Dosierung von Theorie- und Praxisartikeln sowie programmatischen Stellungnahmen nachhaltig beeinflusst hat. Verbandszeitschriften haben selbstredend den vorrangigen Auftrag, den Interessen und dem Zusammenhalt der Fachlehrer/-innenverbände Ausdruck zu verleihen und fachpolitischen Belangen als Sprachrohr zu dienen. Ihre Wirkung aber reicht wie im Fall der Katechetischen Blätter vielfach weiter und ihre typologischen Zuordnung lässt sich nicht immer trennscharf vornehmen. So kann der Stuttgarter „entwurf", das zentrale Organ der evangelischen Fachgemeinschaften in Württemberg und Baden, zugleich als Hauszeitschrift des Pädagogisch-theologischen Zentrums (PTZ) Birkach mit einer eigenverantwortlichen Redaktion angesehen werden.[3]

Als typisch **schulformspezifische Zeitschrift** hat sich beispielsweise das katholische Periodikum „rhs – Religionsunterricht an höheren Schulen"[4] etabliert, das der gymnasialen Tradition gemäß vor allem themenbezogene Theoriebeiträge bietet. Neuerdings gibt es – der fachlichen Bedeutung des Grundschulsektors angemessen – eine eigenständige Zeitschrift für diesen Bereich: Grundschule Religion.[5] Grundschulprobleme nehmen allerdings auch sowohl in den Haus- wie in den Verbandspublikationen einen beachtlichen Stellenwert ein, und sie werden mit bedacht in den

Allgemeine(n) Fachzeitschriften. Die etwas unscharfe Bezeichnung steht für landesweit verbreitete, religionspädagogische Organe, die es sich zur Aufgabe machen, innovative Entwicklungen voranzutreiben und die religionsdidaktische Diskussion widerzuspiegeln.

Ein klassisches Beispiel dieses Genres ist die „Zeitschrift für Pädagogik und Theologie. Der Evangelische Erzieher“[6], deren Abonnenten vornehmlich im Kreis der an religionspädagogischer Theoriebildung und wissenschaftlicher Reflexion Interessierten zu finden sind. An Schwerpunktthemen können sich die Leser/-innen im praktisch-theologischen und religionsdidaktischen Horizont über den Stand der Fachdebatte ein Bild machen.
„ru – Ökumenische Zeitschrift für den Religionsunterricht“, die über 30 Jahre lang Kolleg/-innen mit Themenheften sowohl zu Standardinhalten (z.B. „Schuld“, „Wunder“) wie zu strittigen Gegenwartsfragen („Zukunft“, „Gerechtigkeit“) und aktuellen religionsdidaktischen Trends („praktisches Lernen“, „Ästhetik und Religionsunterricht“) versorgt hat, ist Ende 2003 leider wegen rückläufiger Abonenntenzahlen eingestellt worden. Adressiert an Kolleg/-innen in der Praxis, die neben Basisartikeln konkrete Impulse und Materialien für die Unterrichtsplanung erwarten, präsentiert sich „Religion heute“[7] mit einem eingeschränkten Thementeil und stärker ausgeprägtem Magazinzuschnitt – vorzüglich ist das anspruchsvolle Bildmaterial.

---

1 Bezug: RPI Loccum, Uhlhornweg 10–12, 31547 Loccum, Tel: 05766-81-0, Fax: 81-184. e-mail: RPI.Loccum@t-online.de. Als Beispiel aus den östlichen Bundesländern sei genannt: „Aufbrüche“, hg. vom Kollegium des Pädagogisch-theologischen Instituts der Kirchenprovinz Sachsen und der Landeskirche Anhalt (Bezug: PTI Drübeck, Klostergarten 6, 38871 Drübeck; e-mail: PTI.Drübeck@t-online.de). Das Rp Amt und Studienzentrum der Evangelischen Kirche in Hessen und Nassau verbreitet die „Schönberger Hefte“ (Im Brühl 30, 61476 Kronsberg/Ts. Tel: 06173-9265-0, Fax: 65-190). Über die Grenzen Hessens hinaus ist auch „forum religion“ bekannt, das Markenzeichen des Pädagogisch-Theologischen Instituts in Kassel (Bezug: Kreuz-Verlag, Postfach 810640, in 70523 Stuttgart). Wegen des besonderen Status’ des Religionsunterrichts im Lande Bremen nach Art. 141 GG sei auch auf die Zeitschrift „Die Brücke“ hingewiesen (Bezug: Arnold Heeren-Str.1, 28307 Bremen, Tel. 0421-218-7481).

2 Katechetische Blätter. Zeitschrift für Religionsunterricht, Gemeindekatechese, Kirchliche Jugendarbeit, erscheint im Kösel-Verlag, Flüggenstr. 2, 80639 München, Tel: 089-17801-0, Fax: 01-111, e-mail: info@kösel.de.

3 Bezug: Haus Birkach/Pädagogisch-Theologisches Institut, Geschäftsstelle „entwurf“, Grüninger Str. 25, 70599 Stuttgart, Tel: 0711-45804-0, Fax: 04-22.

4 Bezug: Patmos Verlag GmbH & Co. KG, Am Wehrhahn 100, 49211 Düsseldorf.

5 Bezug: Kallmeyersche Verlagsbuchhandlung, Im Brande 19, 30917 Seelze.

6 Bezug: Verlag Moritz Diesterweg GmbH & Co, Postfach 63 01 80, 60351 Frankfurt/M.

7 Bezug: Verlag Friedrich Felber, Vertrieb, Postfach 10 01 50, 30917 Seelze.

4.2 Geschlecht und religiöses Lernen – Zur Relevanz der Gender-Perspektive für den Religionsunterricht

(*Simone Ferme*)

Vorbemerkungen

Mit zunehmender Dringlichkeit zeichnet sich die Forderung nach einer Wahrnehmung und breiteren Diskussion von Möglichkeiten und Grenzen der Einbeziehung der Kategorie Geschlecht (Gender) in die religionspädagogische Theorie und Praxis ab. Während der feministische und der feministisch-theologische Diskurs bereits seit den späten 1960er Jahren engagiert geführt wird, ist die Integration der Gender-Frage in die allgemeine religionspädagogische Debatte erst in Ansätzen zu verzeichnen.
Der mehrperspektivische Blick, der für die religionspädagogische Wahrnehmung und Deutung lebensweltlicher Zusammenhänge erforderlich ist[1], findet durch die Einbeziehung der Gender-Frage eine entscheidende Erweiterung. Aus den grundlegenden Bezugsdisziplinen Theologie und Pädagogik werden hierbei besonders die Bereiche feministische Theologie und feministische Pädagogik angefragt und darüber hinaus Fragestellun-

gen feministischer Ethik sowie sozialwissenschaftlicher und psychologischer Geschlechterforschung einbezogen. Diese Wissenschaftsbereiche stehen in Verbindung mit Denkrichtungen feministischer Theorie, die sich im Zusammenhang mit der neuen Frauenbewegung seit Anfang der 1970er Jahre als facettenreiche und äußerst kontroverse Diskussion um die Begriffe Gleichheit und Differenz entwickelt.[2] Ein heuristisches Kriterium im Rahmen der Gender-Forschung ist die Unterscheidung zwischen dem historisch-sozial geprägten Geschlecht, *gender*, und dem biologischen Geschlecht, *sex*, mit der Zielrichtung, eine ursächliche Verbindung zwischen dem biologischen Geschlecht und einer scheinbar zwangsläufig daraus resultierenden geschlechtsspezifischen, unveränderlichen Rollenzuschreibung zu vermeiden. „Weiblichkeit" und „Männlichkeit" werden als soziokulturell bedingte Konstrukte verstanden, deren negative individuelle und gesellschaftliche Konsequenzen veränderbar sind.[3]
Da Schule als wichtige Sozialisationsinstanz einerseits die Möglichkeit einer zukunftsweisenden Vorreiterrolle bietet, andererseits die Gefahr der Reproduktion konventioneller Geschlechtsrollenmuster besteht, ergibt sich die (religions-)pädagogische Aufgabe, die Kategorie Geschlecht – als vom frühesten Kindesalter an prägenden Sozialisationsfaktor – in ihre konzeptionellen Überlegungen mit einzubeziehen.

Geschlechtsspezifische religiöse Sozialisation

Empirische Untersuchungen zu einer geschlechtsspezifischen religiösen Sozialisation von Mädchen und Jungen sind bisher nur in Ansätzen vorhanden. Der Schwerpunkt der Forschung liegt auf qualitativen bzw. biografischen Studien zur religiösen Entwicklung und Sozialisation von Mädchen und Frauen, die einen direkten Vergleich zwischen Mädchen und Jungen jedoch nicht ermöglichen. Gefragt wird u.a. danach, welche religiösen Erfahrungen Mädchen und Frauen im Laufe ihrer Entwicklung prägen, wie religiöse Bilder und Symbole auf sie wirken und welche Rolle einzelne Faktoren (Familie, Religionsunterricht, Konfirmandenunterricht (KU), Jugendarbeit u.a.) in Bezug auf die Vermittlung einengender oder befreiender Rollenmuster spielen.[4]
FRIEDRICH SCHWEITZER hebt vor allem die Untersuchung von KALEVI TAMMINEN (1993) hervor, die Vergleiche zwischen Mädchen und Jungen liefert. Hiernach ist das religiöse Interesse von Mädchen ausgeprägter als das der Jungen, und das Gottesverständnis unterscheidet sich dahingehend, dass Mädchen vor allem Geborgenheit in der Beziehung zu Gott und im Gebet das Gespräch suchen, während Jungen Gottes Macht bedeutsamer erscheint und das Bittgebet mit der Erwartung einer Wirkung verbunden ist.[5] Diese Unterschiede müssen unter der Grundvoraussetzung betrachtet werden, dass sie Ergebnis eines Zusammenwirkens der sozialen Einflüsse und aktiver Verarbeitung durch die Individuen sind.[6] Schlagen sich hier Auswirkungen einer geschlechtsspezifischen stereotypen Sozialisation nieder, können diese als potenziell veränderbar angesehen werden.[7]
Neben institutioneller religiöser Erziehung ist die religiöse Sozialisation in der Familie als Einflussfaktor mitzubedenken, da spätere Religiösität bereits im Verlauf frühkindlicher Sozialisation vorstrukturiert wird und die Eltern auch in der Jugendphase weitgehend noch wichtige Vorbildfunktion haben.[8] HERLINDE PISSAREK-HUDELIST gibt zu bedenken, dass die Erziehung faktisch meistens von Müttern ausgeführt wird, die selbst in konventionelle Rollenmuster verstrickt sind und so eine Überschreitung derselben schwer vorleben können.[9] SCHWEITZER weist auf den mehrschichtigen Einfluss der Eltern bei der geschlechtsspezifischen Entwicklung des Gottesbildes hin.[10]
Die Erarbeitung weiterer empirischer Grundlagen ist notwendig, um Konsequenzen für das religionspädagogische Handeln ziehen zu können.[11]

Geschlechtersozialisation in der Schule

Die Koedukationsforschung ist darum bemüht, Gründe für die Diskrepanz zwischen dem zu verzeichnenden Anstieg der Mädchen-/Frauenenbildung – z.T. heute höher als bei

Männern – und den nicht entsprechenden Veränderungen in der Berufswelt oder bei der Wahrnehmung der Geschlechterrollen aufzuklären und Schlussfolgerungen für eine Veränderung der schulischen Bedingungen zu ziehen. Verbesserungschancen werden z.T. in geschlechtshomogenen Schulformen, häufiger jedoch in der Modifizierung des Vorhandenen im Sinne einer *reflexiven Koedukation*[12] gesehen, da die Erfahrungen gelungener Interaktionen sowohl mit dem eigenen als auch mit dem anderen Geschlecht als wichtig eingestuft werden. Dabei wird neben teilweise getrennten Lernphasen vor allem für ein bewussteres Wahrnehmen und Bearbeiten von Geschlechterverhältnissen und -hierarchien plädiert. Da sich Schülerinnen und Schüler trotz gleicher Lehrpläne im Lauf der Schulzeit zunehmend voneinander entfernen und in ein vermehrt asymmetrisches Verhältnis geraten (z.B. geringeres Selbstwertgefühl bei Mädchen und stereotype Interessenentwicklung bis hin zu typischen „Mädchenfächern" und „Jungenfächern"), kann es bei schulischen Maßnahmen nicht um eine vollständige Gleichbehandlung von Mädchen und Jungen gehen, sondern darum, geschlechtsspezifischen Festschreibungen in einem *kompensatorischen Sinn* entgegenzuarbeiten.[13] Ziel ist „das Aktivieren möglichst vieler Handlungspotenziale, um zu einer größeren Vielfalt von Kompetenzen über konventionelle geschlechtsbezogene Grenzen hinaus zu kommen."[14] Ansätze einer reflektierten Koedukation werden im Folgenden für den Religionsunterricht berücksichtigt.

Gründe für die Einbeziehung der Gender-Perspektive in den Religionsunterricht
Die Bedeutung der Geschlechterfrage ergibt sich für den Religionsunterricht aus der Spannung zweier widersprüchlicher Aspekte: einerseits eröffnet die biblische Überlieferung Perspektiven von Gleichheit vor Gott (Gen 1,27; Gal 3,28), Befreiung (Ex 14), Selbstliebe und Nächstenliebe (Mt 19,19), andererseits geben sowohl die biblische Überlieferung als auch historische und gegenwärtige Erfahrungsberichte Auskunft über Benachteiligung und Leid von Frauen und Mädchen. Im Sinne einer „vom Glauben her gebotenen Ideologiekritik"[15] darf religiöse Bildung nicht zur Reproduktion geschlechtsrollenstereotyper Festschreibungen und den damit verbundenen negativen Folgen für den einzelnen Menschen beitragen. Sie muss „auf Selbstständigkeit, Nonkonformismus und Widerständigkeit zur Gesellschaft hin zielen."[16]

Ansätze und Ziele religionspädagogischen Handelns unter der Gender-Pespektive
Perspektiven und Konsequenzen, die durch die Gender-Perspektive für den Religionsunterricht eröffnet werden, können im Rahmen der bestehenden konzeptionellen Ansätze zur Weitung des Blicks führen. Dabei genügt es nicht, feministische Fragestellungen in religionspädagogischen Beiträgen als Sonderbemerkung anzufügen[17] oder den Themenkatalog des Religionsunterricht um ein Frauenthema zu ergänzen. Ein reflektiertes Umgehen mit der Kategorie Geschlecht umgreift das gesamte schulische Leben und setzt an vielen Ebenen an.[18] Die damit verbundenen *Ziele* richten sich ebenso an Lehrpersonen wie an Schüler/-innen. Dabei geht es um

- *Wahrnehmung* von Geschlechtsstereotypen, Sexismen und Hierarchisierungen,
- *Aufklärung* darüber, dass diese historisch und soziokulturell bedingt und damit veränderbar sind,
- *Entfaltung* der jeweiligen Möglichkeiten der Schüler/-innen jenseits geschlechtsbedingter Festschreibungen,
- *Gerechtigkeit*, die angesichts faktischer gesellschaftlicher Benachteiligungen von Mädchen/Frauen an Relevanz im Religionsunterricht gewinnen muss.

Diese auf andere Fächer übertragbaren Ziele bekommen im Religionsunterricht ihre eigene Bedeutung, wenn dieser nicht moralistisch von Forderungen spricht, sondern von Hoffnungsbildern und Verheißungen, von Liebe und Vergebung[19] und Perspektiven einer „alternativen Lebensgestaltung in der Nachfolge Jesu"[20] eröffnet.

Zu bedenken bleibt, dass die Voreinstellungen, Erfahrungen und Erwartungen, die die Mädchen und Jungen mitbringen, immer wieder neu im konkreten Kontext einer sensiblen Wahrnehmung bedürfen. Der Trend zur Individualisierung lässt immer weniger allgemeine Aussagen über *die* Religion der Heranwachsenden zu.[21] Einerseits muss dabei die geschlechtsspezifische Prägung der Erfahrungsbereiche, Wahrnehmungs- und Deutungsmuster von Mädchen und Jungen bedacht werden[22], andererseits dürfen individuelle Unterschiede und sozial-, ethnisch-, religiös-, alters- oder gesundheitsbedingte Differenzen zwischen den Kindern und Jugendlichen nicht vernachlässigt werden. Andere Faktoren können mit geschlechtsbedingten Zuschreibungen verknüpft sein und diese verstärken. Es wird deutlich, wie wichtig es ist, Unterrichtsprozesse offen und flexibel zu gestalten, um auf die jeweiligen (religiösen) Vorerfahrungen der Schüler/-innen angemessen eingehen zu können.[23]
Konsequenzen der Gender-Perspektive sind sowohl auf *inhaltlicher Ebene* als auch auf der Ebene der *Interaktionen* notwendig.
Auf ***inhaltlicher Ebene*** werden Fragerichtungen feministischer Theologie aufgenommen. Diese versteht sich einerseits als Kritik biblischer und systematischer Theologie und Kirchengeschichte und damit als Aufdeckung androzentrischer Überformungen. Andererseits werden neue, vernachlässigte oder tabuisierte Themenbereiche in den Mittelpunkt gerückt, um die befreiende Kraft der christlichen Tradition zu Wort kommen zu lassen. In einigen Lehrbüchern und Unterrichtsmodellen haben Aspekte feministisch-theologischen Arbeitens bereits Berücksichtigung gefunden.
Im Sinne eines *integrativen Ansatzes* sollte innerhalb möglichst vieler Themenbereiche das Spektrum zu Gunsten einer Gleichrangigkeit der Geschlechter modifiziert und erweitert werden. Dies bezieht sich auf einen quantitativen Ausgleich von Asymmetrien in der Repräsentation der Geschlechter sowie auf das Ersetzen geschlechtsstereotyper, sexistischer und trivialisierender Inhalte und Darstellungen. Hierbei sind vor allem Themen wie Gottesbild – Menschenbild[24], Jesus Christus, Sünde, Leiblichkeit, Gerechtigkeit anzufragen.
Ein *additiver Ansatz* nimmt zusätzliche Themenbereiche auf, in denen meist Frauen/Mädchen und deren vielfältige Lebensbereiche im Mittelpunkt stehen. Viele Themen wurden in der Religionspädagogik bisher weitgehend vernachlässigt oder tabuisiert: sexueller Missbrauch/Gewalt gegen Mädchen/Frauen, gesellschaftliche Rollenerwartungen[25] (z.B. Konflikte durch die Gratwanderung zwischen Egoismus und Selbstaufgabe, Ansprüche an weibliche Sittlichkeit u.a.), alternative Lebensformen neben Ehe und Familie, gesellschaftliche Benachteiligung in der unmittelbaren Umgebung und weltweite Unterdrückung und Ausbeutung von Frauen. Im Zuge des additiven Ansatzes werden außerdem historische oder biblische Frauengestalten zum Mittelpunkt einer Unterrichtsreihe.
Beide Ansätze sollen Mädchen ausstehende *Identifikationsmöglichkeiten*, Jungen und Mädchen *alternative Rollenmuster* aufzeigen, implizit eine *Wertschätzung* von Mädchen/Frauen und deren Lebenswelten vermitteln sowie *Geschlechtsstereotype*, *Sexismen* und *Hierarchisierungen* aufdecken. Dies bezieht sich auch auf den Sprachgebrauch, der nicht bei Formulierungen, die Frauen mitmeinen, stehen bleiben darf, sondern Schülerinnen als Adressatinnen direkt ansprechen muss. Lehrpläne, Lehrbücher, Unterrichtsmodelle und -medien sind hinsichtlich dieser Ansprüche kritisch zu analysieren und ggf. zu modifizieren.
Durch die unterrichtlichen ***Interaktionen*** wird oft unbewusst zur Reproduktion konventioneller Rollenzuschreibungen beigetragen. Die Reflexion eigener Einstellungen und Verhaltensweisen der Lehrpersonen (z.B. von Ungleichgewichtigkeit in der Aufmerksamkeitsverteilung und der Bewertung von Schüler/-innenverhalten) ist daher ebenso bedeutsam wie gemeinsame Bewusstwerdungsprozesse in Bezug auf Dominanz- und Konkurrenzverhalten, Akzeptanz von Kompetenz, kooperative Verhaltensweisen u.ä. mit

den Schülerinnen.[26] Auch hier ist ein bewusster Sprachgebrauch notwendig, der Mädchen direkt anspricht und Sexismen sowie Rollenzuschreibungen meidet.
Kooperative Arbeitsformen können zu neuen Erfahrungen beider Geschlechter beitragen.[27] Diese lassen sich mit dem von Seiten feministischer Theologie angeregten Methodenspektrum ganzheitlicher und erfahrungsbezogener Zugänge zur Auslegung biblischer Texte verbinden.
Abschließend soll auf einige Probleme und Gefahren im schulischen Umgang mit der Kategorie Geschlecht aufmerksam gemacht werden:

- Empirische Befunde durch Einzelstudien zum Interaktionsverhalten von Jungen und Mädchen (z.B. Dominanzverhalten einiger Jungen, kooperatives Verhalten einiger Mädchen) laufen Gefahr, unhinterfragt auf alle Schüler/-innen übertragen zu werden.[28]
- Das Beobachten der jeweiligen Schülergruppe kann vor unzulässigen Generalisierungen schützen.
- Das Reden von besonderen „weiblichen" Zugangs- und Sichtweisen birgt die Gefahr, geschlechtsstereotype Festschreibungen oder Konkurrenzdenken zwischen den Geschlechtern zu verstärken und Mädchen als „Sondermenschen" erscheinen zu lassen.
- Das Denken in konventionellen Rollenmustern zeigt sich sehr resistent (evtl. Gründe: leichtere Einschätzbarkeit von sozialen Situationen, Erhaltung der Machtverhältnisse).[29] Auf Grund der persönlichen und emotionalen Betroffenheit muss mit Ablehnung, Ignorieren oder Ängsten in Bezug auf die Geschlechterfrage gerechnet werden.[30]
- Die generelle Schwierigkeit der Veränderung von Einstellungen und Haltungen[31] wird noch problematischer, wenn Jungen „entgegen einer Umgebung, die ihnen von klein an vermittelt, dass sie die Wichtigeren und Stärkeren sind, dies als Vorurteil erkennen" und auf Privilegien verzichten sollen.[32] Wichtig ist die Vermeidung von kontraproduktiv wirkenden Schuldzuweisungen und die Einbeziehung ganzheitlicher Zugänge.

Literatur

Eine grundlegende Einführung in die Thematik bietet der Aufsatz von HERLINDE PISSAREK-HUDELIST: Feministische Theologie und Religionspädagogik, in: BIEHL, PETER, u.a. (Hg.): Jahrbuch der Religionspädagogik 6, Neukirchen-Vluyn 1989, 153–173. AGNES WUCKELT liefert einen neueren Beitrag zur Gender-Perspektive in religionspädagogischen Zusammenhängen: Gender als Konzept religionspädagogischen Handelns. Impulse für Theorie und Praxis, in: KatBl 123 (1998), 370–373. Unterschiedliche Beiträge zur religiösen Sozialisation von Mädchen und Frauen finden sich in der Aufsatzsammlung von BECKER, SYBILLE/NORD, ILONA (Hg.): Religiöse Sozialisation von Mädchen und Frauen, Stuttgart u.a. 1995. Geschlechtsspezifische Aspekte in Religionsbüchern bearbeitet z.B. PITHAN, ANNEBELLE: Religionsbücher geschlechtsspezifisch betrachtet, in: EvErz 45 (1993), 153–173. Eine Einführung in die Feministische Theologie bietet LUCIA SCHERZBERG: Grundkurs Feministische Theologie, Mainz 1995.

---

1 Vgl. z.B. SCHWEITZER, FRIEDRICH: Lebensgeschichte und Religion. Religiöse Entwicklung und Erziehung im Kindes- und Jugendalter, 4. überarb. u. erweit. Auflage, Gütersloh 1999, 10.

2 Eine Darstellung der vielfältigen Denkrichtungen feministischer Theorie kann hier nicht geleistet werden. Einen kurzen Überblick bieten z.B. KUHLMANN, HELGA: Ethik der Geschlechterdifferenz?, in: dies. (Hg.): Und drinnen waltet die züchtige Hausfrau. Zur Ethik der Geschlechterdifferenz, Gütersloh 1995, 7–15 oder PIEPER, ANNEMARIE: Gibt es eine feministische Ethik?, München 1998, 28ff.

3 Einige Wissenschaftler/-innen geben zu bedenken, dass nicht nur „gender", sondern auch der Körper normativen kulturellen Bedingungen unterliegt. Vgl. z.B. BUTLER, JUDITH: Körper von Gewicht. Die diskursiven Grenzen des Geschlechts, Berlin 1995.

4 Vgl. BECKER, SYBILLE/NORD, ILONA (Hg.): Religiöse Sozialisation von Mädchen und Frauen, Stuttgart u.a. 1995, 7.

5 Vgl. SCHWEITZER, a.a.O., 189.

6 Ebd., 195.

7 Vgl. weiterhin KLEIN, STEPHANIE, Gottesbilder von Mädchen. Bilder und Gespräche als Zugänge zur kindlichen und religiösen Vorstellungswelt, Stuttgart/Berlin/Köln 2000; LEHMANN, CHRISTINE, Heranwachsende fragen neu nach Gott. Anstöße zum Dialog zwischen Religionspädagogik und feministischer Theologie, Neukirchen-Vluyn 2003.

8 Vgl. SCHREINER, MARTIN: „Sich von Gott gehalten wissen." Zur Rolle des Vorbildes in religiösen Lernprozessen, in: HARZ, FRIEDER/SCHREINER, MARTIN (Hg.): Glauben im Lebenszyklus, München 1994, 105–118, hier 109f; vgl. auch BUCHER, ANTON/MONTAG, SASKIA: Vorbilder: Peinliche Überbauten oder nach wie vor notwendig? Bericht über zwei aktuelle empirische Untersuchungen, in: Religionspädagogische Beiträge 40 (1997), 61–81.

9 Vgl. PISSAREK-HUDELIST, HERLINDE: Feministische Theologie und Religionspädagogik, in: BIEHL, PETER u.a. (Hg.): Jahrbuch der Religionspädagogik 6, Neukirchen-Vluyn 1989, 153–173, hier 161.

10 Vgl. SCHWEITZER, a.a.O., 227ff.

11 Vgl. ebd., 197.

12 Vgl. z.B. FAULSTICH-WIELAND, HANNELORE: Reflexive Koedukation als Gestaltungsprinzip, in: NAUMANN, B. (Hg.): Der Magdeburger GEW-Kongress zur Koedukation, Frankfurt/M. 1996, 25–38 oder: GRÜNEWALD-HUBER, ELISABETH: Koedukation und Gleichstellung. Eine Untersuchung zum Verhältnis der Geschlechter in der Schule, Zürich 1997, 282ff.

13 Vgl. GRÜNEWALD-HUBER, a.a.O., 292.

14 VOGEL, ULRIKE: Sozialisationstheoretische Reflexionen über Koedukation und soziale Ungleichheit, Zs. f. Frauenforschung (1996), H. 1, H. 2, 19–29, hier 25.

15 SZAGUN, ANNA-KATHARINA: Feministische Religionspädagogik?, Schlangenbrut 39 (1992), 7–14, hier 12.

16 PISSAREK-HUDELIST, a.a.O., 161.

17 Vgl. LEHNER-HARTMANN, ANDREA: Natur oder Kulter im Geschlechterverhältnis? Gender – eine neue Analysekategorie – auch für die Religionspädagogik? KatBl 123 (1998) 364–369, hier 369.

18 Vgl. auch KOHLER-SPIEGEL, HELGA, Gender im Religionsunterricht – Mädchen/Jungen im Religionsunterricht, JRP 2002, 157–170.

19 NIPKOW, KARL ERNST: Ziele ethischer Erziehung heute, in: ADAM, GOTTFRIED/SCHWEITZER, FRIEDRICH. (Hg.): Ethisch erziehen in der Schule, Göttingen 1996, 38–61, hier 58.

20 LANGER, WOLFGANG: Ethisches Lernen im Horizont religionspädagogischer Reflexion, in: ZIEBERTZ, HANS-GEORG/SIMON, WERNER (Hg.): Bilanz der Religionspädagogik, Düsseldorf 1995, 310–323, hier 321.

21 Vgl. SCHWEITZER, FRIEDRICH: Der Wandel des Jugendalters und die Religionspädagogik, in: BIEHL, PETER u.a. (Hg.): Jahrbuch der Religionspädagogik, Neukirchen-Vluyn 1995, 87.

22 Vgl. WUCKELT, AGNES: Gender als Konzept religionspädagogischen Handelns. Impulse für Theorie und Praxis, KatBl 123 (1998), 370–373, hier 370.

23 Vgl. SCHWEITZER, 1995, 87.

24 Durch die Verschränkung von Gottesbild und Menschenbild (Gen 1,27) kommt dieser Thematik besondere Bedeutung zu und wird kontrovers gesehen. Während z.B. LEHNER-HARTMANN (a.a.O.) sowohl für eine Entmännlichung wie für eine Entweiblichung des Gottesbildes eintritt, plädiert KUHLMANN dafür, sowohl geschlechtsneutrale und kosmologische Bilder als auch Bilder beider Geschlechter zu benutzen, da bei Verzicht auf anthropomorphe Bilder der Verlust eines personalen Gegenübers droht, vgl. KUHLMANN, HELGA: Ethik der Geschlechterdifferenz als Herausforderung theologischer Anthropologie, in: dies. (Hg.): Und drinnen waltet die züchtige Hausfrau. Zur Ethik der Geschlechterdifferenz, Gütersloh 1995, 206–221, hier 215f.

25 Ebenso sind Konflikte von Jungen/Männern zu thematisieren wie z.B. Ansprüche an männliche Stärke u.a.

26 Vgl. ENDERS-DRAGÄSSER, UTA/FUCHS, CLAUDIA: Interaktionen der Geschlechter. Sexismusstrukturen in der Schule, Weinheim und München 1989, hier 148. Vgl. auch Vorschläge zur Mädchenförderung ebd. 141f.

27 Vgl. FAULSTICH-WIELAND, a.a.O., 36.

28 Vgl. DRERUP, HEINER: Die neuere Koedukationsdebatte zwischen Wissenschaftsanspruch und politisch-praktischem Orientierungsbedürfnis, in: Zs. f. Pädagogik 43 (1997) 853–875, hier 862.

[29] Vgl. GRÜNEWALD-HUBER, a.a.O., 21ff.
[30] HOELTJE, BETTINA/LIEBSCH, KATHARINA/SOMMERKORN, INGRID N. (Hg.): Wider den heimlichen Lehrplan, Bielefeld 1995, 14f.
[31] Vgl. FISCHER, WOLFGANG: Ist Ethik lehrbar?, in: Zs. f. Pädagogik, 42 (1996) 17–29.
[32] PISSAREK-HUDELIST, a.a.O., 161.

4.3 LER: „Lebensgestaltung – Ethik – Religionskunde"

(*Harry Noormann*)

Das Land Brandenburg hat in seinem im März 1996 beschlossenen Schulgesetz ein neues Unterrichtsfach eingeführt: „Lebensgestaltung – Ethik – Religionskunde" (vgl. S. 105f). Dieses bundesrepublikanische Novum war schon während der vorausgehenden, dreijährigen Modellphase zu einem „pädagogischen und bildungspolitischen Problem erster Ordnung" geworden:[1]

- Unter Inanspruchnahme des Art. 141 GG („Bremer Klausel") sah das Schulgesetz keinen Religionsunterricht als ordentliches Lehrfach nach Art. 7,2 und 3 GG[2] vor. Den Religionsgemeinschaften würde das Recht eingeräumt, einen bekenntnisgebundenen Religionsunterricht in schulischen Räumen außerhalb der Stundentafel anzubieten.

- LER war nach der Schulgesetznovelle von 1986 grundsätzlich obligatorisch für alle Schüler/-innen. Diese könnten aus einem „wichtigen Grund" von der Teilnahme befreit werden. Über diese Freistellungsklausel sollte nach fünf Jahren erneut entschieden werden. Das Fach soll unter staatlicher Verantwortung „bekenntnisfrei, religiös und weltanschaulich neutral unterrichtet" werden (§ 11,3 Schulgesetz).

Hatte zuvor die Bundestagsmehrheit in einer ungewöhnlichen Debatte anlässlich eines Ländergesetzgebungsverfahrens vergeblich „zur verfassungsgebotenen Einführung des Religionsunterrichts" nach Art. 7,3 GG gemahnt[3], so erhoben nun die römisch-katholische und evangelische Kirche Klage vor dem Bundesverfassungsgericht. Die Absicht: Schließlich doch einen nach Auffassung der Kirchen grundgesetzkonformen Wahlpflichtbereich mit zwei gleichberechtigten, ordentlichen Fächern „Religion" und „Ethik/ Philosophie" durchzusetzen. Das perspektivische Leitbild der evangelischen Kirche nach der Denkschrift „Identität und Verständigung" von 1994 ist das Modell einer „Fächergruppe", in der eigenständige fachliche Angebote durch curriculare Abstimmung kooperativ aufeinander bezogen werden: Ethik/Philosophie, evang. RU, kath. RU, ggf. jüdischer, islamischer (sunnitischer) RU usf. Die Evangelische Kirche in Berlin und Brandenburg (EKIBB) hat in einem letzten Kompromissvorschlag das „Fächergruppenmodell" mit der ursprünglichen Idee von LER verbinden wollen. Danach sollte die Fächergruppe als *Lernbereich* konzipiert werden, der die Fächer in ihrer Spezifik ausweist und vorsieht, dass nach einem gemeinsamen Rahmenplan in projektbezogenen, integrativen Phasen im ganzen Klassenverband gemeinsam gearbeitet werden kann (STEINERT, 1998). Der Vorschlag hat den Lauf der Dinge nicht aufgehalten.

Zur Vorgeschichte von LER

Nach der Ernüchterung über weit reichende schulpolitische Reformen im Wendeaufbruch 1989/90 hofften die Initiatoren auf einen Lernbereich (später Unterrichtsfach) „Lebensgestaltung – Ethik – Religion" (schließlich: Religionskunde) mit pädagogischer und didaktischer Ausstrahlung – „LER, das Fach ohne Diktatur des Lehrplans – ohne Zensurendruck; LER, ein Fach des partnerschaftlichen Dialogs zwischen Lehrenden und Lernen-

den; LER, ein Fach, das durch Fragestellungen und Erfahrungen der Schülerinnen und Schüler bestimmt sein sollte" (STEINERT, 1998, 78).
Wichtige Impulse erhielt die Konzipierung des Lernbereichs durch die „Christenlehre" in den ev. Kirchen der ehemaligen DDR (die damalige Bildungsministerin MARIANNE BIRTHLER kam selbst aus dem katechetischen Dienst) und durch Bildungsvorstellungen in der Bürgerrechtsbewegung, deren Leitbild in einer ersten öffentlichen Begründung des Modellversuchs durch das zuständige Ministerium zum Ausdruck kommt. In Anbetracht der Tatsache, dass „nur noch jedes fünfte Kind in Brandenburg ... noch unmittelbar mit Kirche und Religion Kontakt" hat (MANFRED STOLPE), sollte ein neuer Lernbereich LER erprobt werden, „in dem Schülerinnen und Schüler verschiedener weltanschaulicher, religiöser und kultureller Prägung sich gemeinsam mit Fragen des eigenen Lebens, ihrer Persönlichkeit, des Zusammenlebens in Familie, Gruppe und Gesellschaft beschäftigen und sich dabei mit Fragen der Ethik, verschiedener Weltanschauungen und den Religionen auseinander setzen."[4]

Die beiden großen Kirchen reagierten zurückhaltend bis ablehnend auf die Einladung zur Mitarbeit am Modellversuch LER. Während die katholische Kirche sich im Verlauf der Konflikts auf einen Beobachterstatus zurückzog, suchte die EKIBB weiter nach einem Verhandlungskompromiss:

- Eine Stellungnahme der EKIBB vom 12.4.91 begründet zunächst die Absage an eine Mitarbeit: LER obligatorisch, Elternwille nicht gewährleistet (7,3); RU nach 7.3 GG nicht vorgesehen, Ausschließlichkeit von LER. Tendenz: Option für RU als ordentliches Lehrfach.
- Im Oktober und November '91 Spitzengespräch und Gremienberatungen über Kompromisslösungen (u.a. ständige Gesprächsgruppe EKIBB, kath. Kirche, Freikirchen, jüdische Gemeinde, Ministerium).
- Im November Signal von der Synode der EKIBB: Sie zeigt sich offen gegenüber dem Modellversuch unter Bedingungen (wissenschaftliche Begleitung; eigene Beteiligung im Modellversuch; parallele Einführung von RU – Ethik an begrenzter Zahl von Schulen; gleiche Chancen für RU – LER (Finanzierung!)
- Durchbruch erfolgt nach einem Kabinettsbeschluss vom 17.3.92 im Sommer 1992: *LER wird aufgeteilt in eine Integrations- und Differenzierungsphase.* In der Differenzierungsphase (50%) wird LER und RU nach Wahl der Schüler/-innen alternativ erteilt; Organisation der Differenzierungsphase:
  - zwischen blockartigen Integrationsphasen
  - durchgehende Differenzierung (1 Std. LER, 1 RU)
  - Differenzierung nach thematischen Schwerpunkten, verteilt über das Schuljahr;
- (dabei ist zu beachten: RU-Lehrkräfte in der EKIBB sind kirchliche Katecheten, keine staatlich ausgebildeten und angestellten Lehrer/-innen).
- Das Land übernimmt 90% der Personalkosten für kirchliche RU-Lehrkräfte, 100% bei Mitarbeit am Modellversuch.
- Einführung von RU an Schulen, wo Eltern und Schüler dies wünschen; RU ist „offen für alle Schüler".
- Modellversuch wird beginnend im Schuljahr 1992/93 an 44 Schulen in Klasse 7 und 8 durchgeführt. Die Teilnahme am Modellversuch wird unbenotet im Zeugnis vermerkt, für die Teilnahme am RU können die Kirchen eigene Bescheinigungen ausstellen.

Das vonseiten der evangelischen Kirche wiederholt beklagte curriculare Ungleichgewicht zwischen „LE" und „R" sowie die strukturell bedingte einseitige „Definitionsmacht" der LER-Lehrkräfte führte schließlich zur Aufkündigung der Mitarbeit Ende April 1995, als die Landesregierung vor Abschluss des Modellversuchs und der Auswertung der wissenschaftlichen Begleituntersuchung (LESCHINSKY 1996) das Verfahren zur Einrichtung des neuen Schulfachs einleitete.

Standpunkte und Streitpunkte

Im Kern geht es im Konflikt um LER um die Grundsatzfrage, ob die bildungstheoretische Aufgabe, Heranwachsende bei der weltanschaulichen und religiösen Orientierung und Standortfindung in dialogfähiger Toleranz zu begleiten, besser gelöst werden kann in einem integrativen, weltanschaulich neutralen Unterrichtsfach oder „in einem Lernbereich pluraler, weltanschaulich unterschiedlich profilierter und miteinander kooperierender Unterrichtsfächer" (SIMON 1996, 309) oder in Verbundmodellen von „Integration" und „Differenzierung". Die Frage hat verfassungsrechtliche, schulpädagogische und didaktische Facetten, bei deren Abwägung auch handfeste kultur- und bildungspolitische Interessen bisweilen hart aufeinander prallen. Klärungsbedürftig bleiben u.a. folgende Sachfragen:

- Wie ist das weltanschauliche Neutralitätsgebot des Staates zu gewährleisten in einem Fach in staatlicher Verantwortung, in dem es auch um intime Fragen der Lebensgestaltung, des Gewissens, des Glaubens, des religiösen und weltanschaulichen Bekenntnisses geht?[5] Wie kann umgekehrt ein bekenntnisbezogener Unterricht seine Pluralismusfähigkeit unter Beweis stellen?
- Das analoge pädagogische Dilemma: „Lehrerinnen und Lehrer sollen einerseits den Austausch der Schüler/-innen mit gebotener persönlicher Zurückhaltung moderieren. Sie sollen sich andererseits persönlich authentisch und engagiert in den Unterricht einbringen" (SIMON, 310) auch dann, wenn ihnen selbst die Vertrautheit und die Binnenperspektive religiöser Welt- und Lebensdeutung abgeht. Wie lösen umgekehrt Religionslehrer/-innen dieses Problem?
- Über eine neutrale Information über Religion „von außen" hinaus sollten „authentische Vertreter der Religionsgemeinschaften" Lernwege öffnen zu einer selbstbezüglichen, empathisch-kritischen Begegnung und Auseinandersetzung. Die Klage, dabei handele es sich um einen strukturellen Konstruktionsfehler, da diese Regelung den Grundsatz von Gleichberechtigung und Gleichbehandlung im partnerschaftlichen Dialog verletze, berührt ein weiteres allgemeines Problem: Wie kann die Beteiligung von gesellschaftlichen Gruppen und Kräften an der Verantwortung für „Lebensgestaltung – Ethik – Religion" in weltanschaulicher und religiöser Pluralität gleichberechtigt und einverständig geregelt werden?
- „Eine pluralistische Gesellschaft lebt von der Vielfalt begründeter, nicht beliebiger Überzeugungen. Sie fordert einen profilierten Pluralismus und eine kenntnisreiche Toleranz." Kann diese eher gewonnen werden „in der Erfahrung von Unterschieden" und bewährt sie sich „im Durchgang durch diese Unterschiede" (SIMON, 310f) oder wird sie gewonnen und gestärkt in der Erfahrung des Gemeinsamen, die Differenzerfahrungen und Fremdheit tragen und aushalten lehrt?

Das Bundesverfassungsgericht hat im Dezember 2001 den Prozessgegnern einen Vergleichsvorschlag unterbreitet. Er sah vor, den RU in den regulären Stundenplan zu integrieren, LER und RU in einem Wahlpflichtbereich anzubieten und den RU zu benoten (ohne Versetzungsrelevanz). Im Sommer 2002 haben die Koalitionsfraktionen von SPD und CDU im brandenburgischen Landtag sowie die EKIBB und die katholische Kirche ihre Zustimmung zu dem vorgeschlagenen Kompromiss gegeben. Einen Antrag auf einstweilige Anordnung von 15 Eltern und Schülern gegen die verabschiedeten Änderungen zum Schulgesetz wurde vom BVG am 1.8.2002 abgewiesen.

Literatur

LESCHINSKY, ARMIN: Vorleben oder Nachdenken? Bericht der wissenschaftlichen Begleitung über den Modellversuch zum Lernbereich „Lebensgestaltung – Ethik– Religion", Frankfurt 1996; LOTT, JÜRGEN: Wie hast du's mit der Religion? Das neue Schulfach „Lebensgestaltung – Ethik – Religionskunde" (LER) und die Werteerziehung in der Schule, Gütersloh 1998; SIMON, WERNER: Religiöse Bildung im Kontext weltanschaulicher und religiöser Pluralität. Strittiges und Unstrittiges zum Brandenburger Modellversuch LER, in: rhs 39. Jg. (1996), H.5, 309–312. SIMON, WERNER: Eine Chronologie der Auseinandersetzungen um LER und Religionsunterricht im Bundesland Brandenburg, in: rhs 45. Jg. (2002), H. 4, 197–203. STEINERT, WILFRIED WOLFGANG: LER – ein Erfahrungsbericht aus Brandenburg, in: R. EHMANN u.a. (Hg.): Religionsunterricht der Zukunft. Aspekte eines notwendigen Wandels, Freiburg i. Brsg. 1998, 77–89.

---

[1] NIPKOW, KARL-ERNST: Der pädagogische Umgang mit dem weltanschaulich-religiösen Pluralismus auf dem Prüfstein. Religionsunterricht in Europa – ein pädagogisches und bildungspolitisches Problem erster Ordnung, in: Zs .f. Pädagogik, 42 (1996), 57–70, hier 57.

[2] Die Prinzipien von Art. 7, 2 und 3 GG lauten kurzgefasst:
a) Über die Teilnahme am Religionsunterricht bestimmen die Erziehungsberechtigten.
b) Der Religionsunterricht ist ordentliches Lehrfach an öffentlichen Schulen.
c) Er wird in Übereinstimmung mit den Grundsätzen der Religionsgemeinschaften erteilt.
d) Kein Lehrer kann verpflichtet werden, Religionsunterricht zu erteilen.

[3] Auszüge aus dem Protokoll der Bundestagsdebatte in: CHRISTOPH SCHEILKE (Hg.): Religionsunterricht in schwieriger Zeit. Eine Lesebuch zu aktuellen Kontroversen, Münster 1997, 65–73.

[4] Ministerium für Bildung, Jugend und Sport, Land Brandenburg: Grundsatzpapier: „Gemeinsam leben lernen: Modellversuch des Landes Brandenburg zu einem neuen Lernbereich und Unterrichtsfach 'Lebensgestaltung – Ethik – Religion'" vom 15.10.91, 5.

[5] Die verfassungsrechtliche Interpretation der „negativen" und „positiven" Religionsfreiheit nach Art. 4,1 und 2 GG wird durch drei Grundsätze bestimmt:
1. Das weltanschaulich-religiöse Neutralitätsgebot verbietet es dem Staat, sich mit einer Religion oder Weltanschauung zu identifizieren oder eine Religion oder Weltanschauung zu privilegieren. Er verzichtet darauf, einen Konsens über Letztbegründungen und weltanschauliche Grundüberzeugungen selbst herstellen oder verordnen zu wollen, da er „von Voraussetzungen lebt, die er selbst nicht garantieren kann" (der frühere Verfassungsrichter ERNST AUGUST BÖCKENFÖRDE).
2. Diese Selbstbeschränkung beinhaltet keine Gleichgültigkeit des Staates gegenüber den Religionsgemeinschaften, er verschafft ihnen vielmehr förderliche Bedingungen. Das Grundrecht auf Freiheit des Glaubens, des Gewissens und des religiösen und weltanschaulichen Bekenntnisses in Art. 4, GG hat eine negative und eine positive Seite: die Freiheit von Religion und die Freiheit zur Religion.
3. Art. 7,3 GG wird als Ausgestaltung dieser positiven Religionsfreiheit interpretiert: Religionsunterricht soll in Übereinstimmung mit den Grundsätzen der Religionsgemeinschaften mit dem Recht der Abmeldung (oder Wahl) erteilt werden. Soweit die allgemein anerkannte Rechtsauslegung, wie sie sich auch die Kirchen zu Eigen gemacht haben.

4.4 Lerndiagnose: Leistungsbeobachtung und Leistungsbewertung

(*Michael Linke*)

Wie in jedem Unterricht wird auch im Religionsunterricht zielorientiert gelehrt und gelernt. Lernprozesse werden ermöglicht, gefördert und gefordert. Über Verlauf und Ergebnis dieser Lernprozesse benötigen die Schüler/-innen, die Lehrkraft und die Eltern Rückmeldungen.

Haben meine Schüler/-innen verstanden, was ich ihnen nahe bringen wollte? Mit welchen Schüler/-innen sollte ich aufarbeitend und nachholend, mit welchen vertiefend arbeiten? Kann ich den Unterrichtsprozess wie geplant fortsetzen oder sollte ich meine Planung überdenken und ggf. verändern?
Habe ich verstanden, worum es bei der Sache ging? Wie weit bin ich jetzt? Muss ich mir Hilfen holen? Habe ich genug gelernt? Haben meine (ggf. veränderten) Lernanstrengungen Erfolg gehabt? Warum komme ich hier nicht weiter?

Ist mein Kind im Unterricht mitgekommen? Hat es seine Möglichkeiten ausgeschöpft? Was hat es vom Lernen abgehalten? Welche Anstrengungen haben zum Erfolg geführt? Muss ich mein Kind ermutigen bzw. loben?

So oder ähnlich könnten Fragen der pädagogisch an den Rückmeldungen interessierten Lehrer/-innen, Schüler/-innen und Eltern lauten.

WOLFGANG KLAFKI hat darauf hingewiesen, dass ein der demokratischen Schule angemessener **pädagogischer Leistungsbegriff** das produktorientierte, auf die Ergebnisse von Lernleistungen zielende Leistungsverständnis um ein die Lernprozesse wahrnehmendes erweitert. Ferner fordert er die Einbeziehung von Fähigkeiten kooperativen Lernens, die Einbeziehung der Schüler/-innen in die Erarbeitung von Transparenz in Bezug auf Zielhorizonte, Überprüfungsverfahren und Beurteilungskriterien und eine Ergänzung der sachorientierten Perspektive um eine individuell orientierte.[1]

Lerndiagnose umfasst eine beobachtende und eine messende Komponente. Unter Leistungsbeobachtung werden alle Beobachtungen zum Lern- und Arbeitsverhalten von Schüler/-innen, unter Leistungsmessung alle bewusst eingeleiteten Maßnahmen zur (schriftlichen, mündlichen und besonderen fachspezifischen) Lernerfolgs- und Lernprozesskontrolle verstanden.
Leistungsbewertung versieht Beobachtungs- oder Messergebnisse mit einem Urteil, das durch die Inbeziehungsetzung dieser Ergebnisse zu einer individuellen (= an das einzelne Kind anknüpfenden) oder/und zu einer sachorientierten (= an einen gesetzten Zielhorizont anknüpfenden) oder/und zu einer gruppenorientierten (= an die Lerngruppe anknüpfenden) Norm gewonnen wird.
Es ist eine Erkenntnis der pädagogischen Diagnostik, dass im empirisch-statistischen Sinne Leistungsbeobachtungen mit Beobachtungsfehlern und Leistungsmessungen mit Messfehlern behaftet sind. Bei allen auf Schüler/-innen bezogenen Beurteilungsvorgängen darf nicht vergessen werden, dass es keinen erziehungswissenschaftlich oder fachdidaktisch objektivierbaren Übergang von der Beobachtung und Messung von Leistungen zur Leistungsbewertung gibt, sondern dass gesetzte Zielhorizonte stets normativen Charakter haben.
Das macht den Status von leistungsbewertenden Aussagen klar: Es handelt sich nicht um „harte", skalier- und damit auch verrechenbare, im testtheoretischen Sinne gültige Messergebnisse, sondern um „weiche", hypothetische, tastende, interpretativ gewonnene und von vielfältigen Bedingungen abhängige Einschätzungen, die nichtsdestotrotz und vielleicht gerade deshalb für alle Beteiligten sehr wichtig sind.
Lerndiagnose – Leistungsbeobachtung und Leistungsbewertung – dient also stets der Information von Schüler/-innen, von Lehrer/-innen und von Eltern über die Lernentwicklung des einzelnen Kindes und der Lerngruppe.
Damit steht eine Religionslehrkraft vor der Aufgabe, in die Lerndiagnose einerseits einen möglichst großen Anteil der Bandbreite an Betätigungsmöglichkeiten während des Unterrichts einfließen zu lassen, ohne die Schüler/-innen einem allgegenwärtigen Beurteilungsdruck auszusetzen. Andererseits muss die Lehrkraft versuchen, mit Hilfe der Lerndiagnose die in Bezug auf die schulischen Anforderungen vorhandenen Defizite deutlich und klar zu benennen, ohne vom pädagogischen Prinzip der Stärkung des Selbstwertgefühls der Schüler/-innen abzurücken.

Insbesondere Leistungsbewertung bleibt demnach ein interpretativer, ein Deutungsprozess. Die Ausfüllung der ihm innewohnenden Spielräume führt nicht zu Willkür, wenn sie in dem Bemühen erfolgt,

- diesen Deutungsprozess in pädagogischer Verantwortung vorzunehmen (ethische Dimension),
- die diesem Deutungsprozess zu Grunde liegenden Lernbereiche und Zielhorizonte und

die sich darauf beziehenden Leistungsbeobachtungen und Ergebnisse von Leistungsmessungen mit den dazugehörigen Kriterien offen zu legen (Dimension der Transparenz),

- über diesen Deutungsprozess den Dialog mit Kolleg/-innen, Schüler/-innen sowie den Eltern zu suchen (intersubjektive Dimension),
- im Religionsunterricht keine Meinungen und Einstellungen zu bewerten, sondern Prozesse und Ergebnisse der Erarbeitung und Auseinandersetzung von und mit Inhalten (fachliche Dimension).

Wie sieht eine derartige Lerndiagnose aus? Welche Maßnahmen oder Verabredungen können sie günstig beeinflussen? Dazu werden die folgenden Vorschläge gemacht:
Ein Kollegium oder ein Fachkollegium kann verabreden, dass in den Eingangsjahrgängen seiner Schule der diagnostisch-beschreibende Anteil bei Lerndiagnose und Leistungsbewertung betont wird. Den Schüler/-innen werden vorwiegend qualitativ geprägte Rückmeldungen gegeben, in denen vor allem der individuelle Lernfortschritt bezogen auf die Stärken und Schwächen bei der Bearbeitung bestimmter Lerngegenstände beschrieben wird. Eine solche die Note ersetzende oder ergänzende Rückmeldung kann für eine Schülerin einer 5. Klasse zum Beispiel so lauten:

Du bist im vergangenen Halbjahr eine aktive Schülerin gewesen. Du hast meinen Rat, dich häufiger an gemeinsam beschlossenen Aufgaben zu beteiligen, ernst genommen. So hast du gleich zu Anfang des Schuljahres die Schüler/-innen, die neu auf unsere Schule gekommen waren, mit einer kleinen Ansprache begrüßt. Beim Falten der Kraniche bist du geschickt gewesen, und als die Leute von der Friedensinitiative uns im Religionsunterricht besucht haben, hast du ihnen die Bedeutung dieses Symbols gut erklären können. Erinnerst du dich daran, dass wir danach zum ersten Mal eine Schweigeminute durchgeführt haben, die diesen Namen auch wirklich verdiente?

Werden solche Rückmeldungen häufig schriftlich erteilt, kann der dazu nötige Text durch auf die bearbeiteten Aufgaben inhaltlich abgestimmte standardisierte Formulierungen ergänzt bzw. ersetzt werden, die durch Ankreuzen ausgewählt und durch Streichungen modifiziert werden können. Zur Herstellung der angestrebten Transparenz müssen Beobachtungskategorien und -kriterien verabredet werden. Sinnvoll ist es, wenn wie in Abb. 1 die Unterrichtsthemen, auf die sich die Rückmeldungen beziehen, erkennbar sind.

Bei der Durchführung von Lernkontrollen wird eine Öffnung der Beobachtungs- und Messverfahren sowie der Situationen, in denen sie angewendet werden, angestrebt. Das betrifft z.B. die kreative Konstruktion von schriftlichen Lernkontrollen.oder die Entwicklung von Aufgabenstellungen, bei denen Fähigkeiten des kooperativen Lernens in Gruppen zum Tragen kommen können. Formen kooperativen Lernens werden hoch geschätzt. Eine Rückmeldung dazu kann z.B. folgendermaßen aussehen:

Du hast die Arbeit eurer Tischgruppe gefördert. Ihr arbeitet jetzt ruhig und konzentriert. Das ist gut so, weil ihr so Rücksicht auf die Arbeit der übrigen Gruppen nehmt. Mir ist aufgefallen, dass die Mädchen und Jungen in eurer Gruppe immer getrennt arbeiten und einander in der letzten Zeit auch wenig helfen. Ich glaube, ihr könntet noch bessere Ergebnisse erzielen, wenn ihr euch als eine gemeinsam arbeitende Gruppe verstündet. Für die nächste Tischgruppenaufgabe haben wir verabredet, dass euer Ergebnis und auch eure Arbeitsweise benotet werden wird. Ihr werdet einen Informationstisch zum Thema „Flüchtlinge" für den Weihnachtsbasar vorbereiten. Probiert doch die vorgeschlagene Verbesserung gleich aus!

Wir haben uns mit *Grundfragen der Philosophie* (Wer bin ich? Was ist ein Mensch? Woher kommt die Welt? ... Höhlengleichnis von PLATON) beschäftigt und dazu mit Texten aus dem Roman *Sophies Welt* gearbeitet. Ausgewählte Teile eines nach dem Roman entstandenen Hörspiels standen im Mittelpunkt einer Reihe von Unterrichtsstunden.
Im zweiten Teil des Halbjahres ging es um die *Weltreligion Hinduismus*. Hier haben wir zunächst die Biografie MAHATMA GANDHIs kennen gelernt. Davon ausgehend haben wir mit Hilfe des Religionsbuches Grundlagen des Hinduismus erarbeitet.

Lernbereich	*Lernleistungsaussagen*	**Bitte ankreuzen**
Verhalten im Unterrichtsgespräch	**Du hast dich *oft / selten* am Unterrichtsgespräch beteiligt.**	
	Beteilige dich bitte *häufiger* am Unterrichtsgespräch.	
	Du hast *eigene* Ideen und *Planungsvorschläge* in den Unterricht eingebracht.	
	Du bist in Gesprächen *meist / immer* beim Thema geblieben.	
	Bemühe dich darum, nicht vom Thema abzuschweifen.	
Sinnvolle Verständigung	**Du hast deine Meinung *sachlich* begründet und für andere verständlich vertreten.**	
	Versuche Stellungnahmen *klarer / ausführlicher* zu begründen.	
	Du hast Arbeitsergebnisse für andere verständlich vorgestellt.	
Beteiligung an Gruppenarbeiten und gemeinsamen Vorhaben	**Du hast *sehr aktiv in der Tischgruppe / an gemeinsamen Vorhaben* mitgearbeitet.**	
	Beteilige dich *aktiver an der Tischgruppenarbeit / an gemeinsamen Vorhaben.*	
Umgang mit Arbeitsmaterialien	**Du hast Texte und Bilder *selbstständig / mit Hilfen* ausgewertet.**	
	Hole dir Hilfen zur Auswertung von Texten und Bildern.	
Darstellung von Arbeitsergebnissen	**Du hast Arbeitsergebnisse *in der Mappe / wenig übersichtlich / übersichtlich / vollständig* dargestellt.**	
	Bemühe dich darum, Arbeitsergebnisse *sorgfältig / sinnvoll geordnet* darzustellen.	

Abb. 1: Beispiel für eine halbjahresbezogene Rückmeldung im Fach Religion (Klasse 9)

In Lerndiagnose und Leistungsbewertung gehen neben Beobachtungen und Messungen von Lernergebnissen auch Beobachtungen und Einschätzungen zu den Lernwegen der Schüler/-innen ein. Die Fachlehrkräfte legen für jede schriftliche Lernkontrolle die Zielhorizonte für die einzelnen Notenstufen im Vorhinein fest. Dabei werden die Schüler/-innen einbezogen. Anzustreben ist ferner, Lerndiagnose und Leistungsbewertung so dialogisch wie möglich zu gestalten. Das ist der Fall, wenn die Lehrkräfte über sie mit den Schüler/-innen, den Eltern und den übrigen Fachlehrkräften im Gespräch bleiben. Grundlage für diese Gespräche sind die von der Fachlehrkraft gesammelten Aufzeichnungen zur Leistungsbewertung, die Beobachtungen zum Lernprozess und alle schriftlichen Rückmeldungen, die im Rahmen der Lerndiagnose erteilt wurden. Langfristig werden die Schüler/-innen so zur Fähigkeit der gültigen Selbsteinschätzung geführt.

Solche Fähigkeit zur Selbsteinschätzung ermöglicht, sich über die eigene Stellung in der Lerngruppe klar zu werden. Ihr primärer Sinn besteht aber darin, eigene Stärken und Schwächen orten zu können, um Anhaltspunkte dafür zu erhalten, wie das eigene Lernverhalten positiv verändert werden könnte.

Literatur

ARNOLD, KARL-HEINZ/JÜRGENS, EIKO: Schülerbeurteilung ohne Zensuren. Neuwied 2001; BAMBACH, HEIDE: Ermutigungen. Nicht Zensuren, Konstanz 1994; BALL, HELGA U.A.: Jahresheft des Friedrich-Verlages: Prüfen und Beurteilen. Seelze 1996; BECKER, KAI/GROEBEN, ANNEMARIE VON DER/LENZEN, KLAUS-DIETER/WINTER, FELIX: Leistung sehen, fördern, werten. Bad Heilbrunn 2002; BEHNKEN, IMBKE (HRSG.): Schüler 1999 – Leistung. Seelze 1999; BOHL, THORSTEN: Prüfen und Bewerten im Offenen Unterricht. Neuwied 2001; DÖPP, WILTRUD/GROEBEN, ANNEMARIE VON DER: Lernberichte statt Zensuren. Bad Heilbrunn 2002; GRUNDER, HANS-ULRICH/BOHL, THORSTEN: Neue Formen der Leistungsbeurteilung in den Sekundarstufen I und II. Hohengehren 2001; HOPPE, ALMUT/HOßFELD, HEIKE: Bewerten als Prozess. Dialog zwischen Selbst- und Fremdeinschätzung. Braunschweig 2001; JÜRGENS, EIKO/SACHER, WERNER: Leistungserziehung und Leistungsbeurteilung. Neuwied 2000; DERS.: Leistungen entwickeln, überprüfen und beurteilen. Bad Heilbrunn 2001[3]; NIPKOW, KARL ERNST: Religionsunterricht in der Leistungsschule. Gutachten – Dokumente (GTB 752), Gütersloh 1979.

---

[1] KLAFKI, WOLFGANG: Zur Neukonzeption des Leistungsprinzips in einer demokratischen Schule, in: ders.: Neue Studien zur Bildungstheorie und Didaktik, Weinheim 1985, 171–183.

4.5 Medien und Medienquellen

(*Harry Noormann*)

Was ist ein Unterrichtsmedium?

Der Religionsunterricht ist ein medienintensives Fach. Das hat nur vordergründig damit zu tun, dass gelegentlich Lehrer/-innen „durch einen attraktiven Medienzirkus die Schüler bei der Stange halten" und die „großzügig ausgestatteten Mediotheken" eine Überfülle an Anreizen zum Medieneinsatz bieten (LENHARD, 1996, 143). Medienintensität ist den Themen und Gegenständen von Religion selbst eigentümlich: Gott, Leben, Liebe, Versöhnung, Gerechtigkeit berühren eine transzendente, nicht unmittelbar greifbare und benennbare Wirklichkeit. Sie ist – im weitesten Sinne – auf „mediale" Kommunikation angewiesen wie es andererseits geschichtliche Themen sind, die sich der gegenwärtigen Erfahrung entziehen (Exodus, Dekalog, Ruth, Jesus, Die ersten Christen).

In der Wurzel des lateinischen *medius* (in der Mitte, dazwischen liegend) klingt die Grundbedeutung eines didaktisch interessanten Mediums an: Es ist eine Sache, eine sprachliche und/oder ästhetische Ausdrucksform, die zwischen Welt und Mensch, Lehrendem und Lernendem etwas so *vermittelt*, dass das Subjekt am Lerninhalt oder Lernprozess *teilhaben* und *sich selbst ins Spiel bringen* kann. D.h. die Auswahl und Verwendung eines Mediums unterliegt dem Primat der didaktischen Entscheidung, wenngleich ein Medium (ein Kunstwerk, eine Persönlichkeit) das Gesamtkonzept eines Unterrichtsgeschehens strukturieren oder maßgeblich bestimmen kann.

In einer *weiten Begriffsverwendung* sind Medien alle unterrichtlich eingesetzten Lehr- und Lern*mittel*, die als *Mittler* zwischen Schüler und Unterrichtsgegenstand/-intention eingesetzt werden (Sprache, Bild, Text, Spiel, Feier, Exkursion, apparative Lehr- und Lernmittel). Sie sind zu unterscheiden von *Instrumenten und Hilfsmitteln* des Unterrichts (wie Kreide, Stifte, Hefte). Eine *enge Begriffsdefinition* bezeichnet die umgangssprachlich geläufige Bedeutung im Sinne *technischer Medien* (Dia, Folie, Film, Video, Tonband, Computer).

Druckmedien (Schulbuch, Bibel, Vorlesebuch, literarische Texte, biografische Zeugnisse) gehören zum Standardrepertoire der Religionspädagogik. Einsprüche gegen das Text- und Wortmonopol im Religionsunterricht und die rasante Entwicklung der Reproduktionstechniken von Bild und Ton haben dann in den vergangenen drei Jahrzehnten zu einer regelrechten Flut von *auditiven* (Schallplatte, Kassette, CD) und *audiovisuellen Medien* (Film, Video, Computer) geführt. Ihrem verführerisch unwiderstehlichen Reiz gegenüber, auch entlegenen Themen und (z.B. biblischen) Figuren Lebendigkeit und Wirklichkeitsnähe zu verleihen, ist umso beharrlicher die Frage nach ihrem didaktischen Wert zu stellen. Nicht nur die Sehgewohnheiten Heranwachsender sind eingestellt auf immer kürzere Halbwertzeiten flüchtiger Bildeindrücke und auf ihren Unterhaltungswert. Eine „Didaktik des gefräßigen Blickes" (A. STOCK) tappt in diese didaktische Falle: Die faszinierende Bilderwelt verspricht Teilhabe an einer fremden Wirklichkeit, die gleichwohl eine virtuelle bleibt und sich im ungünstigen Fall unter der Hand in „entertainment" verwandelt. Entgegen ihrer Suggestion ist der kritische Einsatz von audiovisuellen Medien daher eine didaktisch sehr anspruchsvolle Aufgabe. Sie betrifft die sorgfältige Auswahl von Filmsequenzen ebenso wie wohl durchdachte Beobachtungsaufgaben, um gegen die veralltäglichte visuelle Reizüberflutung an und mit bewegten Bildern elementare Fähigkeiten von Wahrnehmung, Sehen, Fantasieren und Deuten zu erlernen und zu erproben.
Andere plädieren dafür, in Anbetracht der unentrinnbaren Allgegenwart elektronischer Bilder die Wahrnehmungsfähigkeit von Heranwachsenden im Unterricht durch den verstärkten Einsatz nichtbeweglicher *Kleinmedien* zu schärfen. Gemeint sind insbesondere künstlerische Bilder, hintergründige Karikaturen, ausdrucksstarke Fotos (LENHARD, 1996, 143).
Das Interesse, dem „allmählichen Verschwinden der Wirklichkeit" im Vorzeichen der Neuen Medien (H. v. HENTIG) durch didaktisch freigesetzte Kreativität und „Erfahrung aus erster Hand" entgegenzuwirken, hat in den zurückliegenden Jahren eine gesteigerte Aufmerksamkeit für *selbst inszenierte Medien* (z.B. Tanz, Theater, Spiel) und *selbst produzierte Medien* (z.B. Metapherntexte, Freiarbeitsmaterialien, Recherchen und Erkundungen) wachgerufen. Die intendierte Selbsttätigkeit der Lernenden nimmt dabei die Grundfunktion des Mediums konsequent wieder auf, dem Lernsubjekt eine Brücke zu bauen, sich aktiv und leibhaftig zur Sache ins Verhältnis und in Szene zu setzen. Weil dieser im Ergebnis offene und im Lernprozess „fehler- und überraschungsfreundliche" Einsatz eines Mediums in seiner Wirkung didaktisch schwer abzuwägen ist, sollte er umso gründlicher hinsichtlich seiner *beabsichtigten und erwarteten Funktion* bedacht und ausgewiesen werden:

Das gewählte Medium kann z.B.

- Motivationsimpulse geben, Fragehaltungen stimulieren;
- der Problematisierung einer Frage dienen;
- ein Thema strukturieren;
- einen Kommunikationsprozess modellhaft fokussieren;
- Basisinformationen vermitteln;
- zu gemeinsamer Aktivität ermuntern.

Acht Regeln für den Medieneinsatz

1. „Setze nur solche Medien ein, mit denen du dich vorher vertraut gemacht hast!
2. Berücksichtige Schüler, Situation der Lerngruppe, organisatorisch-technische Gegebenheiten bei der Auswahl und Planung des Mediums!
3. Kläre das Verhältnis Medium – Thema – Intention!
4. Analysiere das Medium im Blick auf seine unterrichtliche Leistung!
5. Ordne das Medium sinnvoll in den Ablauf des Unterrichts ein!

6. Gib Beobachtungs- und Bearbeitungsaufträge!
7. Kein Medieneinsatz ohne Auswertung!
8. Gib den Kampf mit der Technik trotz vieler Rückschläge nicht auf!“ (LENHARD, 1996, 146).

Medienquellen

Printmedien und technische Medien: Jede größere Landeskirche der Evangelischen Kirche in Deutschland und jede römisch-katholische Diözese unterhält ein „Religionspädagogisches Institut“ oder ein „Katechetisches Amt“. Dazu kommen rund 40 „Medienzentralen“ und „AV-Medienstellen“ mit technisch z.T. hochrationalisierten Datenbanken und Suchfunktionen (Anschrift des nächstgelegenen Instituts/der Medienzentrale?[1]). Die Praktika im Laufe des Studiums bieten eine willkommene Gelegenheit, diese Serviceleistungen in Anspruch zu nehmen und sie allmählich in die geübte Route vom Unterrichtsthema zum Planungsentwurf einzubauen. Wenn möglich, sollte man vorab Ideen und Vorstellungen über die Suchrichtung geklärt haben, um in der Fülle der Lehr- und Lernmittel nicht zu „ertrinken“. Andererseits kann eine „offene Recherche“ sinnvoll sein, wenn zunächst Denkanstöße für eine didaktische Reduktion des anstehenden Themas gewünscht sind.
Die genannten Einrichtungen verfügen in der Regel auch über eine Datenbank des Comenius-Instituts auf CD-ROM, mit der ein Zugriff auf nahezu sämtliche in Zeitschriften veröffentlichten Unterrichtsentwürfe zu einem Thema möglich ist.[2]

Lebensweltliche Medien: Darunter sind im weiten Sinne Medien zu verstehen, die im unmittelbar eigenen Arbeits- und Lebensumfeld abrufbar sind:

- In der Schule vorhandene Plakate, Karten, Filme, Fotosammlungen;
- Medien aus Aktivitäten und Projekten anderer Schulen;
- Menschen mit thematischer Kompetenz (Augenzeugen, die Krankenschwester aus der Aids-Station, der Imam von der Moschee u.a.);
- Institutionen (Betriebe, kirchliche Einrichtungen, kommunale Stellen);
- Kulturelle Einrichtungen (Museen, Theater, Kinos, Konzertagenturen);

Private Medien: Die Steinesammlung aus dem Italienurlaub oder der Bildband über Türme können wertvolle didaktische Impulse enthalten! Niemand kann auf ein privates Medienarchiv verzichten (thematisch sortierte Magazinartikel, Zeitungsausschnitte, Fotos, Kalender u.a.). Entscheidend dabei ist weniger ein technisch ausgeklügeltes System (z.B. eine elektronische Archivierung) als vielmehr seine Flexibilität und Praktikabilität – eine themengeordnete Loseblattsammlung in einem Hängeregister, bei alltäglichen Fundsachen eilig bestückt, leistet im Fall des Falles unschätzbare Dienste.

Literatur

Eine umfassende Darstellung der Medienproblematik bietet die Enzyklopädie Erziehungswissenschaften, OTTO, GUNTER/SCHULZ, WOLFGANG, (Hg.) Bd. 4: Methoden und Medien der Erziehung und des Unterrichts, Stuttgart 1995 (1985). Aus der Praxis für die Praxis mit wichtigen Kriterien zur Medienanalyse ist das Kapitel „Medien im Religionsunterricht“ von HARTMUT LENHARD gestaltet, in: Ders. (Hg.): Arbeitsbuch Religionsunterricht. Überblicke – Impulse – Beispiele, Gütersloh, 3. neubearb. und erweiterte Auflage 1996, 143–185. Ferner: BOSOLD, IRIS/KLIEMANN, PETER (HG.): „Ach, Sie unterrichten Religion?“ Methoden, Tipps und Trends, Stuttgart 2003. GOTTWALD, ECKART: Audiovisuelle Medien in Religionsunterricht und Gemeindearbeit, in: ADAM, GOTTFRIED/LACHMANN, RAINER (Hg.): Methodisches Kompendium für den Religionsunterricht, Göttingen 1993, 284–296, (4. überarb. Auflage, 2002). Dies. (Hg.) Methodisches Kompendium für den Religionsunterricht 2. Aufbaukurs, Göttingen 2002. MERTIN, ANDREAS: Videoclips im Religionsunterricht. Eine praktische Anleitung zur Arbeit mit Musikvideos, Göttingen 1999.

1 Eine Anschriftenliste sämtlicher religionspädagogischer Institute und Medienzentralen ist abgedruckt im „Handbuch Religionsunterricht an berufsbildenden Schulen", hg. vom Comenius-Institut, der Gesellschaft für Religionspädagogik und dem Deutschen Katechetenverein, Gütersloh 1997, 495–499.

2 Das Comenius-Institut ist die zentrale Bildungseinrichtung der EKD, Schreiberstr. 12, 48149 Münster, Tel.: 0251-98101-0, Fax 10150, e-Mail: info@comenius.de.

4.6 Rahmenrichtlinien

(*Matthias Hahn*)

Begriff und Geschichte

In Rahmenrichtlinien für schulische Unterrichtsfächer wird festgelegt, welchen Inhalt die Schüler/-innen in welcher Altersstufe mit welchen Methoden und mit welcher Begründung lernen sollen. Rahmenrichtlinien werden von Kommissionen erarbeitet, die sich aus Beauftragten der Kultusministerien der Bundesländer und der betreffenden (Landes-) Kirchen zusammensetzen. Die Richtlinien müssen mit den Grundsätzen der Glaubensgemeinschaften korrespondieren. Der Begriff der Rahmenrichtlinien deutet ein doppeltes an: Zum einen werden hier Verwaltungsrichtlinien mit einem relativ hohen Grad an Verbindlichkeit vorgelegt, zum anderen wird diese Verbindlichkeit durch Abstecken eines Rahmens für das pädagogische und didaktische Handeln der Lehrkraft relativiert. Damit ist der Begriff von seinem Vorgängerbegriff, dem in vielen Bundesländern noch immer verwendeten Begriff „Lehrplan", abzugrenzen, dessen Aufgaben er in veränderten Zeiten jedoch größtenteils übernommen hat. Im Ergebnis sind Rahmerichtlinien und Lehrplan Ausdruck des Widerstreits gesellschaftlicher Interessen:

„Die Aufgabe des Lehrplans ist die Festlegung der Bildungsziele und Auswahl und Konzentration, früher sagte man des Unterrichtsstoffes, heute der Bildungsgüter oder der Bildungswerte; wir ziehen es vor, von den Bildungsinhalten zu sprechen. Der Lehrplan gibt an, was im Unterricht geschehen soll, und so muss jeder Faktor des geistigen Lebens, jede Gruppe der Gesellschaft, jede Anschauung, die dauernd und in der Breite auf die Jugend innerhalb von Lehre und Schule wirken soll, versuchen, Anerkennung und Stellung in den geltenden Lehrplänen zu erhalten" (ERICH WENIGER 1930/1952, 216).

In der Lehrplantheorie des geisteswissenschaftlichen Pädagogen WENIGERS kommt der pädagogischen Freiheit der Lehrkraft eine besondere Bedeutung zu. Zwar ist die Freiheit zu begrenzen, wenn sie zu „Willkür der persönlichen Haltung und Stellungnahme" des Lehrers wird, prinzipiell gilt jedoch, dass der Staat verpflichtet ist, „die Freiheit und Selbständigkeit des erzieherischen Amtes zu sichern, und wie jeden, so auch den eigenen Eingriff in die verantwortliche Freiheit des Lehrers zu verhindern". Für den evangelischen Religionsunterricht gelte überdies „die Freiheit des Christenmenschen".

Auf Stoffverteilungspläne für den Religionsunterricht trifft man heute nicht mehr. Diese galten bis in die Sechzigerjahre hinein, als das heutige Fach „evangelische Religionslehre" noch „evangelische Unterweisung" hieß. Sie schrieben vor, welche Texte aus Bibel, Gesangbuch, Katechismus und Kirchengeschichte im Unterricht zu verhandeln waren. Aus heutiger Sicht ist ihnen einseitiger Stoffmaterialismus zu attestieren. Lernziele für die Schüler/-innen wurden damals nicht formuliert.

Das änderte sich mit der Bildungsreform der 1960er Jahre, als, aus den USA kommend, ein neuer Begriff in der religionspädagogischen Diskussion auftauchte, der eine neue Qualität der Lehrpläne kennzeichnen sollte und alsbald Eingang in die Sprache der Kultusbehörden fand. Das Curriculum oder der curriculare Lehrplan sollte den Grad an rationaler Begründung des Unterrichts erhöhen, die Transparenz der didaktischen Entscheidungen fördern und die Überprüfbarkeit der Lerninhalte steigern. Dieser demokratische und bildungsreformerische Ansatz, der den evangelischen und katholischen Religionsunterricht der Siebzigerjahre prägte, begründete die Ziele und Inhalte des Unterrichts mit der Frage nach ihrer Relevanz für die betreffende Fachwissenschaft, die Gesellschaft und die Schüler/-innen. Die Schüler/-innen sollten befähigt werden, die religiöse Frage in den jeweiligen Entscheidungs- und Konfliktsituationen zu stellen und in Auseinandersetzung mit vorgegebenen Antworten vornehmlich der biblischen Botschaft zu einer Antwort zu kommen.

Eine weitere Stärke der Lernzieldiskussion in der Religionspädagogik ist darin zu sehen, dass sie Impulse für eine differenziertere Betrachtung von Lernprozessen gab: So unterschied man verschiedene Dimensionen des Lernens auf kognitiver, affektiver und pragmatischer Ebene ebenso wie verschiedene Reichweiten von Lernzielen (Globalziel – Grobziel – Feinziele). Mit der Formulierung solcher Lernziele wurden Standards der Unterrichtsbegründung gesetzt, hinter die Rahmenrichtlinienarbeit nicht mehr zurückfallen darf.

Der Lernzielorientierung im Religionsunterricht sind aus verschiedenen Gründen Grenzen gezogen. So lassen sich religiöse Lernprozesse mit Sicherheit nicht in kleinste beobachtbare Einheiten operationalisieren und überprüfen. Eine technokratisch missverstandene Lernzielorientierung steht in erheblichem Widerspruch zur Freiheit der Lehrkraft und auch der Schüler/-innen. So wurde relativ früh die Forderung nach offenen Curricula erhoben, in denen auch Kreativität und Spontaneität der Lernenden und Lehrenden zu ihrem Recht kommen konnten. Folgerichtig sollte man im sozialen und religiösen Bereich, wenn die Ebene der Aneignung von Sachwissen überschritten wird, von Intentionen und nicht von Lernzielen sprechen.

Struktur, Aufbau und Funktionen von Rahmenrichtlinien

Der gegenwärtige Stand der Rahmenrichtlinien in den verschiedenen Bundesländern ist aus Gründen des Bildungsföderalismus nicht einheitlich. Schon die Sprachregelungen sind unterschiedlich. In der Regel findet man in Rahmenrichtlinien

- Präambeltexte, in denen über Aufgaben und Stellung des Faches bezogen auf die jeweilige Schulform Auskunft gegeben wird, allgemeine Lernziele und Themenfelder begründet werden, das Verhältnis von obligatorischen und fakultativen Themen und die Verbindlichkeit der Richtlinien geklärt werden;
- Ausführungen zu den verpflichtenden Themen mit verbindlichen Lernzielen und Lerninhalten, häufig mit didaktisch-methodischen Hinweisen (zu selten verbunden mit einer Reflexion der Schülersituation);
- Ausführungen zu Fragen der Unterrichtsorganisation, der Unterrichtsverfahren, der Leistungsbeurteilung, Hinweise zu jahrgangsübergreifendem und fächerverbindendem Lernen etc.;
- bisweilen wird ein unterstützender und empfehlender Teil von Handreichungen an die Richtlinien angehängt (z.B. in der Grundschule Bayerns), wenngleich diese sinnvolle, die Unterrichtsarbeit unterstützende Tendenz immer mehr abnimmt und die Richtlinien insgesamt kürzer werden.

Rahmenrichtlinienkritik ist unter Lehrer/-innen beliebt und auch notwendig. Problematisch wird es, wenn sich vollkommenes Laissez-faire-Handeln durchsetzt und die Rahmenrichtlinien nicht mehr zur Kenntnis genommen werden. Richtlinien sollen die Unterrichtsvorgänge steuern, sichern und demokratisch kontrollieren helfen. Das gleiche Thema soll nicht in mehreren Schuljahrgängen unter ähnlicher Zielsetzung behandelt werden: „Ein solches Verfahren würde rasch zu einem berechtigten Überdrussempfinden auf Seiten der Schüler/

-innen führen. Auch würde unnötige Zeit vertan, was nicht zu rechtfertigen wäre. In diesem Sinne will der Lehrplan auch darüber informieren, was jeweils in den einzelnen Klassenstufen behandelt wird. Darüber hinaus sind Lehrpläne ein Mittel, um zu sichern, dass allen Kindern gleiche Bildungschancen eingeräumt werden" (ADAM, 213). Neben der Steuerungsfunktion sollen Richtlinien eine Anregungs- und Entlastungsfunktion wahrnehmen, d.h. sie sollen eine sachgemäße und interessante Unterrichtspraxis ermöglichen und den Lehrer/-innen Sicherheit darüber geben, dass Schüler/-innen in einem Sachgebiet bereits etwas gelernt haben.

Perspektiven und Probleme
Zukünftige Rahmenrichtlinienarbeit hängt aufs Engste mit dem Verhältnis des Faches Religionsunterricht zu den anderen schulischen Unterrichtsfächern und zur Öffnung der Schule zusammen. Verschiedene Entwicklungen in den einzelnen Bundesländern zeigen an, dass

- konfessionell-kooperativer Religionsunterricht evangelisch-katholischer Zusammenarbeit bereits auf der Rahmenrichtlinienebene bedarf (Niedersachsen);
- Religionsunterricht in der Fächergruppe evangelischer RU, katholischer RU und Ethikunterricht grundständig auf Kooperation angelegt sein und auf Richtlinienebene gemeinsam entwickelt werden muss (Mecklenburg-Vorpommern, Schleswig-Holstein);
- der Religionsunterricht im Sinne des fächerübergreifenden Unterrichts seine Beiträge zu den im gesamten Unterricht einer Schulstufe thematisierten Schlüsselproblemen und -fragestellungen ausweisen können muss (Baden-Württemberg, Thüringen);
- der Religionsunterricht nach seinen Beiträgen für verpflichtende Projektwochenthemen gefragt werden wird (Sachsen-Anhalt).

Nach dem Schock über eine neuerliche deutsche Bildungskatastrophe durch das schlechte Abschneiden in der PISA-Vergleichsstudie gehen die Bundesländer in immer stärkerem Maße dazu über, für alle Schülerinnen und Schüler verbindlich zu erreichende Lernstandards zu formulieren. Es wird abzuwarten sein, ob hier die alten kognitiven Lernziele in neuem Gewand daherkommen oder ob eine profunde Diskussion über die Essentials des Religionsunterichts ausgelöst wird.

Literatur
Um folgende „klassische", aber auch neuere Standardliteratur zum Thema kommt man nicht herum: WENIGER, ERICH: Theorie der Bildungsinhalte und des Lehrplans (1930/1952), in: ders.: Ausgewählte Schriften zur geisteswissenschaftlichen Pädagogik und ROBINSOHN, SAUL B.: Bildungsreform als Revision des Curriculum, Neuwied/Berlin 1967. Einen wichtigen Beitrag zur Diskussion bringt GOTTFRIED ADAM: Lehrpläne des Religionsunterrichts, in: ADAM, GOTTFRIED/LACHMANN, RAINER (Hg.): Religionspädagogisches Kompendium, Göttingen ^{5}1997, 194–221.

4.7 Rechtsbestimmungen Religion, Ethik, Werte und Normen

(*Ulrich Becker*)

Folgende Bestimmungen des Grundgesetzes für die Bundesrepublik Deutschland von 1949 garantieren Schülerinnen und Schülern das Recht auf religiöse Bildung bzw. auf Religionsunterricht. Diese Bestimmungen haben in den entsprechenden Artikeln der Länderverfassungen und der Schulgesetze bei aller unterschiedlicher Regelung im Einzelnen ihren Niederschlag gefunden:

Art. 3 GG
(3) Niemand darf wegen seines Geschlechtes, seiner Abstammung, seiner Rasse, seiner Sprache, seiner Heimat und Herkunft, seines Glaubens, seiner religiösen oder politischen Anschauungen benachteiligt oder bevorzugt werden.

Art. 4 GG
(1) Die Freiheit des Glaubens, des Gewissens und die Freiheit des religiösen und weltanschaulichen Bekenntnisses sind unverletzlich.
(2) Die ungestörte Religionsausübung wird gewährleistet.

Art.7 GG
(2) Die Erziehungsberechtigten haben das Recht, über die Teilnahme des Kindes am Religionsunterricht zu bestimmen.
(3) Der Religionsunterricht ist in den öffentlichen Schulen mit Ausnahme der bekenntnisfreien Schulen ordentliches Lehrfach. Unbeschadet des staatlichen Aufsichtsrechtes wird der Religionsunterricht in Übereinstimmung mit den Grundsätzen der Religionsgemeinschaften erteilt. Kein Lehrer darf gegen seinen Willen verpflichtet werden, Religionsunterricht zu erteilen.

Zur Interpretation:

1. Der Religionsunterricht ist nach den Bestimmungen des Artikels 7, der teilweise wörtlich vom Artikel 149 der Weimarer Reichsverfassung übernommen worden ist, an den öffentlichen Schulen *ordentliches Lehrfach*. Das bedeutet, seine Einrichtung als Unterrichtsfach ist für die Schulträger obligatorisch; er ist ferner versetzungsrelevant, und der Staat verpflichtet sich, für die entsprechenden Personal- und Sachkosten aufzukommen.

2. Erteilt wird Religionsunterricht unbeschadet des staatlichen Schulrechts und der staatlichen Schulaufsicht *„in Übereinstimmung mit den Grundsätzen der Religionsgemeinschaften*". Daraus erklärt sich seine Bindung an die jeweilige Religion bzw. Konfession. Die „Religionsgemeinschaften" entscheiden über Ziele und Inhalte dieses Faches, „sofern dabei die allgemeinen Erziehungsziele der staatlichen Schule gewahrt bleiben sowie Struktur und Organisation der jeweiligen Schulart beachtet werden".[1] Im Einzelnen schlägt sich dies etwa in der Erarbeitung von Rahmenrichtlinien, Lehrplänen, Unterrichtsmaterialien, Inhalten der Aus- und Fortbildung der Religionslehrerinnen und -lehrer nieder.

„Staatliche Zuständigkeiten und Mitverantwortung der Kirchen bzw. Religionsgemeinschaften sind im Religionsunterricht also miteinander verknüpft und dennoch klar voneinander geschieden. So wenig sich der Staat in den 'Streit um die Wahrheit' der religiösen Bekenntnisse hineinziehen lässt, so sehr ist er darauf bedacht, dass dieser Streit in einer für das demokratische Gemeinwesen förderlichen Weise geführt wird."[2]

3. Aus dieser *Verknüpfung von staatlicher Zuständigkeit und Mitverantwortung der Religionsgemeinschaften* erklärt sich auch die Mitwirkung der Kirchen bei der Berufung von religionspädagogischen Dozenten und Dozentinnen, bei den staatlichen Lehrerprüfungen usw. Eine Religionslehrerin bzw. ein Religionslehrer braucht neben der staatlichen Lehrbefähigung die Zustimmung bzw. Bevollmächtigung der jeweiligen Religionsgemeinschaft, im evangelischen Bereich häufig in Form einer von der Kirche ausgesprochenen *„vocatio"*, im katholischen Bereich einer *„missio canonica"*. Die Regelungen dazu sind in den einzelnen Bundesländern unterschiedlich: Niedersachsen z.B. kennt nur die Mitwirkung der evangelischen Kirchen in den staatlichen Prüfungskommissionen.
Zum Verständnis dieser Zustimmung bzw. Bevollmächtigung ist es hilfreich, aus der Stellungnahme des Rates der EKD zu verfassungsrechtlichen Fragen des Religionsunterrichts vom 7. Juli 1971 zu zitieren: „Im kirchlichen Verständnis liegt der Sinn einer besonderen Bevollmächtigung für die Erteilung des RU durch die Religionsgemeinschaften (vocatio),

wie sie in einem Teil der Bundesländer gesetzlich oder vertraglich vorgesehen ist, darin, zwischen dem Lehrer und seiner Religionsgemeinschaft ein Verhältnis des Vertrauens zu begründen, dass er den RU in Übereinstimmung mit ihren Grundsätzen erteilt."[3]

4. Ganz spezifische Regelungen haben die Länder *Bremen, Berlin und Brandenburg*. Für Bremen kommt der Art. 141 GG in Anwendung (= die sog. Bremer Klausel), demzufolge schon vor Inkrafttreten des Grundgesetzes am 1.1.1949 eine andere Regelung für den Religionsunterricht vorgesehen war. Gemäß der Bremer Landesverfassung (Art. 32) wird dort ein „bekenntnismäßig nicht gebundener Unterricht in Biblischer Geschichte auf allgemein christlicher Grundlage" erteilt. In Berlin (ursprünglich Berlin-West, seit 1989 auch Berlin-Ost) liegt die Verantwortung für den Religionsunterricht und die Aufsicht über ihn unmittelbar bei den Religionsgemeinschaften. (Zu Brandenburg vgl. S. 274ff.)

5. Wichtig ist, den Art. 7 GG *im Kontext der voraufgehenden Artikel*, besonders der Art. 3 und 4, zu lesen und zu interpretieren, wie das schon in der o.g. Stellungnahme des Rates der EKD zu verfassungsrechtlichen Fragen des Religionsunterrichts von 1971 vorgeschlagen worden ist:

„(2) Artikel 4 GG fasst einen modernen pluralistischen Staat ins Auge, der dem Einzelnen wie auch den weltanschaulichen Gruppen eine freie Gestaltung ihrer Anschauungen wie auch eine ungehinderte Betätigung ihrer glaubens- oder weltanschauungsmäßigen Überzeugungen eröffnet. Er stellt klar, dass der Staat sich mit keiner glaubensmäßigen oder weltanschaulichen Auffassung verbindet, dass er ihnen gegenüber vielmehr eine offene und tolerante Stellung einnimmt (Neutralität). Diese Haltung des Staates bedeutet nicht Wertindifferenz oder negative Gleichgültigkeit gegenüber den in seiner Bevölkerung lebenden Anschauungen. Sie kann vielmehr eine positive Würdigung der Bedeutung der weltanschaulichen und religiösen Gemeinschaften und eine Kooperation mit ihnen einschließen.

(3) Rückt man die Bestimmungen des Grundgesetzes in diesen durch Art. 4 GG vorgezeichneten Rahmen, so wird deutlich, dass die institutionelle Sicherung des RU in Artikel 7 Abs. 3 nicht einen Restbestand oder einen Fremdkörper in Verhältnis von Staat und Religionsgemeinschaften darstellt. Auch vom Verständnis des Artikels 4 GG her kann die Sicherung des RU als ein begrenztes und begründetes Maß an Kooperation zwischen dem Staat und den in der Bevölkerung lebendigen Anschauungen angesehen werden. Das bedeutet, dass die Regelung des Artikel 7 Abs. 3 GG nicht im Sinne eines Privilegs der Kirchen aufgefasst wird. Sie eröffnet den weltanschaulichen Gemeinschaften die Möglichkeit, an der Planung und Ausrichtung des RU kooperativ beteiligt zu sein. Planung und Ausrichtung werden hier im Sinne der modernen Lehrplantheorie (Curriculum) verstanden."[4]

So bietet der Religionsunterricht Schüler/-innen auf der einen Seite die Möglichkeit, die *Glaubens- und Gewissensfreiheit* (Art. 4) selbst positiv wahrzunehmen. Auf der anderen Seite besteht sowohl für die Lehrenden (Art. 7 Abs. 3) wie für Schüler/-innen das *Recht der Abmeldung* vom Religionsunterricht. Nach Art. 7 Abs. 2 entscheiden die Erziehungsberechtigten über die Teilnahme am Religionsunterricht. Dieses Elternrecht gilt aber nur bis zum Erreichen der *Religionsmündigkeit*. Nach dem Gesetz über die religiöse Kindererziehung vom 15. Juli 1921 ist zu unterscheiden zwischen aktiver Religionsmündigkeit nach Vollendung des 14. Lebensjahres und passiver Religionsmündigkeit nach Vollendung des 12. Lebensjahres.
§ 5 des Gesetzes lautet: „Nach Vollendung des 14. Lebensjahres steht dem Kind die Entscheidung darüber zu, zu welchem religiösen Bekenntnis es sich halten will. Hat das Kind das 12. Lebensjahr vollendet, so kann es nicht gegen seinen Willen in einem anderen Bekenntnis als bisher erzogen werden." Die Länderverfassungen von Bayern, Rheinland-Pfalz und dem Saarland legen abweichend davon das 18. Lebensjahr als den Zeitpunkt für die selbstständige Entscheidung von Schülerinnen und Schülern fest.

6. *Übereinstimmung mit den Grundsätzen der Religionsgemeinschaften* meint nach einer schon zur Zeit der Weimarer Reichsverfassung entwickelten Definition, dass der Religi-

onsunterricht in „konfessioneller Positivität und Gebundenheit" erteilt werden muss. Das Bundesverfassungsgericht hat in seinem Urteil vom 25.2.1987 (BVerfGE Bd. 74, 244f) diese Definition so aufgenommen:

„Er ist keine überkonfessionelle vergleichende Betrachtung religiöser Lehren, nicht bloße Morallehre, Sittenunterricht, historisierende und relativierende Religionskunde, Religions- oder Bibelgeschichte. Sein Gegenstand ist vielmehr der Bekenntnisinhalt, nämlich die Glaubenssätze der jeweiligen Religionsgemeinschaft. Diese als bestehende Wahrheiten zu vermitteln, ist seine Aufgabe. Dafür, wie das zu geschehen hat, sind grundsätzlich die Vorstellungen der Kirchen über Inhalt und Ziel der Lehrveranstaltung maßgeblich. Ändert sich deren Verständnis vom Religionsunterricht muss der religiös neutrale Staat dies hinnehmen. Er ist jedoch nicht verpflichtet, jede denkbare Definition der Religionsgemeinschaften als verbindlich anzuerkennen. Die Grenze ist durch den Verfassungsbegriff ‚Religionsunterricht' gezogen. Auch wenn dieser Begriff nicht in jeder Hinsicht festgestellt ist, sondern wie der übrige Inhalt der Verfassung ‚in die Zeit hinein' offen bleiben muss, um die Lösung von zeitbezogenen und damit wandelbaren Problemen zu gewährleisten, verbietet sich eine Veränderung des Fachs in seiner besonderen Prägung, also in seinem verfassungsrechtlich bestimmten Kern."

Es ist also Aufgabe der Religionsgemeinschaften, über die Grundsätze, die für ihren jeweiligen Religionsunterricht gelten, zu befinden. In der „Stellungnahme des Rates der EKD zu verfassungsrechtlichen Fragen des RU" vom 7. Juli 1971 und in dem Beschluss der Gemeinsamen Synode der Bistümer in der Bundesrepublik Deutschland, der am 22.11.1974 verabschiedet wurde, haben dies die beiden großen Kirchen erneut getan. Ihre damaligen Beschlüsse haben sich in den jüngsten offiziellen Stellungnahmen deutlich niedergeschlagen.[5]

6. Für die Schüler/-innen, die nicht am evangelischen, katholischen oder einem anderen Religionsunterricht teilnehmen, ist in den meisten Bundesländern ein weiterer Unterricht eingerichtet worden. Die Bezeichnungen für diesen Unterricht schwanken. Am häufigsten ist in den Schulgesetzen der Länder von einem *„Ethikunterricht"* die Rede; das niedersächsische Schulgesetz nennt das Fach *„Werte und Normen"*. Daneben taucht der Begriff *„Philosophie"* auf (Nordrhein-Westfalen, Mecklenburg-Vorpommern, Schleswig Holstein). Brandenburg hat *„Lebensgestaltung-Ethik-Religionskunde"* eingeführt und geht, was den Status dieses Fach als Pflichtfach für alle angeht, am weitesten (vgl. dazu im Einzelnen S. 274ff). Demgegenüber stehen jene Länderbestimmungen, „die den Status des Unterrichts nur von seiner Ersatzfunktion her bestimmen und festlegen, dass das Fach für jene Schüler/-innen verpflichtend ist, die sich von einem eingerichteten Religionsunterricht abgemeldet haben oder für die es in ihrer Konfession/Religion bzw. konfessionellen/religiösen Einstellung keinen Religionsunterricht gibt (z.B. Hessen, Nordrhein-Westfalen, Rheinland-Pfalz, Saarland). Inzwischen hat die Zahl der Bundesländer zugenommen, die den Ethikunterricht zum „ordentlichen Lehrfach" erhoben haben (Baden-Württemberg, Niedersachsen, Sachsen-Anhalt, Sachsen); Bayern und Thüringen bezeichnen den Ethikunterricht als „Pflichtfach". Die Entwicklung zeigt die gewachsene Bedeutung der ethischen Fragen im Rahmen des Bildungauftrags der Schule, die auch außerhalb der religiösen Bildung ihren verpflichtenden Charakter haben"[6] (zum Verhältnis von Religionsunterricht und Ethikunterricht im Einzelnen vgl. S. 256ff).

Literatur

ENNUSCHAKT, JÖRG: Art. Religionsunterricht in Deutschland, in LexRP 2, Sp. 1775–1786; KIRCHENAMT DER EKD (Hg.): Identität und Verständigung. Standort und Perspektiven des Religionsunterrichts in der Pluralität. Eine Denkschrift, Gütersloh 1994; KUNIG, PETER: Rechtsfragen ethischer und religiöser Erziehung in der Schule, in: ADAM, GOTTFRIED./SCHWEITZER, FRIEDRICH. (Hg.): Ethisch erziehen in der Schule, Göttingen 1996, 301–312; LISTL, JOSEPH/PIRSON, DIETRICH (Hg.): Handbuch des Staatskirchenrechts der Bundesrepublik Deutschland, Band 1 und

2, Berlin 1994; PIEROTH,BERNHARD: Rechtliche Rahmenbedingungen des Religionsunterrichts, in: GOßMANN, KLAUS/SCHEILKE, CHRISTOPH TH. (Hg.): Religionsunterricht im Spannungsfeld von Identität und Verständigung, Münster 1995, 89–104; REENTS, CHRISTINE: Alternativen zum konfessionellen Religionsunterricht, in: Jahrbuch der Religionspädagogik, Band 5, Neukirchen-Vluyn 1988, 197–212; SCHEILKE, CHRISTOPH,TH. (Hg): Religionsunterricht in schwieriger Zeit. Ein Lesebuch zu aktuellen Kontroversen, Münster 1997; SEKRETARIAT DER DEUTSCHEN BISCHOFSKONFERENZ (Hg.): Die bildende Kraft des Religionsunterrichts. Zur Konfessionalität des katholischen Religionsunterrichts. Bonn 1996; SCHMIDT, HEINZ: Art. Ethikunterricht, in: LexRP 1, Sp. 489–494; WALL, HEINRICH DE: Ethikunterricht und ethische Erziehung in der Schule – rechtliche Grundlagen und Probleme, in: Ev. Erzieher 47 (1995), 230–239.

---

[1] Kirchenamt der EKD (Hg.): Identität und Verständigung. Standort und Perspektiven des Religionsunterrichts in der Pluralität. Eine Denkschrift, Gütersloh 1994, 40.

[2] a.a.O., 40.

[3] Stellungnahme des Rates der EKD zu verfassungsrechtlichen Fragen des Religionsunterrichts (vom 7.7.1971), in: EKD-Kirchenkanzlei (Hg.): Die evangelische Kirche und die Bildungsplanung. Gütersloh 1972,119–127. Wieder abgedruckt in: EKD-Kirchenkanzlei (Hg.): Die Denkschriften der EKD, Bd. 4/1 Bildung und Erziehung, Gütersloh 1987, 56–63.

[4] a.a.O., vgl. dazu auch 98ff.

[5] Evangelisch: Stellungnahme des Rates der EKD zu verfassungsrechtlichen Fragen des Religionsunterrichts, a.a.O. Katholisch: Der Religionsunterricht in der Schule, in: Gemeinsame Synode der Bistümer in der Bundesrepublik Deutschland. Beschlüsse der Vollversammlung. Offizielle Gesamtausgabe I, Freiburg 1976, 123–152. Zur Wiederaufnahme bzw. Fortschreibung dieser Stellungnahme vgl. evangelisch: Kirchenamt der EKD (Hg.): Identität und Verständigung, a.a.O. Katholisch: Sekretariat der Deutschen Bischofskonferenz (Hg.): Die bildende Kraft des Religionsunterrichts. Zur Konfessionalität des katholischen Religionsunterrichts, Bonn 1996.

[6] KIRCHENAMT DER EKD (Hg.): Identität und Verständigung, a.a.O., 75.

4.8 Religionsbücher

(*Matthias Hahn*)

Nutzung von Schulbüchern durch Religionslehrer/-innen

Schulbücher gibt es seit mehr als 400 Jahren. Dennoch liegt eine Theorie des Schulbuches nicht vor. Diese Sätze von HUBERTUS HALBFAS – mittlerweile der profilierteste religionspädagogische Schulbuchautor – aus dem Jahr 1974 gelten auch heute noch – wohl sogar für seine eigene Schulbuchreihe, ein wahrlich großes Werk: Eine Theorie des Schulbuchs mit explizierten „gesellschaftstheoretischen, anthropologischen, lerntheoretischen, erkenntnistheoretischen Vorentscheidungen“ (GEORG HILGER 1976) sucht man vergebens, weil „die Integration all der bei der Erstellung eines Schulbuches zu beachtenden Faktoren in eine konsistente Theorie geradezu einer Quadratur des Kreises gleichkommt“ (LACHMANN/ENGLERT, 9).

Auch die Nutzung des Religionsbuches durch Lehrer/-innen ist bislang nur wenig untersucht worden. REINHARD DROSS hat in einer kleinen Befragungsstichprobe erforscht, dass die Religionslehrer/-innen Schulbücher in der Regel sehr begrenzt und gezielt nutzen; nur bei wenigen wird der Unterricht überwiegend vom Schulbuch bestimmt. Dieser Befund hält sich unabhängig von allen möglichen Variablen (Ausbildung, Erteilung von mehr oder weniger Religionsunterricht, Dienstalter). Selbst dass große Teile von Büchern durchgearbeitet werden, bildet eine Ausnahme erst im Religionsunterricht der höheren Klassen. Bis zum 7. Schuljahr werden eher einzelne Texte benutzt; den geringsten Ein-

fluss auf den Religionsunterricht scheinen die Bücher in der Grundschule zu haben. Dennoch kennen alle Lehrkräfte mehrere Schulbuchwerke für den Religionsunterricht, manche sogar acht oder mehr Schulbücher.
Viele Lehrer/-innen benutzen die Schulbücher als Fundgrube oder Steinbruch, indem sie nach einzelnen Bildern, Texten und Materialien für ihren Unterricht suchen. Demzufolge ist ihnen die Aufbereitung einzelner Themen wichtiger als die didaktische Gesamtkonzeption des Buches. Lehrerhandbücher sollen Sachinformationen und didaktische Anregungen bringen. Diese Erwartungen lösen die Bücher offenkundig ungenügend ein. „Mein Religionsbuch gibt es noch gar nicht" meint eine von DROSS befragte Lehrerin – und deutet damit die Notwendigkeit einer Schulbuch- und Unterrichtsmaterialentwicklung von den Unterrichtenden aus an. DROSS problematisiert die bei vielen Lehrern/-innen zu beobachtende „Buchmüdigkeit". Für künftige Schulbuchproduktion sollte vor allem der kritische Einwand Gehör finden, Religionsschulbücher würden einen verkopften, ausschließlich sachlogisch strukturierten und sprachlich überfrachteteten, langweiligen Unterricht vorzeichnen, der der Handlungs- und Schülerorientierung im Wege stehe, und darüber hinaus kaum Ideen für kreative Schülertätigkeit liefern. Statt der Methodenmonotonie mancher Schulbücher wünschen viele Lehrer/-innen Werkstatthefte mit echten Aufgabenstellungen für die Schüler/-innen. (Sie finden sich z.T. in den religionspädagogischen Instituten, vgl. 4.5. „Medienquellen").

Fachdidaktische Erwartungen an Religionsbücher
Bei der Verwendung von Auszügen aus Schulbüchern spielen also gerade im Bereich des Religionsunterrichts der eigene Blick, der eigene Standort, die eigene religionspädagogische Konzeption, die unterrichtliche Erfahrung und die Möglichkeit zur Kommunikation mit Schülerinnen und Schülern eine Rolle. Häufig wird die Lebensferne der Religionsbücher kritisiert:

„Was nützen beispielsweise hervorragende Kunstdrucke in einem Religionsbuch, wenn die Religionslehrerin nichts damit anfangen kann, wenn sie noch nie über künstlerische Medien mit Hauptschülern gearbeitet hat oder wenn die Schüler sich immer dann aggressiv ausklinken, wenn Bücher aufgeschlagen werden? Wie soll man die Missionsreisen des Apostel Paulus unterrichten, wenn es nicht gelingt, einen tragfähigen Anknüpfungspunkt bei den Erfahrungen und Interessen der Schüler/-innen zu finden? Das Thema kann als verbindlich im Lehrplan ausgewiesen sein und als unabdingbares Sachwissen im Religionsbuch angeboten werden: ohne einen ‚Sitz im Leben' der Schüler gibt es daran nichts lernen" (DIETLIND FISCHER 1990, 264).

An diesem Mangel dürfte auch in den letzten zehn Jahren (zu) wenig geändert worden sein. Zwar ist die Kritik aus der Lehrerschaft bei einigen Schulbuchverlagen auf fruchtbaren Boden gefallen. Manche Religionsbücher bemühen sich nun stärker um die Ermöglichung von Lernprozessen mit Herz, Kopf und Hand, veröffentlichen Arbeitshefte oder Musik-Cassetten zum Buch. Die Zukunftsperspektiven für innovative Schulbuchentwicklung, die sich an den aktuellen fachwissenschaftlichen (wie etwa das Thema Pluralität der Religionen) und fachdidaktischen (wie etwa das Thema Religionsunterricht für alle) Diskursen beteiligt, sind jedoch eher schlecht. In Ostdeutschland, wo die religionspädagogischen Herausforderungen durch eine konfessionslose und atheistisch erzogene Schülerschaft groß sind, sind die Absatzzahlen für Religionsbücher eher gering zu veranschlagen, so dass das verlegerische Risiko erheblich ist.
Welche Erwartungen hat ein Religionsbuch im Kontext der jüngeren religionspädagogischen Entwicklung zu erfüllen, um innovativ wirken zu können? DIETLIND FISCHER hat zu Beginn der 1990er Jahre Anforderungen an ein schülerorientiertes und fachlich versiertes Religionsbuch formuliert und dabei das Spannungsverhältnis angedeutet, in dem die Religionsbucherarbeitung steht.

„Der Religionsunterricht muss Wissen vermitteln von Gott, von biblisch-christlicher Tradition, von der Geschichte der Menschen und der Kirche; aber er muss das Wissen in soziale Erfahrun-

gen einbetten können und im Medium sozialer Erfahrungen vermitteln, was Geduld Gottes, Gnade und Trost, Liebe, Hoffnung und Vertrauen sein können. Die Schüler/-innen sollen befähigt werden zur Teilhabe und Teilnahme an christlich-kultureller Tradition, zugleich auch kritischem, d.h. weiterführendem Umgang mit dieser Tradition.
Diese Mehrdimensionalität der Aufgabenstellung führt häufig zu einer Überfrachtung von Schulbüchern, deren Widersprüchlichkeit nur durch komplexe didaktische Unterrichtsarrangements zu balancieren sein wird: Einerseits ist eine Fülle unterschiedlicher Zugänge, Materialien, Medien und Anregungen notwendig, um die vielfältigen Dimensionen einer Problemstellung und die Erfahrungen der Schüler im Lernprozess zusammenzubringen. Andererseits kann die Vielfalt zu einem Sammelsurium beliebiger Texte führen, ohne dass eine Struktur transparent wird, weder für den Lehrer noch für den Schüler.
Einerseits müssen die Themen offen angegangen werden, damit Schüler ihre aktuellen Erfahrungen in die Auseinandersetzung einbringen können. Andererseits muss der Gefahr von Oberflächlichkeit, mangelnder Intensität und Unverbindlichkeit begegnet werden. Wie ist die Spannung zwischen Anregung, Einladung zur Auseinandersetzung einerseits und Verbindlichkeit, Klarheit, Glaubwürdigkeit einer Einstellung anderseits didaktisch durchzuhalten"? (1990, 269ff)

Ob Religionsbücher weiterhin eine wichtige Rolle im Religionsunterricht spielen werden, wird sich auch an der Fähigkeit der Verlage und ihrer Autorinnen und Autoren entscheiden, Anliegen der inneren Reform der Schule aufzunehmen: Ohne Handlungsorientierung und Projektvorschläge, ohne Freiarbeits- und Wochenplanideen wird beispielsweise im Bundesland Sachsen-Anhalt die Schulbuchzulassung schon schwieriger. Binnendifferenzierende und individualisierende Themen- und Textangebote, Aufgabenstellungen und Unterrichtsverfahren sind angesichts einer Schülerschaft notwendig, bei der ein Einverständnis im Glauben verloren gegangen oder immer weniger vorhanden ist und sich eine Haltung religiöser Indifferenz breit gemacht hat.

Kriterien zur pragmatischen Analyse von Schulbüchern
Die nachstehenden Kriterien zur pragmatischen Analyse sind von einem Lehrerfortbildungskurs für Religionsunterricht an der Sekundarschule in Sachsen-Anhalt entwickelt und angewandt worden. Die Lehrer/-innen standen vor der Frage, welches Schulbuch sie als Klassensatz anschaffen sollten.

Formalia – äußere Gestaltung
- Wie ist die Qualität des Einbandes zu beurteilen? (Haltbarkeit, Stabilität)
- Wie ist die Qualität des Drucks zu beurteilen? (Buchstabengröße, Lesbarkeit)
- Wie ist die Qualität der Bilder zu beurteilen?
- In welchem Verhältnis stehen Texte und Bilder? Ist das Buch eine „Bleiwüste" mit nur wenigen auflockernden Bildern oder sind die Bilder integraler Bestandteil der Kapitelinhalte?
- Sind die Inhalte übersichtlich angeordnet? Erkennt man Anfang und Ende der Kapitel? Gibt es ein Glossar?
- Ist das Buch (von außen) schüler- und altersgerecht gestaltet? Regt es die Schüler/-innen zum Schnuppern an?
- Gibt es ein Inhaltsverzeichnis? Gibt es Übersichten über die verwendeten Symbole?
- Werden die Leser/-innen persönlich angesprochen?

Inhaltsebene
- Ist das Schulbuch für den Religionsunterricht zugelassen? (Auskunft erteilen die einschlägigen Listen der Kultusministerien)
- Welche Themen werden behandelt? Fehlen wichtige Themen, die im Religionsunterricht der Altersstufe behandelt werden sollten?
- Sind die Themen altersangemessen? Welche Gegenwarts- und Zukunftsbedeutung für das Leben der Schüler/-innen haben sie?
- Welche Alltagserfahrungen von Schüler/-innen werden thematisiert? Dienen sie ledig-

lich als motivierend-instrumentalisierender Einstieg in ein Thema oder werden die Erfahrungen der Schüler/-innen konstitutiv für den Unterricht? Sind die aufgeführten Erfahrungen realistisch oder werden Idealschüler erfunden – die das Buch unglaubwürdig machen?

- Welche religionspädagogisch-konzeptionellen Grundentscheidungen liegen dem Buch zu Grunde?
- In welchem Verhältnis stehen traditionsorientierte und gegenwartsorientierte Themen? Wie wird deren Verschränkung gesucht?
- In welcher Absicht werden biblische Texte dargeboten? Ist ihre Kritik und eine distanzierte Beurteilung möglich?
- Wie kommt die Kirche in den Blick? Gibt es ein abgestuftes kirchengeschichtliches Curriculum?
- Welche anderen Religionen werden behandelt? Gibt es Ansatzpunkte für interreligiöses Lernen?
- Sind die Inhalte einem offenen RU dienlich, der auch konfessionslose und religionslose Schüler einlädt?
- Welches Verständnis von Ökumene kommt in dem Buch zum Ausdruck? (Frieden, Gerechtigkeit und Bewahrung der Schöpfung oder Konfessionskunde – Gerechtigkeitsökumene oder Kirchenökumene?)
- Fördert das Buch überkommene geschlechtsspezifische Sichtweisen oder reflektiert es diese kritisch?
- Welche gesellschaftliche, kirchliche und religiöse Praxis legt das Buch nahe?
- Handelt es sich eher um ein Lese- oder ein Arbeitsbuch? Werden Schülerarbeitshefte, Cassetten, Poster, Folien, Lehrerhandbücher, zusätzliche Materialien etc. zum Kauf angeboten? Ist man zu deren Kauf genötigt oder ist das Buch auch ohne das zusätzlich zu erwerbende Material brauchbar?

Methodenebene

- Welche Aufgabenstellungen werden überwiegend verwendet? (W-Fragen, Impulse, Projekte, Lieder, Malen, Lesen ...) Sind sie Ausdruck einer methodischen Monokultur oder ermöglichen sie verschiedene Herangehensweisen an die Themen? Welche Sinne werden überwiegend angesprochen (Kopf, Herz oder Hand)?
- In welcher Sozialform sollen die Aufgaben durchgeführt werden? Sollen die Schüler/-innen in Einzelarbeit lesen und schreiben oder werden sie auch zu Gruppenarbeiten angeregt?
- Wie wird die Rolle der Lernenden definiert (passive Rezeption von Inhalten oder aktive und kreative Produktion durch Anregungen)? Regt das Buch zu außerschulischer Aktivität an?

Literatur

Eine kleine Stichprobe und wissenschaftliche fundierte Analysekriterien bringt DROSS, REINHARD: Kriterien für die Analyse von Schulbüchern für den Religionsunterricht im Blick auf das Theorie-Praxis-Problem, in: Jahrbuch der Religionspädagogik, Band 7 (1990), 179–195; ENGLERT, RUDOLF/LACHMANN, RAINER (Bearb.): Schulbuchanalyse. Zeitschriften, Aufsätze, Bücher. Im Blickpunkt 36 (1997), hg. vom Comenius-Institut Münster (Schreiberstr. 12, 48149 Münster), wurden sowohl grundsätzliche Überlegungen in systematischer, historischer und didaktischer Perspektive als auch Schulbuchliteratur gesammelt. Eine praxisorientierte und didaktisch reflektierte Übersicht über Religionsbücher am Ende der 1980er Jahre liefert FISCHER, DIETLIND: Schulbücher für den evangelischen Religionsunterricht in der Sekundarstufe I, in: Die Christenlehre 9/1990, 263–270.

4.9 Religionsunterricht in Europa

(*Ralph Sauer*)

Der Begriff „Religionsunterricht" wird, wie die nachfolgende Übersichtstabelle belegt, nicht überall einheitlich verstanden. Es zeichnet sich eine Bandbreite vom konfessionellem Religionsunterricht über eine Religionskunde bis hin zur Katechese in der Schule ab. Ein Überblick über die gegenwärtige Situation des Religionsunterrichts (im weitesten Sinne des Wortes) in den west- und osteuropäischen Ländern kann zudem nur eine Momentaufnahme sein, da noch vieles, vor allem in den osteuropäischen Ländern, sich im Fluss befindet. Aber auch in einigen westeuropäischen Ländern erweist sich der Religionsunterricht als eine ständige Baustelle. Der hier vorgenommene tour d'horizon erlaubt einen Vergleich der eigenen Situation mit den Verhältnissen in den anderen europäischen Ländern. Dadurch relativiert sich ein wenig die eigene Problematik, zugleich treten Gemeinsamkeiten deutlicher hervor. Nicht alle Länder Europas sind in die Übersichtstabelle aufgenommen worden, in einigen Ländern sind die Verhältnisse noch zu unübersichtlich, wie etwa in Russland oder in anderen GUS-Staaten, so dass ich sie nicht berücksichtigt habe.

Übersichtstabelle:

Land	Bezeichnung	Status	Verpflichtungscharakter	Stundenzahl	Ersatz- oder Alternativfach
Belgien	Religionsunterricht (enseignement religieux)	konfessionell	Wahlpflichtfach	2 (staatliche Schulen) 3 (private Schulen)	Ethik (morale laïque = „weltliche Moral")
Dänemark	Religiöse Unterweisung	konfessionell (ev.-luth.); im 10.-12. Schuljahr nichtkonfessionell	Pflichtfach für 1.-9. Schuljahr	1–2	—
Deutschland	Religionsunterricht/Lebensgestaltung – Ethik – Religionskunde (LER)	konfessionell mit Ausnahme von Bremen, Berlin und Brandenburg	Pflichtfach/ Wahlpflichtfach	2, 3 in Schulen in kirchlicher Trägerschaft	Ethik; Werte und Normen; Philosophie; Philosophieren mit Kindern
Finnland	Religionsunterricht	konfessionell (ev.-luth. und orthodox)	Pflichtfach	1–2	Humanistische Ethik
Frankreich	Katechese (Catéchèse)	konfessionell	freiwillig außerhalb der Schule	—	Schulseelsorge (Aumônerie de l'école publique) an Gymnasien
Elsass und Departement Moselle	Religionsunterricht (enseignement réligieux)	konfessionell	Wahlpflichtfach	1–2	Ethik
Griechenland	Religionsunterricht	konfessionell (orthodox)	Pflichtfach	2	Musl. und kath. RU in einigen Gegenden
England und Wales	Religious education	überkonfessionell (christlich)	Pflichtfach	3	—
Italien	Unterricht über die katholische Religion	konfessionell (katholisch)	Wahlfach, in Südtirol Pflichtfach	1–2	—
Kroatien	Religionsunterricht	konfessionell	Wahlfach	2	—

Land	Bezeichnung	Status	Verpflichtungs-charakter	Stunden-zahl	Ersatz- oder Alternativfach
Litauen, Estland, Lettland	Religions-unterricht	konfessionell	Wahlfach	1	Ethik
Luxemburg	Religiöse Unterweisung (enseignement réligieux)	konfessionell (katholisch)	Wahlpflichtfach	1–3	Ethik (morale laïque) in Sek. I und II.
Malta	Religiöse Unterweisung und Erziehung	konfessionell (katholisch)	Pflichtfach	1	—
Niederlande	Religions-unterricht/ Lebenskunde (Levo)		kein RU an *Staats*schulen, dafür das Fach „Geistliche Strömungen“, aber Pflichtfach an den meisten *Privat*schulen	1	—
Norwegen	Unterricht im Christentum, anderen Religionen und Weltanschauungen	konfessionell (ev.-luth.)	Pflichtfach	2	Weltanschauungskunde
Österreich	Religionsunterricht (schulische Katechese)	konfessionell	Pflichtfach	2 1 an Berufsschulen	—
Polen	Religionsunterricht (schulische Katechese)	konfessionell	Wahlpflichtfach	2	Ethik
Portugal	Moralunterricht und katholische Religion (EMRC)	konfessionell (katholisch)	Wahlpflichtfach	1	Persönliche und soziale Entwicklung
Rumänien	Moral und konfessionelle religiöse Erziehung	konfessionell	Wahlfach	1	—
Schweden	Religionskunde	überkonfessionell	Pflichtfach für 7–16-jährige	2	—
Spanien	Religionsunterricht und katholische Moral	konfessionell (katholisch)	Wahlfach	1–2	Ethik
Ungarn	Religions unterricht	konfessionell	Wahlfach in staatlichen und Pflichtfach in den konfessionellen Schulen	2	Ethik oder Geschichte der Religionen

Fazit

1. Der Religionsunterricht hat sich fast in allen europäischen Ländern mit nur wenigen Ausnahmen an den staatlichen Schulen etablieren können und ist zu einem festen Bestandteil des schulischen Bildungssystems geworden. Dies ist auch eine Folge der zunehmenden Professionalisierung der Religionslehrerausbildung, wenn auch das Ausbildungsniveau der Religionslehrerinnen und -lehrer sehr unterschiedlich ist. Die näheren Bezeichnungen für das Fach variieren, damit auch die inhaltlichen Schwerpunkte und Zielsetzungen.
2. Die Mehrzahl der Länder konzipiert den Religionsunterricht konfessionell; dabei bezieht sich oft die Konfessionalität auf den Lehrer und die Inhalte des Unterrichtes. In einigen Ländern ist jedoch der konfessionelle Charakter des Unterrichts an seine Grenzen gestoßen, so dass man zu einem überkonfessionellen Religionsunterricht

übergegangen ist. Im Zuge des europäischen Einigungsprozesses und der Harmonisierung der Schulgesetze und -abschlüsse könnte sich diese Tendenz verstärken.

3. Große Unterschiede weist der Verpflichtungscharakter dieses Faches auf. In einigen Ländern ist der Religionsunterricht Pflichtfach, von dem man sich abmelden muss, in anderen Ländern begegnet uns der Religionsunterricht als Wahlpflichtfach, so dass die Schüler zwischen Religionsunterricht und einem Ersatz- oder Alternativfach wählen können. Wo dieses Fach besteht, handelt es sich in der Mehrzahl um „Ethik", es gibt aber auch andere Bezeichnungen. Die Einrichtung eines Ersatz- oder Alternativfaches hat sich stabilisierend auf den Religionsunterricht ausgewirkt. Mit zunehmendem Alter schwindet die Akzeptanz des Religionsunterrichts, hier mehren sich auch die Zahlen der Abmeldungen, wo der Religionsunterricht Pflichtfach ist. Dagegen erfreut sich der überkonfessionelle Religionsunterricht großer Beliebtheit. Die Situation in England und Schweden zeigt, dass der um Objektivität bemühte phänomenologische Religionsunterricht in eine Krise geraten ist, während man in den Niederlanden und in Brandenburg sich um die Einführung eines Lebenskundeunterrichtes bemüht.

   In fast allen europäischen Ländern haben die Religionslehrkräfte gegen eine religiöse Gleichgültigkeit anzukämpfen, die sich vor allen Dingen gegen den christlichen Glauben und seine kirchliche Gestalt richtet. Auf der anderen Seite entdeckt man bei vielen Jugendlichen eine Sehnsucht nach Sinnorientierung und Hilfen für die Identitätsbildung. Hier öffnet sich für den Religionsunterricht eine Chance.

   Das Verhältnis von Religionsunterricht und gemeindlicher Katechese wird auf dem Hintergrund des jeweiligen Verhältnisses von Staat und Kirche sehr unterschiedlich bestimmt; hier gibt es verschiedene Modelle von der Abgrenzung bis hin zur totalen Übereinstimmung. Eine Tendenz zeichnet sich ab, wonach die Komplementarität der beiden Lernorte und Lernformen betont wird.

Literatur

OHLEMACHER, JÖRG (Hg.), Religion und Bildung in Europa. Herausforderungen – Chancen – Erfahrungen, Göttingen 1991. Sammlung von Beiträgen eines internationalen, interkonfessionellen und interdisziplinären Symposions, das 1990 in Loccum veranstaltet wurde. ROBBERS, GERHARD (Hg.): Staat und Kirche in der europäischen Union, Baden-Baden 1995; SCHREINER, PETER/SPINDLER, HANS (Hg.): Identitätsbildung im pluralen Europa. Perspektiven für Schule und Unterricht, Münster 1997; PAJER, FLAVIO (Hg.): L'Insegnamento Scolastico Della Religione Nella Nuova Europa, Torino 1991. Überblick über Situation und Probleme des Religionsunterrichts in einzelnen europäischen Ländern mit einer vergleichenden Tabelle, wobei die osteuropäischen Staaten eigens aufgeführt und verglichen werden. BRODEUR, RAYMOND/ ROUTHIER, GILLES (Hg.), L'enseignement religieux: questions actuelles, Ottawa/Brüssel/Paris 1996. In einem ersten Teil werden verschiedene Situationen des Religionsunterrichts in Spanien, Italien, Belgien, Frankreich, Schweiz und Quebek (evangelisch und katholisch) behandelt. In einem zweiten Teil werden im Anschluss daran grundlegende Fragen zur Zukunft des Religionsunterrichts erörtert.

4.10 Religionsunterricht und Internet

(*Dietmar Peter*)

Geschichte des Internet

Die Wurzeln des Internet reichen in die frühen 1960er Jahre zurück. Ausgangspunkt bildete ein in erster Linie militärisches Forschungsinteresse.[1] Im Mittelpunkt stand die Schaffung einer weltweiten Verbindungsmöglichkeit von Einzelrechnern. Dabei durfte die Gesamtfunktion des Netzes nicht durch den Ausfall einzelner Komponenten gefährdet sein. Die wesentlichsten Punkte des Konzeptes lassen sich auf zwei Grundsätze reduzieren:

- Das Netz darf keine zentrale Steuereinheit besitzen;
- von Beginn an muss jede Steuereinheit allein komplett funktionsfähig sein.

Die Realisierung war an die Grundannahme gebunden, dass das Netz selbst die Verantwortung für seine Zuverlässigkeit übernimmt. Umgesetzt wurde diese Vorgabe dadurch, dass alle an das Netzwerk angeschlossenen Systeme Nachrichten erzeugen, empfangen und versenden können. Ein ab 1977 eingesetztes Netzkopplungsprotokoll (*Transfer Computer Protocol = TCP/Internet Protocol = IP*) ermöglichte mit Hilfe entsprechender Software die Kommunikation von Rechnern unterschiedlicher Betriebssysteme (*DOS, Windows, Unix, Macintosh ...*). Mit der 1983 vollzogenen Abspaltung des militärischen Teiles des Netzes in das MIL Net stand das TCP/IP Protokoll auch für die zivile Nutzung zur Verfügung. Die nun auch hier gegebene Kompatibilität zwischen unterschiedlichen Systemen bewirkte zusammen mit der Einführung des World Wide Web 1989/90 den größten Schub des Internets. Die relativ einfache Metasprache (*HTML*) des Web erhöhte seine Attraktivität durch die Möglichkeit, Informationen in unterschiedlicher Gestalt (Text, Grafik, Klang etc.) darzustellen.

Im privaten Bereich geht die ansteigende Nachfrage einher mit der Senkung der Kosten der technischen Ausstattung (*PC, Modem, ISDN, Onlinegebühren* etc.). Heute hat jede/r die Möglichkeit, über kommerzielle Provider (*AOL, T-Online, Compuserve* etc.) das Internet gegen Gebühr von zuhause aus zu nutzen.

Internet und Schule
Das angedeutete Wachstum führte dazu, dass das Internet in den letzten Jahren verstärkt ins Blickfeld der Bildungspolitik gerückt ist. Durch Initiativen wie *Schulen ans Netz*[2] sollen schulische Informations-, Kommunikations- und Kooperationsplattformen geschaffen werden, die die Schüler/-innen zu einem differenzierten, kritischen und konstruktiven Umgang mit Multimedia und Telekommunikation befähigen.

Erste Leitmotive waren dabei

- die Öffnung von Schulen durch Kooperation und Kommunikation mit anderen Institutionen (Schulen, Industriebetriebe, Behörden, Universitäten in Deutschland, in Europa und weltweit),
- die Förderung schulischen und außerschulischen Lernens in einer Informationsgesellschaft,
- die Förderung des interkulturellen Lernens,
- die Schaffung eines verantwortlichen Umgangs mit multimedialen Informations- und Kommunikationstechniken,
- die Qualifizierung von Lehrenden zu interdisziplinärer Zusammenarbeit.[3]

Diese zunächst politisch motivierten Forderungen riefen in der Lehrerschaft sowohl starke Zustimmung als auch scharfe Ablehnung hervor. Die einen träumten davon, dass formalisierte Bildungs- und Schulstrukturen überwunden und Lernen – durch die Entledigung der materiellen Träger und personalen Vermittler – zum individuellen Aneigungsprozess würde. Die anderen warnten vor der verantwortungslosen Zerstörung bewährter Kultur- und Sinnstrukturen. Inzwischen ist ein wenig mehr Nüchternheit eingekehrt, wobei Einigkeit darüber besteht, dass sich die traditionelle schulische Aufgabe der Wissensvermittlung durch die neuen Techniken verändern wird.

Unbestritten ist, dass Medienkompetenz im Rahmen schulischer Bildung eine stärkere Rolle spielen wird, was zu nachstehenden neuen Aufgaben allgemeiner Bildung führt:

- die Befähigung zum Umgang mit Anwendungen der Informations- und Kommunikationstechnik,

- die Befähigung zur Nutzung der neuen Medien zum Lernen und Lehren,
- das Gestalten von Inhalten mittels neuer Medien,
- die Schaffung von Urteilsfähigkeit gegenüber den Botschaften der Medien.[4]

Konsequenterweise müssen an allen Schulen angemessene technische Voraussetzungen geschaffen werden. Die damit verbundenen Veränderungen für unterrichtliche Prozesse sind auf Grund der sich in rasantem Wandel befindlichen Informationsgesellschaft in vielerlei Hinsicht spekulativ. Ein heute favorisierter Trend kann sehr schnell überholt sein.

Internetnutzung im Religionsunterricht – Didaktische Herausforderungen

Dennoch lassen sich erste Linien aus der Kultur des Cyberspace ableiten, welche über konkrete technische Innovationen hinaus ihre Gültigkeit bewahren und schulisch relevant werden.

Zukünftig wird es nicht mehr allein darum gehen wird, wie viel Wissen jemand im Rahmen seiner schulischen Laufbahn zu erwerben hat, sondern eher um die Fähigkeit, sich gezielt Informationen zu beschaffen und diese angemessen zu verarbeiten. So ist der Schüler der Zukunft aufgefordert, die ungeheure Fülle von weltweit dezentral angebotenen Informationen in wichtige und unwichtige zu unterteilen und diejenigen herauszufiltern, die dem Frageinteresse am ehesten genügen.
Ein Religionsunterricht, der das interaktive Kommunikationsmedium Internet nutzt, wird sich öffnen. Exemplarisch dafür steht ein Internetbeitrag, der im Rahmen eines Pilotprojektes zur Erprobung der Möglichkeiten des Interneteinsatzes im Religionsunterricht entstand. Dabei nutzte eine Klasse das Netz zur vielfältigen Auseinandersetzung mit dem Thema „Weihnachten“: Neben der theologischen Annäherung an die Weihnachtsbotschaft, dem Aufzeigen von Weihnachtsbräuchen in anderen Ländern und dem Einbezug weiterer Weihnachtsseiten aus dem Internet nahm der Kurs kritisch Stellung zu den Inhalten der privaten Homepage eines Zeugen Jehovas, die den Titel „24 Gründe, kein Weihnachten zu feiern“ trug. Auf dem Hintergrund von im Unterricht erarbeiteter theologischer Sachinformationen setzten sich die Schüler/-innen mit den Thesen auseinander, erarbeiten eine Stellungnahme, dokumentieren diese im Internet und schicken sie als offenen Brief per Email an den Autor. Die ausführliche Reaktion des Autors wurde wiederum Bestandteil des eigenen Internetbeitrags und stellte die Grundlage der weiteren unterrichtlichen Arbeit dar. Gleichzeitig rief der Kurs eine E-mail-Diskussion ins Leben, die von verschiedenen Seiten aufgenommen und deren Verlauf im Internet dokumentiert wurde.[5]

Die angedeutete Interaktivität des Netzes ermöglicht es, Schüler/-innen aus aller Welt in den Austausch über Themen des Religionsunterrichts einzubeziehen. So ist denkbar, sich mit Jugendlichen in Boston, Jerusalem, Kapstadt und Athen mittels einer Mailingliste, in einer Newsgroup oder in Echtzeit über Formen gelebter Religion in verschiedenen kulturellen Kontexten auszutauschen. Die Standortgebundenheit des Lernens wird aufgebrochen – exemplarisch dafür stehen virtuelle Universitäten[6] und Klassenzimmer. Lernen wird zukünftig in globale Kontexte eingebunden sein. Sowohl die Vergewisserung der eigenen Position als auch Toleranz gegenüber dem Anderen sind notwendige Voraussetzung.

Der Ausweis, als potenzieller Kommunikationspartner für Menschen anderer kultureller Kontexte zur Verfügung zu stehen, wird in der Regel durch im Netz platzierte Homepages einzelner Schulen erbracht, die meistens (nicht zuletzt auf Grund mangelnder Kompetenz auf Lehrerseite) von Schülern erstellt werden. Vielerorts werden den einzelnen Fächern eigene Seiten zur Verfügung gestellt, auf denen Klassen im Unterricht Erarbeitetes vorstellen. Was bislang nur einer begrenzten Schulöffentlichkeit zugänglich war, kann in größerem Rahmen präsentiert werden, womit auch die Qualitätsstandards steigen. Daneben ist der hohe motivationale Wert, den das Medium zurzeit hat, nicht zu unterschätzen. Das Erlernen von HTML (*Hyper Text Markup Language*), der „Sprache" des Internets, ist inzwischen nicht mehr Voraussetzung, da verschiedene Programme (*HTML-Editoren*) diese Arbeit übernehmen. Von Vorteil ist, dass HTML die Möglichkeit bietet, Bild-, Klang-, ggf. Filmelemente in die unterrichtlich erarbeiteten Seiten einzubinden und auf diesem Weg eine vertiefende thematische Auseinandersetzung mittels künstlerischer Ausdrucksformen anzuregen. Wie nebenbei verdeutlichen sich die Konstruktionen virtueller Welten.

Für den Religionsunterricht wird es zukünftig allerdings nicht allein darum gehen, Kompetenzen im Umgang mit HTML-Codes in den Blick zu nehmen oder die Auseinandersetzung mit der Semantik von Internetseiten zu vermitteln und unterrichtlich zu nutzen. Eine sich einzig den kognitiven Schemen zur Aneignung von Medienereignissen zuwendende Pädagogik verfehlt das Ziel des Religionsunterrichts. Die bereits angedeutete Konfrontation mit vielfältigen, ungewohnten Positionen und der Pluralismus der im Netz vertretenen Nachrichten und Angebote ist wesentlicher Bestandteil didaktischer Überlegungen. Die Öffnung der Klassenzimmer unter Einbeziehung einer weltweiten diskursiven Öffentlichkeit macht die Stärkung des Gemeinsamen inmitten des Differenten und die Fähigkeit zur Verständigung zur Bildungsaufgabe des Religionsunterrichts.

Daneben ist die Aufmerksamkeit auf die Schnittstelle zwischen „virtuellem" und „realem" Leben und die Verflochtenheit beider Räume zu richten. Die Entwicklung von Übergangskompetenzen zwischen Offline- und Online-Welt, zwischen der Schöpfung Gottes und der Schöpfung des Menschen, sind von Interesse – die kritische Betrachtung des Ineinanderwirkens beider Welten stehen im Mittelpunkt religionsdidaktischer Überlegungen. Die im Alltag immer häufiger zu vollziehenden Übergänge von der virtuellen Welt zum realen Leben, die Übergänge von der Kommunikation mittels der *cyberorgs* (*cybernetic organism*) der virtuellen Welt zu den sich in der rein physischen Welt vollziehenden Begegnungen, müssen Gegenstand des Religionsunterrichts sein. Der Verlust analoger Information, die Einschränkung sinnlichen Erlebens durch Transformation der Atome in die Welt der Bits und Bytes, ist Thema.[7] Die Durchdringung der *Global Information Structure* des Internet durch handlungsorientierte und erfahrungsbezogene Unterrichtsformen und darauf bezogene Reflexionsprozesse werden zukünftig zu selbstverständlichen Aufgaben religionspädagogischen Handelns.

Literatur

TURKLE, SHERRY: Leben im Netz. Identität in Zeiten des Internet, Hamburg 1999; MERTIN, ANDREAS: Internet im Religionsunterricht. Göttingen 2000.

---

[1] Vgl. CHLZ, M./SUIÇMEZ, A.: Das Internet – Geschichte und Dienste. Online zu finden unter: *http://userpage.chemie.fu-berlin.de/~sunny/Internet_Arbeit/RTFToC2.html.*

[2] Online zu finden unter *http://www.san-ev.de/.*

[3] Vgl.: BUSCH, RAINER (Hg.): Schulen an das Netz – Konzeption, Organisation und Durchführung. 1995. Online zu finden unter *http://www.schulweb.de/schnet95/html/.*

[4] Vgl.: Lernen in der Informationsgesellschaft NRW e.V., in: Medien praktisch 2/97, 11.

[5] Online zu finden unter *http://www.rpi-loccum.de/31wettbew/friedberg/.*

[6] Als Beispiel sei hier der virtuelle Studienplatz an der Universität Hagen genannt (https://vu.fernuni-hagen.de/).

[7] Vgl.: NEGROPONTE, N.: Being Digital. London 1996.

4.11 Religion im Schulprogramm

(*Matthias Hahn*)

Schulpädagogische und bildungspolitische Anmerkungen

In allen Bundesländern werden derzeit, in Ausmaß und Verbindlichkeit unterschiedlich, Initiativen zum Thema Schulprogramm durchgeführt. Sie reichen von Empfehlungen und Einzelinitiativen über Fortbildungsaktivitäten mit ausgearbeitetem Material bis hin zu Gesetzesvorlagen mit Fristsetzungen für die Einführung. Zwischen bildungspolitischer Programmatik und schulischer Wirklichkeit klafft jedoch ein erheblicher Widerspruch.

Auf bildungspolitischer Ebene stellt die Forderung nach Schulprogrammen eine Konsequenz aus der Erkenntnis dar, dass Einzelschulen nur begrenzt zentral zu steuern sind. Schulprogramme sollen den schulischen Entwicklungsprozess gestalten und den Schulen Kriterien zur (Selbst-)überprüfung liefern. Daher werden Freiräume für die Schulen geschaffen, pädagogische, personelle, organisatorische, finanzielle und curriculare Fragen zu diskutieren und eigenverantwortlich umzusetzen. Aufgabe der Schulverwaltung und der Schulpolitik wäre nach diesem Ansatz von Schulreform künftig die Formulierung und Sicherung der Rahmenbedingungen.

Auf schulpädagogischer Ebene wird der Gedanke der Schulprogrammentwicklung durch die Einsicht unterstützt, dass das „Ethos“ der Einzelschule einen wichtigen Sinn stiftenden und Qualität sichernden Faktor darstellt. „Die schulpädagogische Funktion eines Schulprogramms wäre entsprechend, dass sich die Schulen ein Instrument schaffen, das ihnen einen Überblick über den jeweiligen Entwicklungsstand im Verhältnis zu den Zielen ermöglicht, das Orientierung und Identität schafft und damit Sinn stiftet“ (GUDJONS 1998, 7f.). Die bei der Schulprogrammentwicklung zu beachtenden Schritte umfassen demnach Entwurf und Reflexion eines Konzeptes, Bestandsaufnahme und Innovation, durch die die an der Schule vorhandenen Aktivitäten in einen pädagogischen Zusammenhang gebracht werden.

Störungen im Prozess auf dem Weg zum Schulprogramm sind nicht selten. Oftmals definieren Schulverwaltung und Schulpolitik das Schulprogramm im Sinne einer neuen Steuerungspolitik und erzeugen

- Vorschriften und Zeitdruck statt Geduld und Überzeugungsarbeit;
- Steuerung und Kontrolle statt Unterstützung und Beratung;
- Profilierung statt Profilbildung.

Insofern hält sich die Akzeptanz von Schulprogrammen in vielen Kollegien in Grenzen. Kritische Stimmen werden u.a. von Beobachtern der Schulentwicklung eines europäischen Nachbarn laut: In den Niederlanden hat der Prozess zu den Schulprogrammen vor ungefähr zehn Jahren eingesetzt. Leitbild war hier die effiziente, effektive und kundenorientierte Schule, die unter marktwirtschaftlichen Aspekten („Budgetierung“) geführt wird. Damit wurde größerer Spielraum geschaffen, aber auch „die Armut des Staates an die Schulen zurückgegeben“. Schulleiter wurden zu Leitern eines Managementteams. „Dies führte zu größerer Distanz zwischen Schulleitung und Kollegium und zu mehr Hierarchie. Die Budgetierung hat in den Niederlanden die gesellschaftlichen Gegensätze zwischen Arm und Reich gefördert“ (DAM, 1998, 24). Was von den einen als Zunahme der Vielfalt individueller Lernwege begrüßt wurde, erlebten die anderen als verstärkte gesellschaftliche Ausgrenzung.

Religiöse Bildung als Bestandteil von Schulprogrammen

Religiöse Bildung an der Schule kann bei der Aufdeckung solch problematischer Entwicklungen hilfreich sein, indem sie beharrlich an der Frage nach der Menschlichkeit von Schule als ein Angebot für alle Kinder und Jugendlichen ungeachtet ihrer sozialen Herkunft festhält:

„Am Evangelium orientiertes Erziehungshandeln sieht den Menschen nicht als Selbstentwurf, sondern als Geschöpf und Mitmensch; als zur Freiheit berufene, aber endliche Person, deren Fehlbarkeit Gottes Ja zu ihr nicht aufhebt. Schule braucht die Vergewisserung hinsichtlich ihrer sicherlich erheblichen Möglichkeiten, junge Menschen zu einem reich entfalteten, aber auch an seiner Verantwortung festhaltenden Leben zu führen; Schule bedarf aber in gleichem Maße der Selbstaufklärung über die ihr als Institution gesetzten Grenzen. Sie muss vor Selbstüberschätzung und Überforderung ebenso bewahrt werden wie vor einer resignativen Selbstaufgabe" (BÖHM 1999).

Mit Schulprogrammen wird der Versuch unternommen, den Bildungs- und Erziehungsauftrag der jeweiligen Schule zu formulieren. Insofern sind verschiedene Ebenen religiöser Bildung zu diskutieren. Dies sind *erstens* der Fachbeitrag des Religionsunterrichts, dazu in engem Zusammenhang *zweitens* die Anteile religionskundlichen Lernens und religiöser Bildung in den anderen Fächern, in fächerübergreifenden gemeinsamen Vorhaben und Projekten, und *drittens* die Beiträge religiöser Bildung zu Schulleben und Schulkultur.

- Der Fachbeitrag des Religionsunterrichts zum Schulprogramm ist weiterhin auf der Ebene der Rahmenrichtlinien mit ihren Themen, Zielen und Hinweisen zum Unterricht festgelegt. Es wird allerdings notwendig sein, den Beitrag auszuweisen, den religiöse Bildung zu den von allen Fächern in der Schule zu behandelnden Schlüsselthemen leisten könnte.
- Die Anteile religionskundlichen Lernens in anderen Fächern (u.a. Deutsch, Musik, Kunst, aber auch Naturwissenschaften) sind auf der gleichen Ebene auszuweisen und zu bedenken. Ein eindrückliches Beispiel für die Integration religionskundlichen Lernens und religiöser Bildung in ein dreimonatiges „Hühnerprojekt" aller Unterrichtsfächer in einem 6. Jahrgang liefert die Grund- und Hauptschule Altingen in ihrem Konzept. Schöpfung, Leben und Tod, ökologische Ethik und Angst waren Themen, die mit dem gemeinschaftlichen Großziehen von Küken in Beziehung gesetzt wurden.
- Der Beitrag – nicht nur – des Religionsunterrichts zu Schulkultur und Schulleben kann bestehen in: Schulgottesdiensten, Schulseelsorge, Schulsozialarbeit, Besinnungs- und Einkehrtagen, Praktika in diakonischen/caritativen und kirchlichen Einrichtungen. Auch zur Öffnung der Schule kann der Religionsunterricht beitragen: Kirchengemeinden, Einrichtungen der Diakonie und Caritas, Beratungseinrichtungen.

Nach GÜNTER BÖHM soll sich die Fächergruppe Religion – Philosophie an der Schule als „Sachwalter" für den Bereich der existenziellen Fragen verstehen. In diesem Zusammenhang bringt die religiöse Bildung folgende Aspekte in die Reflexion von Schule und Unterricht ein:

- Religion als Fundament unseres kulturellen Gedächtnisses;
- das christliche Menschenverständnis als Identitätsangebot;
- der Beitrag der Kirchen zu einer religiösen Kultur;
- Interkulturalität als Herausforderung und Gestaltungsaufgabe für ein Weltethos;
- gesellschaftliche Mitverantwortung, insbesondere Einsatz für die Schwachen und Entrechteten, aus der Motivation des Glaubens an Gottes Menschenfreundlichkeit;
- Globales Lernen und ökumenischer Lernbegriff;
- Hinführung zu Spiritualität als Dimension vertieften Lebens (BÖHM 1999).

Die Verbindung von Schulprogrammen und reformpädagogischen Ideen (Öffnung der Schule, fachübergreifendes Lernen, Projekte) macht einen kommunikativen Religionsunterrichts erforderlich, der in der Lage ist, sich auf offene Prozesse einzustellen. Religionsunterricht wird dann zur „Inszenierung von Lernspielen" (GERBER 1998, 4) auf Kommunikation hin: „So kommt es zu einer lebendigen Auseinandersetzung mit sozialen, kulturellen, religiösen Traditionen, was im Blick auf die Schule eben als Profilbildung dieser und jener konkreten Schule vollzogen wird" (ebd.).

Evangelische Schulen – Schulprogramme besonderer Art

Vor allem in den neuen Bundesländern werden seit 1989 neue evangelische Schulen gegründet, die versuchen, reformpädagogische Ansätze einzubeziehen. Für den Grundstein der pädagogischen Kultur einer christlichen Schule hat NIPKOW die Formel von der „Kultur des Vertrauens" geprägt. Bestandteil der Schulprogramme vieler evangelischer Schulen sind die folgenden Punkte:

- ganzheitliche Erziehung;
- Leben und Lernen in christlicher Gemeinschaft;
- Sinnorientierung im Unterricht;
- besondere didaktisch-methodische Formen;
- Aus- und Weiterbildung von Lehrern;

Darüber hinaus setzen sich evangelische Schulen mit den situativen Gegebenheiten auseinander und beziehen diese in die programmatische Arbeit ein – so nennt die evangelische Schule in Hoyerswerda die Themen „Jugend und Ausländerfeindlichkeit", „Jugend und Rechtsextremismus"; „wirtschaftliche und soziale Lage" sowie „Identitätsfindung". Daraus ergeben sich als programmatische pädagogische Zielvorstellungen für das Leben, Lehren und Lernen in dieser Schule:

- Interkulturelles Lernen und solidarisches Handeln vor dem Hintergrund eines christlich orientierten Werterahmens;
- Schule als Erfahrungsraum für solidarisches Handeln;
- Aufbau einer individuellen Lebensperspektive.

Ausblick

Die Fähigkeit, religiöse Bildung in Schulprogramme von Schulen in öffentlicher Trägerschaft zu integrieren, wird sich als Prüfstein für die Zukunft des Faches Religionsunterricht in der staatlichen Schule erweisen. Eine wichtige Aufgabe wird angesichts der Pluralisierung von Schule und Gesellschaft darin bestehen, das christliche Sinn- und Lebensangebot einladend vorzustellen und das Bewusstsein für die letzten Fragen wach zu halten.

Literatur

Über den neuen Kontext des Faches Religionsunterricht in einer sich verändernden Schule denkt GÜNTER BÖHM nach, z.B. in: Religionsunterricht und Schulprogrammentwicklung, in: Erziehen heute 1/1999. Einen aktuellen Überblick über die Schulprogramme und Hintergründe Evangelischer Schulen bietet JÜRGEN BOHNE (Hg.): Evangelische Schulen im Neuaufbruch, Göttingen 1998; HARMJAN DAM: Religion im Schulprogramm, in: Schönberger Hefte 4/1998, 22–24 liefert eine kritische Auseinandersetzung mit Schulprogrammen; UWE GERBER : Der Beitrag des Religionsunterrichts zur Profilbildung von Schulen, in: Christenlehre – Religionsunterricht – Praxis 4/1998, 4–7 setzt sich religionspädagogisch-konzeptionell im Sinne einer kommunikativen Religionsdidaktik mit Schulprofilen auseinander. Das Themenheft: Auf dem Weg zum Schulprogramm. Wegweiser und Wegbeschreibungen. PÄDAGOGIK 2/1998 (mit einem Einleitungsbeitrag von HERBERT GUDJONS) bietet einen guten Überblick über die schulpädagogische Diskussion. ULRICH SCHEUFELE (Hg.): Weil sie wirklich lernen wollen. Bericht von einer anderen Schule. Das Altinger Konzept; Weinheim 1996, liefert spannend zu lesende Geschichten einer Schule, die sich als lernende Institution begreift und zu verändern beginnt.

5 Glossar

(*Hahn, Johannsen, Lehmann, Kuld, Noormann, Trocholepczy, Weidinger*)

Ästhetik
Traditionell: Lehre vom Schönen und seinem Erleben. Das dem Begriff zugrundeliegende gr. Wort „*aistesis*" (Sinnlichkeit) meint zugleich sinnliches Wahrnehmen und geistiges Bewusstmachen. In neueren religionspädagogischen Konzeptionen findet der Bezug auf Ästhetik seine Begründung darin, dass ästhetische Wahrnehmung in Analogie zur modernen Kunst in verschiedenen Disziplinen als das typische Modell der Postmoderne herausgearbeitet wird. Hinzu kommt die Entdeckung der Entsprechung von religiöser und ästhetischer Erfahrung. Ästhetische Wahrnehmung meint nicht wiedererkennen, sondern (Neues) sehen mit Vernunft und allen Sinnen. Der Wahrnehmungsprozess vollzieht sich nicht unabhängig vom Rezipienten, bleibt aber auf die Vorgabe des Wahrzunehmenden bezogen.

Bilddidaktik
Während in didaktischen Konzepten der Evangelischen Unterweisung und des Hermeneutischen Unterrichts Bilder vor allem als Hilfsmittel der Texterschließung eingesetzt wurden, entwickelt sich im Zusammenhang symboldidaktischer Ansätze eine eigenständige Bilddidaktik, die der Gegenwartskultur mit ihrer Tendenz zur Visualisierung, Ästhetisierung und Individualisierung Rechnung trägt. Die Arbeit mit Bildern (Kunstwerken) nimmt die Einsicht auf, dass ein Kunstwerk etwas zur Sprache bringt, das anders nicht „gesagt" werden kann. Dem bildlichen Kunstwerk kommt damit eine das bloße Abbild übersteigende sinnstiftende Dimension zu.
Die bilddidaktische Aufgabe verschiebt sich von Fragen der Bildsemantik (Entschlüsselung seines Verweises im Sinne des Wiedererkennens) zur Bildenergetik, indem die Potenzialität des Bildes so in den Blick genommen wird, dass die Betrachter den Sinn mitkonstituieren.

Bildung
In der historischen Tradition ist Bildung ein kritisch-progressiver Begriff (K. E. NIPKOW), der den Gedanken der individuellen Selbstbestimmung und der Humanisierung der gesellschaftlich-politischen Verhältnisse in sich vereinte (H.-J. HEYDORN). Der Bildungsgedanke umfasst drei zentrale Bedeutungsdimensionen: a) Bildung ist als Allgemeinbildung aller Menschen zu denken, b) sie vollzieht sich in Auseinandersetzung mit dem allgemein Angehenden und Ganzen, mit zentralen Problemen der gemeinsamen Gegenwart und der voraussehbaren Zukunft (W. KLAFKI), c) sie zielt auf ein praktisch-vernünftiges Handeln, das die Freiheit und Würde des jeweilig Anderen anerkennt und sich gegenseitig Leben ermöglicht in einer geteilten, endlichen Welt (H. PEUKERT).
NIPKOW hat einmal darauf aufmerksam gemacht, dass Bildung sowohl eine „subjektive" Seite als auch eine objektive hat. Evangelischerseits ist stärker die subjektive, katholischerseits eher die objektive Seite im Blick.
In religionspädagogischer, evangelischer Perspektive baut der Bildungsbegriff auf folgenden Voraussetzungen auf: Einweisung in die Gottesebenbildlichkeit, zu der der Mensch als Person bestimmt ist; „befreite" Freiheit zur Selbstbestimmung, Mitbestimmung und Solidarität; Zusage der Rechtfertigung des Menschen als Kriterium einer sachgemäßen Zuordnung von Glaube und Bildung; Verheißung des Reiches Gottes als Perspektive zur Auslegung des Allgemeinen der Bildung. Religiöse Bildung unterstützt den Prozess der Subjektwerdung des Menschen durch Entfaltung der personalen und der sozialethischen Dimension, der Dimension des Symbolverstehens und der elementaren theologischen

Urteilsbildung sowie der Dimension interreligiösen Lernens (P. BIEHL). Religiöse Bildung eröffnet dem Menschen eine spezifische Perspektive auf das Ganze der begegnenden Wirklichkeit (vgl. auch Stichwort „Elementares/Fundamentales“).

Comenius-Institut
heißt die 1954 gegründete zentrale Arbeitsstelle der Evangelischen Kirche in Deutschland für Fragen der Erziehungswissenschaft und der kirchlichen Bildungsverantwortung. Der Name beruft sich auf den bedeutendsten Schultheoretiker und Pädagogen des 17. Jahrhunderts, JOHANN AMOS COMENIUS, Bischof der Böhmisch-Mährischen Brüder (1592–1670).

Curriculum
Das Curriculum ist ein integriertes Lehr-/Lernverfahren, das von Lehrplanvorgaben bis zu Arbeitshilfen alle Elemente eines Lehr- und Lernprozesses umfasst.

Deutsche Bischofskonferenz
Die deutsche Bischofskonferenz ist der ständige Zusammenschluss der römisch-katholischen Bischöfe der Bundesrepublik Deutschland zur gemeinsamen Ausübung ihres Hirtenamtes. Bischofskonferenzen gibt es in verschiedenen Ländern seit dem 19. Jahrhundert, in Deutschland seit 1848. Ihr gehören nicht nur die Diözesanbischöfe der gegenwärtig 27 deutschen Diözesen an, sondern u.a. auch die Weihbischöfe.

Didaktik und Methodik
Didaktik, von dem griech. Verb *didáskein*, kann sowohl aktiv (lehren, unterrichten) als auch passiv (lernen, unterrichtet werden) verstanden werden und ebenso im Sinne von „sich selbst etwas aneignen“. Der Begriff bezeichnet die wissenschaftliche Reflexion des Lehrens und Lernens. Didaktik im engeren Sinne als „Theorie des Schulunterrichts“ (W. SCHULZ), umfasst verschiedene Ebenen der Reflexion. Ihre Aufgabe, festzustellen, wie die Unterrichtswirklichkeit ist (Deskription) und zu entwerfen, wie besserer Unterricht aussehen sollte (Präskription, H. MEYER), kann sie nur erfüllen, wenn sie auch grundlegende Überlegungen auf bildungstheoretischer und curricularer Ebene anstellt. Solche Überlegungen führen zu unterschiedlichen Theorien und Modellen (bildungstheoretische Didaktik, kritisch-konstruktive Didaktik, kommunikative Didaktik, lern- oder auch lehrtheoretische Didaktik u.a.). Bestimmende Momente der Analyse- und Planungsebene von Unterricht sind Konzepte und Prinzipien, Intentionen und Themen sowie Unterrichtsmethoden und Medien. Methodische Überlegungen setzen didaktische Überlegungen voraus, weil Entscheidungen über das ‚Wie’ des Unterrichts nicht ohne Entscheidungen über das ‚Was’ und ‚Wozu’ gefällt werden können. Das Verhältnis zwischen Didaktik und Methodik beschreibt W. KLAFKI so: „Ist die Methodik auf die Didaktik **angewiesen**, um überhaupt begründet anfangen zu können, so ist die Didaktik auf die produktive Leistung der Methodik **verwiesen**, wenn es gilt, ihre Erkenntnisse aus dem Modus des theoretischen Vorentwurfs in das wirkliche Bildungsgeschehen zu übersetzen.“

Erfahrung
Erfahrung ist seit Beginn der 1980er Jahre ein religionspädagogischer Schlüsselbegriff. Erfahrung als „die einzige Weise, in der sich uns Wirklichkeit zeigt und sich in ihrer Wahrheit erschließt“, meint erstens das Geschehen selbst, in dem ein Subjekt mit bestimmten Ereignissen konfrontiert wird sowie zweitens dessen Verarbeitung und Deutung. In Alltagserfahrungen, die jeder Mensch wie selbstverständlich macht, spiegelt sich „das selbstverständlich Vorgegebene und Durchgängige in einer gemeinsamen Welt“. Die Interpretation von Alltagserfahrungen erfolgt auf einer Folie bisher gesammelter persönlicher und kollektiver Erfahrungen, vor deren Hintergrund Wahrnehmungen gefiltert und im Sinne bisheriger Erfahrungen bestätigt werden. Es kann aber auch zu einer Veränderung des Interpretationsrahmens und damit des bisherigen Verständnisses von Wirklichkeit kommen. Unmittelbare, nicht alltägliche und nicht vorherseh- oder herstellbare

Erfahrungen, die Alltagserfahrungen durchbrechen („Unterbrechung") und die Welt in einem neuen Licht erscheinen lassen, können als religiöse Erfahrungen bezeichnet werden. Bei religiösen Erfahrungen werden Wahrnehmungen und Erlebnisse vor einem Interpretationsrahmen gedeutet, „der durch charakteristische Formen religiöser Sprache mitbestimmt ist" (P. BIEHL).

Erziehung, religiöse
Religiöse Erziehung ist intentionaler, also zielgerichteter Teil der religiösen Sozialisation. Als generationsübergreifendes Lernen wird sie Kindern und Jugendlichen die Aneignung religiöser Tradition eröffnen; gleichzeitig steht sie vor der Aufgabe, dass diese angesichts zunehmend pluraler (religiöser) Kontexte Entscheidungsfähigkeit gewinnen.

Elementares/Fundamentales (Kategorien von Bildung nach KLAFKI)
KLAFKI nennt die Kategorie der Bildung, in der es um das Allgemeine geht, das Fundamentale. Das Elementare ist für KLAFKI die Kategorie, wo der allgemeine Gehalt in der Besonderheit in Erscheinung tritt. Didaktische Grundaufgabe ist es, nach dem Pädagogisch-Elementaren zu suchen, das exemplarisch, typisch, repräsentativ u.a. geeignet ist, das Allgemeine zu erschließen. Da das Fundamentale in theologischer Tradition die alles bestimmende Wirklichkeit Gottes ist, kann religionspädagogische Didaktik den Ansatz KLAFKIs nur im Sinne einer kritischen Elementarisierung aufnehmen. Für BALDERMANN folgt daraus, dass keine Anknüpfung an vorgängige Religiosität (z.B. Gottesbilder) der Kinder zu suchen ist, sondern im Kontext der biblischen Überlieferung eine elementare Sprachschule des Glaubens erarbeitet werden muss, die Schritt für Schritt anleitet, die Wirklichkeit aus der Perspektive der Wirklichkeit Gottes wahrzunehmen.

Elementarisierung
In der didaktischen Reduktion werden schwierige Zusammenhänge von den Lehrenden den Lernenden so vermittelt, dass sie zum einen dem Wissens- und Entwicklungsstand der Lernenden, andererseits aber auch den grundlegenden Strukturen des Unterrichtsgegenstandes entsprechen. Die Lernenden sollen befähigt werden, die am Einzelnen entdeckte Einsicht ins Allgemeine so zu verlebendigen, dass sie den Zusammenhang, in dem das Einzelne steht, selbst fassen können. Elementarisierung erfordert vom Lehrenden nicht nur sorgfältige Planung einzelner Lernschritte und Kraft zur Veranschaulichung, sondern im religionsunterrichtlichen Kontext vor allem den Mut, selbst Position zu beziehen.

Entwicklungspsychologie
Im Unterschied zu biologischen Reifungstheorien, die menschliche Entwicklung als Abfolge von biologischen Lebensaltern verstehen, erfassen psychologische Entwicklungstheorien den Aufbau einzelner Fähigkeiten in der Lebensgeschichte als aktive Interpretationsleistung des Menschen: Denken, soziale Perspektive, Selbstkonzept, religiöses Urteil usw. Die Entwicklung dieser Fähigkeiten ist unabhängig vom Lebensalter und geht von einfachen zu immer komplexeren Strukturstufen. Die Stufenfolge ist in sich hierarchisch aufgebaut, d.h. die Entwicklung ist unumkehrbar. Es gibt keinen Rückfall von einem höheren Strukturniveau auf ein früheres. Ob Entwicklung tatsächlich in Stufen verläuft, ist damit allerdings nicht gesagt.

Ethik
Ethik (vom griechischen „ethos", das Zusammenleben von Hausgenossen betreffend) meint seit ARISTOTELES (38–22 v. Chr.) die philosophische Theorie sittlich-menschlicher Lebensführung. Nachdem die durch überkommene Sitte getroffene Unterscheidung von Gut und Böse (Tabu und Moral) ihre Selbstverständlichkeiten eingebüßt haben, sucht die philosophische Reflexion nach vernunftgemäßen, allgemein gültigen Begründungsregeln und Normen für sittliches Handeln. Christliche Ethik (als Moraltheologie bzw. Dimension der Systematischen Theologie) konfrontiert die Vernunft mit Maßstäben und

Kriterien in der biblischen Anthropologie und Offenbarung (z.B. Geschöpflichkeit, Ebenbildlichkeit, Bergpredigt, Reich Gottes) bzw. mit den in kirchlicher Lehrtradition herausgebildeten Prinzipien (z.B. Personalität, Sozialität, Subsidiarität). Ethik als alternatives Schulfach zum Religionsunterricht ist dessen erster Kooperationspartner (in Nordrhein-Westfalen „Praktische Philosophie", „Werte und Normen" in Niedersachsen) vor den gemeinsamen, individual- und sozialethischen Herausforderungen einer Gewissensbildung in „Ehrfurcht vor dem Leben" (A. SCHWEITZER) vor dem sich abzeichnenden Horizont einer „planetarischen Ethik".

Evangelische Kirche Deutschlands
(Abk. EKD), ein Kirchenbund, zu dem sich 1945 18 evangelische Landeskirchen zusammengeschlossen haben und der den größten Teil der evangelischen Christen in Deutschland vertritt. Zu den Gliedkirchen gehören lutherische, reformierte und unierte Kirchen, denen ihre Eigenständigkeit in allen Glaubens- und Bekenntnisfragen vorbehalten bleibt. Der Rat der EKD vertritt den Kirchenbund nach außen. Die 100 gewählten und 20 berufenen Mitglieder der EKD-Synode beraten und unterstützen u.a. den Rat bei der Vorbereitung und Beschlussfassung von Gesetzen sowie gesamtkirchlichen und allgemein gesellschaftlichen Stellungnahmen.

Das Exemplarische
In der bildungstheoretischen Diskussion (W. KLAFKI, W. FLITNER, F. COPEI, M. WAGENSCHEIN, H. RUMPF) steht dieser Begriff neben den Begriffen des Elementaren und des Fundamentalen für Bildungsinhalte, an denen die Schüler/-innen erfahren können, dass sich in ihnen auch allgemeine Prinzipien (Strukturen, Grunderfahrungen, Begriffe) zeigen. Der Begriff umschreibt eine Qualität grundlegender Erfahrungs-, Lern- und Lehrmöglichkeiten sowie Kriterien für eine pädagogisch motivierte, sinnvolle Auswahl von Bildungsinhalten. Danach sollte sich im Besonderen eines Bildungsinhaltes ein Allgemeines zeigen (elementar in Hinblick auf die Sache), und es sollten an diesem grundlegende Einsichten möglich sein (fundamental in Hinblick auf die Schüler/-innen).
In der religionsdidaktischen Diskussion wird im Konzept der Elementarisierung der Gedanke des Exemplarischen aufgegriffen (K.E. NIPKOW, F. SCHWEITZER).

Freikirchen
Bezeichnung für evangelische Personalgemeinden, die im Gegenüber zur territorial verfassten Landeskirche oder Volkskirche frei von staatlichen Einflüssen auf dem ausdrücklichen Entschluss zur Mitgliedschaft beruhen. Sie sind teils aus der Täuferbewegung des 16. Jahrhunderts entstanden (Baptisten, Mennoniten), teils aus Abspaltungen im 19. Jahrhundert (Altlutheraner), andere durch angloamerikanische Einflüsse (Quäker, Methodisten, Pfingstgemeinden). Die Erteilung von evangelischem Religionsunterricht nach Art. 7,3 GG durch Angehörige von Freikirchen unterliegt besonderen Regelungen.

Hermeneutik
(gr. Verfahren der Auslegung, Methode des Verstehens). Im engeren Sinne meint der Begriff *Lehre* bzw. *Kunst* der Auslegung (von Texten). Im Kontext historisch-kritischer Bibelauslegung ging es vor allem darum, den Sinngehalt eines Textes mit Hilfe philologischer Methoden und philosophischer Überlegungen über den Graben der Geschichte hinweg in heutige lebensweltliche Situationen zu „übersetzen", verständlich und „anwendbar" zu machen (z.B. Existenziale Hermeneutik BULTMANNS). Hermeneutische Verfahren haben im Gegensatz zu empirischen nicht den Anspruch auf Objektivität, sondern berücksichtigen die Subjektgebundenheit jedes Verstehensprozesses. Durch spezifische Erkenntnisinteressen und Anwendung von über die klassischen philologischen Methoden hinausgehenden spezifischen „hermeutischen Schlüsseln" und z.B. Fragestellungen in der feministischen und tiefenpsychologischen Hermeneutik wurde das Spektrum hermeneuti-

scher Verfahren in den letzten Jahrzehnten stark erweitert. In der Religionspädagogik wurde zudem eine „Hermeneutik der Lebenswelt“ als eigenständige Aufgabe erkannt.

Katechetik
Katechetik als Teildisziplin der katholischen Religionspädagogik ist die Theorie des Glaubenlernens in kirchlich verfassten Kontexten. Dazu gehört die Erarbeitung von Lehrbüchern (z.B. Katechismen) und die wissenschaftliche Reflexion entsprechender Lehr-/Lernprozesse.

Kirchenpädagogik
Im letzten Jahrzehnt sind im evangelischen Raum zunehmend die Chancen entdeckt worden, die Kirchenräume als Lernort handlungsorientierten Religionsunterrichts bieten können. In kirchenpädagogischen Konzepten steht das Lernen mit allen Sinnen im Vordergrund. Über das Kennenlernen von kulturellem Erbe hinaus will Kirchenpädagogik die Möglichkeit eröffnen, Kirchen als Ort gelebter Religion wahrzunehmen und christliche Religion in ihren verschiedenen Dimensionen zu erschließen. In etlichen Kirchen bieten Kirchenpädagoginnen ihre Hilfe an, den Kirchenraum als Ort des selbständigen entdeckenden Lernens didaktisch fruchtbar zu machen. Angesichts des Abbruches gemeinsamer Erfahrungen kann das Entdecken der religiösen Raumgestaltung ein verbindendes Element sinnlicher Erfahrung stiften, das Grundlage für anschließende reflexive Lernprozesse sein kann.
Soweit Kirchen in der Umgebung der Schule zum Lernort werden, wird zugleich dem Konzept einer lebensweltlichen Orientierung des Religionsunterrichts entsprochen. Eine Ausweitung auf die Erkundung der vielfältigen Praxis einer Kirchengemeinde mit der in ihrem Raum tätigen Personen und Gruppen bietet sich an.

Kompetenz
Nach dem Entwicklungspsychologen J. PIAGET kann die Entwicklung des Denkens als ein Interaktionsprozess der Lernenden mit seiner Umwelt verstanden werden. Er beschreibt Lernen als Kompetenzerwerb, der sich im Rahmen eines Transformationsprozesses der Anwendung und Anpassung (Assimilation) von Erfahrungen an vorgegebene Umweltstrukturen und der Erweiterung und Umbildung (Akkomodation) dieser Umweltstrukturen vollzieht. Dementsprechend muss eine Klassifizierung von Kompetenzen den gesamten Handlungs- und Verhaltensbereich abdecken. Unterschieden wird zwischen der operativen Kompetenz, die durch die Theorien von PIAGET zu den Phasen der Intelligenzentwicklung eingeführt worden ist, der moralischen Kompetenz, die von L. KOHLBERG erforscht wurde und der kommunikativen Kompetenz (K. MOLLENHAUER). J. HABERMAS versteht die Ich-Entwicklung als das Modell eines hierarchisch gestuften Erwerbs von Kompetenzen des Denkens, des Sprechens und des Handelns.
Um den Aufbau kognitiver und affektiver Strukturen zu fördern, versuchen Curricula möglichst viele der verschiedenen Dimensionen von Kompetenz auszubilden. Die curriculare Absteckung eines solchen Rahmens von Fähigkeiten, entlang derer unterschiedliche Inhalte in ihrer Zielrichtung zentriert werden können, bietet Lehrer/-innen wichtige Orientierungshilfen für eine Formulierung von Entwicklungs- und Lernlinien der Schüler/-innen.

Kultur
Kultur wird soziologisch als soziale Konstruktion eines Lebensraums verstanden, den die Mitglieder dieses Raums – das kann z.B. eine Jugendszene oder die Schule sein – einerseits vorfinden, andererseits aber auch selbst aktiv als Co-Konstrukteure mit gestalten und miteinander teilen.

Lebenslaufforschung
Während die traditionelle Lebenslaufforschung die biologischen Lebensalter als Grundlage für Veränderungen in der Lebensgeschichte ansieht, betrachtet die psychologische

Lebenslaufforschung die biologische Entwicklung lediglich als eine Determinante menschlichen Lebens unter anderen. In der Sicht psychologischer Lebenslaufforschung ist der Lebenslauf sowohl von biologischen wie umweltbezogenen Faktoren bestimmt. Es gibt ontogenetische, das heißt nach Alter gestufte Einflüsse; es gibt evolutionär-geschichtliche Einflüsse, die eine ganze Generation, z.B. die „Kriegsgeneration", miteinander teilt; und es gibt daneben individuelle Schicksale, die nicht alle Menschen gleichermaßen treffen. Die evolutionär-geschichtlichen Einflüsse sind Gegenstand soziologischer Lebenslaufforschung. Eine religionspädagogische Lebenslauf- oder Biografieforschung ist erst in Umrissen erkennbar.

Lebenswelt
Lebenswelt meint soziologisch das Milieu oder die umgebende Kultur, in der ein Mensch sich vorfindet. Neuere Analysen gehen davon aus, dass traditionelle Milieugrenzen sich auflösen und neue Formen der Vergesellschaftung des Einzelnen sich bilden. Insbesondere bewegen sich Menschen heute zeitgleich in jeweils ganz verschiedenen Milieus oder Lebenswelten, in denen sie jeweils ganz spezifische Bedürfnisse ausleben. So gesehen gibt es nicht eine Lebenswelt, sondern viele voneinander getrennte Lebenswelten, und eine von ihnen ist die religiöse.

Lehramt
Mit verbindlicher Autorität ausgestattete Entscheidungsinstanz der katholischen Kirchengemeinschaft in Fragen des Glaubens und der christlichen Lebensführung. In der katholischen Kirche sind Träger des Lehramtes der Einzel-Bischof, kollegiale Bischofsgremien und der Papst.

Lehrplan
Der Lehrplan als Teil des Curriculums stellt die inhaltlich-verbindliche Vorgabe für die einzelnen Fächer in der Schule dar. Verantwortlich für die Erstellung der Lehrpläne sind die Kultusministerien der Bundesländer.

Lernen
Die Forderung, den Begriff des Lernens ins Zentrum erziehungswissenschaftlichen Denkens zu stellen (TH. SCHULZE), ist zu erklären aus der Erkenntnis, dass dem lebenslangen Lernen für die künftige individuelle und gesellschaftliche Entwicklung zentrale Bedeutung zukommt. Lernen kann als „die relativ dauerhafte Verhaltensänderung aufgrund von Erfahrung, von Interaktion eines lernenden Organismus mit der Umwelt", verstanden werden. R. M. GAGNÉ unterscheidet folgende Lernarten: Signallernen (J. P. PAWLOW, J. B. WATSON), Reiz-Reaktionslernen (SKINNER), Bildung motorischer und sprachlicher Ketten (R. N. SINGER, J. B. UNDERWOOD), Diskriminationslernen, Begriffsbildung, Begriffslernen (D. P. AUSUBEL, J. S. BRUNER), Regellernen und Problemlösen (WERTHEIMER). Weitere Bedeutung kommt dem Modelllernen zu (A. BANDURA). Für Pädagogen erhalten psychologische Lerntheorien zum einen Bedeutung bei der Frage nach Grundkonzepten des Lernens (z.B. Lernvoraussetzungen, Lernfähigkeit, Lernmotivation), zum anderen bei der Frage nach pädagogischen und didaktischen Verfahren, die Lernen ermöglichen und fördern.

Metaphern
(griech. *metapherein* = übertragen) galten in der antiken Philosophie und Dichtung als uneigentliche Redeweise, verkürzter Vergleich, wirkungsvolles, aber nur rhethorisch ausschmückendes Stilmittel. Man erklärte sie als Übertragung des Namens einer Sache auf eine andere, die gewöhnlich nichts mit ihr zu tun hat. In der modernen Sprachforschung erfreut sich die Metapher höchster Wertschätzung als „eigentliche Rede", insbesondere die „kühne", „lebendige Metapher" (P. RICOEUR/E. JÜNGEL) – z.B. im Ausspruch von M. THATCHER über sich selbst: „I am a tigeress" (gemeint „ein Teufel von Weib") oder in der Selbstaussage Jesu „Ich bin der Weinstock" (Joh 15,1). Die Metapher ist eine

besonders kraftvolle Sprachfigur, die wie ein (Geistes-)Blitz entsteht, wenn in einem Satz zwei Subjekte aus zwei voneinander entfernten Bedeutungsfeldern aufeinander stoßen. Aus Sicht der Literaturwissenschaft sind Metaphern konstitutiv für jede Art von Gedächtnis- und Erinnerungskultur. Sie bewirken eine Umkehrung der Einbildungskraft, so dass eine andere Dimension von Wirklichkeit, eine neue Sicht und Deutung der Welt und des eigenen Selbst freigesetzt wird. Auch die Gleichnisse Jesu sind als metaphorische Erzählungen zu verstehen und didaktisch zu erschließen: In ihnen zeigt sich in überschießenden Problemlösungen, in bildhafter, weltlicher Rede die verändernde Macht des Reiches Gottes.

Motivation

(lat. *motivum* = das Bewegende, Beweggrund) bildet bewusst oder unbewusst die Basis für das zielgerichtete Handeln (wie Berufswahl, Lehren und Lernen), äußeres Verhalten und die innere Haltung des Menschen (z.B. Liebe zu Kindern, Überzeugtsein vom Bildungsauftrag der Schule) – sowie für dessen ethische Bewertung. Die frühen psychologischen Motivationstheorien setzen bei den Bedürfnissen, (An-)Trieben, und (An-)Reizen an, die neueren betonen die kognitive Dimension, die Einsicht und freie Entscheidung des Individuums. In der Pädagogik unterscheidet man zwischen primärer/intrinsischer Motivation (wie Neugierde, Wissensdurst, Interesse an der Sache, am Lerngegenstand selbst) und sekundärer/extrinsischer Motivation (wie Wunsch nach Anerkennung, Jagd nach Sternchen, Punkten, Fleißbildchen, Vermeidung von Strafen). Letztere betrachtet man skeptisch. Aus schulpädagogischer Sicht ist jede Unterrichtsstunde mit einer Motivationsphase zu eröffnen, um bei den Schüler/-innen Lernfreude, Interesse am konkreten Lerngegenstand, Einsicht in seine Notwendigkeit etc. zu wecken und Motivationsprobleme (wie Gleichgültigkeit, Orientierungslosigkeit oder Versagensängste) abzubauen. Lernen ohne Motivation kann es nicht geben. Der Auffassung von Schüler/-innen als Subjekte des Unterrichtsgeschehens entspricht das Verständnis von Motivationshilfen als Hilfe zur Selbsthilfe, die seitens der Lehrer/-innen durch Achten auf eine gute Klassenatmosphäre, Bemühen um selbsttätigen und anschaulichen Unterricht, Beratung unterstützt werden kann. Um dem eigenen möglichen Ausbrennen (*Burnout*) entgegenzuwirken, sollten Lehrer/-innen rechtzeitig übertriebenen Idealismus abbauen sowie spirituelle und andere Ressourcen für sich entdecken. Eine davon kann das offene Gespräch mit Kolleg/-innen, aber auch die Mitte des christlichen Glaubens sein: die ausbalancierte Lebensgestaltung zwischen Selbst-, Nächsten- und Gottesliebe.

Mythos

(gr. alte Geschichte, Sage; ursprünglich auch: Rede, Wort, Gedanke) bezeichnet eine überlieferte Erzählung, in der in bildhafter Sprache ein Urereignis anschaulich wird, das für eine Kultur im Sinne eines Ursprungs konstituierend und sinnstiftend ist. In archaischen Gesellschaften hat der Mythos magische Mächtigkeit und wird zu bestimmten Gelegenheiten im Ritual rezitiert bzw. dramatisch inszeniert. Damit wird zugleich der Ursprung erinnert, seine Wirksamkeit vergegenwärtigt und neu in Kraft gesetzt. Der Mythos wird erzählt, um Gegenwart von einem bedeutsamen Ursprungsgeschehen her zu verstehen und ihr Kontinuität und Impulse zu geben. In diesem Sinne können auch geschichtliche Ereignisse in einer Kultur zu Mythen werden. Im griechischen Denken stand Mythos zunächst als Wort, das Macht (Autorität) hat, sich durchzusetzen, im Gegensatz zum

Logos als argumentierendem – auf Zustimmung angewiesenen – Wort (Rede, Gedanke, Vernunft). Der Begriff war in vorklassischer Zeit eher positiv, später eher negativ besetzt. Im NT wird Mythos als Gegenbegriff gegen den wahren Logos des christlichen Glaubens verwendet. In neuerer Zeit wurden vor allem Geschichten von Göttern, Heroen, Dämonen u.ä. als Mythen bezeichnet. In der Kritik der Aufklärung wird Mythos zum Unwahren, das keinen Glauben verdient. Da in Folge der Aufklärung der mythische Gehalt biblischer

Erzählungen als Argument gegen den Wahrheitsanspruch des Christentums ins Feld geführt wurde, verwies BULTMANN auf die Notwendigkeit der Entmythologisierung, um durch existenziale Interpretation den biblischen Texten bleibenden Sinn abzugewinnen. Durch ein differenzierteres Verständnis von Mythos wird die Alternative „wahr – unwahr“ überwunden. Dem neueren Verständnis von Mythos liegt die Einsicht zu Grunde, dass ein Mythos Wahrheit veranschaulicht, die anders sonst schwer oder gar nicht darstellbar ist. Werden Mythen in diesem Sinne als poetische Symbolisierungen von Wirklichkeit verstanden, die anders nicht adäquat zum Ausdruck gebracht werden können, ist die Sprache des Mythos nicht durch andere (z.B. rationale) Sprache ersetzbar, aber auf Interpretation angewiesen, die sich in kritischer Auseinandersetzung mit dem impliziten Wahrheitsanspruch entfalten muss.

Okkultismus
Okkulte Phänomene und Rituale wie Gläserrücken, Telepathie oder Hexen- und Satanskult usw. faszinieren im Jugendalter wohl insbesondere deshalb, weil sie die psychische Seite von Religion zur Geltung bringen: das Unsichtbare, mit dem man faktisch oder illusionär in Verbindung treten kann. Problematisch werden okkulte Praktiken, wenn Jugendliche durch sie psychische Instabilitäten, vorab Ängste, auszugleichen versuchen. Es kann sein, dass dann durch diese Praktiken eben jene psychotischen Schübe verstärkt oder ausgelöst werden, die durch jene Praxen hätten verhindert werden sollen. Entgegen einem verbreiteten Bild sind ernsthaft okkulte Praktiken jedoch eher in Erwachsenenszenen zu finden als unter Jugendlichen.

Ökumene
Vom griechischen Begriffspaar „*oikos*“ (eigener Haushalt) und „*Oikoumenä*“: den gesamten, bewohnten Erdkreis betreffend; meint zum einen allgemein die Bestrebungen um eine stärkere Gemeinschaft konfessionsverschiedener christlicher Kirchen, zum anderen die Ökumenische Bewegung in den protestantischen Kirchen, die 1948 zur Gründung des „Ökumenischen Rates der Kirchen“ geführt hat. In ihm waren 50 Jahre später 340 Gemeinschaften einschließlich der größten orthodoxen Kirchen vertreten. Von der Ökumenischen Bewegung sind in der zweiten Hälfte des 20. Jahrhunderts entscheidende Impulse für die (evangelische) Kirche und Theologie ausgegangen, zumal sich in dieser Zeit die Gewichte zu Gunsten der jungen Kirchen in den armen Ländern des Südens verschoben haben („Konziliarer Prozess für Gerechtigkeit, Frieden und Bewahrung der Schöpfung“ seit 1983).

Perspektivenwechsel
Perspektivenwechsel ist ein zentraler Begriff in der religionspädagogischen Debatte um veränderte religiöse Sozialisationsbedingungen und Sinndeutungen von Kindern und Jugendlichen seit der frühen Mitte der 1990er Jahre. Er kennzeichnet eine religionspädagogische Denkbewegung, die religiösen Wandel nicht als Verlust oder Defizit wahrnimmt, sondern aus der Perspektive von Kindern und Jugendlichen die andere Qualität dieses Wandels zu begreifen und daraus Konsequenzen für religiöse Bildung in heutiger Zeit zu formulieren versucht (vgl. z.B. *Denkschrift der EKD:* Identität und Verständigung, 1995). Der Begriff ist eng verknüpft mit der religionspädagogischen Diskussion um Aneignung und Vermittlung und umschreibt das didaktische Prinzip, Kinder und Jugendliche als schöpferische, aktiv-rekonstruierende Subjekte ernst zu nehmen und die Inhalte von den Schüler/-innen her im Sinne einer „Hermeneutik der Aneignung“ (K. GOßMANN) zu entfalten.

Privatschulen
werden im allgemein bildenden Schulwesen von ca. 6% der Schülerschaft besucht, im Fachschulbereich werden ca. 40% der Ausbildungsplätze von privaten Trägern angeboten. Man unterscheidet Ersatzschulen, in denen man regulär seiner Schulpflicht nach-

kommen kann (z.B. konfessionelle Schulen) und Ergänzungsschulen (z.B. Sprachschulen). Private Ersatzschulen werden staatlicherseits mit Zahlungen in der Höhe subventioniert, die für Schüler an der öffentlichen Schule entstehen.

Propädeutik
Vom griechischen Verb *propaideuein* = vorher unterrichten; Einführung in eine wissenschaftliche Disziplin zur Vorbereitung auf das Studium.

Reformpädagogik
Bei Diskussionen und Bestrebungen zur inneren Reform von Schule wird gern auf reformpädagogische Ideen verwiesen. Dabei war die Ende des 19. Jahrhunderts sich entwickelnde reformpädagogische Bewegung eine vielfältige Bewegung innerhalb und außerhalb Europas, deren Gemeinsamkeiten zum einen in der Abgrenzung von geltender Erziehungstheorie und -praxis und zum anderen in der Grundposition einer „Pädagogik vom Kinde aus“ bestanden. Unterschiedliche reformpädagogische Ideen fanden in der Landerziehungsheimbewegung, der Arbeitsschulbewegung, in Versuchsschulen, in der Einheitsschulbewegung, in der außerschulischen Volksbildungsbewegung und in der Erziehungswissenschaft ihren Ausdruck. Die Konzeption von M. MONTESSORI (1870–1952) hat weltweit Verbreitung gefunden. Sie versteht Lernen als ganzheitlichen, religiös motivierten Prozess, der es dem Menschen ermöglichen soll, seinen Platz im kosmischen Gesamtgefüge zu finden. Ihre Konzeption, die die freie geistige Tätigkeit des Kindes in den Mittelpunkt stellt, ist zu einem wichtigen Bezugspunkt in der Diskussion um selbstständiges Lernen im Religionsunterricht geworden.

Religiöses Lernen
Religiöses Lernen kann als eine bestimmte Art und Weise der Auseinandersetzung sowohl mit Alltagserfahrungen als auch mit nicht alltäglichen Erfahrungen beschrieben werden, bei der der Lernende erprobt und erfährt, ob und inwieweit sich bei der Suche nach dem Selbst, nach Sinn und nach ethischer Orientierung religiöse Ausdrucksformen (Sprache, Symbole, Traditionen, Glaubensaussagen) zur Interpretation eigener Wahrnehmungen und Erfahrungen als tragfähig erweisen.

Religionstheologie
oder „Theologie der Religionen“ erörtert die Stellung und das Verhältnis der christlichen Theologie und Kirche zur Vielzahl anderer Religionen und religiösen Phänomene vom Standort des christlichen Bekenntnisses aus. Das Problem ist so alt wie das Christentum selbst (der Wahrheitsanspruch der christlichen Kirche gegenüber den Geltungsansprüchen des Judentums, der religiösen Vielfalt im Römischen Reich und jenen der antiken Philosophie). Die globale Begegnung der Religionen in unserer Gegenwart hat das Problem in ungeahnter Schärfe neu akut werden lassen. Multireligiöse Präsenz hat den kategorischen Einspruch der Dialektischen Theologie gegen dialogische Ansätze ebenso in eine Randposition gedrängt wie das verbreitete Konstrukt, andere Religionen als eine Vorstufe der christlichen Offenbarung zu betrachten. Der religionstheologische Disput dauert an.

Religionswissenschaft
An zahlreichen Universitäten vertretene Wissenschaft, die es sich zur Aufgabe macht, die Religionen der Welt in ihren Erscheinungsformen und ihren Beziehungen zum gesellschaftlichen Leben zu untersuchen und vergleichend darzustellen. Sie gründet in der religionsgeschichtlichen Forschung. Der mainstream religionswissenschaftlicher Fachvertreter in Deutschland versteht sich in der Tradition eines empirisch-objektiven Wissenschaftverständnisses. Neben der Religionsgeschichte sind die Religionsphänomenologie und die Religionspsychologie wichtige Teilgebiete der Religionswissenschaft. Religionswissenschaftliche Kenntnisse sind für ein religionspädagogisches Fachstudium unerlässlich. Sie bilden die Grundlage für informierende Didaktikkonzepte vom Stand-

punkt weltanschaulicher Neutralität (Ethikunterricht, Werte und Normen, Praktische Philosophie, „Lebensgestaltung-Ethik-Religionskunde").

Schulseelsorge
Schulseelsorge versteht sich als Dienst der Kirchen an den Menschen, die in den Schulen leben und arbeiten. Sie wendet sich also an Schüler/-innen wie Lehrer/-innen gleichermaßen. Konzeptionell unterscheidet sie sich vom Religionsunterricht dadurch, dass dieser als ein schulisches Fach keine Seelsorge ist. Schulseelsorge ergänzt aber nicht einfach den Religionsunterricht. Sie ist vielmehr ein diakonisches Engagement der Kirchen in den Schulen und für die Schulen mit vielfachen Verbindungen zur Schulsozialarbeit, zu Jugendinitiativen, Jugendhäusern, offener Schülerarbeit und ähnlichen Einrichtungen.

Semiotik
(gr. Lehre von Zeichen) Als wissenschaftliche Disziplin untersucht sie kulturelle Phänomene als Kommunikationsprozesse. Diese sind durch Codes strukturiert, die auf Vereinbarung (Konvention) beruhen. Dabei interessiert nicht die Qualität der Zeichen selbst, sondern (ausschließlich) das Funktionieren der Kommunikation mit Zeichen, das mit Hilfe einschlägiger Begriffe möglichst klar beschrieben wird. Intendiert ist das Verstehen von Kommunikation als Zeichenprozess (Semiose). Im Kommunikationsprozess werden Zeichen zum Hinweis für etwas anderes (Signifikaten), indem sie durch einen Code mit bestimmten Bezeichnungen (Signifikant) bedeutungsvoll verbunden werden. Soweit in der neueren religionspädagogischen Theoriebildung eine Anlehnung an die Semiotik empfohlen wird, geht es darum, theologische Rede als Zeichenrede zu verstehen, die auf kommunikativen Übereinkünften beruht, und den Verständigungsprozess (nicht das Verstehen) mittels solcher Zeichen in den Mittelpunkt zu rücken.

Sexualerziehung
Sexualerziehung ist Teil der sexuellen Sozialisation. Als Erziehungsvorgang ist sie intentional, d.h. auf bestimmte Ziele ausgerichtet. Ziele der Sexualerziehung sind u.a. ein der seelisch-körperlichen Entwicklung entsprechendes Selbstverhältnis und die Beziehungsfähigkeit zum anderen, gegen- bzw. gleichgeschlechtlichen Menschen.

Sozialisation, religiöse
Der Begriff der Sozialisation wechselt mit der soziologischen Theorie, die man ihm zu Grunde legt. Religionspädagogisch versteht man unter religiöser Sozialisation die ganz praktische und konkrete Hinführung und Beheimatung Heranwachsender in einer religiösen Gemeinschaft.

Spiritualität
(lat. *spiritus* = Geist) diente ursprünglich zur Kennzeichnung der von einer spezifischen Geistigkeit und Frömmigkeit geprägten Lebensform v.a. von Mönchen, Nonnen, Klerikern etc. Heute taucht dieser Begriff z.B. in der adjektivischen Verbindung von feministischer, ökologischer, christlicher Spiritualität ebenso auf wie in der substantivischen von Religionslehrer/-innenspiritualität, Schöpfungsspiritualität oder New Age-Spiritualität und erfährt so die enorme Ausweitung eines Modebegriffs. Spiritualität und Religiosität werden oft nicht deutlich unterschieden. Allgemein betrachtet entsteht Spiritualität im Umgang mit der eigenen Religiosität, zielt auf deren gestaltende Kultivierung und Integration in die eigene Biografie, hat Suchcharakter. Der Einzelne öffnet sich dabei als Subjekt für das Fremde, das ihm im Anderen und schließlich im „Ganz Anderen" begegnet. Somit kann Spiritualität verstanden werden als die Art und Weise, wie Menschen ihr Bezogensein auf Transzendenz in ihr Leben integrieren. Sie ist vielgestaltig, reich an Ausdrucksformen, nie abgeschlossen, stets im Wandel, verortet im Leib, in der jeweiligen Lebensphase, im Alltag, in der Wechselbeziehung zu den Mitmenschen (auch Familie, Lehrer/-innenkollegium, Glaubensgemeinschaft), zu Gott, zum letzten Geheimnis des Lebens, zu Gottes Geist, der wirkt und „weht, wo er will" (Joh 3,8). Der RU kann diese

Suchbewegung mit aus den biblischen Quellen, aus den Zeugnissen verschiedener Frömmigkeitsbewegungen gespeisten Wegweisungen und aus dem Dialog mit anderen Religionen gewonnenen Antworten kritisch begleitend unterstützen und so einen Beitrag zur Identitätsfindung leisten.

Symbol
(gr. das Zusammengeballte, Zusammengeworfene) ist im Gegensatz zum Signal ein Zeichen mit mehreren Bedeutungs- bzw. Verweisebenen. Ein Symbolzeichen bzw. eine symbolische Handlung verweist auf eine darin sinnlichen Ausdruck findende Bedeutung und vergegenwärtigt sie zugleich. Symbole haben teil an dieser Bedeutung (Repräsentation) und einen Bedeutungsüberschuss. Die potenzielle Bedeutung von (überlieferten) Symbolen erschließt sich erst, wenn sie von Menschen oder Menschengruppen in bestimmter Weise (im symbolischen Modus) in Anspruch genommen werden. Aus der grundlegenden Fähigkeit des Menschen zum Symbolisieren folgt aber auch, dass alle Phänomene zum Symbol werden können. In der Symboldidaktik geht es darum, die Vielfalt des Symbolgebrauchs in Überlieferung und Lebenswelt so zu erschließen bzw. ins Spiel zu bringen, dass der Streit um die Deutung der Wirklichkeit ausgetragen und zu einer produktiven neuen Wahrnehmung angeregt wird.

Wahrnehmung
Im Prozess der Wahrnehmung wird eine Erscheinung (Phänomen) vom wahrnehmenden Subjekt positiv vergegenwärtigt. Dabei spielen unmittelbar sinnliche Begegnung und Beurteilung zusammen. Der Prozess wird geleitet durch erlernte Schemata und Ordnungskategorien, die ihrerseits durch kulturelle Muster und lebensgeschichtliche Erfahrung vorstrukturiert sind. Dadurch wird ein Phänomen im eigenen Empfindungs- und Denkhorizont verortet (wahrgenommen). Diese prinzipiell verdinglichende Struktur des Wahrnehmungsaktes lässt sich nicht auflösen, aber (ideologiekritisch) bewusst machen und durch Formen kreativer (schöpferisch-neuer) Wahrnehmung ausweiten bzw. erneuern. Diese Intention haben religionspädagogische Überlegungen im Sinn, die im Rückgriff auf Phänomenologie und Ästhetik die Kategorie der Wahrnehmung in den Mittelpunkt didaktischer Überlegungen stellen.

6 Sachregister

7 Personenregister

8 Autorinnen und Autoren

Bähr, Dorothea, Dr.
Jg. 1948, Wissenschaftliche Mitarbeiterin am Institut für Theologie und Religionspädagogik, Fachbereich Erziehungswissenschaft, Universität Hannover von 1996–2001, Studienrätin, Ausbildung und Tätigkeit als Beratungslehrerin im schulpsychologischen Dienst; Promotion über Aspekte zur ästhetischen Wahrnehmung in der Religionspädagogik.

Becker, Ulrich, Dr.
Jg. 1930, Universitätsprofessor em. am Institut für Theologie und Religionspädagogik, Fachbereich Erziehungswissenschaften, Universität Hannover, von 1977–1985 Direktor der Erziehungsabteilung beim Ökumenischen Rat der Kirchen in Genf, Berater der ev.-luth. Kirche in Kenia in Erziehungsfragen, ehem. Mitglied der hannoverschen Landessynode und der EKD-Synode, Vorstandsvorsitzender des Comenius-Instituts bis 1998, Präsident des Instituts für Entwicklung und Erwachsenenbildung in Genf.
Zahlreiche Veröffentlichungen zur Religionspädagogik, zur Ökumene und zum Ökumenischen Lernen, Schulbuchautor. U.a. Aneignung und Vermittlung. Beiträge zur Theorie und Praxis einer religionspädagogischen Hermeneutik. Für Klaus Goßmann zum 65. Geburtstag, hg. von Ulrich Becker und Christoph T. Scheilke, Gütersloh 1995.

Ferme, Simone
Jg. 1970, wissenschaftliche Mitarbeiterin am Institut für Theologie und Religionspädagogik, Fachbereich Erziehungswissenschaft, Universität Hannover seit 1997, Realschullehrerin (ev. Religion, Deutsch, Kunst); Mitarbeit an der 2. Auflage des *Alttestamentlichen Arbeitsbuches für Religionspädagogen von F. Johannsen.*

Hahn, Matthias, Dr.
Jg. 1958, Dipl. Päd., Lehrer für das Lehramt an Grund- und Hauptschulen (ev. Religion, Deutsch, Englisch). Direktor am Pädagogisch-Theologischen Institut der Kirchenprovinz Sachsen und der Landeskirche Anhalts im Kloster Drübeck (Fort- und Weiterbildung von Lehrer/innen). Lehrer am Katechetischen Seminar Wernigerode (Pädagogik, Schulpädagogik, Pädagogische Psychologie). Veröffentlichungen: Evangelische Religion im Lehrplan (Weinheim 1992). Wende und Wandlung. Bildungsgeschichten ostdeutscher Reli-Lehrer/-innen in Zeiten gesellschaftlicher Umbrüche (Münster 2003). Verschiedene Aufsätze zur Situation des Religionsunterrichts in Ostdeutschland und zum handlungsorientierten Religionsunterricht. Mitverfasser des Ethik-Schulbuchs "Ich bin gefragt" für die Sekundarstufe I.

Hanf, Kirsten
Jg. 1969, Studium Lehramt Grund- und Hauptschulen, davor Ausbildung zur Altenpflegerin, Lehrerin an der Haupt- und Realschule Fallingbostel (Deutsch, evangelische Religion, Kunst).

Johannsen, Friedrich, Dr.
Jg. 1944, Universitätsprofessor am Institut für Theologie und Religionspädagogik, Fachbereich Erziehungswissenschaft, Universität Hannover; Dekan des Fachbereichs Erziehungswissenschaften I der Universität Hannover (1993–1997); Vorsitzender des Arbeitskreises für Religionspädagogik (Fachverband für Lehrende in der Ev. Theologie und Religionspädagogik in Deutschland und dem deutschsprachigen Ausland) 1995–1998;
Zahlreiche Veröffentlichungen mit den Schwerpunkten Religionspädagogik, Biblische Theologie/Bibeldidaktik, Sozialethik u.a.: Gemeinsam mit Ulrich Gebhard: Die ethischen Folgen der Gentechnik. Anregungen und Materialien für die Sekundarstufe II, (1990);

gemeinsam mit Egbert Daum: Leben – Sterben – Tod. Werte und Normen. Ethik/ Religion. Entwürfe, Konzepte, Modelle für den Unterricht der Sekundarstufe I und II, Bd. 6, (1993); gemeinsam mit Ulrich Becker und Harry Noormann: Neutestamentliches Arbeitsbuch für Religionspädagogen, (^{2}1993); Alttestamentliches Arbeitsbuch für Religionspädagogen (^{2}1998). Gemeinsam mit Peter Biehl: Einführung in die Glaubenslehre, Neukirchen-Vluyn 2002; Einführung in die Ethik, Neukirchen-Vluyn 2003; gemeinsam mit Christian Gremmels und Reinhold Mokrosch: Dietrich Bonhoeffers Ethik. Ein Arbeitsbuch, Gütersloh 2003.

Kuld, Lothar, Dr.
Jg. 1950, Professor für Katholische Theologie/Religionspädagogik an der Pädagogischen Hochschule Weingarten.
Neuere Veröffentlichungen: zus. mit St. Gönnheimer: Compassion. Sozialverpflichtetes Lernen und Handeln, Stuttgart 2000; Compassion. Weltprogramm des Christentums. Soziale Verantwortung lernen, hg. J.B.Metz/Kuld/Weisbrod, Freiburg 2000; zus. mit B. Schmid: Lernen aus Widersprüchen. Dilemmageschichten im Religionsunterricht, Donauwörth 2001; Das Entscheidende ist unsichtbar. Wie Kinder und Jugendliche Religion verstehen, München 2001; Compassion – Raus aus der Ego-Falle, Münsterschwarzach 2003; Praxisbuch Compassion. Soziales Lernen an Schulen, hg. Kuld/Gönnheimer, Donauwörth 2003.

Lehmann, Christine, Dr.
Jg. 1951, Privatdozentin am Institut für Theologie und Religionspädagogik, Fachbereich Erziehungswissenschaften, Universität Hannover seit 1997, Grund-, Haupt- und Realschullehrerin, 15 Jahre Schuldienst.
Ausgewählte Veröffentlichungen:
Freiarbeit – ein Lern-Weg für den Religionsunterricht? Eine Untersuchung von selbständigem Lernen im Horizont kritisch-konstruktiver Didaktik, Münster ^{2}1999; Religionslehrer/in werden. Anwärter/innen reflektieren ihre Ausbildung, Münster 1999; Heranwachsende fragen neu nach Gott. Anstöße zum Dialog zwischen Religionspädagogik und Feministischer Theologie, Neukirchen-Vluyn 2003.

Linke, Michael, Dr.
Jg. 1949, Dipl.-Päd., Grund-, Haupt-, Realschul- und Gymnasiallehrer, 20 Jahre Schuldienst, nach Tätigkeit in der universitären Lehrer/-innenausbildung didaktischer Leiter der Integrierten Gesamtschule Franzsches Feld, Braunschweig; seit 2002 Leiter des Praktikumszentrums am Fachbereich Erziehungswissenschaften der Universität Hannover.
Ausgewählte Veröffentlichungen:
Auf der Suche nach der Theorie der Praktiker. Plädoyer für eine andere religionspädagogische Forschung. In: Religion heute 2/88, 100–104; Religionsunterricht und Exploration von Alltagserfahrung. Was nützt es, Schülern zuzuhören? In: Religionspädagogische Beiträge 25–3/90, 92–109; Religionsunterricht im Kontext innerer Schulreform. Versuch einer Orientierung auf der didaktischen Landkarte. In: Religion heute 6/Juni 1991, 94–97; Braucht ein ordentliches Lehrfach auch ordentliche Zensuren? Ein Plädoyer für die Ablösung der Notengebung im Religionsunterricht. In: ru – Ökumenische Zeitschrift für den Religionsunterricht 2/96, 49–52; Die kleine Quelle – Erinnerung ist der Stoff, aus dem Zukunft wird. Das Hoffnungsbuch der Klasse 10.2. In: ru – Ökumenische Zeitschrift für den Religionsunterricht 4/97, 132–136.

Mund, Christian
Jg. 1957, Grund- und Hauptschullehrer, Seminarleiter für katholische Religion 1994–1998, 1998–2003 wissenschaftlicher Mitarbeiter am Institut für Theologie und Religionspädagogik am Fachbereich Erziehungswissenschaften der Universität Hannover. Promotionsvorhaben zur religiösen Sozialisation von Kindern.

Noormann, Harry, Dr.
Jg. 1948, Universitätsprofessor am Institut für Theologie und Religionspädagogik, Fachbereich Erziehungswissenschaft, Universität Hannover, Lehrtätigkeit an der TU Braunschweig (1974–87) und der Johann-Wolfgang-Goethe-Universität Frankfurt/Main (1993/94), Geschäftsführender Leiter der Arbeitsgruppe Interkulturelle Bildung und Entwicklungspädagogik (Interpäd); bis Ende 2003 Schriftleiter von „ru – Ökumenische Zeitschrift für den Religionsunterricht"; Zahlreiche Veröffentlichungen mit den Schwerpunkten Religionspädagogik, historische Sozialethik, Ökumene, u.a.: Armut in Deutschland. Christen vor der neuen sozialen Frage (1991); Neutestamentliches Arbeitsbuch für Religionspädagogen (mit U. Becker und F. Johannsen [^{2}1997]), Die Eine Welt der vielen Wirklichkeiten (1997, hg. mit G. Lang-Wojtasik).

Peter, Dietmar
Jg. 1958, Diplom-Pädagoge, Dozent am Religionspädagogischen Institut Loccum der ev.-lutherischen Landeskirche Hannovers; Veröffentlichungen u.a.: Christliche Feste in virtuellen Welten, in: Praxis Geschichte 3/1999, 50f; Das Vaterunser entdecken – Unterrichtsbausteine für den RU der Sek.I, in: Loccumer Pelikan 2/99, 69ff; Fremde Nächste. Arbeitshilfe für den RU an der Sek. I, Loccum 1999.

Sauer, Ralph, Dr.
Jg. 1928, Universitätsprofessor für katholische Religionspädagogik an der Universität Osnabrück, Standort Vechta. Arbeitsschwerpunkte: Liturgiepädagogik, fundamentaltheologische Fragen der Religionspädagogik, Erforschung der Religiosität Jugendlicher; zahlreiche Veröffentlichungen, u.a. Ökumene im Religionsunterricht. Glauben lernen im evangelisch-katholischen Dialog (hg. zusammen mit Reinhold Mokrosch), Gütersloh 1994.

Trocholepczy, Bernd, Dr.
Jg. 1952, bis 2002 Universitätsprofessor am Institut für Theologie und Religionspädagogik, Fachbereich Erziehungswissenschaft, Universität Hannover; seit 2002 Universitätsprofessor an der katholischen Fakultät der Wolfgang-Goethe-Universität Frankfurt. Veröffentlichungen zu theologisch-systematischen und religionspädagogischen Themen. Hg. (zusammen mit R. Göllner): Religion in der Schule? Projekte – Programme – Perspektiven, Freiburg/Basel/ Wien 1995.

Weidinger, Norbert, Dr.
Jg. 1948, Wissenschaftlicher Referent im Religionspädagogischen Zentrum in Bayern und Lehrbeauftragter für Religionspädagogik an der Kath.-Theol. Fakultät der Universität München, mit Harry Noormann zusammen bis Ende 2003 Schriftleiter der ökumenischen Zeitschrift für den Religionsunterricht „ru".
Ausgewählte Veröffentlichungen:
Ders./Weidinger, Gertrud: Gesten, Zeichen und Symbole im Gottesdienst. Handbuch für Ministranten- und Jugendarbeit, München 1980; Ders./Weidinger, Gertrud: Neue Formen der Jugendliturgie. Situation – Erfahrungen – Modelle – Texte, Mainz (1982) ^{2}1986; Elemente einer Symboldidaktik (RU ab S). Bd.1: Elemente einer Symboldidaktik und -hermeneutik, St. Ottilien 1990; Bd. 2: Zur Situation des Religionsunterrichts an beruflichen Schulen, St. Ottilien 1991; Zeichen des Heiles. Kirche und Sakramente. Fernstudium: Fortbildung für katholische Religionslehrer an berufsbildenden Schulen. Studieneinheit VI. Kirchliche Arbeitsstelle für Fernstudien, Würzburg 1992; ders./Weidinger, Gertrud: Das große Buch der Lebensfeste. München 1995; Meine schönsten Kindergebete, Augsburg 1998. Zahlreiche Beiträge in Fachzeitschriften u.a. zum Thema „Neue Geistliche Lieder" und „Pop & Rock im RU".